為前賢行役

——顧廷龍誕辰120周年紀念文集

沈津敬題

何朝晖　编

山东友谊出版社·济南

图书在版编目（CIP）数据

为前贤行役 ：顾廷龙诞辰120周年纪念文集 / 何朝晖编. -- 济南 ：山东友谊出版社，2024. 10.
ISBN 978-7-5516-3272-0

Ⅰ. K825.42-53

中国国家版本馆CIP数据核字第2024820H93号

为前贤行役——顾廷龙诞辰 120 周年纪念文集
WEI QIANXIAN XINGYI
GUTINGLONG DANCHEN 120 ZHOUNIAN JINIAN WENJI

责任编辑：孙　锋　肖　杉
装帧设计：刘一凡

主管单位：山东出版传媒股份有限公司
出版发行：山东友谊出版社
地址：济南市英雄山路 189 号　邮政编码：250002
电话：出版管理部（0531）82098756
发行综合部（0531）82705187
网址：www.sdyouyi.com.cn
印　　刷：山东新华印务有限公司

开本：787mm × 1092 mm　1/16
印张：34.25　字数：820 千字
版次：2024 年 10 月第 1 版　印次：2024 年 10 月第 1 次印刷
定价：188.00 元

序

杜泽逊

中国的版本目录学家，晚清时期，影响较大的，是缪荃孙。缪以后是张元济、傅增湘。张、傅之后是赵万里。赵之后是顾廷龙。其余名家辈出，各有其不朽业绩，而不能出五先生右。请详言之。

缪荃孙生于晚清民初，藏书名家，著《艺风藏书记》《续记》《再续记》。瞿氏《铁琴铜剑楼藏书目录》赖其审定，张氏《适园藏书志》实出其手，刘氏嘉业堂请其料理，并撰《嘉业堂藏书志稿》。翰林院典籍由其掌管，《清史稿艺文志》实创范本。长沙王先谦《两唐书合注》，《艺文志》亦请缪氏纂辑。至于南北两大图书馆，皆充首任监督，《学部图书馆善本书目》称现代国家图书馆古籍目录之祖。至于学问渊雅，交游满天下，观《艺风堂友朋书札》《艺风老人日记》可知也。

傅增湘、张元济皆前清进士，而贡献于中国文化则主要在辛亥以来。傅增湘藏书之丰，经眼宋元本之富，鉴别之精，民国间无出其上者，观《藏园群书经眼录》《藏园群书题记》《藏园订补郘亭知见传本书目》三大部可知也。张元济与傅增湘交往至密，《张元济傅增湘论书尺牍》可见其详。惟张氏早年参加戊戌变法，主持南洋公学译书院，进而主持商务印书馆，创办东方图书馆，与叶景葵创办合众图书馆，主持影印《四部丛刊》《续古逸丛书》《百衲本二十四史》，大都附以跋文，又撰校勘记，近百年来，海内外习旧籍者，几乎家弦户诵，无不受其益，真可谓与天下共读之者也。所撰《涵芬楼烬余书录》

《宝礼堂宋本书录》仅其余事耳。惟其贡献于国家民族文化事业之大，故当选第一届中央研究院院士，参加第一届全国政协会议，书生隆遇，可称一时之选。其声望在傅之上，良有以也。

赵万里出王静安之门，主持北京图书馆善本部数十年。建国之初，南北各大藏书家精品陆续聚集北图，巍然天禄石渠，从容甄别，成《中国版刻图录》《北京图书馆善本书目》，上承傅增湘、张元济，固一时之泰斗也。

顾廷龙得张元济奖掖，历主合众图书馆、上海市历史文献图书馆、上海图书馆，以国家图书事业为己任，主编《中国丛书综录》《中国古籍善本书目》，治版本目录而不精通二目，殆无可问津。数十年来，南北各大图书馆编辑书目多矣，奉为楷模者亦首推二目。顾氏学问博而性厚道，兼精书法，古籍界以与有文字交为荣幸，虽片楮只字，咸以为宝，斯岂止于文艺，实造福国家民族，德业有以致之也。

今年逢顾廷龙先生诞辰120周年，高足沈津先生建议同道何朝晖教授主编《顾廷龙先生纪念文集》，此间友生各献篇什，裒然成帙。泽逊与其事，知诸君用意至诚，而山东友谊出版社慨允出版，朝晖教授遂以序言相嘱。余早岁受顾先生教诲实多，义不容辞，因述私见，质诸同志，亦质诸先辈云。

滕州后学杜泽逊敬序

2024年8月30日

目录

事业篇

交游篇

著述篇

附录

事业篇

《顾廷龙文集》序

王绍曾

学者自立于天地间，以有厓之生，获千古景仰者，咸在道德文章二事。前辈顾起潜先生可谓兼有两美而无遗憾矣。先生讳廷龙，字起潜，号匋誃，江苏苏州人，生于1904年。早年就读于上海国民大学、持志大学，受教于胡朴安、闻宥等知名学者。1931年夏，考入燕京大学研究院国文系，一年后以《说文废字废义考》获硕士学位。旋应图书馆长洪业之邀，留燕大图书馆，司采访之职者六年。1939年应叶景葵、张元济两先生之邀，任上海私立合众图书馆总干事。建国后历任上海历史文献图书馆馆长，上海图书馆馆长，1985年改任名誉馆长，1998年8月22日逝世于北京，享年九十五岁。

先生于金石文字及书法艺术，均私淑吴窸斋（大澂），尝谓："廷龙童年得篆文《论语》《孝经》于家，喜而摹之，取以校读本，喜其诘屈，迄未详为谁氏之手笔也。过庭请问，乃知吴窸斋先生集古文字以书者。于是识先生之名而惜不获见焉。比长，从伯舅王董宬先生习古文字之学，繇秦篆而进窥古籀。遂读先生所著《说文古籀补》《古玉图考》《权衡度量实验考》，于是于橅习书法之外更得研求先生之学术矣。"1934年先生撰成《吴窸斋先生年谱》，由哈佛燕京学社印行。先生总结吴氏金石文字之学云："综先生之研究古文字、古器物，冥心远绍，直接商周，凡其所戛然独造者，今日以出土文物之繁，皆得证而成之，谓非继往开来之一人乎！"1936年先生又撰成《古匋文舂录》，由北平研究院印行，闻宥序云："起潜平居治学宗其乡吴窸斋先生，故书中多采其说。"先生亦称吴氏为"治古匋文字之第一人"。先生谓吴氏"书擅各体，而尤长于篆籀，秦权在握，停匀多姿。以金文之娴熟，大小参间，若以行楷出之"。然则先生金石文字、书法艺术为世所重者数十年不衰，观其渊源，当出自吴氏。

先生于目录版本之学，早年受外叔祖王同愈启迪，追负笈燕京，时值章式之（钰）寓京，章氏以金石目录版本称雄海内，出入于乡先辈缪艺风（荃孙）之门而以后学自居。章氏尝与吴䌹斋（士鉴）、朱少滨（师辙）合撰《清史稿艺文志》，复与缪艺风、吴印臣（昌绶）合纂《荛圃藏书题识》十卷、《荛圃刻书题识》一卷，著有《钱遵王读书敏求记校证》四卷，《胡刻通鉴正文校宋记》三十卷、《附录》三卷。其校刻清陆增祥《八琼室金石补正》一百三十卷，历时七载，一丝不苟，尤为为人所乐道。先生尝述与章氏之交谊云："以龙于金石目录之学有同嗜焉，不鄙顽钝，引而教之。休沐良辰，辄诣请益。或出孤拓珍本，名书法绘，相与赏鉴。或述乡邦掌故，前朝旧闻，昭示愚蒙。"可见先生受章氏影响之深。1937 年章氏去世，其藏书以手钞手校本寄托燕京大学图书馆，旧刻旧钞之善本暂寄五年，普通本捐赠燕大图书馆。先生乃以四月之力纂成《章氏四当斋藏书目》十六卷。于书名、卷数、朝代、里贯、版本诸项外，并录题跋，凡涉章氏友朋，酌注里贯事迹，以详渊源，为例之善，未之有也。盖先生与章氏过往既密，见闻自富，成竹在胸，故得于短期内成此目录学上不朽之作。先生之于目录学以此为起点。先生尝谓："夙有纂辑《目录学》一书之志，拟分三编，曰《流略》，曰《图录》，曰《校雠》，断代为章，复各析以时地公私之作，俾有系统可寻，条理可睹。"1941 年先生与潘景郑先生合辑《明代版本图录初编》问世，实为其《目录学》之一部，此书图文相辅，纲举目张，至今为研治明代版本学之准绳。先生晚年倡导编纂《古籍稿钞校本图录》，亦其旧志之延续，此《录》近已由上海图书馆诸君编定印行，惜先生未及见也。

近数十年间，古籍联合目录最富价值者有二：一曰《中国丛书综录》，一曰《中国古籍善本书目》。此二书皆先生主编，故目录版本学泰斗之誉，出于自然。两书几乎人手一编，而海外学者亦争相购致。其中尤以《中国古籍善本书目》（以下简称《善本书目》）之编纂，任务坚巨，历尽艰辛。自 1977 年 10 月开始启动，1996 年大功告成，整整 20 年时间，先生以耄耋之年，不辞辛劳，在国家文物局主持下，先后在南京、成都、广州、南昌、安徽黄山举行会议，商讨制订收录范围、著录条例、分类方法，从业务骨干培训、全国普查、版本鉴定、巡回检查验收，以至最后覆审、定稿、付印，先生均亲自领导部署，与副主编北图冀淑英、南图潘天祯等诸先生奔走各地，调查研究，其兢兢业业、认真不苟之精神，为海内外所共仰。《善本书目》涵盖全国七百八十二个收藏单位，约六万条款目，洵可谓夥颐沉沉，亘古未有之盛业，而由先生成之。《善本书目》之作用，不仅著录宋元钞校之富，使天禄琳琅、百宋一廛望而却步，而现存宋元钞校，得以备受重视，妥善保存，为今后学术研究、古籍整理创造条件，并将促进国际学术交流，俾我国优秀传统文化，融入世界文化，为世界文化锦上添花。即就我国近年而言，《四库全书存目丛书》《续修四库全书》《四库禁毁书丛刊》先后影印问世，因有《善本书目》有所取资，得收事半功倍之效。其为用之广，必将与日俱增。此则非先生始料所及者。先生赫赫之功，自当彪炳史册，永垂千秋。

先生一生任职于图书馆，敬业爱馆，护书如命，其学养久为前辈所赏。1939 年，上海已成孤岛，故家旧藏，纷纷外流，叶揆初（景葵）、张菊生（元济）、陈陶遗诸先生咸忧心忡忡，深恐我国历史文献日渐沦丧，谋求抢救保存之策，于是筹设私立合众图书馆，各出所藏，俾供众览。先后由叶老、菊老致书先生，敦促南下，主持馆务。1939 年 5 月 25 日菊老致先生书云："夙从博山昆仲饫闻行谊，久深企仰。先后获诵鸿著《窓斋年谱》《章氏四当斋藏书目》，尤钦渊雅。近复承寄《燕京大学图书馆报》第 130 期一册，大作《嘉靖本演繁露跋》，纠讹正谬，攻错攸资，且感且佩。敝友叶君揆初，雅嗜藏书，堪称美富。以沪上迭遭兵燹，图书馆被毁者多，思补其乏，愿出所藏，供众观览。以弟略知一二，招令襄助。事正权舆，亟须得人而理。阁下在燕京研究有年，驾轻就熟，无与伦比。……此间开创伊始，倘乏导师，便难措手。务望婉商当局，速谋替人。一俟交待停妥，即请移驾南来，俾弟等早聆教益。异日馆舍宏开，恣众浏览，受惠者正不知凡几也。”先生为叶、张两老诚意所感，决计南下，致书叶老云：“窃谓人不能自有所表现，或能助成人之盛举，亦可谓不负其生平。……柴愚之质，一无所长，惟以勤慎忠实，严自惕励，生计可维，身心有托，他日以馆为家，有所归宿矣。”勤慎忠实，严自惕励，以馆为家，可谓先生献身图书馆事业之最好写照。先生初到上海，即拟就《创办合众图书馆意见书》，表示“专为前贤行役，不为个人张本”，其大公无私、矢志不移，令人钦敬。抗战胜利后，白色恐怖笼罩上海，先生冒生命危险，秘密从贵州大学图书馆获得一批革命文献，保存在书架顶端与天花板接合之处。逮至上海解放，始为中共中央宣传部派员调回北京，视为至宝。先生保存革命文献，如护头目，其远见卓识，实非常人所及。合众图书馆藏书，以叶揆老捐献之书为基础，其后相继捐献者有蒋抑卮、李拔可、陈叔通、叶恭绰、胡朴安、顾颉刚、潘景郑、周志辅、胡惠春、张菊老等，不但四部常用之书应有尽有，且多名家抄校本及未刊稿本，旁及戏曲及近代史料、名人书札，而菊老捐赠者，则为历年辛勤收藏之嘉兴府先哲遗著四百七十六部，一千八百二十二册；海盐先哲遗征三百五十五部，一千一百十五册；张氏先世著述及刊印评校藏弆之书一百四部，八百五十六册，石墨图卷各一件，尤具特色。先生为张菊老所捐书，请潘景郑先生编为《海盐张氏涉园藏书目录》，叶揆老为之序，集资印行问世。时在 1946 年，正值菊老八十寿辰。此为合众图书馆编印书目之始。其后又编成馆藏目录三种，油印目录八种，其他四五种。先生主持“合众”，始终获得叶揆老、张菊老之全力支持，迨 1949 年 4 月 28 日叶揆老以心脏病逝世，责任完全落到张菊老身上。“合众”以经费日益支绌，菊老毅然向有关各方作将伯之呼，使先生得以安心工作。先生办馆，力主“孤本不孤”，必须使旧本秘籍刻印流布。在“孤岛”上海币值暴跌、物价飞涨，原先筹措基金贬值之情况下，先生一秉初衷，以“不求近效，暗然日章”“风雨如晦，鸡鸣不已”为信条，因陋就简，惨淡经营。为降低印书成本，甚至自当钞胥，手写上版，一夜之间，抄写三千小楷，终于印成《合众图书馆丛书》一、二辑，收书凡十八种，大都为孤本秘笈。今日读者谁能想象《合众丛书》多数为先生于不眠之夜手写上版？而先生之艰苦卓绝，已鲜为人知，故特表而出之。先生传播文化之功，自当没齿不忘。

合众图书馆自 1939 年 8 月开办以来，迄 1953 年 2 月由董事会通过，以董事长张菊老、常务董事徐森玉先生名义捐献上海市人民政府，更名为上海市历史文献图书馆，虽未正式对外开放，但来自全国各地之专家教授、莘莘学子，均视“合众”为探究历史文献之最佳场所。先生甚至为专题研究者提供专架，以便节省时间，收事半功倍之效。至通信咨询者，如朱启钤、陈锺凡、陈寅恪、陈垣、邓之诚、聂崇岐、王重民、向达等，先生无不一一作答。“合众”为广大读者服务，不论亲疏，无问远近，此皆先生有以致之。回忆当年叶、张两老嘱意先生，慧眼独具，可谓不负所托矣。

其时张菊老所撰《涵芬楼烬余书录》，拟校印出版，嘱先生相助，菊老虽于1949年冬病偏左未久，偃仰床笫，每忆旧作，辄口授指画，如某篇某句有误，应如何修正；又如某书某刻优劣所在，历历如绘，概由先生为之佐理，菊老时有便条见招，先生亦一二日必前往一谈。盖菊老视先生为左右手，而先生于目录版本校勘之学，既初得于章式之，又常年侍座于菊老，而尽得其传，当非偶然。1956年菊老九秩华诞，先生搜辑菊老序跋，汇为一编，名曰《涉园序跋集录》，都十五万六千言，此先生所以为菊老寿者，至今沾溉后生，受惠无穷。

先生长上海市历史文献图书馆及上海图书馆期间，一秉“合众”初衷，坚持将旧本秘籍影印流布，且在上图自设工场，从五十年代末，至“文革”前，先后有三十余种馆藏珍贵文献，公诸于世。其中有宋本《唐鉴》《孔丛子》及乡先贤《侍郎葛公归愚集》《韵语阳秋》，尤为罕秘。其后复与中华书局、上海古籍出版社、上海书店等出版社合作影印宋本《元包经传》《钜宋广韵》《周髀算经》《九章算术》《孙子算经》《张丘建算经》《东观余论》《杜荀鹤集》《嘉祐集》《王荆公唐百家诗选》，元本《农桑辑要》《颜氏家训》《文心雕龙》，稿本《玉函山房辑佚书续编》《读史方舆纪要》，明写本《永乐大典》（“郎”字韵一册）。先生大量影印宋元钞校、未刊稿本，使其广泛流传，惜未能以丛书名义汇集影印。然就其精神实质而言，实上继涵芬楼之余绪，完成张菊老未竟之业，此岂常人所能企及哉。

先生主编《中国丛书综录》，于上海市历史文献图书馆时即已着手，由于种种原因，曾停顿若干年，至1958年历史文献图书馆与上海图书馆、报刊图书馆、科技图书馆统一为上海图书馆时，又继续进行。经过编辑工作组诸同志之共同努力，日以继夜，争分夺秒，终于在1958年由中华书局出版，向国庆十周年献礼。《综录》包罗北京图书馆、上海图书馆、中国科学院图书馆及全国主要高等院校图书馆收藏丛书2799种，体例之善，有目共睹。余常置案头，在先后主编《清史稿艺文志拾遗》《山东文献书目》时，几乎随手应用，无时或释。凡条目出自《综录》者，均按第二册子目罗列丛书各种版本逐一加以迻录，深感有事半功倍之效。犹忆1955年先生于化浆池畔清理出大批珍贵文默，虽尘垢满面，汗流浃背，仍一往无前，将废纸包逐一解捆，逐纸逐页翻检，即使片纸只字，绝不轻易放过。经过连续奋战十一天，终于变废为宝。其中有史书、家谱、方志、小说、笔记、医书、民用便览、阴阳卜筮、八股文、账簿、契券、告示等。就版本而言，有传世孤本明万历十九年刻《三峡通志》，流传稀少之明本《国史纪闻》《守城验方》，明末版画上品《山水争奇》，以及不少旧钞、稿本。先生尝谓清代硃卷、家谱之所以成为上图收藏专门，与此次在废纸堆中披沙拣金，关系极大。因此先生在报上撰文，呼吁各地政府，必须关心当地图书文物，以杜绝将珍贵文献弃为废纸现象再度发生。先生爱护国家之历史文献，不是坐而言，而是起而行。即此一端，先生之人品，亦可以概见矣。

先生于完成《中图丛书综录》后，发现我国近现代丛书大都先定丛书名称，然后陆续出版，即使事先拟定目录，往往受条件限制，出书数量，难以固定。因此，各图书馆对此类丛书，均以零种著录。全国解放以后，先生即注意对旧平装书之搜集，有一回，在福州路古旧书店，突然发现，书店员工正忙于将旧平装书按丛书名配套，并云香港书商需要成套丛书，对零种则兴趣不大。先生闻讯，大吃一惊。而此种市场信息，图书馆采购人员竟一无所知。时先生任上海文管会出口鉴定委员会副主任，负责图书出口鉴定工作，遂“利用职权”，阻止古旧书店出口旧平装丛书，同时动用图书馆购书经费大事收购，终于在 1980 年，由上海图书馆根据馆藏，编印《中国近代现代丛书目录》，计收录丛书 5549 种，子目 30940 种。当时书多价廉，如不及时收购，上海图书馆便不可能有如此丰富之馆藏，亦无从编印《中国近代现代丛书目录》。先生之远见卓识，大率类是。此类事迹，我国图书馆界早已传为佳话，余谓先生道德文章，兼有两美，堪称楷模，实为公论，非一己之私见也。

余久慕先生盛名，因抗战期间，辗转西南，建国以来，寄迹历下，无缘叩谒。1979 年 6 月山东省图书馆学会正式成立，并举行第一次科学讨论会，余在会上发表《试论张元济先生对我国文化事业及目录学的贡献》，是为余研究张菊老之始。同年 8 月，中国图书馆学会成立，同时举行科学讨论会，余又将论文上报。因念先生追随菊老时间最长，杖履亲承，知之最深，爰将论文寄呈先生教正。时先生于太原会后，赴郑州转车，又赴洛阳，一登龙门，然后赴沈阳探亲，返沪后立即来信，奖勉有加。并将拙稿及《山东省图书馆学会会刊》转请张树年兄、丁英桂先生校订，将校订意见寄下，余既感且愧。从此与先生鱼雁往还，获领教益。1980 年新西兰华裔学人叶宋曼英女士，因撰写博士论文《张元济的生平及其事业》，回国造访先生，搜集资料，先生即向其推荐拙文，使余倍感汗颜。时余 1979 年所编《古籍目录版本校勘文选》（油印本），寄请先生指正，先生于 1980 年 2 月 22 日惠函云：“拜读一过，无任钦佩。龙亦尝有编选之意，但未着手。尊编先得我心，无任欣慰。深望中华能早日出版，以便读者。”先生并建议增选傅增湘《校史随笔序》、余嘉锡《四库提要辨正序》、《藏园群书题记续编序》、张元济《宝礼堂宋本书录序》。在见到《文选》中列有胡适《校勘学方法论》时，先生以为“胡适之先生所著《校勘学方法论》，此文原为《元典章校补释例序》，如为序而言，针对性较强，如为方法论而言，则不够全面。将来采用此文，是否用《元典章校补释例序》？至于 1955 年批判之词，本非学术讨论，似可不必再提”。先生学识广博，于目录版本校勘之学，尤为专门，故所言均极至当，惟藻饰之词，深感不安。同年，余正拟为重编《文选》，撰写《叙例》及选目，广泛征求国内学者意见，先后获得张舜徽、金克木、赵景深、程千帆、冀淑英诸先生回信，提出选目意见。先生收到《叙例》及选目后，又于同年 10 月 31 日赐书，鉴于自有刻本以后，钞本亦极为重要，建议可将《颜氏家训》卷六《书证》、《九经三传沿革例》加以选录，并增补郭沫若《影印永乐大典序》。关于敦煌遗书文章，建议检阅《敦煌遗书总目索引》一书之前言、后记；至戏曲方面，似可一检《古本戏曲丛刊》有无总序可采。先生思虑缜密，关爱后生，可谓无微不至。令人引为遗憾者，1981 年春，余身患结肠癌，虽经部分切除手术，安然无恙，但重编《文选》，头绪纷繁，未敢继续进行。因而错过出版时间，有负先生厚望。及今思之，犹感悔恨。商务印书馆旧同仁胡文楷先生，饱学之士也。极为菊老所倚重，曾先后协助菊老辑校《四部丛刊》续编，在平板厂佐丁英桂先生校勘《百衲本二十四史》，与校史处相配合。然先生与余，同在菊老门下，但未尝一接声光。1980 年，文楷先生获睹《山东省图书馆学会会刊》有拙作《试论张元济先生对近代文化事业和目录学的贡献》一文，爰于是年 3 月 8 日惠书，推重备至。同年 7 月 4 日来信又谈及 1982 年商务建馆 85 周年将出版纪念册，建议将拙作寄商务编审部主任吴泽炎先生，以备采纳。吴泽炎先生收到后，经与馆领导研究，认为菊老尚无传记，因与起潜先生商讨，是否可以在拙作基础上扩写为菊老传记，用以表彰菊老对近代出版事业及整理古籍之丰功伟绩，获得先生首肯，双方研究确定，取名为《近代出版家张元济》，由先生审稿。从 1982 年起，余即投入写作，惟其时所见资料仅为《张元济日记》《张元济书札》（非增订本）《涉园序跋集录》《校史随笔》《涵芬楼烬余书录》。至《张元济诗文》《张元济傅增湘论书尺牍》《张元济友朋书札》（上海古籍出版社影印本）《张元济蔡元培来往书信集》等因尚未出版，概未寓目。商务档案资料，更未涉足。故虽埋首耕耘，而所见者甚浅。当执笔之初，先生即示意此书应着重阐述菊老对古籍整理之重要贡献。余每成一章，即寄请先生审阅。如发现问题，先生即于原稿上随手修订，迄 1983 年全稿杀青，为时两载。先生时正忙于为编纂《中国古籍善本书目》定稿，但先生审阅拙稿，一丝不苟。1984 年商务正式出版，先生不但亲自题签，并于 1985 年 7 月 19 日惠函云："菊老平生学术文章、出版事业，得公椽笔，为之表彰，特别关于古籍整理一章，尤非吾公莫能道其详也。"其实无先生，即无《近代出版家张元济》，余感激之不暇，岂能反受先生之褒奖。1983 年 6 月，中国图书馆学会在东北某地举行学术讨论会，余提交论文《试谈整理研究古典目录学遗产的几个问题和主要任务》，曾将拙作寄呈起潜先生，请其赐正。是年 12 月 18 日得先生书，大意谓"前承惠示大著，粗粗拜读，颇有启发，对公研究有得，不胜企佩。龙于月中因糖尿病来华东疗养院疗养，现在基本平复。旅中颇思重温大著，但家中无人，寻检不易，倘尊处尚有余本，拟恳检惠一份。"区区小文，不为先生嗤笑，已属大幸，而先生如此推重，使余受宠若惊。1985 年 11 月为先师唐蔚芝（文治）先生 120 周年诞辰，先生邀余同赴苏州大学（先生误以为在无锡举行）参加盛会，并约先期到沪一叙。余以为从此得以获亲謦咳，面聆教益。届时如约赴沪，寓山阴路亲戚家，不料因旅途劳顿；腰椎骨质增生复发，几至寸步难行，不得不卧床休息，并往附近医院治疗。先生闻讯，即驱车见访，殷殷存问，使余倍感不安。苏州之行，终未如愿。时余正着手编纂《清史稿艺文志拾遗》，晤谈间征求先生意见。先生以为应将《清史稿艺文志》及武作成《补编》与《拾遗》融为一体，名为《重编清史艺文志》，以期毕其功于一役。余意先生所见者大，然实际操作则困难重重。第一，《清史稿艺文志》及《补遗》著录之书，均未加注版本，其书有无刻本、稿本、钞本流传，书存何处，颇难究诘；第二，武作成《补编》各类目著录之书近万种，均按著者姓氏笔画多寡排列，严格言之，不足以称书目。倘欲与《拾遗》融为一体，即此万人著作，必须考其生卒年，然后进行编目，非数年之功不成。其难度之大，可以想见。故考虑再三，不如先完成《拾遗》，然后再编《清史稿艺文志版本知见录》（包括武作成《补编》）。至于考核《补编》作者生卒年重行改编，已非绍曾等精力所及。先生欣然表示同意，其虚怀若谷，通情达理，大率类此。1994年10月，先生为《拾遗》撰序，时先生出任《续修四库全书》主编，序中预言“近年学界有《续修四库全书》之举，绍曾此书，正可取资，是则绍曾始料不及者”。事实证明，不出先生所料，《续修四库全书》启动之初，编委会确曾向中华书局借用《拾遗》原稿一份。《拾遗》在正式出版之前，即已发挥其重要作用。先生之名言谠论，自当永铭心扉。1987年秋上海古籍出版社为出版《古本小说丛刊》，假济南舜耕山庄开会商讨，邀请先生与会，余闻讯原拟前往拜谒。一日上午突然接到电话通知，约定下午二时由余陪同先生赴山东省博物馆观书。余立即与博物馆周昌富副馆长联系请其早作准备。下午二时前抵舜耕山庄，会见先生后准时发车，至则周昌富副馆长已在门首迎迓。余询先生欲观何书？先生云：“曩闻王献唐先生编有《齐鲁匋文》拓印本，为山东省博物馆所收藏，欲一睹究竟。”周昌富副馆长即从库房取出献唐先生《齐鲁匋文》拓印本一叠，高及半尺。先生随手检阅，余从旁询问，是否有整理出版价值。先生谓余：“此皆潍县陈介祺《齐鲁匋文》原拓废弃之物，已无影印价值。”出博物馆因时间尚早，余建议先生是否参观山东省图书馆？先生允诺。即驱车往省图。适馆长任宝祯在馆，即请先生入座，并参观馆藏海源阁遗书。时馆内同志闻先生至，欲争睹先生风采，在特藏部座谈时围观者麇集。任宝祯馆长忽从书库中取出一写本请先生鉴定为何时写本。先生展卷，从首页中指一“也”字，谓此唐写本也。阖座为之惊叹。时采编部、特藏部诸同志及馆领导，咸手持宣纸尺页，欲求先生墨宝，先生谓人数过多，无法当场书写，请开列名单，允于返沪后有以报命。余不禁为先生愁。是晚任馆长为先生设宴，先生谈笑风生，豪情满怀，连喝山东白酒三杯，意犹未尽，余从旁敦促先生勿再饮，乃罢。先生返沪不匝月，即按开列名单，每人各书尺页一幅，寄山东省图书馆。即此一端，可见先生之诚信待人，无间亲疏，求诸当世，罕与伦比。1987年2月为商务印书馆建馆90周年，先生在《我与商务印书馆》（载《解放日报》1987年3月14日）一文中呼吁整理出版张菊老遗著《百衲本二十四史校勘记》。是年10月余在海盐举行之“张元济学术思想讨论会”上，反复强调整理出版《百衲本二十四史校勘记》之重要价值，与先生相呼应，并要求商务印书馆向中华书局索还《校勘记》。余因《近代出版家张元济》一书，对菊老校勘全史之功，并未专章叙述，爰另撰《张元济先生校史始末及其在史学上的贡献》一文，商务原拟编印《张元济学术思想讨论会论文集》，奈时隔多年，终成泡影。1995年商务出版《近代出版家张元济》增订本，始行收录。1987年12月7日先生惠函，以海盐开会，未及参加，引为憾事。当先生获知《衲史校勘记》一部分已被中华遗失，深表惋惜。先生以为：“此种稿本只有交国家图书馆才能重视，出版单位少真知灼见之人，若个别妄人谬言作用不大，遂视同弃物，复何言哉!”在1988年3月20日信中[①]，先生复重加阐述，大意谓有人以为此稿已无用，“后来中华标点校勘时就有用了。可是用的人亦有见智的不同，决不能以一人之管见为定评。近读古籍整理校勘（全

① 顾廷龙此信提及印《百衲本二十四史校勘记》之事，《校勘记》于1990年起始于中华库房发现，又提及刊印《张元济年谱》之事，《张元济年谱》亦在1990年编纂完成，故此日期当以《顾廷龙全集·书信卷》所载为准，应是1990年3月20日，而非1988年3月20日。

称已记不起）第二期中有一文极言校勘不能择优而从，甚是甚是！择优而从，伸缩性太大。况现代学者与古之学者所见差距尤大，岂能一言为定，没有作过校勘工作者，他不理解，真所谓夏虫不可与语冰。思误一适，岂可与外行道哉！”先生对《衲史校勘记》之重视，于此可见一斑。其时先生曾访商务林尔蔚总经理，向中华索还《校勘记》，有多少，算多少，不全就不全。经先生及余与张树年兄多方呼号，1990 年 2 月 12 日中华始将现存《史记》等校勘记十四种交还商务，其后又陆续清理出《宋史》（缺一册）、《金史》两种，共计十六种。遗失《晋书》《北齐书》《周书》《北史》《旧五代史》《辽史》《元史》七种。1992 年，余与树年兄同赴北京，接受林尔蔚总经理委托，将现存十六种校勘记携回济南，开始组织人力，分工合作，由余总其成，并征得先生同意，由先生最后审定。但在工作进行中，并未预料校勘记之错综复杂，一书有多种校勘记（《史记校勘记》仅有菊老手稿一种），且互有详略，当年虽由蒋仲茀先生厘成定本，但校以原始校勘记，反多脱漏，而参校各本，亦有未尽迻录者。定本之讹文脱字，因时间仓促，未及订正；所有菊老批校，汪仲谷、蒋仲茀两先生所加按语，均所以定异文是非，亦未汇成一编。因此，整理时既需以多种校勘记进行核对，并须逐条与《衲史》及殿本复核，工作难度较大。余拟就《衲史校勘记过录须知》十六条，《整理凡例》十条，《校勘记覆核注意事项》九条，向先生请示，获得首肯。当 1994 年前《四史》四种整理完成，余先撰成《百衲本二十四史校勘记整理缘起》，并请先生题签赐序，先生于 1995 年欣然命笔，语多奖饰，使余备感愧悳。同年余嘱杜泽逊同志将前《四史》校勘记送往北京，先请先生审定，然后交与商务。先生当场抽阅《三国志校勘记》并阅读《整理说明》，对杜泽逊同志云：“从一堆乱茅草中整理成一部校勘记，诚非易事。”惜商务未能及时影印出版，先生仅于 1997 年获睹《史记校勘记》一种，《汉书》《后汉书》《三国志》于 1999 年出版，则先生已归道山。其后陆续整理完成南北朝七种、新旧《唐书》等五种，均未及先生审定，追念前尘，恍如隔世，而先生谆谆教导，风范犹存，每念及此，肝肠为之寸断。1990 年张树年兄编著《张元济年谱》告竣，请先生并嘱余为之序，余以后生小子，何敢序菊老《年谱》，坚辞不获，爰在序文中提出两点意见：一为先生在近代史之地位必须重新认识；二为先生校勘全史之功，必须大书特书。在第二点意见上，余以为“世人咸知先生于传统文化存亡绝续之交，辑印《四部丛刊》《续古逸丛书》《百衲二十四史》，为古人续命，其版本之精善，校勘之精审，印刷之精美，可谓旷古绝伦。数十年来，承学之士，受惠无穷。然犹不足以知先生。盖先生之功，尤在校史。乾嘉而还，治史校史者颇不乏人，然自王西庄、钱竹汀后，校勘全史者惟先生一人而已。先生校史先后达二十载。一校再校而至三四校，每睹异本，必手自比勘，虽一笔之微，一字之差，亦必求其致误之原。所撰《衲史校勘记》百数十巨册，每史异文，多至千数百条，所加按断，不独可与《十七史商榷》《廿二史考异》相发明，并可补其不逮，纠其违失。因先生以本校本，参以群书，字字均以古本为依据，与推理校勘迥然不同。就版本价值而言，转出王、钱之上”。序文草就后，即邮呈先生斧正，不意先生于 3 月 12 日惠函，竟称：“大序阐扬明达，尤其对校史一事的重要性言之甚详，今无第二人能道之矣。”

而先生自为之序，反嘱余删润。先生虚怀若谷，奖掖后进，令人感愧交并。

先生自1985年7月19日函告：“龙已退居二线，拟整理旧稿，否则身后尽成废纸，昔日沉浮杂务之中，文字久荒，假我数年，重温旧业，则幸甚矣。”先生所云“整理旧稿”，据余臆测，当有二事：一为整理编次旧稿，使其不致散佚；二为继续董理与顾颉刚合著《尚书文字合编》四卷。后者经多年艰辛努力，终于顺利完成，并于1994年亲撰序文，1996年付诸剞劂。顾颉刚先生为一代历史大家，与先生为叔侄，早在30年代，顾颉刚先生率先提出，从研究历代传本之字体入手，解决聚讼纷纭之《尚书》文字问题，而先生对古文字根柢深厚，因与先生合作，旋以抗战军兴，各处一方，事遂中辍。建国以来，先生又为馆务所累，未暇他顾。迨退居二线，遂旧事重提，以完成颉刚先生未竟之业。此书一经问世，备受各方瞩目。不但研究《尚书》及古代史者所必读，而于古文字学、古文献学乃至考古学，均将有所取资。

先生从1994年起以德高望重，出任《续修四库全书》主编，此乃先生毕生事业之最高峰。《续修四库全书》前人虽屡有所议，但均成画饼。余在1987年3月，即首先向中华书局建议将续修《四库全书》视为当务之急，但并未被中华所采纳（原信载中华总编办公室编《业务情况》1987年第3号）。1992年5月匡亚明同志主持召开第三次全图古籍整理出版规划会议，余又向匡亚明同志提出《编印〈四库善本丛书〉续修〈四库全书〉刍议》（原文载《古籍简报》1992年第264期，《文史哲》1993年第1期）。经过酝酿，续修《四库全书》终于为当局所接受。从1994年开始启动，编委会主要负责人傅璇琮秘书长来信，因余系倡议人，拟聘为学术顾问，并嘱余另撰《论续修四库全书》一文以广宣传。余因1993年已应聘为《四库全书存目丛书》编委会学术顾问，顾问一职，婉辞未就，但仍撰《论续修四库全书》一文（用方方笔名，原文载《文史哲》1994年第6期），有以报命。此事经过，因一时疏懒，概未向先生汇报。1994年8月1日先生来书，谈及《续修四库全书》事，略云：“《续修四库全书》事，很有意义。窃谓现在修，比乾隆时修时间可省。乾隆时篡改时间所费很大。我曾见《四库》底本《三朝北盟汇编》，全书改动很大，仿佛改学生作文，在《四库》正本中已看不到删改之迹。但此书光绪间许涵度刻于成都，将原文用夹注刻出。（古籍似已影印）此其一。前年张连生送我影印文渊阁本《元诗选》，曾取家刻校了一、二卷，改动之句亦不少。尝在芝加哥大学图书馆看到一本诗集，是明人的，亦经馆臣修改。从这三种书情况，可见改书工作量很大。此其二。誊录正本，都是正楷，相传有的人只钞书口几行，乾隆发现了重钞。此其三。现在续修，一不要改，二不要钞，时间要省多了。至于撰提要问题，看了前东方文化委员会的总结，亦不甚难。”先生所云“前东方文化委员会的总结”，似指东方文化事业总委员会由柯劭忞、吴承仕、胡玉缙等一大批专家学者所撰《续修四库全书总目提要》而言。先生对乾隆纂修《四库全书》之篡改古书，言之凿凿，如非广见博闻，一般学者，鲜能获见《四库》底本，则无以发《四库》之覆。余之所以主张以善本代库本，盖亦先生之意也。先生所云《续修》较《四库》节省时间，诚为笃论。现在《续修四库全书》共计收书5213种，分装1800册，已由上海古籍出版社全部出齐。较之《四库全书》超出1852种，几近《四库全书》百分之五十，而入选之书既包括《四库全书》成书以前脱漏、摒弃、禁毁及存目中确有价值之书，又补选乾、嘉以至辛亥革命以前重要学术著作，而所采底本，尤臻上乘。如此一代旷世盛典，在先生主持下，以八年时间，大功告成，允宜流芳百世，传诸千秋，使我国优秀传统文化，得以继往开来，沾溉无穷，先生之功，可谓大矣。然引为遗憾者，先生未见全书出齐，即已溘然长逝，亦未能亲自审定《续修四库全书总目提要》，缅怀风徽，能无慨然。

先生《文集》，以序跋居多，生平虽以馆为家，诸务丛脞，但晨钞夕纂，无间寒暑，每有所睹，辄随手题记，一如向、歆旧事，往往条其篇目，撮其指要，记其版式行款，或校其异同，别其是非，究版刻之时地而定其精粗，于钞、校、稿本尤为注意，盖所以辨章学术，考镜源流，上承顾（广圻）、黄（丕烈）以至乡先辈缪荃孙之余绪，下继傅增湘、张菊老之遗风，而又精益求精。余读先生序跋，始于《涉园序跋集录后记》《涵芬楼烬余书录后序》《明代版本图录初编叙》，颇感先生于校雠之学，积累蕴富，发为文章，往往词意并茂，语无空泛，阐幽发微，独具只眼。尝读其代张菊老所撰《影印宋本杜工部集跋》（按：此书于1957年收入《续古逸丛书》），于《杜集》版本之源流本末，如数家珍，为之拍案叫绝。此本原藏上海图书馆，经先生考证，《杜集》以北宋宝元间王原叔洙编次、嘉祐间苏州郡守王祺校刻白文无注本为最古，一切注释分类本，均从之出。顾北宋原本久亡，今但存南宋翻刻本二：一为绍兴初年浙中覆刻王祺本；二为绍兴三年建康府学刻本。两本均残缺不全，匡高广及行款亦不相同，经汲古阁后人毛扆合为一帙，缺卷缺叶，倩工影写补足。先就浙本言之，刻工有洪茂、张逢、史彦、张由、余青、吴圭、洪先、张谨、牛实、刘乙、宋道、徐彦、施章、田中、张清、吕坚、王伸、方诚、骆昇、葛从、朱贤、蔡等，先生就寓目之宋椠校之，与衢州本《三国志·魏书》、绍兴本《管子》、绍兴本《临川先生文集》同者一人，与南宋初补刊本《礼记郑注》同者三人，与南宋本《尔雅》同者四人，与绍兴明州本《六臣注文选》同者八人，与南宋初年刊《资治通鉴目录》同者十二人，与绍兴茶盐司本《资治通鉴》同者十七人，于是确定为绍兴初年之浙本无疑。先生复据《直斋书录解题》谓又有遗文九篇，治平中太守裴煜刊《集外》，此存《补遗》一卷，可证为覆刻君玉之本。（绍曾按：即指嘉祐四年，苏州郡守王君玉祺刻本）先生复考配本，间有樊作某，晋作某，荆作某，宋景文作某，陈作某，刊作某，一作某等，与钱牧斋笺注所载吴若《后记》云“凡称樊者《樊晃小集》也，称晋者开运二年官书也，称荆者王介甫四选也，称宋者宋景文也，称陈者陈无己也，称刊及一作者黄鲁直、晁以道诸本也”若合符节，是必吴若刊本无疑。吴《记》作于绍兴三年六月，当即刻于是时，两本雕版，异地同时，此本刻工有杨茂、言清、言乂、王祐、熊俊、黄渊、杨诜、郑珣、翟庠等，尚未见于他书，断为建康府学所刊。吴本虽后于王本，牧斋已推为近古，由今观之，两本实为稀世之珍。近人之疑吴本为乌有而深讥虞山之作伪者，观此亦可冰释。（绍曾按：据《中图版刻图録》赵万里先生所撰提要，以《吴郡图经续记》刻工有牛实证之，疑第一本属吴中重刻王祺本，而非浙刻本，因苏杭间一苇可通，刻工可互相支援。似可两说并存。）凡此之类，先生元元本本，言必有据，若非精通目录版本，曷克臻此。而先生题跋文字茂密，虽顾（广圻）、黄（丕烈）无以过之。今先生文集即将付印，海内外学者，当可窥其全豹。余学识谫陋，本不敢序先生文集，因念《诗》云“高山仰止，景行行止”，“中心藏之，何日忘之”，聊志景仰之意云耳。2002 年 5 月 20 日，后学王绍曾谨序。

2002 年 12 月修订

（此文为王绍曾先生为《顾廷龙文集》撰写的序言，录自《目录版本校勘学论集》上海古籍出版社 2005 年版）

学术事功俱隆　文章道德并富（上）
——回忆先师顾廷龙先生

沈　津

顾老走了，永远地走了。这是所有认识他和了解他的人十分遗憾的。顾老是1998年8月22日晚上9时6分病逝于北京人民医院的。24日晨9时（美国东部时间为23日晚9时）上海图书馆办公室即时将这个消息用电话通知了我，次日我即向哈佛燕京图书馆馆长请假，并向旅行社订购飞往北京的机票，赶在追悼仪式的前一天下午抵达北京。在顾老悼念仪式上，顾老身上覆盖着鲜红的中国共产党党旗，慈祥地躺在鲜花、松柏丛中。悼念的人很多，约在400人左右。人们鱼贯而入，三个一排地依次向顾老鞠躬告别。当我在向顾老三鞠躬，并将红色康乃馨置放在顾老遗体上时，那三十年的师生情，早已化作泪雨，夺眶而出了。我抽泣着，语不成声地告诉顾老："我来了，我来看您最后一面，送您最后一程。"难过的我在和顾老的哲嗣诵芬先生握手表示慰问时，竟说不出一句话来。

在北京八宝山追悼顾师的会场外，中华书局的张世林先生命我写一篇回忆、纪念顾老的文字。他说这篇文章非你莫属。我想，这大概是1997年4月初，他和张力伟先生去拜见顾老时，顾老告诉他们，他带过二个学生，其中一个是我的原因吧。古人云：生我者父母，知我者鲍叔。今之鲍叔，顾师也。一个人在他的正常成长过程中，有过不同的老师。从孩童时代的幼稚园到少年时代的小学；从进入青年时期后，就是中学、高中、大学的求学阶段，十多年的时光，也会有数十位老师。然而，在问学、治学的道路上，最不可忘怀的可能仅有那么一、两位而已。这样的导师或许会影响他的一生，而作为学生，也会把导师的一言一行看在眼里，记在心里，当作自己的楷模，去实践、再实践。顾廷龙先生是我的导师，是我追随杖履三十年的导师。

顾老，名廷龙，字起潜，号匋誃，别署隶古定居主人、小晚成堂主人，笔名路康。1904年生于苏州的一个书香门第。1931年毕业于上海持志大学，获文学学士学位。同年考取北京燕京大学研究生院专研古文字学。1932年任燕京大学图书馆中文采访部主任；1939年，应叶景葵、张元济等先生之招，至沪筹建私立合众图书馆，为总干事；1956年任上海历史文献图书馆馆长；1962年任上海图书馆馆长。1985年任上海图书馆名誉馆长。他也是文化部国家文物鉴定委员会委员，国务院古籍整理出版规划小组顾问，中国图书馆学会第一、二、三届副理事长，复旦大学、华东师范大学兼职教授，中国书法家协会名誉理事。

一

顾老在60年代初亲自带的学生仅有我和吴织二人，80年代后期至90年代初，他在晚年还为上海复旦大学、华东师范大学带过几位研究生。我追随顾老，是在1960年冬。那时，上海有关文化部门考虑到在戏剧口、美术口、图博口等方面有一些学有专长的艺术家、专家、学者，他们的年龄逐年增长，应该在他们身体条件许可的情况下，将他们的一技之长传下来，使之后继有人，不致断档。我和吴织就是在这样的背景下，由组织决定调至顾老身边工作，从他为师，学习古籍版本、碑帖、尺牍的鉴定、整理，并且研究目录版本之学。

1962年11月，上海市人民政府任命顾老为上海图书馆馆长。但是，顾老除了在馆长室参加会议外，他每天都坐在善本组办公，公文往来有时是秘书送来，或我送去。那时善本组办公室里还有潘景郑先生（著砚楼主人）、瞿凤起先生（铁琴铜剑楼后人），而潘和瞿二人也都是国内重要的目录版本学家。顾老是相信实践出真知的。所以，他对我的教导也都是从实践入手，就是让我在工作中去增长知识、提高才干、扩大视野。1961年到“文化大革命”前止，除了管理善本书库、接待读者阅览之外，在很长的一段时间里，几乎是每天，顾老都会让我去大书库、旧平装书库、普通线装书库查书，他往往就某一本书、某一个人、某一件事作一个提示，然后告诉我应该去查什么工具书、参考书。对于这种实质性的训练，当时我并没有什么大的感觉，只是想快些查到，查不到的再去问顾老还有什么线索可以去查。当然，他还会作新的提示。日复一日，年复一年，在日积月累的经验中，我不知不觉地对许多工具书、参考书都能应用自如了。

目录版本之学是一门实在的学问，来不得半点虚假的，这一点并非空谈者所能得知。若没有大量的实践，那就是把善本书放在面前，也会无法鉴定。我清楚地记得，顾老第一次教我辨认版本的事，他拿了一部活字本和一部木刻本给我，让我看两部书有什么不同。在这之前，我曾读过刘国钧的《中国书史简编》，对活字本有点理论上的知识，但从未结合到实际上去运用。我在比对后向顾老说了。他说，很好。接下来他就两书之特征及要注意的地方、鉴定的方法详细地告诉了我。顾老80年代后期对我不止一次地说过，“有些人不懂鉴定版本，是因为没有实践，或是没有书可以比对，但是这种人可以请教专家，他们可以进步。麻烦的是不懂装懂，又不查书，又不比较，这种人是有眼无珠。”

在各种版本的鉴定中，最难的是抄本、校本、稿本。对于旧书店、古籍书店收购处的工作人员来说是最棘手的，他们自己都认为稍一疏忽，就会看错，或会将名家批校看成后人过录，或对后人作伪而未能识破，从他们的角度去看，是会造成经济上的损失。而对于一些收藏古籍的公共图书馆、大专院校馆或其他馆来说，如果著录错误或不准确，那就会误导读者，使读者或研究者迷惑。顾老对鉴定这类版本有他的独到之处，他是书法家，对于文人如何起笔、落笔了如指掌。有时，他在看清代学者书札时，会把我叫到旁边，指给我看，这一笔有破绽，那一笔不好，这一顿笔、那一点，某人决不会写出这种字，这不是某人所写，而是后人模仿的。他告诉我，“一般来说，藏书家或学者在书上写有题识跋语，都是事先想好的，或有草稿，然后一气呵成，笔墨自然，而且连贯。如果是作伪，那作伪者的心态就是要尽量模仿逼真，就似临帖一般，没有韵味，也就没有气，所以写出来的字必定有破绽。”

正因为如此，他要求我一定要写字，要念古文。那时，我每天都会在工作时间里写字一小时，写在用毛边纸订成的大本子上，每星期送给他看一次。古代的书法家很多，但他希望我能临写唐代书家褚遂良的碑和帖，他说褚字不错，褚初学欧阳询，继学虞世南，后取法二王，融会汉隶，自成一格。他还拿了几本商务印书馆印的《四部丛刊》给我看，说你看这些题写的书名都是褚体，精妙俊逸、绰约丰姿，有自家面目。所以我最初临的就是《孟法师碑》《伊阙佛龛碑》《雁塔圣教序》以及《倪宽赞》。有时，顾老会站在我旁边，看我临写。兴趣来时，他也会坐下来，临一行两行给我看，那时就可看他如何运笔了。他讲临字不要太像，但要神似，掌握规律。后来，工作太忙，写字就由白天而改成晚上了。

1961 年冬，顾老每逢星期日上午必定到上海图书馆长乐路书库（原历史文献图书馆所在地）去半天，他在那儿翻翻书、查点资料，他对那个地方有着深厚的感情，毕竟他在那个地方住了十多年了，他在那儿付出过许多辛劳和汗水，那儿的许多图书都经过他的手，有不少线装书还留有他所写的书签。在征得他的同意后，我也在休息日去半天。我一直认为我较其他人幸运，因为那一天，我们可以面对面地坐着，我可以静心听顾老讲各种事情。顾老最喜欢说的就是他当年和章钰、王同愈、叶景葵、张元济等人相往来的事。他对这些前辈都是非常尊重的，老先生们熟于前朝旧闻、乡邦掌故，于金石书画、版本目录皆有造诣，故顾老时时登堂展谒，获聆绪论，相与赏鉴，相契极深。顾老也对我讲过“合众”的历史，讲抗战时他主持馆务之维艰，讲解放前夕国民党军队进驻骚扰、地方上的流氓痞子敲诈勒索事给我听。他也讲过如何在废纸中抢救文献的事。

在顾老身边久了，你会发现他爱书、爱图书馆、爱他所从事的事业。“文化大革命”中有人曾批判他说的“片纸只字皆史料”的观点。实际上，在顾老的眼里，只要是书，只要有一点价值，他都不会轻易处理。他曾说过“古代文献，为研究历史、保护文物者所重视，即片纸只字，亦均珍同球璧。”他曾对我说：“有些书对你来讲，很陌生，因为你不研究，不研究但不等于没用，要研究的人就会去找这种书。所以对图书馆来说，它的藏书是要给人用的，光收藏，不利用，那是封建时代藏书楼的做法，今天的上海图书馆一定要改变过去的做法。”他还就上图中文采编部采购新书的事对我说，采购是一门学问，不是什么人都能做的，这要凭经验，要了解读者的需要，不是光看新书简报就行，要走出去，跑得勤才行。图书馆里什么书都应该有，小菜场里青菜、萝卜，各人喜欢。他对上图的老采购孙耀昌的工作是满意的，而孙过去在苏州、上海的旧书店待过，熟悉图书。60年代初的上海古籍书店货源充足，门市上也会偶尔收进一些罕见的珍本，包括各家抄本、名人稿本等。而上海图书馆采购古籍的经费还可应付。在这种情况下，上图善本组可以不断地补充馆藏。每逢潘景郑、瞿凤起先生去古籍书店选书时，顾老要我和他们一起去，他对我说，"你选书没有经验，但不必怕选错，不要有负担，只要你觉得这部书可能没有，那你就挑出来，让书店的工作人员送来，你再查有还是没有。书在手上，几个来回，你就会了解什么书该买，什么书不该买。"只要有机会，顾老总是为我和吴织创造条件，他请潘、瞿两先生去上海海关、上海古籍书店、上海朵云轩鉴定出口的图书、碑帖时，也把我们两人带上参与工作，去逐步熟悉业务。

顾老对于抄、校、稿本的兴趣最大，他喜欢看，喜欢研究。他对各家之笔迹，眼明心细，不爽毫黍，他往往能从一本原题"佚名"著的稿本中找出线索，进而查出作者，这些都是真本事。记得70年代初，在馆藏中发现一部破烂不堪的稿本，书名题作《声韵考》，作者不知名谁，经顾老考证，发现这是清代学者戴震所著，且为李文藻墨版底本。他还鉴定出书中有段玉裁手书及孔广森笺注。他曾针对有些人不重视小稿本（指不太有名的学者的稿本）而对我说，"不要看不起小稿本，有些小稿本倒还真有些资料价值呢。"

70年代后期至80年代初，我有幸随侍顾老出外看书，他每一次出去，身边都带一本《增定四库简明目录标注》，上面有顾老细字批注。他说一般的善本书查查《标注》就可以了，出外带这本可以暂时应付。他随身又总是有一个小本子，遇到什么新发现随手就记下，如1978年在天一阁，他对清初毛氏汲古阁影宋抄本《集韵》特别有兴趣，最后他将段玉裁、阮元的题跋全抄下来了。这也为他1983年时写作"影宋抄本《集韵》跋"时提供了重要参考。为了使我有独立工作的能力，他总是要我先看，提出初步意见。记得有一次我们在杭州，余姚县文化馆的同志得悉后，即送来一个明人卷子请求顾老鉴定。按老规矩，我细细看后，说有点问题，可能靠不住。他看后说，不真。然后告诉我，纸确是染色，钤印打的不是地方，更重要的是书法中破绽，他一一指给我看。还有一次，我们在四川眉山县"三苏文物保管所"参观，在"三苏祠堂"里陈列了一些"三苏"的版本，其中有宋刻本、元刻本。他要我看一看有什么著录不对的地方。他说这也是一种机会，在外面看是锻炼你的直觉，和在馆里看感觉上是不一样的。

顾老60年代因忙于行政工作，又有不少社会活动，所以写的学术性文章不多。我曾为他抄写过几篇文章，如《杜臆》前言、《顾嗣立与〈元诗选〉》等，那时没有复印机，我就用复写纸写成四份。顾老每修改一次，我都要再抄一遍，他每篇文章多要修改三、四次。他说，"写文章是发表个人看法，是给人看的，送出去发表前还有机会修改，现在多一个人看看有好处，从不同的角度去看，总之尽量避免错误。"这完全可以看出老先生的谨慎。确实，他做任何一件事都是认真的，从不马虎。他曾对我说过，"做任何事都要认真，不可轻浮。尤其是做'学问'。'学问'二字，一是学、二是问。学是自己要刻苦；问就是要不耻下问，你不懂的事就要去请教别人，我、潘景郑、瞿凤起，你随时随地都可以问。”

顾老是一位学者，在他身边工作，不光是学习业务，还可以学到其他许多知识。他有时将批改公文交我送办公室秘书誊正发出，我就会看原拟的公文是如何起草的，顾老是怎样修改的，为什么这样改。顾老曾对我说：“写字除了给自己看，有的还要给别人看，字要写得清楚，人家才看得懂，所以做任何事都要想到别人。”对于公文的修改，他举过一个例子给我听，他说的是太平天国战争期间，清军的一位将领打仗老是败阵，后来上司在上报时写道，此将“屡战屡败”，到了幕僚手上，被改成“屡败屡战”。如果按照原先所写，那将领必遭革职查办，甚或斩首，而后改一字，性质就变了，变成虽败犹英勇骁战。因此，他说：“措辞很讲究．既要不费笔墨，又要说明问题，所以写好公文也是一门学问，你也要慢慢学。”

他曾对我说，凡是重要的工具书、参考书要自己买，就像身上穿的衬衣衬裤一样。图书馆的书虽可以借，但不能在上面写上自己的看法。顾老赠我的书中有一些是业务用书，如《明代版本图录》《涵芬楼烬余书录》《四库全书总目提要》《晚明史籍考》《劳氏碎金》等。其中的《涵芬楼烬余书录》有张元济先生和顾老、胡文（编者注：原文作“问”）楷先生的手校，这是刊印前的校样，后为顾老重新装订者。书中张校为墨笔，顾、胡校为朱笔，也有墨笔，从中可以看出三老校得非常之仔细，甚至有个别字不整齐，略现歪斜，他们都一一指出，更不必说其他文字错误了。我曾就校样事请问过顾老，他说：“做事情要认真，不可轻浮。老辈们做事，一板一眼，从不马虎。”他还回忆当年受张元济先生之命，佐理校印《涵芬楼烬余书录》之事，那时张先生卧病在床，如若顾老去时，张则口授指划，如某篇某句有误，应如何修正；或谈版本中某书某刻优劣之所在。盖顾老追随前辈，辄诣请益，获知良多。

我是深深感受到顾老对我的栽培，他对我的成长用心也是良苦的。60 年代初，有一个时期，我晚上大看中国现代长篇小说，什么《红日》《青春之歌》《林海雪原》等等，一本接一本。顾老直截了当地对我说：“看一本长篇小说、要花不少时间，还不如等这些小说拍成电影后，你看电影，只要一个半小时就行了，小说中的内容都浓缩到电影里去了，你的时间就可以省下来了。”自那以后，我就不再看小说了，再好的小说我也敬之远之了。那时，中国乒乓球水平在世界上处于领先地位，国内打球的人愈来愈多，我也是爱好者之一。当时，我在业余时间参加一个区乒乓球队，晚上多有训练、比赛，人也很累。顾老知道后，语重心长地对我说，“你的球打得再好，也只能打到上海市队，但那是强手如林，打进去好不容易。我认为你打球适可而止，中午休息时玩玩，你应该把打球的时间用来学业务，这一行人才太少，你应努力才是。”顾老说这些话，真是有点恨铁不成钢，他希望我能快快成长起来，他要想方设法对我引而教之。

30 年代初，顾老在北平燕京大学求学，住在他的族侄顾颉刚先生家，顾家挂有一块方匾，上书“晚成堂”，据颉刚先生的意思，堂号“晚成”，有两个意思，其一是学问总难以一时作出轻易的结论，要到晚年才可有一些确实的贡献。也就是说欲速而不达。顾老在颉刚先生家，在那儿读书、做学问，受颉刚先生的影响是很深的。他的“吴窸斋先生年谱叙”就是在顾家写成的，末后署有“作于小晚成堂”。顾老很欣赏“晚成”，他对我的愚钝，认为是孺子可教，他也要我努力工作，增长才干，希望我“大器晚成”。70年代末，我曾想做二件事，即是编《明清室名别号索引》及《明人文集篇目索引》，而且我已上马，积累了不少材料。有一天我将此事告诉顾老，谁知顾老一听，马上就说，“你不要去做这二件事，你的精力一定要放在编纂上海图书馆的善本书目卡片上，你的责任很大，这些事已经够重的了。你一定不要锋芒毕露，眼光要放远一些。你要大器晚成。”他又说，“这二部书虽然有用，但是应该别人去编，你不应去做，对于你，太浪费时间的事不要做。这个话，我也只能对你说，对别人我不可以说。”我当然明白顾老话的意思，实际上，顾老的话是出自他的内心，说明他对我的爱护。顾老的话对我也是有如醍醐灌顶，这次谈话后不久，我就将所收集的室名别号全数赠予正在编《清人室名别称字号索引》的朋友了；而抄就的明人文集篇目部分卡片也送入了废品回收站了。

我和顾老相处的三十年，深深感到他的为人高尚，他没有架子，平易近人。《孔子家语》有云：“大德必得其寿。”对于顾老来说，他的长寿和他的大德有关。在他的身边久了，就会感觉他颐养情性、仁爱宽厚、明智通达、对人宽容、与人为善、助人为乐的一面。他1994年为吴织写的楷书“知足长乐，自得其乐；助人为乐、为善最乐”就是他的最好写照。他那种扬弃私欲，淡泊名利，宁静致远，凡事从不斤斤计较，不去攀比，从不参与不必要的纷争。这些品德说起来容易，做起来却很难，尤其是在今天。80年代初，就有不少人写信或找上门来，希望能为顾老写些介绍的文字，但顾老都婉言谢绝了。他最简单、谦虚的一句话就是：“一个读书人，有什么可以写的？”一直到1986年，吴织才获准为他写了一篇《书海五十年——记顾廷龙馆长》。顾老做有些好事是不愿声张的，好像是1964年，江西省老区一个小学的几位少先队员给他写信，希望顾老能赠送一些儿童读物给学校，他们盼望阅读。顾老把信交给我，让我去书店选一些图书。后来我去上海旧书店替他买了数百本连环画和儿童读物寄出了。顾老还叫我不要外面去传。记得刚粉碎“四人帮”不久，北京《文物》发表了一篇某教授关于《京本小说辨疑》的文章，认定学者缪荃孙有伪造之罪，并列举所谓证据。我在当时就新发现的明刻本孤本小说《出像批评海陵佚史》以及未曾引用的资料撰文指出所谓《辨疑》的证据不足，论证有误。文章写成初稿后，我拿给顾老看。他看后说，不要急于发表，先放他一马吧。

顾老对我除了在工作上的指导外，还指导我收集资料做清代乾嘉学者翁方纲的研究。他说：“古籍版本的鉴定说到底，虽然只是技术性的工作，但是却包含了很多文史方面的知识，你不仅要多看、多查、多请教别人，在打下结实的基础后，你还必需学会如何做学问。”他还建议我不妨从研究一位清代著名学者做起，他给我出了个题目，即从各种书、碑帖（拓本、影印本、石印本）、字画中辑出翁方纲的题跋，最后运用所获得的资料编成《翁方纲年谱》。他说：“翁方纲这个人活了八十五岁，寿很高，在乾隆、嘉庆间他所经眼的金石碑版，数他最多，有不少还有他的题跋。而且他的朋友、学生多，其中不乏官场人物，也有诗人、画家、收藏家。他又是诗人，留下的诗作多达数千首，同时他又是著名书法家，清代所云四大书家翁（方纲）、刘（墉）、梁（同书）、王（文治），第一个就是他。你若好好对这个人加以研究，那不仅仅限于了解各种金石碑版、字画书籍的鉴定、流传，而且对于他周边的人物、当时的时代背景、政治、经济以及文人学者之间的关系，你就可以弄清了。这对你的帮助会很大的。”就是从那时起，我开始在顾老的指导下做起了翁方纲题跋的辑佚工作，经过二十多年的努力，我从上海图书馆、北京图书馆、南京图书馆等许多地方居然辑出了翁跋一千三百余篇、翁方纲致友朋手札数百通。有不少都是从难得一见的翁氏手稿本、宋代拓本、旧拓本中录出。1985 年底，我带着《翁方纲题跋》（一百万字）和编就的《翁方纲年谱》（三十万字）稿本到他家里去，我说：“顾老呀，您 1961 年时给我出的题目，我现在完成了，现在向您交卷。”顾老笑了，笑得很开心。他略为翻了一下，就说：“功夫不负有心人。为翁方纲写年谱是值得的。”后来，他为这两本书题了书签，并在 1986 年底的上海市古籍整理出版规划小组第二次全体会议的发言中，专门提到了整理、出版翁方纲手稿的事。

1975 年夏，我在一包明刻残页中偶然发现《京本忠义传》残页，仅存第十卷第十七页的下半页、第三十六页的下半页，并各残存前半页的后三行。我因其字体、纸张俱似明嘉靖物，故特翻检各家书目并孙楷第先生《中国通俗小说书目》，但均未著录。次日，我即持残页请顾老、潘景郑先生审定，他们都认为此虽为残页，但不可小看，或许是《水浒》的一种早期刻本。后来顾老和我合作写了一篇《关于新发现的〈京本忠义传〉残叶》的文章，从残页的字体、纸张、卷回、标题、图案、正文，来考证它应更接近于《水浒》的原貌。之后，顾老即建议将这二张残页用上等毛边纸影印，并配以前言，装订成册，除大部保存外，也有一些赠送给来上图参观访问的海外图书馆界的同行。继《水浒》残页后，我又在另一明周显宗刻本《陶渊明集》的衬纸上发现了《三国演义》的残页，为卷八第十五回“太史慈酣斗小霸王，孙伯符大战严白虎”的上半部分，是过去研究《三国演义》者所从不知晓者。我根据残存衬纸的字体、纸张、文字等进行鉴定，认为此种刻本应在明嘉靖之前，或在明成化、弘治间。那时，顾老在北京探亲，我就将衬纸的复印件和我的看法写信告诉他，并请顾老验证，也就近请北京图书馆冀淑英、丁瑜先生鉴定，听听他们的意见。1989 年 8 月，顾老给我的复信说：“《三国志》残叶印本，我给冀大姐看，她说早于万历，丁公看万历，我是望高看的，同意冀老的意见。您的细心发现，很高兴。这不仅发现残叶的本身，而可使全组（指古籍组）同志有所感受，比讲堂上讲多少时为有效。”

我在主持上海图书馆特藏部（古籍组、文献组、徐家汇藏书楼）工作时，顾老对我说：“你的责任就是要管好上海图书馆的这二百万册藏书，这些都是前人留下的珍贵遗产，不要有任何差错。”80 年代后期，耳闻北京有的图书馆实行读者看善本书要收费的事，还认为这也是适应“改革开放”的一种措施。我把此事告诉顾老，他听了，连连摇头，嗤之以鼻。他要求我，在上海图书馆，读者看善本书、普通古籍以及所有的文献资料，包括 1949 年以前的所有报纸期刊不能收费。他说：“图书馆的书是给人看的，不是商店卖商品。当年，张元济、叶景葵等人办‘合众’时，就是想办法保存图书文献，让读者来看书查资料、做学问。”

二

顾老是著名的书法家，我觉得他的书法功底是借助于字外的学问和修养，他既钻研书法技艺、文字结构、书体源流，也借鉴于历代名迹，熔铸古今，并推陈出新而形成自己的风格。1963年，他作为中国第一批书法家访日代表团的成员首次访问日本，代表团的团长是陶白（时任江苏省委宣传部长），另二位团员为著名书画家潘天寿、王个簃。1979年，他又作为上海书法家代表团成员访日，为中日之间的书法交流起到了积极作用。他的小本子里有不少用小篆抄录的唐诗等句子，他是很谨慎的，每一字每一笔都不能错。第二次去日本时，他还将容庚先生编的《金文编》带在身边，以便备查。他的书法擅长多种书体，尤精金文大篆，取法吴大澂一路，以宛畅颖奇、韵味隽永、质朴古雅见长。他童年时，得吴大澂书《篆文论语》《篆文孝经》，即喜而摹之。早年在苏州，即受到父亲顾元昌（竹庵）先生和王同愈（栩缘）先生的影响，每天都要临摹碑版数十张，十几岁时已能执笔为人写对联了。竹庵先生要求他写字做到平整有力，而不要趋于媚美，并教导他每一个字都要“笔笔平凡笔笔神，寻常要在寻常出”。后又从其伯舅王董成先生习古文字之学，由秦篆而进窥古籀。顾老年青时常去表兄吴湖帆先生家里，吴是著名收藏家、书画家，是吴大澂的文孙。吴早年的篆字笔力刚健，他写字时，顾老经常在旁观其用笔，顾老告诉我说，他受吴的影响很大。顾老中年曾致力于苏东坡体，明解缙曾评轼书云：“东坡丰腴悦泽，绵里藏针。”所以他的楷书又得力于苏字不少。记得有一次我在翻看《西楼帖》，顾师看到后说，这部套帖我早年临过。在北平求学时，即从胡朴安、闻宥、刘三等人学习古文字与书法。1932年，他考取北平燕京大学研究生，专研古文字学。在1935年5月出版的《燕京大学研究院毕业生名录》（1922—1935）中就印有顾老隶属于“国文部”，论文题目是《说文废字废义考》。

“文革”前，顾老为书法展览会或应友好之请，在图书馆里写字，从不用墨汁，都是我用墨磨就的。“文革”后，他发觉“一得阁”的墨汁很好用，而且托裱也不会化开，所以后来他写字就一直用墨汁了。1977年以后，顾老每到一处，都有人慕名来求书，而顾老多有求必应。1979年，顾老偕我去四川成都参加中国古籍善本书目主任委员扩大会议，期间顾老和我去四川大学看望徐中舒教授，当时林小安先生正从徐老习古文字学，知道我们在蓉城后，他就联合徐老的研究生在一家颇雅致的饭馆请我们吃晚饭。席间我说起前二天，有四川省政协委员杨先生来求顾老墨宝，送来不少纸，不光自己求，还附带为另外几位官员求顾老的书法，推也推不掉，而且顾老此行不准备写字，所以笔和图章都未带。谁知，林小安说，这不难，同席的陈复澄是篆刻家，他可以马上刻就。果然，第二天一清早，陈先生就把刻有顾老名字和字号的印送来了。印篆得不错，刻得也好，顾老很是满意。当天下午，我就铺纸做好准备工作，顾老也就挥毫立就了。

许多人都喜爱顾老的书法，1987 年 10 月，顾老和我去深圳参加中国图书馆学会第三届理事会，会议结束后，我们即去广州。广东中山图书馆馆长佟德山先生找到我，说无论如何也要请求顾老赐与墨宝，我代顾老答应了。谁知过了一天，佟馆长竟又拿来一长串的名单，我一数有十余人之多，包括中山馆其他负责人、办公室秘书、司机都有。我一看，只好说再商量商量吧。当我告诉顾老此事后，他笑一笑，说到上海再说吧。我陪顾老去过四川成都三次，每次去，他都要应人所请写字。1978 年 11 月，他为四川省文学艺术联合会写了一幅叶剑英元帅的词，用大篆，极有气派，记得最后一句好像是“九天月揽，五洋鳖捉”。他还去过都江堰，那里的有关部门也请顾老写字，而且都是大字榜书，如“宝瓶口”等，有好几幅，这些作品都是在上海图书馆古籍组内的大桌子上完成的。在创作时，我和几位同事站立前后左右，看他挥毫，只见他执着大笔，凝气运腕，一笔一画，真有力透纸背之功。完成的几幅作品，张张精彩。老实说，每次看顾老挥毫，你都会觉得是一种不可多得的享受。

“文化大革命”结束后，从 1978 年起至 1998 年上半年止，在中国出版界所出版发行的图书中，题署书名最多的应该是启功先生和顾老了。我没有做过精确的统计，但可以说，从 30 年代初至 1998 年止，顾老题过的书名大约在三百种以上。不少作者都希望自己的著作有顾老的题签为荣，他们千方百计找关系、托人请顾老题署。我自己的著作已出版和未出版的也都是请顾老题的。就是有些出版社的编辑，也都喜欢顾老的题署。早在 70 年代初期，上海的有关人员曾根据毛泽东的意图和指示，点校、注释和印制历史古籍、古典辞赋诗词的“大字本”，有关人员就请顾老为这些大字本的注释稿题写书名。那时，顾老每题一签总是写几张，然后交给我，让我选一张，我选中的就在左下角用铅笔画一个小圈，再还给他。有时，顾老不来馆，就嘱人或司机将题签送来交我。他曾教我如何选、如何看。有时都不满意，他就用剪裁的方法进行拼凑，拼成一张最好的送出去。

饶宗颐先生是当代著名的古文字学家、书画家，他也是香港中文大学讲座教授，他的学问和造诣都是世人公认的。1991 年初夏，我拟回上海探亲，行前打了个电话给饶先生，说是过两天我即返上海，不知有什么事需我做的吗？开始，他没说什么事，后来他突然说，你能否请求顾老为我写一幅字？我说这不难，要写什么内容呢？饶先生说，他是广东潮州人，家族的祠堂现在开放供各方游客参观，他早年读书的地方也在其中。他说能否请顾老写“选堂旧读书处”这几个字，做成匾可以悬挂。饶先生还说，现在能为我题字只有两位，一位是李一氓先生，可惜去世了，另一位就是顾老。后来我飞到上海的当天晚上，就去拜见顾老。我把饶先生的请求说了，顾老一口答应，并在我离沪之前交给了我。而饶先生在得到顾老的法书后也高兴非常。

由于顾老书法上的成就，不仅在国外赢得了赞誉（著名的美国普林斯顿大学葛思德东方图书馆的馆额即是他在访问期间写的），而且在国内有许多书法爱好者也都希望得到他的墨宝。除了一些博物馆、纪念馆、某些省的文物保护单位来函索题外，顾老经常收到求书者的信件。我在他身边工作，我很了解书法爱好者的求助，是给了顾老很大的激励，但是他的时间、工作、身体都不允许他能一一如愿。他有许多想做的事，他常常感到没有时间了。1987年10月，我在美国做图书馆学研究结束返国后，不止一次次地劝说他，有些字可以不写，什么人都写，这太浪费精力了，我甚至还想在他寓所门前贴上谢绝写字的告示。但顾老都没有答应。他说，有些人喜欢我的字，我不能拒绝他们。顾老的书法作品是从不卖钱的，这与如今商品社会中不少所谓书法家稍一动笔就要拿钱的不同。许多人都认为，我在他身边学习、工作了那么久，手头一定有不少顾老的法书。实则不然。1996年12月，上海图书馆的同事推出了顾老的书法展览会，这之前，有关同事就打长途电话到美国，要征求我收藏的顾老书法。实际上，很多人都不相信，我仅收藏有四张，二张是60年代全国、上海开书法展览会时顾老各写了二张，他选了一张送出，另一张说是要扔掉，我赶快收起来了。一张是70年代初期，他写的草书，是送给我和内子的。最后一张是我离沪去香港定居之前，我请顾老赐以墨宝留作纪念的。

清人刘熙载尝言："书者，如也；如其学，如其才，如其志，总之曰如其人而已。"实际上，书法是道德文章的载体，也是反映写者的思想，抒发人生抱负的对象物，他们的德性连同他们的书艺、书法成就都对象化地到了他们的作品之中。对于顾老来说，他的书法作品正是他抒情达意，畅怀自娱的过程，也是他修身养性的重要手段。他把他对文字的理解，用书法的形式表达出了他的品性、意识、情感、毅力，他也把自己的品行修养、学识水平融于其中，才能使之人如其书，而达到人与书法俱真、俱美、俱善的阶段。这也是唐柳公权说的"心正则笔正"、明项穆说的"人正则书正"，因为这些都是在揭示书法作品中蕴含着作者的气质、禀赋、个性、才情、学识和品德。

（原刊于《文献》2000年第3期第4-19页）

学术事功俱隆　文章道德并富（下）
——回忆先师顾廷龙先生

沈　津

三

顾老是中国图书馆事业的前辈，德高望重，他一生辛勤从事图书馆事业。他是怎么会和图书馆结下不解之缘的呢？顾老在《纪念袁同礼先生百龄冥诞》一文中曾说："一九二九年北平图书馆新馆落成，其址与北海相邻，美轮美奂，藏书丰富，编目和管理等均采用新法，与世界先进国家相应接，为我国第一所新型的图书馆。经过两年筹备，文津街新馆于一九三一年九月开幕，举办展览会。时余负笈燕京，前往参观，洋洋大观，美不胜收，对余此后终身务于图书馆事业，从事目录版本之学，有深刻的影响。"

1939 年 5 月，叶景葵、张元济、陈陶遗、陈叔通、李拔可诸先生有感于抗日战争期间，倭寇肆虐，江浙文物纷纷流散，摧毁之烈，空前未有，文化遗产之沦胥，奭然心伤。有鉴于此，他们遂有在沪创办私立合众图书馆之意，并招顾老自北平赴沪主持馆务。馆名"合众"，盖寓众擎易举之意。在那个年代的上海，较重要的专业图书馆已有科学技术的明复图书馆、近代史的鸿英图书馆，所以叶、张、顾则创办了以古籍为主的历史文献图书馆，此三馆均为研究性质的图书馆，便利专业读者，培养专业管理人员，编印专题书目。也是在那个年代的上海，除了郑振铎、张元济、张寿镛、何炳松、张凤举组织的"文献保存同志会"，在陈立夫、朱家骅的支持下，由蒋复璁居中联络，为国立中央图书馆购得大量旧家藏书外，再一个就是"合众"了。合众馆从那时起，也担负了为国家、为民族保存文化遗产的重任，他们想方设法，征访江浙私家藏书，谋所以保存之策，不遗余力地保存了许多有价值的重要文献（1949 年后的上海历史文献图书馆就是在合众图书馆的基础上发展起来的，后又复统一于上海图书馆）。顾老曾告诉袁同礼先生"合众"创办的目的，就是"搜集各时代、各地方的文献材料，供研究中国及东方历史者的参考。在收购上所拟标准是工具书、丛书、地方志、地方总集、批校本、稿本等等。以私人力量办一专门性图书馆，前所未有。”顾老早年在“合众”的工作，做得非常之好，所以叶景葵先生有“集杜句赠顾起潜”，句云：“复见秀骨清，我生托子以为命；由来意气合，汝更少年能缀文。”由此可见一斑。

60年代初，顾老即感到在上海图书馆要做的事太多了，他首先想做的就是做好基础工作。其中善本组补充馆藏、编纂善本书目、整理尺牍方面的工作都是他主持进行的。我记得1964年时，在北京中国书店有一批家谱、鱼鳞册，数量极多，北京的许多单位都看不上眼，因此滞留库房，资金不能运转。差不多同时，在上海古籍书店、安徽屯溪古籍书店也都有大批鱼鳞册待售。上图得知信息后，迟迟不能作出决定，经请示顾老，顾老马上拍板，在他的过问下，这批图书迅速转入上图收藏。察其地区范围，多采安徽黟县、绩溪、歙县、祁门、休宁、宁国，江西庐陵、婺源等地；江苏江阴、浙江遂安、上虞、会稽等县。时代则从明万历至民国初年，如《万历九年丈量鱼鳞清册》，四十余册，均为填写本，按千字文排列。此外如顺治、康熙间的也很多。又比如说家谱，它的重要性不必赘述。我们不妨用数字来看一下上图所藏家谱的增长，1952至1958年，上图家谱为五百余部，三千余册；1959至1964年，从安徽屯溪等地专门采购了五千七百余种，二万五千七百余册（不包括1955年在上海造纸厂抢救文献时获得的家谱，共八千十一种，五万九千册）。可惜的是，1964年反右倾，不能大买家谱了，顾老也为此事承担了责任。顾老从事图书馆古籍采购近五十年，深受顾颉刚先生的《购求中国图书计划书》的影响，这份《计划书》含义甚深，计划周密，所拟采购十六大类的范围详述无遗，故无论在合众图书馆，还是历史文献图书馆、上海图书馆，顾老都以此途径为收购目标。1981年初，北京书目文献出版社的《文献》杂志来约顾老写稿，顾老认为顾颉刚先生对图书馆事业的贡献主要表现就是在《购求中国图书计划书》上，因为任何一位在图书馆从事采购者读了，都可一扩视野，而不为传统所蒙蔽，所以他就将这份《计划书》推荐给《文献》发表，并写了一篇文章勉述顾颉刚先生对图书馆事业的贡献。

国内的一些大型的、重要的省市公共图书馆的“家底”是很难搞得清的。1990年4月，我随顾老去南京图书馆在龙蟠里的书库参观，但见未整理之旧书甚多。所以，顾老感叹地对我说：“没有一个大馆的家底是清的。”“要清，只有一个办法，那就是编成书本目录。”顾老在“合众”时期，他和潘景郑先生曾编就了十数种各家捐赠图书目录。历史文献图书馆等四馆和上海图书馆合并以后，藏书大增，在各种准备工作就绪后，《上海图书馆古籍善本书目》的编纂工作也就开始了。这项工作始于1961年，至1965年编竣，当时为复写纸所写，计八册。顾老是主编，潘景郑、瞿凤起两先生是做具体的校卡工作的，而我和吴织则是他们的助手。当时馆藏善本书约在一万四千部、十五万册左右。顾老给我们的工作就是据卡片提书、还书。顾师要求我们，“凡是潘、瞿两位和他校改过的每一部书，每一项的著录，包括书名、卷数、作者、版本、稽核项、附注项，为什么要作这样改动，你们都应细细地看，并且要作核对，如果有什么疑问，就要马上提出来。”他要我们注意各种版本的字体、纸张、钤印以及许多著名藏书家、学者的字体，并且希望我们在抄本、稿本的区别、鉴定上多花一些工夫。我还记得那时我为了解清代重要藏书家黄丕烈的字体，曾把馆藏所有的黄跋、黄校调出来对比，而顾老则从书法的角度为我诠释黄字的特点。就这样，我们几乎将全部馆藏经眼一过。我曾在拙著《书城挹翠录》的序中写道，“这种实践是在大学图书馆学系的讲堂和书本上学不到的。至今我十分怀念那段时光，既钦佩顾老和潘、瞿二先生的道德文章，又感激他们毫无保留地谆谆以教、提携后进的可贵精神。”这实在是我的心里话。

上图的明、清名人尺牍简帖收藏约十一万余通（件），在全国来说，没有哪一个图书馆、博物馆能和他匹敌，诸如《王阳明先生尺牍》《颜氏家藏尺牍》《八大山人手札》等等，应有尽有。但是，数量虽大，检索则不易，费时费劲自然不必去说，即便知其一也难知其二、其三。于是顾老就找人设计著录尺牍简帖的卡片，并设法请人将尺牍简帖的下款（寄信人）全部做成卡片，每札一张，列出在何种书札之内，并用四角号码排列。这样做，不仅可以将家底摸清，而且可以对寄信人，包括明、清、民国时期的各种人物的书札一索即得。如明文征明、祝允明，清曾国藩、左宗棠，民国孙中山、黄兴等人，都可立时查得在何种尺牍、手札中。像这样的检索方法，在国内领先其他收藏单位。很多研究近代史的专家、学者，都很重视《汪康年师友书札》的出版。由于汪康年长期经理报务，中经甲午战争、戊戌变法、义和团运动以至辛亥革命，当时各派重要人物和他书札往来频繁，声息相通，《书札》保存了大量的原始资料，对研究中国近代政治史、文化史、经济史都有重要参考价值。在美国哈佛的近代史专家孔祥吉教授就这样对我说过此书的重要，因为孔教授是研究清末维新变法的。他从中辑得不少重要材料。实际上，早在50年代，顾老就考虑到这部六十巨册、七百余人、三千余通的《书札》的价值和有些学者利用这部书札的困难，因为《书札》中多为行书，间有草书，有些字不易辨认，如若抄写者以己意改之，则全失真意，必致误己误人。他一直在寻找机会请人全部抄出来，以便将来排印出版，供研究者利用。顾老终于找到了早年曾在商务印书馆任文书工作的高乐赓先生，此外还有项平甫先生，这两位先生早年都喜爱书法，受过书法的训练，他们的抄写工作做得非常出色，终于全部抄竣。这件事，如果没有当年顾老的策划，也就没有后来上海图书馆古籍组同仁的标点以及上海古籍出版社的标点本。这部《手札》后面所附的许多人物小传，都是早年汪诒年以及“合众”时期顾老就自己所知并请多人就记忆所及补出，供读者参考的。顾老对于名人书札，确是有一种偏爱的心情，我们不必去说60年代初期他主持的上海图书馆藏《明清名家学者书简展览》的事，而只要看他晚年为《近代名人手札真迹》（盛宣怀珍藏书牍初编，香港中文大学收藏）以及为上海博物馆编的《宋人佚简》写的序就可窥见顾老的心境了。他在前书之序中说：“名人书牍，笺纸精良，书法洒脱，文字隽永，如能择尤影印，熔书文纸于一炉，不其美哉！集腋之愿，固余多年向往而未得者也。”

顾老在图书馆辛勤工作了六十年，他主持编纂了不少重要图书，诸如30年代的《章氏四当斋藏书目》、40年代初的《明代版本图录》（和潘景郑先生合编）、50年代的《中国丛书综录》、80年代的《中国古籍善本书目》、90年代的《续修四库全书》。这些重要图书都凝聚了顾老的心血。他曾经不止一次地和我谈他1938年在燕京大学图书馆时编《章氏四当斋藏书目》的事，他特别得意的是，他仅用了四个月就编出来了。他要我好好看一下这部书目，并把看后的意见告诉他。我虽是顾老的学生，但我不必去吹捧顾老，说实话，即使我们今天站在图书馆及读者的立场上各自去看，这几十年来出版的不管是公家，或是私人的藏书目录，都没有任何一部超出它著录的详细。在那个时代，要编出一部具有特色的书目是不容易的，顾老是在总结了前人编纂书本目录的经验后，从有利于图书馆及读者的两种角度去编的。因此顾老认为书本目录除了索引外，一定要详细，读者检阅才不会困难，而且可以获得许多信息。所以《章氏四当斋藏书目》的编制突破了历来传统的著录，顾老除了每书的书名、卷数、作者、版本、稽核项外，又别其部居，录出每部书的题识、印章，甚至“其中校证之本，有假自友人者，复于各书题识之后加以按语，纪其姓氏爵里行谊之概略，匪特见当日析疑之助，兼可为后来文献之征。”又“凡章氏移录前贤题记不经见者亦录附之，以资稽考。凡书中题语有涉及章氏之友朋，就闻见所及者酌注履贯，以详渊源，藉见当年盍簪之盛。”这部书目，收书三千三百六十八部，分为三卷，费时四月，书成五册，可以设想，如果没有广博的知识、扎实的专业基础，那是无论如何都编不出来的。叶景葵先生在1938年9月28日致顾老信中有云：“接到四当斋书目一部，体例极善，足以表章式老劬学之里面，吾兄可谓能不负所托矣。”吴织曾经在《书海五十年》这篇写顾老的文章中说道，也正是由于这本《章氏四当斋藏书目》，成了日后叶景葵、张元济先生等人创办合众图书馆前，邀请顾老来沪主持工作的“牵线者”。

数百年来，有经济力量的文人学者有感于图书之难得，多有辑佚丛书之功。因此，丛书之辑印，起到了化身千百、流通古籍、便于学者利用。“合众图书馆”创办于“搜残编于乱后、系遗献于垂亡”的年代，顾老考虑到以传布先哲精神于万一，在力所能及的情况下，秉承前人之志，有编辑《合众图书馆丛书》之举。《合众图书馆丛书》共分二集，第一集共十四种，第二集为一种。以一个私人创立的图书馆编辑出版丛书，在当时是不容易的事。第一集从1940年至1945年间，由私人募捐出资而陆续付诸石印印行。60年代初，顾老曾告诉我，当年印这些书很难，因为国民党政权不稳，币值不保，筹钱不易，所以拖得很久。在第二集《炳烛斋杂著》的跋中，他写道：“时方多难，筹款未集而罢，忽忽四年矣。”“国难未已，物价动荡，瞬息万变。”这些书除了第一种《恬养斋文钞》为陈陶遗先生题署外，其余十三种都是顾老所题。为了节省开支，顾老亲自动手，钞成了《东吴小稿》及《论语孔注证伪》（卷下）。顾老在《丛书》“缘起”中说：“本馆丛书之辑，志在使先贤未刊之稿、或刊而难得之作，广其流传，顾非一馆之藏之力所克胜任。缘商同志，谋集腋成裘之举，所选著述以捐资者之意趣为指归，各彰所好，各阐所宗，学海无涯，造诣不一，要其专治所学，发抒心得，必有足贡献于后来者，勿偏持门户，勿执一绳百，采撷英华，视读者之去取何如耳。际此世变抢攘之日，物力凋刘，旷古未有。丛书之印，先后六年，成书十有四种、编次不免芜杂，工事每况愈下，因陋就简，咎何敢辞，勉强为之，犹贤乎已，因便流通，汇编成集，述其缘起如此。”

顾老对于善本的理念在于当代图书馆专业人员不仅要保管好先人们流传至今的珍贵文化遗产，更重要的是在于利用。他曾说：“窃谓今日管理善本，重在重印，使其化身千百，代代相传，不至湮没。”在上海图书馆时，为使孤本不孤，他又提出影印（石印）馆藏善本的计划，在馆内有关部门的配合下，影印了如《唐鉴》《梁谿先生文集》《词人纳兰容若手简》《三峡通志》《太康物产表》《分门琐碎录·农艺卷》《稼圃辑》《浦泖农咨》《台湾府志》等。70年代后期，又影印了《永乐大典》（“郎”字韵）、《农桑辑要》等。又交上海古籍出版社、上海书店影印了不少重要善本。顾老在《宋人佚简》序中呼吁：“希望出版界对现在古籍，择其稀见者为续命之谋，终使孤本不孤，秘本不秘，有利于学术研究，岂不善哉!”这些都体现了顾老为读者服务、为学术界提供资料的一贯思想。顾老也曾主持撰写《上海图书馆古籍善本书提要》，当时第一步想把馆藏最重要的一级藏品先撰成提要，参与撰写的有顾老、潘景郑先生、翟凤起先生、沈文倬先生等。可惜只写了数十篇，用上图印的小稿纸，如今也不知存否了。顾老早年写过数十篇题跋识语，所撰跋语，言之有物，精义蕴蓄，裨益后学甚多。

《中国丛书综录》是一部大型的参考工具书，集全国四十一个图书馆所藏丛书二千七百九十七种，收有各种学术著作三万八千八百九十一种。为了便于读者查找，其编纂从丛书书名、子目书名、著者姓名三个方面去查寻。这本书的出版在国内外影响都很大。“文革”结束后到80年代中，我在接待许多到上海图书馆参观访问的海外东亚图书馆同行时，他们都会提到这本重要工具书，称之为“功德无量”“嘉惠学林”。这本书仅题“上海图书馆编”，而实际上负主编责任的是顾老。在《综录》出版之前，顾老一直对于日本东方文化学院京都研究所编印的《汉籍目录》耿耿于怀，他不止一次地对我说过，日本人也太狂妄了，嘲笑我们没有能力编这种大型的工具书。陶湘涉园所藏为日人所攫取，其中丛书一千余种，然而日人却在《汉籍目录》的跋中说：“世之读支那书者，皆将赖其利焉……凡宋元而还，逮乎近代，效左禹锡、陶南村之为而不在我库者盖鲜，则凡公私之库藏支那丛书而苦于检阅者，亦可赖此目而求也。”实际上，编这本《综录》是萦绕在顾师脑海中许久的一件大事。然而，顾老就凭日本人这种狂言，他也要为中国人争这口气，为民族为文化去争得荣誉。所以50年代中，他率人先将“合众”时期所收集的丛书，编制了列有子目的卡片草目，并入上海图书馆后又增加许多，又说服谢国桢先生放弃以个人力量编纂丛书目录的设想，最后联合北京图书馆等单位提供的馆藏，仅用了一年三个月的时间编成此书。这是中国历史上收书最多的古籍目录。他不仅在数量上远远超出日人，而且在质量上、检索方法上都领先于日人。

做学问的人莫不把重要工具书、参考书看作是开启治学门径的钥匙，而图书馆的责任之一就是要利用馆藏的文献、资料来编纂各种目录、索引或其他工具书来为学术界、为读者服务。上海图书馆几十年来在这方面确实做了不少工作，其中《中国近代期刊篇目汇录》，就是从1959年起，组织馆内二十余位工作人员，还有十多个中学百多位学生在万象森罗、不可悉数的旧期刊中核查原刊，反复配套，将杂志中的每篇文章，甚至“补白”逐篇登记，把刊名、创刊、停刊时间、刊期、卷次、出版年月、作者、译者全部反映，历时七年，一式三份，写出卡片一百数十万张。那时顾老每星期都会抽半天前去徐家汇藏书楼了解进度、解决疑难、指导工作。1965 年出版了《汇录》第一集（1857—1899）。第二集（1900—1911）及第三集（1912—1918）陆续付排，并打出校样。而 1919—1949. 5 月以前的篇目全部抄齐卡片，只待整理编辑，但因“文化大革命”运动开始，工作停顿，而将卡片分装三十八个大木箱保存，以俟运动结束后再重新启动。谁知道，“文革”中，工、军宣队竟以徐家汇藏书楼“房屋拥挤”为名，把视为“四旧”的三十八箱期刊卡片作为废纸处理，以六分钱一斤的代价整车运出，卖给了废品回收站，进而并入造纸厂化浆，终于造成了不可挽回的损失。当时他被靠边审查，没有发言权，而且事前也毫无所知，这件事使顾老为之痛心不已。他没有想到，有些人竟然无视文化的需要，竟使许多工作人员克服了众多困难、费去不知多少汗水、心血而成的重要资料荡然无存。他一念及此事，就会发闷气，一句话也不说了。我知道他对此事是很痛心、很难过的。因为后来他就此事写过一篇文章，文内就有“每念及此，不禁老泪纵横，情不能已”。真可想见他的心情。他对我说过，“做图书馆的人，心中要有读者，要为他们服务，不为读者服务那还要图书馆干什么。”他还说：“不能为读者提供方便，这是最难受的事。”

“文化大革命”初期，顾老受到不应有的对待，他被靠边审查。1967 年有一天，我接到上海古籍书店韩振刚先生的电话，说是他们店里最近收到一部明刻本的书，想送来上图请帮助鉴定。记得那天是下午三时左右，地点是在上图西大楼底层俱乐部乒乓球桌旁，我请顾老、潘景郑、瞿凤起三先生都到场鉴定。上海古籍书店的韩振刚和高震川两位先生送来了一包书，打开一看，有的书已成饼状，粘在一起，有的还可以翻阅。这即是后来定名为“明成化说唱词话丛刊”的《新编全相说唱足本花关索出身传》等十六种（附《白兔记》传奇一种）。韩说了他们得书的经过，并说由于书是从棺材中取出，所以希望能将书用紫外线加以照射，以求“消毒”。我都帮忙办了。顾老他们看后，都表示这批书很难得，过去从没有见过。顾老并要我到大书库借一部郑振铎的《中国俗文学史》来，要我翻一翻郑著中有没有写这个时期这种图书出版的事。我翻阅后即告诉顾师，郑氏没有见到这类的书。顾老在韩、高两人走后，把我拉到一边，告诉我，这些书很重要，是研究中国俗文学史、戏曲史和版画史的重要见证。他要我打一个电话给上海市文物管理委员会杨嘉祐先生（杨当时在“老上海组”），把这件事告诉他，因为这是“地下发掘物”，根据有关法令，“凡是地下发掘物，一律归公家收藏”。所以第二天上午，杨嘉祐先生就持有关文物法令前去上海古籍书店依法收回此书，改由上海博物馆收藏。[这件事，我在《论新发现的孤本小说〈出像批评海陵佚史〉及其它》（台湾《书目季刊》1995 年第二十九卷一期）上有所述及] 当然，这部书经过学者的研究，可以肯定这是我国现存诗赞系说唱文学的最早刻本，它的发现有助于弄清中国文学史上“词话”的真貌；而成化刻本的《白兔记》不仅是我国现存最早的“传奇”刻本，更是研究南戏和早期传奇的重要见证；而书籍中的版画，也是国内现存最早的戏曲小说插图之一。这件事，我是经手人，所以清楚。可以说，如果没有顾老的建议，那这部重要图书会发生什么样的结局，谁也不知道。

经过顾老和王元化先生等人的呼吁，报纸舆论的宣传，社会上许多学者都知道上海图书馆藏有清末重要官员盛宣怀档案，现在这批档案正在作大规模的整理。顾老是深知这一档案之重要性的。连上海图书馆的许多人都不知道，顾老在1970年夏奉命参加一个从盛宣怀档案中查找钓鱼岛资料的小组，小组的成员还有潘景郑、瞿凤起、沈宗威（上海博物馆）和我，负责此事的是上海图书馆革命委员会委员聂佩华。工作的地点在上图东大楼301房间。事情的起因是因为《参考消息》上刊登了日本政府蓄意霸占钓鱼岛的消息，有学者经过考证说清慈禧太后曾赏赐钓鱼岛给盛宣怀事，并影印圣旨以证。因此，我们几个人每天都要小心查找，生怕漏掉。结果，有关钓鱼岛的文件等什么也没有查到，只好收兵。但是，翻了一遍，大家对档案的性质也清楚了。

在1970年初，他以“接受再教育”的名义，被派往上海市文物图书清理小组参加抄家图书整理的工作，在清理小组时，几乎每天都有单位将被抄家者藏的图书送来，他又和书打上了交道，人虽然累些，但心情似乎宽松了许多。凭着他数十年的实践经验，他发现了不少熟识或知名者的手迹，包括抄本、稿本和信札。如刘半农、姚石子的日记；老舍的手稿、鲁迅的手札、张元济批注本《郘亭知见传本书目》等等。这些原本（件）上并没有署名，幸好顾老识得他们的字，于是就将之妥善保存，不然的话，碰到“不识货”的人那还不知如何“收拾”呢。最可惜的是他在乱字纸堆中发现半卷唐人写经，急忙再细找另半卷、却怎么都找不到。后来问起别人，才得知那半卷因被人认为是残卷，没有什么用而扔了。顾老听后愕然不已。1972年，上图成立古籍组，顾老又被调回来，他和我说起此事、总觉得怅怅的。

四

中国古籍浩如烟海，流传至今的善本古籍是其中尤为珍贵的部分，也是我国古代文化遗产中的重要宝藏。自古以来，公私编纂的古籍目录难以数计，但却没有一部集中反映全国古籍善本总貌的目录。1975年10月，病重中的周恩来总理指示：“要尽快地把全国善本书总目录编出来。”“四人帮”被粉碎后，这项工作提到了议事日程。1976年底，北京的有关部门指定顾老专程去京听取指示。他在听完传达返沪后，非常兴奋，他深深感到这是总结中华民族珍贵文化遗产的大事，这样的大型目录，是过去藏书家、学者想也不敢想的事情。《书目》虽是简目，但可按图索骥，为学术研究求书之导引，为目录版本学的研究，为整理古籍提供大量线索。为此，他表示，古人云：跬步不休，跛鳖千里，累块不止，丘山丛成。七十三岁的他不顾年高体弱，以极大的热情，不辞辛劳，信心百倍地投入了工作。

他是深知古籍整理和版本鉴定专业人才匮乏的事实，“文革”前，他为了这方面的人才青黄不接，曾呼吁要尽快解决古籍鉴定、古籍修复等人才短缺问题。“文革”中，古籍、历史文献都被视作“四旧”，他连提建议的权利都没有。所以，有了编辑《中国古籍善本书目》的机遇，他要用他的所长去培养古籍版本鉴定专业的接班人。1977 年夏，他应四川省图书馆之邀，风尘仆仆地携我一起赶到四川省乐山市，为蜀馆举办的“西南、西北八省古籍训练班”授课。参加训练班的约八十余人，其中大部分是来自四川、云南、贵州等省的图书馆、博物馆、文管所的工作人员。顾老是用苏州国语讲课，我在旁助顾老在黑板上写字。有些课是我替代顾老讲授，顾老则坐在旁边为我助阵。课后和晚上，都会有一些“同学”来我们住地商讨问题。我们在乐山待了十天，饭后暇时，我们便会在大佛寺旁散步，顾老的心情非常之好，有一次，他对我说：“这几个省来的人以后回去，不光是要在实践中运用学到的知识，而且他们今后还会注意如何保管，如果每个图书馆都有懂得古籍重要的人，那也算是后继有人了。”

从 1978 年 3 月在南京召开第一次全国古籍善本书总目编辑工作会议上，顾老被任命为《中国古籍善本书目》编辑委员会副主任委员，兼任主编始，至 1995 年 3 月在北京举行的“《中国古籍善本书目》庆功表彰会”止，顾老参与了整个编纂工作的初编、汇编、审校、定稿的全过程。为了编好这本大型目录，他提供了许多有益的经验和建议。为了使目录的质量有所保证，他曾将上海图书馆的善本书卡片逐张审阅，发现问题，即行改正。他还亲自执笔写成了上海地区在普查、编目古籍善本书卡片的一些体会，打印出来供其他省的同行们参考。1978 年 11 月初，在四川成都召开“总目”（当时称“总目”）编辑委员会扩大会议前，顾老考虑到初次参加善本编目工作的人，在版本著录方面最好能提供实例，参证对比，有所借鉴，以应急需，就提议从上海图书馆馆藏中选出一些宋、元、明、清刻本和抄、校、稿本，编成《善本书影》，并略具简说，让大家参考。事后我们选出三十种，简说是潘景郑先生和我撰写的，并全部由顾老改定。任光亮先生负责和上海古籍书店联系，并承他们大力支持。影印《善本书影》从编辑到出版，仅用了一个星期。我记得，书刚印出，我们就迫不及待地装箱、随后带往成都，提供给来开会的代表们了。

1980 年 5 月，顾老因《中国古籍善本书目》的汇编工作，自沪赴京，住在虎坊桥香厂路的国务院信访招待所内，和各地图书馆的专家和工作人员齐聚一堂，我和上海图书馆的任光亮先生则追随顾老左右，朝夕相亲，沃闻绪论。他在北京和大家一样，认真工作了八个月。说实话，除了居住在北京的同仁外，其余各地来的三十三位专家和人员都克服了地区、生活、家庭、个人的不少困难。对于顾老来说，虽然他很乐观，他说我是一个人，走到哪都行。实际上，他即使有困难也很少向人提起，因为他不想多麻烦别人，给别人增加负担。比如说，顾老是典型的苏州上海人，一日三餐吃的食物也多为南方口味，而在北京，早晨的薄粥、馒头，和上海的早餐习惯不太一样。星期天只供应两餐，对于久居上海的南方人也只能设法适应。有时，顾老就会约我和任光亮先生去虎坊桥的“砂锅居”打牙祭。又如招待所的厕所是“蹲坑”，去厕大解，这对一个平常人来说是小事一件，但对于高龄老人来说则是有些麻烦，他的脚力不济，不能时间太久。这一点我很了解，我曾和顾老在峨眉山下夜宿，那里的条件较差，夜晚如厕必用手电筒照明，所以我陪顾老去时，才知道老年人的不便之处。在香厂路初期，他还希望能在“坑”旁加扶手，以便撑持。后来，负责后勤的同志得知才设法为顾老换到另一幢楼，靠近有抽水马桶的厕所旁。记得1981年初，香厂路的汇编工作告一段落，各地的同志都准备返回所在地，毕竟在京八个月了，大家都有“归心似箭”的感觉，这时顾老对我说，“我要最后一个离开香厂路，大家走了我才走。”当我将顾老的话转达给潘天祯先生（副主编）时，他很感动，他说应该顾老先走。我说：“别争了，你们走了，顾老才放心，我们也才走得掉。”我可以说，在他身边工作那么久，顾老对人、对工作、对事业，从来都是质朴无华、以情相归，从未盛气凌人、顾盼自雄，他也从来没有利用自己的名誉地位搞什么特殊化，或去谋取自己的私利。

顾老晚年做了不少事，其中最重要的就是完成并出版了清初著名学者顾祖禹的《读史方舆纪要》，以及与顾颉刚先生合辑的《尚书文字合编》。《尚书》为中国最早的古史文献，儒家列为经典之一，对古代政治、文化产生过极其深远的影响，是研究中国历史必不可少的重要典籍。但这部书在流传过程中产生数种不同字体，从而成为一部文字最有争议的经籍。顾老早年曾对《尚书》文字作过研究，他曾自署“隶古定居主人”。“隶古定”之“隶”，为正书，以其由隶书演变而来。用通俗一点的话来说，“隶古定”就是用正书按科斗古文笔画写定的本子。《尚书文字合编》是汇集历代不同字体《尚书》本子为一编，旨在正本清源，通过探索其文字变迁之踪迹，以开拓研究之新途径。1931年，顾颉刚先生在北平燕京大学历史系教授尚书学，他为了解决《尚书》文字问题，提出从研究历代传本的字体入手，并计划把各种字体的本子集刻成一编，看它因文字变迁而沿误的文句有多少。为此，他和顾老于30年代着手编纂《尚书文字合编》，将搜集到的历代本子摹写刻版，后因抗战爆发未能出书。1980年12月25日，顾颉刚先生病逝，顾老在参加颉刚先生的追悼会回来后对我说：“等回上海后．要找时间、找人重新整理编纂《尚书文字合编》，再不做，怕没时间了。”这时顾老已经感到继续此书的编纂是迫于眉睫的了。实际上，早在60年代初、70年代末，顾老二次要我在原历史文献图书馆馆址（上图长乐路书库）寻找30年代摹写刊成的《合编》的版片，但都因杂物堆放，探觅困难而未能找到。1982年6月，上海市委宣传部干部来上海图书馆看望顾老，并征求意见。顾老即以此事提出，后承允准配备助手。年底，即有孙启治先生调入上图协助编辑工作。孙来后，顾老对我说：“现在有专人做了。火车只要开，终归要到站的。”1991年，我在香港中文大学工作，当年9月底，顾老给我的信中有涉及《尚书》的事，“贵馆有无英法所藏敦煌经卷的胶卷？上海图书馆有一份，是从北图拷贝的负片，复印出来很不清楚，不知贵馆有正片否？我想贵馆必有之，选堂先生深研敦煌之学者，必知之。我要关于《尚书》部分。如果尊处有正片，我将把英法两国所藏有关《尚书》的号码开呈，拟恳复印一份。”后来我在中大图书馆找到一些台湾影印的英法所藏敦煌经卷中的《尚书》，复印后给他寄去了。顾老给我的信中说：“颉刚先生的《尚书文字合编》，‘古籍’允出，在进行中，我有生之年，或可一见。”1994年2月的信上有“我手中尚有《尚书文字合编》一书，今年可以完成。要求上帝保佑维持我一年，可向颉刚先生报命了。此事中断了六十年，多幸党和政府之关心，配备助手得以有成。现在正在写序文，比写‘读史方舆纪要序’从容些。”“今年二、三月，我要回上海一行，希望能把《尚书文字合编》发稿，此属国家古籍规划小组重点项目。”1995年4月的信云：“我去年一年、忙于《尚书文字合编》工作。写前言，请人提意见，一再修改，今始定稿，其迟钝可笑！今年可出版。”1996年2月的信云：“去年一年中，上半年忙于《尚书文字合编》的前言。此书只不过提供资料，而不是研究成果。发动到成书跨度为六十四年。总算完成了，可以告慰颉刚先生于九泉。”

《读史方舆纪要》是清初顾祖禹费时二十年而撰成的一部历史地理学的重要文献，叙述各省、府、州、县建置沿革、疆域变迁，侧重于山川险易、攻守异势，对旧舆地书名实错误，据正史多有订正。为了将这部重要稿本影印出来，他费了不少精力。我在香港时，他还曾在给我的信中要求我查找台湾出版的张其昀全集，看张氏有无撰写有关顾祖禹的文字，1991年9月的信云：“台湾张其昀先生有全集出版，本数很多，大陆（上海恐无，听说价很贵）不知何处有（陈叔谅先生有一部，不全，陈先生不久前又已作古）？贵馆如有，请您查一查，张集中有无关于顾祖禹的任何撰述。抗战前，张先生亲到无锡、常熟访问顾祖禹的遗事。在常熟顾曾居住过地方，获得有一笺，末署‘禹’字，认为顾的遗墨。张当时即以照片寄赠钱穆，钱穆即拍一照片寄我，我恐久而褪色，即托友人用珂罗版印了数纸，一直夹在稿本的第一函，今已失去，不胜遗憾！钱穆、张其昀两先生均已下世，惟我知之，而我的一份也没有保持，怅怅！顾祖禹《读史方舆纪要》稿本已影印竣事，明年可出版。亟待将‘禹’字一笺印入以为插图。我想只有您能助我一臂了。”1993年12月的信上说：“可喜者，顾祖禹《读史方舆纪要》稿本，业由上海古籍出版社景印问世，我算解除了一件心事。”1996年2月的信又说：“前年把顾祖禹的《读史方舆纪要》稿本景印出版。揆初先生主张先印后校，钱穆先生主张先校后印，意见皆好。但屡更变故，亦蹉跎了六十年，终与读者见面。”

五

对于晚年的顾老来说，最遗憾的就是《吴窸斋先生年谱》的修订工作只进行了一半，而来不及完成了。《吴窸斋先生年谱》是顾老1935年出版的一部重要著作。早在他童年时即知吴大澂名，后读吴著《说文古籀补》《古玉图考》《权衡度量实验考》，遂研求吴之学术，并在吴湖帆先生处得窥所藏吴大澂未刊之稿，又从其外叔祖王同愈先生处得悉吴氏行谊，于吴氏为人及政绩、慈善、学术多所钦佩。1929年冬，顾老自槎溪返苏州，得到王同愈、王董宬两先生之支持，于是开始了《吴窸斋先生年谱》的编纂工作。这本书写了六年，潘景郑先生的序云：顾老“笃志好古、研治文字声音训诂之学，恒服膺吴先生之说，以为精诣独深。尝有志搜罗先生行事，辑为年谱。于是博稽遗闻，咨询故旧，偶见先生片纸只字，靡不备录。

曩岁游故都，复由清军机处档案中录存先生奏疏若干通，以资采择。又以先生著述浩繁，未尽刊布，复搜辑见闻，得已刊未刊者若干种，录其要领，别为著述目，附年谱之后。由是而先生之经济学问，睹此一编，瞭如指掌矣。”《年谱》出版后，他又找到不少资料。“文化大革命”结束后，顾老很想把《吴愙斋先生年谱》加以修订，而且东北某地有人给顾老来信说，《年谱》中所引用的资料和文献在当年对俄国的边界划分上，起到了十分有利的作用。70年代后期至80年代中，顾师先后从北京大学图书馆、上海博物馆获得不少吴大澂的信。我也为他收集了一些。1981年我在上海旧书店期刊门市部里购得《吴愙斋先生年谱》后即告知顾老，他要我赶快打电话给书店负责人，说《吴愙斋先生年谱》有几本要几本。可惜后来只找到一本。1991年6月，他在给我的信中说：“昨由馆中转到大函及愙斋手札影印本，昔未见过，无甚珍感！《愙斋年谱》有教育出版社许为出版，但龙无暇修订，新材料已积不少，只待编次。”1992年8月的信上又说：“我现在身体尚好，打算修订吴氏年谱，新材料收得不少。”1993年8月的信上又说：“我现在还是整理《尚书文字合编》，交稿以后，将《吴愙斋年谱》补充，材料已有不少。以前所见材料，今已无从踪迹。新的材料，则皆昔日所未见者。最可惜者，我离京前为燕京购得的《铭安日记》，竟不可踪迹，其中叙及与愙斋往还甚多。当年如有复印技术就好了。卢沟桥事变后蓝晒亦已停止了。怅怅。”顾老也曾专门来信要我查找《铭安日记》，但都没有查到。我真是希望顾老的其他学生能继续顾老的此一未竟之业，顾老地下有灵，当也含笑九泉了。

1981年春，顾老七十八岁了，身体仍非常健康，不少人都说，顾老看上去年龄不满七十。但是，考虑到他过去写的论文和文章散在各种杂志、报纸中，他自己也没有好好收集，于是我对顾师说，您早年写的专著都是成本的，容易保存，我很想把您的这些东西收集起来，包括序跋，按类编成一本书，也是对自己的一个小结。他也说，有些文章发表后他剪了下来，当时放得好好的，但时间一久，就不知放在何处了，找也不容易。顾老家中的书桌是放在卧房内的，书桌两旁堆满了书、信件、材料，比较杂乱。有时我和内子晚上去看他，内子就帮他略加清理。顾老同意了我的看法。并把从家中找到的一些发表在《燕京学报》上的文章抽印本都交给了我。星期天，我则根据顾老提供的线索去徐家汇藏书楼查阅旧报刊中顾师的文章，如《禹贡》《民间》《燕京大学图书馆馆报》等，又从一些书中辑出他早年写的题跋，大约在二十万字左右。1986年2月，我作为访问学者去美国作图书馆学的研究，临走前，我去向顾老辞行，并将我所收得的顾老所写文章、题跋、行状等等全数交还。并说，等我回来后再继续这项工作。两年后，我返回国门，但工作更忙了，担子更重了，我和顾老都无暇再补缺遗了。但是，顾老在完成了《尚书文字合编》的前言、后记以及印出了《读史方舆纪要》后，他想清理自己历年来写作的文字了。1996年3月，顾老给我的信中说：“现在清理拙稿，居然有上海书店、安徽教育出版社、中华书局表示愿为刊印。您是最早为我搜集之一，吴大姐（吴织）为我整理了几年。今后将致力于自行校阅。”1997年12月，我才从上海图书馆陈先行君的信中得知顾老的文集已由上图的一些同事在继续补充，信中说：“我们想在顾老九十五岁生日前将他的文集编印出来，这事您以前做过。顾老想请王煦华与您写序……王煦华、朱一冰已抄顾老文稿约二十万字，我们又补充了十多万字，而吴织以前曾誊抄过顾老的日记，这样就可能有七十万字以上，较为可观。”今年4月我在上海，看了陈先行君处顾老文集的稿子，基本编就。可惜的是，晚了，顾老走得太快了，他来不及看到他为人们所留下的文字的结集出版了。

当顾老听说美国有一图书馆欲请我去编纂善本书目时，他力劝我勿去，他在信中说：“龙所有一知半解，全在燕京八年所积，回沪后，日在事务堆中生活。现在吾弟尚有余力为我搜集资料，若去美工作，则必比较忙杂，工作紧张，于健康有影响，此皆我体会之言。”然而，顾老在得知美国哈佛大学哈佛燕京图书馆要请我去撰写该馆的善本书志时，他却大力支持、赞成。顾老1991年9月给我的信上说：“您有赴哈佛之意，我很赞成，他们条件好，编书志，与您很适宜，待遇亦较优。我与哈佛燕京还有点感情，我助裘开明先生编卡片，校书本目录，您必知之。我上次赴美，未能前往，实一憾事。……以后有机会，可图一游。”1992年4月底，我从香港飞往美国、做哈佛大学燕京学社的访问学者。抵美仅一个星期，居然收到了顾老自上海寄来的法书一幅，上书“莺迁”两字，是写在红色洒金纸上，小篆线条匀称，粗细划一，婉通圆转。这是顾老为祝贺我移居美国而写的。1996年2月，顾老来信说：“我有一事奉托，您便中留心搜集一点裘开明先生的遗事，他来燕京，讨论分类，皆尚相契，颇欲写一点纪念文字。如果年隔已久，找不到了，亦就算了。裘之后任是否即吴文津继任？吴延请您去哈佛，编纂书志，他有见地，亦能识人，为事业着想，忠于事业之人，最可钦仰。”裘开明先生是哈佛燕京图书馆的第一任馆长，30年代和顾老相熟。70年代中，有一天晚上在他西康路的寓所里，他从靠墙的书架末格取出裘开明编的分类法一大本给我，要我看。他说，在那个时候，这本分类法是编得不错的一本。后来，裘开明先生来上海图书馆参观访问，适巧顾老在沈阳探亲，不及赶回，他就嘱我好好接待。

从1960年至1990年，三十年中，杖履亲承，顾老对我的教诲，是我一辈子也忘不了的。我的每一点进步，每一点成绩都是和他的口传心授分不开的，这里面不知凝结了顾老多少心血。正是由于他的指导，我从一个未谙图书馆业务的学生，逐步成长为当时（1988）中国图书馆学界最年青的研究馆员，那一年我四十六岁。我的第一本书《书城挹翠录》的扉页上印着“谨以此献给我的导师顾廷龙先生暨吴文津先生”。正是因为顾师的诱掖、引导，才使我进入了目录学、版本学这个领域，而吴文津先生则把我导入了“哈佛燕京”这座欧美地区最重要的殿堂。1992年5月至1994年4月，我在写作《美国哈佛大学哈佛燕京图书馆善本书志》时，才充分体会到如果没有当年顾老对我的严格训练，没有那时打下的基础，我是很难在两年之中写完这部百万字之书的。我实在是感受到了什么叫“受益无穷”。

顾老在北京住院治疗期间，医生多次发出病危通知，我在和上海图书馆的多次通话时均有知悉，因此可以说，对他的过世我是有思想准备的。但是我又从一位从上图前去照看顾老的同事口中得悉，顾老目前病情有所稳定，医生说或许可以有半年的生命延续。我听后大感欣慰。8月20日，我在看完《美国哈佛大学哈佛燕京图书馆中文善本书志》的校样后，在写给责任编辑的信中还说，“我希望年底能见书，其中一个重要原因就是想让顾老看一眼”。校样和信是用特快专递的方式寄走的。可是三天后却传来了顾老去世的噩耗，我难过，我悲伤，我不知该怎么形容我当时的心情。那天晚上，我失眠了。

为了上海图书馆新馆庆典，1996年的11月下旬，我即已飞抵上海。二天后即去北京探望顾老。当天上午，我在中华书局打了个电话给顾老，告诉他我下午会去看他。他非常高兴，要我早点去。我说，你先睡个午觉，醒了我也就到了。是“中华”的副总经理沈锡麟兄陪我一起去探望顾老的。顾老没有什么太大的变化，精神很好，只是瘦了些，耳朵有点背，有时需要助听器。我告诉顾老，“我们师生之间确实是有缘分的。六十年前，您在北平燕京大学，曾作为美国哈佛大学哈佛燕京图书馆驻平采访处主任，为哈佛燕京馆的藏书建设打下了基础；六十年后，我却在哈佛燕京馆司理古籍善本之职，这绝对不是巧合，难道这不是缘吗？”他笑了。他说了一些和哈佛燕京第一任馆长裘开明先生以及洪业（煨莲）先生交往的事，他还表示，1989年他去美国参加“全美中文善本书联合目录国际顾问会议”时没有设法去哈佛燕京馆参观访问的遗憾。那一天我离开前，我为他拍了几张照片，也录了一段影带以留作纪念。

上海图书馆新馆庆典的前一天，顾老在顾诵芬先生的陪同下也来到了上海。当天下午三时我去招待所看他，只见他放弃午休，伏案用毛笔书写《顾廷龙书法选集》送有关领导“教正”之类的识语，一共写了十多本。他在写字的时候，我为他拍了一张照片，这也是我为他拍的最后一张照片。当天晚上，上海图书馆为欢迎海内外来宾而举行酒会，因顾诵芬临时有约，不能出席，诵芬就把我拉到顾老身旁他自己的位子上，请我照顾顾老。我清楚地知道，今后像这样师生共在一桌吃饭的机会太少了。我还是像过去随侍他去各地开会、讲课、访问期间对方招待的饭局一样，为他挟菜盛汤，只是这次我不敢为他挟太多的菜了。

我和顾老的最后一次见面是在上海，那是1996年的12月23日，是冬至。那一天的晚上，是方行先生在华东医院附近的一个并不起眼的佛寺内请吃素斋，据说此家素食是上海地区最好的，并不对外营业，只是招待重要来宾的。谁又能够知道那竟是我们师生两人从此天人永隔呢？今年2月，我写信给顾老，告诉他我4月间要回上海探亲，那时他是在北京还是在上海，如在京，那我会飞北京探望他。但是我没有得到回音。我在沪的时间不多，又因我犹豫不决，而失去了飞往北京的时间，失去了最后一次和他老人家见面的机会，我怅怅然只得离沪飞港了。

顾老撒手人寰、御鹤西归了，青山虽在，哲人其殒。顾老将自己的一生都贡献给了中国的图书馆事业，他真正做到了“鞠躬尽瘁，死而后已”。对我来说，我失去了一位最好的良师，最尊重的一位长者，三十年来，他对我的谆谆教诲、循循善诱、耳提面命，都是我铭感五内的。对中国的图书馆事业来说，则失去了一位图书馆的事业家、一位近代以来最重要的目录学家和版本学家。但是，顾老的办好图书馆的理念、服务于读者的精神却永远长存；他的不慕荣华、不钻营取巧的风骨，他的诲人不倦、克尽厥职、功成不居、坦荡旷达的君子学风，连同他的音容笑貌也将永存于人们的记忆之中。

我知道，这篇小文肤受不足以表扬顾老之学行于万一，然而，我仅以我一个学生崇仰导师的心情去缅怀先师的一些往事，希望能对后来之人有所启迪。

（原刊于《文献》2000 年第 4 期第 4-25 页）

论顾廷龙先生对中国现代图书馆事业的贡献

王世伟

顾廷龙（1904—1998），字起潜，号匋誃。1904年11月10日生于江苏苏州，1998年8月22日在北京人民医院去世，享年95岁。顾先生是著名的图书馆事业家、古籍版本目录学家。自1932年从北京燕京大学研究院国文系毕业后，应洪业图书馆馆长之邀，留燕京大学图书馆工作，开始投身于图书馆事业，并长期从事古籍版本学的研究与实践。在六十六年的图书馆工作生涯中，顾先生由北京南下创办合众图书馆到征访搜集各类稿抄校本，从全国古籍联合目录的编制到主编《续修四库全书》，从影印珍本孤椠化身千百到抢救历史文献于废纸之中，从青年图书馆古籍整理人才的培养到图书馆服务精神的培育，顾先生在中国现代图书馆事业的发展历史上做出了卓越的贡献，给后人留下了宝贵的财富。

一、创办合众，救亡存绝

在1939年春夏之交，叶景葵给当时担任燕京大学图书馆中文采访部主任的顾廷龙多次写信，希望他南下创办合众图书馆。1939年4月3日，叶景葵在信中说："弟因鉴于古籍沦亡，国内公立图书馆基本薄弱，政潮暗淡，将来必致有图书而无馆，私人更无论矣。是以发愿建一合众图书馆。"① 1939年5月23日，叶景葵在致顾廷龙的信函中又提到："馆名合众，因希望社会中坚众擎易举之意。"② 抗日战争胜利后，当时合众图书馆的董事陈陶遗等曾于1946年1月24日向当时的上海市教育局《呈为设立私立合众图书馆申请立案事》，其中也论及了合众图书馆创办的旨意："窃（陶遗、景葵、元济）等当昔国军西移以后，每痛倭寇侵略之深，辄

① 王世伟、许全胜整理：《叶景葵致顾廷龙论书尺牍（便笺）》(34)，上海图书馆历史文献研究所编：《历史文献》第一辑，上海：上海社会科学院出版社，1999年，第31页。

② 王世伟、许全胜整理：《叶景葵致顾廷龙论书尺牍（便笺）》(37)，上海图书馆历史文献研究所编：《历史文献》第一辑，第32页。

念典籍为文化所系，东南实荟萃之区，因谋国故之保存，用维民族之精神，……拾遗补阙，为后来之徵。命名合众者，取众擎易举之义，各出所藏为创。”① 有鉴于此，顾先生于1939年夏辞去燕京大学图书馆中文采访部主任之职，毅然南下到上海，当年7月17日到馆。在顾先生来上海前夕，叶景葵在致顾廷龙的信中曾提议让顾先生出任合众图书馆的总编纂和总务之首领②，顾先生来上海后，由董事会聘任为总干事。顾先生在到馆的第二天便提出了成竹在胸的《创办合众图书馆意见书》，在“空无一人，空无一物”③ 的情况下，具体承担起了创办和主持各项馆务的重任，成为合众图书馆实际工作的创办人与主持者。在“谋国故之保存，维民族之精神”办馆思想的指导下，顾先生在董事会的支持与帮助下，馆藏文献得到了社会各界的捐赠匡助，其中较著者有叶景葵、蒋抑卮、张元济、李宣龚、陈叔通、叶恭绰、胡朴安夫人、章仲和、冯翰飞、顾颉刚、毛彦文、盛宣怀后裔等。在几年中使合众图书馆的藏书达到十四万册。1948年8月，顾先生在《番禺叶氏遐庵藏书目录序》中述及创办合众图书馆的理念：“上海为通都大步，尚乏完善之图书馆，宁非憾事。甚愿合各家之专藏以成一馆，合各专藏之馆以萃于一市，庶收分工合作之效，盖亦我合众命名之意也。”④ 在抗日战争和解放战争时期的困难情况下，顾先生创办并主持的合众图书馆为保存祖国的历史文献做出了重要的贡献，为以后的历史文献图书馆和上海图书馆奠定了历史文献的重要基础，成为现代中国图书馆发展史上值得一书的学术图书馆和古籍图书馆。

二、护书如命，积淀文化

早在30年代初，顾先生即助顾颉刚先生组织《禹贡》学会，发刊《禹贡》月刊，编辑《西北边疆史地丛编》，创建历史地理之学。为收集有关文献，顾先生广事征求，筹集资金，大有收获。之后，顾先生担任燕京大学图书馆中文采访工作，“搜索善本古籍，多有成就”⑤。抗日战争胜利后，顾先生曾冒着生命危险，秘密地从贵州大学图书馆将一批革命文献转移至上海，将其藏于图书馆的书架顶端。1949年以后，由中央调回北京，成为不可多得的历史文献。

1955年秋天，上海造纸工业原料联购处从浙江遂安县收购了大批废纸约二百担左右，上海市文化局根据浙江文物保管委员会的通知进行联系，了解其中线装书比较多，就组织人力

---

① 陈陶遗等：《呈为设立私立合众图书馆申请立案事》，上海图书馆永久档案。

② 王世伟、许全胜整理：《叶景葵致顾廷龙论书尺牍（便笺）》（35、36），上海图书馆历史文献研究所编：《历史文献》第一辑，第32页。

③ 王世伟、许全胜整理：《叶景葵致顾廷龙论书尺牍（便笺）》（40），上海图书馆历史文献研究所编：《历史文献》第一辑，第33页。

④ 顾廷龙：《番禺叶氏遐庵藏书目录序》，顾廷龙：《顾廷龙文集》，上海：上海科学技术文献出版社，2002年，第139-140页。

⑤ 胡道静：《胡道静序》，顾廷龙：《顾廷龙文集》，第2页。

开展抢救工作，顾先生也参加了这次抢救，前后花了 11 天时间，挑选出了很多有价值的文献。对于如何看待废纸，顾先生当时发表了一些与众不同的看法。他认为：

> 在挑选的时候，首先碰到的问题，就是“取”“舍”的标准，在这个问题上，可能大家的看法还有些不一致。我的看法是标准应当宽些，如果紧了很容易使许多历史文献失之交臂。
>
> 关于废纸大致可分为三种类型：（一）确实毫无用处的废纸，如：复本多、流通广、传本众的旧书，年代近而又同型同时的契券、账簿、教科书、学生作业簿等可作废纸处理。（二）可以供历史研究参考的，如这次搜集的八股文、账簿、万宝全书、阴阳卜筮等书，都可以从中得到经济、教育、风俗等的史料，这些史料决不是正史中找得到的。这一类书籍应当尽量保存。（三）很有价值的书，但曾被误认作无用而废弃的，如这次挑选出的《国史纪闻》《三峡通志》《严州府志》《山水争奇》等。
>
> 因此，废纸内容包罗万象，要做好这项工作，必须多吸收研究各种专史的人来参加，或提供意见，否则许多材料会因外行人认为无用而仍旧当作废纸处理的。①

不仅如此，顾先生还从这次废纸抢救中联想到了许多文献保存的问题，因为他感到单从抢救废纸看，仍会使许多珍贵的资料受到损失。如要积极地进行宣传，重视图书文物的保存；民间零星旧杂志的保存；单本和纸片积聚并分门别类；将讣闻、小传、哀启进行汇编；有些无用的旧线装书可留作补书之用，如此等等。对于历史文献的征集，顾先生提出了十二大类型的范围：革命文献、档案、地方志、家谱、社团记载、个人记载、古代医书、账簿、迷信书、民间文艺、古典艺术、图片。顾先生的这种抢救征集文献的远见卓识与“起而行”的实践为上海图书馆的文化积淀做出了重大的贡献，也让广大图书馆工作者增强了文献的保护意识。

对于文献的抢救，往往来自对文献价值的认识。如硃卷，就是旧时举子的试卷弥封后交誊录生用朱笔重新眷写的卷子。考生用墨笔所写的试卷则称为墨卷。在硃卷中，有考生履历、有考生中式名次及考官的批语，还有考生的文章。顾先生认为：硃卷具有多方面的文献价值。其履历比官刻的登科录、乡试录、会试录以及同年齿录等所载详细，不啻一部家谱的缩影。而硃卷是研究八股文的第一手材料。通过这类实物，人们还能形象地了解当时的考试形式、方法与考生的科场面貌；从试文与考官的评语、荐语及批语中，不仅可辨别清代取士的评判标准，更能窥视清代教育状况之一斑。在抗日战争合众图书馆发展期间，曾以重价购得海盐朱氏寿鑫斋所藏硃卷二千余册，后由吴县潘氏著砚楼捐赠一千余种。至后来发展到八千余种的规模。1992 年，时值上海图书馆 40 周年之际，顾先生主持由台湾成文出版社将馆藏硃卷予以影印。顾先生为此“喜而不寐”。

---

① 顾廷龙：《我在废纸中抢救历史文献的一点体会》，顾廷龙：《顾廷龙文集》，第 638 页。

凡遇破损文献，顾先生即及时请修补人员进行修复，以免遭废弃。如清戴震《声韵考》稿本，内中有清孔广森之签注。但此稿1973年由文物清理小组送来上海图书馆时，已霉烂粘连成饼状。顾先生即请修补人员修补完整，“否则必遭废弃矣”①。

对于文献的珍视，顾先生还认为要对文献的内容和价值真正有所了解，这样才能将文献的保护贯彻到底。如对于一些前人的日记、手稿、尺牍，“余尝谓子孙之爱护先人手泽，多知其当然而知其所以然者为少，非出真知笃好，终归湮没”②。

三、编印书目，揭示馆藏

顾先生在燕京大学图书馆任职期间，章珏先生的家属曾以所藏典籍寄存北平图书馆，顾先生于是为之编目，即著名的《章氏四当斋书目》。全书三卷，析为五册，燕京大学图书馆1938年刊印，所谓“有序有方，目录学之名著也”③。这也成为数年之后叶景葵邀请顾先生南下创办合众图书馆的触发因素。

在合众图书馆任职期间，顾先生又为叶揆初先生的藏书编目，成《杭州叶氏卷庵藏书目录》，著录古籍2878部、31567册，其中多名家手校本。又请潘景郑先生为张元济捐书编为《海盐张氏涉园藏书目录》。类似书目先后编成的有十多种。

在上海图书馆任职期间，顾先生完成了其对学术文化最大贡献的两部古籍联合目录：《中国丛书综录》和《中国古籍善本书目》。目录之学，学中第一紧要事，而对于中国浩如烟海的丛书古籍而言，查检颇为不便。为迎接建国十周年，上海图书馆由顾先生议定以编制巨型古籍检索工具书《中国丛书综录》作为献礼。此工具书以上海图书馆所藏丛书为主，联合全国各大图书馆所藏丛书，共收录中国国家图书馆等41个大型图书馆所藏古籍丛书2797种，子目38891种，分为总目、子目分类目录、子目书名索引和子目著者索引三册，其中第一册总目后附有《全国主要图书馆收藏情况表》。中华书局上海编辑所1959年—1962年初版，上海古籍出版社1982年新1版。该书问世后，被学界称为“一部最有用、最便于检索的工具书。……出版以后，大受欢迎，《人民日报》称它是检查中国古籍的‘雷达’，意即凭此可以立即求到所需古籍之所在的一种仪器，可见其身价之高”④。

中国各文化学术和出版机构收藏的中国古籍善本众多，但苦于没有一部书目，家底不清，既不便保护与抢救，也不便利用与研究。由于北京图书馆赵万里先生重病卧床，于是编制《中国古籍善本书目》的重任就落在了顾先生的身上。1975年，周恩来总理在病中发出了“要尽快地把全国古籍善本总目录编出来”的指示，1978年3月，文化部国家文物局在南京召

---

① 顾廷龙：《声韵考跋》，顾廷龙：《顾廷龙文集》，第40页。

② 顾廷龙：《宝迂阁日记跋》，顾廷龙：《顾廷龙文集》，第68页。

③ 胡道静：《胡道静序》，顾廷龙：《顾廷龙文集》，第2页。

④ 胡道静：《顾老与古籍版本目录学》，上海图书馆编：《顾廷龙先生纪念文集》，上海：上海科学技术文献出版社，1999年，第23页。

开会议布置总目编纂事宜，至1995年3月全书完稿，1998年3月全书印制完成，其间历时二十年之久。其中经部书前有顾先生题签："一九八五年十月上海古籍出版社出版"，但实际上经部线装本于1986年出版；精装本经部（全一册）于1989年10月出版，丛部（全一册）于1990年12月出版，史部（全二册）于1993年4月出版，子部（全二册）于1996年12月出版，集部（全三册）于1998年3月出版。其中丛部后附有冀淑英先生所撰《中国古籍善本书目后记》。全书共收录全国781个图书馆等文化机构所收藏的古籍善本6万种，约13万部。在顾先生逝世前，这部花费了他数十年心血的巨著终于全部杀青面世，成为中国现代图书馆发展史上最具影响的联合目录和图书馆古籍整理的成果。近年来，先后有《四库全书存目丛书》《续修四库全书》《四库禁毁书丛刊》《中华再造善本》等大型古籍整理项目，多赖是目有所参考取资，其于图书馆古籍整理工作及中华传统文化保存研究之贡献，可谓大矣。

四、孤本不孤，化身千百

孤本不孤，化身千百，是顾先生保存历史文献的一贯思想。1981年7月，顾先生在《张元济书札跋》中提到："昔黄黎洲言，藏书难，藏久尤难。龙从事图书资料之搜集保存工作有年，初亦有此同感，且谓保存固难，搜集实尤不易。既而思之，今日缩微照相之业日益发展，若随手采获，即付摄影，亦可化身千百，以垂久远。斯可解黎洲之惑矣！"① 1988年10月，他在谈到藏书问题时说，作为一名图书馆馆员，在熟悉了馆藏之后，"对藏书之珍护尤为亲切，管理方法亦多研索。窃谓今日之管理善本，重在重印，使其化身千百，代代相传，不至湮没。昔人所用之纸为手工制造，可以经久。尝见敦煌写经六朝用纸，至今千年后披展如新。凡古书之损毁，皆出于人为"②。1989年8月，顾先生在为《宋人佚简》作序中又谓："木板书之印数历来不多，非今日印数动辄千万者所可想象。因此希望出版界对现存古籍，择其稀见者为续命之谋，终使孤本不孤，秘本不秘，有利于学术研究，岂不善哉！"③ 1996年，顾先生在北京北郊寓所多次谈到盛宣怀档案的整理，并提出要对盛档全部进行拍照复印，孤本不行。顾先生不仅是这样认为，在数十年的图书馆生涯中也是这样实践的。

在担任合众图书馆总干事期间，顾先生主持《合众图书馆丛书》的辑印，均为孤本珍籍。由于经济困难，为节约印刷成本，顾先生手自抄写上版，一夜之间，抄写三千小楷，其对文献之爱护，其对保存传播文献之决心和毅力，令人赞叹。

在担任上海历史文献图书馆和上海图书馆馆长期间，他就先后主持影印了三十多种馆藏珍贵文献，或在馆进行石印，或与中华书局、上海古籍出版社、上海书店进行合作予以影印，如宋本《唐鉴》《韵语阳秋》《元包经传》《钜宋广韵》《周髀算经》《九章算术》《孙子算经》

① 顾廷龙：《张元济书札跋》，顾廷龙：《顾廷龙文集》，第329页。
② 顾廷龙：《天一阁丛谈序》，顾廷龙：《顾廷龙文集》，第95页。
③ 顾廷龙：《宋人佚简序》，顾廷龙：《顾廷龙文集》，第338页。

《张丘建算经》《东观余论》《杜荀鹤集》《嘉祐集》《王荆公唐百家诗选》，元本《农桑辑要》《颜氏家训》《文心雕龙》，稿本《玉函山房辑佚书续编》《读史方舆纪要》，明写本《永乐大典》（郎字韵一册），清述古堂影宋抄本《集韵》等。如馆藏孤本宋舒州本《王文公文集》交付中华书局上海编辑所影印，当时胡道静先生正在所中任职，《王文公文集》即由胡先生担任执编。胡先生认为："《王集》玻璃版在馆，唯顾馆长知之，又此集所收王安石佚文佚诗至多，更惟顾馆长了然。微馆长，殊不能有善本《王集》及内容如此丰富者出版呈现于世也。"① 当顾先生从胡先生普查中国古农书中得知，上海图书馆馆藏中有孤本古农书明抄本《分门琐碎录》《稼圃辑》及清刊本《浦泖农咨》，即举付馆办小印刷厂各影印数百册分赠有关部门，使这些孤本化身千百。

即使在顾先生去世前夕，仍在积极提倡影印古籍。1998年4月，他在《宋刻宋元明递修本北齐书跋》中提到："日前在厂肆获睹百衲本《史记》，不同时期不同版式，洋洋大观，希望好古之士谋以影印流传，供版本学之研究。"②

五、勤慎忠实，兢兢业业

在66年的图书馆生涯中，顾先生始终勤慎忠实，兢兢业业。在编制《中国古籍善本书目》的二十年中，顾先生以耄耋之年，不辞辛劳，西去南京、安徽、成都，南下南昌、广州，进行调查、研讨、鉴定、著录、验收、培训等项工作。对于书目的复审、定稿、付印等项事宜，先生也亲自协调布置，往来奔走于各地。先生对于工作一丝不苟之精神，为图书馆界所共仰。

1987年秋，顾先生到山东省图书馆访问，当时馆中采编部、特藏部以及馆领导都久仰顾先生的书艺，不愿放弃难得的机会，于是大家都手持宣纸尺页，欲求顾先生的墨宝。当时顾先生感到人数太多，无法当场书写，请开列名单，答应返沪后有以报命。人们可能以为仅是应付，但令人出乎预料的是，顾先生返沪不到一个月，就按开列的名单，各自书尺页一幅，寄至山东省图书馆。得此墨宝之馆员无不喜出望外，至今谈起，对顾先生的诚信待人犹感慨不已。

尽管馆务繁忙，但顾先生数十年如一日，晨抄夕纂，无间寒暑，每有知见，辄随手题记。顾诵芬先生在回忆其父亲时谈到顾先生勤慎忠实、兢兢业业的品质："父亲70年来一直勤奋做学问，他亲自作了大量古籍校勘过录工作，他以工整楷书密行细字写了大量的眉批和注录。他在'文革'以前从来没有11点以前睡过觉。父亲一生对工作总是一丝不苟精益求精。别人托题的字从来没有写一次成的，总是改了再改直到他自己认为拿得出去才罢。……他在学术上虚怀若谷，为了保证文章的质量，写成后一定要请有关同行先看，甚至找比他年轻很多的

---

① 胡道静：《胡道静序》，顾廷龙：《顾廷龙文集》，第3页。

② 顾廷龙：《宋刻宋元明递修本北齐书跋》，顾廷龙：《顾廷龙文集》，第48页。

同志看，对人家提的合理意见他都照改。”①

顾先生曾告诫他的学生，年轻时要多读书，不要急于成名。他自己也是这样做的。如1936年元旦，他在《古匋文孴录自序》中将自己的读书居处名之为“晚成堂”。② 1982年8月，他在《题吴敎木水墨花卉册》中又将自己的读书居处名之为“晚学轩”。③

六、以馆为家，服务读者

顾先生虽为大学者，但在数十年的图书馆工作中，始终以读者为本，全心全意地为每位来馆的读者服务。胡道静先生在述及当年顾先生对他的帮助时，不无感慨地回忆道：“时余任抗战工作在内地，至胜利返沪，与学长重聚言欢，始常在合众图书馆阅书，余撰《梦溪笔谈校证》，得力于学长及图书馆藏书为多，乃余所深感也。”④ 1939年7月，顾先生到合众图书馆任职后，在其所拟《创办合众图书馆意见书》中提到了“专为前贤行役，不为个人张本”⑤的服务精神。

学者冯其庸先生在为纪念上海图书馆成立五十周年所写的《我的第一本书》中谈到了顾先生当年在合众图书馆的服务精神：“我见了顾廷龙先生以后，先生十分照顾，特给我留一个专柜，每天借书不用再办手续，所用的书入在专柜里，第二天自己取用，这样节省了很多时间。这时我正在写《蒋鹿潭年谱稿》……这样，我以合众图书馆作为我的基地，在那里开始写作，经过半年的时间，基本完成了初稿。中旬我还遇到车祸，撞伤了腿，有较长一段时间不能去合众图书馆，顾先生还托人来问，为什么不去看书？知道我受伤以后，还嘱咐我好好养病，书柜仍保留着。等我病愈以后，终于在那里完成了此书的初稿。之后，我又清抄了一遍。“文革”中，我的清抄本丢失了，而我在合众图书馆的初稿本侥幸还保留着，大部分的资料还保存着，所以我又下决心依据初稿，重新撰写此书。”⑥ 从冯先生回忆录的字里行间，我们可以感受到一位图书馆员为读者所提供的精致服务。这种为读者设立专架的情景，并不仅仅出现在冯其庸先生一个读者身上。同时，有不少读者写信咨询，顾先生也一一作答，如朱启钤、陈钟凡、陈寅恪、陈垣、邓之诚、聂崇岐、王重民、向达等。王绍曾先生评价说：“‘合众’为广大读者服务，不论亲疏，无间远近，此皆先生有以致之。”⑦ 在数十年的图书馆工作中，顾先生的这种服务理念矢志不移，这种大公无私的图书馆服务精神，感染影响教育

---

① 顾诵芬：《父亲永生》，上海图书馆编：《顾廷龙先生纪念文集》，第3页。

② 顾廷龙：《古匋文孴录自叙》，顾廷龙：《顾廷龙文集》，第35页。

③ 顾廷龙：《题吴敎木水墨花卉册》，顾廷龙：《顾廷龙文集》，第247页。

④ 胡道静：《胡道静序》，顾廷龙：《顾廷龙文集》，第2页。

⑤ 顾廷龙：《创办合众图书馆意见书》，顾廷龙：《顾廷龙文集》，第604-605页。

⑥ 冯其庸：《我的第一本书》，上海图书馆编：《我与上海图书馆》，上海：上海科学技术文献出版社，2002年，第39-40页。

⑦ 王绍曾：《王绍曾序》，顾廷龙：《顾廷龙文集》，第9页。

了一代图书馆人。

七、培养人才，奖掖后进

顾先生曾谓，凡执事者务以培养接班人为唯一任务，如学者有与执事人意见相左时，仍当克制忍耐，必勿扰其中心工作。

1981年，顾先生撰写了《整理出版古籍小议》一文，谈了对于整理出版古籍的十点意见，其中第三点就是“培训专研人员”。顾先生认为：“大学文科应设古典文献学系。创设研究所，将素有研究者组织起来。大学生或研究生都必须具有一定的文字、音韵、训诂、目录、版本的基本功，将来各专一经，分别研究。凡古籍专业人员，能通外语固好；如对外语没有学过或学得不深的，大学生似可许其免修，加深其古汉语的研读。青年中有自学古书而一定门径或基础，能否破格招为大学生或研究生，广开才路。”① 这些培养古籍整理专门人才的思想和措施，不仅在后来的整理工作中得到了落实，即使在今天看来，对于图书馆古籍整理人才的培养依然有着指导作用。

自二十世纪八十年代初开始，顾先生不辞馆务繁忙，先后接受聘请，担任了华东师范大学和复旦大学中国古典文献专业的研究生导师，先后培养了国内外近十名研究生。为图书馆事业留下了理书、护书的种子。不仅如此，在图书馆工作的数十年中，特别是上海图书馆建立后，在工作中，顾先生也不断指导培养上海图书馆古籍部的年轻同志，有些同志离开上海图书馆后，也不断得到顾先生的教诲和鼓励，从而使他们在工作实践中不断得到锻炼和提高。一些同志现已成为国内外知名的学者。

王绍曾先生1979年发表《试论张元济先生对我国文化事业及目录学的贡献》一文后，将此文寄予顾先生教正，顾先生自外地返沪后即回信，奖勉有加，并将此稿转请张树年、丁英桂先生校订，后推荐给新西兰华裔学者叶宋曼英女士。同时，又鼓励王绍曾先生在论文的基础上扩写为张元济的传记，用以表彰张元济对近代出版事业及整理古籍的丰功伟绩。书稿完成后，顾先生正忙于《中国古籍善本书目》事宜，但对《近代出版家张元济》的书稿，还是一丝不苟地进行了审阅。对于王绍曾先生所编《古籍目录版本校勘文选》，顾先生提出了许多具体的增改意见。使王绍曾先生感到“先生思虑缜密，关爱后生，可谓无微不至”②。

八、学术识见，图界指南

顾先生于古籍目录学多有研究，自《章氏四当斋藏书目》十六卷发端之后，早年就有目录学研究的抱负。先生尝谓：“余夙有纂辑目录学一书之志，拟分三编：曰流略，曰图录，曰

① 顾廷龙：《整理出版古籍小议》，顾廷龙：《顾廷龙文集》，第676页。
② 王绍曾：《王绍曾序》，顾廷龙：《顾廷龙文集》，第12页。

校雠。断代为章，复各析以时、地、公、私之作，俾有系统可寻，条理可睹。”① 1941年，顾先生与潘景郑先生合编之《明代版本图录》就是其计划中的目录学中图录的一部分，而此图录也为研究明代版本提供了翔实的文献史料。胡道静先生谓：“学长（指顾先生）又有特殊见解，以为《四库存目》必须作版本标注。”②

对于古籍版本，顾先生认为“非旧本尽善也”。“旧本之优劣，必校勘而后可知，非旧本尽善也，或有佳椠，历年既久，沧桑屡经，流传遂少，自甚可贵。至若当时坊本，雕板既劣，校字未精，而善本渐多，乃为淘汰之未尽者，传至今日，虽同罕觏，事实霄壤，倘执迷于旧本为必善，不加审择，不亦傎乎！”③ 顾先生又认为，古籍版本中，或有祖本为一，印本有先后的例子。如《集韵》，清段玉裁所据校之毛氏汲古阁影宋抄本入藏于今宁波之天一阁，钱氏述古堂影宋抄本今已归之上海图书馆。“今就毛抄与钱抄言之，两本版式行款，完全相同，应为从同一底本所出，但钱抄字划不完，缺漏空白，而毛抄则否，何也？窃谓缺字缺划，审系原雕板片之漫漶，非印本纸张之残损。毛抄已经重修，所以不缺不残。段校云：‘但其版心每叶皆云某人重刊，某人重开，某人重刁，则亦非最初版矣。’谛审钱本缺字，及残存笔划，以意度之，钱本尚出于修补以前之印本。……据此，可知祖本则一，印本有先后耳。”④

对于古籍校勘学，顾先生在1988年3月20日写给王绍曾先生的信中谓：“近读古籍整理校勘（全称已记不起）第二期中有一文极言校勘不能择优而从，甚是甚是！择优而从，伸缩性太大。况现代学者与古之学者所见差距尤大，岂能一言为定，没有作过校勘工作者，他不理解，真所谓夏虫不可与语冰。思误一适，岂可与外行道哉！”⑤（原文作1988年，《顾廷龙全集·书信卷》，第264页，作1990年。）这种校勘学的识见，对于今天图书馆的古籍整理有着特别重要的意义。

对于文字学，顾先生颇有研究。早在他所撰写的燕京大学研究生论文《说文废字废义考序》一文中就提出：“据《说文》以溯金文、甲骨文，是为阶梯。”并提出了研究《说文》的方法：“窃拟其途有三：一则以《说文》中连字，即互训者，统为考录，俾知全书之单字若干，单字偏旁与金文、甲骨文之缔造，其关系若何，或可比见。二则考《说文》中确为汉代之字，及一字而孳乳义近之数字者，分别录著，则余者或可谓较早之文字矣。三则《说文》之字至今日有不用者甚多，就其不用者一一考辨，可见《说文》之中，或有真古文字在也。”⑥ 对于文献整理中的“隶古定”问题，顾先生认为：隶古定就是用正书按科斗古文笔画写定的本子。正书始于东汉，魏、晋以后普遍使用，所以隶古定不会始于西汉。唐写本多异体字是一普遍现象。这些异体字也有一定的规律可寻，我从阅读敦煌写本记得一二。唐写俗

---

① 顾廷龙：《明代版本图录初编叙》，顾廷龙：《顾廷龙文集》，第159页。
② 胡道静：《胡道静序》，顾廷龙：《顾廷龙文集》，第1页。
③ 顾廷龙：《春秋繁露跋》，顾廷龙：《顾廷龙文集》，第21页。
④ 顾廷龙：《影宋抄本集韵跋》，顾廷龙：《顾廷龙文集》，第38页。
⑤ 王绍曾：《王绍曾序》，顾廷龙：《顾廷龙文集》，第16页。
⑥ 顾廷龙：《说文废字废义考叙》，顾廷龙：《顾廷龙文集》，第25页。

字，可以偏旁区别；唐写本中别体字好将两旁写作对称。这些俗字和别体不是用楷（隶书）按照古文笔画写的，因此是异体字，不是隶古定字。① 在《尚书文字合编前言》中，顾先生对先秦《尚书》的面貌、西汉的今古文、东汉的科斗古文、东晋的隶古定、唐代的今字和异体字、五代的科斗古文和宋代的隶古定等分别进行了考证。诚如顾颉刚先生所言："经学中今古文问题以《尚书》为最复杂，加以字体传讹者弥多，遂至纷乱而不可理董。"② 顾先生寻求经学字体的演变，对于古籍整理特别是先秦文献的整理中的今古文字问题，理清了脉络，对于纷繁复杂的字体传讹问题，是一个很好的总结。

对于先生主持的大型古籍整理项目《续修四库全书》，顾先生在 1994 年 8 月 1 日写给王绍曾的信中说到了三方面可以节省时间的地方："窃谓现在修，比乾隆时修，时间可省。乾隆时篡改时间所费很大。我曾见四库底本《三朝北盟汇编》，全书改动很大，仿佛改学生作文，在四库正本中已看不到删改之迹。但此书光绪间许涵度刻于成都，将原文用夹注刻出。（古籍似已影印）此其一。前年张连生送我影印文渊阁本《元诗选》，曾取家刻校了一、二卷，改动之句亦不少。尝在芝加哥大学图书馆看到一本诗集，是明人的，亦经馆臣修改。从这三种书情况，可见改书工作量很大。此其二。誊录正本，都是正楷，相传有的人，只抄书口几行，乾隆发现了重抄。此其三。现在续修，一不要改，二不要抄，时间要省多了。至于撰提要问题，看了前东方文化委员会的总结，亦不甚难。"③ 这些都是经验积累的识见，对于古籍整理工作的计划、组织等都具有指导的意义。

对于图书馆学，顾先生也或有述及。如对研究图书馆与普通图书馆之不同，顾先生自有他独到的见解："余从事图书馆工作五十余年，深感研究图书馆与普通图书馆性质不同，管理亦不同，研究图书馆之管理人员不能不熟悉馆藏，凭一张卡片难能尽达，亦非电脑所尽能反映。若熟悉馆藏，则由此及彼，由表及里。"④

王绍曾先生曾谓："学者自立于天地间，以有厓之生，获千古景仰者，咸在道德文章二事。前辈顾起潜先生可谓兼有两美而无遗憾矣。"⑤ 今年适逢顾先生百年诞辰，撰此短文聊申介祝，藉志景仰云尔。然亦不足以表扬先生于图书馆事业贡献于万一，先生的图书馆精神、先生对图书馆学术之贡献，学生当另外撰文以表扬之。

（原刊于《图书馆杂志》2004 年第 9 期第 2-7 页）

---

① 顾廷龙：《尚书文字合编前言》，顾廷龙：《顾廷龙文集》，第 8-10 页。
② 顾廷龙：《尚书文字全编前言》，顾廷龙：《顾廷龙文集》，第 3 页。
③ 王绍曾：《王绍曾序》，顾廷龙：《顾廷龙文集》，第 19 页。
④ 顾廷龙：《天一阁丛谈序》，顾廷龙：《顾廷龙文集》，第 94-95 页。
⑤ 王绍曾：《王绍曾序》，顾廷龙：《顾廷龙文集》，第 5 页。

顾廷龙图书馆学思想述略

陈幼华　李　歆　郝　雁

顾廷龙（1904—1998），字起潜，号匋誃，江苏苏州人。早年就读于上海国民大学、持志大学，受教于胡朴安、闻宥等知名学者。1931年毕业于持志大学，授文学学士。1932年毕业于燕京大学研究院国文系，以《说文废字废义考》获文学硕士学位。旋应燕大图书馆馆长洪业之邀，任中文采访主任及兼哈佛燕京图书馆驻北平采访处主任，开始其潜心于目录版本学的图书馆事业生涯。按顾廷龙就职的图书馆，其事业生涯可分为燕京大学图书馆时期（1932—1939）、合众图书馆时期（1939—1953）、上海历史文献图书馆时期（1953—1958）和上海图书馆时期（1958—1998）。

顾廷龙对版本目录学的兴趣源起于其外叔祖王同愈；其后，在他的学术与事业发展过程中又受到章钰、顾颉刚、张元济、叶景葵等知名学者的深刻影响，加深了他钻研版本目录学的兴趣，促成他与图书馆的深厚渊源，并成就了其丰硕的学术成果。顾廷龙一生自《章氏四当斋藏书目》始，编撰了大量书目；主编了《中国丛书综录》《中国古籍善本书目》《续修四库全书》等影响深远的大型图书；另编著了《清代硃卷集成》《明代版刻图录初编》（与潘景郑合编）、《尚书文字合编》（与顾颉刚合辑）、《古匋文舂录》等文献学、版本目录学、文字学作品。

顾廷龙一生有66个年头从事于图书馆事业，历任合众图书馆总干事、上海图书馆筹备委员会委员、上海市历史文献图书馆馆长、上海图书馆馆长、上海图书馆名誉馆长、《辞海》编委和分科主编，文化部国家文物鉴定委员会委员，国务院古籍整理出版规划小组顾问，中国图书馆学会第一、二、三届副理事长，中国书法家协会名誉理事，在图书馆建设、馆藏发展、馆藏揭示与传播、图书馆服务等方面积累了丰富的经验，对图书馆定位、图书馆员、图书馆职业精神有深刻的看法，这些都在事实上形成了顾廷龙的图书馆学思想体系。

一、图书馆观

顾廷龙对于图书馆重要的社会功用一直有着深刻而宏伟的看法，认为图书馆应担负保存及传播中华民族文化精粹的使命。这种强烈的社会责任感深刻地根植于顾廷龙的图书馆思想中，影响着他对图书馆职能、性质、馆藏、服务等诸多问题的看法。

秉承着这种思想，1939 年顾廷龙在叶景葵、张元济的敦促之下，离开燕京大学图书馆南下至沪，加入合众图书馆的创建过程中，他根据当时抗战形势下藏书流失、文化流散的情况，上海图书馆业界情形（普通者有东方图书馆，专于近代史料者有鸿英图书馆，专于自然科学者有明复图书馆，专于经济问题者有海关图书馆，至于中学程度所需要参考者有市立图书馆①)，及叶景葵首捐给合众图书馆的图书类别，主张将合众建设为“专门国粹之图书馆”、“历史文献的专门图书馆”，承担起保存固有文化之责任。

关于图书馆的性质，顾廷龙认为图书馆既是事业机构，又是学术机构，并认为“研究与服务相结合的方式，实为大型图书馆和专业图书馆向高层次发展的必由之路。”②

关于图书馆的使命及职能，在创建合众图书馆时期，顾廷龙认为是典藏和传布。至上海图书馆时期他对图书馆的职能有了新的认识，认为现代图书馆应具备四个方面的职能：保存文化遗产、开展社会教育、传递科学情报、开发智力资源；图书馆是代表整个国家地区科学文化水平的社会文化中心和社会教育中心。③

顾廷龙是位具有崇高奉献精神的图书馆学人，曾有“专事整理，不为新作；专为前贤行役，不为个人张本”之说。另外，在他的学术生涯及图书馆工作过程中，始终贯穿着“实践出真知”的原则。他的各种行为都表明他不提倡为学术而学术；所有的学术研究只有源于实践、用于实践，才成其为一门实学。因此，于他而言，版本目录学、图书馆学、校雠学等皆是为推动图书馆事业和古籍文化保护事业而存在；图书馆则是这些学科研究发展的基础及绝佳的试验场。基于同样的原因，即使他在图书馆事业和版本目录学领域有很高的成就，他关于某种学科专门而系统的论述并不多见，只是散见于他的一些文章里。关于图书馆学，顾廷龙曾在《重视对图书馆学研究》一文中有提及，认为“图书馆学是研究图书馆事业的发生发展、组织形式及其工作规律的一门科学”“图书馆学研究必须面向社会”④。关于图书馆与相关学科的关系，顾廷龙曾说：“图书馆学与目录学，为科学研究者特别是图书馆工作者需要研究的两门科学，这是大家公认的。还有版本学和校雠学，也很重要，也需要大力开展研究工作”；“版本学与图书馆的关系最为集中，最为密切。因此，图书馆工作者特别应该加强研

---

① 顾廷龙：《创办合众图书馆意见书》，《顾廷龙文集》，上海：上海科技文献出版社，2002 年，第 604 页。
② 顾廷龙：《纪念袁同礼先生百龄冥诞》，《顾廷龙文集》，第 575 页。
③ 顾廷龙：《加快上海公共图书馆事业发展》，《顾廷龙文集》，第 618 页。
④ 顾廷龙：《重视对图书馆学的研究》，《顾廷龙文集》，第 602-603 页。

究。"① 从这些偶尔提之的话语里，透露出的仍是学术研究与工作实践之间应紧密结合互相推进的思想。

上述散见于各文章中的顾廷龙对图书馆的看法，反映出他的图书馆观：图书馆的基本使命是保存文化，在此基础上，图书馆还具有文化传播功能、研究功能、教育功能及情报功能。他的观点而今看来，依然深刻而透彻，且高瞻远瞩。当前除了一些大型图书馆能多重功能兼备，许多图书馆仅能提供一般开放与服务，文化保存的功能弱化，教育功能、研究能力、情报能力非常欠缺。从这种状况而言，顾廷龙关于图书馆的看法至今对各种类型的图书馆都有很强的现实指导意义。

二、馆藏发展思想

顾廷龙一生做了大量的馆藏建设发展工作。他毕业后的第一份工作即是任燕京大学图书馆中文采访主任兼哈佛燕京图书馆驻北平采访处主任；至合众图书馆时期，他作为总干事，不仅亲自制订馆藏发展政策，并投入大量精力和时间进行馆藏的建设；在上海历史文献图书馆及上海图书馆时期，他都十分重视特色文献的收藏及传布。其馆藏发展思想的形成，深受叶景葵、章钰和顾颉刚的影响。

叶景葵的藏书为合众图书馆馆藏的基础，以抄校稿本为特点。顾廷龙对叶先生的收藏观深为赞同，认为抄校本的收藏可使"古人心血赖以不湮，后人钻研有所取法"②，所以在他的馆藏体系构建过程中，十分重视抄校稿本的收藏。顾廷龙的这种收藏观，亦得到对他人生影响深远的章钰的赞赏③

顾颉刚对顾廷龙馆藏发展思想的影响主要在于促使其形成广泛的文献收藏观念。1927 年顾颉刚任职于中山大学之时，撰写了《购求中国图书计划书》。计划书罗列了 16 大类的购求内容：经史子集及丛书、档案、地方志、家族志、社会事件之记载、个人生活之记载、账簿、中国汉族以外各民族之文籍、基督教会出版之书籍及译本书、宗教及迷信书、民众文学书、旧艺术书、教育书、古存简籍、著述稿本、实物之图象④。顾廷龙膺服于此计划书，将其作为自己采购古籍的指导，非常注重一些非常规的文献资料的收藏。他曾拟订了一个包括 12 个类别的历史文献收集范围：革命文献、档案、地方志、家谱、社团记载、个人记载、古代医书、账簿、迷信书、民间文艺、古典艺术书籍、图片⑤，针对每个类别罗列了收集对象范围。他所主持的合众图书馆馆藏，除了图书、期刊、报纸，还收藏有书画、尺牍、拓片、古器、服物、

---

① 顾廷龙：《版本学与图书馆》，《顾廷龙文集》，第 454–461 页。
② 顾廷龙：《杭州叶氏卷庵藏书目录跋》，《顾廷龙文集》，2002 年，第 141 页。
③ 顾廷龙：《我和图书馆》，《顾廷龙文集》，第 595 页。
④ 顾廷龙：《从图书馆工作角度谈文献》，《顾廷龙文集》，第 625–626 页。
⑤ 顾廷龙：《我在废纸中抢救历史文献的一点体会》，《顾廷龙文集》，第 639–640 页。

照明、照相底片、书版、纸型①等特殊的实物资料。

顾先生的儿子、中国科学院与中国工程院两院院士顾诵芬曾对父亲的收藏观有过这样的评述："收书需有眼光，不仅善于鉴别版本，更是对历史文献之宏观认识与把握。旧时癖宋嗜元成风，竞相争炫，先父则独辟蹊径，专事搜访稿抄校本及稀见明刻本；当时家谱、硃卷、近人手札、专人档案、革命文献、旧平装等资料价值为人们所忽略，先父慧眼识宝，百方搜罗，终始不懈，竟使聚沙成塔，成为上海图书馆特色专藏。"② 顾诵芬对父亲收藏特点的总结十分客观及中肯，在顾廷龙的图书馆生涯中，以独到的眼光坚持不懈地收藏抄校稿本、革命文献、硃卷、家谱、个人档案、手札、民国时期出版的丛书等特种文献，制造了业界多段收藏传奇，同时亦促成了上图特色馆藏的形成，为全国乃至全世界的研究者展示及提供了宝贵的历史文献参考素材。

1949 年以前，在国民党统治范围内的公立图书馆不收藏有关马列主义、共产党活动情况的书刊资料。但顾廷龙出于职业敏感性，在参与创办合众图书馆时即意识到这类文献具有珍贵的史料价值，非常注意收藏。有一次他打听到贵州大学图书馆有批革命文献要处理，便迅速与对方联系，用叶景葵刊印的清惠言所撰《谐声谱》等一批复本书籍与对方交换，藏于书架顶端与天花板接合之处。解放初期，中共中央宣传部曾派人到上海征集有关革命史料，在许多地方空手而归，却在合众觅得大批珍贵资料。从合众到上海图书馆，顾廷龙一直将革命文献作为收藏重点之一。而今，上海图书馆革命文献收藏的品种与数量，在国内外首屈一指。

基于独特的收藏观，顾廷龙曾于废纸堆中抢救出大批有价值的文献资料。1955 年秋天，顾廷龙得知上海造纸工业原料联购处从浙江遂安县收购了一批约 200 担左右的废纸，其中有线装书，便连夜赶到现场，花了 11 天的时间从中挑选出 2000 斤珍贵的历史文献资料，如史书、家谱、方志、小说、笔记、医书、民用便览、阴阳卜筮、八股文、账簿、契券、告示等。此次顾廷龙在废纸中的披沙拣金，进一步促成上海图书馆硃卷与家谱特色收藏的形成。

当然，上海图书馆硃卷特色资源的形成，也是以顾廷龙早年在合众图书馆时期的收藏为基础的。合众图书馆曾以重金购得浙江海盐朱氏寿鑫斋收藏的 2000 余册硃卷，之后又得到江苏吴县潘氏著砚楼捐赠的硃卷千余种。经过持续地收集，至 90 年代初，上海图书馆的硃卷已达 8000 余种，成为一个特色专藏。1992 年，当台湾成文出版社将此专藏整理为《清代硃卷集成》出版时，顾廷龙亦是非常欣慰，喜不自胜。

上海图书馆的另一特色馆藏——家谱，亦与顾廷龙独特的收藏观有莫大关系。顾先生主持的合众图书馆接受的捐赠文献中就包括家谱。在捐献前，合众图书馆收藏家谱已有 400 余种。其后，顾廷龙担任了上海图书馆的馆长，仍非常注重家谱资源的收藏，曾带着图书馆工作人员奔走于上海、江苏、浙江、安徽、江西等地，收购家谱达 5800 多种、47000 余册。同

---

① 顾廷龙：《张元济与合众图书馆》，《顾廷龙文集》，第 572 页。

② 顾诵芬：《编后记》，《顾廷龙文集》，第 795 页。

时，上图还从古旧书店收购并接受各方捐赠，使家谱馆藏达 17000 种、110000 余册①，形成了另一个特色馆藏，并由此引致国家“十一五”重点图书规划项目——《中国家谱总目》的编撰工程。该目是世界上最大的华人家谱目录，于 2009 年 7 月由上海古籍出版社正式出版。

1949 年全国解放后，顾廷龙先生就有对民国出版物进行总结的构想，故特别注意收集。他在福州路古旧书店闲逛时，发现店员在按套整理旧平装书准备销往香港，便立即运用他作为上海文管会出口鉴定委员会副主任的身份阻止其出口，并动用图书馆购书经费大事购买。也是藉此收藏，才有此后的《中国近代现代丛书目录》（上海图书馆编，1979 年出版）编撰出版。

上海图书馆其他诸多特藏，如明清尺牍简帖、手札等，皆源于顾廷龙先生的影响。因之，才有《汪康年师友书札》（上海古籍出版社，1986）、《上海图书馆藏明代尺牍》（全八册）（上海科学技术文献出版社，2002. 8）、《上海图书馆藏明清名家手稿》（上海古籍出版社，2006. 11）、《上海图书馆未刊古籍稿本》（国家古籍整理出版十一五（2006—2010）重点规划项目、上海文化发展基金会首批资助重点项目，复旦大学出版社，2008）、《上海图书馆藏盛宣怀档案萃编》（上海古籍出版社，2008）等具有宝贵文献史料价值的图书出版。

当今一方面因为收藏机构（如图书馆、档案馆、博物馆）社会职能的细分，另一方面也由于馆藏建设人员收藏眼光的不足，许多图书馆的收藏呈现出大同化的趋势，缺乏特色。随着网络技术及信息技术的发展，这种没有特色收藏的图书馆将会面临被取代的危机。新的形势下，各图书馆也应以广阔的馆藏发展观，挖掘本机构、本地区的特色资源进行收藏，以形成具有发展优势的特色馆藏资源体系。

三、馆藏揭示思想

馆藏揭示之本质，一方面在于提供一种发现及挖掘知识的视角；另一方面则是为了方便读者使用文献资源。顾廷龙一生在馆藏揭示方面做了大量的工作，对于馆藏揭示必然涉及的分类、编目具有丰富的经验及独到的看法，同时也留下了丰硕而影响深远的书目成果。

关于分类，顾廷龙主要在确定合众图书馆分类及《中国丛书综录》的分类时多有述及。合众图书馆创建之初，需要考虑图书分类问题。顾廷龙先生分析了当时图书馆采用的各种分类法（如杜威分类法、四库分类法、王云五制订的中外图书统一分类法）的适用性，主张在四库分类的基础上加以增减，这样既与合众图书馆的国粹收藏相适应，同时又能兼容新出的图书类型②③这种分类思想与柳诒徵主管的国学图书馆采用的分类法同出一辙，所以合众图书馆编印的藏书目录即明确说明分类采用国学图书馆分类法。在编制《中国丛书综录》之《子目分类目录》时，顾廷龙亦对分类的问题考虑良多，最终还是以四部分类法为基础，并作了

---

① 《中国家谱总目》编制：全球鼎力合作的浩大工程 https：//www. sachina. edu. an. Atmldata hews，2007 06 3688. html

② 顾廷龙：《创办合众图书馆意见书》，《顾廷龙文集》，第 606-607 页。

③ 顾廷龙：《张元济与合众图书馆》，《顾廷龙文集》，第 561 页。

许多调整，如为便于研究科学史的参考，特立工艺、艺术两类。在其图书馆事业生涯中，顾廷龙钻研最多、用力最勤的还是古籍整理、保护与传播领域，所以在古籍分类的问题上，他基本上都是采用基于四部而稍有变通的方法，这样适应于古籍的特点，亦适应于不同年代书籍出版的变化。

在目录编制方面，顾廷龙先生有独到的看法，且有大量的编撰成果。他曾说："编书日是件很辛苦的工作……怕吃苦者远之，逐名利者避之，更有视其为雕虫小技而讥之。然而编制书目对文献的保存与利用具有至关重要的作用，不应轻视。而真将书目编得有质量有特点，其实并不是一件容易的事。"① 这一席话看似平淡，却道出了高品质目录的编制对于编纂人员高度的学术要求。

在《创办合众图书馆意见书》中，顾廷龙先生提出编纂卡片式、书本式两种目录。卡片式目录除了书名卡片、著者卡片、分类卡片外，他还提议编制著者地域卡片，以便于参考地方文献之用。而书本式目录他建议以捐赠各家分别编制，复合馆中自购和受赠之目汇为总目，这样既能反映馆藏，也能查看各家捐献。关于目录编纂的指导思想，顾廷龙先生非常认同章学诚"辨章学术、考镜源流"的观点②。关于目录的编制，他认为实用与著录的严谨是编制各类书目的前提，要因书制宜，充分反映藏书家的收藏意图、特点及读书治学倾向。

《章氏四当斋藏书目》即是依此原则编制而成的："昔编此目，从藏书特点分卷，主人之师友注其简历，使读者一目了然。"③ 该目为顾廷龙编撰的第一部书目，收书 3368 部，分为 3 卷 5 册，于 1938 年由燕京大学图书馆铅印出版。顾廷龙按照章氏藏书的特点，将其书分为抄校类，宋元旧刻、明清精刻及名家抄本，普通习用古籍三类，以此著录为三卷。每卷又按经、史、子、集来分列。同时，对前两类书，还加注章氏题跋、友人识语、章氏移录前人题记不经见者，非常详尽，洋洋 30 万字，历时十个月编完，是一部编制非常精良的目录书籍。叶景葵看过此目后非常欣赏，即力邀他南下主持合众图书馆。

合众图书馆时期，顾廷龙主持完成馆藏目录 3 种，油印目录 8 种，其它四、五种④，如《海盐张氏涉园藏书目录》《番禺叶氏遐庵藏书目录》《杭州叶氏卷庵藏书目录》《杭州蒋氏凡将草堂藏书目录》《泾县胡氏朴学斋藏书目录》等。这些书目集合起来即可展现合众图书馆的全部藏书，分开则能反映各家捐赠图书的特色。其中《海盐张氏涉园藏书目录》《番禺叶氏遐庵藏书目录》印出后，不少机构纷纷函购，一时"洛阳纸贵"⑤。这足见顾廷龙编制书目的功力。

顾廷龙认为目录之学，目录、版本、校勘三者不可或缺，"言目录而不明版本，则孰善孰

① 顾廷龙：《我和图书馆》，《顾廷龙文集》，第 595 页。
② 顾廷龙：《古典目录学叙》，《顾廷龙文集》，第 115 页。
③ 顾廷龙：《章氏四当斋藏书目跋》，《顾廷龙文集》，第 138 页。
④ 顾廷龙：《张元济与合众图书馆》，《顾廷龙文集》，第 565 页。
⑤ 王京州：张永胜《顾廷龙与合众图书馆》，《图书与情报》2006 年第 6 期。

否，无所决择，易致盲从之失；言版本而不加校勘，则怡神悦性，等诸玩物，无足论矣。”①基于这样的思想，他曾想编著目录学著作，分为流略、图录和校雠三编。《明代版本图录初编》即是基于图录的一部目录学作品，与潘景郑合编，1941年开明书店出版。该书选本精善、著录精当，弥补了明代版本图录鲜有出版的不足，同时又成为后起图录、画册的仿照模本。

上海图书馆时期，顾廷龙主持或主编的书目更是洋洋大观。在历史文献图书馆等四馆合并入上图后，上图馆藏善本书约14000部、15万册。为系统揭示古籍馆藏，顾廷龙于1961—1965年间主持编纂了《上海图书馆古籍善本书目》；也曾主持撰写《上海图书馆古籍善本书提要》（由于各种原因，此提要未及撰成），以期揭示上图的一级藏品；还曾主持编撰柳亚子所捐吴江家藏地方文献的内部书目。上海图书馆收藏有11万余件明清尺牍，为解决尺牍检索难的问题，顾廷龙曾专门找人设计著录尺牍简帖的卡片，并设法请人将尺牍简帖的下款（寄信人）全部做成卡片，每札一张，列出在何种书札之内，并用四角号码排列②。这样一方面摸清了家底，另一方面，对寄信人的各种书札一索即得。

顾廷龙在上海图书馆时期书目编制的努力及成就更主要体现于《中国近代期刊篇目汇录》《中国丛书综录》《中国近代现代丛书目录》《中国古籍善本书目》几部影响深远的大型书目的编制上。

在报刊图书馆（原鸿英图书馆）及徐家汇藏书楼等并入上海图书馆后，上图的报刊收藏为全国之最。为便读者查阅，于1959年起，顾老和当时文化局分管图博的方行组织人力，以上图为主、再走访全国50个图书馆，对哲社方面有参考价值的近代期刊进行编目，编成《中国近代期刊篇目汇录》。该汇录由上海人民出版社于1965—1985年间出齐，收近代期刊495种、1.1万册，按年代分为1857—1899年卷、1900—1911年卷和1912—1918年卷。

《中国丛书综录》是顾廷龙主编的一部大型参考工具书，集全国41个图书馆所藏丛书2797种，收有各种学术著作38891种，950万字，中华书局1959—1962年出版，上海古籍出版社1982年新一版，分为《总目分类目录》《子目分类目录》《索引》三册。《总目》又分为“汇编”（收综合性丛书，分杂纂、辑佚、郡邑、氏族、独撰五类）、“类编”（收经、史、子、集专类丛书）两部。是书后附有全国主要图书馆收藏情况表、丛书书名索引、字头笔画检字，以便查阅。《子目》按稍作调整的四部分类法单独著录各丛书所收著作；《索引》分“子目著者索引”和“子目书名索引”两种。当前超星数字图书馆中已有扫描版的《中国丛书综录》。《综录》是中国历史上收书最多的古籍目录，在数量、质量、检索使用上都优于日本东方文化学院京都研究所编印的《汉籍目录》，对于中国古籍保护事业有深远的影响。《人民日报》称其为检索中国古籍的“雷达”。

《中国近代现代丛书目录》是在顾廷龙的创议下编制的一个书目，1979年9月由上海图书

---

① 顾廷龙：《明代版本图录初编叙》，《顾廷龙文集》，第158-159页。

② 沈津：《学术事功俱隆　文章道德并富（下）》，《文献》，2000年第4期。

馆印行，收录中国1902—1949年出版的丛书5549部（线装古籍以及《中国丛书综录》已收录的《四部丛刊》等七种丛书不收），包括各门类图书30940种，附丛书书名索引和丛书出版年表。该目既是对民国出版物的总体揭示，同时亦是《中国丛书综录》的延续性目录作品。

《中国古籍善本书目》是遵照周总理的指示、由顾廷龙主编完成的大型书目。顾廷龙亦谓此部书目"最费心力、最有意义"。该目从1977年开始，经普查、汇编、审校、定稿等阶段，历时约18年完成，收录古籍善本书57500多种包括我国现存于大陆的明朝及明朝以前的绝大部分和清朝有价值的大部分古籍善本书来自于近800个收藏单位[①]（其时，为条件所限，未能收录西藏和台湾地区收藏的古籍善本），约6万条款目[②]，采用五部分类法编排（1985年上海古籍出版社出版了经部，丛书部和史部分别于1990年和1992年出版）；不仅著录书名、卷数、著者时代、姓名、著作方式、版本时代、版本责任人、版本类别、批校题跋外，还著录藏书的存缺情况及收藏单位。这部书目开创了中国古籍全国性书目的先河，体现了我国当代古籍目录学、版本学研究的水平。

四、馆藏传播思想

顾廷龙认为典藏和传布是图书馆的基本使命。典籍的传布是顾廷龙[redacted]独特的一个内容。他曾说："利用图书馆藏书便利编印图书，存亡续绝，[redacted]百，既利于保存，又利于传播与弘扬民族优秀文化遗产，我始终将此作[redacted]组成部分。"[③] 在他图书馆事业生涯的每一个时期，都非常注重利用馆藏[redacted]提供宝贵的文史资料，同时亦可达成传承中华文明之使命。

在合众图书馆创办之时，顾廷龙即明确图书馆的功能除典藏外，还必须谋以传播[④]，在条件许可的情况下，将旧本秘籍刻印流传。在其拟写的《合众图书馆创办意见书》中就提到："即就叶先生藏书而论，名人未刻之稿当为刊传，批本、校本当为移录，汇而刊之。罕见之本当与通行本互校，别撰校记，以便学者。编纂目的，专为整理，不为新作，专为前贤行役，不为个人张本。"[⑤] 当时处于"孤岛"时期的上海的合众，由于币值暴跌、物价暴涨，本来筹集的基金贬值甚大，印书的经费非常缺乏。顾廷龙为了节省成本多印书，先是将排印改为石印，最后甚至亲自当抄胥，手写上版，如《东吴小稿》《论语孔注证伪》（卷下）。在这样艰难的条件下，陆续印成了《合众图书馆丛书》一、二集。第一集包括14种古籍，其中1940年排印的有《恬养斋文钞》四卷补遗一卷；1942年石印有《吉云居书画录》二卷补遗一卷；1943年石印或影印有《潘氏三松堂书画记》一卷、《吉云居书画续录》二卷、《李江州遗墨题

① 顾廷龙《中国古籍善本书目编辑经过》，《顾廷龙文集》第658页。
② 顾廷龙：《中国古籍善本书目编纂工作总结》，《顾廷龙文集》第663页
③ 顾廷龙：《我和图书馆》，《顾廷龙文集》，第598-599页。
④ 顾廷龙先生所言"传播""传布"，主要指影印出版古籍。下文提及此词时，亦指此意。
⑤ 顾廷龙：《创办合众图书馆意见书》，《顾廷龙文集》第604页。

跋》一卷、《朱参军画像题词》一卷、《余冬缫录》二卷、《凫舟话柄》一卷、《寒松阁题跋》一卷、《闽中书画录》十六卷首一卷、《里堂家训》二卷；1945 年石印有《论语孔注证伪》二卷、《东吴小稿》一卷、《归来草堂尺牍》一卷。第二集石印有 1 种：《炳烛斋杂著》（1948 年）①。

此套丛书所据底本皆为稿本和抄本，注重对辑印图书价值的介绍。根据沈津先生的研究②，编辑出版于 1940 年代左右的丛书仅 50 种左右，有图书馆背景的，除《合众图书馆丛书》外，另只有《玄览堂丛书》（郑振铎编，国立中央图书馆出版）、《边疆丛书续编》（吴丰培编，北平燕京大学图书馆出版）、《私立北泉图书馆丛书》（民国间怡兰堂刻本，收书 8 种）、《国立北平图书馆善本丛书》（收书 11 种）。在那样一个时代，合众图书馆作为一个小型私立图书馆，却在古籍传布方面作出如许的努力并成果频出，顾廷龙在其中可谓功不可没。

上海图书馆时期，顾廷龙一直在推行他的“孤本不孤”的印书计划，为此，特筹建了上图的影印工厂，在五六十年代，先后影印了 30 多种馆藏珍贵文献，如宋刻本《唐鉴》《孔丛子》《侍郎葛公归愚集》《韵语阳秋》，明刻本《[illegible]江府志》《三峡通志》，清刻本《浦泖农[illegible]康熙台湾府志》，抄稿本[illegible]要诀》《嫁圃辑》《分门琐碎录》，尺牍诗[illegible]等③。其时，上海图书馆影印古籍的数量与[illegible]图书馆学思想中非常[illegible]上海图书馆又陆续影印了元刻本《农桑辑[illegible]使稀见典籍化身千[illegible]中山先生遗札》《柳亚子先生遗札》等。[illegible]为图书馆事业的重要[illegible]社、上海书店等出版单位合作影印馆藏古[illegible]印发古籍，以为今人[illegible]宋刻本《元包经传》、稿本《读史方舆纪[illegible]》等。

顾廷龙对许多珍贵文献资料的整理出版，亦体现了他的文献传播思想。顾廷龙曾主持将缪荃孙和汪康年的书札编次抄写成册，最后由上海古籍出版社分别出版了《艺风堂藏友朋手札》及《汪康年师友书札》。对于盛宣怀档案的整理出版，顾廷龙同样非常地重视。他在北京北苑时多次谈及盛宣怀档案的整理，认为应该将盛宣怀书牍全部拍照复印，使孤本不孤④。1996 年 12 月，上海图书馆新馆开馆，顾廷龙在参加庆典活动时还与上图领导一起研究盛宣怀档案整理工作的意义和具体整理方法，并欣然同意与王元化一起担任上图盛宣怀档案整理课题的顾问。

顾廷龙先生的文献传播思想，不仅体现在印书上，还体现在多种场合的提议上。在 1987 年发表的《努力开发文献信息资源为社会主义两个文明建设服务》一文中，顾廷龙提出“图书馆还应有自己的出版部门和印刷厂，这是开发文献信息资源的一种重要手段”⑤。在 1993 年

---

① 王京州，张永胜《顾廷龙与合众图书馆》，《图书与情报》2006 年第 6 期。

② 沈津：《顾廷龙与合众图书馆丛书》，《新世纪图书馆》2005 年第 4 期。

③ 顾廷龙：《我和图书馆》《顾廷龙文集》，第 600 页。

④ 王世伟：《顾廷龙晚年的版本目录学思想述略》，《城市图书馆公共文化服务体系论丛》，第 261-288 页。

⑤ 顾廷龙：《努力开发文献信息资源为两个文明建设服务》，《图书馆杂》1987 年第 6 期。

《中华文史论丛》座谈会上，他提议该论丛每期（或以副刊的形式）发表些古人留存下来的、篇幅较小的内容，以为学术研究积累资料；并在会上介绍了上海图书馆适宜于整理出版的日记、尺牍、传记、目录、图咏等方面的资料①

长久以来，在知识创建整理、使用、传播、保存的人类知识生态链上，图书馆的功能往往停留在整理、使用与保存方面，在知识创建及传播上着力甚少。顾廷龙在他那个时代，即非常有远见地注意到图书馆在知识创建与传播方面的功能；而今的图书馆，则更应该思考数字时代图书馆在知识生态链上的角色定位及如何构建与传播特色馆藏的问题。

五、图书馆服务思想

顾廷龙在其图书馆职业生涯中所做的诸多工作，如馆藏建设、揭示、整理与传播等，皆是为了更好地服务于读者、为读者提供有益的研究参考。他曾说："做图书馆的人，心中要有读者，要为他们服务，不为读者服务那还要图书馆干什么。"② 朴实的表述显示了顾廷龙以读者为中心的服务观。同时，顾老又是位博闻广记、专业知识深厚的学者及具有崇高奉献精神的图书馆人，所以尽管很少对外宣传图书馆要提供怎样的服务，但是他心中的图书馆服务有更多的内涵、精神、境界及要求。顾廷龙关于图书馆服务的基本思想可概述为：专业的图书馆服务源于高尚的职业精神、专业的馆藏及对馆藏的专业知识。

关于图书馆职业精神，顾廷龙有两句很经典的表述：人不能自有所表现，或能助成人之盛举，亦可不负其平生③；专为前贤行役，不为个人张本④。他曾在多种场合谈及图书馆工作："编书目是项很辛苦的工作，又同其他为读者服务的工作一样，有如庖丁烹调盛宴，为主人享客，自己则不得染指，因而怕吃苦者远之，逐名利者避之，更有视其为雕虫小技而讥之。然而编制书目对文献的保存与利用具有至关重要的作用，不应轻视。而真要将书目编得有质量有特点，其实并不是一件容易的事"；"图书馆工作是为他人作嫁衣，但对保存与传播文化起着重要作用，很有意义。"⑤ 这些言语都体现出顾廷龙"甘于奉献而术有所长"的淡泊名利的平和心态及高尚的图书馆职业精神。也许正是这种服务精神，奠定了他成为中国版本目录界泰斗及卓著的图书馆事业家的基础。

在他基于专业的馆藏为读者提供研究参考方面，有许多事迹流传。合众图书馆是顾廷龙一手主持的私立图书馆，因为收藏资料的专业及独特，解放初期上海要查历史资料的读者往往就会被介绍到合众图书馆。如中央宣传部调用早期革命书刊（如 1921 年版《列宁全书》第一种《劳动会之建设》，1926 年版《中国农民运动近况》、1927 年版刘少奇著《工会经济问

---

① 顾廷龙：《图书馆工作者的愿望》，《顾廷龙文集》第 630-632 页。

② 沈津：《学术事功俱隆　文章道德并富（下）》，《文献》2000 年第 4 期。

③ 顾廷龙：《我和图书馆》，《顾廷龙文集》第 601 页。

④ 顾廷龙：《创办合众图书馆意见书》，《顾廷龙文集》第 604 页。

⑤ 顾廷龙：《我和图书馆》，《顾廷龙文集》第 601 页。

题》《工会基本组织》等百余种）、外交部查找1945年以后中国与欧洲各国订立的协定和条约、市地政局查找租界问题资料、市电影制片厂查阅太平天国史料、市工商局查阅劳工数字资料、华东水产管理局查阅中国渔业问题史料等①皆能在合众图书馆找到满意的资料。

馆员如果能理解馆藏，那么就能在此基础上为读者提供广泛的咨询及专业化、个性化的深度服务。顾廷龙本身学有所专，同时对历史文献馆藏又极为了解，有着丰富的知识，所以他的服务思想及服务内容至今仍可视为当今图书馆界正当行的学科馆员的楷模。他曾借顾颉刚的话来表达自己的文献整理服务观："不是自己有所研究，就不能理解图书资料的内容，也不可能真正懂得图书资料的运用，也不会重视图书资料的收集与整理。"② 他也曾说"图书馆接待读者，表面观之，似商店接待顾客，极为寻常。不知读者与工作者互相交流，互相提高之关系。我夙有读者与工作者要有共同语言之想。"③ 他这种馆员与读者相互交流及提高的思想，至今仍是图书馆界追求的一种目标。而他在实际工作中，确实是在身体力行之。他的《章氏四当斋藏书目》对科技史专家胡道静一篇论文的启发④、他对胡适考证《水经注》版本的协助、他对曾任上海市文化局局长的著名学者方行编印《樊锥文集》的帮助等皆是很好的例证⑤

他的服务思想亦体现在他主持的合众图书馆的服务中。合众图书馆既是"向读者提供中国古典文献为业务范围的专业性图书馆"⑥，同时也是文史哲方面的专家学者研讨著述及年青向学之士潜心学习的良好场所。许多著名学者都是合众图书馆的服务对象，如地质学家章鸿剑，生物学家秉志，文学家冒广生、郭绍虞、钱锺书、钱南扬，历史学家周谷城、周予同、蔡尚思、李平心、顾颉刚、郑振铎、牟润孙、陈乐素等。

一些大学生亦到合众研究或写论文，如冯其庸、沈燮元、王运熙、黄永年、洪延彦、陈左高、陆萼庭、贺卓君等。冯其庸后来成为驰名中外的红学家，他在《蒋鹿潭年谱考略》一文中说他在上海读书绝大多数的课余时间是在合众看书，"使我十分感谢的是我时时能得到顾老的指点和关照，我读的书图书馆单给我存置一个书架，每天到后就取书阅览，不浪费一点时间。"⑦ 有些学者到合众图书馆来编写专著，如王庸、沈文倬辑校《全五代文》、陆维钊编校《清词钞》，刘厚生撰著《张謇传记》，李俨、严敦杰撰著《中国算学史》，胡道静撰著《梦溪笔谈校证》等。刘厚生在其撰著的《张謇传记》的后记中指明该书70%的资料取自合众图书馆⑧。另外一些学者通过信函的方式来咨询于合众，如朱启钤、陈钟凡、陈寅恪、陈

---

① 顾廷龙：《张元济与合众图书馆》，《顾廷龙文集》第569页。
② 顾廷龙：《介绍顾颉刚先生撰购求中国图书计划书》，《顾廷龙文集》第613页。
③ 顾廷龙：《柳诒微先生与国学图书馆》，《顾廷龙文集》第578页。
④ 胡道静：《胡道静序》，《顾廷龙文集》第3页。
⑤ 顾廷龙：《识书、熟书与藏书》，《出版人图书馆与阅读》https：//www. gzlib. gov. cn/special_ topic/ detail. do? id=273387。
⑥ 顾廷龙：《张元济与合众图书馆》，《顾廷龙文集》第555页。
⑦ 顾廷龙：《张元济与合众图书馆》，《顾廷龙文集》第563页。
⑧ 顾廷龙：《张元济与合众图书馆》，《顾廷龙文集》第562页。

垣、邓之诚、聂崇岐、王重民、向达等。

六、图书馆员

顾廷龙终身以图书馆为业，对图书馆从业者需具备的知识基础及社会对馆员的认知度有着深刻的体会。因此，一方面，他非常注重图书馆学人才，尤其是古籍版本目录学人才的培养；另一方面，他亦呼吁在图书馆落实知识分子政策。

为培养人才，顾廷龙认为大学文科应设古典文献学系并设研究所，将从事研究的学者组织起来；所教大学生或研究生必须具有一定的文字、音韵、训诂、目录、版本的基本功，以便将来各专一经，分别研究①。顾廷龙本身亦曾在多所大学（暨南大学、光华大学、华东师范大学、复旦大学）当兼职教授，教授版本目录之学，并培养了周松龄、邱健群、王世伟、彭伟国、梅宪华、日本学生高桥智等在内的多名研究生②

在图书馆岗位上，顾廷龙非常注重对年青人才的培养和提携。现任美国哈佛燕京图书馆善本部主任的沈津即是顾先生手把手、言传身教培养出来的版本目录学人才。顾廷龙对他的教导，不仅在于学术专业的指导，更多地在于淡泊名利、潜心钻研的学术精神的影响方面。沈津曾说："我的每一点进步，每一点成绩都是和他的口传心授分不开的……正是由于他的指导，我从一个未谙图书馆业务的学生，逐步成长为当时（1988）中国图书馆学界最年青的研究馆员"③，并将顾先生比之为"鲍叔"④，以形容其对他人生的深刻影响。顾廷龙曾评说叶景葵"毕生不急功近名，无疾言厉色，奖掖后进，与人为善"⑤，其实，这个评语也正是他个人为学、做事、处世的形象写照。上海图书馆的吴织、王世伟，华东师范大学的严佐之教授等均是深受顾廷龙先生教益而成长起来的学者。

1977 年夏天，顾廷龙携沈津至四川省图书馆，为该馆举办的"西南、西北八省古籍训练班"授课。学员有 80 余人，大部分来自四川、云南、贵州等省的图书馆、博物馆及文管所。顾廷龙对沈津说："这几个省的人以后回去，不光是要在实践中运用学到的知识，而且他们今后还会注意如何保管，如果每个图书馆都有懂得古籍重要的人，那也算是后继有人了。"⑥

图书馆是一种特殊的社会机构，从业人员需要具备广阔的知识面及某一领域专深的知识，而馆员的工作效果往往不容易直观地表现出来。这种要求与结果上的不平衡导致图书馆不容易吸引到足够能支撑图书馆事业快速发展的人才。顾廷龙对此有深刻体会，曾说："图书馆是一个知识密集部门，图书馆工作人员的文化素质、知识结构和业务水平直接影响着图书馆的

---

① 顾廷龙：《整理出版古籍小议》，《顾廷龙文集》第 676 页。

② 王世伟：《影响顾廷龙先生学术生涯的几件事》，《国家图书馆学刊》2006 年第 2 期。

③ 沈津：《学术事功俱隆　文章道德并富（下）》，《文献》2000 年第 4 期。

④ 沈津：《学术事功俱隆　文章道德并富（下）》，《文献》2000 年第 4 期。

⑤ 顾廷龙：《叶景葵杂著后记》，《顾廷龙文集》第 257 页。

⑥ 沈津：《学术事功俱隆　文章道德并富（下）》，《文献》2000 年第 4 期。

工作质量……在公共图书馆进一步落实知识分子政策十分必要。图书馆的知识分子与其他文化、教育、科技界的知识分子不同，他们的知识、他们的劳动很不容易为一般人所认识和衡量。好多知识分子一入公共图书馆，一辈子就默默无闻地为他人作嫁衣裳。我们应该根据他们的工作性质、特点实事求是地对他们的成绩进行正确估价和鼓励，发挥他们的积极性。”①从体制上来保障馆员的权益及相应的社会尊重感，以推动图书馆人才引进及储备，是从根本上解决图书馆界人才困境的理想方案。顾廷龙在他那个年代的呼吁，其实也喊出了而今众多图书馆的心声。

七、结语

综其一生，顾廷龙是位彻底的图书馆学人。他为中国的图书馆事业、古籍保护事业、中华传统文化传播事业作出了杰出的贡献。他的图书馆观及丰富的图书馆实践代表着图书馆事业发展中最有底蕴、最为中坚的内核部分。从顾廷龙勤于钻研的精神、甘于奉献的态度、丰硕的成果，及对文化事业的巨大贡献而言，他都是业界的一个楷模、一座丰碑。古典文献学家来新夏对他曾有这样的评价：“顾廷龙先生是一位将职业与事业完善结合而极有所建树的楷模。他一生以敬业精神为图书馆收书、编书、印书，直至做领导管理工作，而为图书馆界所敬仰。他在具体实践工作的基础上，始终以学术态度，将一般图书馆业务工作提高到有丰富学术内涵的层次，并身体力行，进行高水平的学术研究工作，学术成果累累，培养了一批有学术造诣的图书馆人，为世人树立图书馆学术性形象付出了极大的精力。”② 这段评语极为中肯地道出了顾廷龙勤恳踏实而成果累累的一生。今天，我们以后学的眼光去回望顾老低调却成就卓著的图书馆人生，心中充溢的唯有感动、钦佩与敬仰。因此，亦希望通过对顾老图书馆学思想的梳理与探究，来启发及裨益于今天的图书馆学、图书馆人和图书馆事业！

（原刊于《图书情报知识》2011 年第 5 期第 59-68 页）

---

① 顾廷龙：《加快上海公共图书馆事业发展》，第 619-620 页。

② 来新夏：《顾廷龙先生与版本目录学》，《新世纪图书馆》2006 年第 1 期。

顾廷龙文献庋藏理念述略

吴建伟

顾廷龙先生（1904—1998），字起潜，号匋誃，著名的古籍目录版本学家、图书馆事业家，毕生从事图书馆事业，对图书馆文献庋藏具有独到的理念，这些理念对我们今天从事图书馆事业和古籍整理保护有相当大的参考价值。对此，王世伟、陈燮君、陈先行、曹志敏和史明文等先生已略有涉及。① 本文则以不同的视角，在时贤基础上，试对顾廷龙先生关于文献庋藏之思想作一粗浅总结，以求教于方家。顾廷龙先生用简单的六个字概括一生图书馆事业：收书、编书、印书。此六字生动地涵盖了顾廷龙先生一生从事文献庋藏的活动，他独到的文献庋藏思想给这平淡的六个字赋予了深刻的内涵。

一、访求文献

（一）以“片言只字皆史料”为文献庋藏的对象

进行庋藏文献工作，首先面临的问题是确定文献的搜罗范围。对此，顾廷龙先生基于65年的图书馆工作的经历，从文献、文献学的概念范畴出发确定了文献收藏对象。如所周知，“文献”一词，最早见于《论语》。② 宋末史家马端临著有《文献通考》一书，最早以“文献”作书名。此书分为24门：田赋、钱币、户口、职役、征榷、市籴、土贡、国用、选举、学校、职官、校社、宗庙、王礼、乐、兵、刑、经籍、帝系、封建、象纬、物异舆地、四裔等。顾廷龙先生认为此24门都属文献学范围。在文献学范围中，还有一个文献资料的问题。文献、文献资料两者

---

① 王世伟：《论顾廷龙先生对中国现代图书馆事业的贡献》，上海：上海社会科学院，2004年9月，第1-15页。王世伟：《顾廷龙先生与上海图书馆》，《历史文献论丛》，第16-18页。王世伟：《论顾廷龙先生的护书精神》，《图书馆论坛》，第252-255页。陈燮君：《顾廷龙：从“书缘”到“图书馆缘”》，《图书馆杂志》，2004年第10期，第2-5页。陈先行：《毕生尽瘁图书业》，上海图书馆编：《顾廷龙先生纪念文集》，上海：上海科学技术文献出版社，1999年8月，第78页。曹志敏、史明文：《顾廷龙古籍整理理论初探》，《贵州文史丛刊》，2005年第2期，第72-74页。

② 《论语·八佾》：“夏礼吾能言之，杞不足徵也；殷礼吾能言之，宋不足徵也。文献不足故也。”。

存在着细微差别。顾廷龙先生认为："书本中有文献和文献资料，但是有的文献资料并不属于书本的。"① 如明末清初记载土地数量、分布、分配的鱼鳞册，尺牍、革命传单等即属资料类。顾廷龙先生受顾颉刚先生《购求中国图书计划书》启发，加上长期的工作经验，认为文献资料包括的方面很多。他很重视对文献资料的收集整理工作。只要将文献资料集中加以整理出版即为书本。而资料中属"贵重的、珍贵的，便是文物"。如宋元明人的信札就是文物。总之，顾廷龙先生提出："文物、文献资料、文献和书，有区别、又有交叉。书，不算文物，但包括了文献，书中有文献资料。"② 可以说，顾廷龙先生对文献资料的认识是非常深刻的，用一句话总结就是"片纸只字皆史料"。在如此宽广的视界下收集文献资料，使搜罗范围扩大，并不拘于宋元椠本，他提出十二大类型的范围：革命文献、档案、地方志、家谱、社团记载、个人记载、古代医书、账簿、迷信书、民间文艺、古典艺术、图片。先生正是向着此范围努力，他尤其注意搜集重要新书刊、文史资料以及前人稿本。合众图书馆即以此宗旨来充实馆藏。顾廷龙先生在家谱、硃卷、日记、手札、专人档案资料以及古籍稿本、抄校本和革命文献的收集和抢救上，花了很多心血，终于集腋成裘。此外，人们往往"厚古薄今"，珍视古籍，而对近代及同时代文献资料则多视而不见，几乎无人刻意加以庋藏。但顾廷龙先生全国甫一解放，即开始留意收集旧平装书。如今民国文献的庋藏公认以上海图书馆为翘楚。当他人忽视这些文献价值时，顾廷龙先生却能慧眼识宝，这正是收藏对象多元化，"片言只字皆是宝"之庋藏观的极好体现。如今的上海图书馆在上述一些方面拥有在国内外领先、颇具规模的特色专藏，顾廷龙先生的功绩是无法估量的。

（二）"图书采购是一门学问"

对文献的庋藏途径，除了前代的遗赠、接收他人捐赠等方式外，还有一个重要的途径就是主动进行文献访求活动，以尽量获得庋藏之图书。那么如何更好地做好文献采购工作呢？顾廷龙先生 1935 年从燕京大学研究院毕业后即任哈佛燕京图书馆驻北平采访处主任。从此一生献身于图书馆事业。在长期的文献采访工作中，积累了大量的经验。顾廷龙先生认为："对图书馆来说，图书采购是一门学问，不是什么人都能做的，这要凭经验，要读点书，要了解读者的需要，不是光看新书简报就行，要走出去，跑得勤才行。"③ 所谓要"读点书"，一个基本要求就是要懂得版本学知识，了解图书的流传情况。他说："采购工作者，必须熟悉版本。就古籍说，某书历来传世者有多少版本，现在某本稀见，某本习见，某本校勘精善，某本粗疏，某本由某本出……掌握了这些复杂情况，采购起来就心中有数。"④ 顾廷龙先生"是相信实践出真知的"，因此他经常鼓励年轻的图书采购人员"书在手上，几个来回，你们就

---

① 顾廷龙：《从图书馆工作角度谈文献》，《顾廷龙文集》，上海：上海科学技术文献出版社，2002 年 7 月，第 624 页。

② 顾廷龙：《从图书馆工作角度谈文献》，《顾廷龙文集》，第 628 页。

③ 沈津：《学术事功俱隆　文章道德并富》，上海图书馆编：《顾廷龙先生纪念文集》，第 59 页。顾廷龙述，刘小明整理：《实践出真知》，《顾廷龙学述》，杭州：浙江人民出版社，2000 年 9 月，第 40 页。

④ 顾廷龙：《版本学与图书馆》，《顾廷龙文集》，第 460 页。

会了解什么书该买，什么书不该买。”[①]

此外，顾廷龙先生认为从事文献采集，必须到处留心，要做个有心人。上海图书馆收藏的明代万历十九年刻本《三峡通志》、《严州府志》等都是从废纸中抢救得来。还有《票拟簿》三册，是晚明温体仁内阁代拟批示的底簿，从鞭炮作场拣来的。清末《强学报》第一期原来已作为旧书的包裹纸。对于从废纸中披沙拣金的体会，顾廷龙先生提出十二种收集范围。这一点上文业已提及。这些都是弥足珍贵的经验之谈，极具价值。

除了主动采访图书外，顾廷龙先生还要求“向群众进行广泛宣传，引起广大人民的注意，重视图书文物的保存，从而杜绝把珍贵文献弃为废纸”。[②] 他还主张“征求专门著作。刻本已很难得到的，稿本、抄本未经刊行的，可就近送交各省、市、自治区图书馆拍摄胶卷备用。原书发还主人”。[③] 可见，做好文献访求工作殊为不易，确是一门学问。要之，只有掌握了这门学问才能进行收藏文献工作，它也是庋藏文献的基础。

二、保管文献

（一）编制庋藏文献目录是一项学术事业

庋藏文献至一定阶段，就要对所藏文献进行分类整理的工作。而此项工作最有效的方式就是编制目录。因为文献未经编目，则基本等同于一盘散沙，家底不清，从而无从利用。顾廷龙先生表示：“关于编目，为图书馆基本重大之工作。”[④] 顾廷龙先生对目录学功能有清楚的认识。他早年受教于外叔祖王同愈。及负笈燕京，与精于金石目录版本之章钰过从甚密，尽传其学。章钰去世后，顾廷龙先生以一己之力于四个月内编成《章氏四当斋藏书目》三卷。每卷以经史子集分类，且对经史二类，采取藏书志体例，凡章氏题跋、友朋识语及章氏移录前人题记少见者全部备录，另外凡校证之本有章氏假于人者，复于题识后附以按语，就见闻所及，记其里贯事迹，以详渊源。所谓“为例之善，未之有也。”[⑤] 而在编辑此书之前，顾廷龙先生已于目录学有深入研究。自此始，顾廷龙先生先后编有《番禺叶氏遐庵藏书目录》《杭州蒋氏凡将草堂藏书目录》《杭州叶氏卷盦藏书目录》以及大型联合目录《中国丛书综录》和《中国古籍善本书目》。

对于编目工作，或以为雕虫小技而不屑，或因以此成名不易而视若畏途。有鉴于此，顾廷龙先生明确提出：“编制书目对文献的保存与利用具有至关重要的作用，不应轻视。而真要

① 沈津：《学术事功俱隆　文章道德并富》，上海图书馆编：《顾廷龙先生纪念文集》，第59页。顾廷龙述，刘小明整理：《实践出真知》，《顾廷龙学述》，第43页。

② 顾廷龙：《我从废纸中抢救历史文献的一点体会》，《顾廷龙文集》，第638页。

③ 顾廷龙：《整理出版古籍小议》，《顾廷龙文集》，第676页。

④ 顾廷龙：《创办合众图书馆意见书》，《顾廷龙文集》，第606页。

⑤ 王绍曾：《顾廷龙文集序》，《顾廷龙文集》，第6页。

将书目编得有质量有特点，其实并不是一件容易的事。”① 他强调实用和著录的严谨性是编制各种目录的前提，而编制书目又应因书制宜，能充分反映出藏书家的收藏意图、特点和读书治学的倾向。所谓严谨性，是指要揭示文献；所谓实用，是要提供读书治学的门径。顾廷龙先生服膺章学诚所谓古典目录学的功能是“辨章学术，考镜源流”的观点。他认为编制目录从来不是单纯的技术性的图书登录工作，而是一种严肃的学术研究。② 在图书分类上，他认识到古典目录学的优良传统，主张采用四库分类而加以扩充的方法。如他在主编《中国丛书综录》《中国古籍善本书目》时，许多方面就采取了古典目录学的基本框架，而在一些方面有所变通和发展。从此两部书目的编制体例、收书范围、类目增删、文本考订等方面来看，确非简单技术性的图书登录工作，使利用者能即类求书，因书究学。如《中国丛书综录》“在编目著录方面，力求详确，并对某些问题作必要的考订”③。又如《中国古籍善本书目》，正如顾廷龙先生所说：“在善本书收录范围上，突破了前人只以宋、元本为善本的框框，在确定是否善本问题上，制定了‘三性’原则，即以古籍的历史文物性、学术资料性、艺术代表性为考察标准，并具体化为九条标准，具有较强的科学性和实践性、可操作性，已为学术界普遍认可和采纳。”④ 此非于目录之学深有研究者不可为也，“是受到国内外注目的一项学术事业”。⑤ 诚如斯言，以上诸书学术价值之大，有目共睹。

（二）重视度藏文献的保护和修复

中国古籍历经多次劫难，有所谓“五厄”“十厄”之说。而在近代150年中，更是因为自然和人为因素，典籍遭受了前所未有的损坏。图书馆的重要任务就是保护文献资料。顾廷龙先生提出：“为了更好地保护古书，必须认真进行装修工作。装修是一门专门技术。首先要培训保管、修复、装潢的专业人才。”⑥ “古籍整理工作中，修复古籍是第一步。”⑦ 有鉴于此，他呼吁从速选派有志于此一专业并有一定基础的年轻同志，去跟随技术高超的老同志学习。据他人回忆，顾廷龙先生“曾多次提出整理修复工作时每一个字都要力争保护。因为或许就是这一个字，就能在版本的考证中起到非常重要的作用。”⑧ 他要求修复人员“能把古籍修复只有师傅带徒弟的传统形式，亦增加一点理性的东西”。⑨ 王世伟先生回忆说：“当时我曾陪先生到家谱修补工场参观，当他看到有近20位修补人员在抢救修补家谱时，喜上眉梢，反复对我讲：‘这批家谱交运了。’对于毛彦文先生所捐熊希龄遗稿中的一些信，顾廷龙先生在世

---

① 顾廷龙：《我与图书馆》，《顾廷龙文集》，第595页。
② 顾廷龙：《古典目录学叙》，《顾廷龙文集》，第115页。
③ 顾廷龙：《中国丛书综录的编纂经过》，《顾廷龙文集》，第648页。
④ 顾廷龙：《中国古籍善本书目编纂工作总结》，《顾廷龙文集》，第663页。
⑤ 顾廷龙：《古典目录学叙》，《顾廷龙文集》，第115–116页。
⑥ 顾廷龙：《整理出版古籍小议》，《顾廷龙文集》，第676页。
⑦ 顾廷龙：《古籍整理二三事》，《顾廷龙文集》，第680页。
⑧ 潘美娣：《关爱——缅怀顾先生》，上海图书馆编：《顾廷龙先生纪念文集》，第81页。
⑨ 潘美娣：《关爱——缅怀顾先生》，上海图书馆编：《顾廷龙先生纪念文集》，第81页。

时也多次督促古籍部的同志予以装裱修复。”① 当初经过上海图书馆保管的抄家图书，顾廷龙先生还想方设法组织修复人员对破损的典籍加以精心的修补。今天的上海图书馆专门设立古籍修复组也应归于顾廷龙先生的卓识。

三、流布文献

（一）庋藏文献须提供读者阅览

图书馆的功能除了搜集保存文献外，就是要提供读者阅览。这一点，顾廷龙先生不止一次提到。顾廷龙先生供职的合众图书馆虽属私办，在解放前也没有办过对外公开阅览。但实际上，在它存在的14年中，到馆读者遍布全国各地，并不限于上海一隅。他们或是至馆里阅览，或是通信咨询。举其荦荦大者，如地质学家章鸿钊、生物学家秉志，文学家冒广生、郭绍虞、钱钟书、钱南杨，历史学家周谷城、蔡尚思、李平心、顾颉刚、郑振铎、牟润孙、陈乐素等。有各大学学生为研究或写论文到“合众”的，如冯其庸、沈夑元、王运熙、黄永年、洪廷彦、陈左高、陆萼庭、贺卓君等。也有为编写专著而至“合众”搜集资料的，如王庸、沈文倬辑校《全五代文》，陆维钊编校《清词抄》，刘厚生撰著《张謇传记》，李俨、严敦杰撰著《中国算学史》，胡道静撰著《梦溪笔谈校证》等。还有通信咨询的，如朱启钤、陈钟凡、陈寅恪、陈垣、邓之诚、聂崇岐、王重民、向达等。一些馆藏珍本秘籍，在适当保护的前提下，顾廷龙先生也提供给读者。时至今日，上海图书馆馆藏善本基本仍都可公开阅览。对待读者，顾廷龙先生总是尽力满足他们所需。他身边工作人员回忆说：“有一次读者要借一本常用书，由于书库内没有而被拒借，事后顾老生气地说：‘这些常用书如同人的衬衫衬裤一样要常备，南京路没有，可从长乐路书库调来。’”② 可见其不遗余力服务读者的精神。而他这些话也影响着一代又一代的工作人员。同时，这些典籍在为培养学术人才方面起到积极作用。此外，顾廷龙先生在编制目录、索引等为学术界和读者服务方面也做了很多工作，如《中国近代期刊篇目汇录》即是一例。

（二）尽力完善庋藏文献中孤本秘笈的影印工作

图书馆固然要保存古人遗留下来的珍贵文化遗产，但更应开发庋藏文献资源，将孤本秘笈刊印流布，以嘉惠学林。顾廷龙先生常说：“今日管理古籍善本，重在重印，使其化身千百，代代相传，不至湮没。”③ 这是他的一贯主张，更为重要的是，这也是庋藏文献生命的可持续性的一种极为有效的方法。在合众图书馆成立之初，即刊行《合众图书馆丛书》，第一辑14种，第二辑1种，收有馆藏稿本4种、抄本10种，以及诸仲芳、高吹万藏稿本1种，都具有极大的价值。

---

① 王世伟：《论顾廷龙先生的护书精神》，《图书馆论坛》，2004年第6期，第254页。

② 王翠兰：《您永远和我们在一起》，上海图书馆编：《顾廷龙先生纪念文集》，第79页。

③ 顾廷龙：《天一阁丛谈序》，《顾廷龙文集》，第95页。

从50年代末至“文革”前，先后有30余种馆藏珍贵文献公诸于世，除宋刻本《孙子》《艺文类聚》及明刻本《杜臆》，是交付中华书局影印出版的以外，其余皆由上海图书馆自己的影印工场独自影印，其中宋刻本有《唐鉴》《孔丛子》《侍郎葛公归愚集》《韵语阳秋》；明刻本有《松江府志》《三峡通志》；清刻本有《康熙台湾府志》；稿本有《古刻丛钞》《刍牧要诀》《稼圃辑》；尺牍诗翰有《词人纳兰容若手简》《龚自珍魏源手批简学斋诗》等等。

“文革”后，上海图书馆又陆续影印了元刻孤本《农桑辑要》、明写本《永乐大典》（“郎”字韵一册）、《孙中山先生遗札》《柳亚子先生遗札》；宋刻本《元包经传》《钜宋广韵》《周髀算经》《九章算术》《孙子算经》《张丘建算经》《东观余论》《杜荀鹤集》《嘉祐集》《王荆公唐百家诗选》；元刻本《颜氏家训》《文心雕龙》；稿本《玉函山房辑佚书续编》《读史方舆纪要》等等。

对于古籍的梓行是采用整理排印还是影印的方式，多年前学术界展开过激烈的讨论。顾廷龙先生认为还是以影印为优。“因为影印出书快，而排印出书慢，且整理质量较难保证……”① 当然这是对于稿本、抄本、尺牍等一些价值很大的资料而言。古籍出版形式还是要根据社会需要和古籍的价值而定。

影印古籍，顾廷龙先生认为必须选择优秀的底本，这样才能保证书籍的质量。他说：“影印方面，也必访找最好底本，再事检阅，印刷不清，或有残缺的，访觅同样版本加以配补使成完整。”② 如中华书局影印的《宋本十一家注孙子》，根据上海图书馆藏本，漫漶不清或破损之处补以北京图书馆藏本，终成精本完帙。

在古籍影印出版中，顾廷龙先生极为重视抄校稿本的流传。他直言自己对此类文献的偏爱，尝谓：“我对抄校稿本的兴趣最大，喜欢看，喜欢研究。”③ 因为“这些书可当作孤本秘籍看待。我一直以为，对一些孤本善本，应该广为流传，让大家都能看得到”。④ 长期以来，他一直致力于稿本的征集。在顾廷龙先生看来，抄校稿的文献学价值高、鉴定难。因此他提出：“我们在古籍整体出版中，要重视手写本，把那些重要的抄本、校本、稿本印出来。当务之急是编著抄校稿本图录，影印出版，不让版刻专美，使写本、刻本各美其美，达到共美。”⑤ 顾廷龙先生身体力行，先后刊印的《合众图书馆丛书》《玉函山房辑佚书续编》《读史方舆纪要》以及《艺风堂友朋书札》《汪康年师友手札》皆属稿本之类。

四、结语

纵观顾廷龙先生一生活动，尽管服务单位不断变更，但从事文献采访工作却始终未曾中

① 顾廷龙：《我和图书馆》，《顾廷龙文集》，第600页。
② 顾廷龙：《版本学与图书馆》，《顾廷龙文集》，第458页。
③ 顾廷龙述，刘小明整理：《抄本、校本、稿本与版本》，《顾廷龙学述》，第58页。
④ 顾廷龙述，刘小明整理：《编辑〈合众图书馆丛书〉》，《顾廷龙学述》，第133页。
⑤ 顾廷龙述，刘小明整理：《抄本、校本、稿本与版本》，《顾廷龙学述》，第64页。

断。现在了解北京大学图书馆的人都一致认为“燕京的书精”。[①] 这是顾廷龙先生在主持燕京大学采访古书时馈赠后人的一笔宝贵财富。从1939年至1953年主持合众图书馆馆务的14年里，顾廷龙先生历经艰难，共收集了25万册（件）珍贵图书。此后担任上海图书馆馆长，以宽广的眼光在抄校稿本、谱牒、日记、手札、专人档案、硃卷、民国图书等方面的庋藏形成了极具特色的馆藏。他主张“片言只字皆是宝”的搜罗理念，这正是上海图书馆有其特色的前提。他以自己文献采访的切身体会提出图书采购是一门学问，要求采购者将书面知识和实践经验相结合，平时多留意，做有心人。庋藏文献的价值在于为人所用，尽力满足读者所需。他为读者研究学术作出了积极贡献，如著名学者冯其庸的一部重要著作就是利用合众图书馆藏书写就的。由于自然和人为原因，流传至今的很大一部分文献遭到了损耗，顾廷龙先生一直极为重视文献保护和修复工作，并提出了很多可行的建议。这是他的独到见解。编制目录可了解庋藏文献的情况，以进一步利用。他一生编制了很多目录，从早期的《章氏四当斋藏书目》到被誉为检索古籍的两架“雷达”之《中国丛书综录》和《中国古籍善本书目》，皆可视为目录学的经典著作。这些目录著作无疑体现了顾廷龙先生一生坚持的编目是“辨章学术，考镜源流”，是一种严肃的学术研究，而绝非简单的图书登记的思想。除了庋藏文献外，顾廷龙先生始终主张影印其中的一些孤本秘笈，俾之广为流布。在他主持下，合众图书馆、上海图书馆影印了大量濒亡的古籍，其中尤为关注抄校本的收藏和刊行。顾廷龙先生的图书庋藏理念无疑值得今天古籍收藏和整理研究工作者认真领会和借鉴。

（原刊于《古籍研究》2008年第1期第139–145页）

① 杜泽逊：《怀念顾廷龙先生》，《山东图书馆季刊》1998年第3期，第32页。

顾廷龙与合众图书馆

沈 津

顾廷龙先生是中国图书馆事业家，也是一位版本目录学家、文献学家。他从 1934 年 7 月起进入北平燕京大学图书馆工作，五年后，又于 1939 年 7 月应叶景葵先生之招，抵沪创办合众图书馆，直至捐献国家，改名为上海市历史文献图书馆，1958 年再并入上海图书馆，几十年来，他一直在图书馆工作。然而最令顾先生耿耿于怀的是某些学者对合众图书馆的评价了。

那是缘于《中国大百科全书·图书馆学卷》出版后，内里的“上海合众图书馆”条目下注云“见上海图书馆”六字。先生见后，大不满意。他曾对来访的时在苏州大学任教的潘树广先生说：“（这）不免太简单了。合众十五年经历，最为艰难之日，开办时在空无一物、空无一人的情况下进行，到捐献市人民政府时聚书三十万册，捐献后改名历史文献图书馆。我们编印了一册《中国现代革命史料目录初稿》，解放初中宣部同志说，你们有远见。此原公立图书馆不能做的事，十四年的时间不短，而且经历了困难时期。‘见上海图书馆’一语，太简单了，太轻松了。”先生希望潘先生暇时写一篇对“合众”评价公正的文章。可惜的是，潘先生也于 2003 年去世了。

当然，不仅仅是《中国大百科全书·图书馆学卷》，即使是《中国图书馆事业史》（刘少泉著）、《中国图书馆史》（李朝先、段克强编著）、《中国图书馆发展史》（王酉梅著）也都没有“合众”的一席之地，至于《20 世纪以来中国的图书馆事业》（张树华、张久珍编著），仅有私立东方图书馆、私立上海鸿英图书馆、私立松坡图书馆、南开大学木斋图书馆、私立北京木斋图书馆、申报流通图书馆、中国科学社明复图书馆、中央地质调查所图书馆之介绍，而无一字涉及“合众”。

“合众”实际上是中国近代以来私立图书馆的典范。是自 20 世纪 30 年代在日寇侵华、上海沦为“孤岛”后，叶景葵、张元济、顾廷龙等先生高扬“众擎易举”的大旗，为国家、为民族保存了大量文献，做了力所能及的工作，起到了私人收藏家、公家图书馆不能起到的作用，它的存在及发展应该得到正确的评价。

本文的写作，基于当年编著《顾廷龙年谱》时收集的以及近年中新发现的材料，来叙述顾廷龙先生是如何进入图书馆领域并因何回到上海参与创办“合众”；“合众”在“空无一人，空无一物”的情况下，其创业之艰难及图书之来源；“合众”的成长、成果与归宿。

顾廷龙和图书馆之缘

顾先生是如何和图书馆发生关系的呢？1918年夏，顾先生闻江苏省立第二图书馆在沧浪亭创办，以存古学堂藏书，移转入馆，似增收新书。“我曾一游其地，入门买票，似为铜元两枚。看书多少不计，索阅一书，久闻其名，尚不能读懂，即以还管理而归。”这是顾先生初进图书馆之门。后入草桥中学，“草桥”的正式校名为江苏省立第二中学校，校内有图书馆。又王废基辟公园，中建图书馆，为吴县县立图书馆，先生亦时往翻阅。这是先生对图书馆产生好感的开始。

1927年岁末，先生被外叔祖王同愈邀至南翔为家庭教师，“夜则听外叔祖讲故事，有时观其写字作画。一日，余欲学画，外叔祖为作树石，命临摹数日。余见桌上有《简明目录标注》，好之，即携至卧室，与莫氏所印略一校对，并非同本，遂向外叔祖请教。公曰：‘曩任职翰林院，与叶鞠裳先生同寓，因向其借录一通。’公曰：‘此本叶氏传自朱氏结一庐，主人名学勤，字修伯，仁和人，咸丰三年进士，官至大理寺卿。当年三家定期，各出所得，交流一次，互相补充。（朱氏修伯）莫氏、邵氏批注本，均已一再刊印，独朱氏未有传播。’”①

1931年6月，顾廷龙在上海持志大学国文系毕业，7月即考入北平燕京大学研究院国文系，并申请到美国哈佛燕京学社的奖学金。

对顾先生终身服务于图书馆事业，从事目录版本之学有深刻影响的还在于1931年9月的一次不经意的碰撞。其时，北平图书馆文津街新馆落成开幕，并举办展览会，先生前往参观后，即有“洋洋大观，美不胜收”之感。新馆其址与北海为邻，藏书丰富，美轮美奂，这之后，先生时往阅览图书，先后得识王庸、胡鸣盛、向达、赵万里、谢国桢、刘节、贺昌群、王重民、孙楷第诸先生。这些学者学识渊博，于目录版本、金石文字、舆图水利等各有专长，先生时与请益切磋，获益良多。

顾先生正式进入图书馆工作，是在1932年6月后。那时，先生在燕京大学研究院修业期满，被授予文学硕士学位。暑假期间，一日，顾颉刚归，告先生，燕京大学图书馆中文采访部的房兆楹、杜联喆夫妇去美国，所以馆长洪业邀请他担任燕大馆采购古书的工作。先生非常高兴，因为他“可以多看书了”。1933年7月，先生被任命为中文采访主任，并兼任美国哈佛大学哈佛燕京图书馆驻北平采访处主任，前后做了六年的图书采购工作。

在燕大馆期间，顾先生的工作就是采购古书，并特别看重抄校稿本。采访部原有规定，

---

① 见顾廷龙存笔记本

在北平的琉璃厂各书店每周一、三、五送样书三次，馆里一、二月开采购委员会一次。但先生去后，不限书店，也不限送书日期，可以多见难得之本。此外，顾先生在馆期间，完成了《古匋文舂录》《章氏四当斋藏书目》，并为禹贡学会发起辑印《边疆丛书》数种。尤其是《章氏四当斋藏书目》，采取前人藏书志编例，凡章氏题跋、友人识语及章氏移录前人题记不经见者全部备录，以资读者参考。此外，凡校证之本有章氏假自前人者，还在各题识之后加以按语，就见闻所及，记其姓氏、爵里、行谊之概略，以详渊源。这在当时可做析疑之助，在后来可充文献之征。顾先生如此之作，乃认为编制各类书目之前提，为强调实用与著录的严谨，而编制书目又应因书制宜，能充分反映出藏书家的收藏意图、特点及其读书治学的倾向。顾先生此目特别引起了在上海的叶景葵先生的注意，叶在收到书目后，即有致先生信，云："体例极善，是以表章式老劬学之里面，吾兄可谓能不负所托矣。"

离开燕大去上海筹办"合众"

顾先生离开燕大而去上海，其中最大的原因是当时的时代背景所致。

在抗日战争中，国家损失之大不可估量，而文化事业也多遭日寇破坏，对于图书馆来说，损失尤大。据 1939 年国民政府教育部《教育年鉴》的统计，截至 1938 年 12 月，大学及本科以上学校，全国共 118 所。十八个月来，十四校受极大之破坏，十八校无法续办。……在各大学之损失，当以图书馆为最甚。以国立学校言，图书则损失 1191447 册；省立学校，104950 册；私立学校，1533989 册。总计达 2830386 册之多……全部损失至少当在 1000 万册以上。这实在是一场浩劫。

据战时全民通讯社调查，卢沟桥事变后，公共图书为日寇掠运者，北平约 20 万册，上海约 40 万册，天津、济南、杭州等处约 10 万册。南京市立图书馆则与夫子庙同毁于火。"八一三"沪战发生，上海市中心区图书馆又毁于日寇炸弹之下，南市文庙市立图书馆、鸿英图书馆等图书馆，亦散佚甚多。国府文官处、教育部、内政部、外交部及其他机关学校图书馆被敌寇掠走不下 60 万册。

1943 年前，美籍人士实地考察，估计中国损失书籍在 1500 万册以上①。而国民政府教育部 1938 年底的统计，中国抗战以来图书馆损失在 1000 万册以上。又据 1939 年度的统计，沦陷区专科以上院校运出图书 1190748 册；而留置沦陷区者为数 1923380 册。

侵华日军在南京不但掠夺国家图书馆藏书，而且搜掠私家藏书多达 88 万册。在上海淞江，姚石子收藏中国典籍甚富，沦陷后，被敌全部运去。那时江浙藏家如上元宗氏咫园、虞山丁氏淑照堂、吴兴刘氏嘉业堂、平湖葛氏传朴堂、扬州王氏信芳阁、杭州王氏九峰旧庐，先后遭乱，损失重大。北方如天津郭氏汲绠楼等，亦廉价求售。一般图书，论斤出卖，用作

---

① 韩启桐：《中国对日战事损失之估计（1937—1943）》，北京：中华书局，1946 年，第 57 页。

包裹食物。较好的书，也充塞坊肆。民间百姓初经战事，心绪不定，经济尚多困难，所以很少有人问津。

面对日寇的侵略，在中华传统文化沦丧之际，上海的一些文化志士，也在硝烟弥漫的正面战场之外，稍稍地进行着另一场保护图书文献的大业。郑振铎、徐森玉、张寿镛等人组织的“文献保存同志会”也在差不多的时间里，利用“庚款”的基金，在上海为在重庆的中央图书馆抢购了大量善本。而叶景葵等先生却在策划着全新的名山宏业。

叶景葵，浙江杭州人，生于清同治十三年（1874），卒于1949年4月，年76。光绪二十年中乡试第二名举人，时年20岁，二十九年应会试中第七名进士，时29岁。为奉天总督赵尔巽所赏识，随官于山西、湖南、盛京、湖北等地，辛亥二月调部署造币厂监督，实授大清银行正监督。以“维持币制，活动金融”改革体制，制定银行管理规章制度。后任浙江兴业银行上海总行董事长、中兴煤矿公司董事长等。盛年抱负经世之志，尤醉心新学，受实业救国之影响甚深。年逾五十，始致力于珍本之搜集，每得异本，必手为整比，详加考定，或记所闻，或述往事，或作评骘，或抒心得，而以鉴别各家之笔迹，眼明心细，不爽毫黍。所撰跋语，精义蕴蓄，有如津逮宝筏，裨益后学者甚巨。

那么顾先生又是怎么和叶景葵认识的呢？于此，又涉及居住在北平的吴中名宿、长于金石目录及乙部掌故之学的长者章钰。1931年秋，顾始识章钰。章为清光绪二十九年进士，于顾先生甚为垂爱，每次见面，“或示以孤拓珍本、名书法绘，相与赏鉴；或备述乡邦掌故、前朝旧闻，昭示愚昧”。顾曾云：“辛未季秋，龙来燕京大学肄业，时先生亦方自津步就养旧都，始克以年家后进，登堂展谒，获聆绪论。”章氏也云：“年家子顾子起潜，修业燕京大学，时过余织女桥僦舍，讨论金石文字及乡邦掌故，至相得也。”①

早在1935年6月30日，先生首次和叶先生通信，云：“每从式之先生处备闻风谊，深为仰慕。比见景印《谐声谱》全稿，发潜阐幽，令人钦敬。是书为研究古声韵学必读之籍，自来学人咸苦学海堂所刻之不足，今乃以全璧行世，嘉惠士林，岂浅鲜哉！龙欲得已久，遍访市肆，无一代售，用敢冒昧仰恳慨赐一部，倘蒙俯允，感激无既。附上《吴愙斋先生年谱》一册，冀为引玉之资，敬请教正。”这之后，叶先生有致先生札多通，内容涉及《读史方舆纪要》诸事。

10月中旬，叶先生到北京，这是他和顾的第一次见面，地点在章钰先生家里，两人讨论版本目录之学，很投契。叶先生返沪后，即于10月25日致顾信，有“到京邂逅，渥承宠台，纵论古今，益我神智，并荷道观燕校各部，作竟日之欢，感篆曷极”之语。

然而，自日寇侵华卢沟桥事变发生，叶先生又因夫人病故，心绪恶劣，陡患失眠，乃至莫干山静养。因战事不能下山，又因去汉皋料理银行事务，一住三月，共计八月之久。所以叶顾之间的音信隔绝了半年。叶先生由汉江辗转归上海，重念故人，作书相询，从此书札往

① 沈津编著：《顾廷龙年谱》，上海：上海古籍出版社，2004年，第23页。

来互述经过及兵燹后的南北藏家流散情形。

叶先生有办私立图书馆之想法，可见 1937 年 11 月 5 日他致张元济信，为张元济去其寓所整理藏书称谢，并透露欲将个人收藏创办私人图书馆之意愿，云："以近来物力之艰，得此已觉匪易，今岁室人物故，私计不再购书，并拟将难得之本，一为整比，捐入可以共信之图书馆。"① 但当时所想仅为"物力之艰"。

全面抗战进行到第三年，也即 1939 年 3 月中旬，沪郊全部沦陷，在日寇侵略势炽之时，叶先生深怕奴化教育的长期侵蚀，又目睹江南藏书纷纷流散，文化遗产之沦胥，爽焉心伤，其深忧图籍的散亡，遂有"发起私家图书馆之宏愿，誓当为死友保存之"的念想。这也是他想尽私人力量，捐书捐资，毅然有创办私立图书馆之志。

叶先生办图书馆的宏愿，还可见他 1939 年 7 月撰《抱朴子跋》，云："壬申至今不到七周，而宗氏之书尽散。沈校鲁藩本《抱朴子》已入余书库。自战事以后，公私书藏，流转散佚，惨不忍言。余于是有发起私家图书馆之宏愿，誓当为死友保存之。……己卯夏日，揆初题。"② 叶先生也深知做任何事业，最重要的是得人，办图书馆，首先是人员的选定。1939 年 1 月 30 日，叶先生致顾信即有探询之意，云："燕京图书馆经费尚充足否？吾兄在校是否兼教员，每年收入若何？有契约否？暇乞见示。"

2 月 8 日，先生复信叶先生，云："龙佣书燕馆，专任采访，因校例所限，不能兼任教课，既无聘书，亦无合同。月薪百廿五元，循资而上，暑后学校无恙，当可增加十五元，所幸此间生活程度较低（以房租而论，不过上海十之一耳），勉能维持。"③ 2 月 13 日，叶又有信致先生，云："弟所得之书，将来必为谋永久保存之法，或可以对故友于地下也。"④

叶先生正式向顾先生发出至沪办图书馆的邀请，是 3 月 15 日的信，云："上海方面如有图书馆组织（私人事业，性质在公益方面），需要编纂校勘人才，吾兄愿意图南否？每月须有若干金方可敷用？移家需费用若干？幸斟酌示我。"⑤ 3 月 27 日，先生复叶信，云："承询一节，编纂校勘之事乃龙夙好，此间所为虽近乎此，但杂务丛沓，不能专注，不能从容，故龙既服务图书馆而又司采访之职，人佥以为可多读书，岂知不然。一书把手，序跋尚不及全阅，走马看花，虽多奚益，欲求横通而不能，终成吴谚'挨米囤饿煞'之诮。倘有稍可安心校读之机会，求之不得；且自亲朋星散，感切尊鲈，言旋海上，既可时聆教益，而与至亲亦可相会矣。至月用一层，现在此间可廿余元，出入差抵。然日来物价腾贵，终虑不敷，暑后即增，恐仍拮据。南北日用，想必相仿，惟房租一项，高下甚大，若租四五间，恐即须五六十元（至少有四间，须得一间以安砚席，而残书亦有寄焉）。他若小孩学费，似亦较昂，兹就目下

---

① 张树年辑：《张元济友朋书札》，上海：上海古籍出版社，1987 年，第 260 页。

② 叶景葵：《卷盦书跋》，上海：上海古籍出版社，2006 年，第 84 页。

③ 顾廷龙：《致叶景葵》，《顾廷龙文集》，上海：上海科学技术文献出版社，2002 年，第 748 页。

④ 王世伟，许全胜整理：《叶景葵致顾廷龙论书尺牍》，上海图书馆历史文献研究所编：《历史文献》第一辑，上海：上海科技文献出版社，1999 年，第 28 页。

⑤ 王世伟，许全胜整理：《叶景葵致顾廷龙论书尺牍》，《历史文献》第一辑，第 30 页。

所用，益以房租估价，即须有二百余元方可敷用，非敢有过分之望，移家须费约四百余元（四人川资及行李书籍运费）。素蒙关垂，倾其腑肺，尚祈相机图之，无任感祷。”①

叶先生礼聘招贤，急于事功，在3月15日之后，又连发二信敦请，3月30日之信云：“以前尚有一函询兄，如沪上有类似燕大图书馆机会，兄能否屈就，所需报酬如何，希即示复。此为绝对有望之公共事业，与弟有深切之关系。故弟负有养贤之责任也。”② 4月1日，又详告顾创设合众图书馆之计划。云：“奉廿八日所发复示，欣悉一切。弟因鉴于古籍沦亡，国内公立图书馆基本薄弱，政潮暗淡，将来必致有图书而无馆，私人更无论矣。是以发愿建一合众图书馆，弟自捐财产十万（已足），加募十万（已足）。（此二十万为常年费，动息不动本。）又得租界中心地二亩，惟尚无建筑基金，拟先租屋一所，作筹备处。弟之书籍即捐入馆中。蒋抑卮君书籍亦捐入之。发起人现只张菊生与弟二人，所以不多招徕，因恐名声太大，求事者纷纷，无以应之也。惟弟与菊生均垂暮之年，欲得一青年而有志节，对于此事有兴趣者，任以永久之责。故弟属意于兄，菊生亦极赞许。今得来示，有意南还，可谓天假之缘。所示待遇一节，克己之至，必可在此范围内定一标准。弟意尊眷现在南来，虽出五六十元亦无屋可住，弟所拟租之屋，可以作馆员寄宿及住眷之用。在新馆未成以前有屋可住，则除去租费，酌定月薪若干（大约为一百五六十元）；新馆成则须自租屋住，届时再酌量加薪较为两便。至迁移费则可照尊示另送。现在所拟租之屋尚有纠葛，不能定准何日可以起租，一有起租把握，即行飞布，特以密闻，乞先秘之。”③

顾先生得信后，非常兴奋，在经过慎重思考后，决定南下，4月10日致叶先生信中，告知南下大致日期。云：“叠奉三谕，拜悉种切。玄黄易位，典籍沦胥，有识之士，孰不慨叹，一旦承平，文献何征，及今罗搜于劫后，方得保存于将来。长者深谋远虑，创建伟业，风雨鸡鸣，钦佩奚似！龙自毕业之后，自顾空踈，力持孟子之戒，不为人好为之患，遂托迹佣书，浏览适性，劳形终日，浮沉六年。茫茫前程，生也有涯，心有所怀，无以自试。尝一助舍侄经营《禹贡》，方具规模，遭变而辍，殊深惋惜。窃谓人不能自有所表现，或能助成人之盛举，亦可不负其平生。兹蒙青垂，折简相招，穷寂之中得一知己，感何可言。菊老素所仰慕，曩在外叔祖王胜老斋次曾瞻丰采，忽忽已十年矣，倘得托庇帡幪，时承两公之诲，幸何如之。柴愚之质，一无所长，惟以勤慎忠实，严自惕厉，生计可维。身心有寄，他日以馆为家，有所归宿矣。不识筹备已能就绪否？规模当由小入大，发起人外别有主任者否？他日趋前亦有名义否？甚念。龙在此间经手之事，须六月底可结束。儿辈读书亦其时期终，故南渡至早须七月中。尊处定夺后，拟早向馆中告辞，俾可聘人。虽学校视职员不重，而馆中主者与龙尚厚，不愿其骤不得替也。”④

---

① 顾廷龙：《致叶景葵》，《顾廷龙文集》，第753页。

② 《叶景葵致顾廷龙论书尺牍》，《历史文献》第一辑，第30页。

③ 《叶景葵致顾廷龙论书尺牍》，《历史文献》第一辑，第31页。

④ 顾廷龙：《致叶景葵》，《顾廷龙文集》，第754页。

4月18日，叶先生又有致顾先生信，进一步谈及图书馆发起人、总编纂及租屋事，云："奉示知于鄙人所拟图书馆事极荷嘉许，且许他山之助，感如挟纩矣。鄙意组织愈简愈好，大约即以弟与菊老及陈陶遗（彼在江苏，声望极隆）三人为发起人，即为委员，委员中或推菊老为主任。其下设总编纂一人，请吾兄作任之，不再设其他名义。总编纂下须用助手（总编纂或称总务），招学生为之。会计收支之类，委托敝行信托部为之，扫除一切向来习气，使基础得以巩固，则可久而可大。大略如此，以后或有更改，亦不致过于歧异也。至何时可以设筹备处，则全视所欲租之屋何时可以起租（有无其他变局，尚不可知，因上海租屋，难于尘天）。屋能租定，则可以电请吾兄南来，否则来无住处，亦无办事之处，徒唤奈何！故现在请兄秘密，候租屋有成议，当即电闻，彼时再与校中说明，至何时可离校，则全视兄之便利而定。"①

5月4日，叶先生正式租定上海辣斐德路（今复兴中路）614号房屋为合众图书馆筹备处。即日并致顾先生电报，告以"屋已租定"。② 此外，叶先生又于5月23日，致顾信，告以合众租屋情形。云："奉函敬悉，此间筹备处已租定辣斐德路六百十四号……惟一切事宜全仗执事到后布置，尚望迅速料理，务于暑假开始即行南下。盼切盼切。立盼立复。"③

5月25日，张元济亦有致先生信，云："敝友叶君揆初，雅嗜藏书，堪称美富，以沪上迭遭兵燹，图书馆被毁者多，思补其乏，愿出所藏，供众观览。以弟略知一二，招令襄助，事正权舆，亟须得人而理。阁下在燕京研究有年，驾轻就熟，无与伦比。揆兄驰书奉约，亟盼惠临。闻燕馆挽留甚切，桑下三宿，阁下自难恝焉舍去。惟燕馆为已成之局，规随不难，此间开创伊始，倘乏导师，便难措手。务望婉商当局，速谋替人。一俟交代停妥，即请移驾南来，俾弟等得早聆教益。异日馆舍宏开，恣众浏览，受惠者正不知凡几也。"④

6月10日，先生妇弟潘景郑亦有信致先生，云："昨揆丈邀谈，欣悉吾兄有南归之讯，阔别经年，聚首在迩，得罄积愫，何幸如之。揆丈旷怀迈古，其嘉惠后学之志，成兹宏业，为不可及。而吾兄能综理规画其事，他日首屈沪上，可预卜也。何日启程，拟搭何轮，务恳先行示及，当到埠恭迎也。至莅沪后，可暂下榻敝寓，俾可从容料理后再行商迁耳，万勿客气也。"⑤

顾先生在燕京大学从读书到服务图书馆，整整八年。我以为当时顾先生在抗战初期的心态是：北平沦陷后，敌伪气焰嚣张，所有具爱国心的中国人都怒形于色，义愤填膺，先生在那样的环境下也同样如此，此其一。其二是时值美国哈佛大学哈佛燕京图书馆通过燕京大学

---

① 《叶景葵致顾廷龙论书尺牍》，《历史文献》第一辑，第31–32页。

② 顾廷龙：《合众图书馆小史》，上海图书馆编辑：《总结·开拓·前进建馆三十五周年纪念文集》，上海：上海图书馆，1987年，第1–7页。叶景葵：1939年5月5日致顾廷龙函，叶景葵撰，柳和诚编《叶景葵文集·下》，上海：上海科学技术文献出版社，2016年，第1123页。

③ 《叶景葵致顾廷龙论书尺牍》，《历史文献》第一辑，第32页。

④ 张元济：《致顾廷龙起潜》，《张元济书札》，北京：商务印书馆，1981年，第167页。

⑤ 潘景郑原信。

图书馆大力收书，先生眼看古籍外流，内心有所不甘，有脱身之念。其三是如若换至上海，上海作为孤岛，托庇租界，还可以吸呼自由空气。后来，顾先生也感受到仰外人之鼻息，也是不好受的。

所以，顾先生为了保存我国固有文化，愿意贡献自己的一切力量，既有新办图书馆见邀，又因叶先生素所知己，办事必多便利，易收成效，所以欣然应命，向“燕大馆”坚决辞职，欣然回沪，以助叶先生之事业，尤其这是一件并不为大家注意的工作。顾先生于7月13日离开北平，至塘沽登“盛京号”前去上海，而于7月17日抵达上海太古码头。从此，“合众”在中国图书馆事业史上开辟了私立图书馆的新篇章，在图书馆史上也掀开了新的一页。

关于“合众”

“合众”是在1939年7月，随着顾先生辞去北平燕京大学图书馆的工作，举家南下，抵达上海后才开始筹备成立并运作的。它的创办人除叶先生外，还有张元济（商务印书馆董事长，解放后任华东行政委员会委员、全国政协委员、上海文史馆馆长），以及陈陶遗（同盟会会员，北洋时代江苏省省长、成通公司经理）亦为发起人，他们都是身受民族压迫，并激发了爱护祖国文化的热情，而走到了一起。在初期的筹备阶段，都是三人在见面时商量并决定事情。

“合众”的发起人会，是1941年8月1日成立的，随即又于8月6日成立了董事会。根据当时国民政府所设私立图书馆规程，推选了陈叔通（商务印书馆董事，解放后任全国政协副主席、全国人大常委会副委员长）、李宣龚（清末举人，商务印书馆经理、华丰搪瓷公司董事）两先生为董事，组织了董事会。选举陈陶遗为董事长，叶景葵为常务董事。并公推陈叔通先生起草订立组织大纲，经过修正，在向上海市政府立案时，又曾被指令修改了一次。

1946年，陈陶遗去世，选举张元济为董事长，补选徐森玉（曾任中央博物院理事、故宫博物院古物馆馆长，解放后任上海博物馆馆长、上海市文物保管委员会主任委员）为董事。1946年3月，在市教育局促迫之下，进行了立案，并于“私立”上，冠“上海市”三字。为专门问题咨询起见，聘请顾问三人，为顾颉刚（曾任国民参政员，历史学家、民俗学家，古史辨学派创始人）、钱锺书（曾为暨南大学、复旦大学教授，中国社会科学院文学研究所研究员）、潘景郑（藏书家，版本目录学家）为顾问，以便业务上的咨询。1949年，叶景葵去世，补选陈朵如（浙江实业银行经理，解放后任公私合营银行副主任）为董事，选举徐森玉为常务董事。同年，扩充董事名额，增选谢仁冰（商务印书馆经理，解放后任华东行政委员会委员）、裴延九（中兴煤矿董事）、胡惠春（中南银行经理，解放后任上海市文物保管委员会委员）、顾廷龙为董事。1952年，谢仁冰、李宣龚去世，补选陈次青（留学英国，学炼钢。解放后任矿冶局局长）、唐弢（作家，上海市文化局副局长，中国作家协会上海分会书记处书记）为董事。

叶景葵等人创办“合众”，自知非一人之力所能举办，特邀张元济、陈陶遗共同发起。关于“合众图书馆”之名，“合众”者，乃取“众擎易举”之义。盖出于明张岱《募修岳鄂王祠墓疏》，云：“盖众擎易举，独力难支。”因而定名为“私立合众图书馆”。

顾先生早在 1939 年 5 月即写有《创办合众图书馆缘起》一文，这是为张元济、叶景葵、陈陶遗代笔的文献。文曰：“中国文化之渊邃，传数千年而探索无穷，东西学者近亦竞相研究求矪，吾国人益当奋起继承先民所遗之宏业。惟图录典籍，实文化之源，兵燹已还，公私藏家摧毁甚剧，后之学者取资綦难，心窃忧之。爰邀同志，各出私人之藏，聚沙集腋，荟萃一所，命名曰合众图书馆，取众擎易举之意焉。同人平素所嗜皆为旧学，故以国故为范围，俾志一而心专，庶免汗漫无归之苦，乃得分工合作之效，精抄名校，旧槧新刊，与夫金文石墨，皆在搜罗。而古今名贤之原稿，尤所注重，专供研究高深国学者参考，并拟仿晁陈书志、欧赵集录，撰列解题，以便寻览。风雨如晦，鸡鸣不已。不求近效，暗然日章。世有同情，惠而好我，斯厚幸已。张元济、叶景葵、陈陶遗同启。民国二八年五月日。”

1939 年 7 月 18 日，顾先生抵沪的第二天，也顾不上舟车劳顿，即草拟了《创办合众图书馆意见书》，请叶、张两先生审阅。

意见书大略如下：“抗战以来，全国图书馆能照常进行者，仅燕京大学图书馆一处，其他或呈停顿，或已分散，或罹劫灰，私家藏书亦多流亡。而日、美等国乘其时会，力事搜罗，致数千年固有之文化，坐视其流散，岂不大可惜哉！本馆创办于此时，即应负起保存固有文化之责任。为保存固有文化而办之图书馆，当以专门为范围，集中力量，成效易著。且叶揆初先生首捐之书及蒋抑卮先生拟捐之书，多属于人文科学，故可即从此基础，而建设一专门国粹之图书馆，凡新出羽翼国粹之图书附属之。至近代科学书籍以及西文书籍，则均别存，以清眉目。否则各种书籍兼收并蓄，成普通图书馆，率至汗漫无归。观于目前国内情形，此种图书馆虽甚需要，但在上海区域之中，普通者有东方图书馆，专于近代史料者有鸿英图书馆，专于自然科学者有明复图书馆，专于经济问题者有海关图书馆，至于中学程度所需要参考者有市立图书馆。他地亦各有普通图书馆在焉，本馆自当别树一帜。”同时，另就图书采购、分类编目、读者对象、编印稿本等事宜也表达了意见。

意见书经叶、张提出看法，并有粘签贴于眉端，张元济并有批示，意见书大旨照先生所拟办理。8 月 1 日，张元济有复顾先生函，送还《合众意见书》。云：“前日奉手示，并顾君《意见书》均谨悉。《意见书》展诵数过，已就管见所及签出粘呈，敬祈核定。顾君曾晤数面，持论名通，为馆得人，前途可贺。”①

同日，叶景葵持张元济批注赴“合众筹备处”，与顾先生商定，《意见书》大致按顾所拟办法。

“合众”的建馆之事，一直是叶先生操心之大事。顾先生到沪之日，也即日本侵略军进入

---

① 张元济：《致叶景葵（揆初）附叶景葵致张元济函》，《张元济全集·第 1 卷·书信》，北京：商务印书馆，2007 年，第 313 页。

租界、币制贬值、物价开始高涨之时。叶先生曾对顾说："现在物价飞涨，我们的图书馆，只好徐图发展，先是因陋就简地筹备起来吧。"顾先生后来也回忆说："先是租的房子，后来房东赶搬场了，他们委托了律师，一次一次地来催逼，我们考虑到为长久计，还是勉力自建馆舍，那时已经物价一日数涨，只能先造一半，将来再造一半，可以连接。房子造好，加以每年的支出，我们的基金已去了一半，于是人员不能增加，日常开支尽可能节省。"

1938 年 8 月"合众"开始筹备，并租屋在复兴中路（辣斐德路）614 号。1941 年 1 月开始，自建馆屋，馆屋之基地是由叶先生购置的，又由陈莱青等人热心捐助，并委托华盖建筑事务所设计，设计师为陈植，投标招工承保，由久大营造厂承造，建筑为钢筋水泥。委请浙江兴业银行信托部监工。1941 年 2 月 3 日正式动工，9 月 1 日新馆竣工，地址在蒲石路（今长乐路）、富民路口。计三层十八间，书库七间，普通阅览室、阅报室、参考室、办公室各一间，储藏室两间，厨房一间，宿舍四间。建好后 5 日，即开始迁移。搬运图书是一件繁重的工作，幸得商务印书馆的友爱协助，借以汽车，既便捷又安全。迁入新屋之后，书籍上架费时甚多，内部整理编目，崇尚实事求是，不稍铺张。当时，馆屋虽属租界，但也在日寇控制之下。日人于我国文化遗产，向极注意，叶先生、顾先生恐为所忌，因此门上不挂牌子，使它跟一般住宅无二。为了不受敌伪的干扰，"合众"没有开过正门，来客都是从富民路上的后门进去的。

1941 年 9 月 26 日，叶先生正式入住馆屋旁边之新屋。先生等贺之。叶氏记云："新居在蒲石路七百五十二号。余捐入合众图书馆十五万元，以其半为馆置地二亩。今年建新馆已告成，余租得馆地九分，营一新宅，订期二十五年，期满以后送馆。余与馆为比邻，可以朝夕往来，为计良得。昔日我为主，而书为客，今书为馆所有，地亦馆所有，我租馆地，而阅馆书，书为主，而我为客，无异寄生于书，故以后别号书寄生。"①

"合众"的搜罗范围及收书情况

其馆宗旨以搜集历史文献图书为主，所以凡各时代、各地方以及与历史有关的各科学类，都在搜罗之列，包括图书、期刊、报纸、书画、书札、拓片、古器、服物、照片、照相底片及书版、纸型等，务使与考史有关之物，不致遭无人问津而毁弃。建馆之初，既得各家之捐赠，然各家多为有专门之藏，所以顾先生确是从两个方面来补充：一方面在原有各专门基础上补充，另一方面把各家所缺乏而必须参考的图书尽力采购。故在 1939 年至 1940 年收书方针是：凡属工具书类型的，如索引、辞典之类，便于参考的极力购置。其次各种总集，尤其是地方一姓的，可资地志、传记考订的，均大力收购。那时暨南大学大收总集，"合众"则改收清人文集、诗集。同时也收过一阵丛书，搜罗的目的，盖因"合众"以日本东方文化学院东

---

① 叶景葵：《卷盦札记》，叶景葵撰，顾廷龙编：《叶景葵杂著》，上海：上海古籍出版社，1986 年，第 221 页。

方文化研究所所收丛书为目标，力谋多多采购，总想胜过它。

考古工艺方面的书籍，为研究古史最重要的学科参考，出版物的价格最昂贵，印品又最少，买得迟一些，可能就要向隅。水利、盐务、地质以及近代史料，多是经常注意零星收集的。包括搜集到的万余册乡会试硃卷，是传记中很重要的资料。进步书籍及革命文献，也在搜集范围，“合众”所藏相当不易而得以保存。金石拓片，于考史关系最大，“合众”自定分类法，完成编目共计一万五千余种。

由于研究历史，需要不同形式的资料参考，“合众”也注意收集保存，如书画，侧重于图咏。此外如书札，是反映当时生活实况的。再如清末巨宦的服饰，也可考据一种制度的变迁。还有一部分零星古物，是用于标本的，以备阅读考古者的参考。往时的各种照片，可资纪念。至于日本人所著关于各地社会调查报告以及有关少数民族资料，也都在搜集之范围。

顾先生在“合众”不多久，时北平图书馆馆长袁同礼来访，顾先生告以“合众”创办之目的，是在搜集各时代、各地方的文献材料，供研究中国及东方历史者之参考。在收购上所拟标准是工具书、丛书、地方志、地方总集、稿本、批校本等。以私人力量办一专门性图书馆，前所未有。袁先生大为赞赏。

顾先生曾做了一次统计，从1940年7月至1941年6月，“合众”一年中抄书竟有170余万字，完成草片4442张，书志703篇约52万字，撰跋20余篇。一个馆仅有三几个人，但工作量之大，实为现今之图书馆专业人员所汗颜。

据1944年3月31日顾先生写有“合众”职员工人及其他使用人名单，包括每人之职别、姓名、年龄、籍贯、住址、出身、月收及生活程度、备注等。其中：干事潘景郑，41岁，私塾，曾任太炎文学院图书馆职员，工资四百元。干事朱子毅，37岁，浙江人，东吴大学法科毕业，曾任宁绍公司职员，又为叶先生司银钱多年，工资一百六十元。书记黄筠（女），18岁，江苏川沙人，曾在中华铁工厂任职，工资四十元。勤务陆财生，36岁，浙江人，私塾，工资三十元。

顾先生在翻阅《大公图书馆目录》后，颇有感慨，他在1940年元月2日的日记里写下了一段话，云：“吾国私人设立图书馆（学校附属者）在外甚属寥寥，大公实为最先，次则木斋，他无所闻。而两馆皆阑珊无所进展，吾馆崛起此时，任重道远，当弘毅行事，大公之目，他山之石也。”

《创办合众图书馆缘起》是顾先生于1941年5月14日起草的，文辞并不长，先生云：“惟余不欲为大文章，不发宏论，力求平庸，庶免招忌，一意以暗然日章为吾鹄的。”一个月后，《缘起》脱稿，同时完成的还有《合众图书馆章程》。这两篇文稿当时送呈叶先生审阅，叶先生仅易数字。然而，为了慎重起见，顾先生又于5月21日，用语体文重撰《缘起》，完成后再送叶先生，并转请张元济着人译成法文，付上海印务局排版。

在社会上，“合众”被第一次公开报道，是在北平的《燕京学报》第26期，标题为《上海合众图书馆筹备近况》，云：“江南藏书，古今称富。历兹浩劫，摧毁殆尽。沪滨一隅，仅获保其万一，可胜痛惜。张菊生（元济）、陈陶遗、叶揆初（景葵）三先生，有感于是，乃即在沪有图书馆之组织。搜孑遗于乱离，征文献于来日，冀集众力，以成斯业，因命名曰‘合众图书馆’，亦众擎易举之意也……现已设立筹备处，以利进行。拟一面编纂目录，分卡片、书本两种，以资在馆内外检阅之便。一面校印前贤未刊之稿，嘉惠后学，以广其传。所谓风雨如晦，鸡鸣不已也。”

图书馆之经费来源，永远是图书馆发展的生命线，对于“合众”来说，大宗者如叶先生捐款法币15万元，指为永久基金。陈莱青法币5万元，一半作新馆之建筑费，一半作永久基金。蒋抑卮捐出明庶农业公司股票5万元，指定作购书基金。而叶先生另又募集法币45万元，又法发英金善后公债票面英金6700镑，成本作法币10万元。“合众”当年虽曾筹集了一些资金，原来核定用息不用本，但后来物价上涨，币制贬值，只得用“本”了。那是因为抗战时，法币变中储券，抗战胜利后，中储券变法币，又变关金券、金圆券，两作一、两百作一，还夹着军票、美钞、大头、小头，换来换去，处于空前绝后的经济混乱之局。“合众”这样的小单位，如何经得起如此的大风大浪？所以所筹基金用光，反靠临时的捐募，但是叶先生、顾先生等人坚决不接受敌伪以及国民政府当局的任何津贴，因此经济一直在拮据之中。

据顾先生后来的回忆，经费之窘，捉襟见肘，更反映在买书上。当时“合众”买书，一方面补充必备的普通书，点名捉将地访求；另一方面各家随时流散出来的好书争取选购。每月虽有一定的购书经费，但高价的书，有时一部也不够买的。遇到好书，买不起时，有的借抄一部，有的校勘一遍，有的由叶先生买了送来，有时由几个熟人合买了捐赠，新出版的书就找人去索取，总之为了求书，各种方法已经到了淋漓尽致的地步。顾先生记得要买一部必备的宋朝大类书《册府元龟》，此书收录历代人物事迹甚详，一千卷，二百册，先则上海没有书，留心了一两年，有了一部，而书品不好，但是没有第二部，定价很高，不买恐错过机会不易碰到，要买又没有这笔钱。后来叶先生的亲友知道了，就由好几人合买了送给“合众”。“合众”在无钱时，连买普通书也困难，甚至把自行车和寄书的木板箱都卖掉来补充图书，所以像宋元善本之属，根本无法问津。

“合众”藏书的来源，在于叶先生的倡议，旨在保存国粹，联合气谊相投之友，各出所藏，以期集腋。叶先生不仅自己身体力行，而且动员他的友朋及社会各界将藏书捐出。1939年7月23日叶先生即将自藏精本第一批先行送来，计书架28只、图书84箱。叶氏当时所藏有2800余部，30000余册，有唐写本2种，宋元本9种，稿本、抄本、校本600余种，明刻善本400余种。其中最为重要者为清惠栋手稿本《周易本义辨证》、清钱大昕手稿本《演易》、清张惠言父子手稿《谐声谱》、清钱仪吉稿本《南朝会要》，尤以清顾祖禹稿本《读史方舆纪要》百十余册、清彭兆荪辑《全上古三代秦汉三国六朝文》底本为最珍贵。

张元济于1941年春，以历年收藏的嘉兴一府前哲遗著476部1822册，赠与“合众”，并以海盐先哲遗著355部1115册，又张氏先世著述及刊印评校之书104部856册及石墨图卷各一，事先做寄存，冀日后宗祠书楼恢复或海盐有地方图书馆之设，领回移贮。后经抗日战争，鉴于祠屋半毁，修复无力，本地之图书馆之建设更属无望，遂改为永远捐助。

蒋抑卮为浙江兴业银行董事，1941 年赠书 32800 余册，连旧有之书 60000 余册，合当可得十万之数。顾先生当时曾云："全国图书馆满十万册者有几哉！"

后来叶恭绰捐赠山水、书院、庙宇等志书一批。李宣龚、陈叔通诸先生均将大批藏书送来。日本投降后，顾颉刚、潘景郑两先生藏书也陆续送来，数量也不少。1947 年至 1949 年中，吴兴章氏任缺斋、泾县胡氏朴学斋也大批地送来。鄞县张氏、无锡裘氏、慈溪马氏均以先人校读之本相送，其他各家捐赠书日多。当时大批图书涌到，顾先生等人只求来的书赶快上架，做出草片，书到就能查取。又因为书库小，既不能各家完全各自为库，也不及照分类排列，也不能按书到先后排列，只能做到可以拿得到书。

各家捐书给"合众"，有几层意思：1. 他们的书很普通，送公家图书馆不被重视，或因重复而搁置。送私立图书馆，既可增加它的力量，又使读者多一检阅的机会。2. 有人说"合众"对于图书真正爱护，所以愿意送给它，既可保管得更好，又可让它把零星的集成系统的供人参考。3. 有的人愿意把稿本送来，认为可以永久地保存。在当时物价时有波动，经费亦感困难，因此"合众"重点在整理，而搜集为次要。

编目工作也是图书馆的基础工作之一。顾先生在创办合众图书馆之初，就把编制馆藏文献目录作为图书馆业务工作的重点来抓。1946 年 10 月，他与潘景郑合编的《海盐张氏涉园藏书目录》完成，成为"合众"第一种馆藏文献的专题目录。之后，又先后完成了《番禺叶氏遐庵藏书目录》《杭州蒋氏凡将草堂藏书目录》《杭州叶氏卷盦藏书目录》《李氏硕果亭书目》《胡氏朴学斋书目》《顾颉刚先生书目》《潘氏宝山楼书目》，以及《馆藏书目》《馆藏书目二编》《馆藏书目三编》《馆藏期刊目录初编》《合众图书馆藏书目录汇编》等十多种馆藏专题目录。这些目录均反映了各家捐赠图书文献的专藏，分类编目颇具特色，至今仍有其参考价值，同时也是了解"合众"当年馆藏及其文献发展的重要文献资料。

在采访编目的同时，"合众"的读者服务工作也同时逐步展开。读者工作主要分为两个方面：一是读者阅览，二是读者咨询，其中又以读者咨询为主。"合众"以收集国学文献为主，以专供研究高深国学者之参考，因此，在读者阅览中，其服务对象多为各大学及各界之专家、教授及研究文史学者，且多是持图书馆董事的介绍信来阅览图书的，如顾颉刚、郭绍虞、李平心、钱锺书、周谷城、钱南扬、蔡尚思、郑振铎、冯其庸、周予同、黄永年等。每天到馆的读者人数在二至四人，有时仅一两人。与此同时，"合众"更多的是为上海及全国各地的学者提供参考咨询，如协助其检索材料，有许多协助检索的参考文献是从该馆以外的各处代为寻检的。一些著名学者如陈垣、陈寅恪、王重民、陈钟凡、向达、聂崇岐等都曾与"合众"信函咨询。

"合众"当年制订章则，并确定该馆目的在于：1. 征集私家藏书，共同保存，以资发扬中国之文化。2. 搜罗中国国学图书，及有关系之外国文字图书。3. 专供研究高深中国国学者之参考。4. 刊布孤椠秘笈。而且"合众"从事专门事业之理想，书籍专收旧本，专为整理，不为新作，专为前贤行役，不为个人张本，秘笈力谋流布，汇而刊之。一经印行，公之全球，功实同也。

数百年来，有经济力量的文人学者有感于图书之难得，多有辑佚丛书之功。因此，丛书之辑印，起到了化身千百、流通古籍、便于学者利用之作用。“合众”创办于“搜残编于乱后、系遗献于垂亡”的年代，所以顾先生考虑到以传布先哲精神于万一，在力所能及的情况下，秉承前人之志，有编辑《合众图书馆丛书》之举。此《丛书》共分二集，第一集共十四种，第二集为一种。以一所私人创立的图书馆编辑出版丛书，在当时是不容易的事。第一集从 1941 年至 1945 年间，由私人募捐出资而陆续付诸石印印行。

60 年代初，顾先生曾告诉我，当年印这些书实属不易，因为国民党政权不稳，币值不保，筹钱不易，所以拖得很久。在第二集《炳烛斋杂著》的跋中，他写道：“时方多难，筹款未集而罢，忽忽四年矣。”“国难未已，物价动荡，瞬息万变。”这些书除了第一种《恬养斋文钞》为陈陶遗先生题署外，其余十三种都是顾先生所题，为了节省开支，他亲自动手，抄成了《东吴小稿》及《论语孔注证伪》（卷下）。他在《丛书》“缘起”中说：“本馆丛书之辑，志在使先贤未刊之稿，或刊而难得之作，广其流传，顾非一馆之藏之力所克胜任。缘商同志，谋集腋成裘之举。所选著述，以捐资者之意趣为指归，各彰所好，各阐所宗，学海无涯，造诣不一，要其专治所学，发抒心得，必有足贡献于后来者，勿偏持门户，勿执一绳百，采撷英华，视读者之去取何如耳。际此世变抢攘之日，物力凋剞，旷古未有。丛书之印，先后六年，成书十有四种，编次不免芜杂；工事每况愈下，因陋就简，咎何敢辞，勉强为之，犹贤乎已。因便流通，汇编成集，述其缘起如此。”

“合众”的藏书特色

在 1946 年的《呈为设立私立合众图书馆申请立案事》的公文中，陈陶遗等较为具体地论述了合众图书馆馆藏文献的特色：“先后承蒋抑卮、叶恭绰、闽侯李氏、长乐高氏、杭州陈氏等加以赞助，捐书甚夥。……赖有清高积学若秉志、章鸿钊、马叙伦、郑振铎、陈聘丞、徐调孚、王庸、钱锺书等数十人以及社会潜修之士同情匡助，现在积存藏书约十四万册……采四部分类法，以史部、集部为多。先儒手稿本、名家抄校本、宋元旧刻本、明清精刊本皆有所藏。其中嘉兴、海盐两邑著述及全国山水寺庙书院志录网罗甚广，皆成专门；他如清季维新之书，时人诗文之集，著名者都备；至近年学术机关所出者亦颇采购，尤注意于工具参考之作，用便考据。此外有清代乡会试硃卷三千余本，陈蓝洲、汪穰卿两先生之师友手札约六百余家，皆为难得之品，金石拓片搜集约八千余种，汉唐碑拓一部分，尚系马氏存古阁旧物，其他以造像为大宗。又河朔石刻为顾氏鼎梅访拓白藏之本，较为完备。”

实际上，经过数年的努力，合众图书馆至 1946 年时，其馆藏已达 14 万册，而至 1953 年，已拥有了 30 万册古籍善本及线装书的收藏，金石拓片 15000 种。通过历年社会各界的捐赠与采访，合众图书馆的文献收藏形成了以下五方面的特色与专藏：旧嘉兴府属先贤著述，山水寺院等专志，经学、小学书籍，名人钞本校本及稿本。

即以叶恭绰所赠之地理类书籍为例，其名山、胜迹、寺观、书院、乡镇之志，蔚成大观，此外有清人词集类，为从事《清词钞》之选辑，备一代风俗之史，若别集、总集通行者咸列插架，并有罕见秘籍为海内所无。又有美术考古类，为经眼文物之考证。若国内外所著有关我国文物之图谱、照片，广事搜罗，几无不备。

然而，也正是这么一个在一般人看来并不起眼的小图书馆，还有各种稀见的文献资料，它搜集收藏了丛书1800余种，地方志2000余种，诗文别集4000余种。上海地区地方文献较为丰富，其他各方面的图书也相当充实，研究古代史和中世纪史的资料基本上可以够用。而尤注意于包括共产党早期文献，革命文献的访求，如马列主义经典著作，解放前中国译本有八十余种，毛泽东单行著作如《论持久战》《论联合政府》《新民主主义论》等，有解放前各地区历年出版的100余种。第一次国内革命战争时期，1924年工人之路社编的《十月革命七周纪念》，沿海省省职工苏维埃排印；刘少奇1926年的《工会基本组织及工会经济问题》，湖北全省总工会宣传部排印。第二次国内革命战争时期，1934年上海中国书店印的《第二次全苏大会文献》，1931年以《指南针》伪装的《国际七月决议及最近来信》。抗日战争时期，1943至1945年苏中三分区江潮报社编的《江潮报》等等。1954年10月，中共中央宣传部专门从“合众”调取革命文献及现代史料75种，都是他处不经见之重要史料、珍贵文献。

与稿本同样重要的原始材料还有前人信札原件，如《冬暄草堂所藏师友手札》及《汪穰卿先生师友手札》等，后者中所涉及的戊戌维新诸子，大都参与有关兴办报刊、文教、工厂等的讨论以及论及国内外时事的情报。又《洪钧出使俄德奥时致李鸿章手札》，报告关于邦交及购买军火等事。又《李鸿章致友朋手札》，讨论镇压捻军、太平军的计划等，都是研究近代史的重要资料。研究近代史的另一种重要资料是清末期刊，反映维新运动和旧民主主义革命的史料，搜集到100余种，如《强学报》《湘报》。同盟会在日本编的以省份为名的月刊，如《洞庭波》《河南》等等。又有附《汉声》的《湖北学生界》全份，都很难得。此外戏曲文献比较丰富，如杂剧、传奇、昆戈、散曲、乱弹、梨园掌故、图谱、影戏词、地方戏等，基本上各艺完备。其中抄本旧刻甚多，还有出升平署抄写的，均不易得。特别是1907至1947年京津各班的戏单，有三千九百余张，尤为可贵。金石拓片为研究各时代历史的第一手材料，也是中国书法艺术观摩的范本，金文有《攈古录》的底本，石刻有宋拓《嘉祐石经》，以及碑记、墓表、造像等四万余张，可称大观。

叶先生的离去

对于“合众”来说，叶景葵是创办人，是灵魂人物，没有叶就没有“合众”。但是，谁也没有想到叶先生会那么早离去。叶先生是因感冒而引起肺部、腰子发炎感染，乃至不治，于

1949年4月27日去世。5月6日，顾先生有致叶恭绰信，述及叶先生去世之详情，云："叶揆初丈不幸因心脏扩大不治，遽于四月廿七日作古，殊觉悲悼。先是陈伏庐先生于三月十六日去世，颇形伤感，十八日大殓，由揆丈题主，天阴有风，因之感冒，略有热度，迨诊治后，始知肺部、腰子均有发炎，而心脏扩大，针疗后似颇有效，不意廿七日上午十时二十五分，竟以大便虚脱。龙相依十年，不啻家人父子，尤为伤感。"

刊登《叶宅报丧》的启事，刊发于4月29日《申报》，文云："叶揆初老先生痛于四月廿八日上午寿终沪寓正寝。兹择于廿九日下午四时在康定路（即康脑脱路）世界殡仪馆大殓。谨此报闻。叶敦怡堂谨启。"同日，浙江兴业银行总行隆重设置灵堂，吊唁叶先生不幸逝世。此后至叶先生大殓，亲友等陆续送到祭文、挽联、挽诗无数。

4月28日，张元济撰五律《挽叶揆初》。诗云："小别才三日，徘徊病榻前。方欣占勿药(昨日以电话询君病，君弟答以更见轻减)，胡遽及重泉？落落谁知我，梦梦欲问天。痛君行自念，多难更何言。"① 5月7日，张元济又有续五律三首《挽叶揆初》。诗注云："闻赴后即作成一首，成殓之日送悬灵前，意有未尽，今又续成三首，亦聊掬哀情于万一耳。"诗云："京洛论交始，今逾五十春。维新百日尽，通艺几人存（光绪丙申年，余与夏地山、陈简始诸君在京师设通艺学堂，延师教英文、算术，君来共学)？变易沧田异，过从沪渎频（鼎革后君与余同居沪上，往还较密)。新亭曾洒泪，情谊倍相亲。""故乡如此好，只手任撑扶。入市兴洪业（浙江兴业银行为君所创)，趋朝索众圃（沪杭铁路政府收为国有，发给公债，后忽停止。君入都交涉，复允清偿，此案始结)。山头劳覆篑，江上快驱车（钱塘桥工政府亦以无资中辍。君从旁赞助，为集巨款，始得观成)。恭敬维桑梓，高风世或无。""万卷输将尽，豪情亦罕闻。君能城众志，天未丧斯文（君尽输所藏图籍，在上海创设私家图书馆，颜曰'合众'。募集巨资，买地建筑，落成有年矣。约余同为发起人，甚愧未能有所襄助也)。差比曹仓富，还防秦火焚。敢忘后死责，努力共艰辛。"②

叶先生去世，合众图书馆同人也有挽辞，为："藏室书仓遗规期勿失，泰山梁木后学更何承"。而顾先生的挽辞云："晚岁创书藏，经之营之，嘉惠士林功不朽；平生感知己，奖我掖我，缅怀风谊报无从。"③

叶先生御鹤西游后，顾先生的压力很大，在5月6日，顾先生致叶恭绰信云："六日晨甫上一缄，告揆丈之耗，旋奉手书，即以此相询。龙自揆丈故后，心绪恶劣，加以杂务（军队相屋，派夫服役，友朋捐书）冗沓，以致迟迟，歉甚歉甚。揆丈之逝，出于突变，并无遗言。有嗣子二人，长维、寓平，前在东北大学执教，为胞弟叔衡先生长子，去年成婚。次絅，圣约翰毕业，习银行，现在美深造，为从弟幼达先生次子。现在家中惟如夫人及弟妇仲裕夫人，堂侄纯，浩吾先生孙，服务浙江兴业银行。诸子现由幼达先生为之主持，揆丈六十五以后即

---

① 《兴业邮乘》，复第54号。
② 张元济：《挽叶揆初》，《张元济全集·第4卷·诗文》，北京：商务印书馆，2008年，第188-189页。
③ 《兴业邮乘》，复第54号。

将所办之事陆续了理，自谓办理移交，创设图书馆亦此意焉。馆中经费虽甚困难，因开支尚省，勉可维持，俟大局安定，再筹长策。顷又奉大函，知六日一缄、尚未递达，盖平信稽延甚久也。挽联已写送叶宅，于揆丈生平均能表出。龙颇欲以揆丈行谊编一详细之记录，苦无材料，当年为述甚多，惜未笔录，长者与揆丈交久，如有所忆，乞随时写示。”是日，顾先生再致叶恭绰信，言及叶先生之后“合众”的近况，云：“先生远居香港，不获时就请益，尤为怅惘，兹由菊生、拔可、森玉诸先生负责维持现状，俟局势略定，再筹长策。风云变幻莫测，草草布闻，便中仍希时赐教言为幸。”

“合众”在之后的日子里，先后收到了一些款项以渡难关。5 月 19 日，浙江兴业银行致送金圆券 5 亿元与“合众”，作为叶景葵先生纪念金。

10 月 18 日，钱永铭、周作民有信致张元济等人，捐款六千元，以资“合众”。云：“菊生、鸿宝、叔通、拔可、朵如先生钧鉴：奉别经时，正殷怀想，顷奉函教，敬沈兴居，同深忭慰。承示揆初手创之合众图书馆，年来因币制迭更，屡濒危境，诸公受故人之托，发恢宏续绝之愿，古道热肠，曷胜感佩，不独琳琅秘笈，赖以保存，而嘉惠中外学术，其功更大焉。弟等与揆老本属至交，又承诸公之嘱，敬各捐港币叁千元，共陆千元，除就近交与浙江兴业银行代收外，特此布复。”

顾先生晚年曾回忆叶景葵逝世后的一些情况，云：“合众图书馆的创始人是叶先生，他可说是主要人物了。他与张菊老，若论亲戚关系，张要比叶长一辈，而且张菊老又有丰富的经验，所以叶先生请张菊老来做图书馆的董事。”“不久，叶先生因病遽然去世，张菊老与李拔可先生两人来到图书馆，说：‘起潜，你放心，有我们在，图书馆不会有问题。’我听了十分感动。当时叶先生刚刚去世，丧事还未办完。叶先生逝世之后，图书馆经费拮据，情况窘迫，其实这一情况，在抗战胜利不久即已出现。当时叶先生也打算向朋友募捐，但胜利后，政府发行建设公债，而叶先生认识的那些朋友，都是建设公债的主要认购者，在这种情况下，叶先生当然不好意思再向朋友开口。也有些人，你向他募捐，过不多久，他也会弄个名目来要你募捐。因此，这种人也不是很可信赖的。所以，抗战胜利后，合众图书馆的经费一直由叶先生自己设法，没有向社会上要过什么钱，虽然馆中费用支绌，总算还能勉强维持。但叶先生的突然去世，却是对图书馆的一个不小的打击。为了维持馆务，张菊老与陈叔通先生出面，给叶先生的一些老朋友写信，请他们帮助。结果，有人捐了一些，尽管不多，还算能应付，就这样一直捱到解放。”

“合众”在解放前的困境

“合众”在艰难的岁月中挣扎。当年赁屋在法租界，初误信托庇外国人可以相安，其实不然。每月收房捐的人，看“合众”不像住家，几度询问，只能告知是一个私立图书馆，尚在筹备。于是有人说：既非住家，要缴营业捐。于是顾先生又托人与法公董局中说明，“合众”

馆不是营业的机关，而是一个文化机关。后来营业捐算是不要了。可是法巡捕房政事处认为，在这时候居然办起图书馆来，非和国民党必和共产党有关，否则谁愿办这只有支出而无收入的事业。同时因前市中心的上海市立图书馆的书不见了，又因“合众”馆名“合众”有一“众”字，遂以为与在邑庙的群众图书馆有关了。

1941年1月17日，法巡捕房派督察朱良弼来做详细的调查。那时“合众”藏的全是线装书，没有一本当时的新书，后来他们也探明我们的发起人的身份，才算无事。日本人对“合众”很注意，曾派人到法公董局教育处声言，要合众图书馆的书。该处只说“合众”是几个私人办的小图书馆，书尚不多，也没有好书，才打发走了。但有些身份不明的人也来调查，因此，顾先生想到“合众”这个名称，很容易跟邑庙及市中心的图书馆搭在一起，恐多麻烦，曾一度想换名称，或改为“国粹”，最后叶先生决定不愿更动。这之后的8月6日，法巡捕房政治部派冷峰，11月4日又有法公董局教育处主任高博爱均来调查。1942年3月18日，日人山本鹤模自称法租界日本人会第五分会代表，要用“合众”作办公处。6月21日，保甲办事处派人来说，要用“合众”做办公处。1943年11月2日，伪第八区教育处来调查。11月22日，伪上海市第一警察局特警处特高科文化股派刘淇沛来调查。12月21日，常熟路分局特高科派候云根来调查。1944年3月15日，常熟路分局特高科又派禹忠宪来调查。两年在法国人统治下，四年在敌伪统治下，“合众”实在恐慌中度日，心神很不安宁。

日本投降之讯刚传，国民党的军统、中统就到处活动，一时盛传将搜查敌伪刊物，藏者以汉奸论处。顾先生又着急了，因为“合众”史料的保存，都是煞费苦心的搜集，于是伪府刊物，又成问题，商之国民政府教育部来接管文教事业的人员，据云只有装箱保存。1945年12月5日，教育局派人来调查，并嘱应办立案，遂于1946年1月24日申请立案。2月23日，教育局派人来视察。5月23日，又来调查。1948年1月14日，教育局派人来视察。在复员四年中，经济更窘，为了反动派的倒行逆施，社会经济的混乱，币制贬值，物价腾贵，“合众”不敢随意捐款，免人觊觎，勉图维持，不愿开展，所以直到解放，大门不开，并不公开阅览。

据顾廷龙先生回忆：1949年上海的情形已非常混乱，1月24日，有人自称防痨协会欲来借屋，顾先生以自己不够用的理由拒之。5月2日，国民党军队派人来看房子，要占用“合众”。那时“合众”工作人员不多，管理困难，一恐革命书籍发现了，立起大祸；二恐善本书刊撕毁了，损失不赀。所幸董事长张菊生先生、常务董事徐森玉先生均来坐镇，还有爱护我馆的同人，络绎来慰问，24日下午1时，警察局派人陪了一个军人来看房子，坚要征用书库全部，蛮不讲理。25日晨起，知沪西都已解放，“合众”馆才算保全。

解放初期的“合众”

1949年5月25日，上海解放，“合众”也获得了新生。没有多久，有关部门也接管了“合众”。当时的接管细节今已无法得知，但我们仍可以从顾先生存留的书信原稿中窥其大略。

11月1日，先生代陈叔通致信有关方面负责人陈虞荪，谈合众图书馆事。“叔通北京归来，人事栗六，致尚未趋候为歉。前以敝馆地价税，烦为申请豁免，已蒙核准，费神至感。惟房捐问题，夏季者，曾向财政局申请，尚未批复。此次秋季房捐，业已按照《解放日报》消息，径向主管机关教育局申请，曾承派员来馆调查，亦尚未有批示，深恐教育局于敝馆情况，容未明了，谨为先生言之，祈代达于戴局长、舒副局长之前焉。窃敝馆于一九三九年春，由叶揆初景葵、陈陶遗、张菊生元济三君发起，约李君拔可宣龚及叔通共同创办，组成董事会主持之，迨叶、陈二君作古后，补选徐森玉鸿宝、陈朵如选珍二君为董事。当时感于日寇侵法，沪郊沦陷，图籍散亡，亟欲以私人之力，尽其保存之心，取‘众擎易举’之义，命名‘合众’，各出所藏，萃于一楼，以叶君揆初书为最多，次则亡友蒋君抑卮者，而叔通等亦皆有之。十年来，亲友响应，捐赠日多，所藏近二十万册，随时整理编目，每成一种，即公开一部，以便众览。捐来之书，多属旧学，故以国学为范围，志在保存文献，并供专门之研究。亦有外埠学者通讯委查资料者，与普通图书馆性质略有不同，且私人财力有限，经费原甚艰窘，自始至今，一切简约，人少事繁，努力服务，区区成就，已感不易。当开办之初，虽筹有相当的款，自建筑馆舍后，即形拮据，加以金融动荡，旷古未有，十年之中，迭更币制，折蚀殆尽，以致捉襟见肘，开展无从。惟叔通等自当设法筹措，竭力维持，假以岁月，希为沪滨增一有力量之文化建设。所望主管机关了解鄙况，量予照顾，俾得实事求是，埋头苦干，早观厥成，敬将艰难孕育之情，略陈清听。诸惟亮察，倘荷时锡教言，以匡不逮，曷胜欣幸。再私立社教机关登记手续如何，已否开办，并乞探示为祷。”

在中国图书馆事业史中，解放初期的各种图书馆现实情况甚少报道，而1951年1月5日，顾先生又为“合众”办普通阅览室事致信陈叔通，其中也谈到了“合众”的人事、经费等现状：“最近教育局让教处群众文化科（此科即主营沪市图书博物馆者），有同志来谈，渠称本馆之设备，推为私立图书馆中最好，即‘鸿英’亦不如，其他图书馆均甚简陋。又于本馆所作保存史料工作，认为亦相当重要，但今市立之图书馆仅两处，希望本馆开展业务，兼办普通阅览，俾多吸收读者，局方当公私兼顾，予以协助。龙告以开办普通阅览，亦曾考意及之，只以人力财力有限，房屋逼仄，有实际困难存在，尚未能推进，以后当朝此方向进行，待房间设法调度，整理工作略事结束，再研究开展办法。彼云：主管上亦并非就要望其实现。”

“窃本馆开办之初，曾经商酌，是否须办普通阅览，经张、叶两公郑重考虑，以为普通阅览所需人力财力房屋众多，非私人之力所胜，故决定不办。而办此专门国学图书馆，乃于拮据之中，勉度十一年，积书至廿余万册，故本馆目前主要业务实在存书之整理编目，以便参考，同时为研究者服务，倘能专心致之，收效较宏。如今本馆办理普通阅览，设备亦多不适（厕所就困难），况沪市文化水平较高，普通阅览并不甚少，如各学校工厂工会机关团体均各有其图书馆，而文化遗产之搜集，可以供应参考者，实尚缺乏。沙彦楷先生尝称，本馆为上海旧文化中心，盖亦有便于众也。事必专一而后可精。现于出版事业，已经分科，最为有见。仁老曾谓，本馆倘能由提高意义之主管机关主管之，较可相得，但无从觅此途径耳。本馆为实事求是，不图形式主义，能否改名为合众文物研究资料馆，或历史图书馆（即如市立博物馆，解放后，教局以其收藏偏于古物，即正名为历史博物馆），以示与负有一定的宣传教育之县市省立图书馆有别，学校可以有专科，何以图书馆不可有专门，即苏联莫斯科有历史图书馆、工艺图书馆、外国文图书馆，亦各有专门。龙总望本馆能维持其专门性质。”

“万一非办普通阅览不可，则因陋就简，聊应门市，拟分两部分，楼上旧书为研究部，楼下新书为普通部（楼下只可腾出会客室，但亦不易），另添报纸杂志，至新书一年来已添购有七百余本（教局同志亦言不少），不敷时，再向市立图书馆告借复本陈列。选购新书，均以社会科学为范围，不能兼及自然科学矣，普通阅览，自由取阅，相当时期后，再办出借。研究部则恢复介绍，一则便于管理，一则文化遗产，为配合抗美援朝，亦须将书籍审查，有无违碍，尺度能宽能紧，一时不易竣事，只好酌量公开，亦实际困难也。”

“关于人事，原为六人，朱子毅（总务兼任）、杜干卿（盖印、理报、照料阅览室）、王煦华（编目）三君。裱工一人、工友一人，及龙。现在裱工已停（汪穰卿藏札装毕已由森老介至文管会工作），改请朱女士专编新书目录，由王君辅导之。如普通阅览室开放，即由朱女士管理之。旧书整理方面，拟请潘景郑兄返馆从事。如此，实际仅加一人，诸事或可应付矣。”

“关于经费方面，原拟每月开支三百万元，预计前年所捐港币可度一九五一年上半年（均已划沪）。但本馆薪给素小，同人不能久安，即以龙言，去年幸得‘商务’校字之酬，始偿所逋，拔老、森老屡主酌加；爰拟自本年一月起经常费加为四百万元，则大约可支至四月。如办普通阅览，房捐每季七十三万元，当可请求全免。经常费不致再加，至开办时，须有临时费（如阅览桌椅等等添置），或可向教局申请一次津贴补助之。”

“关于捐款，前承示及裴君筹得港币万元，徐鹿君先生为森老言，亦如此。龙曾访裴君，拟以馆务等报告并请教，适均相左。昨由森老往访，意请裴君将捐款早日划沪，一则备五月后之支用，二则虑港币续跌，或竟阻梗，接济恐断，闻裴君即日北上，晤面时，希与妥商为幸。一九五一年一月五日。”

“合众”普通阅览室是在5月10日开放的，其时中央人民政府文物局局长郑振铎适来沪，给予该馆许多指示和鼓励。同时，商务印书馆、开明书店、三联书店、连联书店都向“合众”赠送了不少书籍。

1952年5月，“合众”就开始酝酿向上海市人民政府有关部门的捐献事宜，这在陈叔通与顾先生的通信中可以得到印证。

7月20日，陈叔通有信致先生，云：“至于捐献，亦又有条件，第一不分散，可以他处并入我处，不可以我处并入他处。第二，须为创办人留纪念。第三，仍由公主持到底。未知菊老以为何如？并商之诸董事，可先期提到，由森老代表提出，届时再以书面声明。陈叔通。一九五二，七，二十”。

12月14日，“合众”召开董事会第十四次临时会议，会议通过决议：将“合众”捐献上海市人民政府文化局，俾成一专门性之大规模图书馆。次日，合众图书馆董事长张元济上函文化局。函云：“亡友叶景葵与元济等以私人力量创办合众图书馆，搜集历史参考之图书约二十四万册、金石拓片万余种，自置基地并建馆舍，冀成一专门性之图书馆。艰辛经营十有四载，规模粗具。若欲扩而充之，以配合国家大规模建设，则非同人棉薄所及。兹经我会第十四次临时会议决议呈献贵局，俾得大事发展。特推董事徐森玉、顾廷龙为代表，协商移交手续。即希查照赐复为荷。”

1953年2月，顾先生拟有《上海市私立合众图书馆捐献愿书》，计4纸9条，署名为董事长张元济，这份捐献愿书实为极为难得的图书馆重要文献。全文如下：

一、我馆创设虽已有十余年的历史，也得若干藏书家的热心捐助，但在反动政府时期处处碰到阻碍，以致不易发展。解放后，我政府在英明的毛主席领导之下，逐步走上文化建设的途径，对于民族文化遗产，搜罗不遗余力。我馆欣逢盛世，思贡献出一分力量，故由董事会议决，捐献上海市人民政府，俾可作有计划的发展。

二、我馆创办的目的，是在搜集各时代、各地方的文献材料，供研究中国及东方历史者的参考。因为历史的范围大，和它发生关系的学科很多，所以形式不限于图书，凡期刊、报纸、书画、尺牍、拓片、古器、服物、照明、照相底片及书版、纸型等类亦均收存，务使到馆研究者可以触类旁通，左右逢源。希望现在捐献之后，由贤明的市人民政府督导之下，得在原有基础上，踏实脚步，逐渐发展，使得确成为一个有计划的搜集历史文献的专门图书馆，凡住在上海的或到上海来的世界历史学者都能得到满意的收获。

三、我馆十四年来，因经费竭蹶，人员不多，以致编目工作尚未完成。现在根据不完全的统计，约有图书廿五万册，金石拓片一万五千种，其他尚未约计，希望政府派员会同检点，编造清册，一式两份，可能时再行编印正式目录。

四、各藏家捐赠我馆的图书文物，或为其个人历年所积聚，或为其先世累叶所留遗，均赖其苦心荟萃，蔚为大观。故虽零简断缣，亦为其精神所注，随处见出他的胸中成竹。此若干小系统，我馆得之可以组织成大系统，实为我馆的特色。更加补充，自可神采焕发，显出它的伟大功用。因此我馆渴望政府，尽量保存此优良传统，不予分散，庶乎各藏家数十百年所兢兢保持的永远完整。

五、我馆对于赠书各家借阅其自己捐赠的图书时，向来给以一切方便，使他们晓然于我们立馆的本意，凡捐于我馆的比较藏于私家更易于取览，而保管的妥当则远过之，如此，可使藏家益兴起其乐捐之心。这一个办法希望政府继续维持。

六、我馆自有基地一亩九分六厘三毫，除一部分自用外，尚有九分五厘租给创办人叶景葵建屋，订有租地合同，定为二十五年，应至一九六六年期满，届时所有在租赁地上叶氏自建之房屋概归我馆所有。如期满前租赁关系已存续达十五年以上，馆中必要时可以收回，但须予以贴费。这份合同附在财度文件中。

七、我馆在基地上建有钢骨水泥三层馆屋壹所，现在图书已塞屋充栋，不易再受赠书，阅览室亦日益缩小，更形拥挤。好在旁有余地，捐献之后，政府尚可考虑基本建设，有计划、有步骤地加以扩充，使它发挥更大的作用。房屋登记后取得收据一纸，尚未发给所有权证。

八、我馆工作人员过去经常只有三四人，解放后，业务日繁，逐渐增加至九人，人数不多，而各人对于工作已相当熟练，并都很积极。希望政府继续任用，俾驾轻就熟，更能好好地为人民服务。

九、兹为捐献政府编有下列各项目录名册，祈予点收。

捐献人：上海市私立合众图书馆

董事长：张元济　常务董事：徐森玉

津按：这份顾先生所拟草稿的后面，另有顾先生按语，云："文化局接管后，人员未动，一九五三年更名上海市历史文献图书馆，一九五七年扩建书库，增加人员公开阅览。编印目录卡片，编辑《明末史料丛书》若干种，由古典文学出版社出版。开始编辑《中国丛书综录》。原'合众'董事当时所期望者，在科学技术图书馆、报刊图书馆、历史文献图书馆、上海图书馆四馆机构统一前实现。廷龙附志。"

在捐献"合众"时，顾先生另撰有《合众图书馆小史》①。

4月15日，上海市文化局接管"合众"，批文为市府（53）沪府秘二字第1192号。批文中有"同意所请，准予接受合众图书馆。除组织小组另行商谈接办事宜外，特此函复，请予查照。"

陈叔通知道"合众"要捐献之事，非常关心顾先生的住居处境，5月10日，陈叔通有信致先生，云："'合众'接收后，已移眷至何处？租屋不易，至以为念，倘仍照原薪，则租屋费即不能包括在内，以前薪少有屋住，亦为附带条件，此层不能由菊老、森老面陈否。"

5月27日，刘放园又致顾先生信，云："叔通先生屡晤，日前在万松书屋午餐，徐森老亦在座，谈知图书馆已经接收，惟仪式尚未举行，大约须森老回申方有人代表呈献耳。接收后，情形如何，极以为念，倘能于公暇以大略见告，不胜企盼之至。"

合众图书馆捐献市文化局事之仪式，定于6月19日，这前一天，张元济很动感情地致顾先生信，云："今为'合众'结束之期，若干年来，弟尤得读书之乐，吾兄十余载之辛勤不敢忘也，苦心孤诣，支持至今，揆翁有知，亦当铭感。"

据顾先生致陈叔通信，可知捐献事之情形，云："文化局接受我馆捐献仪式，已于十八晚七时在锦江十四楼一号举行，到金仲华副市长、刘思慕、陈虞荪两副局长、沈之瑜处长、张白山科长，我馆森老、朵老、延兄、唐兄及龙。刘局长、金市长先后讲话，均对我馆已有成绩颇多奖饰，并称我馆文史专门图书馆之方针已经确定，基础很好，即从此基础发展，人民政府力量较大，必能办得更好。馆方由森老讲话。仪式后盛宴，皆公与菊丈德望所致也。我

① 顾廷龙：《合众图书馆小史》，上海图书馆编辑：《总结·开拓·前进 建馆三十五周年纪念文集》，上海：上海图书馆，1987年，第1-7页。

馆私立时代，善始善终，十分喜幸。今后如何进行，局中尚无指示（截止现在为止）。”

没多久，顾先生又致陈叔通信，谈“合众”捐献后事。“献馆举行仪式后，前日始有人事、财务、总务、图书各部门来接管，龙将董事会应移交之房地所有权状、股票、英金、善后公债、家具册、书画文物尺牍等清册、图书已编成之目录，及水电等保证金收据一并交出，但检阅一过，仍留交我，谓需要再来提取。龙继续维持，将来究竟如何，未有所闻。龙无办行政之才，新旧社会作事悬殊，终有陨越之虞。关于龙之住宿，决须迁移，惟尚未有人接替，不便骤然觅屋。前日局中来员，龙已申明，俟保卫制度确定后，我即搬出，彼等无一语。龙之所以决须搬者，为公私之分，同时各馆亦无此例，不应再住。”

1954 年 1 月 15 日，先生致刘放园信，关于合众图书馆捐献后之事。“我馆目前一切如常，清点工作，已竟十九。我受之诸老，呈之政府，可释重负……龙十四年来致力于斯，虽来馆作研究参考者亦无不称善，然无如公与菊老、叔老、厚老诸位相知之深，一言嘉许，实我知己，窃喜所耗心力，可谓不虚。将来新局如何，我固不知，惟有服从领导，尽心力而已……龙无行政之才，盐车十驾，事倍功半，于公于私，实非两利，奈何奈何！蒲柳之姿，年逾五十，精力就衰，旧稿垂成，迄难毕功，殊深忧皇耳。”

1954 年 3 月 12 日，合众图书馆正式改名为上海市历史文献图书馆，从而完成了它十四年的历史使命。

结 语

在旧中国，王绶珊等人均有志创办图书馆，然非但无成，所藏之书为日寇毁的毁，子孙卖的卖，非自己及早举办就无望的了。子孙不肖，则身后亦一卖了之，安能保存？子孙虽贤，不习这门学科的，就一无用处，徒然做蠹鱼的食粮，也不能保存。如果成立了图书馆，书籍既可保存，又可资学习，所以办图书馆是一件不重名利之社会事业。旧中国的图书馆寥寥无几，即使有几所，多是点缀门面而已，就是国立图书馆，也不过 200 万册左右。

在 20 世纪 30 年代的后期，上海地区已有不少图书馆，普通者如东方图书馆。1914 年，黄炎培等设甲子社扩充而成鸿英图书馆。专于近代史料者有鸿英图书馆，专于自然科学者有明复图书馆，专于经济问题者有海关图书馆，至于中学程度所需要参考者有市立图书馆。南京国学图书馆在抗战中损失很大，收拾残余，到 1942 年统计，实存 18 万册。当抗战紧急之时，国学图书馆馆长柳诒徵先生叠次向教育厅请示如何妥筹安置，而教育厅一直置之不理，柳先生没有办法，只好自行妥筹处理之策。他于 1937 年 8 月呈教育厅文说：“自平津肇衅，迄淞沪交锋，诒徵无日不在忧皇悚惧之中，迭经赴省请示，亦未能遽定迁移之法。延至本月十四日，诒徵知祸在眉睫，势难再缓，不得已走商故宫博物院南京分院马院长，请其顾念同舟，稍分隙地，保藏珍本。”最后又说：“尚有十数万册，自维棉力，如蚊负山，仰屋兴嗟，束手无策。”旧中国政府办图书馆，原为点缀门面而已，苏州的一所图书馆也是省立的，以学古堂、存古学堂的藏书为基础，积累了三四十年，但到1935年，仅存十万五千余册。旧图书馆的一般情况是，经费仅能维持行政开支，至采购费为数极为微细，至一般省立图书馆，大多数是无声无息的。

私立图书馆，与团体私立又有不同，最早的当推宣统间武进盛宣怀所设的愚斋图书馆，虽则他曾经请过奖，收书相当富，印过目录，地址在成都路静安寺路口，但始终没有公开，后来就散掉了。一部分书捐入南洋公学，一部分捐入圣约翰大学图书馆，一部分是零星卖掉，还有剩余的存在祠堂里，被上海市文物管理委员会没收了。1913年，无锡纱厂巨子荣德生的大公图书馆，印有目录，没有开门，到抗战中停顿了。虽荣氏收书到死，一直收书不停，可是没有正式公开成立。其他像刘氏嘉业堂、王氏九峰旧庐，都想成立图书馆的，不满十年，东分西散也都完了。

当年上海滩上的私立图书馆由私家藏书楼而进入私立图书馆，还不很久。民国初年的国学保存会藏书楼，盛极一时，不到几年就完了。与“合众”同时所筹备的几个私立图书馆，亦可谓极一时之盛。如灵素图书馆，亦名医学图书馆，张叔平创办。松禅图书馆，陈葆初创办。孑民图书馆，蔡元培门生故吏办。亚子图书馆，柳亚子自办。楚伧图书馆，叶楚伧一故吏办。而“合众”之董事，皆财力微薄，均以德望号召获助。然灵素图书馆，不到两年，就尽入书商之手。

私立图书馆之组织，原有司马迁所说的“藏之名山，传之其人”的意思。实际是反对反动统治阶级的一种行动，注意在反动统治阶级不注意之处，尽力收藏反动统治阶级所要禁毁的图书。除了一批假借图书馆名义，用来掩护或投机的不算外。“合众”的成长，也是在三种不同形式的旧社会（法租界、敌伪、国民政府），以及旷古未有的币制动荡之中（法币、军票、中储券、金元券）走过来的。

一个成立于20世纪30年代末，主要活动在40年代的“合众”，在数本所谓的中国图书馆事业史上，都没有一席之地，这也并不奇怪，因为在当年灯红酒绿的上海滩，蒲石路（今长乐路、富民路口的转角）746号上的“合众”，确实从来就没有悬挂出自己的图书馆招牌，因为它不想张扬，不管是上海沦为孤岛后，抑或抗战胜利后，除了像郑振铎、钱锺书、马叙伦、胡适、徐森玉、顾颉刚、王重民等重要学者时有光临外，一般人是不知道“合众”的底细的，因为这是一个带有研究性质的图书馆，而不是公共图书馆。

明末清初的一位思想家，有“中国思想启蒙之父”的黄宗羲（梨洲）有言：藏书难，藏久尤难。藏书能历数百年兵戈水火之劫运而不遽磨灭者亦是万幸。故聚书之苦辛，庋藏之慎谨，其实有难以言之者也。可见私人藏书难，而办图书馆更属不易。早在1940年1月4日，张元济告顾先生：“凡百事业，不能不求扩充，扩充则须人多，人多则意见分歧，分歧则无可约束，终归失败。盈虚剥复之理欤？吾与本馆之希望平稳，即是发展，不求躁进，不贪暇逸，不须人多，不事宣传，非如是，不足以持久也。”这是张先生办“商务”数十年来之经验，对顾先生来说不啻是至理智箴句，金玉良言。

无独有偶的是，1941年8月23日晚，顾先生去叶景葵处求教。叶说了一段话，也是经验老到的肺腑知心之语，他说："图书馆前途之兴替，其枢纽在董事之得人及合作与否，故选举最为注重。现在五人，学问未必皆深，亦未必人人皆知图书馆之办法，但皆饱经忧患，有相当之修养，且皆无所为而为之。五人间相互有甚深之情感与直谅，故能知无不言，决无问题，但皆六七十之高年，可以同时老病，故对于递嬗之法，宜十分注意也。"语见叶景葵《卷盦札记》。

在日伪和国民党反动派统治下，"合众"勉强维持到解放，差不多是奄奄一息。但顾先生在老辈们的支持下，奋力支持十四年，幸际盛世，归之人民，完成历史任务，实是不易。应该说顾先生的办馆思想直接来源于图书馆的实践，津以为在四十年代后期他有致王南屏信，体现了他对办馆的见解以及困难之处言之历历，一览无遗，言词率直，坦诚相见，此札当可视为"合众"在40年代煞费苦心保存传统文化之一斑。

信曰：

南屏先生左右：奉示祗悉。关于敝馆规定星期例假停止阅览一点，对公务人员似有不便，执事曾摅高论布诸《大公报》（"鸿英"曩以星期休息，今亦反为星期日矣，可恨！），大文尚未读过，但于"公务员不便""鸿英之可恨"两语，征见台端读破万卷书，尚未验之于行事，若令乾嘉老辈获接先生，必延入钟山、紫阳之斋，不致发不便之叹。先生不知办事难，办文化事业尤难，在非常时期为难之又难。私人办文化事业出于愿心，其愿心不必便于一二人，欲便于多数人；不必便于今世，欲以便于后世。故创办之时，即以不求闻达，暗然日章为旨。譬如粥厂，饥民嗷嗷，总须俟其煮熟，若急不及待，蜂涌于旁，视粥未必能入口，而锅有倾覆之虞，两无裨益。

办图书馆，较其他文化事业更难，即以聘请馆员而论，有学问者皆去当教授，无学问者不胜其任，稍知门径者可以当之。惟其有志上进、手不释卷，在他处固可取之才，在图书馆则否。事务将待，何人以理之耶？譬如庖工，日烹美味，不容大嚼，如庖工先自饕餮，则宾主何以成宴？来馆阅书之人，人数若多，每人半日之中，更换五六次，须若干人可以应付。请兄瞑目一思之，即可有一概念。聘一馆员，薪水若干，不及公务员，几人之数，又将若干。

要之图书馆，有支出而无收入，收入持之捐款，现在经济情形之下，何处募捐？不比建庙造桥，出钱自身可以纳福，捐款图书馆者，本人不易享受。利人不利己之事，莫过于图书馆。捐款之难，难如登天。不以政府收税，一纸命令，通行全国。物价飞腾，开支日涨，收入无增，除紧缩尚有他策乎？紧缩自然人少，尚敷轮流值日之分配乎？为职员者，终日碌碌，愿吾兄抽暇往"鸿英"等处默察，其忙闲如何？敝处规模未具，不足为凭。

图书馆职员，亦寻常之人，不能并假日而剥夺之。要有某君来商，因日间无暇，拟请每晚特许阅览。试问图书馆岂能适应每一人之愿望，不便于公务员者，又岂图书馆一业哉？银行、百货公司与公务员时间无冲突耶？足下何不并摅宏论以纠之邪？

总之，图书馆管理与阅者实处敌对地位，非身历其境者不知。仆为学生时，对于借书不能任性所欲为可恨，一日欲检《耆献类徵》，照借书章程，每次两函，一再更调，余烦而馆员不烦，烦者躁急耳，不烦者秩序井然也。洎为图书馆员，遂深佩规定皆有意义。若欲满足阅览之心，则人人入库，自由取阅，几日之后，不知成何境地？从前北大、清华、燕京，均曾开放过，行不能通，一再改订管理规则，出馆有加以检查者，是皆中外服务者从经验中得来。此种条文之组成，不亚于《日知录》之各条考据也。

本馆书不能外借，亦从“鸿英”“明复”等阅历而来，即余自身所受者可以奉告，余因馆书之不借友好，有情不可却者，遂以自藏借之。当时言论相从，以为即还，未记名氏，久而自欲取阅，遍检不得，亦无后索，还将静待见掷矣。自藏失之，尚可自恕，馆书失之，将如之何？龙遇借书者多矣，无不约二三日，结果二三十日，必待再催而后还。人之精力有限，无谓之消耗，实有不愿。况来此看书均属诸亲好友，或借或不借，徒然得罪，一律不借，亦仅衔恨，终成怨府耳。图书馆职员，实同大菜间之西崽，为人服劳役，伺候不慎，即遭物议。所望阅览诸公，设身处地，推己及人。

年来办图书馆之声甚盛，如孑民图书馆（及门纪念）、松禅图书馆（陈某）、常州图书馆（江上达等拟办）、吴江图书馆（柳亚子）、梁燕孙图书馆（凤冈及门纪念）、灵素图书馆（张叔平），此外尚有，不能尽数，今雏形何在耶？开图书馆不比开跳舞场，舞场只要钱多人多，指日可成。图书馆钱多，办事固易，而有许普通书并不能立即可得。吾日前为馆配张文虎《史记札记》，各肆皆无，此一例也。若有一人来馆，欲阅此书，吾尚未备，必笑谓人曰：普通亦未全。若所欲阅之书均有，谁知搜罗之苦？馆员多，固办事速，然非忠实内行，必致大乱。积重难反，无形之损失更大。故美国国会图书馆书目之至今不能出，即因编目人时易其手，既不一律，并有错误，不能得一总纂以阅定。老实说，今日欲求一如纪文达之人，安可得哉！图书馆须俟其逐年生长，不能求其立成。在百业不在常轨之中，予以曲亮，书不尽言，复颂著安。”

南屏者，徐益藩也。徐益藩，字南屏，又字一帆。

办图书馆，功在当代，却利达后世，我以为顾先生和合众图书馆本身就是两部大书。顾先生的历史，实际上就是一部合众图书馆的历史，这是非常值得研究的题目。顾先生把图书馆当作一个事业，认为必须由小而大，倘一举宏伟，常易汗漫无归，结果一事无成。如今，“合众”把事业做得有声有色，成就巨大。而存于世的历次的合众图书馆董事会的会议记录、董事会组织大纲、办事规程以及1946年1月24日陈陶遗等给当时的上海市教育局《呈为设立私立合众图书馆申请立案事》《创办合众图书馆意见书》《合众图书馆缘起》《合众图书馆捐献书》等，都是研究近代以来中国图书馆事业史中私立图书馆的重要文献。“合众”的归宿，也是中国近代以来私立图书馆的典范。

这篇小文从立意到初稿完成，花了一个多月的时间，工作的繁劳，使写作只能断断续续地进行。现在初稿将就，而我又无暇再细读一遍，修订之事只得待之他日了。

2014 年 10 月 14 日深夜于广州中山大学

（原刊于《沈津自选集》第 76–115 页）

顾祖禹《读史方舆纪要》稿本之发现与研究
——以上海图书馆藏叶景葵、顾廷龙往来信札为中心

丁小明　柳和城

顾祖禹（1631—1692），字景范，号宛溪，江苏无锡人，清代著名历史地理学家。他幼承家学，熟谙经史，好远游，经过实地考察验证，对古今疆域沿革及山川变迁了若指掌。时值明末清初，他隐居著作，前后花了三十余年工夫，撰成《读史方舆纪要》这部被人称誉为“数千百年绝无仅有”的奇书。

顾祖禹《读史方舆纪要》虽经无锡华氏、四川龙万育、新化邹代钧等人先后刊行，传世抄本亦众，但原稿本却“沉埋民间三百年”，直至 20 世纪 20 年代被叶景葵发现，并与顾廷龙、钱穆、顾颉刚等学者展开讨论，此稿本才引起世人关注。此稿本后由叶景葵捐献给合众图书馆，最终在上海图书馆馆庆四十周年之际，由顾廷龙主持影印出版，化身千万，嘉惠学林。

《读史方舆纪要》稿本发现及研究的过程，堪称中国现代学术史上关于写本文献研究的经典案例。经此一事，叶景葵与顾廷龙相知渐深。1939 年 7 月，顾廷龙毅然接受叶景葵邀请南下主持合众图书馆，共同谱写了中国现代文献保护史上可歌可泣的“合众”史诗。可以说，叶、顾两人的缘分正是始于《读史方舆纪要》稿本。只是两人围绕该稿本而展开的学术研究过程却少有揭橥，这不能不说是现代学术史及写本文献研究中的憾事。为弥补这一缺憾，笔者不揣浅陋，力求通过对现存于上海图书馆的叶、顾两人往来信札①的解读，还原《读史方舆纪要》稿本发现与研究的伟大历程。

---

① 叶景葵、顾廷龙往来信札最早由王世伟、许全胜整理，发表于《历史文献》第一辑、第二辑。其后，《顾廷龙文集》与《叶景葵文集》皆有收录，《顾廷龙年谱》与《叶景葵年谱长编》亦多有征引。

一、《读史方舆纪要》稿本的发现

叶景葵（1874—1949），字揆初，号卷盦，又号存晦居士，浙江杭州人。民国著名银行家、藏书家。清末民初，曾任东北财政总局会办、大清银行正监督、浙江铁路公司和汉冶萍公司经理等职，后长期担任浙江兴业银行董事长之职。叶氏喜爱藏书，其卷盦藏书虽不称富，却以收藏稿抄本的鲜明特色享誉书林。1925 年前后，杭州抱经堂书贾朱遂翔①送来据称是顾祖禹《读史方舆纪要》稿本的纸包，因虫蛀与水浸，纸叶损坏甚多，无法正常翻阅。叶景葵请杭州修书高手何长生精心修补，费时两年，整修如新。叶氏后来在 1941 年 5 月 1 日撰文详记这段“虫口夺书”的故事，其云：

> 距今十五六七年前，杭州抱经堂主人朱遂翔告余“在绍兴收得《方舆纪要》稿本，因虫蛀不易收拾，愿以廉价出让”。余嘱取来，则故纸一巨包，业已碎烂，检出首册，见旧跋与陶心云年丈跋，均定为顾氏原稿，以七十二元得之。灯下排日整理，剔除蠹鱼蛀虫，不下数百，排列次序，残缺尚少，乃觅杭州修书人何长生细心修补，费时二年，费款二百元，于是完整如新矣。迭次翻读，并与刻本对校，知刻本与此底本，虽有字句不同，而大体无异。所不解者，全书签校删增，朱墨杂沓，非出一手，是否顾氏及门所为，有无顾氏亲笔，抑为乾嘉以后人所加，无从臆断，就正好学之士，皆未能决。②

叶景葵跋中将如何获得此书及修补的过程交代得甚为详尽，其中提及此书有旧跋与陶跋③，说明此稿在叶景葵收藏之前的流传过程，且对叶景葵的鉴别不无帮助，理当引起研究者的重视，今将二人跋文移录如下：

> 按《读史□□》手定本，今祖禹孙根犹尊奉藏弆，外间传写舛讹，至不可句。近乃识根，根言曾见外本有文云“四秦三有克死天下之丈功”凡十一字，甚怪。归检藏本，乃是“因秦王有克定天下之大功”十一字也，其谬如此。根家甚贫，颛而介，誓不将书过户限出示人，可谓能慎守矣，但不广耳。书内多粘签，岁久脱落，将有糅杂散佚之患，假日当约同志，褢粮雠对，为写著行间。欧阳子言，斯文金石也，其精气光怪不能侵蚀，吾知此藏本出寿枣梨，毕竟有日。根字体诚，父士行，字分孟，亦老于游。根又言其大

---

① 朱遂翔（1894—1967），字慎初，浙江绍兴人，民国时期杭州抱经堂书局老板。抱经堂创办于 1917 年，信誉卓著，又印行书目，实行函购，首创古旧书籍明码标价之例。

② 叶景葵：《读史方舆纪要稿本跋》，柳和城编：《叶景葵文集》，上海：上海科技文献出版社，2016 年，第 836 页。

③ 陶濬宣无刻本文集行世，其稿本文集《稷山文存》二卷、《稷山杂文》不分卷等现藏上海图书馆，笔者曾索检两书，未见陶氏有关《读史方舆纪要》稿本之跋文及相关内容。

父卒之年为康熙壬申，书始顺治庚子，断手康熙癸酉也。①

此跋惜失署名，绎其语气，当是雍乾间人。桉壬申为康熙三十一年，迄今已一百九十四年。书内粘签惜当日仍未写著行间，致多脱落。今楮墨已竟，暇日当为一一添写，以竟若志。光绪乙酉九日，濬宣记。②

此宛溪顾氏世藏当日手定原本，海内无第二本也。其它写本均多讹舛，是本极不易得，得者宝之。光绪乙〔己〕卯八月濬宣钞补缺卷完并记。③

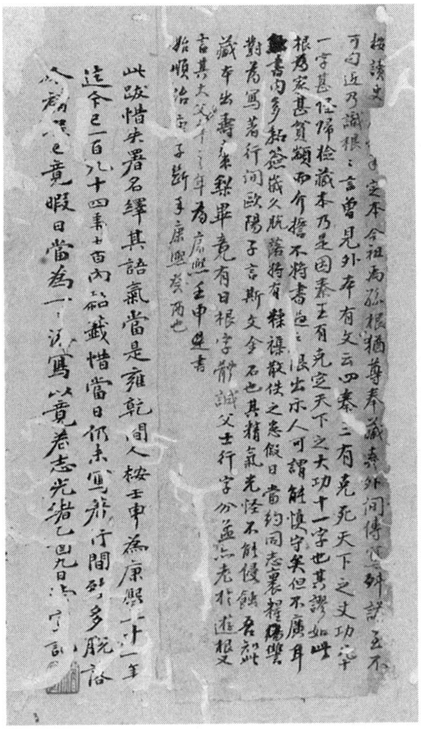
此跋惜失署名繹其語氣當是雍乾間人桉壬申為康熙三十一年迄今已一百九十四年書內粘籤惜當日仍未寫著行間致多脫落今楮墨已竟暇日當為一一添寫以竟若志光緒乙酉九日濬宣記

上引旧跋及陶氏两跋一致认为，此书当为顾氏原稿无疑。就旧跋而言，跋者对顾氏世系及此书的递藏过程均有所交代，如顾祖禹子顾士行字分孟、孙顾根字体诚，跋者还提及他与顾根的交往以及他们关于此书的讨论，这些细节非亲近顾氏后人者不能道也。同时，旧跋还有一处细节引起叶氏重视，即跋所说“根又言其大父卒之年为康熙壬申，书始顺治庚子，断手康熙癸酉”云云，康熙壬申是1692年，康熙癸酉是1693年，也就是说此稿是在顾祖禹去世一年后才杀青的，凭着这一细节，叶景葵才在后引致顾廷龙的信中提出“并非顾氏手稿”“系成书后第一清稿”的意见，并且得出“康熙时人之跋，似尚可信”的总结，由此也可知，旧跋意见对叶景葵决定收藏此书起到积极影响。

① 佚名：《读史方舆纪要稿本跋》，影印《读史方舆纪要稿本》，上海：上海古籍出版社，1993年，第16页。

② 陶濬宣：《读史方舆纪要稿本跋》，影印《读史方舆纪要稿本》，第16页。（以上均见图1）

③ 陶濬宣：《读史方舆纪要稿本跋》，影印《读史方舆纪要稿本》，第23页。

当然，陶跋价值也是不容忽视的，一者可说明此书递藏过程，包括书商“在绍兴收得《方舆纪要》稿本”的说辞是可信的。再者，分见此书两处的陶跋各有其意义。见于旧跋后的陶跋主要是对旧跋的评价，其认为作跋人“当是雍乾间人”的意见显然已被叶景葵在内的民国学人所接受。而第二则跋语则透露出陶濬宣对此稿进行过“钞补缺卷”的整理工作，换言之，陶氏其实可说是这一稿本的首位整理者。事实上，叶景葵 1941 年的跋语也提及陶氏的“钞补”的整理之功：“此书原缺浙江（一）一册、山东（四）一册，陶氏以旧抄本补配，浙江册首有李鹿山藏印，山东（六）缺第五叶，陶氏补抄，板心皆作‘职思堂’，系抄书时仿刊。”据此可知，陶氏对此稿的整理可谓尽心尽力，他不仅自己补抄，而且以旧抄本补配，而他之所以如此细致认真，无疑是充分认识到此稿的价值，所以他的鉴定意见———“宛溪顾氏世藏当日手定原本”，同样值得重视。

如上所说，旧跋与陶跋无论是在说明递藏关系，还是证明为顾氏原稿的问题上对于叶景葵都有颇大启示。但是，这一跨越二百年时空的惊世巨著突然光降在叶景葵面前，其中存在着的“蓄疑者”仍有让叶氏百思而“不解者”，如叶氏在跋中所说的“全书签校删增，朱墨杂沓，非出一手，是否顾氏及门所为，有无顾氏亲笔，抑为乾嘉以后人所加”这两个问题，其实，这两个问题叶景葵在 1935 年致顾廷龙的信中最先提出：

> 敝藏《读史方舆纪要》稿本据卷首康熙时人手跋，系成书后第一清稿（并非顾氏手稿），为景范先生之孙世守者，似彭氏付刊时即用此本。惟全书内黏签甚多，对于原书多所纠正，未知有无顾氏亲笔，抑华商原诸人之所为，此蓄疑者一也。又原书有朱笔删改，对于地理沿革自欺欺人，往往增删甚多，且文义亦有更改，此又何人之所为耶，蓄疑者又一也；顾氏未成书时已将首数卷付刊（顾没后一年清稿始写讫，原稿则不可见），成书后抄本甚多，市中颇有流传，但讹夺甚伙，惟敝藏抄写精美，绝无讹字。康熙时人之跋似尚可信，惜蓄疑二端迄无人为之解释，是以藏庋多年，每一展卷，辄思就正有道。①

前已说明，叶景葵对于这一稿本所提出“第一清稿”的看法，是基于旧跋所述此稿之成晚于顾祖禹去世一年。据此，叶景葵信中所言此稿“并非顾氏手稿”的结论也基本成立。但是，这一“清稿本”中“粘签甚多，对于原书多所纠正”的特殊性，又让叶景葵引发“未知有无顾氏亲笔，抑华商原诸人之所为”的“蓄疑者”：既然清稿本中“朱墨杂沓，非出一手”，在纠正者笔迹中到底“有无顾氏亲笔”呢？显然，这一疑问不但关系到顾祖禹《读史方舆纪要》清稿本的学术价值，还关系到清稿本与《读史方舆纪要》诸多刻本及抄本的关系。

说来也巧，正在叶景葵为研究《读史方舆纪要》稿本而一筹莫展之际，燕京大学图书馆精通版本目录学的青年才俊顾廷龙闯入了叶景葵的世界。按叶、顾通信记载，叶、顾二人的

---

① 叶景葵：《致顾廷龙信札》（1935 年 9 月 16 日），《叶景葵文集》下册，第 1093 页。

交往是始于1935年6月30日，顾廷龙在此日致叶景葵信中有“求《谐声谱》一书，并赠叶《吴愙斋年谱》”① 云云，顾廷龙很快得到叶景葵所印行《谐声谱》一书，1935年7月10日顾复叶信云：“昨奉惠覆并《谐声谱》一部，如拜百朋之锡，感幸无似！”② 据此亦可知，叶景葵复顾廷龙6月30日的信当在1935年7月5日前后。同样在6月30日的信中，顾向叶提出“敬悉高斋所藏先哲稿本甚多，闻之神往，它日南旋，不识能慨许一睹以广眼界否”③ 的请求。事实上，顾廷龙这一请求可谓正合叶景葵之意，叶景葵正因为《读史方舆纪要》稿本研究“蓄疑”呢！叶景葵1935年9月13日致信顾廷龙云：“敝斋藏先哲稿本并非宏富，惟尚有几种可供研究。”④ 仅隔3日，叶景葵又致信顾廷龙详谈他对所藏《读史方舆纪要》稿本的研究心得，并云：“幸贵会同人对于古今舆地之学极有研究，弟愿将此书运至贵会考究一过，加以论定。秋末或有北行，当酌带重要者十余册先行面交，其余觅便寄平可也。”⑤ 由此信可知，叶氏此时欲将《读史方舆纪要》稿本就正于有道的心情溢于言表，叶信中的“贵会”指1934年2月由顾颉刚与谭其骧共同创办的、以研究中国地理沿革史及民族演进史为中心的学术机构——禹贡学会，顾廷龙亦参加禹贡学会的学术活动，并帮助编辑《禹贡》杂志，因为顾廷龙的关系，叶景葵的这通信被很快转刊于《禹贡》杂志上，信后并附“编者按语”：

> 本刊方发表钱宾四先生所著之《跋康熙丙午刊本〈方舆纪要〉》，而叶揆初先生即将以所藏《读史方舆纪要》稿本见假，可谓奇缘。叶先生现已抵平，希望钱先生见此本后，再写一篇精博之考证，登入下期本刊。⑥

据沈津先生的《顾廷龙年谱》，叶景葵1935年10月中旬有北平之行，叶与顾在章钰家中初次见面，讨论版本目录之学，很投契⑦。而编者按所言“叶先生现已抵平”，想必就是此时，如此，这一编者按语多半也是出自顾廷龙之手。

同时，在这一期《禹贡》上刊有10月27日钱穆致顾颉刚信云：

> 钞本《方舆纪要》于取到日晚后即穷半夜之力翻阅一过，大致系顾氏家藏底本，原跋颇可信据，俟暇当略写一小节论之；……只须请叶揆初先生将全书寄来，嘱一人钞之即得。至原书照印，事重难办，做批评考订文，亦举一遗万，甚难着手也。便与起潜先

---

① 顾廷龙：《致叶景葵信札》（1935年6月30日），《顾廷龙文集》，第736页。
② 顾廷龙：《致叶景葵信札》（1935年7月10日），《顾廷龙文集》，第736页。
③ 顾廷龙：《致叶景葵信札》（1935年6月30日），《顾廷龙文集》，第736页。
④ 叶景葵：《致顾廷龙信札》（1935年9月13日），《叶景葵文集》下册，第1092页。
⑤ 叶景葵：《致顾廷龙信札》（1935年9月16日），《叶景葵文集》下册，第1093页。
⑥ 北京燕京大学禹贡学社编行：《禹贡》第四卷第四期（1935年10月16日），第94页。
⑦ 沈津：《顾廷龙年谱》，上海：上海古籍出版社，2004年，第47页。

生一谈之。①

钱穆此信中有几点值得关注：首先，结合这通信的时间与信中所说“钞本《方舆纪要》于取到日晚后即穷半夜之力翻阅一过”内容，说明钱穆在10月下旬看到的《读史方舆纪要》稿本，当是叶景葵10月中旬北平之行所带的书，这也符合前引叶在致顾廷龙信中所说。其次，钱穆在描述该本时使用“钞本《方舆纪要》”的表达，与同时叶景葵、顾廷龙以为的“稿本”或者“清稿本”有所不同，这一不同，当属于钱与叶、顾对“清稿本”的理解不同。换言之，钱穆认为此本因非作者手迹，当属于“钞本”系列。而叶、顾认为清稿本是由稿本誊清而来，应属于稿本系列。当然，这一差别并不影响钱穆对《读史方舆纪要》的价值判断，特别是他在“原跋颇可信据”的基础上所提出的“大致系顾氏家藏底本”的结论与叶景葵、顾廷龙对此书的认识其实是一致的。最后，关于对《读史方舆纪要》稿本如何进行深入研究，钱穆也提出他的方案：“内容方面则非通体细细研究不可。弟意若能将全书写一校记，如最近黄侃氏《日知录校记》之类，径可单行，或先分期载《禹贡》。”② 尽管钱穆这一“细细研究”的方案费时费力，要求甚高，叶景葵、顾廷龙还是予以接受，并开始委托钱穆作专门研究。到此，由钱穆、顾廷龙、顾颉刚及叶景葵等人所组成的研究共同体基本建立，《读史方舆纪要》稿本的研究大幕也就徐徐拉开了。

二、南北分校的过程

钱穆提出的“将全书写一校记”的研究方案，叶景葵迅速作出反应，他在致顾廷龙的信中表示赞同的同时，又提出“奏功更易”的“南北分校”的工作模式：

今日接奉复示，欣悉一切。北事近稍宁静，但盼不再起波澜耳。宾四先生欲得《方舆纪要》全部一读再下谕断，弟亦赞同，俟稍缓再谋输运之策。刻已校出“北直”第八、第九两卷，计一册（用新化魏氏本，以其书颇较宽畅），邮呈共赏，请与宾四先生一阅。以弟所见，稿中朱笔增删及书眉墨笔加注皆极有价值，的系定稿后随时改良之工作。其时宛溪先生业已病废，是否其子士行及华商原诸人之昕（今按似当作“所”）为，只能以情理揣测，若无诸人墨迹一为印证，亦憾事也。宾四先生意欲过录一部，的系正办。弟拟努力为之，如能南北分工，彼此交换，则奏功更易，公意如何？（1935年11月22日）③

---

① 钱穆：《致顾颉刚》，《禹贡》第四卷第六期，第81页。

② 钱穆：《致顾颉刚》，《禹贡》第四卷第六期，第81页。

③ 叶景葵：《致顾廷龙信札》（1935年11月22日），《叶景葵文集》下册，第1094页。

由此信可知，叶氏之所以提出“南北分校”的原因，主要还是为了能够加深交流与促进研究，而在研究一事上，叶氏已是早著先鞭，他不但“已校出‘北直’第八、第九两卷”，而且提出“稿中朱笔增删及书眉墨笔加注皆极有价值，的系定稿后随时改良之工作”这一有价值的意见。同时，又提出“其时宛溪先生业已病废，是否其子士行及华商原诸人之所为，只能以情理揣测，若无诸人墨迹一为印证，亦憾事也”的疑问。可以说，《读史方舆纪要》稿本合作研究之初，叶氏的意见及其对工作推进是至关重要的。此外，他对这一稿本从校勘到版本研究都有着极精湛的思考，他提出的“稿中朱笔增删及书眉墨笔加注”为何人手笔的问题，其实已触接到《读史方舆纪要》稿本最核心的部分，或者说能不能称其为顾祖禹稿本的最实质的问题。

顾廷龙收到叶景葵的这封信后，于1935年12月1日复函云：

> 顾稿由南北分工校录，宾四兄亦赞同，留此十册已属入手。龙在敝馆库中亦见一钞本《方舆纪要》，钞手纸墨似尚旧，系一满人故物。《州域形势》卷九各条同朱棠本，与今本异。又与尊校本校，有数处如刻本，有数处则如校本，“北直八”一卷，另纸校录奉鉴。据此可以分出原稿几种改笔之先后，与燕本同者系何色校笔，便希示及。燕本初不详其佳处，今可据尊校约定其钞时，幸何如之。尊校各批能否以色笔别之，似尤醒目。朱棠刊本此间所得一部，“吴兴”之“兴”误刻作“典”，“当涂彭万程刊”一行只在卷八尾有之。而敝馆亦藏一部，与朱刻本全同，疑即一板，则“彭万程”一行每卷皆有，“兴”字亦不误，惟末无朱棠一文，而首有封面题“嘉庆乙丑镌，友兰堂藏板”。现由宾四兄取去校阅。①

顾廷龙在致信叶景葵的同时，又致信顾颉刚，交流《读史方舆纪要》稿本的研究进展：

> 颉刚：
>
> 宾四兄致公一书，刊载后，揆初先生已鉴及。来书慨允将《方舆纪要》全稿觅便携平。目下先校出八九两卷，已寄下。龙偶从燕京图书馆库中检得钞本一部，取与叶先生所校校之，凡为近刻所删节者，亦多存在，是可推知燕本当为顾氏第一次改后传钞之本。中有数条，可与原稿相印证：
>
> 滦州（直隶八）云“滦州之置，此亦中外得失之机也欤”，近刻各本同，原稿则“中外”为“夷夏”。按燕本“中外”亦为“夷夏”，“得失”则为“降升”，与各本异。
>
> 延庆州（直隶八）注云，“自州治至京城一百八十里”，此下近刻无文，原稿则有“至南京□□九百三十里”。按缺字燕本为“二千”二字。

---

① 顾廷龙：《致叶景葵信札》（1935年12月1日），《顾廷龙文集》，第737页。

兴和守御千户所（直隶九）注，“永乐二十年蒙古阿鲁台乘间袭陷”，叶氏校云，“蒙古二字原稿用墨涂去，不知原系何字。细察纸背，系‘虏酋’二字”。按“蒙古”燕本确作“虏酋”。

大白阳堡（直隶九）注，“为诸部驻所，窃发不时”，近刻各本同，原稿则作“为诸□巢穴”。叶氏校云，“□，原稿墨涂，似系酋字’。”按□，燕本确为酋字。①

顾廷龙分致叶景葵与顾颉刚的这二通信札的结合对读，可以还原当时研究过程中的更多细节。如顾廷龙致叶景葵信中说“‘北直八’一卷，另纸校录奉鉴”②，这一“另纸”在致叶信札中未能找到，所以也无从知晓顾廷龙以燕本（满人所藏抄本）及几种刻本与叶景葵校本对校后的结果；但是顾廷龙致顾颉刚的信中有以“北直八”叶校、燕本及刻本对校的校文，这一校文应该就是顾廷龙“另纸校录奉鉴”给叶景葵的部分内容。据顾氏校文可知，燕本优点在于“凡为近刻所删节者，亦多存在”，也就是说，近刻所删之处，燕本与原稿本多有合处，故顾氏在得出“燕本当为顾氏第一次改后传钞之本”的结论，同时也发出“燕本初不详其佳处，今可据尊校约定其钞时，幸何如之”的感慨。当然，这一结论从另一侧面也证明《读史方舆纪要》稿本的价值。

叶景葵在接到顾廷龙信（1935 年 12 月 1 日）三天后复之，他在信中对燕本的理解及《方舆纪要》稿本校对的意义予以陈述，云：

燕校抄本与敝藏原稿底本相符，惟底本所加之朱笔校改、墨笔添注，则燕校本均无之。此种抄本，均自康熙年间传抄，顾书写定后，宛溪即作古人。一时杰作，必有人从原稿迻写一副本，又辗转传抄，弟所见不下三四本。敝斋亦有一本，系临清徐氏故物，察其纸墨时代，大约与燕校本不相上下。卷八内容亦同，惟抄而未校，讹夺甚多耳。此书问题，在朱墨笔增删改定处，其因避忌而改者，入清朝后，既思传播，又畏禁网，故将夷虏等字涂改，不足异也。所异者，凡古今沿革变迁及山川考证，颇多校改，皆极有关系之处。所改又均胜于原文，此最宜研究者也。惟有将全书照原稿及改笔，写一校记，必于地里学有所贡献。至区区一二字之异同，则其末节矣……即此一书，经三数人研求，已发明异闻如此，真有浩如烟海之叹。白头更短，不能不厚望于群公矣。③

《读史方舆纪要》版本问题异常复杂，在稿本与刻本之间，还存在一个传抄本时期，顾廷龙所用“燕本”就属于这一时期的传抄本。针对这一传抄本，叶景葵以为是“康熙年间传抄”，类似的抄本他“所见不下三四本”，同时，他自已“亦有一本，系临清徐氏故物，察其

---

① 顾廷龙：《致顾颉刚信札》，《顾廷龙文集》，第 767 页。

② 顾廷龙：《致叶景葵信札》（1935 年 12 月 1 日），《顾廷龙文集》，第 737 页。

③ 叶景葵：《致顾廷龙信札》（1935 年 12 月 4 日），《叶景葵文集》，第 1096 页。

纸墨时代，大约与燕校本不相上下”。至于这类抄本的质量当然有优过刻本者，但叶景葵认为总体上“抄而未校，讹夺甚多”，所以并不足贵。而对于顾廷龙以燕本与稿本相较的校记，叶景葵以为其中一致者无非是“因避忌而改者”，主要是“入清朝后，既思传播，又畏禁网，故将夷虏等字涂改”，所以，“区区一二字之异同”实乃“末节”。而叶景葵之所以看重这一稿本，实在于稿本校改中有着诸多对中国历史地理沿革理解的后出转精之笔，他对《读史方舆纪要》稿本学术价值的认识可谓透彻深刻。

顾廷龙收到叶景葵函（1935 年 12 月 4 日）后即刻复信答之，时间是 1935 年 12 月 7 日，因此信内容较长，现节录如下：

> 承示尊藏本问题，在朱墨笔增删改定处均胜原文，写一校记，必于地里学有所贡献，甚是甚是。北直一，宾四先生亦已入手校录，一星期内当可毕事，俟与尊校北直八、九两卷衔接，即可分期在《禹贡》刊载，深望从各方面考究，或有经窜之迹可寻，倘更由推知原稿朱、墨笔之出于谁手乎？是稿归诸邺架，乃承不远数千里慨然示读，且首作校记以供刊布，使宛溪之学将以大昌，可为稿本得所庆，而于先生校勘之精勤，通假之高厚，尤为感佩！①

顾廷龙对于叶景葵“首作校记以供刊布，使宛溪之学将以大昌”的功德表示“尤为感佩”，亦认同叶景葵“写一校记，必于地里学有所贡献”的意见，并通报钱穆已入手校录“北直一”，“一星期内当可毕事”的研究进展。在此信中顾廷龙还转达钱穆奉询的三事：

> 一、广雅本卷十九江南首叶，第一行有“宛溪顾氏原本”，第三行有“补注”二字，彭刻同。请检稿本有此数字否？他省中有此否？二、稿本直隶分省序有辛未□月，不知他省序亦有纪及年月者否？三、河南、山东、浙江三省叙，广雅本合订在前，余则分冠各省，不知稿本如何？②

对于钱穆征询的问题，叶景葵在 12 月 11 日复顾廷龙信中一一作答：

> 至宾四先生属询三事，兹复于左。一、原稿首行题“读史方舆纪要”，不分卷第，后人粘附纸条，分列卷第，并双行注明“宛溪顾氏原本”六字（卷卷如此，但多日久脱去）。次行原空，后人亦以纸条加注“补注”两字于下方，未填人名（亦卷卷如此）。弟以为此即彭刻出于原稿之证。（广雅又出于彭刻，至三味书屋本，则改易行款矣。）又，原稿凡遇北直改直隶，南直改江南，及删去至南京若干里等字，皆用纸条粘附后再行改

---

① 顾廷龙：《致叶景葵信札》（1935 年 12 月 7 日），《顾廷龙文集》，第 738 页。
② 顾廷龙：《致叶景葵信札》（1935 年 12 月 7 日），《顾廷龙文集》，第 738 页。

注，其字迹与书“宛溪顾氏原本”者，系出一手。又，虏字、夷字、国初国朝字之改定，亦与前者如出一手，但迳改未加纸条，弟疑是付刊时所追改也。二、直隶分省序，在北直一，此册即在存平十册之内，请查有“辛未□月”四字否，记得无之。三、原稿河南、山东、浙江三省叙，均分冠于各省之首，广雅本当系后人误订一处。以上三事，乞转达宾四先生为祷。①

从叶景葵答钱穆三问可知，钱穆对广雅书局本关注甚多，颇疑广雅书局本源自顾氏稿本，叶景葵在复信中予以解答，认为广雅书局本源自彭刻本，彭刻本则源自顾氏稿本，所以广雅书局本、彭刻本与稿本格式是一致的，至于后人认为校勘质量颇高的三味书屋本，在格式上倒是有“改易行款”之弊。

钱穆作为分校工作的主要执行者，他与叶景葵之间也是有通信往来的，虽然这些信札现今存佚未知，但通过对叶景葵、顾廷龙通信中关于钱穆信息的梳理，大体上能还原出钱穆校读《读史方舆纪要》的进程。钱穆参加校读整理工作始于1935年11月初②，最终因抗战北大南迁而遗憾停止③，前后历时二年零四个月。1935年10月叶景葵第一次将《读史方舆纪要》“北直十册”留平，这十册钱穆具体校完的时间是1936年2月底④“北直十册”校完后，1936年3月10日叶景葵寄给顾廷龙“南直十册”，并请顾廷龙转交钱穆⑤而钱穆校完“南直十册”的时间为1936年8月，其主要证据是叶景葵1936年8月13日致顾廷龙信中说：“宾四先生校读顾书既精且勤，极为佩慰，俟回沪当再检山东山西两省由邮寄奉，以便续校。”⑥ 如果钱穆没有校完“南直十册”，叶景葵就不会邮寄山东省给顾廷龙，也不会有“以便续校”的说法。而叶景葵寄出山东省分册的时间也应是1936年8、9月间，但是南直卷最终校毕却延迟到1937年8月，南直卷稿本钱穆当即还给顾廷龙，后经顾廷龙之手转还给叶景葵⑦而山东卷则留在钱穆手边继续校勘，钱穆的回忆文章及叶景葵跋语中均提到钱穆弟钱漱六曾协助钱穆校对，特别是八册山东卷，亦是1939年上半年由钱漱六璧还叶景葵⑧。至此，《读史方舆纪要》南北分校的大幕落下。

以上解读，已勾勒出《读史方舆纪要》稿本南北分校的过程，由此可知，叶景葵其实是

---

① 叶景葵：《致顾廷龙信札》（1935年12月11日），《叶景葵文集》下册，第1098页。
② 1935年11月6日叶景葵致顾廷龙信说“宾四兄来过，已接洽一切”（《叶景葵文集》下册，第1094页）。
③ 1938年2月22日顾廷龙致叶景葵信中云：“《禹贡研究》已告星散，宾四闻已入滇。”（《顾廷龙文集》，第743页）
④ 1936年2月23日顾廷龙致叶景葵信中说“留平十本，宾四业已过录毕事”（《顾廷龙文集》，第739页）
⑤ 1936年3月12日叶景葵致顾廷龙信云：“前日由邮寄去南直十册，到后乞转交宾四先生。”（《叶景葵文集》，第1100页）。
⑥ 叶景葵：《致顾廷龙信札》（1936年8月13日），《叶景葵文集》，第1100页。
⑦ 1937年8月2日顾廷龙致叶景葵信札有云：“承借《读史方舆纪要》稿，宾四以教务之忙，迟至最近方过录毕事，属致歉忱。是稿两函现还龙处，日内当觅妥便带上，以下各函，尚盼陆续见假，俾窥全豹。”（《顾廷龙文集》，第741—742页）。
⑧ 叶景葵：《致顾廷龙信札》（1939年3月9日），《叶景葵文集》下册，第1117页。

这一学术活动的主导者，他不但“不远数千里慨然示读，且首作校记以供刊布”，“使宛溪之学将以大昌”，直至最终他将此书捐给合众图书馆，并用一篇长达三千字的跋对其进行全面解读。钱穆、顾廷龙则是积极参与者，钱穆“校读顾书既精且勤”，所给意见对叶景葵甚有帮助。顾廷龙亦联系南北，参与校勘，并公布往来通信于《禹贡》杂志上，以此来推动《读史方舆纪要》稿本的研究工作。他们彼此间往来问答、疑义相析的这些事实，在叶、顾往来信札及叶氏书跋中皆可窥见斑豹。

当然，这里不能不提到《禹贡》杂志对这一研究活动的报道。《禹贡》杂志及时公布这一学术研究的往来信札，与学界同好分享，最初的通信是叶景葵致顾廷龙（1935年9月16日）与钱穆致顾颉刚（1935年10月27日），被题为《通信一束》[①]；接下来又有叶景葵致顾廷龙（1935年11月22日）、叶景葵致顾廷龙（1935年11月27日）、顾廷龙致顾颉刚（1935年12月）、叶景葵致顾廷龙（1935年12月4日）、顾廷龙致叶景葵（1935年12月7日）、叶景葵致顾廷龙（1935年12月11日）六封通信以《讨论〈方舆纪要〉函札六通》为题刊载[②]。可以说，这一很具现场感的讨论形式直观及时地反映研究进展，使得叶景葵、顾廷龙、钱穆间本是小范围的学术讨论，转置成以《禹贡》杂志读者群为背景的广为人知的现代学术研究事件，这一学术事件的影响迅速扩大，进而拓展成夏定域与钱穆间关于丙午本《读史方舆纪要》的学术讨论[③]，张元济致信张其昀[④]询问《读史方舆纪要》稿本的情况[⑤]、张其昀致信钱穆询问《读史方舆纪要》稿本的情况[⑥]等等一系列新的学术反馈。甚至没有参与讨论的友人章钰在致叶景葵信中也有“从《禹贡》印品，知公比来校顾稿工课猛进，无任佩叹”[⑦]这样的内容。这一系列反馈既说明当时讨论之热烈，更说明《禹贡》杂志对学术研究过程展示之成功。以至于若干年后，顾廷龙在回忆这段往事时曾说：“在对《纪要》稿本考订过程中，当时的《禹贡》杂志曾为此展开讨论，吸引很多学者参加。”[⑧]而在钱穆致顾颉刚讨论《读史方舆纪要》的信札后更有一段编者案语，尤能体现《禹贡》杂志对这一讨论的理解以及它给学界所提供的那种现场感：

---

① 北京燕京大学禹贡学社编行：《禹贡》第四卷第四期（1935年10月16日），第94页；第四卷第六期（1935年11月16日），第81页。

② 北京燕京大学禹贡学社编行：《禹贡》第四卷第九期（1936年1月1日），第43-46页。

③ 钱穆：《跋康熙丙午刊本〈方舆纪要〉》，《禹贡》第四卷第三期（1935年10月1日）。夏定域：《读钱宾四先生康熙丙午本〈方舆纪要〉跋》，《禹贡》第四卷第九期（1936年1月1日）。

④ 张其昀（1900—1985），字晓峰，浙江鄞县人，中国地理学家、历史学家。1923年毕业于南京高等师范学校，后在上海商务印书馆、国立中央大学地理系、国立浙江大学史地系、哈佛大学等单位任职。1949年赴台。著有《本国地理》《政治地理学》《中华五千年史》等。张其昀搜集顾氏遗事甚勤，其所藏顾氏尺牍极有价值（详下）。

⑤ 张元济：《致张其昀》，《禹贡》第四卷第八期（1935年12月15日），第62-63页。

⑥ 张其昀：《致钱穆》，《禹贡》第四卷第八期（1935年12月15日），第63页。

⑦ 柳和城：《叶景葵年谱长编》，上海：交通大学出版社，2017年，第820页。

⑧ 顾廷龙：《读史方舆纪要稿本序》，《顾廷龙文集》，第82页。

编者案：近来学术界中有三件性质相同的极可欣慰的事。其一是顾亭林先生的《天下郡国利病书》的原稿，将由商务印书馆照相石印了。其二是亭林先生的《肇域志》，三百年来从无刻本，偶有钞本也零落不完，去年中央图书馆整理江南书局版片时发见了一部当时局中预备发刻而未成事实的誊清本，也有刊刻的希望了。其三即是顾景范先生的《方舆纪要》，其底本为叶揆初先生所得，其中朱墨校改处甚多，或竟是景范先生的手笔；现已送来十册，正由钱宾四先生研究。两月前，我们买到一部康熙丙午职思堂刻本《二十一史方舆纪要》，已由钱先生作一跋文，载入本刊四卷三期。这部刻本，叶先生虽未有，但他有一钞本，中缝亦书“职思堂”，当是由刻本转钞的，也已送至钱先生处。这三部重要的地理书，次第发现旧写本，不能不说是一件奇巧的事。说一句踌躇满志的话：恐是沿革地理之学将大昌，特为我们禹贡学会的工作“导夫先路”罢?①

三、《读史方舆纪要》稿本的鉴定

如上所述，在“南北分校”前，对于叶景葵所藏《读史方舆纪要》一书的版本性质的认定是有分歧的。旧跋与陶濬宣跋所说的“手定本”或“当日手定原本”的意见，其实就是认为此书当为顾祖禹稿本。比之旧跋与陶跋，叶景葵从此稿是顾祖禹没后一年始写讫的事实中推断出“并非顾氏手稿”而是“第一清稿本”的意见。此外，钱穆认为“钞本《方舆纪要》……系顾氏家藏底本”则代表另一种意见。尽管稿本、清稿本、家藏“钞本”在版本性质有差别，我们从这三种意见中还是能看到某种异中之同，退一步说，哪怕此本就是钱穆以为的“钞本”，也是出自“顾氏家藏底本”，与世上所流行的那种辗转相袭的《读史方舆纪要》传抄本是截然不同的。

因叶景葵的“第一清稿本”的意见比旧跋与陶濬宣跋所说的“手定本”更为精准，故可将上述三种版本意见进一步简化成“清稿本”和“钞本”的区别这一问题上来。就叶景葵所藏的《读史方舆纪要》而言，这一“清稿本”上有无顾祖禹批校修改的笔迹则是至为关键的信息项。换言之，如果其上没有顾祖禹的笔迹，那么叶景葵所持的“第一清稿本”的概念几可等同于钱穆所持的“钞本”的概念。因此，在清稿本鉴定的天平上，有无原作者的批校笔迹、印鉴、题记等相关信息项，是判定这一清稿本指针偏向于稿本还是抄本最有决定意义的砝码。

当然，这些都是“南北分校”前的认识，在没有进入到内容校勘这一层面时，大家的认识不免会浮于表象。所以，在南北分校的过程中会根据校勘发现的成果及时修正一己的观点。事实上，南北分校以后，关于是否是清稿本的问题其实已是达成一致认识的，其中最典型的是钱穆由最初的观点演变成“就已校出之优点看，决为顾氏原稿”② 的意见，这一意见其实

① 北京燕京大学禹贡学社编行：《禹贡》第四卷第六期（1935年11月16日），第81页。

② 叶景葵：《读史方舆纪要稿本跋》，《叶景葵文集》中册，第836页。

已经非常接近叶景葵所持的“第一清稿本”的意见。就叶景葵而言，随着校勘的深入，他不但对这一稿本的认识越来越清楚，而且对书内纠正原书错误的粘签越来越关注，特别是对于这些“朱墨杂沓，非出一手”的粘签上的批校及改动的内容，由最初“又原书有朱笔删改，对于地理沿革自欺欺人，往往增删甚多，且文义亦有更改，此又何人之所为耶”的评价，转变成“南北分校”后的“所改又均胜于原文，此最宜研究者也”的意见，如此大相径庭的认识当然是校勘深入的成果。伴随着这一成果，叶景葵特别迫切地想证明清稿本中“朱墨杂沓，非出一手”的粘签中的批校及改动者中有无顾氏亲笔，事实上，也只有证明这一点，才能彻底解决他所收藏的《读史方舆纪要》写本是“清稿本”还是“钞本”的争议。

正当叶景葵“渴欲觅致顾氏墨迹，以便对证”之际，钱穆及时寄来张其昀馈赠的顾祖禹尺牍照片。叶景葵后在《读史方舆纪要稿本跋》中写道：

> 次年（按指1936年），蒙浙大教授张其昀以顾氏尺牍照片寄钱，钱以赠余，谓张君专研地理，服膺顾氏，生平搜采顾氏历史，最为热心。余适游浙江省立图书馆，闻张君演讲地理，亲往听之，讲毕，承馆长陈叔谅介绍相见，余叩以顾氏尺牍之来历，张云：“顾氏家于胶州黄隐士庭，余因访求顾氏遗事，亲至胶州，在黄家得杂书一束，内夹顾氏尺牍，其来历可信。”余即以张君之言为圭臬，归而细检全书，发见顾氏字迹与尺牍相似者，不下数百处。①

叶景葵跋中提及一个细节，即他在得到钱穆转寄之张其昀收藏的顾祖禹尺牍照片后，曾面询张其昀这一尺牍照片的来历，在张其昀告知这是他在顾祖禹至交黄庭的后人处获见的这一事实后，始放心进行墨迹比对工作。通过对全书的比对，叶景葵发现“顾氏字迹与尺牍相似者，不下数百处”，并举最为显明者为例：

> 南直三　二上　今仍曰凤阳府。北直二　四八下　渔阳废县移入此。
>
> 北直二　六三上　丰润移遵化后。山东三　一下　元嘉三年移置兖州。
>
> 山东五　十下　元帝封梁敬王子顺为侯邑处也。贵州二　十四下万历三十九年置广顺州云云。②

可以说，叶景葵以顾祖禹尺牍照片来比对原稿上修改的文字，发现很多地方字迹出自顾祖禹手笔。显然，这样比对的结果与叶景葵当初推测是完全一致的，也可说明为什么书中“所改又均胜于原文”的原因。事实上，顾氏手迹的发现及与稿本部分校改字迹比对的吻合，是《读史方舆纪要》稿本考证过程中极为重要的成果，其“墨迹比对法”在民国时期的稿本鉴

---

① 叶景葵：《读史方舆纪要稿本跋》，《叶景葵文集》，第836-837页。

② 叶景葵：《读史方舆纪要稿本跋》，《叶景葵文集》，第836-837页。

定案例中也颇具典范意义。不过，由于顾祖禹墨迹仅见此件尺牍，且又是落“禹”字单款，故不免因证据单一而有“孤证”之嫌疑，叶景葵亦知此弊[①]，所以，他在墨迹比对吻合后也没有完全坐实《读史方舆纪要》稿本这一论点，而是进一步考察稿本中其他字迹及相关体例，进而从内容校勘这个维度对《读史方舆纪要》稿本进行更深入的考证。

除了顾氏手迹外，叶景葵发现书中还有多种手迹，这些手迹所表达的内容多属于对内容的商订、删改、校改、加签、加注等。关于书中多种手迹的问题，顾廷龙在《读史方舆纪要稿本序》中曾作解释，他说：“一般稿本，往往乞朋好斧削。斧削者夹浮签于内，再经作者删定，去其浮签，录于眉端，因此在稿本中常见既有眉批，又有浮签。浮签与眉批未经审定，则并存。后来者更不敢妄加删定。《纪要》稿本亦有相同情况。”[②] 换言之，这一稿本成书的过程中，顾祖禹曾与他的学友们就内容进行过较全面的研讨，书上各种笔迹就是研讨时留下的痕迹。按书上的笔迹辨认，至少有五位学友参与切磋，其笔迹分别为褚书、蔡书、欧书、赵书，以及字体在欧、褚之间者。这五位讨论者侧重各有不同，如欧书字体各册“墨笔签校甚多，又以朱笔改正底本，专司考订郡邑建置沿革、水道源流，分合取材于各史《地理志》及《水经注》诸书”[③] 除了辨别书中各种讨论者的笔迹并对相关研讨内容进行细心考订外，叶景葵还对全书编撰体例加以分析，细察作者所拟底本体例前后不同处：

> 顾氏写定底本，在康熙五年丙午以后，丙午所刊《历代州域形势》，其总名为《二十一史方舆纪要》，卷数为七十二，其集注多从近志，其分类为《两京纪要》《分省纪要》《九州郡邑合考》，所拟与后来底本不同。底本体例悉遵《明一统志》，以省府、州、县、卫、所为纲，而古迹、山川、沿革、险要均附于其下。其时三藩未定，政尚宽大，人有故君之思，奴、虏、夷、寇诸名词，触处皆是，毫无禁避。迨入一统志局以后，得见征集之各省新志，乃集众手重修之，一以今制为准，故南直、北直、藩封、卫、所以及禁避诸字样，顾氏随笔修改，其新见之材料，则增注于下，考据之疏误者修正之，文字之支蔓者翦裁之，凡今代之建置附书之，每州每县后所记“今为某州某县，或今属某府”，以及“或为砖城，或为土城，城周若干里，有若干门”，均非检查新志不可。如广西一七页上赵书“泗城府、西隆州”各条，均注云“要查新志”。足证此人为检查新志之助手，非预修《一统志》之顾氏，乌能有此凭借。山东七胶州下顾氏注曰：“今仍曰胶州。”又于“胶西废县今州治”下注曰：“门三，北面无门。”顾氏家住胶城，故言之较详，亦一佳证。[④]

---

① 叶景葵《读史方舆纪要稿本跋》云：“或曰：‘张氏所得尺牍，署名为禹，并未著姓，即得之黄姓，安知无同时同名之人与黄氏通笔札？照片字体太小，虽笔意相似，未可据为确证。’”（《叶景葵文集》，第 837 页）

② 顾廷龙：《读史方舆纪要稿本序》，《顾廷龙文集》，第 83 页。

③ 叶景葵：《读史方舆纪要稿本跋》，《叶景葵文集》，第 837 页。

④ 叶景葵：《读史方舆纪要稿本跋》，《叶景葵文集》，第 836–837 页。

从顾氏笔迹鉴别到批校诸人笔迹的排查，再到初刻本与后定稿本内容之差别，叶景葵其实是从笔迹与内容两个维度对《读史方舆纪要》稿本进行证明，并终于得出“此书体大思精，采摭宏富，重修之役，分任众手，能以一人鉴定之，而又纲举目张，秩然不紊，此可就全书一贯之精神而决其为生前手定者也”的结论，此结论不但肯定《读史方舆纪要》稿本为顾氏生前手定的清稿本，并且最大可能还原此稿本“分任众手，能以一人鉴定之”这一特殊的形成历程。

同时，叶景葵并不认为《读史方舆纪要》稿本研究就到此为止，他希望“后之读者，续有发明，以匡余不及，是所殷盼也”。事实上，他这一“殷盼”是有指向的。据钱穆回忆：“余曾于抗战期中，自昆明返沪，知揆初与张菊生合创一合众图书馆在法租界。余特往访，未得晤揆初，见主其事者为顾廷龙起潜，乃颉刚之叔父。起潜告余，彼之主要任务即为续校顾祖禹《读史方舆纪要》一书。”① 也就是说，在叶景葵之后，继续从事《读史方舆纪要》稿本研究的是顾廷龙，顾廷龙能继续这一研究，一者是他本就是南北分校的主要参与者，对这部书的内容及相关情况比较熟悉；再者，叶景葵已将这部书捐赠给合众图书馆，而顾廷龙又接受叶景葵的邀请正在主持合众图书馆馆务，这样多重因素的聚合下，顾廷龙当是继叶景葵之后从事此项研究的最佳人选。事实上，从沈津《顾廷龙年谱》记载的一些细节中也可见顾廷龙对《读史方舆纪要》稿本研究的新进展：

> 十月十三日，偕叶景葵访华绎之，看华商原墨迹，《读史方舆纪要》中夹签颇类其书。②
>
> 十月十九日，访华绎之，借华商原墨迹，携往锦章书局，与王同愈书画扇同摄景，拟制珂罗版。③
>
> 十月二十日，检松江本《急就章》石墨，偶得顾祖禹（景范）手札原片，为之大喜……赴锦章书局，照顾祖禹手札。④

叶景葵对《读史方舆纪要》研究分为笔迹与内容两个维度，就以上三则记载来看，顾廷龙更多侧重于笔迹这一维度的研究，并且确实有不少新发现，特别是他在后来影印《读史方舆纪要》稿本的序中提到“‘序三’批注一行曰：‘魏彭二叙三总叙具要刻’为顾氏老年亲笔。全书中有与此条相似者，皆顾氏笔也”⑤ 这一新发现。就“顾氏老年亲笔”批注的内容而言，能对全稿的结构给出如此明确意见的无疑只有作者顾祖禹本人。以顾廷龙认定的“顾氏老年亲笔”之笔迹与当年张其昀寄给叶景葵的那通顾祖禹尺牍照片的笔迹相比，可以发现，两者

---

① 钱穆：《师友杂忆》，北京：三联书店，2012 年，第 196 页。
② 沈津：《顾廷龙年谱》，第 264 页。
③ 沈津：《顾廷龙年谱》，第 265 页。
④ 沈津：《顾廷龙年谱》，第 265 页。
⑤ 顾廷龙：《读史方舆纪要稿本序》，《顾廷龙文集》，第 83 页。

无论结体、用笔及书写习惯完全吻合，所以，顾廷龙的这一发现比之叶景葵跋中所说“顾氏字迹与尺牍相似者，不下数百处”以及叶景葵所给出几个例子更为具体，也更为明确。就笔迹研究这个维度而言，顾廷龙在叶景葵研究的基础上还是有所发现与推进的。

至于内容的校勘，叶景葵曾设计过“将全书照原稿及改笔，写一校记”的计划，他本人在 1941 年上半年也曾“发愤发箧重读”，并最终在“泛览既终”的情况下竭尽努力做过一番校勘，其中也不乏心得与发现，但由于此书卷帙过于浩瀚，其计划断非一时与一人之力所能完成的。所以，在叶景葵对这一稿本研究之后的很长时期内是无甚进展的。直至 1984 年始，在贺次君、施和金两代学人的努力之下，到 2005 年正式出版《读史方舆纪要》整理本，叶景葵所藏《读史方舆纪要》稿本作为复校本在整理过程中发挥了较大的作用，施和金曾详述《读史方舆纪要》稿本的学术价值：“先用敷文阁本与北京图书馆的纬萧草堂抄本对校，发现疑异之处二千余条，后利用上海图（书）馆的稿本再校所得疑异，不但澄清了许多问题，而且改正了敷文阁本的文字讹误四五百处。一些特殊的问题，若不看稿本原文，则无论如何不能解答，但一看原文，则焕然冰释。”① 至于这一稿本的学术价值，施和金也已集中举例说明。

由此可见，尽管贺次君、施和金两代校勘者付出巨大心血、费时二十年完成《读史方舆纪要》整理工作，如果没有《读史方舆纪要》稿本的帮助，特别是施和金在整理后期对《读史方舆纪要》稿本的充分利用，是很难高质量完成这一整理工作的。所以，施和金深刻地认识到《读史方舆纪要》稿本无与伦比的学术价值，因为这一稿本往往在许多校勘工作的疑问无法解决之时，起到“焕然冰释”的妙效。贺次君、施和金的整理本其实就是完成叶景葵当年的愿望，其最终成果则无疑是全面而充分地证明了《读史方舆纪要》这一顾氏家藏底本就是稿本的特殊意义。

四、结语

行文至此，我们有必要对叶景葵与《读史方舆纪要》稿本发现与研究的历历往事作一回顾。1925 年前后，叶景葵在杭州抱经堂书贾朱遂翔处购得顾祖禹《读史方舆纪要》稿本，因稿本虫蛀严重，叶景葵遂请杭州修书人何长生费时两年修复之。1935 年 10 月至 1937 年 8、9 月间，叶景葵与钱穆、顾廷龙、顾颉刚诸位学者围绕此稿本展开了影响广泛的学术研讨。1939 年 12 月，叶景葵、张元济等人创办合众图书馆，叶景葵将此书捐给合众图书馆②，于是，这一沉埋民间三百年的惊世奇书得以入藏公馆而成为天下公器。1941 年 5 月，叶景葵重读此书，并撰写煌煌三千余言《读史方舆纪要稿本跋》，详记他与这一稿本的相遇相识相知及与诸

---

① 施和金：《论〈读史方舆纪要〉稿本出版的意义与价值》，《南京师大学报》1997 年第 1 期，第 137 页。

② 《燕京学报》第二十六期报道云：“叶先生首将藏书，悉数捐赠，其最精者为稿本，若顾祖禹之《读史方舆纪要》、张惠言、成孙父子之《谐声谱》、严可均之《全上古三代秦汉三国六朝文》，皆可订正通行之本……诚人间至宝也。”（转引自沈津：《顾廷龙年谱》，第 96 页）

位学人讨论的过程，并将他经年的研究心得具载其中。如果说，顾祖禹《读史方舆纪要》稿本是一块沉埋民间三百年久的昭华美玉，叶景葵无疑就是那位慧眼识宝之人，顾廷龙则是叶景葵的得力助手与事业继承人。

事实上，在上海图书馆建馆四十周年的1993年，在顾廷龙主持下，这一稿本以影印出版的方式呈现于世，并将叶景葵的《读史方舆纪要稿本跋》以及当年《禹贡》所载叶景葵、顾廷龙、钱穆往来信札和相关讨论附编于后。稿本的影印使得叶景葵当年流布文献，推进学术研究的愿望得以实现，可为叶景葵、钱穆两人补上莫大之遗憾。对于顾廷龙来说，此举犹有一份不负故人、善始善终的责任所在。所以，后之览者，睹此典籍，除了着力于学人往来信札中的学术细节的追寻及关注稿本中有众人批注这一极具特色的写本个案研究之外，亦不要忘记叶景葵、顾廷龙、钱穆等人在保护、研究与流布这一稿本背后对中华文化的痴心与友朋道义的坚守。

（原刊于《文献》2021年9月第5期第159–176页）

胡适、顾廷龙与全祖望校《水经注》案
——以胡适、顾廷龙往来信札为中心的考察

丁小明　尹伟杰

胡适后半生致力于《水经注》的研究，虽然自谑“在天翻地覆中作此种故纸堆生活，可笑之至”[①]，但亦无可辩驳地成一郦学研究大家，陈桥驿评其为“以论文而言实无出其右者”“郦学史上迄今为止搜罗版本最多的学者”[②]。陈桥驿总结胡适的研究成果为5条，其中，全祖望七校《水经注》的真伪问题是“唯一一种被他自己在后来所推翻的”[③]。但是胡适在推翻自己之前，经历了一番“挣扎”。以往的文章，对此只略及一二，如陈桥驿说胡适受了合众图书馆的影响[④]；章清在《胡适评传》中谈到“仅由胡适与顾廷龙先生之间的通信，就不难窥见胡适如何全身心投入到《水经注》版本的搜集之中”[⑤]；胡明的文章提到了胡适“用心研究全校系统《水经注》的各种版本”[⑥]，亦点到为止。

顾廷龙为现代著名学者、伟大的文献学家与图书馆事业家，其学术专精于版本、目录、校勘等诸种门类，1939年至1954曾主持合众图书馆馆务工作。因为合众藏有重要的“全校”版本，顾廷龙与胡适一同进行研究，是帮助胡适推翻自己的重要“推手”。在此期间，顾廷龙与胡适以信札往来的形式进行全祖望校《水经注》案的研讨工作，这些书信中绝大部分被顾廷龙保存下来，刊于《中华文史论丛》1979年第2辑。顾廷龙曾为之作《胡适之先生水经注论著附手札识语》(以下简称《手札识语》)，下文也将考证，此《手札识语》中包含有当日通信内容的一部分。此外，《胡适手稿》中还有两封信，已收入《胡适全集》中，《顾廷龙全集》亦有一封《致胡适》。所以，今日我们有可能通过对这些信札的解读来还原胡顾两人关于

---

① 耿云志，欧阳哲生：《胡适全集》第25册，合肥：安徽教育出版社，2003年，第394页。
② 陈桥驿：《胡适与〈水经注〉》，《中华文史论丛》1986年第2期，第1、11页。
③ 陈桥驿：《读胡适研究〈水经注〉的第一篇文章》，《杭州大学学报》，1994年第3期，第34页。
④ 陈桥驿：《读胡适研究〈水经注〉的第一篇文章》，《杭州大学学报》，1994年第3期，第34页。
⑤ 章清：《胡适评传》，南昌：百花洲文艺出版社，2015年，第254页。
⑥ 胡明：《关于胡适的〈水经注〉研究》，《文学评论》1991年第12期，第112页。

全祖望校《水经注》案的研讨过程，并探讨这一过程的学术史意义。

一、胡、顾合作，重新审判

顾廷龙早年在燕京大学攻读硕士时即和胡适相识。1932年6月21日，顾廷龙到顾颉刚家做客，获识胡适。当时顾廷龙正在撰写《吴愙斋年谱》，乃向胡适请教。胡适翌日就将所藏手札借与顾廷龙，顾廷龙不仅用此“亲切”的材料以资研究，还为之作跋。胡适后在日记中写道：“谢他跋吴愙斋与先父手札册子，他的跋极好，考据诸札年月均甚可靠。”后来，顾廷龙在燕京大学图书馆工作。因为顾廷龙的可靠，胡适托顾廷龙考证晚清文人王韬的本名，并向顾提出自己的假设。很快，顾廷龙就验证了胡适的猜想，在回信中说：“先生于王韬学籍，推测至确，深佩！深佩！”[①] 可见胡、顾相互推崇、相互信任，成了学术上的伙伴。之后，顾廷龙南下主持合众图书馆事宜，胡适则赴美作外交大使，两人的学术交往才告一段落。

再次合作源于胡适的《水经注》研究。一直以来，戴震（字东原）主修的《四库全书》殿本《水经注》都被怀疑抄袭了赵一清的《水经注释》。1943年王重民发表的《跋赵一清校本〈水经注〉兼论戴赵全赵两公案》一文中亦持此观点。戴震既是胡适的同乡，又是胡适推崇的学术大家。胡适认为此说“并非定谳”，写长信与王重民辩解，并沉浸于此故纸堆研究，以期“为东原洗冤”。不过据桑兵教授考证，胡适早在20年代就对《水经注》产生了兴趣，目的是与王国维争胜。[②]“全校”案上，胡适也持有和王国维相对的看法。

在此之前，先要介绍一下全祖望七校《水经注》的成书过程。全祖望（1705—1755），字绍衣，号谢山，先后七次校勘《水经注》，不过他的成果没有在生前刊刻。王梓材（1792—1851），字楚材，号臒轩。道光十七年（1837）至二十九年（1849），王梓材自称三次收集整理谢山遗稿；光绪十四年（1888），薛福成（字叔耘）出资、董沛根据王氏的成果整理，在宁波刊刻了全氏七校《水经注》。全氏七校《水经注》自出版之日起就争议不断，与薛、董同时的林颐山斥为伪作，王先谦继承了这一观点，拒绝收入其主编的《合校水经注》中。由于此书影响甚大，所以“七校”为伪的说法很有“市场”。然而，王国维说：

> 至光绪中叶，薛叔耘刊全氏书于宁波，于是戴氏窃书之案，几成定谳……薛氏所刊本全本，实取诸卢氏、林氏所藏黏缀底本及殷氏所藏清本，非专据王梓材本，未可以其晚出而疑之……以孙潜夫本及全、戴二本校之，知戴氏得见全、赵二家书之说盖不尽诬。[③]

王国维为全校本申辩，并且通过全校本来佐证戴震校的《水经注》是剿袭了全、赵二家

---

① 沈津：《顾廷龙年谱》，上海：上海古籍出版社，2004年，第40页。
② 桑兵：《胡适与〈水经注〉案探源》，《近代史研究》，1997年第9期，第140-143页。
③ 王国维：《观堂集林》，石家庄：河北教育出版社，2001年，第365页。

的说法。王国维并没有给出可靠证据，胡适认为王的说法同样并非定谳。1944 年 3 月 21 日，胡适写成《全校〈水经注〉辨伪》，“作为我的‘重审全、赵、戴三家《水经注》的判决书’的第一部分”①。将之置于第一部分，可见胡适对“全校”结论的自信。

和王国维不同，胡适主要通过校勘的方法来证明自己的观点。他广泛寻找各地关于全校《水经注》的版本，希望新材料能帮助他进一步接近真相。他发现上海合众图书馆有重要藏本，顾廷龙时任合众图书馆总干事，对馆藏版本和全校一案也有很大的兴趣。他们早年合作的关系在全案研究中得到了最好的体现。

合众图书馆藏有三种关于全校的写本，分别为“重校本”“陈劢本”和“黄友补录本”；同时，上海的张寿镛先生私藏有“约园本”四十卷，这 4 种版本是胡适后来与顾廷龙研究的主要对象。其中，“重校本”和“约园本”对胡适研究的影响最大，是两人讨论的重点。下文就以此为中心，考察两人合作研究的过程。

二、重校稿本，真鸿宝也

所谓全氏七校《水经注》最早由王梓材整理谢山稿本所得，那么这些稿本有存世的吗？这是胡适最关心的问题之一。当然，胡适最初所想的，是要通过稿本发现王梓材的“作案痕迹”。1946 年，胡适一边重写《全校〈水经注〉辨伪》，一边在日记中记下：“访问谢山稿本的有无存在。”② 文章写完了，谢山稿本的消息也有了。胡适此时正从美国回沪，一下船，就前往合众图书馆。顾廷龙回忆道：

> 胡氏于一九四六年七月回国，叶揆初丈即往访之。胡氏为言其考证全祖望《重校本水经注》，出于王梓材伪作。揆丈告以全校稿本为其所藏，今归合众图书馆。因偕胡氏来馆，并介余相见。渠犹忆余在燕京时即已相识。粗阅全稿，疑非亲笔。③

合众图书馆藏“重校本”，原为叶景葵所藏，后赠予合众图书馆。该稿本共 6 卷，3 册，有全祖望校的批语。王梓材在首页写了一篇题记：“此谢山《水经》‘重校本’前六卷。唯《湛水》尚在六卷之末，故谢山标云‘另入后卷’。盖七校以前之本也。”④ 因而称此本为“重校本”。“重校本”在王梓材的整理过程中，扮演着很重要的角色。王梓材曾说：

> 余既汇录谢山先生《水经》校本……续于潄六山房肆中获见谢山“重校底本”前六

① 胡适：《胡适日记全集》第 8 册，台北：经联出版事业公司，2004 年，第 194–195 页。

② 胡适：《胡适日记全集》第 8 册，第 238 页。

③ 顾廷龙：《胡适之先生水经注论著附手札识语》，《顾廷龙文集》，上海：上海科学技术文献出版社，2002 年，第 99 页。

④ 胡适：《胡适日记全集》第 8 册，第 145 页。

> 卷……盖于河水四续得校语三十五条。又夹纸一片，分载诸卷者五条，即为补入，以示不遗。①

王梓材生平共三次整理全校《水经注》，这是最后一次，“重校本”是他依据的主要材料。就连第一个提出薛刻本为伪的林颐山，对王梓材所据的大部分材料都持否定态度，唯独重视此本的价值：“盖王录序跋大非可信之书。近今核实雠校，始知前六卷卷首题‘水经注重校本’，为重校以后、七校以前之本，真鸿宝也。”② 但是，胡适在寄给顾廷龙的信中说：

> 林颐山认为“重校本”六卷为“真鸿宝也”，这也是上了大当。王梓材所见版本太少，容易露出马脚来（按，《胡适全集》“暂系于1947年”，经笔者考证，当作于1946年）。③

胡适认为重校本“如‘立碑树桓’（卷四）‘汉书释氏西域传曰’（卷二）诸条，皆与刻本相同”④。“立碑树桓”和“汉书释氏西域传曰”是胡适刚写的《全氏七校〈水经注〉四十卷的作伪证据十项》的两项。因为“重校本”和自己举出的所谓作伪证据相同，就得出“其为伪作，毫无可疑”的结论，实在难以令叶、顾二人心服。顾廷龙记载叶景葵跋云：

> 旧藏谢山手稿前六卷，丙戌夏日，逐条对读，略有讹夺。惟王艧轩钞录悉依原稿，毫无以意更张之处。董觉轩校语亦极矜慎。七卷以后，只有传录本，却无手稿可校。非全书一一审核，艧轩之功罪，未便轻加论断耳。”（顾廷龙云）读此跋，其结语不同胡氏之说，意在言外。⑤

叶景葵在胡适来之前［丙戌（1946）夏］就亲自将“重校本”与薛刻本校过一遍，不赞同胡适认为此本是王梓材伪造的说法。事实证明，当时的胡适误判了“重校本”的性质。后来他总结误判的原因：

> 可惜我在那时候没有认识到全祖望的笔迹，又存着根本不信任王梓材的成见，又匆匆地离开上海了，所以我竟没有能够仔细地校勘这几个本子，没有能够公允的估定他们的价值。⑥

---

① 杜春和：《胡适全集》第17册，合肥：安徽教育出版社，2003年，第10页。
② 杜春和：《胡适全集》第16册，合肥：安徽教育出版社，2003年，第162页。
③ 耿云志、欧阳哲生：《胡适全集》第25册，合肥：安徽教育出版社，2003年，第308-309页。
④ 杜春和：《胡适全集》第15册，合肥：安徽教育出版社，2003年，第308页。
⑤ 顾廷龙：《胡适之先生水经注论著附手札识语》，《顾廷龙文集》，第100页。
⑥ 杜春和：《胡适全集》第16册，第165页。

胡适没有时间像叶景葵一样仔细研究，又为材料所限（没有全祖望的真迹），不能断定“重校本”为谢山所批。加上受限于“成见”——不相信戴震抄袭，而全校又有戴震抄袭的痕迹，因而对全校及其主要整理者王梓材，也有着先入为主的不信任。要从内部战胜自己的成见，总是困难的，但新材料的发现却可以让研究者不得不改变自己的结论。

胡适在“全案”上的转折点就是于1947年4月在天津图书馆发现了题为“全氏五校本”的稿本。在此之前，胡适已经陆续从朋友处收集到了不少全谢山的手迹，这样，胡适就能够据以鉴别全祖望的笔迹。见到天津的“五校本”后，胡适开始突破成见：“在卅六年（1947）我已经开始承认《序目》是真的了。”《水经序目》者，全祖望当年将《水经注》重新排序，形成新的《序目》，是全校《水经注》的骨架。后人就是根据《序目》而整理的。胡适发现“五校本”各篇顺序与《序目》完全相同，不得不承认《水经序目》出自全祖望。但是，胡适直到1949年才承认全氏七校《水经注》，难道天津的稿本不足以推翻胡适的结论吗？答案是肯定的。胡适花了近一年的时间，细细地将“五校本”与刻本对勘一遍，发现两本有很大的不同。王梓材、薛福成或董沛作伪的嫌疑仍然存在。显然，胡适遇到了材料上的瓶颈。“五校本”距离谢山晚年的校本仍有差距，并且没有参与到王梓材等人的整理过程中。光凭“五校本”是无法为“七校本”定谳的。

胡适为了寻找新的材料，于1948年9月来到合众图书馆，主要是调查“重校本”。果然，他与顾廷龙有了新的发现。顾廷龙回忆：

> 龙按全稿（按，指“重校本”）在吴琯本某叶第六行天头上批注三行云：“……”（略），粘在第十六叶第四行之上，盖有元押一章。此纸条胡适审为吴琯本之书头。顷检吴本，果为卷一叶十三也。余于卅七年（一九四八年）十月十五日检过。①

顾廷龙在“重校本”中发现了一张全氏批校的纸条，经检索确定乃吴琯刻本。令人激动的是：

> 胡氏阅天津全氏校本，有纸片，审为剪吴琯本之证，因检四条见寄。并记云：“天津全氏校本里，往往有剪余的碎纸，今寄上四片，可与合众馆藏的重校本里附黏的一张比勘，此都是吴琯刻本《水经》。胡适。”②

这样，“重校本”和天津“五校本”很可能同出一源。1948年10月21日③，胡适再次来到合众图书馆，经过笔迹鉴定，“重校本”上的批语确为谢山亲笔。有了以上两条证据，胡适

① 顾廷龙：《胡适之先生水经注论著附手札识语》，《顾廷龙文集》，第103页。
② 顾廷龙：《胡适之先生水经注论著附手札识语》，《顾廷龙文集》，第103页。
③ 胡适：《胡适日记全集》第8册，第366页。

和顾廷龙可以确定“重校本”为全氏稿本。当天晚上，胡适就寄信给顾廷龙说：

> 王梓材曾见两种不同的河水五卷全谢山校本，我叫作“A”“B”两本。“A”本代表谢山早期（乾隆十五年）改定的经注，近于我借得的天津图书馆本。“B”本代表谢山最后期（乾隆十九年）改定的经注，近于（或等于）合众图书馆的所谓“重校本”……王梓材后来似乎真得了所谓“重校本”几卷，——他自己说，道光廿九年己酉，在坊友黄杏芳之漱六山房得见重校本六卷。①

最后一句话即前文所引的王梓材跋文。这时胡适不仅鉴定了“重校本”为真，也承认了王梓材用“重校本”来整理全校《水经注》。在信中，虽然胡适同时列出天津“五校本”和“重校本”，但是“五校本”的阶段性使命已经结束了。“五校本”并未参与王梓材的整理过程，“重校本”则可以弥补它的“先天”不足。“五校本”只能看作胡适在全案研究上的转折点，“重校本”和下文会提到的“约园本”才起到了突破和决定性的作用。

胡适此时是个到处跑的大忙人，不得不离开合众图书馆。由于刚刚为“重校本”“平反”，根本来不及做比勘的研究，所以在胡适寄给顾廷龙的信札中，可以经常看到胡适请求顾廷龙影钞乃至比勘“重校本”的某些部分，顾廷龙的研究结果也启发和引导着胡适。下文将举例展现这一合作研究的过程。时局动荡，异地相隔，并没有阻挡两位学者探寻真相。

三、抄迹斑斑，锁定“主犯”

胡适和顾廷龙在确定“重校本”为真迹之后频繁通信。胡适的信札经顾廷龙有心保存，已收在《中华文史论丛》和《胡适手稿》中。但是在现有的顾廷龙书信中，并未找到顾就全校问题给予胡适的回应。幸而，顾廷龙在1979年作了《手札识语》。今按，在顾廷龙的这篇文章中，笔者发现顾廷龙自录了五段校勘成果，并附有按语。同时，在胡适的信札中，我们几乎都可以找到胡适对这些校语的回答（下文具体展开）。说明胡适当时就看到了这些校勘内容，并据此推进了他的全案研究。因此，笔者认为《手札识语》中顾廷龙校语并不是他新写的，而是当时和胡适来往通信的一部分。运用顾廷龙的这些校语，结合胡适现存的手札，笔者试图还原胡、顾讨论过程中的一些重要环节。

（一）顾廷龙亲校“约园本”

全校稿本先经王梓材整理成定本，然后再由董沛、薛福成通过王梓材和其他一些材料整理成薛刻本。可见，王梓材是连接稿本和刻本的关键一环。那么王梓材自己整理的定本有存世的吗？很幸运，上海张寿镛先生藏有这样的一个本子。张寿镛（1875—1945），字伯颂，别

① 耿云志、欧阳哲生：《胡适全集》第25册，第371、374页。

号约园，其所藏的《全氏七校水经注》钞本40册也被称为“约园本”。据称，此本钞自屠康侯家藏的王梓材“最后定本”。

胡适很早就关注到“约园本”。1946年6月17日，他将“约园本”记作“待访查的《水经注》版本”①。但是因为成见，访查后将“约园本”与“重校本”归为“一丘之貉”，在寄给顾廷龙的信中说：“张氏约园藏的钞本，所有序跋诸件，我也校过了。此次得见揆丈所藏诸残本，又得见约园钞本，对于此案，甚有补订之益。但结论仍没有更动的必要。”②

1947年9月5日，胡适发现“五校本”后，曾来到合众图书馆与顾廷龙畅谈。“胡谓天津图书馆有全祖望五校《水经注》”③。胡适此时尚在专心比勘“五校本”，没有对“重校本”和“约园本”产生很大的兴趣。顾廷龙先于胡适发现了它们的价值，并且开始进行自己的研究：

> 借约园所据王本传抄本校，卷首为适之先生携去，遂未卒业，俟他日续校也。卅七年五月七日，龙记。④（按，《手札识语》：“一九四八年五月，余以约园钞本与薛刻校四卷。”）

胡适当时携去卷首，是为了校王梓材的“序跋诸件”，佐证王梓材的作伪。现在，顾廷龙认为“约园本”作为王梓材的最后定本，其正文无疑有更大的价值，所以先校了四卷。是年，胡适又来到合众图书馆考察“重校本”。既然顾先于胡发现王梓材诸本的价值，则此行或始于顾廷龙的邀请。接下来的鉴定过程，上文已述。

10月21日胡适结束了合众之行后，立刻给顾廷龙和徐鸿宝寄了一封长信，其中主要以薛刻本卷二第一叶与“约园本”的异文作为例子。按，胡适此前只校过“约园本”的序跋，短暂的合众之行也无暇仔细研究“约园本”。笔者认为顾廷龙很可能将自己四卷的校勘成果交给了胡适。胡适则在研究之后，将自己的见解寄给顾廷龙以示感谢：

> 约园抄得王梓材原本，居然有很大用处，可以证实薛福成、董沛的刻本改动王梓材本是些什么地方……约园钞本在此条上是近于全氏，在卷一第一叶注文上也是近于全氏的。薛刻本是用赵改全。⑤

胡适的结论可以分为两层：①薛刻本中有用赵一清本来改全祖望的地方；②王梓材的“约园本”近于全氏，所以篡改者非王梓材而是董沛、薛福成。下文就沿着这两条线索，分别

---

① 胡适：《胡适日记全集》第8册，第238页。

② 耿云志、欧阳哲生：《胡适全集》第25册，第308页。

③ 沈津：《顾廷龙年谱》，第419页。

④ 顾廷龙：《跋水经注》，《顾廷龙全集·文集卷》，上海：上海辞书出版社。2015年，第72页。

⑤ 耿云志、欧阳哲生：《胡适全集》第25册，第370-373页。

叙述胡、顾的研究和结论。

(二) 证明薛刻本以戴改全

虽然证明了薛刻本有用赵改全的地方，但是胡适最关心的还是戴和全的关系。因为上文说过，胡适研究全案的初衷是为戴震洗冤，要反驳前人用全校来怀疑戴校。胡适在11月26日信中请求顾廷龙影钞“重校本”卷一和卷二的部分内容，若能校勘更好①，目的正在于考察薛刻本是否有用戴震来改动全祖望的地方。请看胡适11月28日的信：

(王梓材重录本) 对于他所得的谢山校语，似很忠实，很谨严，但他在道光廿八年正月半到三月杪——七十五天之中！——编成全校四十卷，有不能不采用戴震、赵一清的本子来补充全校之处，则甚不忠实，甚不谨严……我昨函（按，即指11月26日之请求）托你影抄卷一与卷二等页，也正是要证明这一点，要证明王梓材确有用戴改全之处。至于董沛改王梓材，那另是一个问题了。②

是王梓材还是董沛、薛福成“用戴改全”，后文再具体说明，但胡适欲证薛刻本以戴改全的用意已很明确。顾廷龙卷一和卷二的校勘结果在《手札识语》中都有记录。卷一的校勘可以看到薛刻本以赵改全，验证胡适之前的说法。卷二则有以戴改全之处：

按“河水又东南迳金城县故城北”，全稿有“按朱之臣”云云。薛校云：“按朱之臣本以此十二字为经文，不知其何所见？”是无能改于误本之失，而又从而增益之者。今按戴、赵均依全作注。又《管子》曰：“内为之城”，薛校云：“今按戴重一‘城’字。”“外为之郭，郭外（薛校今按戴有‘为’字）之土开（薛刻。今按戴作‘阆’），池（薛校今按戴作‘地’）高则沟之，下则隄之”全无。薛校“今按赵无此四字”。③

看到这些材料，胡适可以“理直气壮”地指责薛刻本用戴改全。不过，读者需要注意，薛刻本以戴、赵改全并不足以推出薛刻本是伪作，薛刻本整体上来说还是通过全校整理而成的，这是部分和整体的关系。但是，笔者认为胡适为戴震洗冤的目的已经达成，第四章将详细阐述。

(三) “主犯”是董沛

以戴改全的“集大成者”并不是王梓材，而是董沛。在研究中，胡适认为王梓材是比较谨严的。例如，顾廷龙曾寄来影印的“重校本”卷二首页，胡适在信中感叹道：

承你影印谢山重校本卷二首页，已收到了，谢谢……张氏约园本与此页手迹全同。

---

① 耿云志、欧阳哲生：《胡适全集》第25册，第388页。

② 耿云志、欧阳哲生：《胡适全集》第25册，第388页。

③ 顾廷龙：《顾廷龙文集》，第102页。

> 最可惊异者，手迹“至此複归大河故渎之道也”，此中“複”字明系“復”字之误，而约园本亦作“複”！（薛刻本改作“復”）此一字不能不使我惊怪王梓材的“谨严”！①

宁愿错误也要保留“全校”的原貌，王梓材不仅是“谨严”，甚至可以说是“愚忠”了。一字之差，不足以全面展现王和董、薛的不同。再来看卷一的两段异文。此处由顾廷龙先发问，见《手札识语》云：

> （按，薛刻本曰：）“到佛苦行六年树处”，薛校云：“按六年下，一本有‘其’字，一本有‘坐’字，而《佛国记》又脱去‘树’字，皆失之。”全稿原注：“按《佛国记》作‘本苦行六年，处处有林木’。”今按戴、赵本，六年下均有“坐”字。
>
> 薛本卷一叶十四后四行，《释氏西域记》云：“西望其山下”，校云：“按谢兆申曰：旧本此处误入四百二十二字错简，今据宋本改正。”此重校本。②

胡适在11月28日致顾廷龙信中引用了这两段中“重校本”的批语：

> “重校本”卷一黏有吴琯本书头一横条，其上有谢山亲批两则，（甲）“谢兆申曰，黄、吴二本以此上四百二十二字错简入前”。（乙）“按六年下，一本有其字，一本有坐字，而《佛国记》又脱去树字，皆失之”。尊札问及此两条与薛刻、全本、陈本的同异，是否可以推测剪黏吴琯本书头与其他诸校本的先后。③

读者可以看到，胡适的甲、乙两条和顾廷龙的两条校语所指一处，“尊札”二字可以进一步证实胡适当日看到了《手札识语》中的校语并受其启发。

当然，两位学者在全校案上有着不同的侧重点。顾廷龙提出这两条校语是想要考察“诸校本的先后”。对于这个问题，胡适在信中回答：“若问谢山当年的先后，则我们不能单靠这太简单的两条校语。”胡适却利用这两条校语说明了王梓材和董沛的区别：

> 今检约园张氏抄王梓材重录原本，错简云云（按：指甲条），与薛刻全同，即是与“重校本”、“陈本”全同。六年一条，则约园本既收（乙）条，又云：“按《佛国记》作苦行六年处有林木。此重校本。”薛刻本（董沛校刻）把这十七个字全删了……此最可见王梓材的谨严，又最可见约园本之可靠。④

---

① 耿云志、欧阳哲生：《胡适全集》第25册，第377页。
② 顾廷龙：《胡适之先生水经注论著附手札识语》，《顾廷龙文集》，第102－103页。
③ 耿云志、欧阳哲生：《胡适全集》第25册，第392页。
④ 耿云志、欧阳哲生：《胡适全集》第25册，第392页。

要考察王梓材整理的情况，“约园本”必不可少。通过比较“重校本”“约园本”和薛刻本，王梓材之谨严和董沛之狂妄昭然若揭：王梓材或直接吸收“重校本”（如甲条），或难以苟同全氏的“重校本”，也把他的校语放在注中，尽最大可能保留全氏原貌（如乙条）。董沛的薛刻本就不同了，他悄无声息地删去全校（如乙条）。胡适在《全谢山改定〈水经注〉卷五的经文有先后各本的异同》又举了10个例子详细说明，并说道：“董沛替薛福成校刻‘全氏七校水经注’，用的是王梓材重录本……但依照河水五卷的经文来看，他改窜全本，有时是依据王梓材的校记——如‘元城县’条；有时是完全用赵、戴两家本子来‘改善’谢山。他的根据比王梓材薄弱，他的方法比王梓材狂妄多了！”①

四、推翻为表，“洗冤”为里

在顾廷龙的帮助下，胡适鉴定了“重校本”和“约园本”，厘清了王梓材、董沛的整理过程，还原了全校的真面目。他承认全氏七校《水经注》不是一部伪书。所以1949年伊始他就在自己的《全氏七校〈水经注〉四十卷的作伪证据十项》一文上题：“此篇是错误的。”那么这是否意味着胡适默认了王国维的说法呢（“薛叔耘刊全氏书于宁波，于是戴氏窃书之案，几成定谳”）？答案是否定的。以往的学者更多地将注意力放在全校案的特殊性上：强调这是胡适《水经注》研究中唯一推翻自己原先结论的一次。但是笔者认为胡适仍然在“为戴东原洗冤”。推翻为表，“洗冤”为里，达到了胡适一以贯之的目的。

据《胡适之年谱长编初稿》，1948年12月，北京大学五十周年校庆。胡适在《北京大学五十周年纪念文集》目录中有《四百年来水经注研究的小史》一文，但未搜索到原文②。今按《胡适手稿》有《真历史与假历史——用四百年的〈水经注〉研究史作例》，或即《纪念文集》所录之底稿。其中一章以全案为例，说道：

> 现在我们寻出了薛刻本的历史，知道此本完全是王梓材的“重录本”，而删去了王梓材许多说老实话的校记，又加上了上千条存心诬赖人的董沛的校记，所以可以断定这是一部有恶意诈欺的伪书，绝对没有作证据的价值！③

这正是刚和顾廷龙考察完“重校本”“约园本”后得出的结论。文中除了阐述王梓材的“谨严”、董沛的“欺诈”以外，有意思的是，胡适竟仍然将薛刻本称为“伪书”。不过，此“伪”非彼“伪”。胡适已经承认了王梓材的功劳，也就是承认全祖望七校《水经注》。但是由于董沛以赵、戴改全，使得薛刻本几乎面目全非，也使后人倒置因果，认为戴抄于全。胡

---

① 杜春和：《胡适全集》第16册，第236页。
② 胡颂平：《胡适之先生年谱长编初稿》，台北：联经出版事业公司，1984年，第2064页。
③ 杜春和：《胡适全集》第17册，第333页。

适的这段话其实是对历史上王国维等人的回应。胡适曾说明他调查全校的目的：

> 故凡作考证，必须从侦查证据的真伪下手。必须先做第一步的审问：这个证人可靠吗？他有资格作见证吗？这件证物可靠吗？他的来历分明吗……“全氏七校水经注”是一百年前王梓材提出来的一件证物，说是二百年前的一个学者全祖望的著作。依合理的审判程序，第一步先得审问这件证物是否可靠，先审问这部书是怎么来的，是不是全祖望的著作？在这件证物本身的真实性和可靠性成立之前，他绝对没有作证据的价值，绝对没有“定谳”的作用。①

此文作于1946年，但阐述的方法却是胡适一直强调的。胡适始终都在侦查证据的真伪。并且从这一点上看，不管在推翻自己之前还是之后，胡适都认为薛刻本“绝对没有作证据的价值”。故而笔者认为，虽然胡适最终承认全祖望七校《水经注》的真实性，但是实际上不过是换一种说法而已。既然薛刻本已经没有“作证据的价值”，王国维等人的举证也就无效了。从这个角度上说，胡适帮助戴东原“洗冤”的目的达成了。与其说胡适“推翻”自己的结论，不如说“修正”可能更加合适一些。

薛刻本固然没有作证据的价值，但“重校本”作为谢山的亲笔、“约园本”作为王梓材谨严的整理成果，是否具有作证据的价值呢？因为胡适次年就离开大陆了，没有机会就这些材料做进一步的研究。用全稿再次考察戴震一案，亦非本文所及。待有志者为之矣。

五、大胆假设，小心求证

胡适曾说他醉心于《水经注》研究，“并不是专替老乡打抱不平……是借《水经注》一百多年的糊涂官司，指出考证的方法”②。所谓“考证的方法”，指的是“大胆假设、小心求证”的实验主义研究方法。此法可溯源至以戴震为代表的乾嘉考据学。在整个《水经注》研究中，胡适不断搜集新的版本，将他们作为判断事实的唯一依据。有些学者为胡适的《水经注》研究感到可惜，认为以胡适的学术水平，如果将宝贵的精力放在更重要的研究领域，将取得更大的成就；即使投入《水经注》研究之中，胡适也不是去研究《水经注》这部巨著本身，而是研究《水经注》的学术公案，颇有割鸡焉用牛刀之感③。不过，《水经注》公案作为胡适展示研究方法的范例，却是再合适不过了。

在全案法庭中，胡适有时是法官。他把王国维比作原告，把戴震看作被告④。但是，这场

---

① 杜春和：《胡适全集》第15册，第258页。

② 柳芳、季维龙：《胡适全集》第20册，合肥：安徽教育出版社，2003年，第693页。

③ 章清：《胡适评传》，第262页。

④ 杜春和：《胡适全集》第17册，第166页。

官司存在着先天的不平等——王国维等人可以举证控告戴震，戴震却未有反驳的机会（同时历史上鲜有为戴震申辩者）。因此，胡适不仅仅担当法官，还要成为戴震的辩护律师，来弥补这一不平等。当然，在胡适的法庭上，靠的不是推测，是“拿证据来”的理念。王国维拿出了薛刻本的全校《水经注》作为戴震抄袭的证据。胡适则以辩护律师的身份，用事实说明了薛刻本的“面目全非”。作为法官的胡适因而认为王国维的举证无效，驳回了王国维的请求：“这一百多年来，从张穆、魏源到王国维，他们所提出的所谓‘证据’，一经我的初步审查，都只是无证之证，无据之据。”①

可是胡适身兼两职又为审判带来了另一个弊端。一旦法官偏倚于被告的话，法庭的公正也就荡然无存了。为此，作为法官的胡适必须“去私”，做到“有一分证据说一分话”，不能夹杂任何的成见。这一点说来容易做来难。就像胡适也曾对王梓才抱有“先入为主的成见”，认为“重校本”和薛刻本是伪书。可贵的是，在“五校本”“重校本”等证据面前，作为法官的胡适能突破自己的成见，坦然承认错误，体现了一个学术法官秉公执法、一个学者不固守旧我的研究态度。

同时，作为辩护律师的胡适则可以为了被告的清白而“胆大假设”。为了当事人的利益，凡可以用者无所不为。因此，胡适刚开始大胆假设薛刻本为伪作，但是法庭上的“重校本”否定了这一假设。一审失败，还可以有二审，胡适再次假设薛刻本有“以戴改全”之处。在和顾廷龙的合力研究下，终于证明了薛刻本没有作为证据的价值，并让那位正襟危坐、只认证据不认人的法官信服自己的观点。

在学术研究中，律师和法官必须同时存在。只有律师而无法官，那就只有“大胆假设”，加上可能被成见所影响的求证，至于此亦一是非，彼亦一是非。例如胡适第一次看到“重校本”时不同于叶景葵、顾廷龙的看法。只有法官而无律师也不行，因为法官的职责仅是就现有的证据作公平客观的判断，不具有开拓和探索精神。为了挖掘更多的材料、拓宽研究的视野，需要律师们不辞辛苦地奔波和探索。在全案中，胡适作为律师不断寻求新的材料，并发现了“重校本”和“约园本”这些重要的版本。在和顾廷龙讨论的信札中，则更多是以一个法官的身份客观分析这些证据。作为律师的胡适得以为全祖望和戴震洗冤，作为法官的胡适得以诠释“有一分证据说一分话”的精神，而整个《水经注》法庭则展现了“大胆假设、小心求证”的研究方法。

（原刊于《图书馆杂志》2020年第12期第155-162页）

① 杜春和：《胡适全集》第17册，第323页。

顾廷龙先生在“文革”中保护文物图书二三事

沈　津

顾廷龙先生是1998年8月22日晚上9时6分病逝于北京人民医院的。记得在北京八宝山追悼顾师的会场外，中华书局的张世林先生命我写一篇回忆、纪念顾老的文字。他说这篇文章非你莫属。我想，这大概是1997年4月初，他和张力伟先生去拜见顾老时，顾老告诉他们，他带过两个学生，其中一个是我的原因吧。古人云：生我者父母，知我者鲍叔。今之鲍叔，顾师也。我自北京飞回波士顿后，即写了一篇《学术事功俱隆　文章道德并富——回忆先师顾廷龙先生》以纪念先师。如今十六年过去，世林先生再命我写纪念顾师之文，于是我再从记忆中写些顾师之片段。

1970年秋天，顾老以“接受再教育”的名义，由上海图书馆派至上海市文物图书清理小组（下面简称“文清小组”），参加“文革”中抄家图书整理的工作。顾老的工作，至1972年10月结束，回到上海图书馆后，在古籍组工作，任顾问。

上海市在“文革”中被抄家的户数约有十五万户之多，占全市总户数的6.5%，抄家所得包括文物、图书、字画、瓷器、邮票等，最先集中在各个被抄者单位。1967年1月，在市革会政宣组下专门设立了“文清小组”，负责接收、整理各种抄家来的文物字画图书。“文清小组”内设图书组，其工作人员多来自上海图书馆、上海外文书店、古籍书店及上海书店。成立后，几乎每天都有数个单位将被抄家者藏的图书送来。当年筹备“文清小组”的有三人，为上海《文汇报》理论部主任杨天南、上海博物馆革委会委员陈永祺及笔者。

顾老在“文革”初期，被视为封建主义、资本主义、修正主义的代表人物，文艺黑线的执行者、反动学术权威，因而在上海图书馆里首先受到冲击，不久，即被停止工作，靠边审查，边学习边劳动。那时，顾先生曾叹曰：“老妻卧病，忧皇而殁，余则被幽服劳，身丁变故，万念俱灰。”从过去每天和书打交道，而变得基本和书隔离，三年多的时间，他产生了“黄昏思想”。有一天，他找到我，拉我到一边，和我谈他近期的想法，认为他已六十六岁，不中用了，有日落西山的感觉。当时，我也只能建议先生不要悲观，要相信组织，要相信政策，要保重身体。

顾老六十七岁时，他的境遇有了好转，在“文清小组”，他又和书打上了交道，人虽然累些，但心情似乎宽松了许多。凭着他数十年在图书馆的实践经验，曾经沧海，慧眼独具，发现了不少熟识或知名学者的手迹，包括抄本、稿本和信札。1997 年 12 月 24 日，先生曾有致徐小蛮信，内有“吾在文物图书清理小组一段时间，保存了不少好东西”。①

就以鲁迅先生的手札来说吧，那就是很普通的一张纸，鲁迅的毛笔字多是细笔小字，行书略带点草，末尾署名仅一“迅”字，一般人如不太识得那行草字，那就根本就不知道是谁写的。40 年代时的上海合众图书馆，其馆宗旨以搜集历史文献图书为主，所以凡各时代、各地方以及与历史有关的各科学类，都在搜罗之列，包括图书、期刊、报纸、书画、书札、拓片、古器、服物、照片、照相底片及书版、纸型等，务使与考史有关之物，不致遭无人问津而毁弃。所以顾老非常重视收集名人原件手札，他认为这是与稿本同样重要的原始材料，“合众”当年所藏的《冬暄草堂所藏师友手札》《汪穰卿先生师友手札》以及《洪钧出使俄德奥时致李鸿章手札》，又《李鸿章致友朋手札》，都是研究中国近代史的重要资料。

据 1978 年 7 月 5 日，顾老致方行信，谈的就是新发现的鲁迅佚文及《西谛题跋》注释事。其中涉及鲁迅佚文云：“前谈为快，承示鲁迅佚文，我想起七二年在‘文清’乱纸中亦捡得鲁迅手札一张，原件已由鲁迅纪念馆入藏。其文甚有风趣，抄奉一览，我尚没有给人看过，问询的甚多。”鲁迅原文是：“亢德先生：顷蒙惠函，谨悉种种，前函亦早收到，甚感！作家之名颇美，昔不自量，曾以为不妨滥竽其列，近来稍稍醒悟，已羞言之。况脑里并无思想，寓中亦无书斋，夫人及公子更与文坛无涉，雅命三种，皆不敢承。倘先生他日另作‘伪作家小传’时，当罗列图书，摆起架子，扫地欢迎矣。为此布复，即请著安。迅上。五月廿五日。徐讦先生均此不另。”

鲁迅的信是写给陶亢德的，陶是民国间著名出版人，先后任《生活》周刊编辑、《论语》杂志主编、《人世间》编辑，又与林语堂创办《宇宙风》。在上海创立人间书屋。国内的如鲁迅、周作人、老舍、郁达夫、丰子恺、朱自清、郭沫若等一大批成名作家，都与陶氏有过密切接触。

原件上仅一“迅”字并无全名，幸好顾老识得鲁迅的字，于是就将之妥善保存，不然的话，碰到“一不识货”的人那还不知如何“收拾”呢。顾老曾经告诉过我，最可惜的是他在乱字纸堆中发现半卷唐人写经，急忙再细找另半卷，却怎么都找不到了。后来问起别的同事，才得知那半卷因被人认为是残卷，没什么用而扔到垃圾箱了。顾老听后愕然不已，但他也不敢多说什么。他和我说起此事，总觉得怅怅的。

我在编著《顾廷龙年谱》前，曾大肆收集先生的有关材料，其中在先生的笔记本上我发现有一段记载，云：“‘文革’后期，派予往上海市文物图书清理小组工作，每日接收来许多图书资料，有几人检阅后决定去留，但弃多留少。余去之后，所留较多。有一次，余出片刻，归来则所留图书资料一无所有。只听一工宣队员低头，边检查东西，边说‘这种东西都要留，

① 沈津：《顾廷龙年谱》，上海：上海古籍出版社，2004 年，第 800 页。

要多少房子！'余猜想为此人所弃去矣！余只能默无一言。越数日，军宣队绳树珊来，进门即问：老顾，有什么好东西？我将所检留的东西，向他逐一介绍，他很有兴趣地听。以后，每来每问，而工宣队退出了。于是这个部门，由周贤基负责整理外文，我则整理中文图书，负责人为邱绶成。好东西很多，我见到的即保存，后来无人干扰了。"

绳树珊是当年的上海市革委会政宣组组长，邱绶成是上海中国画院的画家，周贤基是上海市外文书店收购处的工作人员。在顾老去工作之前，由于决定去留的是几位并不懂图书文献的外行，更令人难以置信的居然是由没有什么文化程度的工人在把关，所以不少有价值的图书文献都经他们之手而湮灭不存了，顾老"所留图书资料"应该都是他认为有价值者，可惜的是却毁于另一场人为的灾难，而变成了还魂纸。顾老的记载中还有一段回忆，"我记得保存的珍贵图书不少，如陈元龙小本日记，有与康熙帝对话后的记录，记得有一条，康熙帝说：何焯口气像我了，叫他回去。后来，何焯就回苏州了"。"'陈元龙小本日记'即后来定名为《陈元龙手稿》一卷，这已著录于《中国古籍善本书目》集部清别集类中，此手稿本我曾在二十多年前经眼，史料价值确实很高。"

还有一段记载很值得说的，"某家送来一包破书，问要不要？不要，就带回去。工宣队的某师傅转来问我要不要。我没有细看，但看到有几位乾嘉学者亲笔批校，我即连声说要要"。原书虽被留下，但那已是呈霉烂的饼状，书页都揭不开，当然谁是作者都看不出。这样一块硬邦邦似大饼的书，在一般人眼中，是必遭废弃的烂书。后来这本已破烂不堪的本子，由顾老请上图古书修补组的潘美娣修补完整，展卷览观，心目开朗。

修复后的书经顾老仔细审阅后，认为此是戴震《声韵考》的稿本。当他考定时，我就坐在他办公桌的对面，所以我清楚它的全过程。戴震即戴东原，安徽休宁人，清代著名语言文字学家、哲学家、思想家。梁启超称之为"前清学者第一人"，曾被召为《四库全书》纂修官。因学术成就显著，特命参加殿试，赐同进士出身。戴震治学广博，音韵、文字、历算、地理无不精通，又进而阐明义理，对晚清以来的学术思潮产生了深远影响，是胡适眼中的中国近代科学界的先驱者。

《声韵考》是缮正后又经戴氏考定者，有段玉裁、孔广森等的批校，卷首有山东著名学者李文藻的藏书印，末有青州东郭李氏藏书两图记。卷三古音，增补"接古音之说近日始明"一段皆亲笔，惜仅存一页。书面题"爱日楼声韵考"，审为乾嘉大学者段玉裁手书。副页有亲笔识语二则，一云："此稿本虽著圈点句读，刻时俱不用。"二云："戊子年拟用小板付梓，后因论古韵未详备，遂止。其古韵一条，壬辰年始改定。"按段玉裁撰《戴氏年谱》，乾隆三十一年有云："是年先生所著《声韵考》四卷已成，同志传写，凡韵书之源流得失、古音之由渐明备，皆集括于此。玉裁刻诸蜀中。癸巳以后，先生又以玉裁《音均表》之说，支、佳一部，脂、齐、皆、灰一部，之、咍一部，汉人犹未尝通用，划然为三，补入《论古音》卷内。"又云："李大令文藻刻诸广东。"据此是系壬辰、癸巳间所改定，为李文藻刻墨板之底本。

"文清"小组接收的图书特多，有价值的文献也不计其数。顾老离开"文清"后，上图又派了某君去替换，谁知某君却是一位长年坐办公室处理公文不懂图书文物的人。有一天，顾老有事又前往“文清”，见某君将康有为在南洋的摄影（旁有康氏亲笔题字），弃置废纸堆里。顾老大惊，即呼某君来观，并告之曰：此系珍贵之品，应好好保存。此外顾老还见有清末重臣李鸿章及他的儿子李经方等在国外的大照片多帧也被弃置废簏。这还是顾老偶然撞见而保存下来的，不为顾老所见而丢抛损毁之重要图书文物资料又不知凡几了。

1998 年初春，老舍夫人胡絜青派女儿至顾诵芬院士在北京北苑的家，北苑也是顾老安度晚年的地方。胡絜青是著名的中国工笔画家，她委派女儿送上她亲笔绘画一幅，乃为感谢顾老在“文清”工作期间，发现老舍《骆驼祥子》的手稿，并设法保存了下来，以后又通过上图将复印件转交给了老舍夫人。

众所周知，《骆驼祥子》是老舍的代表作之一，它以现实主义的笔法与悲天悯人的情怀，塑造了祥子、虎妞等一批令人难忘的艺术形象，在中国现代文学史上拥有重要地位。而老舍《骆驼祥子》的手稿本，可见作者呕心沥血的文字，更可见作者自己称为“笔尖上能滴出血与泪”原稿的历尽沧桑。那是因为 1936 年 9 月 16 日，《骆驼祥子》开始在上海陶亢德主编的《宇宙风》半月刊第 25 期上连载，直至第 48 期才刊完，直至 1939 年 3 月，陶亢德主持的上海人间书屋才出版了《骆驼祥子》初版本。而老舍的手稿就一直保存在陶亢德手中，三十年后“文革”爆发，陶被抄家，所有图书文稿都集中到“文清”，而最后因为顾老慧眼识珍，老舍手稿才得以重见天日。

顾先生在《张元济访书手记辑录小引》中有一段话讲到当年在“文清”小组的事，有云：“‘文革’中，余以‘接受再教育’之名义，派往上海市文物图书清理小组参加抄家图书整理之役，获见熟识或知名者之手迹不少，如刘半农、姚石子诸君之日记，鲁迅之手札（今藏鲁迅纪念馆），老舍之手稿等，皆无署名。因余熟识其笔迹，遂知为某人之物。先生批注之《郘亭知见传本书目》亦然。余既睹先生手迹即为提出别存，意欲使其不致与普通书混杂一处，免遭遗失。再三考虑，即夹小条标明某人手笔，俾此后一再转手迁移，或可不致遗弃。三中全会后落实政策，抄家图书乃得陆续归还原主。张先生批本亦得由哲嗣树年君领回，树年即以见示，余所夹小条尚在，并经后人加批云：‘此条可能是顾廷龙亲笔。’余欲使后人重捡得此，知所珍护。时越多年，人手数更，留一小条，确能令人注意及之，喜慰莫名。”

黄裳是位收藏家，也写了大量有关书的散文，其中有几篇都写到他在“文革”期间，被他所在单位抄家，其所藏线装书等被捆载而去之事，文章中又多次提及顾老，其中的一篇《“秘书”五种》云：“1973 年春，一次彻底的抄家，全部藏书，捆载俱去，除了没有字迹的素纸，片甲无存。先是陈列于单位一间长条统间内，呼‘版本专家’顾廷龙来鉴定分类，由几位并非版本家编成草目一厚册，漏略实多。由顾君签收后扫数运往上海图书馆，后又由顾君手写二类书目一册。”《〈前尘梦影新录〉前记》提到了“参加编目的大约有五六个人，其中竟有过去认识的顾廷龙先生，连顾先生也请了来……顾先生是负责鉴定的，他大概先已粗粗地看过一遍，把较好的版本放在一边，由另一位登记”。还有其他的几篇用的过火文字我也就不引用了。

黄裳在“文革”中被错误地抄家，受到迫害，心情当然不好，因此他在写作中使用一些尖酸刻薄的语言也不奇怪，他对顾老参与整理他的旧籍多有讥讽不屑之语。使我印象特别深的是，我曾将黄书中的一些描述向顾老汇报，顾老当时手中夹着香烟（他平时很少吸烟的），听了后一声不响，我知道黄书对于顾老来说，那是太熟悉了，所以他心中在想什么，我是明白的。黄裳被抄的二类书，共有 822 种，对于黄的藏书，我也并不陌生，包括五十年代至“文革”前他卖给上海文管会、上海古籍书店的书以及抄家的书，我都经眼一过，写在书上的跋文也都读过一遍，所以我也很清楚。

然而黄裳并不知道的是，他辛苦所得的线装古籍，也即被抄的二类书，如果没有顾老的照看，早就散了。因为“文清”小组里是不可能也没有专门的房间存贮黄裳的藏书，于是有人就提出要将黄书打散，但顾老从长期从事图书馆事业的经验出发，他说：黄书不要打散，一散就完了，当年“合众”各家捐书不易，包括像叶氏卷盦、张氏涉园、叶恭绰、李拔可等，每家我们都编有专目。在顾老的坚持下，黄书先堆在屋之一角，没有去做整理，他同时也怕夜长梦多，真的散去他就无力了。所以，他打了电话给我，说明情况，由于上海图书馆的保管条件比较好，他希望将黄的二类书及其他整理好的较好的线装古籍先送上图保存。没过几天，这些二类书运往上图，我还组织同事将之全部放在古籍组办公室里。黄裳藏书是潘景郑先生和我整理编目入库的，直到后来落实政策全部发还（除春宫画及淫秽书外）。如若没有顾老的坚持，或顾老不在“文清”，那么黄书的下场就会很惨，即使是退还，也是旷日持久，不可能那么顺利。

当然，顾老在“文清”的作为，黄裳是不知道的。然而在黄裳的另一本《书之去归来》中的《祭书》，却一改过去的语气，有云：“到了机关的一间大房间里，发现我所藏的白纸黑字的东西都堆在那里了。更出乎意料的是，发现了已经坐在那里的顾起潜先生。他是研究版本的老专家，是清代苏州著名藏书家顾氏秀野草堂的后裔。二十多年前就刊印了《明代版本图录》的，我过去在图书馆里也曾看见过他。我想，在当时，他应该是一名不折不扣的‘反动学术权威’，可是竟被弄来参加审订编目的工作了。”“一直到一九七八年的年末，我才又去拜访了顾起潜先生。从他那里得到的消息是令人鼓舞的。他告诉我，我的藏书中间的线装书部分，都很好地保存在图书馆里，没有什么散失。同时因得到他的照顾，有些残破的书册，还修补装订过，只要等政策确定、发布，立即就可以发还。”原来，顾老告诉黄裳的信息，是“令人鼓舞的”。

实际上，“文革”初期，在 1967 年夏天，顾先生被靠边审查期间，就已经触及有关珍贵古籍了。那是有一天，我接到上海古籍书店韩振刚的电话，说是他们店里最近收到一部明刻本的书，想送来上图请帮助鉴定。记得那天是下午三时左右，地点是在上图西大楼底层俱乐部乒乓球桌旁，我请顾老、潘景郑、瞿凤起三先生都到场鉴定。韩振刚和高震川骑着自行车送来了一包书，打开一看，有的书已成饼状，粘在一起，有的还可以翻阅。这即是后来定名为《明成化说唱词话丛刊》的《新编全相说唱足本花关索出身传》等十六种（附《白兔记》

传奇一种)。韩说了他们得书的经过，并说由于书是从棺材中取出，所以希望能将书用紫外线加以照射，以求“消毒”。我都帮忙办了。

顾老他们看后，都表示这批书很难得，过去从没有见过。顾老并要我到大书库借一部郑振铎的《中国俗文学史》来，要我翻一翻郑著中有没有写这个时期这种图书出版的事。我翻阅后即告诉顾师，郑氏没有见到这类的书。顾老在韩、高两人走后，把我拉到一边，告诉我，这些书很重要，是研究中国俗文学史、戏曲史和版画史的重要见证。他要我打一个电话给上海市文物管理委员会杨嘉祐先生（杨当时在“老上海组”），把这件事告诉他，因为这是“地下发掘物”，根据有关法令，“凡是地下发掘物，一律归公家收藏”。顾老那时已靠边审查，但他仍然以大局为重，凡是有价值的文献，都要设法保存，即使他不能亲自为之，他也要告诉我怎么做。

所以第二天上午，杨嘉祐先生就持上海市文管会的介绍信按有关文物法令前去上海古籍书店依法收回此书，改由上海博物馆收藏。这件事，我在《论新发现的孤本小说〈出像批评海陵佚史〉及其它》[1] 上述及。当然，这部书经过学者的研究，可以肯定这是我国现存诗赞系说唱文学的最早刻本，它的发现有助于弄清中国文学史上“词话”的真貌；而成化刻本的《白兔记》不仅是我国现存最早的“传奇”刻本，更是研究南戏和早期传奇的重要见证，而书籍中的版画，也是国内现存最早的戏曲小说插图之一。这件事，我是经手人，所以清楚。可以说，如果没有顾老的建议，那这部重要图书会发生什么样的结局，谁也不知道。

大凡研究中国藏书史者，或当今的版本目录学家，无人不知朱氏结一庐藏书及陈清华（澄中）藏书，两家都是中国近代以来重要的藏书家。这两家藏书在“文革”中都曾被抄，并为上海图书馆接收。其中朱氏结一庐藏书的主要继承人张子美先生被他单位——上海市黄浦区新昌路房管所先行“代管”。所幸房管所的领导还懂一点政策，只知道这些旧书都是封建主义的东西，并不是“变天”的罪证，没多久，他们和上海图书馆联系，希望将张氏藏书全部移交。1967 年的某日，我得到通知，和上图叶福庆、韩永续两位同事（韩已去世）去新昌路房管所，将这批线装书（两个特大的樟木箱）用“老虎榻车”运回上海图书馆，直接送至特藏书库保存。

而陈清华在上海的藏书则是由其婿刘洁敖代管，1966 年夏天的某晚，湖南路街道居民委员会致电上图，告知他们已得到消息，上海财经学院某红卫兵组织近日要抄刘的家，可能为书而去，希望上图能出面先行一步。因此，上图即组织人员，多为年轻的同志（1966 年春，上海越剧院学馆解散，28 名女学员全部转至上海图书馆），也都臂戴“红卫兵”袖章，于当晚十时到刘家，我也去了。书很多，由于我还懂些书，领导安排我做接收清单，我花了整整一个通宵才完成。第二天清晨，才将陈书全部带回上海图书馆。

但是陈、朱两家藏书的整理，却是在 1968 年初。起因是上海市文清组的主要负责人杨天南来找我，希望上图将“文革”以来所得到的善本图书中一二类藏品做一份清单，以便汇总

---

① 沈津：《论新发现的孤本小说〈出像批评海陵佚史〉及其它》，《书目季刊》，1995 年第二十九卷一期。

后报上海市革命委员会。当时上海各单位抄家来的图书大约有500万册，什么线装书、平装书、珍本、普通本、中文、外文、邮票、画片、照片等等五花八门，应有尽有。但这些书中以上图“接收”的陈、朱两家藏善本书为最好，将一二类藏品做出清单，是极易之事，更为重要的是可借此机会将陈、朱所藏之书全部编目。在征得当时造反派组织某负责人的同意后，我就从“牛棚”中将仍在审查中的顾廷龙、潘景郑、瞿凤起三先生“请”出，请他们就陈、朱藏书进行编目并制作清单。

顾、潘、瞿三先生工作的地点在上图的东大楼307室（我当年在上图住宿舍306室），陈、朱藏书全部从特藏书库移至307室，所有的工具书和参考书也是我从普通书库调来，我几乎每天都会和顾先生等看书讨论听讲。虽然这项工作只做了两个多月就结束了，但我又能和顾老等人聚在一起，又能看到这许多难得一见的善本书。当然，对顾老他们来说，也是“文革”以来最为舒心的日子，他们看得非常仔细，也会时时交换意见。最后，顾、潘、瞿亲笔所写陈、朱重要藏品的简述为一式三份，其第二份呈报“文清组”，第三份馆方存档，而第一份则为津所珍藏，这是值得纪念的。

陈清华藏书善本共计676部5901册，包括敦煌唐人写经1种、宋刻本15种、元刻本11种、赵城金藏13卷、明刻本165种、明铜活字本4种、抄校稿本130种、清刻本若干部。其中可定为一级藏品者59种、二级藏品者60种。朱氏结一庐藏书总共450部3272册（一作3475册），其中宋刻本25部、元刻本40部、明刻本195部、精抄批校本190部。这两批藏书是上海地区乃至全国，自1960年至2000年这四十年来最重要的、绝对难得的收藏。在这项编目工作中，顾老等人起到了重要的作用，他们所写的重要藏品简述，字体端正，每种书的特点都清楚予以表达。“文革”后，上图的专门负责抄家图书处理的人员和陈、朱的后人多有联络接触，最后达成了协议，将书全部捐献给国家，现珍藏于上海图书馆。

顾老曾在晚年多次回忆“文革”中的情况，他曾写道：“我因曾致力搜集家谱、鱼鳞册，被视作为地主阶级树碑立传、收藏‘变天账’，从而被打入‘牛棚’，精神与肉体备受折磨。伴随几十年的老妻经受不住这种打击，含恨离世。但我‘人还在，心不死’，眼睛直盯着那一大批所谓‘封资修货色’的抄家图书，寻找机会再为保护文献尽点力。这个机会终于等到，1968年，在‘接受再教育’的名义下，我被派往当时上海文物清理部门工作。在那里一蹲三年，尽我所能，不使有价值的文献流散。某些稿本，如陈邦彦、屠寄、姚石子、刘半农等人的日记，硬是凭眼光才发现的，稍一疏忽，就会失之交臂。我曾发现两本曾国藩的奏稿，有曾氏亲笔修改，不料‘造反派’说这是‘曾剃头’的反动东西，随手便扔进了乱纸丛中，以后再也没有找到。每忆于此，不免扼腕三叹。”

我在顾老身边整整三十年，我感觉到他爱书、爱图书馆、爱他所从事的事业。“文革”中有人批判他的“片纸只字皆史料”的观点。实际上，在顾老的眼里，只要是书，只要有一点价值，他都不会轻易处理。他曾说过：“古代文献，为研究历史、保护文物者所重视，即片纸只字，亦均珍同球璧。”他曾对我说：“有些书对你来讲，很陌生，因为你不研究，不研究但不等于没用，要研究的人就会去找这种书。所以对图书馆来说，它的藏书是要给人用的，光收藏，不利用，那是封建时代藏书楼的做法，今天的上海图书馆一定要改变过去的做法。”

顾老无论在大馆馆长任上，甚或是在“牛棚”，即使人陷劣境、心情不舒畅的情况下，他都是以书为重，念念在兹。解放以后，1955 年秋某日晚上 11 时许，当时在文化局工作的徐钊致电于顾老，告知上海造纸工业原料联购处从浙江遂安县收购了一批约二百担的废纸送造纸厂做纸浆，其中可能有线装书。顾老遂连夜奔赴现场察看，发现确实有有用资料，翌日即组织人力前往翻捡。顾老和他的同事在垃圾堆中连续工作了十一天，使一大批历史文献被抢救而出。从内容上说，有史书、家谱、方志、小说、笔记、医书、民用便览、阴阳篮、账簿契券、告示等。就版本而言，有传世孤本明万历十九年刻《三峡通志》，流传稀少的明本《国史纪闻》《城守验方》，明末版画上品《山水争奇》，以及不少旧钞与稿本。至于上图编纂的《清代硃卷集成》，其中不少资料就是那次抢救所得。

在顾老的笔记本里曾忆及解放初期抢救废纸的情况，他写道：此事由华东文化部与上海文物管理委员会合作抢救各地土改后运来上海送造纸厂作纸浆之废纸。抢救废纸工作是各书店的伙友都参加。凡家谱皆保留，太平天国易知单、田契等皆在抢救之列。大批抢救下来的家谱等原储康定路仓库，很宽敞，此属华东文化部管理。后来华东局撤销，仓库也自然撤销，管库的人员找到顾老，来商大批家谱如何处理。顾老认为大宗家谱不易得，散了就不易再找，他就建议移至法宝馆庋藏，后来这批家谱被上图接收保管了。

至于家谱，顾老并非情有独钟，而是他认为这里面有着很多文献资料可以钩稽，所以别人不重视，他却独排众议主张要收。我记得 1964 年时，在北京中国书店有一批家谱、鱼鳞册，数量极多，北京的许多单位都看不上眼，因此滞留库房，资金不能运转。差不多同时，在上海古籍书店、安徽屯溪古籍书店也都有大批鱼鳞册待售。上图得知信息后，迟迟不能做出决定，经请示顾老，顾老马上拍板，在他的过问下，这批图书迅速转入上图收藏。我们不妨用数字来看一下上图所藏家谱的增长，1952 至 1958 年，上图家谱为五百余部，三千余册；1959 至 1964 年，从安徽屯溪等地专门采购了五千七百余种，二万五千七百余册（不包括 1955 年在上海造纸厂抢救文献时获得的家谱，共八千零十一种，五万九千册）。可惜的是，1964 年“反右倾”，不能大买家谱了，顾老也为此事承担了责任。

顾老在“文清”的两年多时间里，为国家保存了许多珍贵图书及重要文献，他的贡献却很少有人谈及，但我以为，顾老的学问赅博，超尘拔俗，在当年恶劣的环境下，虽有不少奋力保护图书者，但却没有人能出顾老其右，也不能与其伦比，他对于旧书文献的整理是游刃有余、驾轻就熟，于版本鉴定又似老吏断狱、运斤成风。这样一位把自己的一切全部都献给了他所热爱的图书馆事业，他的劳不矜功、豁达大度永远是我们后辈学习的榜样。

2014 年 10 月 30 日

（原刊于《沈津自选集》第118-130 页）

顾廷龙与中国书法家代表团第一次访日

沈 津

光阴荏苒，白驹过隙。51 年前的 1963 年，中国书法家代表团第一次组团出访日本，那时，中日两国并未正式建交。而中国书法家协会则成立于 1981 年 5 月，距今又过去了 33 年。

中国书法家代表团第一次访日之事，在过去的几十年里，中国书法学界似乎很少有人提及，除顾廷龙先生之外，当事的其他人即使有所回忆，也仅三言两语，不成专文。然而令人欣慰的是，近月来，《东方早报·艺术评论》连刊郭同庆的《翰墨因缘古，天涯交谊深：试考海派书画大家潘天寿、壬个簃、顾廷龙首次东渐交流》（2015/5/6）、虞云国的《顾廷龙笔下的中国书法家首访东瀛》（2015/6/3）两文，前者据《日中文化交流》1964 年 6 月号，后者所据为顾廷龙先生《访日游记》。笔者 1960 年始追随顾先生习流略之学，三十年中，对顾先生的工作、学习、生活等多有所知，顾先生御鹤西归后，笔者又收集大量有关材料，编成《顾廷龙年谱》（上海古籍出版社，2003 年），近日尚有增订，又得 25 万字，其中就有访日的记载。此文为两年前写作计划之一，今略加修改，或可补前郭、虞大文之万一。

顾廷龙先生（1904—1998），字起潜，号匋誃，江苏苏州人。他不仅是图书馆学家、版本目录学家、文献学家，而且也是书法家。他治学严谨，著述精博，书法造诣也深，童年时，得吴大澂书《篆文论语》《篆文孝经》，即喜而摹之。早年在苏州，受父亲顾元昌和舅父王同愈的影响，每天临摹碑版数十张，十几岁时已能执笔为人写对联了。他父亲希望他写字要做到平整有力，而不要趋于媚美，要求他“笔笔平凡笔笔神，寻常要在寻常出”。年轻时，又从其伯舅王董宬习古文字，由秦篆而进窥古籀。又常去表兄吴湖帆家，吴早年的篆字笔力刚健，写字时，顾经常在旁观其用笔。

顾先生曾告诉我，他的篆书受吴大澂的影响很大。中年时又曾致力于苏轼体，明解缙曾评轼书云：“东坡丰腴悦泽，绵里藏针。”所以他的楷书又得力于苏字不少。在北平求学时，即从胡朴安、闻宥、刘三等人学习古文字与书法。1932 年，他考取北平燕京大学研究生，专研古文字学。所以，顾先生的书法是有渊源的。40 年代初，他在上海参与筹办合众图书馆，其时求书者日众，以至于叶恭绰先生曾出面亲为顾先生订定“润例”。“润例”中有云：“起潜先生，仍世青箱，精研朴学，于书法尤探讨有得。近以著述尚有余暇，劝其出供众赏。爰代订润例如下……”中国的书法，随汉字传入日本，已有一千多年的历史，对日本书法产生过深远影响。我曾见日本藤原皇后（700-760）书《文殊师利问菩提经》真迹，知皇后重视汉学，酷爱中国书法，她所临摹的书法，也是当时从中国带去的唐代或唐以前的书法真迹或摹本，因此功力深厚，不似一般女书家软媚娇丽、容止羞涩的姿态。然而历史上联结中日书法纽带的，在日本平安时期有空海大师，在镰仓、室町时期有荣西和西行，到了江户时期，又产生了独立、隐元等大家。但清末，杨守敬作为外交人员赴日，出于金石学家的爱好，他带去了数以千计的碑帖原拓、汉印及古币等，在滞日的四年中，也引发了日本书学的一场革命，它不是简单的书风嬗变，而是书法性质的转变。同时他的《学书迩言》，对日本书学界也影响颇大。

上个世纪的50年代，日本成立日中文化交流协会，会长即为前首相片山哲，协会提出要通过书法，和中华人民共和国进行交流。这之后，日本书道联盟和中国人民对外文化交流协会分别举办过数次“中国书法展览”“日本书法展览”，并在一些大城市巡展。虽然有这些屈指可数的活动，但在60年代初，中国书法界对于日本的书法现状以及艺术的发展，所知还是甚少，国内一些文化团体的有限访日，毕竟是隔行，所以鲜有直接交流之机会。因此，中国书法家第一次组团出访就有着较为重要的意义，它不仅推动了两国书艺的交流，也成为民间文化互动往来的见证。

1963年11月下旬，中国书法家代表团第一次访日代表团访问日本，代表团成员六人，团长陶白、副团长潘天寿，团员王个簃、顾廷龙、郭劳为、崔太山。陶白时任中国人民保卫世界和平委员会江苏分会副主席、江苏省委宣传部副部长。潘天寿、王个簃为著名画家，顾先生除了任职上海图书馆馆长外，也是1961年4月成立的上海市中国书法篆刻研究会的六位理事之一。郭劳为、崔太山则是中国人民对外文化联络委员会的干部、翻译。

顾先生要去日本参观访问之事，是在他刚过完花甲生日之后的第三天下午四时，他接到上海市文化局副局长方行的电话后才知道的。而五时，他即去华东医院检查身体，当晚开始整理行李。

在60年代初期，知识分子出国访问是少有的事，是一般人想也不敢想的大事。给顾先生做准备的时间只有一天，时间紧迫，所以次日上午，他先去上海博物馆向徐森玉馆长、沈之瑜副馆长辞行，沈之瑜因去过日本，又将他的经验及注意事项向顾先生作了介绍。这一天，顾先生两次回上海图书馆处理经手诸事，并陪同夫人去医生处诊视，又购物、整理行装。这些事情对一般人来说并不是什么难题，但对当时一位六十岁的学者来说，则是勉为其难之事。

1963年11月15日晨，顾先生由沪乘机飞北京报到。这之后的五天，都是和代表团的成员一起听取外交部亚非司林司长介绍日本近况，及对外文委周而复秘书长关于方针政策的指示，了解北京市中小学学生习字情况。11月21日，代表团离京飞往广州，23日到香港，至

27日下午5时飞往日本，抵达东京的时间为日本时间9时。12月24日回国，在日本的时间为28天。

这次访日，是由日本中日文化交流协会、日本书道联盟和日本书道文化联合会三个单位联合邀请的。60年代初，日本书法家来中国访问过三次，访问者都是日本书道联盟、日本书道文化联合会以及其他书法团体的领导人物，也是当年在日本较有声望的书法家。他们访华时也盛情邀请中国书法家组团前往日本参观访问，所以一经实现，他们感到非常高兴，故招待极为隆重热情。为了欢迎中国书法家代表团，他们以日中文化交流协会等三团体为核心，成立了欢迎委员会，推书道文化联合会香川峰云为总负责人，出入相偕，始终陪同。各地区招待访日团的主要人士有关东的西川宁、手岛右卿，关西的村上三岛、梅舒适、松井如流，中区为大池晴岚。在这样的推动下，关东、关西的书法家募捐了四百万日元的接待费用。

有一位参与接待的成员说，我们在一个月之前就已经在做筹备接待的工作了。大池晴岚为了在名古屋家中接待代表团，在自家门前铺修马路、粉刷房屋。安排了最名贵的日本料理，并亲自写出菜谱，厨师都穿着古典礼服配菜烹调，并动员了附近的农民演出节日的狮子舞，乡邻们都围聚院内，呈现出欢度佳节的场面。代表团离开时，大池表示："我的全家是以最愉快的心情接待远方的贵客，为你们准备的日本菜，连我也是第一次吃到的，我们全家以最大的心意款待你们，表示对你们的亲善友好，我将不忘记你们到舍下做客的情景，名古屋书法界将不遗余力地为恢复中日邦交尽最大的努力，请你们把我的心意转告给中国的朋友们。"又如东京女书法家不辞道远，在晚上到羽田机场欢迎献花。令代表团十分感动的是，日本妇女平时不轻易参加公共集会，但这次绝大部分女书法家不仅参加了欢迎委员会的队伍，而且在大阪有五十多位女书法家专为代表团举行了一次招待会，这样的公宴是从未有过的事。据日本朋友介绍，日本女书法家虽然不少，但大都是有钱人家的夫人和小姐，这次多系自愿参加，是很难得的。正如陪同代表团的日本书道联盟理事香川峰云说："在日本书法界，像欢迎中国书法家代表团这样热烈的情况，真是首创之举。"

代表团在日期间，访问了东京、大阪、奈良、京都、名古屋、箱根、镰仓等著名城市，其中参加有关书法问题座谈会四次，观摩了一年一度的日本美术展览会（简称"日展"），观看了重要博物馆、美术馆所藏中国文物书画碑帖，也参观了几所小学、初高中和私塾的书法教学。同时参加了欢迎酒会八次，家庭宴会十六次，接触书法家、篆刻家、收藏家、书法评论家和中日友协人士一千五百余人。

此次访日，代表团的成员接触到了不少日本朋友，隆重招待，态度殷勤，友好之情，颇见真挚。其最大特点是：哄哄闹闹的场面少，登门拜客、家宴欢聚，促膝谈心的多。在关东、关西地区，代表团成员先后拜访了16位书法界的首要人物，每到一处都是全家老小张罗客人的来临，热情洋溢周到，宾主轻松而亲切的交谈，使相互间的感情亦交织融洽，至于谈艺论学，由于彼此同行，容易谈得来。语言不通，就用笔写来辅助，能说汉语，更交谈自如，非常亲切。顾先生认为："近三十年来，我对日本人有三次不同看法。在1918至七七事变之前，感觉他们来华不怀好意，总是搞阴谋的，不愿和他们相见。抗战后，在沦陷期间，认为日本人是侵略者，有深刻的仇恨，拒不相见。这次访日，初以为除部分日人已与我们有往来的较为友好外，其他日人未必尽然。但到日本后，到处受到欢迎，人数之众，出乎意料。有一次欢迎宴会，参加者很踊跃，主其事者亦说出乎意料。有些地方不是书道界的人，颇有以一接中国贵宾为荣之慨。”

顾先生认为，访问期间，日本人民和代表团成员展现的友好比较真诚，特别是书法同道，尤为亲切。这次访问所接触的人士以书法家为主（包括日本假名书法家），其次为美术家、篆刻家、古物收藏家，这些人士对中国历史文化都有一定了解，对中国文化有亲切感。他说：“在东京大学和京都大学人文科学研究所，有我卅年前相识之人，因其不是书道中人，而他们的单位又受美帝的补助，我本来不打算去找他们。后来，我们一到京都，就有人来说，某某两人都要来会面。后来，参观他们单位，赠送书刊，热诚招待，也出乎我原来所想。又在所见的人中间，斥责军国主义的罪行，不赞成现在政府甘受美帝控制。我才认识到日本人民和过去侵华的日本帝国主义分子是有区别的。”

日本书道界书法家可分三派：一汉字派，二假名派，三墨象派。其时以汉字派、假名派为主，墨象系西洋影响，亦称抽象派，人数不多。又有六十余个书法团体，出版刊物二百余种。日本书法家都拥有自己的门第，广收学生，多者上千名，少者数百名，包括学校教职员、公司经理、工人、商人、学生、家庭妇女等。他们大都集中在以东京为中心的关东和以大阪为中心的关西地区。

在日本，书道界爱好者有一百万人，其中也有不少习日本假名书法者。日本的假名书法很有特色，写来十分疏朗，布局亦有分寸，非常优美。既似汉文草书，又不全同，颇有新颖之感。所以当顾先生等人参观“日展”书道部分时，就感觉到展品中有名家及新书家的作品。有汉字，有假名，多大幅大字，亦多行草，而篆隶正楷则较少见。据日本书家青山杉雨说，因日本人写惯假名，所以写草书较多。他们都有相当功力，然新书家不如老名家。新书家都属老名家的门第。如若在“日展”中入选，本人光荣，老师亦骄傲。顾先生曾肯定他们书法都有一定的功力，各有传统的风格，他特别提到的是日本书道联盟副会长丰道庆中的书法，认为丰道下笔笔力雄健，颇有二王遗意。

所以，中国书法家第一次访日代表团在日本的访问，是以专业交流为主，强调中日两国的文化友好关系，以书艺会友，广交朋友，达到推广友谊的目的。所以在整个访问活动中，客随主便，尽量适应他们的社会条件，在接触中不亢不卑，诚挚相待，到处写字作画，扩大影响，并强调互相学习，巩固和发展中日两国人民之间的友好联系。当然，在代表团二十多天的访问活动中，日方自始至终，都充满着热情和诚挚的友好气氛。这是因为从1958年以来，中国对外文协对日本书法家所做的大量工作，已经产生了积极的影响的结果。

对于书法家来说，有一分学问，便有一分雅气，一支笔落在纸上，便优劣自见。且一字有一字之形，点画虽相类，结构却迥异，而字体结构造型丰富多样，可使形式美寓变化于整齐和对称。顾先生的字没有金石气，更没有剑拔弩张之感，他的字是属于温润静穆、平和自然、婉丽清逸一类，可以给人一种玩味无穷、流连忘返、细嚼不尽的意味。顾先生在代表团中是以书法家的面目出现的，所以在成员中的专业分工是“书法与碑帖”。他写字极为谨慎，在日本随身带的小本子里有不少用小篆抄录的唐诗等句，那是他平时所积累，每一字每一笔都不能错。

顾先生在东京的第一次写字，是11月28日晚，在日本书法家丰道春海的寓所里，那是在晚宴后，丰道出笔墨嘱先生题字，顾先生即书“促膝谈心”四字。丰道从1924年起即从事日本书法界的集体活动，四十年来，他指导了日本书法展览会和书法杂志等，为扩大日本民间对书法的兴趣，起到了重要作用。他曾于1958年率领第一次日本书法家代表团访华，回日本后，领导了日本三次互换书法展览会的工作。

代表团在日期间，到处写字作画，广结墨缘。顾先生也能抓住机会，阐述自己对书法的见解。如日本书法多作行草，写正楷者很少。有人说，中国以正书入手，日本则非，这是一点不同。顾先生认为：“在各处见到所立刻石，多作正书，写得很好。可能日本过去也从正书入手。”又有人说：日本称书道，中国称书法，亦有所不同。顾先生则认为：“法是法术，道也是法术，只是用字有异，各从习惯，实则相同。”又有人问中国现在对明清人书法是否重视，顾答：“我们不仅对明清人书法重视，对宋元人书法也很重视的，最近就精印了很多墨迹。”

在一次参观日本美术展览会后的座谈会中，有人说：日本重视写汉字，所以这次“日展”中且多写汉诗。他们曾以我国推广简体字后是否会影响书法艺术相问。顾先生则表示：“中国文字自殷商甲骨文字以来，由繁入简，不断演变。现在的简体字亦多历来通行的。简体主要为便利实用，书法艺术不会受影响。以我来说，平时起稿写信就喜写简体，取其方便，而写屏联扇册则多写篆书。”

在访问中，代表团也参观奈良的制笔厂，并了解了日本书法界使用笔墨纸砚的情况。据《参加中国书法家代表团访日报告》，顾先生写道：“他们书家所用大都是由中国去的。笔是李福寿、徐葆三为多。墨是清朝同光时间的。纸用宣纸，是近年新产品。砚是中国旧砚。日本近来对制笔、制墨、制纸都在研究改进。因为听说中国制纸原料用竹，他们也就采用竹，但以纤维不同，没有做好。墨有手工制，也有机器制。机制的有锭、有汁、有膏。制墨机很简单，一架两面，一面上下两排，一排油灯约四十盏，火头大小以及加油快慢，都有开关控制。这样逐步改进，可能达到手工制的细腻程度。他们的笔善于做硬毛的，但我所用到的都嫌修工不够细。有几位书法家说希望我们的纸多出口些，质量再提高些，价格大上几倍都有人要的。对我们新笔的意见说，发现中间断毛太多。我想可能碰到这位笔工的粗枝大叶，没有符合规格。这说明了他们在这方面是在想办法，并和书道家有密切联系的。在奈良参观的笔厂，仅看了加工部分（笔管刻字及打包外寄），一家手工制墨厂，一家机器制墨厂，这家机器制墨厂也有手工制部分，据反映书家还是喜欢用手工墨。我们在日本写字都用墨膏，非常方便，但不知裱褙有无问题。”

值得一提的是，日本书法家崇拜的中国重要书法名家，主要有明末的张瑞图、王铎、傅山、黄道周，清代的则有邓石如、吴让之、赵之谦等。吴昌硕是近代书画大家，作品重整体、尚气势，有金石气，于外间声誉最大的为其画，功力最为深厚的则为书法，而治印亦有成就，其艺术风尚在日本及国内均有很大影响。1963年为吴昌硕逝世37周年，日本风俗逢七要做纪念，所以在日本特意举行了一次纪念会，陈列吴氏作品数十件。在纪念会上，王个簃作为吴的弟子，在会上发言，介绍了吴氏艺术成就及国内艺术界对他的纪念情况。

参观日藏中国文物，是代表团的重要安排之一。代表团在日方的安排下，去国立东京博物馆参观了两次，第一次是看他们日常展览的中国墓志、碑志陈列品，如《李超墓志》《高湛墓志》《张猛龙碑》《嵩高灵庙碑》《马鸣寺碑》等。又看了《唐日僧台州行牒》一卷、宋颜辉《寒山拾得和尚像》摹本、宋梁楷《李白像》、五代石恪《二祖调心图》、宋李龙眠《潇湘卧游图》、南宋李迪《花卉》扇面等。

第二次专看为代表团准备的日本书道国宝“三绝”和“三迹”。

在国立京都博物馆见陈列的唐代日本高僧空海《灌顶记》墨迹，宋朱熹《论语集注》墨迹，宋拓（原题唐摹）《十七帖》，宋拓《千字文》，宋张即之《金刚经》，明丰坊《谦斋记》。又罗振玉旧藏《智永千字文》。

设立在东京都的书道博物馆，是日本著名书画家、收藏家中村不折于1936年创立，其收藏历代书法文物，是研究日本、中国书法史料的重要场所。在书道博物馆见到了《颜鲁公告身》真迹《蔡襄谢赐御书诗表》真迹、宋拓《华山庙碑》（长垣本）、宋拓《石鼓》（中权本）、宋拓《秦泰山刻石》、宋拓《淳化阁帖》（存第七、八卷）。

大仓集古馆是大仓财团的创建者大仓善八郎设立的，其所收藏的宋本《徐公文集》《大唐三藏取经诗话》《韩集举正》，均属日本重要文化财产。顾先生等人在馆内见到了《燕州刺史元飏墓志》原石，此石在地震中震碎，已经修复。又秦代漆器夹纻大件，面积大如八仙桌，最为稀见。陈列图书中有元明刊本，系董康旧藏（报载大仓集古馆藏中国古籍已于去年十二月全部售于北京大学图书馆）。

此外，在文华美术馆参观了陈列的瓷器，其中唐三彩极精。又在国立奈良博物馆见到了中国唐代神龟四年（521）铜钟，以及大阪博物馆藏的明万历三十一年（1603）正月廿一日敕封丰臣秀吉为日本国王的诰命一轴。在五岛美术馆陈列了元代日本僧游历中国将归，中国文人如冯子振等所书临别赠诗，保存了国内已罕有的元代人墨迹。此外在泉屋博古馆皆住友氏收藏的中国青铜器，著名之《楚公钟》二件、《𠫑钟》十二件的铭文，是早年顾先生经常临摹的，今多见到了原器，其他造型稀见花纹精致的商周器也不少。

在高岛菊次郎家见到宋高宗墨敕四道、宋张栻墨迹、宋朱熹手札三通、元鲜于枢手札、赵松雪十三跋残卷（每残页有翁方纲楷书注语）、宋拓《千字文》、宋拓《定武兰亭》等。还看了不少字画，有王烟客、王石谷长卷，廉州、渔山轴，青藤书画三件、《石涛诗书册》一件；蔡襄《谢御赐书名表》一卷，有米芾跋及赵烈文、罗振玉跋。并见禹之鼎绘《口口雅集图》（有王士祯等八人，后有翁方纲长题）、董其昌撰《项子京墓志铭》原本等。

在细川护立家，见到金村出土银器、金银错狩猎纹镜、战国剑、赵松雪书《汲黯传》、陈白沙行书卷、《司马温公告身》、黄山谷书《经伏波神祠诗》、敦煌写本《文选》。鸡血、昌化石十余方。日本所藏中国文物极为丰富，这次所见，仅为极少一部分。细川在出示藏品时说："某物是古董商要带到巴黎去，我出重价收购的，某物将至美国，深恐东方从此失传，我急购留的。"

和日本书法家的交流，不仅增强了友谊，而且也了解到日本所藏中国文物字画的情况。如松丸先生藏有吴昌硕书画八十余件，西川宁先生藏赵之谦书画甚多。又水田庆泉藏陈洪绶《米颠拜石图》、王思任、陈继儒书法、李方膺册页等。

顾先生的一生，都是从事图书馆事业，因此参观日本的图书馆，了解日本所藏中国古代典籍，也是他此行的目标之一。日方非常尊重这位德高望重而且也是第一位访日的中国大型图书馆馆长，所以积极予以配合，专门为顾先生安排了一些日本的重要图书馆，但以时间关系，出示的东西不多，顾先生也不能仔细看。下面几个图书馆都见于顾老的《访日游记》。

内阁文库在皇城内，门禁甚严，藏书中汉籍有13万册，多为明版方志、医书、诗文集、戏曲小说等，部分图书来自昌平坂学问所及红叶山文库。其中红叶山文库于江户幕府时建立。库为三层，二层为日本古书，三层为中国古书。陈列了宋元本数种，全相平话五种，赵清常校本一种，又看了旧抄本《明实录》。

天理图书馆是天理大学附属图书馆，历史较长，是日本国内有数的大图书馆之一。所收我国古书甚多，助其搜集者为弘文庄的汉学家反町茂雄，藏书中有不少精品乃至极品，其中汉籍被日本列为"国宝级"的六种，"重要文化财"者十七种。顾先生看了陈列的十几种，有元刻《三分事略》、《永乐大典》（景印本之外的）数册，明世德堂刻本《西游记》、明刻本《平妖传》，还有明代著名思想家王阳明与学生周道通问答录墨迹，王阳明手札数通。

大东急纪念文库收藏日本古版较多。陈列了博多版《左传》，唐抄《玉篇・心部》，宋本《史记》等。博多是日本地方，元明之间，福建刻工俞良甫等渡海到日，先到博多，传授刻工技术，因以为名，于中日文化交流很有意义。

东洋文库是日本最大的亚洲研究图书馆，所藏中国珍籍有方志和丛书约4000部，明代传记、家谱、清版满蒙文书籍、各种版本的大藏经和其他西藏文献3100件等。特藏中有五种汉籍被列为"日本国宝"，如《春秋经传集解》《史记》（夏本纪、秦本纪）和《文选集注》等。中国书占两层，期刊与图书并列。顾先生即在架上看看，亦有难得之书。如冯梦龙的《听雨轩日记》、《明□宗实录》的原本、《石仓诗选》等。

静嘉堂文库，即是在清末收购我国浙江湖州陆心源皕宋楼藏书的基础上建立起来的。文库内设一案，陈列宋元刊本及毛氏汲古阁抄本约十种，皆陆心源书。书库共三层，用长玻璃橱，可放书十二列。工作人员仅五人，读者很少，每日也不过五人。地方甚僻静，往来不便，实为藏书楼。

京都大学人文科学研究所，藏书很丰富，而皆切于实用。丛书是他们的特色，新编了藏书目录。又期刊篇目索引还在继续编刊。此外还编有资料索引卡，并做了些专题资料索引，对研究工作者使用颇为方便。

长泽规矩也，这是一位日本重要的版本目录学家，他对中国的古籍以及文献学、版本学都有较深的造诣，他的《长泽规矩也全集》是日本研究这个领域的必读书。在60年代，他和几个年轻的图书馆员和书店职员为探讨版本目录之学专门组织了书志学研究会，定期进行座谈。据12月20日顾先生的记载，他在那天晚上也应邀参加了在东京大安书店的座谈。出席者有长泽规矩也并学生七人，皆大安店员或大学图书馆馆员，长泽说了从毛利文库未编书中得新发现的明万历本《金瓶梅词话》及元刻本《笺启》的经过，并组织了一个古籍刊印会，影印出版珍稀古籍，并愿意将《词话》影印本赠与顾先生。又谈日本博多版事，长泽又嘱学生取书影并述博多版历史。长泽希望和上海图书馆建立交换关系。顾先生也介绍了上图的藏书源流、特点，以及书刊利用和读者的情况（注：顾先生返国后不久，即收到了日本寄来的影印本《金瓶梅词话》，并即交我妥放，后来又转交编目部登录编目入藏了）。

访日期间，日程的安排非常紧张，即以12月23日最后一天行程来看，顾先生上午即由东京大安书店的大山茂陪同，参观了静嘉堂文库。路上要走一个半小时，十时辞出。下午写字。五时半参加告别酒会。由于顾先生与日本书道联盟理事香川峰云先生朝夕相处，故在酒会临别时，有篆书七言绝句一首赠与香川。次日上午，顾先生在去机场前即用篆书写竣，诗云："同好同庚有几人，无言相对自相亲。东方书艺传千载，放眼前程万家新。中国书法家代表团来日访问，得与峰云先生朝夕相亲者一月，临别依依，偶成绝句为赠，即乞方家两正。一九六三年十二月二十四日顾延龙。"

12月23日的"下午写字"，是由于日方有关人员对于中国书法家第一次访日，付出了极大辛劳，为了感谢日方，代表团提出要为日本友人每人画一张画或写一张字，请日方列一名单。日方于此建议非常高兴，竟开出了六十余人的名单。于是，顾先生与王个簃、潘天寿三人分工，每人或书法或绘画，各自完成了二十多件作品。

顾先生擅长多种书体，尤精金文大篆，取法吴大澂一路，以宛畅颖奇、韵味隽永、质朴古雅见长。从《访日游记》的记载看，顾先生第一次访日时所留下的墨迹较多。在大阪市，他参观了南住吉小学的学生写字课，在校长室休息时，应邀题字。这天下午，他又写册页约20张。12月7日在参观了天理大学图书馆后晚上又"写字"。12月9日，又在清水寺作篆。12月10日下午"写字"。12月14日，在名古屋渡玉毛织株式会社题字，是日下午归寓又作字三帧。17日，写"名区揽胜逢良友"。18日上午写字。19日，下午出席挥毫会，他又作一幅。20日，在青山杉雨家午餐，主人家有小窑，出各种陶坯请王、潘作书画其上，又嘱先生书写数只，又即送窑中烧之。

此外，我仅知有篆书五言绝句一幅赠西川宁，诗云："二虎传嘉话，西川一脉连。相逢饶雅意，珍重菊花天。”又为日中文化交流协会理事长佐藤纯子篆书“刚毅”两大字。又有“玄老知音”四大字赠东鱼先生。这在日本1963年11月出版的《书品》杂志及2013年的《日本拍卖图录》上可以见到。

至于1979年，顾先生又作为上海市书法家代表团成员访日，那又是另外一回事了。这篇文章主要依据顾先生《访日游记》及《参加中国书法家代表团访日报告》。《游记》曾被收入《顾廷龙文集》（上海科学技术文献出版社，2002年。后与《情况报告》，一并收入沈津编《顾廷龙全集·文集卷》，上海辞书出版社，2015年5月）。

顾先生的《访日游记》，是采用日记的形式。日记，不外乎“排日纂事”和“随手札记”两种，顾先生的《游记》是前者。十多年前，我在编著《顾廷龙年谱》时，就将《游记》全部载入，我所见到的是原件，是写在小笔记本上的。顾师一生写作日记不多，较有连贯性的是四十年代初期，后来时记时停。五六十年代，如有他认为较为重要之事，也会记在小笔记本上，应该说，专就某次访问而作如此详细记录的，则推此《访日游记》。

改革开放以来，中日两国民间之来往，不胜枚举。而五十多年前的中国书法家第一次访日，在当时并无详细消息报道，除顾师的《访日游记》外，我曾核查有关陶白、王个簃、潘天寿的资料，得知当时在日访问期间，陶、王、潘三位并无任何文字记录，返国后也无专门的回忆文字发表面世。因此，顾先生的翔实记录，可以详细揭示访日二十余日及其前后之细节，这对于我们了解上个世纪60年代中日书法交流史，重温中日两国民间文化之来往提供确切之佐证，也可了解顾先生在中日之间的书法交流起到的积极作用。

2015年6月8日

（原刊于《沈津自选集》第131–144页）

交游篇

张元济与顾廷龙交谊述略

任雅君

张元济（1867—1959），字筱斋，号菊生，浙江海盐人。中国近现代出版事业的开拓者、教育家、图书馆学家、版本目录学家。清光绪十八年（1892）中进士，曾任刑部主事、总理衙门章京。1898年10月，张元济因戊戌变法牵连革职，离京南下上海；1899年4月，因李鸿章之荐，就任南洋公学译书院院长；1901年春，公学总理何嗣焜病故，张元济兼代总理。1902年初，离开南洋公学，加入商务印书馆，历任商务编译所所长、总经理、监理、董事长等职，直至终老。

顾廷龙（1904—1998），字起潜，苏州人。原上海图书馆馆长，著名目录版本学家、图书馆学家。1932年毕业于燕京大学研究院，获文学硕士。旋应燕大图书馆馆长洪业之邀，担任图书馆古籍采购工作和哈佛大学哈佛燕京图书馆驻北平采访处主任。1939年7月，顾廷龙辞去燕大职务，举家迁来上海，就任新成立的私立合众图书馆总干事。而张元济与顾廷龙长达20年的“忘年交”，即缘于此合众图书馆。

诚相邀，顾廷龙举家南下

据顾廷龙回忆，最先倡议设立合众图书馆的是叶景葵先生。叶景葵（1874—1949），时任浙江兴业银行董事长和商务印书馆董事，与张元济初识于光绪戊戌年（1898），两人因收藏古籍和图书出版的共同兴趣过从颇密。1937年全面抗战爆发，“八一三”后，上海很快沦陷，因担心叶宅的藏书毁于兵火，71岁的张元济在10月29日冒着危险到邻近战区的沪西兆丰别墅，为老友叶景葵整理藏书，而此时叶正远在武汉处理公务。这件事令叶景葵十分感动，当此纷乱时期，民间藏家四处流离，文物古籍破坏、散失的局面，叶遂萌生了创办一图书馆，弃藏民间流散图书的想法。

这正与张元济不谋而合。张元济一生对办图书馆情有独钟，1897年，尚在北京做官时就与别人合作创办了北京通艺学堂，学堂内设图书馆，张元济亲自制订馆章，其中一条是允许社会读者阅览，这正是中国最早的公共图书馆雏形。1926 年，由张元济提议创办的商务印书馆所属东方图书馆正式对社会公众开放，馆内收藏之富、之精，堪称当时中国乃至远东地区公共图书馆之最。1932 年一·二八事变，东方图书馆遭日本浪人纵火烧毁，40 多万册古籍珍本、稀见方志、中外图书、报刊、地图化为灰烬。这一空前劫难成为张元济一生永远无法抹平的伤痛，数十年寻访搜集、呕心沥血，最终成为一片废墟。尽管商务印书馆不久又成立了东方图书馆复兴委员会，但是由于种种原因，重建“东方”仍是一个遥远的梦。此次叶景葵提出想办图书馆，在沦亡之际，搜罗流散典籍，不致使湮灭或流失国外，这一主张立刻点燃了张元济心中的火种，因此可以说，“合众”的诞生，延续了张元济的东方图书馆之梦。

1939 年，由叶景葵、张元济、陈陶遗三人共同发起，各出所藏，以此为基础，成立私立合众图书馆。在选募图书馆经营者时，叶景葵想到了顾廷龙并推荐给张元济。张即从叶景葵处借来顾廷龙编纂的《吴愙斋年谱》和《章氏四当斋藏书目》，读过之后，对顾的学识、能力十分满意。这年 4 月，由叶景葵致函顾廷龙，欲聘他为合众图书馆负责人：“弟因鉴于古籍沦亡，国内公立图书馆基本薄弱……是以发愿建一合众图书馆……惟弟与菊生均垂暮之年，欲得一青年而有志节对于此事有兴趣者，任以永久之责，故弟属意于兄，菊生亦极赞许。”①

接到叶景葵的邀请信后，顾廷龙“决定南归”，但他向燕大提出辞职时，不意燕大“挽留甚切”，故“拟再婉辞，缘相处多年，不敢操急，致伤感情”。② 5 月 25 日，张元济亲自致函顾廷龙，说明举办“合众”的意图，诚意邀请并催促顾尽早南下：“夙从博山③昆仲饫闻行谊，久深企仰……以沪上迭遭兵燹，图书馆被毁者多，思补其乏，愿出所藏，供众观览，以弟略知一二，招令襄助。事正权舆，亟须得人而理。阁下在燕京研究有年，驾轻就熟，无与伦比。揆兄驰书奉约，亟盼惠临……此间开创伊始，倘乏导师，便难措手。务望婉商当局，速谋替人。一俟交代停妥，即请移驾南来，俾弟等得早聆教益。”④ 这是现在知道的张元济致顾廷龙最早的一封信，顾廷龙后来回忆说：“我认识先生（张元济）较晚，一九三九年秋，他与叶揆初（景葵）先生创设私立合众图书馆，邀我主持馆务，才开始与他往还日益密切。”⑤而此前，两人虽然在 10 年前见过面，却并无更多的联系。⑥ 以张元济的年龄辈份，与顾廷龙为两代人，而殷殷之情，跃然纸上，如此求贤若渴，充分反映了张元济识才、爱才的宽广胸襟。

1939 年 7 月 17 日，顾廷龙携全家抵达上海，正式加入“合众”，也开始了与张元济先生

---

① 顾廷龙：《顾廷龙文集》，上海：上海科技文献出版社，2002 年，第 558 页。

② 1939 年 5 月 16 日顾廷龙致叶景葵函，《顾廷龙文集》，第 755 页。

③ 博山：即潘承厚，字博山，1904—1943，苏州人。藏书家、书画鉴赏家，著名版本目录学家潘景郑之兄。

④ 张元济：《张元济书札》，北京：商务印书馆，1981 年，第 167 页。

⑤ 顾廷龙：《回忆张菊生先生二三事》，《顾廷龙文集》，第 547 页。

⑥ 1939 年 4 月 10 日顾廷龙致叶景葵函：“菊老素所仰慕，曩在外叔祖王胜老斋次，曾瞻丰采，忽忽已十年矣。”沈津：《顾廷龙年谱》，上海：上海古籍出版社，2004 年，第 83 页。

的密切交往。到沪第二天，顾廷龙即草拟《创办合众图书馆意见书》，该意见书经由叶景葵转交张元济审阅。顾则于7月20日、31日两次拜访张元济，讨论兴办“合众”的思路。[①] 这两次接触，给张元济留下了很好的印象，8月1日，张致函叶景葵：“顾君曾晤数面，持论名通，为馆得人，前途可贺。”[②] 寥寥数语，意味深长，表明张元济在与顾廷龙几次面晤后，已完全赞同叶景葵的推荐，这是他信任顾廷龙的开始。

办“合众”，张元济躬亲相助

合众图书馆于1939年8月正式开始工作，先由叶景葵、张元济、陈陶遗三人领导，顾廷龙为总干事。1941年成立董事会，陈陶遗为董事长。1946年起，张元济任董事长。开馆之初，在法租界今复兴中路临时租屋办公，1941年9月，迁至今长乐路、富民路口新馆舍。

对于这个在“孤岛”上诞生的图书馆，张元济倾注了许多心血，不仅“数日必来馆一视”，而且对图书馆工作的许多细节提出建议，在《张元济年谱》和《顾廷龙年谱》中，在整个“合众”时期，张、顾两人就“合众”事务留下了大量互访和信件往来的记录。例如，“（1939年）7月31日，谒张元济，商馆中计划。”[③] “8月13日，致顾廷龙书，询问书籍整理等‘合众’馆务进行情况。”“8月14日，顾廷龙来访，谈合众图书馆编目事，并携有各家书目，云均悉四库而略加变通者。”[④] 又如，8月30日，张元济致书顾廷龙，就“合众”图书编目的分类方法提出看法：“《四库总目》，疵类诚多，然本馆收藏既以国粹为界，《四库》奉行已久，且集历代之大成，鄙见既已奉为准衡，则凡《四库》已收之书，原属之类，似不必加以移改……至于近出之书，无可比附牵合者，则以增析济其穷。”[⑤] 这与顾廷龙“悉四库而略加变通”的看法正相一致。事实证明，“合众”初期，由张、顾两人确定的这一古籍分类原则，是十分契合、适用于现代公共图书馆馆藏古籍的实际情况的，它既囊括了1840年鸦片战争以前出版的所有中国传统古籍，又包容了这之后西方科学、哲学、文化传入中国后出版的大量“新学”线装书；既继承了自《隋书·经籍志》以来沿用千年、“已奉为准衡”的“四部”分类传统，又不拘泥于传统、根据时代变化而有所创新。后来“合众”并入上海图书馆，直至数十年后的今天，那里收藏的古籍线装书仍然使用的是当年“合众”定下的分类法，至今不能有更好的方法超越它。

由于合众图书馆是私立性质的公共图书馆，经费一直是令人困扰的难题，幸得叶景葵兴业银行董事长的关系，才勉力维持几年。1949年4月28日，叶景葵病逝，令总干事顾廷龙“徬徨无措”，身为“合众”董事长的张元济“勇于承担”，于当天下午赶到“合众”，对顾廷

---

① 沈津：《顾廷龙年谱》，第88–89页。
② 张元济：《张元济书札（增订本）》上，北京：商务印书馆，1997年，第287页。
③ 沈津：《顾廷龙年谱》，第89页。
④ 张树年：《张元济年谱》，北京：商务印书馆，1991年，第470页。
⑤ 张元济：《张元济书札》，第167页。

龙说："一切事情由我们（董事会）负责，请放心。"给困境中的顾廷龙莫大的支持和安慰。然而"经费日益支绌，不得不向有关方面作将伯之呼，而救援之书，皆为张先生亲笔所写寄"。[①] 最后，董事会向一位实业界朋友募到了一笔赞助，才暂时渡过难关。这一年，张元济已经是83岁高龄，在此"合众"最危急关头，张元济以老迈之躯，亲自为"合众"的存亡奔走呼号，帮助顾廷龙挺过了最艰难的一段日子，挽救了合众图书馆，作为晚辈的顾廷龙，当然十分感佩。

在张元济等人的指导和鼎力支持下，合众图书馆成为当时上海最大的收藏古籍，包括宋元善本、书信、手稿、抄本、金石拓片、地方志、旧报刊、书画等历史文献的图书馆。1953年，合众图书馆捐赠给上海市人民政府，翌年，改名为"上海市历史文献图书馆"。1958年，又与中国科学社属下的明复图书馆、黄炎培等人创办的鸿英图书馆等数馆合并，成为今天中国第二大图书馆——上海图书馆，其中，以合众图书馆（即历史文献图书馆）收藏为基础发展起来的今上海图书馆历史文献中心，是当今中国乃至世界上收藏古籍善本书的重镇之一。饮水思源，这不能不说是当年张元济等三位"合众"发起人和总干事顾廷龙的功劳。而作为董事长、长辈的张元济，对顾廷龙的充分信任和支持是"合众"发展成长的基础，也是令顾廷龙感铭一生的记忆，晚年他曾由衷地说："回顾（合众）从创办到捐献十有四年的经过，诸位先生的贡献都是巨大的。其中张先生始终参与其事，建国前后更直接主持馆务。每一项关键性事务，都得到他的妥善处理，其劳绩尤为卓绝。"[②]

为学术，切磋相长二十年

张元济是前清进士，具有深厚的国学功底，同时也是一位版本目录学家，这与顾廷龙自然有着许多共同的话题。从张、顾两人的《年谱》可知，从1939年起，他们开始了密切交往与信函联系，除了为"合众"馆务，最多的就是借书、还书、校书以及探讨学问。例如：1941年3月14日，张元济致顾函："昨奉手教并假阅《宛陵集》两种，甚感甚感。修补明本细细与万历颜本比对，笔迹微有不合，已将管见附识卷首，敬祈核阅……又《清太祖史料》，鄙见皆书估作伪之作，编目时姑仍其名而纠正于下。"[③] "（1944年）2月14日，张元济送《圣迹图》来，命考编人、刊年。"[④] "9月7日……谒张元济，请审定《旧唐书》刻本。"[⑤]

1944年初，顾廷龙与潘景郑合作出版了《明代版本图录》，这是顾、潘二人学术生涯中非常重要的一部著作。事隔半个多世纪，人们仿照它的模式，又出版了许多版本目录学的图录、画册，林林总总，热闹非凡，然而说到选本之精善、著录之精当，《明代版本图录》至今仍被

---

① 顾廷龙：《张元济与合众图书馆》，《顾廷龙文集》，第555页。
② 顾廷龙：《张元济与合众图书馆》，《顾廷龙文集》，第555页。
③ 张元济：《张元济书札》，第170页。
④ 沈津：《顾廷龙年谱》，第317页。
⑤ 沈津：《顾廷龙年谱》，第138页。

奉为古籍版本鉴定之圭臬，罕有出其右者。这本书编定时，正是日军侵华、上海沦陷时期，社会动荡，藏书流散，搜辑颇为不易，然而却得到了张元济、叶景葵等人慨然帮助，将各自珍藏的明代版本出借，使顾、潘二人得以在两年内顺利完成这部古籍版本鉴定名著。在《顾廷龙年谱》中，有不少是张、顾两人为《明代版本图录》编纂往来切磋的记录：“11 月 6 日……张元济送涵芬楼善本，为补《明代版本图录》之缺。”① “10 月 3 日……张元济又于《图录》教正数条，潘景郑即照改。”② “1 月 6 日……张元济有致先生（指顾廷龙）信，为拍摄书影，以补充《明代版本图录》事。云：‘需用明本书景印有年号篇叶者，尽可先请开示，不妨多举若干种。其为所最要者，另作记号，当交馆员依便检取。’”③ 从这些文字可以看出，《明代版本图录》编纂曾得到张元济的大力帮助，并且通过张元济的关系，顾、潘二人得以借到商务印书馆藏明代善本，这无疑为《图录》选本的精善打下了基础。

1941 年 10 月，顾廷龙将即将编定的《明代版本图录》书稿呈给张元济审定，张在认真读过后致函顾廷龙（10 月 3 日），对这本书推崇备至：“大著《明代版本图录》亦捧读一过，琳琅溢目，信为必传，自惭谫陋，不能赞一辞。”④ 同信中，张元济还提到：“嘉靖东壁图书府本《王摩诘集》有先六世叔祖藏印，原书未知何家所藏，乞示及。”几天后，10 月 8 日，张元济又致函顾廷龙：“《王摩诘集》四册已阅过，先六世叔祖讳元龙，字雨岩，别号晓堂，为雍正己酉拔贡，官昌化县教谕。又红药山房印章似是马寒中家故物，马氏书散，或就近入于吾家，然校笔则非出先人手，当尚在其前也。景郑兄慨然见惠，万不敢领，谨缴上，乞察入转交为荷。”⑤

笔者在读《张元济书札》中的这两封信时，总在揣摩当年张元济写信的缘由，因为这两封信背后应该有一个“故事”。十分巧合，近日笔者在读潘景郑数十年前旧稿时，无意中看到潘先生写的《王摩诘集》跋，这才恍然：信中提及明“嘉靖东壁图书府本《王摩诘集》”，确曾是张元济海盐故家世代所藏，但不知什么原因流落书肆。1939 年 11 月，为避战乱移居上海的潘景郑从家乡苏州一严姓书商手中以 20 元购得此书，并在书后题曰：“此书前人以朱笔校宋本，颇多是正，又有蓝笔标点，署‘王元美选’四字，当亦前贤手笔也……此本有‘红药山房收藏私印’，及‘屠用明字用明’、‘墠华’、‘元龙’、‘雨岩’五印，为海盐张氏涉园故物。”⑥ 1941 年顾、潘二人编《明代版本图录》时，因这部《王摩诘集》是“朱笔校宋本”，潘景郑遂将其书影收入《图录》。张元济看《图录》书稿时，发现其中的《王摩诘集》为张家六世叔祖故物，于是询问顾廷龙“原书未知何家所藏，乞示及”。潘景郑知道后，立即将《王摩诘集》璧还张元济，所以才有 10 月 8 日张元济覆书顾廷龙“万不敢领”，同时他还

---

① 沈津：《顾廷龙年谱》，第 216 页。
② 沈津：《顾廷龙年谱》，第 210 页。
③ 沈津：《顾廷龙年谱》，第 226 页。
④ 张元济：《张元济书札》，第 172 页。
⑤ 张元济：《张元济书札》，第 169 页。
⑥ 潘景郑未刊手稿《盉宀书跋初稿》。

证实了该书是张家先祖从马寒中（海宁人，清初著名藏书家）家购得，但书上的朱笔校勘并非张家先人所写，而是在购书前已经写上的。10月11日，张元济为《王摩诘集》题跋后，原书奉还顾廷龙。

这部有张元济、潘景郑题跋的《王摩诘集》，现收藏于上海图书馆，它见证了张元济与顾廷龙、潘景郑在版本目录学方面的共同志趣和蒐集、保存中国古籍的拳拳之心。在古籍版本鉴定学上，《明代版本图录》的地位是不言而喻的，而张元济这位热心中国文化事业传播的师长功不可没。

与顾廷龙的书缘交往是张元济晚年生活的重要内容。1932年“一·二八”战火，将东方图书馆彻底摧毁，万幸的是，张元济一开始就将商务印书馆历年收集到的570余部共5000多册最顶级的宋元时期珍本藏于租界的金城银行（现江西中路交通银行）保险库内，因此躲过劫难。从1934年起，张元济陆续对这批劫后余生的宋元善本进行整理，最终编成《涵芬楼烬余书录》初稿。1949年底，正当商务印书馆打算出版时，张元济中风瘫痪，此后在病榻上渡过生命的最后10年。由于不能再对书稿进行修订，张元济遂将此事托付给他最信任的顾廷龙，所以顾廷龙常常在下班时去张府，两人就《涵芬楼烬余书录》修订工作切磋讨论。顾回忆说：“在此时期先生几日有便条给我，我亦一二日必往一谈。先生病后，记忆力仍很强，某字某句要查，而且要查原书，这种校勘工作，在‘合众’做最为适宜。”① 在《顾廷龙年谱》中，1950至1951年间，常常见到“校《涵芬楼烬余书录》”、“商《涵芬楼烬余书录》排法”等文字。在顾廷龙的帮助下，《涵芬楼烬余书录》终于在1951年出版，顾并为之作序。可以说，《涵芬楼烬余书录》同样融入了顾廷龙的心血。

怀故人，三十年不忘知遇情

从张元济《年谱》、《书札》和顾廷龙《年谱》、《日记》反映的大量信息看，顾廷龙是张元济晚年最信赖的朋友，虽然他们年龄分属两代人，但两人往来及信函的密切程度却非同一般，张元济引顾廷龙为知己至交，甚至以非常私人的琐事托付顾廷龙。20世纪40年代，“孤岛”沦陷后，张元济的生活陷于困顿，不得不变卖家中收藏以渡难关。1942年9月4日，张元济致书顾廷龙：“迩来生计日艰，思效东坡之在海南，尽货酒器，以资衣食。弟藏有明万历、清顺治（此两种真赝未敢决定）、嘉庆及同光间之旧墨，亟思售去。因思令亲湖帆世兄驰誉丹青，当有需用之处。市上所售多用洋灰，色泽欠佳，必不能合名家之选。拟请于晤面时代为探问。如须购用，当以样品送请鉴定，乞勿道及为敝处所托。如不需此，尽可拒却也。”② 这是委托顾廷龙向沪上著名书画家吴湖帆出售家藏古墨的请函。1943年1月18日，又致书顾廷龙：“弟为生事所迫，妄思鬻书为活，附呈润例数纸，敬乞介绍与苏垣之笺扇店，请其代为

① 顾廷龙：《张元济与合众图书馆》，《顾廷龙文集》，第565页。

② 沈津：《顾廷龙年谱》，第259页。

招徕。”[①] 如此窘迫和无奈状况，只有最信赖的朋友才会有勇气表露，这从侧面反映出张元济与顾廷龙的私交与彼此信任非同一般。

1953年6月18日，经营14年的私立合众图书馆正式捐赠给上海市人民政府，当天，张元济致信顾廷龙，回首多年来与“合众”一起经历的往事，他感慨地说道：“若干年来，弟尤得读书之乐。吾兄十余载之辛勤，不敢忘也。苦心孤诣，支持至今，揆翁有知，亦当铭感。”[②] 这是晚年张元济对顾廷龙最真实的评价，他认为在“合众”十多年，自己的心情是愉快的，且对顾廷龙在艰难时期尽力维持了“合众”的正常运转深表感谢。

顾廷龙则对张元济深怀敬意，从1939年到“合众”任总干事开始，直至张元济去世，两人一直保持着很好的工作关系和私人交谊。在“合众”期间，正是国土沦陷、经费支绌的困难时期，顾廷龙不仅勉力维持了图书馆的日常运转，而且在搜集、保存流散古籍，编辑出版馆藏孤本、珍本丛书方面做了不少工作，这些都与张元济的支持和帮助分不开，正因为如此，顾廷龙一生视张元济为师长。“合众”捐赠后，张、顾两人的工作关系也告结束，但私谊却一直保持下来，1956年，张元济90寿辰，顾廷龙搜辑出版张元济历年所作序跋为《涉园序跋集录》，以为贺寿。1959年张元济去世后，顾廷龙始终不忘张元济的知遇之情，直到耄耋晚年，仍促成了几件与张元济有关的事情。例如，将上海图书馆藏海盐地方文献复制成胶片，赠给海盐县图书馆。这批嘉兴、海盐先贤遗著，原是张元济历年在北京、上海等地收集的，1941年4月至10月，分多次移送给合众图书馆，其中包括嘉兴地区先贤遗著476部1822册，海盐先哲遗著255部1115册，张氏先人著述及评校之书104部856册。按张元济当时设想，先暂存合众图书馆，“冀异日敝邑或有图书馆之设，则仍以归诸故土，稍助乡邦文献之征。”[③] 但因为战乱，在家乡建图书馆的愿望迟迟未能实现，遂改为永久捐赠。顾廷龙一直记着张元济当年的愿望，上世纪80年代，在他的指示下，上海图书馆将张元济捐赠的海盐地方文献陆续复制成胶片，赠给海盐县图书馆，事隔40多年，这些海盐文献终于回到家乡，顾廷龙完成了张元济的心愿。

1992年，以上海图书馆藏清代硃卷为底本，顾廷龙主编的《清代硃卷集成》由台北成文出版社出版，这些硃卷大部分是1948年由张元济介绍，从海盐一同乡藏家手中购得。在每一份硃卷上，都留有过去考生的“履历、直系亲属、近支统系”甚至“师承传授渊源”[④] 等信息，对于今人来说，这是极珍贵、极真实的人物研究第一手资料，是一部微缩的“古代人名辞典”。但是过去硃卷并不被人重视，一般公共图书馆更少有收藏，而张元济却独具慧眼，他认识到硃卷上的考生信息对于后人是多么珍贵的历史资料，所以积极促成了这次收购。后来合众图书馆又从潘景郑处收得一批祖藏的硃卷，这两家收藏相加，使上海图书馆成为中国硃

① 张元济：《张元济书札》，第175页。
② 张元济：《张元济书札》，第179页。
③ 张元济：《张元济书札》，第171页。
④ 顾廷龙：《顾廷龙文集》，第94页。

卷收藏之冠，这份荣誉，当然包含了张元济的功劳。

顾廷龙晚年还积极支持并推动了张元济研究。1980 年，顾廷龙写了《回忆张菊生先生二三事》，这应该是“文革”后最早追忆张元济的文章。1985 年又写《张元济与合众图书馆》，深切缅怀张元济的高尚人格和对合众图书馆的贡献。1987 年，张元济诞辰 120 周年，84 岁的顾廷龙再撰《我与商务印书馆》一文，呼吁整理出版张元济遗著《百衲本二十四史校勘记》，这一年，他还撰写了《张元济访书手记辑录》小引，以志纪念。顾廷龙晚年撰写的这些回忆文章，既是他对张元济的深切缅怀，也为后人研究张元济留下了珍贵的资料。同时，顾廷龙也积极推动了张元济研究文献的出版，20 世纪八九十年代，商务印书馆出版《张元济书札》、《张元济年谱》，顾廷龙均给予出版社和家属许多配合和有益的建议，并为之作序，在《顾廷龙年谱》中，也记录了他为编辑出版张元济资料与张元济哲嗣张树年先生的往来：“2 月 24 日……张树年来，还尺牍四本。”① “2 月 14 日，张树年致先生信，谈编辑张元济题跋、书札、年谱……事。”② “3 月 30 日，张树年有信致先生，‘关于先严遗著将继续整理，准备出版，这全是吾兄在京做了工作的结果。’”③ 不仅如此，顾廷龙对各地研究张元济的学者也给予积极鼓励和帮助，已故著名张元济研究专家、山东大学教授王绍曾曾回忆，他就是在顾廷龙的支持下，走上专门研究张元济的道路。

历史是无法重来和假设的，所以后来人探究张、顾二人 20 年交往关系时，无法估计如果当初顾廷龙不来上海合众图书馆，他后来的人生将会是怎样的轨迹。我们已经看到的事实是，在张元济的一贯支持下，从“合众”开始，顾廷龙写就了他作为中国最著名的图书馆和版本目录学家的辉煌人生。

（原刊于《图书馆杂志》2009 年第 7 期第 73-77 页）

---

① 沈津：《顾廷龙年谱》，第 626 页。

② 沈津：《顾廷龙年谱》，第 634 页。

③ 沈津：《顾廷龙年谱》，第 636 页。

顾廷龙与张元济交往述略
——以版本目录学研究为中心

刘　勇

张元济（1867—1959），字筱斋，号菊生，近现代著名出版家、教育家、版本目录学家，他与顾廷龙皆为近现代版本目录学的重要学者。顾廷龙与张元济的交往始于上海合众图书馆创始期间，从此两人开启了长达近二十年的交往。关于顾廷龙与张元济之间的交往，任雅君的《张元济与顾廷龙交谊述略》叙述了顾廷龙与张元济在创办合众图书馆、学术切磋等方面的交往。① 顾廷龙与张元济之间多有关于古书研究的交流。张元济编撰的《涵芬楼烬余书录》（以下简称《书录》），顾廷龙与潘景郑合编的《明代版本图录初编》（以下简称《图录》）均为版本目录学史上的名著，《图录》的编纂得到张元济的帮助，而顾廷龙也参与了《书录》的修订。本文即以张元济与《图录》之成书、顾廷龙与《书录》之修订等两人在版本目录学方面的研究交流为中心，回顾他们之间的交往历程。

一、张元济与《明代版本图录初编》之成书

顾廷龙与潘景郑突破传统版本研究重视宋元版的观念，关注以往被忽视的明代版本，编纂《图录》一书。是书主要由顾廷龙发凡起例，而具体书目的筛选则由顾、潘二人一同商定。同时，张元济也为顾廷龙编纂《图录》提供了诸多帮助。这主要表现在以下几个方面：

张元济为《图录》的编纂提供了部分古籍版本资料。1939 年，顾廷龙受到叶景葵、张元济之邀，南下到上海参与合众图书馆的创立工作，遂有机会检阅“杭县叶氏、海盐张氏、吴兴刘氏、天津华氏诸家及涵芬楼”② 所藏明版书，并从中选取适于收入《图录》之书。“海盐

---

① 任雅君：《张元济与顾廷龙交谊述略》，《图书馆杂志》2009 年第 7 期，第 73-77 页。

② 顾廷龙：《明代版本图录初编叙》，顾廷龙、潘景郑：《明代版本图录初编》，《民国丛书》第五编 100 册，上海：上海书店，1996 年，第 4 页。

张氏”即是指张元济旧藏，而顾廷龙能借阅涵芬楼所藏，亦得张元济之助。由此可见，张元济在顾廷龙编纂《图录》的过程中发挥了重要的协助作用。顾廷龙在日记中，曾多次记述自己向涵芬楼借书之事。如1940年10月6日，“阅《涵芬楼烬余书录》，选出廿种，拟借摄。”1941年10月7日，“拟借书单开就，送菊丈，得便检借。”1941年11月6日，“菊老送涵芬楼善本，为补《图录》之乏”。[①] 张元济不仅为顾廷龙利用涵芬楼藏书提供了方便，并补充了《图录》之缺失，又为拍摄《图录》的示例图提供了可供筛选的版本。张元济曾经写信给顾廷龙，言及为《明代版本图录》拍摄书影事。云：“需用明本书景印，有年号篇叶者，尽可先请开示，不妨多举若干种。其为所最要者，另作记号，当交馆员依便检取，并乞裁酌。”[②]

张元济对于古籍版本及其源流的考定，也对《图录》示例版本的选择产生了影响。根据潘景郑的日记，顾廷龙曾经委托其请张元济鉴定版本，“请审定《史记》《隋书》二种。《史记》，丈审为秦藩本，《隋书》审为元本”。[③] 而这部嘉靖十三年秦藩刻本《史记》就作为藩府刻本的案例出现在《图录》中。张元济撰写的跋文，也为《图录》的编纂提供了重要的参考。张元济编纂的《四部丛刊》，其中的《景印宋本配明弘治活字本〈容斋随笔〉跋》提及《容斋三笔》配以明华氏会通馆活字本，张元济认为会通馆本“由宋绍定刊本出，世亦推为善本”[④]，而《图录》选取的是会通馆活字本《容斋三笔》。《图录》中提及的《王摩诘集》，顾廷龙在《日记》中数次记载张元济曾经看过这部书。当张元济在见到《图录》稿本中有《王摩诘集》后，随即致信顾廷龙：“嘉靖东壁图书府本《王摩诘集》有先六世叔祖藏印，原书未知何家所藏，乞示及。”[⑤] 其后顾廷龙告知此书为潘景郑所藏，潘氏有意将书赠与张元济，张元济在写给顾廷龙的信中称“万不敢领，谨缴上”。[⑥] 1941年10月11日，《顾廷龙日记》载：“菊丈送《王摩诘集》跋文。”[⑦] 张元济在跋文中考证了此书的流传过程。

张元济编纂的《书录》也曾对《图录》的编纂提供了版本参考。顾廷龙的《日记》表明，他曾经借阅过《书录》的稿本，并在阅读的过程中发现若干适于拍摄书影的明版书。1941年10月4日，张元济有信致顾廷龙云：“《涵芬楼烬余书录》稿本十册呈上，乞察阅。”[⑧] 顾廷龙认为该目“可借摄之本甚多，托景郑先选一过”。[⑨] 1941年10月5日，顾廷龙“阅《烬余书录》”。10月6日，又“阅《涵芬楼烬余书录》，选出廿种，拟借摄”。[⑩] 叶景葵有信

---

① 顾廷龙撰，李军、师元光整理：《顾廷龙日记》，北京：中华书局，2022年，第190、196页。
② 张元济：《张元济书札》，北京：商务印书馆，1981年，第172页。
③ 潘景郑：《盉宀日记》，转引自张人凤、柳和城：《张元济年谱长编》下册，上海：上海交通大学出版社，2011年，第1097页。
④ 张元济：《景印宋本配明弘治活字本〈容斋随笔〉跋》，《张元济全集》第9卷，北京：商务印书馆，2010年，第171页。
⑤ 张元济：《张元济书札》，第172页。
⑥ 张元济：《张元济书札》，第169页。
⑦ 顾廷龙：《顾廷龙日记》，第191页。
⑧ 张元济：《张元济书札》，第172页。
⑨ 顾廷龙：《顾廷龙日记》，第189页。
⑩ 顾廷龙：《顾廷龙日记》，第190页。

致张元济云："承赐阅《涵芬楼烬余书录》，已交起潜郑重检择。"① 可见《书录》为顾廷龙编纂《图录》提供了重要的线索。通过《书录》，顾廷龙得以从涵芬楼藏书中挑选出《铁崖文集》《洪武大诰》《书法钩玄》《水经注》等书的明代版本。

《书录》还为《图录》的文字说明部分提供了重要的参考。将《书录》与《图录》对照后可以发现，至少有下列几种书籍是重合的：《梁书》《史通》《洪武大诰》《元文类》《铁崖文集》《唐王右丞诗集》《国语韦氏解》《东观余论》《栾城集》《书法钩玄》《水经注》《玉台新咏》《王摩诘集》。通过对比这些重合的书籍可以发现，《图录》所采用的版本并非全部与《书录》一致，如《史通》一书，《图录》采用的并非涵芬楼收藏的明刻本《史通》，而是使用了万历三十年长洲张鼎思刻本，归入到"监本"类中，使《图录》收录的版本更有代表性。《国语》一书，《书录》云："段氏后跋指此为明嘉靖时金李刊本，惟以韦氏叙后无泽远堂牌记为疑。"② 金李的堂号为泽远堂。正是有此怀疑，故而《图录》并未采用涵芬楼藏本，而是选择了带有泽远堂牌记的版本。《图录》云："按此本序后有'嘉靖戊子吴郡后学金李刊于泽远堂'一行。"③ 由此可见《图录》在编纂上的审慎态度。

《图录》与《书录》中版本一致的，则有《梁书》《洪武大诰》等，另外《书录》与《图录》对于一些书的具体内容的描述也有相似之处。《图录》中《洪武大诰》的图说部分，与《书录》基本一致。唯一的区别在于《洪武大诰》中"前编"条目数量不同，《书录》作七十条，而《图说》作七十四条。《书录》所记版本信息也为《图录》的编纂提供了参考。如《元文类》一书，《书录》云："钱警石谓'明晋藩用西湖书院本翻雕'，当即此本。"④ 著录为明覆元本。十九册。《图录》：明嘉靖十六年丁酉（1537）晋藩刻本，"此书款式仿元西湖书院本，则为重刻元本也。"⑤ 可见《图录》受到《书录》的影响，而《图录》著录的版本信息较之《书录》更为详细。唯一的区别在于《书录》著录十九册，《图录》著录二十册。这应该与《书录》中著录的版本仅存卷二至七十有关。

《书录》与《图录》互有侧重，故而有的地方详略不同。《书录》中有比《图录》详细的地方。如《铁崖文集》，《图录》之图说仅有"按此书末有'姑苏杨凤书于扬州之正谊书院'一行，当即其所刊地也。"⑥ 此意已见于《书录》，而《书录》则更为详细："原有明弘治十四年冯允中序，朱昱刊版序，是本均佚。《爱日精庐藏书志》谓：'卷首《圻城父老射败将书》、《上巙巙平章书》两篇，《东维子集》《铁崖漫稿》俱不载。'为是本独善之证。然误认为元刊

① 叶景葵：《致张元济》，叶景葵撰，柳和城编：《叶景葵文集》（下），上海：上海科学技术文献出版社，2016年，第1351页。
② 张元济：《涵芬楼烬余书录》（上），上海：上海古籍出版社，2022年，第145页。
③ 顾廷龙、潘景郑：《明代版本图录初编》卷六，《民国丛书》第五编100册，第25页。
④ 张元济：《涵芬楼烬余书录》（下），上海：上海古籍出版社，2022年，第479页。
⑤ 顾廷龙、潘景郑：《明代版本图录初编》卷四，《民国丛书》第五编100册，第10页。
⑥ 顾廷龙、潘景郑：《明代版本图录初编》卷五，《民国丛书》第五编100册，第4页。

本，盖亦佚去冯、朱二序也。”[1]《栾城集》，《书录》著录为“明活字本”[2]，《图录》则进一步断为“明嘉靖二十年辛丑（1541）蜀府活字本”[3]。《书录》的描述较为简略，仅提及题跋、官职，《图录》则详细言及此书的印刷始末。《书法钩玄》，《书录》简略，著录为“明刊本”[4]，仅及卷叶，《图录》则断为“明初覆刊元本”[5]，并论及“字体类元，刻法已不逮元本之朴茂，是当为明初覆元本也”[6]。《水经注》，《书录》较详，多叙惠栋批校，《图录》较略，然述及用纸，版本描述精确到“黄省曾前山书屋”[7]，以及此书为明代最初刻本、黄氏另刻有《山海经》。《玉台新咏》，《书录》称“明覆宋本”、“明吴郡赵氏覆宋刻本”，“镌印极精”[8]，《图录》则称“明崇祯中吴郡寒山赵氏宛委堂覆宋小字刊本”[9]。由上可见，《书录》《图录》体例不一致，一为解题式的目录，一为图录式的目录，《书录》之特色在介绍内容、批校题跋、藏印等，《图录》的著述特色在于重视书籍的字体、用纸、版框大小、刊刻始末等版本特征的精确著录。

另外，顾廷龙应该与张元济具体讨论过《图录》的编纂问题。《顾廷龙日记》中多有两人交流明代版本的记录，这不仅为顾廷龙编纂《图录》提供了启发，也是张元济与《图录》之间具有密切关系的重要佐证。1940 年 5 月，顾廷龙在日记中记载：“将明本刊板纪年者分别开列，即以年为经，以目为纬。”[10] 张元济也曾向顾廷龙谈及自己排列明代各朝版本之事，1940 年 7 月 21 日，顾廷龙记：“谒菊老，久不晤矣，呈报告。谈及昔东方图书馆开幕，渠尝将明本各朝所刻排列无遗，即建文、景泰亦皆备也，惜其书已毁，目亦无存耳。”[11] 明代版本中较为珍贵的当属明初版本，张元济还曾在信中与顾廷龙论及涵芬楼藏书中的明初版本存留情况：“涵芬楼藏书洪武本却有数种。建文本已不见，想毁去矣。永乐、宣德本亦间有数种可用。烬余书录如需阅，候示检呈。”[12] 可惜的是，涵芬楼藏书中的建文、景泰本已遭焚毁，而洪武、永乐、宣德年间的版本尚存数种。《图录》的卷一按照时代分期，并且补全了建文、景泰年间的版本，应该就是由此受到的启发。

最后，顾廷龙曾请张元济审阅《图录》的叙例与目录。1940 年 7 月，顾廷龙致顾颉刚信言：“《版本图说》因明本向少人留意，故先从事于此，以便人之参考。叙例、目录业已拟好，

---

① 张元济：《涵芬楼烬余书录》（下），第 458 页。
② 张元济：《涵芬楼烬余书录》（下），第 400 页。
③ 顾廷龙、潘景郑：《明代版本图录初编》卷九，《民国丛书》第五编 100 册，第 9 页。
④ 张元济：《涵芬楼烬余书录》（上），第 265 页。
⑤ 顾廷龙、潘景郑：《明代版本图录初编》卷十二，《民国丛书》第五编 100 册，第 8 页。
⑥ 顾廷龙、潘景郑：《明代版本图录初编》卷十二，《民国丛书》第五编 100 册，第 8 页。
⑦ 顾廷龙、潘景郑：《明代版本图录初编》卷六，《民国丛书》第五编 100 册，第 69 页。
⑧ 张元济：《涵芬楼烬余书录》（下），第 467 页。
⑨ 顾廷龙、潘景郑：《明代版本图录初编》卷六，《民国丛书》第五编 100 册，第 57 页。
⑩ 顾廷龙：《顾廷龙日记》，第 80 页。
⑪ 顾廷龙：《顾廷龙日记》，第 93 页。
⑫ 张元济：《张元济书札》，第 172 页。

本欲先呈审定，恐稽时日，今拟就近请菊老指正后即着手借书摄景，并径与开明商酌印刷事，如能商定用珂罗版较为精美。”[①] 张元济还曾审阅过《图录》的原稿，并指正数条。《顾廷龙日记》1941 年 10 月 3 日载：“菊丈送书，还《版本图录》，教正数条。景郑即照改。”[②] 此外，1941 年 9 月 5 日，顾廷龙还曾请张元济撰写《图录》的序言。[③]

二、顾廷龙与《涵芬楼烬余书录》之修订

（一）顾廷龙所记《书录》之修订

张元济曾帮助顾廷龙借阅涵芬楼的部分藏书，并与顾廷龙探讨了一些书籍。如 1940 年 8 月 29 日，由于顾廷龙要抄写书籍，张元济借给他“涵芬楼藏陈树华《左传考正》六本、《外传考正》二本”，建议将卷端眉批用“敝馆前印《郡国利病书》例摘出附入卷末”。[④] 这些借书活动都为顾廷龙参与《书录》的修订、出版奠定了基础。

顾廷龙从 1950 年开始，就参与《书录》的修订工作，顾廷龙在为张元济九十华诞献的寿辞中说：“曩岁龙承命佐理校印《涵芬楼烬余书录》时，病偏左未久，偃仰床笫，每忆旧作，辄口授指画，如某篇某句有误，应如何修正，又如某书某刻优劣所在，历历如绘。”[⑤] 根据张树年（笔者注：张树年，字仲木，张元济之子）的回忆，这时的张元济卧病在床，顾廷龙“几乎天天下午三四点钟来我家，坐在先父病榻之侧，讨论书稿。他们将书稿重加核对后定稿”。[⑥]

在顾廷龙的《日记》中也有多处提及他修订《书录》的情况。1950 年 1 月 18 日，“仲木来言，菊老于神志清明时，忆及《涵芬楼烬余书录》始印未竣，属倩余料理之。”1950 年 1 月 22 日，“视菊老疾，一晤即以《书录》事相托，已印若干，几处须查，均尚省记。”1950 年 10 月 12 日，“重校《烬余录》校样。”1950 年 10 月 16 日，“午后，访菊老，商三朝本诸史行款。”这里的“三朝本诸史”指的是《书录》中著录的宋刊元明递修本《蜀大字本七史》。1951 年 2 月 3 日，“菊老送《涵芬善本目》来”，顾廷龙与商务印书馆负责出版《书录》的编辑叶安定商议排法。1951 年 4 月 1 日，顾廷龙还校阅了附录在《书录》之后的《涵芬楼原存善本草目》。1951 年 4 月 3 日，“为菊老注藏书家字贯室名。”1951 年 5 月 18 日，“叶安定来，送《后序》样，即校付印，今日可竣事矣。据言，菊老约廿一须看样书。自始工至毕工，亦

---

① 顾廷龙：《致顾颉刚》（1940 年 7 月 26 日），《顾廷龙全集》编辑委员会编：《顾廷龙全集·书信卷》上，上海：上海辞书出版社，2017 年，第 127 页。

② 顾廷龙：《顾廷龙日记》，第 189 页。

③ 顾廷龙：《顾廷龙日记》，第 185 页。

④ 张元济：《张元济书札》，第 169 页。

⑤ 柳和城整理，张人凤校订：《张元济先生九十生日纪念题辞》（下），上海图书馆历史文献研究所：《历史文献》第 15 辑，上海：上海古籍出版社，2011 年，第 33 页。

⑥ 张树年：《怀念起潜兄》，上海图书馆编：《顾廷龙先生纪念文集》，上海：上海科学技术文献出版社，1999 年，第 27 页。

十阅月矣，如释重负也。”1951年6月5日，“访菊老，谈《烬余录》。”①

现存《书录》稿本中有数条顾廷龙的批注修改，顾廷龙曾在已经出版的《书录》上题字云：“当余编校《书录》，以书存银行，未能一一提阅为憾也。”② 因此，在最终修订《书录》出版时，只能凭借自己的学识与记忆进行修订。顾廷龙对《书录》的批注修改、《书录》稿本与顾廷龙《日记》中的记载颇有互相印证之处。如《日记》中提及1950年10月24日，“访菊老，商《书录》删藏印数处。”③ 陈先行的《影印〈涵芬楼烬余书录〉稿本前言》曾揭示，在正式印刷出版的《书录》中，有些条目著录的藏书印，要比《书录》稿本中的藏书印少。④这些藏书印应该就是《日记》中记载的删除藏印记录。张元济与顾廷龙商讨删除部分藏书印，可能是考虑到书籍篇幅的问题。

（二）《日记》与《书录》记载之异同

顾廷龙在日记中所记，与《书录》中的内容颇有互相印证之处，可见顾廷龙对于《书录》最终的修订与完善发挥了重要的作用。比如顾廷龙曾向张元济借阅清代金石学家刘喜海的《金石苑》稿本。1942年3月15日，“访菊老，告借刘燕庭《金石苑》稿本，允即调示。”3月19日，“菊丈来询问昨来日人事，并告欲借《金石苑》稿，已嘱取。任心翁（笔者注：指任心白，当时在商务印书馆工作）来电称，《金石苑》约下星期中必可送下。”⑤ 关于《金石苑》，顾廷龙在1942年4月9日的日记中记载：

> 叔通来，述悉《金石苑》得自衢州张氏，约千余元，后归涵芬楼。原系乱稿一宗，因倩况夔笙（况周颐，字夔笙）整理之，月酬五十元，一年未得端绪，遂改乞王静安（王国维，字静安）理之，始得重编成册。⑥

再看《书录》中的内容：

> 得之旅肆中，云自衢州某旧家散出者。凡六十一册，原为未定之稿。……因倩临桂况君夔笙重为整理，汰其重出及未完者，编为五种，凡一百二十一卷。故人王君静庵跋之。⑦

通过上述两段记载的对比可以发现，《书录》中未提及况夔笙整理不力的细节，这可能是

---

① 顾廷龙：《顾廷龙日记》，第523、524、551、552、561、566、566、568、571页。
② 沈津：《张元济与〈涵芬楼烬余书录〉》，《伏枥集》，桂林：广西师范大学出版社，2019年，第34页。
③ 顾廷龙：《顾廷龙日记》，第553页。
④ 陈先行：《影印〈涵芬楼烬余书录〉稿本前言》，《图书馆杂志》2017年第11期，第90页。
⑤ 顾廷龙：《顾廷龙日记》，第225、227页。
⑥ 顾廷龙：《顾廷龙日记》，第232页。
⑦ 张元济：《涵芬楼烬余书录》（上），第211页。

出于为友朋避讳，故而删去了这些内容。而且，陈叔通告知顾廷龙的诸多细节，最终也未在《书录》中体现。

顾廷龙在《日记》中有不少见解与《书录》的表述类似。《书录》中著录《彭尺木文稿》："是为其平日所撰文稿，句斟字酌，有一题易至数稿者，亦可见其临文之不苟矣。每篇多经罗台山、汪大绅之评改，讨论润色，不稍假借，并见先哲直谅虚受之谊。"① 顾廷龙曾经借阅过这部书，并在1940年2月29日的日记与《合众图书馆筹备一年记略》中提及对此书的评价：

> 原稿经台山、（笔者注：罗有高，字台山）、大绅（笔者注：汪缙，字大绅）删改者十之九，评语率直，不稍假饰，自改之句，浓圈密点，毫不谦让。日前阅寒瘦山房藏王惕甫（笔者注：王芑孙，字惕甫）评石琢堂诗，亦复如是。余始知所谓切磋琢磨者如此、赏奇析疑者如此，古人朋友之乐，为可羡也。②
>
> 《彭尺木文稿》。有未刊之文甚多，各篇均经汪大绅、罗台山、韩公复（笔者注：韩梦周，字公复）等一再删改，旁行斜上，评点满幅，可以见古人作文之审慎。惟字体既草，又来回涂乙，传钞甚难，乃由叶先生手钞其最难辨读者，并依式删改，以存其真。其他各文，倩人录副，由廷龙据《二林居士集》、《一行居士集》通校一过，并编写总目于首。③

将顾廷龙的见解与《书录》对比后可以发现，两者在语意乃至一些用词上都极为接近，"句斟字酌，有一题易至数稿者，亦可见其临文之不苟矣"与"旁行斜上评点满幅，可以见古人作文之审慎"相近，"不稍假借"与"不稍假饰"相近，"并见先哲直谅虚受之谊"与"赏奇析疑者如此，古人朋友之乐为可羡也"相近。

另外，值得注意的是，顾廷龙在《日记》中所记载的，有超出《书录》范围，甚至有补充《书录》之不足的，但是这些内容却并未体现在《书录》中。如明末清初学者孙承泽的《山书》抄本，《书录》称："诸藏书家，惟见徐果亭《培林堂书目》，有钞本一部。又曝书亭亦有藏本，为吾友朱逖先所收。"④ 顾廷龙在《日记》（1940年1月11日）中则说："《山书》及尺木稿（笔者注：即清代学者彭绍升的文集《彭尺木文稿》），景郑亦皆有钞本，粗校一过，知景郑本《山书》误脱甚多，须细校。"⑤ 张元济有信致顾廷龙："《山书》及《彭尺木文稿》两种，径送尊处，如果发抄，务祈转招写官至馆或揆翁府上迻录，勿任携归私室。"⑥ 可

① 张元济：《涵芬楼烬余书录》（下），第465页。
② 顾廷龙：《顾廷龙日记》，第54页。
③ 顾廷龙：《合众图书馆筹备一年记略》，《顾廷龙日记》，第662页。
④ 张元济：《涵芬楼烬余书录》（上），第137页。
⑤ 顾廷龙：《顾廷龙日记》，第40页。
⑥ 张元济：《张元济书札》，第168页。

见顾廷龙曾经向张元济借阅过《山书》，并且潘景郑亦有收藏，可补《书录》中版本种类描述之不足。

另外，顾廷龙《日记》中记载的书籍册数与《书录》也有差异。顾廷龙曾经借阅涵芬楼藏书，故而在《日记》中有关于册数的详细记载。1943 年 3 月 27 日，顾廷龙致张元济的信中说："示悉。承借书，计（一）《金石苑》稿本六十六册附册页数单四页。（二）《三礼疑义》四十九册。（三）《扬子法言》沈校一册。即希菊丈尊右。龙顿首。"① 顾廷龙记载《金石苑》六十六册，而《书录》中著录的则是六十三册；《三礼疑义》四十九册，而《书录》著录为四十八册。造成这种差异的原因，极有可能是由于出版《书录》时，未能核对涵芬楼藏书导致的。

顾廷龙所记与《书录》更多的还是详略的差异。这一点尤其表现在《周秦名字解故》一书。《书录》中仅有寥寥数语："是书先已刊成，引之（笔者注：即王引之）复取刊本重加修订，满纸涂乙，无异初稿。"② 而顾廷龙曾两次为此书撰写题跋：

> 《周秦名字解诂》，此为刊本，曾经作者一再手自改订，后即写定为《春秋名字解诂》，附《经义述闻》中者，此实其底稿也，而《周秦名字解诂》遂不可见。原本中颇有后来以为阙疑而删去者，又修订之时，有证例数条，书于上方，皆定本所无。于此可见古人治学之经历，传钞其原本，复度其校改。③
>
> 余尝谓考据如猜无底之谜，皆只近似，莫获其真，是在读者之审辨矣。然则文简删汰之条，见仁见智，当亦有可采者。兹特传钞一本，并以朱笔照录所改，聊存其治学之径途，但先后着墨之处，不复为别矣。④

顾廷龙在第一则题跋中的描述基本上与《书录》一致，但是补充了对书中批注、修改部分的描述，并且指出了这些修订的学术价值。顾廷龙在第二则题跋中主要记载了自己在传抄此书时的感悟。通过这两则题跋，也可以看到顾廷龙在《书录》的基础上继续阐发此书的价值。

顾廷龙在日记中的记载与《书录》颇有互相参证之处。1941 年 8 月 7 日日记记：

> 又云，冒鹤老（笔者注：冒广生，字鹤亭）近校订诸子，于《春秋繁露》已考定为从宋本出，今日当推第一本。又于《淮南子》《文子》两书，定为《文子》钞袭《淮南》。菊老告，涵芬楼有孙渊如撰关于《文子》手稿，及借出，竟与鹤老暗合，叹为奇

---

① 顾廷龙致张元济信，转引自沈津《顾廷龙年谱长编》（未刊稿），1943 年 3 月 27 日。

② 张元济：《涵芬楼烬余书录》（上），第 57 页。

③ 顾廷龙：《合众图书馆筹备一年记略》，《顾廷龙日记》，第 662 页。

④ 顾廷龙：《周秦名字解故跋》，《顾廷龙全集》编辑委员会编：《顾廷龙全集・文集卷》（上），上海：上海辞书出版社，2015 年，第 42 页。

珍。因忆当时什袭藏庋，馆员误将卢抱经手校《古今逸史》留下，被毁，每本细校，至今思之，又觉可惜。①

关于《春秋繁露》，《书录》中称："《春秋繁露》十七卷，汉董仲舒撰，影宋钞本，……当由宋本传录。"② 指的应该就是冒广生"考定为从宋本出"。《书录》中著录了《文子》"孙渊如稿本"，引用了孙星衍的序言，并称"淮南辞句引用是书者，孙氏一一搜采，举其篇名，分注于各句下"③。由此可见，孙星衍之书意在证明《淮南子》抄袭《文子》，这与顾廷龙所记《文子》抄袭《淮南子》不同，或许是《日记》中误记。

《书录》中著录汲古阁抄本《稼轩词》，云："是书从太仓顾氏謏闻斋收得。"又在题记中说："是录编成有年，以为丁集不可复见，……余急往踪迹得之，介吾友潘博山、顾起潜索观。书至，果如斐云言，正为汲古阁抄本。……民国纪元二十有八年记。"④ 由此可见张元济对《书录》的修订。根据张元济所言，顾廷龙曾参与《稼轩词》的寻访。张元济在写给顾廷龙的信中提及："前购残本《稼轩词》，辱蒙介绍，得使乐昌之镜归于复合，甚感雅意。顷景印已成，谨以一部呈览，伏乞莞纳是幸。"⑤ 可见顾廷龙还参与了《稼轩词》残本的收购，而且张元济将《稼轩词》影印后，曾经送给顾廷龙影印本。1940 年 2 月 17 日，张元济有信致顾廷龙，告知"《稼轩词》已付印，不久当可出版。"⑥ 1940 年 4 月 1 日，"菊丈赠《稼轩词》景毛钞四集本，附校记，三册。"⑦

又如《三礼疑义》一书，《书录》中著录："《周礼疑义》四十四卷，缺卷四至二十八，凡二十五卷。《仪礼疑义》五十卷，缺卷三十八、三十九，凡二卷。《礼记疑义》七十二卷，原缺卷十三、十四，卷三十至三十二，钞配全。"⑧ 顾廷龙《日记》：1942 年 5 月 11 日，"菊老来访揆丈谈，述及涵芬有吴廷华《礼记疑义》稿，系钞全，《仪礼疑义》有半部，《周礼疑义》则未得，稿本旧（藏）王礼培家，后不知流落何所矣。"⑨ 通过对照后可以发现，《书录》中的《周礼疑义》并非如《日记》中所说没有得到，可见后来张元济又找到了《周礼疑义》，也能看出《书录》后来修改过。其他差别如《书录》称《仪礼疑义》仅缺二卷，《日记》称是半部。⑩ 根据顾廷龙所记与《书录》内容的差异，可推测出张元济曾根据实际获取的书籍重新修订过《书录》。

---

① 顾廷龙：《顾廷龙日记》，第 180–181 页。
② 张元济：《涵芬楼烬余书录》（上），第 51 页。
③ 张元济：《涵芬楼烬余书录》（上），第 344 页。
④ 张元济：《涵芬楼烬余书录》（下），第 496–497 页。
⑤ 张元济：《张元济书札》，第 168 页。
⑥ 张元济：《张元济书札》，第 168 页。
⑦ 顾廷龙：《顾廷龙日记》，第 66 页。
⑧ 张元济：《涵芬楼烬余书录》（上），第 31 页。
⑨ 顾廷龙：《顾廷龙日记》，第 239 页。
⑩ 顾廷龙：《顾廷龙日记》，第 239 页。

（三）顾廷龙与《书录》的其他联系

《书录》中著录藏书印记，张元济曾经为顾廷龙收藏的《秀野草堂图》作题跋云："始余读侠君先生《元诗选》，继为涵芬楼搜集善本，得先生藏书，有'秀野草堂'印记者若干种，景仰不能忘。"[①] 顾嗣立为顾廷龙的祖上，其堂号为秀野草堂。根据《书录》著录的涵芬楼藏书，其中确有元刻本《道德会元》，钤"秀野艸堂顾氏藏书印"。[②]

另外，顾廷龙对涵芬楼藏书的关注持续到1988年，4月23日，"至北京图书馆文津街分馆，阅潘祖荫批《积古斋钟鼎款识》。"[③] 潘祖荫批校的《积古斋钟鼎款识》著录在《书录》中。最后，值得一提的是，顾廷龙还曾经为《书录》撰写过两则提要，这在《日记》中有提及：1950年10月10日，"编颜氏赠书目。陈夙之、徐凤石、丁英桂送《经典释文》《薛敬轩集》《庄渠遗书》来。"10月14日，"撰《敬轩薛先生集》《庄渠遗书》提要。"10月17日，"修改薛敬轩、魏庄渠两集提要。"[④]

三、张元济与顾廷龙有关版本目录学的交流

（一）有关合众图书馆馆藏书目分类的讨论

除了上述围绕《图录》《书录》的探讨以及大量有关书籍交流的记载外，《日记》中尚有张元济、顾廷龙探讨版本目录学的一些记载。其中，顾廷龙曾经代张元济撰写过序跋，如《番禺叶氏遐庵藏书目录》《跋王念孙批校〈山海经〉》《影印宋本杜工部集》等跋文均出自顾廷龙之手。

在创办合众图书馆期间，顾廷龙与张元济曾经就馆藏书目的分类方式进行过讨论。1939年8月16日，张元济在写给叶景葵的信中提及：

> 前日顾起潜兄来寓，谈合众图书馆编目事，并携有各家书目，均采四库而略加变通者。其意以四库编次不无可议，拟就后出诸家择善而从。弟意本馆既以国粹为主，各家书目虽各有见地，而资格究在四库之下，且亦未必尽善。何去何从，颇难适当。不如悉从四库，较为持之有故，言之成理。惟起兄提出两条：（一）四库以丛书入杂家，现拟另编；（二）近人著哲学类可附入国粹者，应否增加哲学一门。鄙见丛书日新月盛，与四库成书时不同，自当变通。惟第二题殊难决定，或勉附杂家各门，似亦一道，谨请裁酌。[⑤]

---

① 张元济：《秀野草堂图》，张元济著，顾廷龙编：《涉园序跋集录》，上海：古典文学出版社，1957年，第270页。

② 张元济：《涵芬楼烬余书录》（上），第342页。

③ 日记底稿，转引自沈津《顾廷龙年谱长编》（未刊稿），1988年4月23日。

④ 顾廷龙：《顾廷龙日记》，第551–552页。

⑤ 张元济：《致叶景葵》，《张元济全集》第1卷，北京：商务印书馆，2007年，第313页。

1939 年 8 月 30 日，张元济在写给顾廷龙的信中说：

前日奉手教并编定四部分目表暨后幅详说，展诵再四，具见虑周藻密，至深钦佩。惟既承垂问，窃愿再进一言。《四库总目》疵类诚多，然本馆收藏既以国粹为界，《四库》奉行已久，且集历代之大成，鄙见既已奉为准衡，则凡《四库》已收之书，原属之类，似不必加以移改。移改究属少数，或去或留，事有未周，言之亦难成理。至于近出之书，无可比附牵合者，则以增析济其穷，原表所增所析，经阁下再三斟酌，自无可议。原稿缴上，即希察入。此为弟泥古偏见，是否可行，仍乞卓裁，并请揆翁核定。①

由上述张元济写给叶景葵和顾廷龙的信可以得知，顾廷龙主张合众图书馆藏书的编目，以《四库全书总目》为基础而稍加变通，并且根据后出的各家书目择善而从。张元济则认为诸家书目未必如《四库全书总目》，因而不如都仿照《四库》的分类。最难处理的则是晚出的书籍，张元济认为"殊难决定，或勉附杂家各门，似亦一道"。

（二）有关古籍版本鉴定与书籍内容的讨论

顾廷龙曾经请张元济审定书籍、鉴定版本，如 1940 年 3 月 12 日，顾廷龙曾"以《清太祖史料》及《元丰官志》两书名实不符，呈请审定。"② 张元济认为《清太祖史料》"鄙见皆书估作伪之作，编目时姑仍其名而纠正于下。"③ 又如张元济在写给顾廷龙信中关于《文心雕龙》的讨论："昨承示某丛书及章太炎门人某于是书均有校记，便中祈检借一阅，将于此竟其校勘之役。又钱功甫钞本，不知藏于何家？未知是否瞿氏所藏？《四库提要》指为伪托，若见原本，或能辨之。"④ 1940 年 3 月 13 日，《顾廷龙日记》记："检馆藏《宛陵集》两部，一明板清初修印本，一康熙柯炌本。……并送张菊老审定。"⑤ 1940 年 9 月 7 日又记："谒菊老，请审定《旧唐书》刻本，整齐一律者，渠断为原刻初印，百衲史所采者后印，良然。余以为翻本，误。"⑥

另外，顾、张二人还在纸张优劣、古书著录与提要修改等方面有交流，1940 年 3 月 12 日，张元济曾向顾廷龙提及开花纸："据云昔日开花纸精洁美好，无与伦比，今开花所造纸皆粗劣，用以糊雨伞矣。昔时开花纸之稍粗者，书估谓之榜纸。丈云此种开花纸为写榜之用，故名之曰开花榜纸。"⑦ 1944 年 2 月 15 日，"菊老命查《古文苑》九卷本，见几家著录。"⑧ 顾廷龙还请张元济修改自己所撰写的提要。1950 年 10 月 12 日，"访菊老，以《释文》稿

① 张元济：《张元济书札》，第 167 页。
② 顾廷龙：《顾廷龙日记》，第 58 页。
③ 张元济：《张元济书札》，第 170 页。
④ 张元济：《张元济书札》，第 175 页。
⑤ 顾廷龙：《顾廷龙日记》，第 58 页。
⑥ 顾廷龙：《顾廷龙日记》，第 104 页。
⑦ 顾廷龙：《顾廷龙日记》，第 58 页。
⑧ 顾廷龙：《顾廷龙日记》，第 357 页。

请正。”①

张元济还与顾廷龙讨论书籍版本异同的问题。如《鼎峙春秋》一书。《顾廷龙日记》记载，1941年11月17日，“张菊老来谈涵芬楼在平中新得《鼎峙春秋》抄本，与故宫及北平图书馆所藏皆异，惜仅三分之一，现拟参校印行之。”② 1953年6月13日，张元济致信顾廷龙：“东方提出所谓善本最后一批中有《读史方舆纪要》抄本七十册，卷端粘有黄仪与□□先生一笺，定非寻常抄者。已请馆中检出最前十册送上，乞与□兄审定，是书稿本一时有无异同？”③

张元济致顾廷龙的信中还提及他对于一些书籍的看法。张元济与顾廷龙在对待翁心存日记的态度上也有所差异，张元济认为“现在钞其大事，将来可印，凡酬酢、衣饰琐事均删去”，而顾廷龙认为“日常生活，真应留后人知之”④。张元济出生于晚清，故而对于近代的掌故较为熟稔，特别是对于叶昌炽诗歌、日记中的一些内容有自己的看法，并与顾廷龙有所交流。张元济在致顾廷龙的信中提及，自己曾经标注出叶昌炽诗歌中的一些掌故：“《辛臼簃诗讔》，指陈当日时事，所可揣者，均已分见眉端批注。”⑤ 而对于叶昌炽的日记，顾廷龙在《日记》中的看法也与张元济有所差异。1943年11月13日，“菊老来覆，言君九（笔者注：王季烈，字君九）于菊裳先生《日记》对熟人有指摘处，因不能示人，渠将重阅一过，再定能否赠馆。其实菊裳先生《日记》由君九取去，出于巧言，选节即行，聊以塞责耳。所谓指摘时人，君九母子即在其列。一人有一人之个性，菊裳先生之可敬亦在此，岂可攫而抹杀之。君九墓木已拱，身后其能保不流散乎？殆将效樊山之于越缦乎？”⑥

顾廷龙与张元济之间还有关于古籍收集的讨论，比较特别的是关于硃卷的收购。张元济在书信中为顾廷龙提供了诸多搜集硃卷的线索，并且托自己的朋友金氏代为联系收藏硃卷的朱旭辰。1948年3月10日，张元济在写给顾廷龙的信中说：“前日承示敝同乡朱旭辰丈收藏各科乡会试硃卷甚富。昨已托金籛孙敝同年转询，如肯出让，请示一目，并开售价。籛兄与旭丈为儿女亲家，据云有明清之际所印者不少，此却甚难得也。先此奉达。”⑦

同年的6月19日，张元济又致信顾廷龙：“许久未见，伏想兴居安吉为颂。前属问敝同乡朱君旭人所藏历科硃卷可否出售，当托金籛孙同年转询。顷得朱君令弟复信，系复籛孙兄者，据称检查甚属费事，已抄成清册一本寄来。今送上，并附说帖一纸，祈核阅。朱君信又云，另有破碎及蛀损者尚未列入册内。此一千五百余本堆垛匪细，几高及丈许，将来如何运寄，亦非易易，理合陈明。应如何答复之处，敬祈核示。”⑧ 通过张元济的联络，顾廷龙得以

① 顾廷龙：《顾廷龙日记》，第551页。
② 顾廷龙：《顾廷龙日记》，第198页。
③ 张元济：《致顾廷龙》，《张元济全集》第3卷，北京：商务印书馆，2007年，第49页。
④ 顾廷龙：《顾廷龙日记》，第419页。
⑤ 张元济：《张元济书札》，第170页。
⑥ 顾廷龙：《顾廷龙日记》，第340-341页。
⑦ 张元济：《张元济书札》，第175页。
⑧ 张元济：《张元济书札》，第175-176页。

见到硃卷的清单。9月2日，张元济在写给顾廷龙的信中说："昨金通尹世兄来，出示朱小汀丈七月廿五日收信，述及尊处购买硃卷事，曾晤范思（通尹云即北平兴业银行中人），云已接洽，追向索前寄清目以凭点交，则无回音。并云续又发见数百册，拟俟第一批了结后再开单寄阅。通尹又言，近在平湖又得朱君信，言范思仍无复音，未知是否离平，抑别有事故，乞即转告揆兄速即去信，并乞查明缘由，示复数行，以便转达通尹为幸（约两三日即返平湖）。"① 通过张元济作为中间的联络人，最终促成了合众图书馆从海盐朱氏寿鑫斋购得硃卷二千余册。②

顾廷龙与张元济的交往，始于张元济作为合众图书馆的创办者之一邀请顾廷龙南下，此后，两人的交往围绕着版本目录学著作的编纂展开。顾廷龙的日记与其所编纂的《图录》，张元济的《书录》，以及二人的往来信札中都有他们交流的痕迹。张元济与顾廷龙同为二十世纪版本目录学研究的巨擘，张元济在商务印书馆从事出版工作，顾廷龙在图书馆从事图书管理工作，工作领域虽有不同，但都因专注古籍的整理而产生了诸多交流。张元济撰写《书录》、编印书籍、捐赠书籍，对顾廷龙编纂《图录》，充实、整理与出版合众图图书馆馆藏书目等都产生了深刻的影响。涵芬楼藏书与以张元济等私家捐赠建立起来的合众图书馆藏书，为顾廷龙研治版本目录学，整理张元济的《书录》、书札、题跋等，提供了丰富的资料。在顾、张二人的交往过程中，顾廷龙吸收了张元济的治学经验，也积攒了宝贵的版本学实践经验，并最终形成了自己重视版本、精于校勘的学术特色。他们二人对传统版本目录学研究精神的传承，亦展现出中国近现代版本目录学的发展轨迹。

---

① 张元济：《张元济书札》，第176页。

② 顾廷龙：《清代硃卷集成序》，《顾廷龙全集》编辑委员会编：《顾廷龙全集·文集卷》（下），上海：上海辞书出版社，2015年，第905页。

顾廷龙与徐森玉交游述略

王　丰

徐森玉（1881—1971），名鸿宝，浙江吴兴（今浙江湖州）人。母闵氏，出身名门，世代以刊刻古籍为业。徐森玉早年入江西庐州白鹿洞书院，受业于式枚门下，打下版本目录学基础。后弃科举，考入山西大学堂，攻读化学专业。时山西大学堂监督宝熙赏识其才华，常与之谈古论今为其后来走向文物鉴定道路打下基础。民国初年，徐森玉先后兼任北京大学图书馆馆长、京师图书馆主任。1924 年，参与清室善后委员会工作，后任北平图书馆采访部主任兼善本、金石部主任，又改任故宫博物院古物馆馆长。抗战期间，主持故宫文物迁移，搜购珍籍善本，对于保存民族文化遗产，居功甚伟。新中国成立后，历任上海市文管会副主任、上海博物馆馆长、中央文史研究馆副馆长等职。十年动乱中遭受迫害，于 1971 年 5 月 19 日在上海逝世，享年九十岁。①

顾廷龙（1904—1998），字起潜，江苏苏州人，著名古籍版本学家。据现存文献显示，顾廷龙与徐森玉的交游始于上世纪 40 年代。1939 年 7 月，顾廷龙应叶景葵之招，至沪参与创办合众图书馆。次年 12 月，徐森玉受重庆国民政府教育部委托，亦至上海协助文献保存同志会秘密收购古籍。两位先生渐趋熟悉，开始了长达三十年的友谊。因徐森玉著述所存无多，今以顾廷龙日记、书信、题跋等为主，结合相关文献，钩沉二人交游史料，大致分为三类内容：共同建设合众图书馆；参与清理战时文物损失工作；私人交往。以下不揣谫陋，略作敷陈。

一、共建合众

1940 年底，徐森玉至沪收购古籍。次年 1 月，曾与顾廷龙共餐并交流，渐趋熟悉。② 2 月

① 关于徐森玉生平的介绍，系参考郑重《徐森玉》及柳向春《吴兴徐森玉先生年表》而成。

② 《顾廷龙日记》1941 年 1 月 18 日云：“晚应拔翁（按，即李宣龚）招饮，座有徐森玉、赵斐云、瞿凤起、郑振铎、博山（按，即潘承厚）及余，主人及秘书王仲明。闻森玉云，清华藏书精华在北碚被烧夷弹毁尽，殊可惜。斐云讲旅行之难。”载顾廷龙撰，李军、师元光整理：《顾廷龙日记》，北京：中华书局，2022 年，第 132 页。

8 日，在赵万里陪同下，徐森玉首次来到合众图书馆。顾廷龙为图书馆总干事，日常住在馆中，负责接待。徐、赵二人“参观一周，索阅善本，（顾廷龙）即出顾校《史通》、《华阳国志》及惠校《国志》”①，“顾”即顾广圻，“惠”即惠栋，《国志》即《华阳国志》。徐、赵二人均认为署名惠校者当出何焯（号义门）之手，顾廷龙起初以为不然，后阅潘承厚《藏书家尺牍》所采义门手札，发现笔意相同，始知两先生之言可信。②

在此之后，徐森玉与顾廷龙的交往日益频繁，与合众图书馆的联系亦日渐紧密。据《顾廷龙日记》载，1942 年 3 月 27 日，“徐森玉、郑西谛来，因闻有日人，来馆探究竟”③，上海沦陷后，日寇对合众图书馆虎视眈眈，爱国人士不得不警惕焉。1943 年 3 月 4 日，“森玉偕赵元方来参观”④。1944 年 10 月，日军攻陷衡阳，进攻黔桂，原藏于安顺的故宫博物院文物朝不保夕，徐森玉前去处理此事。临行前，至合众，言“《中兴礼书》寄存此间，《吹豳录》亦存于此”⑤。1946 年 1 月 10 日，“森老陪卢冀野来。渠将集印赵叔雍《明词钞》，邀本馆加入一份”⑥，森老即徐森玉，此时称谓，已见敬重之意。卢冀野，即卢前，著名曲学专家。赵叔雍，即赵尊岳，曾任汪伪政府宣传部长。《明词钞》，文献无载，或即《明词汇刊》。卢前希望集资出版赵尊岳著作，事似未成。《明词汇刊》，至 1991 年由上海古籍出版社出版。

合众图书馆以刊布珍本秘籍为重要目标之一，徐森玉在这方面提供了诸多帮助。如《说文解字理董》，清吴颖芳撰，合众原藏有缪荃孙校本，1941 年，叶景葵又从郑振铎处借得旧钞本，系徐森玉代中央图书馆所收者，起初请马叙伦校勘，后因此人目力不济，改由顾廷龙续

---

① 顾廷龙撰，李军、师元光整理：《顾廷龙日记》，第 136 页。

② 顾廷龙：《华阳国志跋》，《顾廷龙全集·文集卷》上，上海：上海辞书出版社，2015 年，第 49 页。

③ 顾廷龙撰，李军、师元光整理：《顾廷龙日记》，第 229 页。

④ 顾廷龙撰，李军、师元光整理：《顾廷龙日记》，第 299 页。

⑤ 顾廷龙撰，李军、师元光整理：《顾廷龙日记》，第 395 页。按，《中兴礼书》是南宋淳熙年间太常寺编修的礼制文献，是研究当时雅乐的重要资料。此书流传不广，清嘉庆年间，翰林院编修徐松从《永乐大典》中辑出。此处所言《中兴礼书》，应为上海图书馆藏徐松精抄本。该书为半页十三行，行二十三字，版心处印有“好学为福斋著录”字样，“好学为福”为徐松斋号，目录页钤有徐松印章“孟品”。据钤印显示，此书先后被叶名沣、朱学勤、徐乃昌收藏。据史广超考证，《中兴礼书》版本系统有二：一为徐松原辑本，《续修四库全书》影印北京图书馆藏蒋氏宝彝堂钞本属于该系统；一为此处所言徐松精抄本，上图藏者为徐松主持抄写，又有浙江大学藏本，应为传抄本。《顾廷龙日记》1942 年 12 月 28 日载，徐森玉曾出借《中兴礼书》。借书应为校勘之资，顾廷龙《我对〈续修四库全书〉的一点想法》（载顾廷龙小笔记本，转引自《顾廷龙年谱长编》未刊稿 1995 年 1 月 3 日）曾提到，叶景葵曾校过北图本。上图本与北图本分属不同版本系统，足资比勘，故据此推测，徐森玉存至合众者应为上图藏徐松精抄本。又按，《吹豳录》为论音乐之书，清吴颖芳撰，以钞本行世。此处所言，或即郑振铎为中央图书馆所购本，徐森玉曾将其借给叶景葵抄写副本。该书版本不详，叶景葵径称为“传钞本”，抄写过程中，“随时正其讹于旁”。后又从李宗侗处借得振绮堂藏朱文藻手校本及程瑶田改本，加以校订。（关于该书的考证，系参考《顾廷龙日记》、叶景葵《卷盦书跋·振绮堂本吹豳录》、《顾廷龙全集·文集卷·吹豳录跋》而成。）

⑥ 顾廷龙撰，李军、师元光整理：《顾廷龙日记》，第 434 页。

校，并补写缺篆缺叶。[①]

1946年4月27日，合众图书馆董事长陈陶遗去世。5月3日，图书馆董事会第五次临时会议选举增补徐森玉为董事，并致函邀请：

> 敬启者：敝会董事陈陶遗先生病逝出缺，按组织大纲第五条之规定，董事会设董事五人，以发起人为当然董事，余由发起人聘请之，其后每遇缺出，由本会用无记名投票法选举补充之，多数当选。因于本月三日开临时会议，一致票选先生为敝会董事。素仰台端为图书馆界之先进，而爱护文物之热诚海内罕匹，尚祈俯允所请，共策进行，敝馆幸甚，社教幸甚。此上徐森玉先生左右。[②]

徐森玉遂加盟合众，积极参与该馆建设。据合众图书馆档案，徐森玉累计捐赠图书17种32册，1946年捐赠陶氏涉园藏魏墓志等拓片18张。[③] 除此之外，在图书馆获取书籍方面，徐森玉亦起到一定作用。如《越缦堂日记补佚文》，系从日记稿本书头移录，1920年蔡元培影印本未曾照入，“原本卒由徐森玉先生之介归之周叔潍，以成全璧”[④]，1948年合众图书馆据原本抄得副本[⑤]，徐森玉应亦在此间起到媒介作用。

作为私人创办的图书馆，合众的经费主要靠多方筹措。抗战胜利后，经费一直由常务董事叶景葵设法勉强维持。1949年4月，叶先生过世，“经费日益支绌”[⑥]。之后，徐森玉被推举接任常务董事，不得不为馆务操劳。合众经费之一大来源为捐款，1951年初，据称董事裴延九筹得港币万元，顾廷龙致陈叔通信云：“徐鹿君先生（按，即徐森玉三弟徐鸿宾）为森老言亦如此。龙（顾廷龙）曾访裴君，拟以馆务等报告并请教，适均相左。昨由森老往访，意请裴君将捐款早日划沪，一则备五月后之支用，二则虑港币续跌或竟阻梗，接济恐断，闻裴君即日北上，晤面时，希与妥商为幸。”[⑦] 房地产税是经费一大支出，据《顾廷龙日记》，1950年3月至1951年4月间，徐森玉屡次与其商议请有关部门减免。为节省经费，合众图书馆亦精简工作人员，原有裱工一人，将《汪康年师友书札》装潢完成后，遂“由森老介至文

---

① 叶景葵：《卷盦书跋》，上海古籍出版社，2006年，第13-14页；顾廷龙撰，李军、师元光整理：《顾廷龙日记》，第178页。

② 合众图书馆董事会：《致徐森玉函》（1946年5月5日），转引自顾廷龙撰，李军、师元光整理：《顾廷龙日记》附录，第1027-1028页。

③ 《顾廷龙日记》后附《一个图书馆的发展——从合众图书馆到上海图书馆（1939—1958）》，收录合众图书馆档案，包括历年工作报告，其中列出诸家捐赠名目，本文系据此统计。

④ 顾廷龙：《越缦堂日记补佚文跋》，《顾廷龙全集·文集卷》下，上海：上海辞书出版社，2015年，第1002页。

⑤ 参《合众图书馆第十年工作报告》，转引自《顾廷龙日记》附录，第736页。按，该书今藏上海图书馆，被著录为民国三十八年（1949）抄本，当据正。

⑥ 顾廷龙：《张元济与合众图书馆》，《顾廷龙全集·文集卷》上，第336页。

⑦ 顾廷龙：《致陈叔通信》，转引自沈津《顾廷龙年谱长编》（未刊稿），1951年1月5日。

管会工作”[①]。

考虑到现存经费有限，不足以支持图书馆更好发展。1952 年 12 月 15 日，合众图书馆董事会决定将该馆“捐献上海市人民政府文化局，俾成一专门性之大规模图书馆”[②]。次年 4 月，市政府批准合众图书馆捐献国家[③]。约 5 月中下旬，顾廷龙有信致徐森玉，谈合众图书馆捐献事：

> 十五晨失迓为罪。
>
> 尊章已收到，十九日受献仪式请唐弢先生代表，已承见允。但十六晚，渠与金仲华副市长、文化局刘思慕副局长晤谈，佥谓为隆重其事起见，必得台端亲自出席，特决定改期（十九日为金市长所定）。一俟台驾返沪，再行约期。今日图书馆科已正式通知改期。唐先生与张科长建议不妨先行接管，补行仪式，亦已同意。知念奉闻。[④]

按，顾廷龙致徐森玉信函，现存仅此一件。大意言政府希望徐森玉亲自出席合众图书馆捐献仪式，因时间冲突，同意图书馆由政府先行接管，仪式延期举行。顾廷龙此前曾致书陈叔通，云：“政府接受我馆捐献，已由市长决定，十九晚六时假锦江举行仪式。可惜森老今日北上，不克展缓参加，已商定由唐弢先生代之。”[⑤] 徐森玉此行系前往北京，后于 6 月 10 日返沪。[⑥]《上海图书馆事业志》载：“（1953 年）6 月 18 日，市人民政府接受私立合众图书馆捐献，交文化局接办，改名上海市合众图书馆。藏书三十万册，馆址长乐路 746 号。”[⑦] 可知受献仪式于该日举行。6 月下旬，顾廷龙致陈叔通信亦言及捐献仪式，云“馆方由森老讲话”[⑧]。

在将合众图书馆捐献政府的同时，董事会谋划影印《姚茫父汤定之杨无恙三家遗墨》。该书由陈叔通主持刊印，请徐森玉、顾廷龙选择具体篇目，并进行鉴定。1953 年 5 月至 7 月间，针对影印用纸、作者履历书写、书名题签、文献附录诸方面问题，陈叔通多次致函顾廷龙、

---

① 顾廷龙：《致陈叔通信》，转引自沈津《顾廷龙年谱长编》（未刊稿），1951 年 1 月 5 日。按，汪康年，戊戌运动前后较有影响力的人物。1911 年去世后，其弟汪诒年将其信札悉数整理，携回上海。20 世纪 40 年代，汪诒年将这批信札完整捐给合众图书馆。顾廷龙对此非常重视，首先对信札进行清点。考虑到单片信札容易散失，又请华敏初装裱成册，详情可参顾廷龙《汪康年师友书札跋尾》。

② 合众图书馆上文化局函，转引自《顾廷龙日记》附录，第 928 页。

③ 上海市人民政府文化局复函 沪化社二（53）字第二四七九号，转引自《顾廷龙日记》，第 931 页。

④ 顾廷龙：《致徐森玉》，《顾廷龙全集·书信卷》上，上海：上海辞书出版社，2017 年，第 75 页

⑤ 顾廷龙：《致陈叔通》，《顾廷龙全集·书信卷》上，第 46 页。

⑥ 按，1953 年 5 月 27 日，刘道铿有信致顾廷龙，言日前与徐森玉、陈叔通在北京万松书屋午餐，知徐森玉“北上”系前往北京；次月 9 日，陈叔通致顾廷龙信，言“森玉明日行”，知其 6 月 10 日返沪。（此两封信，转引自沈津《顾廷龙年谱长编》未刊稿对应日期。）

⑦《上海图书事业志》编辑委员会：《上海图书馆事业志》上，上海：上海社会科学院出版社，1996 年，第 26 页。

⑧ 顾廷龙：《致陈叔通》，《顾廷龙全集·书信卷》上，第 48 页。

徐森玉商议。这些信件，对研究民国时期书画影印出版，具有一定学术价值。然徐、顾二人回信，今多不传。该书有 1953 年 8 月珂罗版印本，徐森玉作序。

合众图书馆捐献后，徐森玉不再负责相关事务。1958 年，徐森玉在疑致徐伯郊的信中提到："我久与合众图书馆脱离关系，惠春先生存书事，不便过问。接汝来信，特函顾起潜，询其意见。兹将顾覆函寄汝转惠春先生一阅为要。"① 所谓"存书"，多指寄存图书，合众常年设置这项业务。惠春先生，即胡惠春，名仁牧，江苏江都人，著名收藏家，尝任合众图书馆董事。关于此人存书事，可据现存文献进行一定程度的还原。1949 年 11 月 12 日，陈叔通在致顾廷龙的信中提到"惠春所藏均已交至馆中，几无隙地"②；《顾廷龙日记》1950 年 3 月 3 日载"晤惠春，约明日来，欲以藏书相赠"③；同月 8 日载"惠春来，存书九大箱，将来即以赠馆"④；1951 年 12 月 10 日载"王道平来，取惠春存书目，并称尚有书可送此，日内再约。"⑤ 此事后续，因顾廷龙致徐森玉回信今不可见，姑俟考之。

除合众外，两位先生还参与建设上海图书馆。1950 年 9 月，上海市文管会成立，徐森玉为副主任。同月，召开筹备组建上海图书馆、博物馆委员会会议，市政府聘请十名委员参与筹建。图书馆筹备委员为徐森玉、顾颉刚、顾廷龙、李芳馥、王育伊、刘汝醴。⑥ 次年 3 月，徐森玉邀请顾廷龙担任馆长。⑦ 10 月 9 日，上海图书馆筹备会召开非正式会议，顾廷龙与徐森玉、刘汝醴漫谈上海图书馆未来规划等事，日记中写道："余观该址，各室不甚联系，而书库尤卑湿不宜，办公室确然不好。余遂先言，书库不甚安妥。汝醴言，明年一、二层间之夹层可以让出，可作书库，较佳。余又言，阅览室大而多，极好，但读者未必有如是之多，如坐不满，不甚好。汝醴言，此技术问题，可将桌子排松。余言，不如逐部开放。汝醴恍然，逐部开放可以先行交易，择吉开张。森老亦称是。果能如此，则可留出两阅览室先作办公室，则暂可相安。"⑧ 按，三位先生当日所言，在次月召开的图书馆筹备委员会第六次会议中被采纳，见相应会议记录。⑨ 其后，在上海图书馆的建设发展中，顾廷龙发挥着重要作用，徐森玉

---

① 徐森玉：《致佚名信》，转引自柳向春编《徐森玉全集》，上海：上海人民出版社，2021 年，第 225 页。

② 陈叔通：《致顾廷龙》，转引自沈津《顾廷龙年谱长编》（未刊稿），1949 年 11 月 12 日。

③ 顾廷龙撰，李军、师元光整理：《顾廷龙日记》，第 530 页。

④ 顾廷龙撰，李军、师元光整理：《顾廷龙日记》，第 530 页。

⑤ 顾廷龙撰，李军、师元光整理：《顾廷龙日记》，第 593 页。

⑥ 上海博物馆编：《从这里出发：上海博物馆、上海图书馆建馆 70 周年联展》，上海：上海书画出版社，2022 年，第 25 页。按，顾颉刚（1893—1980），名诵坤，字铭坚，号颉刚，江苏苏州人。李芳馥（1902—1997），字馨吾，湖北黄陂人，现代图书馆学家。王育伊，湖北黄岩人，李芳馥助手，中英文极佳，兼通图书目录学。刘汝醴（1910—1988），又名百余，江苏吴江人，著名画家，美术史论家。

⑦ 《顾廷龙日记》1951 年 3 月 30 日云："森老电话，又来邀兼任上海图书馆事。"载顾廷龙撰，李军、师元光整理：《顾廷龙日记》，第 565 页。

⑧ 顾廷龙撰，李军、师元光整理：《顾廷龙日记》，第 586 页。

⑨ 《上海图书馆筹备委员会第六次会议记录》载："李主任委员（按，即李芳馥）指示，希望明年一月开馆，应如何进行案。决议：人手尚未齐备，必须于明年开馆时，只可先行部分开放。李委员提：《道藏》已修好，应即搬运来会案。决议：洽租夹层楼安放此书。"转引自上海博物馆编：《从这里出发：上海博物馆、上海图书馆建馆 70 周年联展》，第 27 页。

的工作重心则转向上海博物馆的创建，此为后话。

二、参与清损会事迹发覆

1945年4月，国民政府教育部成立了“战区文物保存委员会”，从事战区与后方的文物保存工作，并为战后文物调查做准备。同年12月，行政院训令教育部战区文物保存委员会改名为“清理战时文物损失委员会”（后文简称“清损会”），会址设重庆国府路三〇九号附八号中央研究院内，并设立京沪、平津、武汉、粤港、东北等五分区开展工作，徐森玉为京沪区（包括南京、上海、江苏、浙江、安徽、江西、福建）负责人。①

次年1月，徐森玉邀请顾廷龙为清理战时文物损失委员会上海办事处帮忙。② 3月，清损会京沪区办事处正式成立，顾廷龙为总干事。③ 二人于清损会工作，兢兢业业，所经手之事务，《顾廷龙日记》多有言及，然语颇简略，以下结合相关档案资料，分类补充说明之。

（一）文物损失登记

《顾廷龙日记》1946年3月11日云：“王以中庸，偕陈叔谅（训慈）来，叔谅为清损会副主任，交文件十二件，又印刷品等。”④ 王庸，字以中，江苏无锡人，时任上海清点接收封存委员会委员。⑤ 同月19日，顾廷龙有信致陈训慈云：

> 前承枉教，积慕为之冰释，快幸无似！比想从者业已到杭。
>
> 珂里文献谅均安然。天一阁藏书已否迁回原址？念念！
>
> 交下登记表十二件，已呈森老阅过，现在录副中。函稿三通已钞毕，先行奉还，即乞查收为荷。⑥

文中所言“登记表”，盖言文物损失登记也。抗战胜利后，教育部复员辅导委员会成立，即登报通告沦陷区中公私文物收藏家，在战时中所有重要文物之损失，开列清单，向该会登记，以备追偿。该会结束后，此事归教育部清理战时文物损失委员会继续办理。

此项工作受到各界关注，仅京沪分区，月余间向其登记者，“已不下百余起”⑦。此项工作原计划当年年底结束，后应各方要求，延期至次年9月。据统计，损失各类文物共3607674

---

① 本段论述系参考吴忠良《经世一书生·陈训慈传》及柳向春《吴兴徐森玉年表》而成。

② 顾廷龙撰，李军、师元光整理：《顾廷龙日记》（1946年1月9日），第434页。

③ 顾廷龙撰，李军、师元光整理：《顾廷龙日记》（1946年3月7日），第446页。

④ 顾廷龙撰，李军、师元光整理：《顾廷龙日记》，第447页。

⑤ 参见《顾廷龙自传》（1956年3月31日），转引自王世伟《影响顾廷龙先生学术生涯的几件事》，《国家图书馆学刊》2006年第2期，第74页。

⑥ 顾廷龙：《致陈叔谅》（1946年3月19日），《顾廷龙全集·书信卷》上，第230页。

⑦ 佚名：《战时文物损失登记已逾百起》，《申报》1946年1月9日，第2版。

件，又1870箱，741处（古迹）。

陈训慈后来回忆道："分区中忆及以京沪区主任徐森玉先生最认真从事普查写目，其余查报者皆较简略，至1946年11月，始由部向会调取一份'被日本劫掠之文物目'，计五类若干册（图书为一类），并入'教育文物之损失'，包括战区各级学校机关文物之毁损，汇送行政院之'赔偿委员会'，后闻朱世明代表携去日本提出，由于当时政府并不力争，盟国亦不予支持，赔偿案即未闻下文。"①

（二）协助教育部接收清点封存文物

日本投降后，教育部派员将各伪机关查封。同年12月，为处理封存文物，成立教育部清点接收封存文物委员会，并发布组织通则，云"于各重要收复地区分别设立委员会办理之"②。次年三月，上海区清点接收封存文物委员会成立，叶恭绰任会长，徐森玉实际负责，顾廷龙为委员，办公地点在虹口。③ 清点接收封存文物，虽别立一委员会，犹为清损会工作内容之一，观杭立武于清理会结束时所撰总结报告可知。④ 这项工作，徐森玉是核心成员，众多事务皆由其经手，郑振铎《敌伪的文物那里去了》对其有高度评价⑤。由于本文主题限制，仅就《顾廷龙日记》所涉内容按照时间顺序进行论述。

1946年1月13日，"金祖同言，森老昨夜赴京，渠来专访，适左。据称京中加封之文物，急待处理云"⑥。按，金祖同，字晓冈，浙江秀水人，回族学者。《申报》1945年12月1日刊慎之《京都文物》一文，中云"日本投降以后，教育部就派青年考古学家金祖同先生到南京，主持封存文物的工作。他是继冷欣副参谋长等而来的第二批人员之一，当时会同陆军总部将各文物所在加封，以后又封上教育部京沪区特派员办事处的封条。因为动作比较迅速，可信鲜有散失。直到现在为止，一处一处仍旧封钉如昨，谢绝参观。"⑦ 1946年1月，南京开始处理启封文物之清查检点保管发还事宜，徐森玉前往应为此事。

清点接收日人高木⑧藏书，颇为曲折，顾廷龙与中央信托局及敌伪产业处理局周旋数月。3月21日，"至中央信托局，为点视日人高木藏书事，到彼后，人多而皆不负责，其中一人阅信后谓不知有此事，废然而返"⑨。同月26日，"赴敌伪产业处理局（吴宗济）及中央信托局

① 陈训慈：《劬堂师从游脞记》，柳曾符、柳佳编：《劬堂学记》，上海：上海书店出版社，2002年，第100-101页。

② 佚名：《教育部清点接收封存文物委员会组织通则》，《教育部公报》第十七卷第十二期，1945年，第9页。

③ 转引自陈福康：《顾廷龙先生与郑振铎先生的友谊》，上海图书馆编：《顾廷龙先生纪念集》，上海：上海科学技术文献出版社，2014年，第136页；《顾廷龙日记》1946年4月1日云："森老交来教育部聘书，为清点接收封存文物委员。"载顾廷龙撰，李军、师元光整理：《顾廷龙日记》，第450页。

④ 《大公报（上海）》1947年4月26日第二版载《清理战时文物损失清理委员会于本月底结束 杭立武报告两年来工作概况》，其中第三条为"协助教育部接收清点各地敌伪文物"。

⑤ 郑振铎：《敌伪的文物那里去了》，《大公报（上海）》1946年1月13日，第二版。

⑥ 顾廷龙撰，李军、师元光整理：《顾廷龙日记》，第435页。

⑦ 慎之：《京都文物》（上），《申报》1945年12月1日，第2版。

⑧ 高木，日本姓氏，其人无考。

⑨ 顾廷龙撰，李军、师元光整理：《顾廷龙日记》，第449页。

地产处，见陈冠球。由陈介盛某接，盛又称须由李斯棣伴往高木藏书处。”① 5月23日，“森老来，有复信两件。高木书，信托局竟推诿，胡涂之极”②。至6月，始得“观日人高木藏书”③。7月间，“已有日人高木藏书目录具清册，因多我国名贵古籍，故拟派员赴日接收”④。8月，此项工作完成，接收高木藏书“共计三千六百三十五册”⑤。

5月3日，“森老来，属写信致刘攻芸，询水野洋行古物”⑥。按，刘攻芸时任苏浙皖区敌伪产业处理局局长。水野洋行，创设于1931年，位于上海乍浦路，以经营中国古代美术品、中国美术杂货、紫檀制品、宝石等为主。顾廷龙写给刘攻芸的信，今不得而知。据《国立中央博物院1946年工作报告》，这批古物共计911件，于1946年11月29日被该院接收。⑦

1947年1月10日，“同森老赴复旦接洽收书事”⑧。据《复旦大学图书馆百年纪事》，此次“移交教育部清理战时文物损失委员会京沪区代表办事处书籍5732册又955函”⑨，系伪上海大学藏书，抗战胜利后经复旦接收保管。此前，复旦曾呈文教育部，请求将留存图书两万册拨归本校，以弥补战时损失。教育部回应，“一、伪上海大学自置部分，拨归复旦；二、其他团体及个人藏书，由各属主自行领回”⑩。两位先生此次复旦之行，或即将社会团体及个人藏书代行领回。

8月14日，“森老来，商接收梁逆书”⑪。梁逆，即梁鸿志，抗战时期，组建伪“中华民国维新政府”，公然叛国投敌，1946年被枪决，产业归公。《申报》1947年5月27日刊文称“敌伪产业清理处，近普查梁鸿志之财产时，据密报，该逆尚隐匿有大批古玩文具书籍，当派员按址究查，果查获数万册名贵书籍，价值甚巨。该项书籍既系梁逆之物，当根据逆产处理条例之规定，会同高检处予以扣押，呈报行政院核示，静候处置”⑫，《日记》所言“梁逆书”盖即此。但后续的接收并不顺利，“（9月1日）赴产业处洽梁逆书，含糊其辞，已非廖华平当日所言者矣”⑬。廖华平为军统特务，时任财产清查委员会主任。关于此事后续，《日记》

---

① 顾廷龙撰，李军、师元光整理：《顾廷龙日记》，第449页。
② 顾廷龙撰，李军、师元光整理：《顾廷龙日记》，第457页。
③ 顾廷龙撰，李军、师元光整理：《顾廷龙日记》，第461页。
④ 佚名：《清查日人藏书我将派员赴日》，《申报》1946年7月16日，第3版。
⑤ 佚名：《沪区文物接收委会清点敌伪图书竣事》，《文汇报》1946年8月5日，第3版。
⑥ 顾廷龙撰，李军、师元光整理：《顾廷龙日记》，第455页。
⑦ 中国第二历史档案馆编：《中华民国史档案资料汇编》（第五辑第三编文化分册），南京：江苏古籍出版社，1999年，第334页。
⑧ 顾廷龙撰，李军、师元光整理：《顾廷龙日记》，第468页。
⑨ 钱京娅，史卫华：《复旦大学图书馆百年纪事（1918—2018）》，上海：复旦大学出版社，2018年，第25页。
⑩ 钱京娅，史卫华：《复旦大学图书馆百年纪事（1918—2018）》，第25页。
⑪ 顾廷龙撰，李军、师元光整理：《顾廷龙日记》，第499页。
⑫ 佚名：《梁鸿志隐藏名贵书籍查获》，《申报》1947年5月26日。
⑬ 顾廷龙撰，李军、师元光整理：《顾廷龙日记》，第501页。

不再提及。据沈醉回忆，当时参与财产清查的特务多借机中饱私囊，“有的竟得了 20 来栋房产”，梁氏藏书恐亦因此流散。

关于敌伪文物的后续安置，《敌伪逆文物审核委员会章程草案》提出以下几种方法：“（1）因陋就简，一部分之文物即付保管机构，若东方经济图书馆之类。（2）欲以古物出售。（3）不合法定手续，加一法定手续补救之耳。”① 顾廷龙代徐森玉审阅该草案，对此不甚满意，做了一些调整。徐森玉过目后，“大为赞美，修改一过后缮正”②。10 月 15 日，徐森玉告知顾廷龙，他提出的分配敌伪文物意见，“已由（杭）立武转政院，但尚无下文”③。据《北平市政府公报》，行政院 1947 年 11 月 23 日第三十五次会议通过《接收敌伪逆文物审核委员会章程》，其中规定：“各省市接收及法院判决没收之敌伪逆文物，均送由本会审核。其有关国敌应由国家保有、俾垂久远者，由会报请行政院酌拨博物馆、图书馆等主管机关妥为保管。”④ 相比《草案》，做出了一定调整，应出两先生之手。

（3）编纂《甲午以后我国流入日本之文物目录》

为调查日本劫夺我国文物情形，以便追偿，清理战时文物损失委会派李济、张凤举以盟国对日委员会中国代表团顾问及专门委员名义，随同团长朱世明于 1945 年 4 月底赴日工作。在与麦克阿瑟将军指挥总部的交涉中，对方“已下令日政府，禁止各项文物出口，对于日本自七七事变以来，在各地以非法手段取得之文物，亦令日政府造具清册，限六月一日以前呈所”，“凡我国为日本劫夺或非法购买之文物，均可发还，惟必须提出具体之证明”⑤。该会“深感在甲午以后，我国文物为日本巧取掠夺者，为数至夥，此次办理追偿，自亦应不以民国二十六年后之战时损失为限”⑥，故有《甲午以后我国流入日本之文物目录》之编纂。

《顾廷龙日记》1946 年 3 月 14 日云：“清理会属森老编《日本所藏著名文物目录》，为拟复信及条例。”⑦ 此目录，即后来的《甲午以后我国流入日本之文物目录》。⑧ 徐森玉请顾廷龙协助编辑目录，“并谓此事在渝时有所酝酿，资料缺乏，工作遂未开展。今将如何进行，颇费

---

① 按，此段为顾廷龙转述，载顾廷龙撰，李军、师元光整理：《顾廷龙日记》，第 505 页。

② 顾廷龙撰，李军、师元光整理：《顾廷龙日记》，第 506 页。

③ 顾廷龙撰，李军、师元光整理：《顾廷龙日记》，第 511 页。

④ 佚名：《北平市政府公报》（第三卷第八期），1948 年 4 月 15 日，第 10 页。

⑤ 佚名：《日本劫夺我国文物麦帅总部令交还申请发还须提具体明证》，《申报》1946 年 3 月 20 日，第一张。

⑥ 教育部教育年鉴编纂委员会：《中国教育年鉴》，上海：商务印书馆，1948 年，第 1128 页。

⑦ 顾廷龙撰，李军、师元光整理：《顾廷龙日记》，第 447 页。

⑧ 按，《申报》1946 年 3 月 20 日报道清理战时文物损失委员会还都后第一次会议情形，其中提到“该会拟向华盛顿远东委员会建议，将追偿文物之时限提早至甲午战争”，顾廷龙则在 3 月 14 日的日记中提到要编《日本所藏著名文物目录》，时间点比较巧合；顾廷龙在后记中提到 9 个月编成，谢辰生于 1946 年底完成工作、离开合众，倒推则三月间开始编纂，故疑所言为一事。又按，王世襄《回忆抗战胜利后平津地区文物清理工作》曾回忆其亦编有《日本所藏中国著名文物目录》：“1946 年春清损会秘书郭志嵩函告，为了今后向日本交涉赔偿文物，要我在北京编一本在日本的中国重要文物目录，注明名称、尺寸、藏处、藏者、材料来源等等。我只得从《现在日本支那名画目录》及《泉屋清赏》、《爽籁馆藏画》等书中去辑录。圈出应抄录的文物，由临时工作人员刘荫荣去抄写。”其编纂方法及所引诸书，均与《甲午以后我国流入日本之文物目录》相似，疑清损会先后约请多位学者从事编纂。王氏所言目录，今不存，无法详考。

踌躇”。顾廷龙婉谢再三，而徐森玉坚请，“不得已，勉以应命”①。

经两位先生商量，决定从日本所藏相关图谱类书籍入手，展开工作。顾廷龙《甲午以后流入日本之文物目录跋》于此详细论述：“因念孤岛时期日本出版之各种图谱一类书，舶来甚夥，当时合众图书馆收有四十种，亡友慈溪李君英年亦收有书画集二十种，余皆尝寓目者，遂以此为基础，又从番禺叶君恭绰借得十三种，徐先生亦有九种。凡上海所不易得而又重要者，如河口慧师将来西藏品图录、原田淑人的《考古图编》、大谷光瑞的《西域考古图谱》等十九种，则请北平图书馆录目。如《泉屋清赏》《瓯香谱》《陈氏旧藏十钟》等十七种，则请燕京大学图书馆录目。此外得张君政烺原稿一件，无锡华君绎之（巽）处及来薰阁、富晋两书店各借得一种，共得一百二十二种，时限较促，不克广事搜采为憾。”②

参考书既备，徐森玉延聘吴静安、程天赋、谢辰生等人草拟体例，从事编纂，编目的场地选定为合众图书馆的阅览室。吴、程二先生因事先行离开，编录校订则谢辰生出力甚多。谢先生目录编制的流程大致为“查资料，扩内容，分类别，录名目。写好了，再用复写纸印”③，前后9个月，方才告成。1947年1月至4月，顾廷龙对该目进行审校、增订，《日记》所言“文物目”即是，并补充《日人抗战期中发掘表》。全书将成，贺昌群来沪，“书名凡例，共事商定”④。《目录》以收藏者为单位排列文物，收藏者名下文物的排列大抵以时代为序，时代相同者，遵照类别及作者相从的原则，文物著录项则包括文献出处、材质、装帧、尺寸、出土地点、旧藏地、旧藏者等方面，末附录《朝鲜总督府博物馆所藏文物目录》及《日人抗战期中发掘表》。

书目编成，复写九份：徐森玉携往南京，计送教育部二份，张道藩一份，傅斯年一份，李济二份，徐森玉自留一份，合众图书馆留一份，顾廷龙亦留一份。张道藩认为此目当以物品种类分别，徐森玉即作书告其此以备按人提物之资，宜以藏家为单位。傅斯年则盛赞此目不仅在外交上可供依据，而在学术价值上亦为重要贡献。后来李济与盟军接洽，盟军却以需要提供文物损失的时间地点为理由拒绝，后遂不了了之。⑤

1963年冬，顾廷龙随中国书法家代表团前往日本，并于次年撰访日报告，中云：“日本收藏我国图书文物，非常丰富。一九四五年左右，徐森玉先生主编过《中国甲午以后流入日本之文物目录》，即以高岛和细川所藏而言，目中所载不到百分之一，必须重新了解。今昔环境不同，条件不同，一定可以做得更好，以供科学研究之参考。”⑥ 顾先生看到了该目录的局限，同时又对年轻学者提出期许，同时言目录为徐森玉所编，而不提己名，又暗含着作为晚辈学者的谦逊。

---

① 顾廷龙：《甲午以后流入日本之文物目录跋》，《顾廷龙全集·文集卷》上，第222页。
② 顾廷龙：《甲午以后流入日本之文物目录跋》，《顾廷龙全集·文集卷》上，第222页。
③ 林琳：《谢辰生：垂老犹能做壮兵》，《中华文物画报》2015年第11期，第69页。
④ 顾廷龙：《甲午以后流入日本之文物目录跋》，《顾廷龙全集·文集卷》上，第222页。
⑤ 顾廷龙：《甲午以后流入日本之文物目录跋》，《顾廷龙全集·文集卷》上，第224页。
⑥ 顾廷龙：《参加中国书法家代表团访日报告》，《顾廷龙全集·文集卷》下，第675页。

1981年初，已在国家文物局工作的谢辰生收到顾廷龙来函，称他手上仅存的一份目录因复写字迹日益退落，很难保存，要谢辰生向文物局反映可否油印若干份，以利保存。当时的局长任质斌十分重视，立刻批准油印一百份，由文物局分发各省、市、自治区、图书馆、博物馆，以及设有文博单位的大学。①

油印本书末有顾廷龙所作后记，系1981年2月谢辰生请顾廷龙所作，叙述该目的编纂缘由及经过，本节的论述多本于此。在后记文末，顾廷龙为徐森玉撰写小传，以此表达对亡友的思念："徐鸿宝先生字森玉，别字圣与，浙江吴兴人。博识精鉴，世罕其俦。一生对文物之热爱、研究、调查、保存等方面，不辞辛苦。在抗战中遍历平、津、沪各地，有出生入死之危，在所不顾。建国后曾任上海市文物管理委员会主任、上海博物馆馆长、中央文史馆副馆长等职，并被选为第一、二、三届全国人民代表大会代表。十年动乱中蒙受诬陷迫害致死。……'四人帮'粉碎后，均得平反昭雪。附记数语，以告来者。"②

除《甲午以后我国流入日本之文物目录》外，顾廷龙亦编有《敌伪文物目录》③，惜文献不足征，无法详考。清损会另请学者编《中国在日文物总目》，曾请合众图书馆提供文献参考，顾廷龙代其访书，购置一批考古类书籍，见《合众图书馆第七年工作报告》④。

三、私人交往

顾廷龙同徐森玉缔交，与叶景葵有关。据柳和城考证，徐森玉与叶景葵的交游可追溯至1902年。⑤ 至1940年底徐森玉至沪收购古籍，二人已有将近四十年的深厚友谊。因此，徐森玉对叶景葵创办的合众图书馆非常信任，与顾廷龙的日常交往亦毫无保留。据《顾廷龙日记》，徐森玉经常向其讲起书林掌故，如，1941年4月29日，徐森玉邀顾廷龙拜访刘次羽，此人为仪征刘氏后人，徐森玉遂谈及《申叔遗书》出版始末，并言其中《说文校语》一种并非刘师培所作；⑥ 再如，宋刻《周易单疏》原为徐坊所藏，外传其子将该书送给潘复为贽，然潘氏力辩其未有，顾廷龙曾就此事请教徐森玉，徐森玉告诉他：徐坊之子托柯劭忞将书送给潘复，以此谋取官职，柯劭忞虽然帮徐氏达到目的，却没有将书拿给潘复，后来徐森玉介绍傅增湘从柯家高价收购了这本书。⑦ 徐森玉不乐著述，这些掌故借《顾廷龙日记》流传至今。

在学术上，徐森玉对顾廷龙多有提携之恩，如提供校勘所需的珍贵版本、邀请其协助编

---

① 谢辰生：《甲午以后流入日本之文物目录·前言》，上海：中西书局，2012年，第6页。

② 顾廷龙：《甲午以后流入日本之文物目录跋》，《顾廷龙全集·文集卷》上，第223、224页。

③ 《顾廷龙日记》1946年5月17日云："拟《敌伪文物目录》。"载顾廷龙撰，李军、师元光整理：《顾廷龙日记》，第457页。

④ 《合众图书馆第七年工作报告》，载《顾廷龙日记》附录，第705页。

⑤ 柳和城：《叶景葵与徐森玉的友谊与交往》，《上海文博论丛》2011年第4期，第39页。

⑥ 顾廷龙撰，李军、师元光整理：《顾廷龙日记》，第157页。

⑦ 顾廷龙撰，李军、师元光整理：《顾廷龙日记》，第162页。

纂《甲午以后流入日本之文物目录》，此前文已述者。再如，顾廷龙撰《玄览堂丛书提要》，待完成后，徐森玉为之修改①；潘景郑与顾廷龙合编《明代版本图录》，徐森玉在蒋复璁面前盛赞此书，称“此为研究所得，非一般收藏家之书景，以夸耀其富者”②。叶景葵“晚岁以校读自娱，辄为札记，颇多心得。又间与知交倡和，虽不名一家，亦皆隽永可诵”③，这些文字在其身后被整理结集为《卷盦剩稿》，徐森玉“手校数卷，优点纷呈，以授顾君起潜为之续校”，并在出版序言中表达期许之意：“此书关系学术甚巨，吾愿起潜终有以足成之。”④

顾廷龙在《书海沧桑》一文中回忆道：“我平时与郑振铎、徐森玉往来较密，注意收集革命刊物，我很受他们的影响”。⑤ 徐森玉在抗战时期抢救《赵城金藏》，保护居延汉简，这些事迹都给予顾廷龙启发。解放战争时期，顾廷龙还不是共产党员，却在白色恐怖的氛围中，冒着极大风险抢救红色文献。陈先行曾回忆道：

> 有一次，他打听到贵州大学图书馆有一批革命文献，原属汉奸陈群的旧物，他们正为如何处理这批书刊发愁。于是他不失时机与对方联系，用合众图书馆的一批副本书籍与对方进行交换，为防事生意外，他灵机一动，专门请人镌刻一方‘贵州大学图书馆移存图书’字样的印章钤盖其上，并将革命文献秘藏在书架顶端与天花板结合之处，以免被人发现，直到解放后才取出。⑥

按，此事发生于1947年夏。《合众图书馆第八年工作报告》云：“六月二日，贵州大学接受教育部分配陈逆群藏书，得残本、杂书以寄费甚昂，不值运，计二千二百九十五册，遂赠本馆并愿得本馆发行书籍全部作为交换。”⑦ 报告所言，与事实有一定出入，亦可见当日保存革命文献之艰难。

徐森玉晚年，与顾廷龙过从较密。他人给其中一位写信，往往会提及另外一位。如，1953年5月27日，陈叔通写信给徐森玉，请其将姚茫父颖拓转交顾廷龙。⑧ 同年6月9日，陈叔通有信致顾廷龙，言“森玉明日行，托其带上茫父三件，并请其与公商谈一切”⑨。1958年7月24日，周志辅写信给顾廷龙，附寄其新作《易学两种》致二先生，末言“森老前乞致

---

① 顾廷龙撰，李军、师元光整理：《顾廷龙日记》(1946年7月10日)，第443页。
② 顾廷龙撰，李军、师元光整理：《顾廷龙日记》(1946年6月18日)，第465页。
③ 徐森玉：《〈卷盦剩稿〉序》，载柳向春编《徐森玉全集》，第101页。
④ 徐森玉：《〈卷盦剩稿〉序》，载柳向春编《徐森玉全集》，第102页。
⑤ 顾廷龙：《书海沧桑》，《顾廷龙全集·文集卷》下，第992页。
⑥ 陈先行：《纪念图书馆事业家顾廷龙先生》，上海图书馆编：《顾廷龙先生纪念集》，上海：上海科学技术文献出版社，2014年，第89页。
⑦《合众图书馆第八年工作报告》(1946. 8—1947. 8)，载《顾廷龙日记》附录，第717页。
⑧ 陈叔通：《致徐森玉》原信，转引自沈津《顾廷龙年谱长编》(未刊稿)，1953年5月27日。
⑨ 陈叔通：《致顾廷龙》原信，转引自沈津《顾廷龙年谱长编》(未刊稿)，1953年6月9日。

意”①。

1958至1960年间，顾廷龙与叶恭绰往来信函多言及徐森玉近况。1958年11月，顾廷龙致叶恭绰信，告知“先生致森老二十日一函已收到，容再作答。他大约一二月间入都，附闻”②，并言及徐森玉对《房山石经》甚为关注，将来可请其建议处理办法。1960年1月11日，叶恭绰函询顾廷龙：“森老想有晤及，其目疾如何，十分系念，渠今年似届八十，不知系某月日生，兄知之否？”③ 顾廷龙复信曰：“森老所患白内障，闻系慢性，经打某种针剂后略好。渠今年八十正寿，生日不详。去年有人言及拟为祝贺，但已表示坚却。”④ 叶恭绰此前向合众捐赠图书，一部分被放在法宝馆。合众归公后，顾廷龙清理图书，希望叶恭绰将其中的《北山录》转送给徐森玉：“单中有《北山录》一帙，此书我馆已有三四部，可否请公指赠徐森老？森老属我觅此已久，此书系渠创印，将留纪念，想必蒙同意也。”叶恭绰回复道：“《北山录》之付印，乃弟与森老识面缔交之始，馆中既有二三部，则法宝馆一部自可转赠森老。”⑤ 从这些往来信札，既能看到顾廷龙对徐森玉的尊重，亦更可见顾、徐二人关系之近。

---

① 周志辅：《致顾廷龙》原信，转引自沈津《顾廷龙年谱长编》（未刊稿），1958年7月24日。

② 顾廷龙：《致叶恭绰》（1958年11月25日），《顾廷龙全集·书信卷》上，第68页。

③ 叶恭绰：《致顾廷龙》（1960年1月11日），转引自沈津《顾廷龙年谱长编》（未刊稿）对应日期。

④ 顾廷龙：《致叶恭绰》（1960年1月14日），《顾廷龙全集·书信卷》上，第74页。

⑤ 转引自沈津《顾廷龙年谱长编》（未刊稿）对应日期。按《北山录》，唐梓州慧义寺僧神清撰。叶恭绰曾整理该书，并于1919年托徐森玉联系商务印书馆出版，参见《张元济傅增湘论书尺牍》。

顾廷龙与刘承幹交往考论

苏　悦

顾廷龙，字起潜，号匋誃，江苏苏州人，是我国著名古籍版本学家、目录学家。刘承幹，字贞一，号翰怡，浙江湖州人，是我国著名藏书家与刻书家。其嘉业堂藏书楼规模宏大，多宋元精椠，鼎盛时号称藏书“六十万卷”①，是近代著名私家藏书楼之一。从二人日记与往来信札中可知，两个爱书、惜书、护书的人因书结缘，也因书展开了长达三十余年的往来，对我国古籍保护、传承和图书馆事业有着无可替代的贡献。

一、始于赠书：刘承幹与“读书种子”顾廷龙

按刘承幹、顾廷龙通信记载，刘、顾二人的交往始于1930年10月，缘于刘承幹赠书予顾廷龙。

时顾廷龙27岁，就读于上海持志大学国文系。刘承幹50岁，自辛亥革命后已携全家移居上海多年。顾廷龙10月27日致刘承幹信道：

> 企印懿行，久膺怀抱。自维室巷末敩，未敢肃一书上渎典签。厶俶拳拳，无日不萦梦毂。前由庞丈天笙颁到承赐精刊十二种，敬谨拜嘉，感谢不可言宣。
>
> 廷龙窃维往者先民殚章潜学，雕刊秘籍，为世归美，啮皆时会隆平，从容弦诵，人民赡足，始获墫舞辟雝。今则墨学西渐，我道沦胥，际此世变，各无安业，硕学通儒又相继殂落，国学之危亡正系千钧于一发，天下学子咸奔走号呼其无所归肩，而先生能遍刻先儒遗箸，广为流传，冀其不断如缕，维数千年垂绝国粹，主持于忧患之中。此天不欲学术之靡遗，择人以寄，先生应运而起，负荷仔肩，俾学问之道得以渐展，其盛业之伟

① 应长兴、李性忠主编：《嘉业堂志》，北京：国家图书馆出版社，2008年，第56页。

焉，岂汲古阁毛氏、士礼居黄氏、粤雅堂伍氏、知不足斋鲍氏所能逮哉！盖毛、黄、伍、鲍诸家之举，正清季方兴之时，士大夫揄袂研讨，踵趾相接，其盛若日丽中天，而人才辈出，校勘治订之功较易为力。又值平世，手民刊刷，工价低廉，不过今日之百一耳。屈指缕之，尚仅此数家，则详校精刊，非恒流所能卒业也。况先生挽狂澜于既倒，黉门阒然，古人载籍祸等于祖龙一炬，无人问计者，故同为刊行书籍之业。而处世有治乱，行事有顺逆，先生遭离乱之秋，挈在山之水而不衰其志者，此尤古今中外同声钦服者矣。昔吾从祖秀野公甄综元人诗百家，镂版行世，梦左衣冠来拜，传为美谈。先生阐章之功，什佰于斯，当不仅冥通之异也。

廷龙厕身学校，泯泯棼棼，苦无专业，厥后夤外叔祖王栩缘学使，始好训诂金石之学。上年游胡朴安、闻野鹤两师之门，亲承训迪，惝窥殿最而乏臧本，鼠璞诒讥。今辱盛贶巨签，焜耀斗室，若与诸先哲揖让进退之间，乐也何如！他日学而尽行乎，公之赐也；有所不行兮，亦公之赐也。角弓隆谊，永矢勿谖，有非楮墨所能罄其谢忱者。肃请著安。惟垂照不僴。顾廷龙再拜启。夏历十月廿四日。①

这封信言辞真挚诚恳，行文中满是顾廷龙对刘承幹的景仰之心与对他赠书的欣喜感激之情。信中提到的庞天笙与刘承幹同为浙江湖州人，曾任南浔庞氏宗族族长，其同族庞元济更是与刘承幹往来密切。庞天笙 1918 年又出任苏州商会会长，与长期主持苏州商务总会文牍的顾廷龙之父顾元昌既为同事，关系自然亲近。庞天笙与双方均有往来，因而刘承幹委托他将十二种精刊赠与顾廷龙。至于这精刊十二种是哪十二种？刘承幹又为何要赠书与顾廷龙？则要追溯至当年夏天。

1930 年暑假，顾廷龙从上海回到家乡苏州，其师金松岑正在草桥中学消夏读书，顾廷龙应召随侍伴读。顾廷龙《金松岑师赠诗书扇跋》云："时吾师评点《史记》，余则读《汉书》，并传录各家批校，师阅读有得，随笔写记一条，授龙缮正于刘氏嘉业堂刻大字本眉端。"② 这是在现存文字记录中顾廷龙首次提到刘承幹与嘉业堂。彼时《嘉业堂景宋四史》颇为学者称誉，顾廷龙与金松岑取之作底本，可谓目光如炬。顾廷龙随其师利用各家批校，勘正嘉业堂所刻《景宋四史》中之《史记》《汉书》。这是一次难能可贵的版本校勘学实践，不论是对顾廷龙本人，还是对嘉业堂刻书，都具有独特的意义。大概在某种因缘际会之下，向来喜好赠书予师友及笃志向学者的刘承幹获知，苏州尚有一位可堪造就的"读书种子"顾廷龙在勘正自己所刻的《景宋四史》，才有了这桩赠书佳话。而向素无了解的后学赠书，自然是以正经、

① 1930 年 10 月 24 日顾廷龙致刘承幹信，《顾廷龙全集·书信卷》上，上海：上海辞书出版社，2017 年，第 76–77 页。按"梦左衣冠来拜"一句之"左"字，袁枚《随园诗话》，沈津《顾廷龙年谱长编》（未刊稿）作"古"，当以"古"是。

② 顾廷龙：《金松岑师赠诗书扇跋》，《顾廷龙全集·文集卷》下，上海：上海辞书出版社，2015 年，第 650 页。

正史为上选，现据《刘氏嘉业堂刊印书目（乙亥重订）》[①] 与陈谊《嘉业堂刻书研究》附录一《嘉业堂刻印图书年表》[②]，将 1930 年之前嘉业堂开雕各书中经史类之重要者开列如下：

书名	丛书	部类	雕刻时间
周易正义十四卷附校勘记二卷	嘉业堂丛书	经部	1914
礼记正义残十二卷附校勘记一卷	嘉业堂丛书	经部	1914
仪礼疏五十卷	嘉业堂丛书	经部	1914
尚书正义二十卷附校勘记二卷	嘉业堂丛书	经部	1916
穀梁疏残本七卷附校勘记二卷	嘉业堂丛书	经部	1916
毛诗正义三十三卷附校勘记三卷	嘉业堂丛书	经部	1918
春秋正义残本十二卷附校勘记二卷	嘉业堂丛书	经部	1919
春秋公羊疏残本七卷附校勘记一卷	嘉业堂丛书	经部	1928
南唐书注十八卷补注十八卷	嘉业堂丛书	史部	1915
说文校议议三十卷	吴兴丛书	经部	1918
易小传六卷附系辞补注一卷	吴兴丛书	经部	1922
周易通解三卷释义一卷	吴兴丛书	经部	1922
周易本义辨证补订四卷	吴兴丛书	经部	1922
虞氏易象考正一卷续纂一卷	吴兴丛书	经部	1923
九家易象辨证一卷	吴兴丛书	经部	1923
虞氏易义补注一卷附录一卷	吴兴丛书	经部	1923
周易消息十四卷	吴兴丛书	经部	1924
礼记集说七十卷	吴兴丛书	经部	1925
论语注二十卷	吴兴丛书	经部	1928
周易集义八卷	求恕斋丛书	经部	1919
史记一百三十卷	影宋四史	史部	1919
汉书一百二十卷	影宋四史	史部	1920
后汉书一百二十卷	影宋四史	史部	1921
三国志六十五卷附校勘记三卷	影宋四史	史部	1926
说文段注订补十四卷	单行本	经部	1914
旧五代史一百五十卷	单行本	史部	1921
晋书斠注一百三十卷	单行本	史部	1927

① 应长兴、李性忠主编：《嘉业堂志》，第 312-323 页。

② 陈谊：《嘉业堂刻书研究》，博士学位论文，复旦大学中国古代文学研究中心，2009 年，第 181-188 页。

赠书时选取零种或拆散套系，既不便于赠书者拣择，也容易令受赠者不明所以，再结合此次赠书之数目，我们推测，刘承幹所赠书十二种很可能就是《嘉业堂丛书》经部八种及《嘉业堂景宋四史》四种。

时顾廷龙年纪尚轻，据信可知他在学校之外，又曾于王同愈、胡朴安、闻野鹤门下学习训诂、金石之学，虽已能粗窥学问之高下，藏书的数量却跟不上知识的增长。刘承幹的赠书对他来说无疑是莫大的支持与鼓励，“今辱盛贶巨签，焜耀斗室，若与诸先哲揖让进退之间，乐也何如！他日学而尽行乎，公之赐也；有所不行兮，亦公之赐也”①，欣喜之情溢于字里行间。顾廷龙在信中毫不吝惜感激与赞扬之辞，认为刘承幹是在西学泛滥横流之际，挽救国学于危难之中的大家，且将他与前代刻书家作比，给予刘承幹极高的评价。其中虽夹杂有顾廷龙个人感情，但也绝非全然溢美之词。同为近代目录版本学大家的王欣夫在评价刘承幹所刻丛书时也说：“然则集众长于一编，我不知视钱、伍二氏孰为后先也。”② 清末日本静嘉堂文库购得皕宋楼藏书后，日本书估多有来华大量购书者，对我国古刻名钞虎视眈眈，欲趁国乱携书东渡。眼看我国典籍即将大量损毁流失，在此形势严峻之际，刘承幹毅然以保存国粹为己任，悬金收购古今藏书。若非刘承幹此举，不知有多少古籍将流散海外。可惜的是刘承幹《求恕斋日记》中并无关于赠书予顾廷龙的记录，大概彼时刘承幹藏书楼事业正盛，而其为人又慷慨厚道、乐善好施，赠书予人之事对他而言乃举手之劳，不足挂齿吧。

以刘承幹赠书给顾廷龙为起始，两人此后三十余年的往来拉开了序幕。顾廷龙此刻大概也想不到，这个在自己的学生时代给予过莫大鼓励和帮助的人，又在十年后自己步入工作的关键时期，再次给予自己图书资源上的帮助和支持。

二、学人本色：刘承幹与顾廷龙的书籍往来

1910 年 10 月，刘承幹携家移居上海。而顾廷龙 1931 年自上海持志大学国文系毕业，考入北平燕京大学研究所，毕业后就职于燕京大学图书馆。1939 年夏应叶景葵之邀南下上海创办合众图书馆，在上海的地利人和之下，两人间的交往渐密，这也是两人一生往来最频繁的时期。

在任职合众图书馆期间，顾廷龙多次因馆藏需要向刘承幹求助，刘承幹有求必应，且多次直接赠书予顾廷龙及合众图书馆，为我国图书馆事业贡献自己的力量。

两人自 1930 年首次通信后，可考往来事实中，最早便为 1940 年 4 月顾廷龙于上海委托刘承幹代购《清实录》一事。1940 年 4 月 3 日，刘承幹嘱秘书沈家权致信顾廷龙③，并在日记

① 1930 年 10 月 27 日顾廷龙致刘承幹信，《顾廷龙全集·书信卷》上，第 77 页。

② 王欣夫：《嘉业堂群书序跋序》，吴格整理点校：《嘉业堂藏书志》附一，上海：复旦大学出版社，1997 年，第 1227 页。

③ 沈家权，字刚甫，号亢父，浙江湖州人。担任刘承幹记室三十余年，刘承幹书札，大都出自其手。

中第一次提到顾廷龙："顾起潜，苏州人，名廷龙。章式之弟子。叶揆初办合众图书馆，延其来作主任。以本在北京燕京大学充教授也。"① 至于为何作函，内容如何，顾廷龙4月4日在日记中写道："刘翰怡代购《清实录》，往领，计一百卅八包，全书一千二百二十册、一百二十函。翰怡有一函致余，始通问也。"② 并专门回函致谢：

> 夙慕硕望，末由晋谒，时引怅惘。……承公代购《清实录》一百三十八包，业已拜领，渎神，至感。敝馆筹备伊始，刻在整理编目，开放尚需时日。倘蒙从者不吝指导，极为欢迎，缓日容再诣教。③

可知刘承幹嘱沈家权作函，便是告知顾廷龙其所需《清实录》已备好，请顾廷龙前来领取。"在清代，实录从未刊布，只缮写若干部藏在京师（北京）、盛京（沈阳）两地的宫禁里，能够读到它的人极少。"④ 1923—1928年间，"刘承幹以资助清史馆纂修《清史稿》的方式，请史馆代抄《清实录》和《清国史》"⑤，嘉业堂因此得以存此秘籍。但此抄本嘉业堂亦不轻易示人，加之录副难度大，顾廷龙所求代购当非嘉业堂所藏抄本。1934年，伪满"满日文化协会""根据原盛京崇谟阁所藏大红绫本影印而成《大清历朝实录》，1936年由日本东京大藏出版社出版"，此次出版"计4486卷，分装122帙，每帙10册，共1220册"⑥ 这是《清实录》首次影印，造价昂贵，且印数甚少，仅有300部，其价值之高不言而喻。且与顾廷龙日记中所言"全书一千二百二十册、一百二十函"⑦ 相应，所代购之书当即此影印本。由刘承幹在日记中对顾廷龙的详细备注及顾廷龙日记中所言"始通问也"⑧ 可知，这是刘承幹首次主动致信顾廷龙。对于刘承幹而言，他与顾廷龙虽不甚熟悉，但顾廷龙作为著名藏书家章钰的弟子、燕京大学教授、合众图书馆主任，无疑是刘承幹青眼相看的。因此面对顾廷龙代购《清实录》这一委托，刘承幹欣然答应。刘承幹致顾廷龙函今虽不得见，但由顾廷龙回信可推知，他顺便问候了顾廷龙的工作情况，对合众图书馆的筹备进度、开放时间表示关心。顾廷龙则表示图书馆还处于筹备阶段，开放尚需时日，希望刘承幹不吝指导。

5月21日，刘承幹与助手施维藩应前信之邀前往参观合众图书馆，由顾廷龙接待。关于此次见面，刘承幹《求恕斋日记》写道：

---

① 刘承幹：《求恕斋日记》，庚辰年二月二十六日（1940年4月3日），北京：国家图书馆出版社，2016年，第13册，第160页。

② 顾廷龙：《顾廷龙日记》，1940年4月4日，北京：中华书局，2022年，第66页。

③ 1940年4月4日顾廷龙致刘承幹信，《顾廷龙全集·书信卷》上，第78页。

④ 《清实录·影印说明》，中华书局2008年影印本，第1页。

⑤ 曹新华、和希林编：《刘承幹文献辑刊》，北京：北京燕山出版社，2021年，第1册，第3页。

⑥ 谢贵安：《清实录研究》，上海：上海古籍出版社，2013年，第339页。

⑦ 顾廷龙：《顾廷龙日记》，1940年4月4日，第66页。

⑧ 顾廷龙：《顾廷龙日记》，1940年4月4日，第66页。

午刻起身阅报，韵秋（按施维藩字）来谈[①]。良久，与之同往合众图书馆参观。由主任顾起潜名廷龙（苏州人），办事员朱子毅（寿门之侄），杨敬涵至楼上观书。又纵谈良久，见吴印丞各种笔墨，起潜汇而装订之，云得之北京书摊。王玫伯之《默盦诗文稿续文》三卷，尚未印行者也，云此次之战事后书估从南京移来，彼以五十元买之者。此馆为叶揆初所创办，而蒋抑卮之书亦捐入。谈至六时后，天将晚而归。[②]

顾廷龙日记同样有：

刘翰怡偕其典书者施维藩韵秋来参观。据施云，刘晦之藏书按《四库》收，将全备，仅缺八十余种，钞本为多，今拟出售，索四十万。张聪玉藏书有百余种，亦谋出让。其中宋椠《施顾注苏诗》烬余本，索万元。其余各种，施言之甚详，不能悉忆矣。又云（张）芹伯亦欲鬻书，其藏多出（其父张）石铭所收之外，且较精，《藏书志》所未有者。刘云，《适园藏书志》，缪艺风（荃孙）子所代撰，故多疏误也。余必“刻意编一精彩藏书志，以压众编”。[③]

同一次会谈，刘承幹与顾廷龙的记载却迥然相异，这与二人的身份与治学倾向有关。刘承幹作为私人藏书家，身怀保存国粹之志，更关注未刊秘本、书籍价格与获取方式，如顾廷龙自北京书摊购得后自行装订的吴昌绶笔墨，与其在南京书估处以五十元购得的尚未印行的王舟瑶《默盦诗文稿续文》等。而顾廷龙作为图书馆学家，则侧重于记录谈话中涉及的典藏家图书分类法，如施维藩所云刘体仁藏书“按《四库》收”[④]。同时，作为合众图书馆主理人，他也留意书籍流通信息与精椠善本，如正欲出让藏书的张聪玉与张乃熊，所藏有宋椠《施顾注苏诗》烬余本等精善典藏，便格外引起顾廷龙的注意。此外，作为一名善于考证的学者，他还十分在意学术信息的历史真相，如署张钧衡编撰的《适园藏书志》，一般多认为是缪荃孙代撰，但该书疏误颇多，与缪荃孙的学术水平并不相符，所以当刘承幹指出该书系“缪艺风子所代撰”，顾廷龙便特别留意。这一下午的谈话清晰地展现出刘承幹与顾廷龙各自的关注重点与学术倾向。

此后两年，两人之间多有书籍互通。1940 年 6 月 20 日，顾廷龙拜访刘承幹，两人谈及《爝火录》，顾廷龙表示“他日当商借钞”[⑤]。11 月 6 日，顾廷龙姑父周翰向他出示沈文起《王荆公诗文补注》稿，顾廷龙查知刘承幹已刻过，表示“当借新本一校也”[⑥]。12 月 13 日，“刘

---

① 施维藩，字天游，号韵秋，以号行，江苏海门人。为嘉业藏书楼第二任主任，在藏书楼工作二十余年。
② 刘承幹：《求恕斋日记》，庚辰年四月十五日（1940 年 5 月 21 日），第 13 册，第 182 页。
③ 顾廷龙：《顾廷龙日记》，1940 年 5 月 21 日，第 80 页。
④ 顾廷龙：《顾廷龙日记》，1940 年 5 月 21 日，第 80 页。
⑤ 顾廷龙：《顾廷龙日记》，1940 年 6 月 20 日，第 88 页。
⑥ 顾廷龙：《顾廷龙日记》，1940 年 11 月 6 日，第 114 页。

刻《王荆公诗文补注》"[①] 便已送到顾廷龙处。12 月 25 日，顾廷龙拜访刘承幹，为合众图书馆索嘉业堂刻书，刘承幹欣然答应[②]。12 月 26 日，顾廷龙致信刘承幹：

一昨获聆教益，为幸！承慨许检赠尊刻诸书，深感！《四史》已询揆丈，未有藏弆，便请先惠。其它俟查明所阙，再行奉恳。尚祈见赐《嘉业堂刊行书目》一两册，为祷。附呈先君《墓志》一份，敬乞察存。[③]

12 月 27 日，刘承幹嘱沈家权为赠书一事回函顾廷龙[④]。据《合众图书馆第二年纪略》年度（1940 年 7 月—1941 年 6 月）捐书情况可知，刘承幹本年度共捐书"2 种 284 册"[⑤]，居各家前列。"先君《墓志》"即顾廷龙为父顾元昌请章钰撰、孙仲渊刻《清授中宪大夫四品衔安徽补用通判吴县顾君墓志铭》（以下简称《墓志》）。此《墓志》除刘承幹外，顾廷龙还曾于 1941 年 5 月 20 日赠予华士巽[⑥]：

一昨趋叩崇阶，获聆教益，积慕为之冰释。承示诸珍，见所未见，尤深感幸。

《侨吴集》，敝藏有钞本，查无《孝子祠记》，当系佚文，将来拟恳传录补入。集中有《贞节堂后记》一文，贞节为幼武（彦清）之母，都功德使司都事之室，是亦君家掌故也，不识墨迹亦尚存否？

命录先从祖事迹，兹将先君撰《春树闲钞跋》附后。《春树闲钞》为秀野公撰，先从祖所录原藏宗丈子戴家，先君传钞得之，后宗氏书散，归诸叶丈揆初，承以相赠，今在敝斋。征之昨见题诗笔迹，益信为手钞本矣。《东吴小稿》，敝藏尚无其书，倘蒙慨许传钞一本，以广其传，艺林幸甚！敝馆幸甚！相见伊始，本不求有所干渎，素知先生提倡学术，当与敝馆有同情也。

奉上先君《墓志》一份，尚祈察存。[⑦]

顾廷龙的家族苏州唯亭顾氏被誉为"江南第一读书人家"[⑧]，顾廷龙本人亦有志于搜集先世遗泽。1930 年秋，顾廷龙得知上元（今江苏南京）宗舜年家藏有其八世从祖顾嗣立所撰、五世从祖顾达尊手抄《春树闲钞》二卷。自宗舜年处借得后，由顾元昌录副并撰跋介绍顾达

---

① 顾廷龙：《顾廷龙日记》，1940 年 12 月 13 日，第 121 页。

② 刘承幹：《求恕斋日记》，庚辰年十一月二十七日（1940 年 12 月 25 日），第 13 册，第 289 页。

③ 1940 年 12 月 26 日顾廷龙致刘承幹信，《顾廷龙全集 · 书信卷》上，第 79 页。

④ 刘承幹：《求恕斋日记》，庚辰年十一月二十九日（1940 年 12 月 27 日），第 13 册，第 289 页。

⑤ 顾廷龙：《合众图书馆第二年纪略》，《顾廷龙日记》，第 667 页。

⑥ 华士巽，字绎之，无锡荡口镇人。一生注重家乡教育事业，收集古书画，精鉴别，擅书法。

⑦ 1941 年 5 月 20 日顾廷龙致华士巽信，《顾廷龙全集 · 书信卷》上，第 88 页。

⑧ 顾颉刚著，王煦华整理：《玉渊潭忆往》，苏州市地方志编纂办公室、苏州市档案局编：《苏州史志资料选辑》第 2 辑，1984 年，第 10 页。

尊事迹，顾家始得此书[①]。1935 年王欣夫等人辑印《乙亥丛编》，收入《春树闲钞》，并邀请刘承幹作序[②]，此书始有印本。1939 年 1 月，叶景葵自宗舜年处购得《春树闲钞》祖本，并于当月赠予顾廷龙[③]，顾廷龙于 2 月 8 日回信中表示已收到书[④]。1940 年 12 月 12 日，潘景郑赠顾达尊所刻《闾丘诗钞》予顾廷龙，书后附有顾嗣立《年谱》[⑤]。而 1941 年 5 月 19 日，顾廷龙与潘景郑于华士巽处见得元人郑元祐撰《华孝子祠记》，书后"题咏甚多"[⑥]，其中便有顾达尊所题诗。顾廷龙日记中有言："余犹初见其墨迹，可喜也。"[⑦] 此前顾廷龙曾见顾达尊所抄《春树闲钞》，今与题诗笔迹相对比，"益信为手钞本矣"[⑧]。

由顾廷龙致华士巽信可知，5 月 19 日一见，华士巽对顾达尊颇感兴趣，嘱顾廷龙抄录其相关事迹。5 月 20 日顾廷龙致信华士巽时，便将顾元昌所撰《春树闲钞跋》与顾元昌《墓志》附于信后。我们推测，刘承幹受赠墓志与华士巽应出于同一模式：顾廷龙于 1940 年 12 月 25 日拜访刘承幹，为合众图书馆索嘉业堂刻书，事后顾廷龙将《墓志》赠予刘承幹，可能也是出于两人谈及《春树闲钞》或其他顾氏遗泽。

1941 年 1 月 15 日，施维藩以明信片致顾廷龙询问明洪熙本《欧阳修撰集》相关情况，此书于 2 月 25 日与明泰昌本《南沙文集》一同为顾廷龙借去，顾廷龙表示"皆难得之本也"[⑨]，并详校《欧阳修撰集》。2 月 27 日校毕撰跋，次日归还嘉业堂。施维藩 3 月 4 日来信表示所还书已收到。顾廷龙在合众图书馆本年度工作报告（即《合众图书馆第二年纪略》）"校勘书籍成果"一项中，再次提到此书，认为此本"极罕见"[⑩]，可见他对从嘉业堂所借之书的重视。3 月 29 日，顾廷龙自叶景葵处转借刘承幹所藏《袁太常日记》，表示"闻有《中国日报》载之，又有叶浦荪（玉麟）者欲印行。余拟抄一册存之"[⑪]。4 月 5 日，顾廷龙校《袁太常日记》并加跋，4 月 14 日校毕，前往刘承幹家中还书，可惜刘承幹并未在家中。顾廷龙在日记中不无可惜地写下"访翰翁，不值"[⑫]。6 月 22 日，刘承幹嘱记室沈家权作函赠《嘉业堂丛书》予顾廷龙[⑬]，顾廷龙于次日收到赠书，表示感谢，并"乞题井拓"[⑭]。

---

① 王欣夫等辑：《八年丛编》，上海：上海人民出版社，2019 年，第二册，第 776–780 页。
② 刘承幹：《乙亥丛编序》，王欣夫等辑：《八年丛编》，第二册，第 503 页。
③ 王世伟、许全胜整理：《叶景葵致顾廷龙论书尺牍（便笺）》，载上海图书馆历史文献研究所编：《历史文献（第一辑）》，上海：上海社会科学院出版社，1999 年 4 月，第 27 页。
④ 1939 年 2 月 8 日顾廷龙致叶景葵信，《顾廷龙全集·书信卷》上，第 26 页。
⑤ 顾廷龙：《顾廷龙日记》，1940 年 12 月 12 日，第 121 页。
⑥ 顾廷龙：《顾廷龙日记》，1941 年 5 月 19 日，第 164 页。
⑦ 顾廷龙：《顾廷龙日记》，1941 年 5 月 19 日，第 164 页。
⑧ 1941 年 5 月 20 日顾廷龙致华士巽信，《顾廷龙全集·书信卷》上，第 88 页。
⑨ 顾廷龙：《顾廷龙日记》，1941 年 2 月 25 日，第 140 页。
⑩ 顾廷龙：《合众图书馆第二年纪略》，《顾廷龙日记》，第 670 页。
⑪ 顾廷龙：《顾廷龙日记》，1941 年 3 月 29 日，第 148 页。
⑫ 顾廷龙：《顾廷龙日记》，1941 年 4 月 14 日，第 152 页。
⑬ 刘承幹：《求恕斋日记》，辛巳年五月二十八日（1941 年 6 月 22 日），第 13 册，第 391 页。
⑭ 顾廷龙：《顾廷龙日记》，1941 年 6 月 22 日，第 172 页。

“乞题井拓”四字虽短，其背后却颇有渊源。1915 年，顾廷龙祖父顾祖庆买下苏州严衙前一个院子，在巡视修葺好的西院时，不经意间发现了一处井栏。1929 年 11 月，顾廷龙父亲顾元昌作长文，考证得知此井阑为绍定三年（1230），苏州城内沈家男主人为悼念难产而死的爱妻，与岳父共同所凿。“按照当时的习俗，凿井供众人取水，是施善建德之举，以此追荐死者并为其祈求冥福，井被称之为‘义井’。沈家用精心挑选的石料雕刻井阑加护于井口，并在井阑铭文中记述了凿井的缘由。”① 崇祯中重浚义井，井阑上又增刻了“顾衙复泉”四字。依顾元昌要求，顾廷龙将井栏拓片和他所写的文稿装订成册。而后的十几年间，顾廷龙又邀请友人共五十余人，为该册页写跋语。刘承幹便是其中之一，他为井阑题诗如下：

衔悲一念成功德，儿女钟情亦可伤。终胜景阳宫里井，未曾家国预兴亡。剔藓披苔旧刻存，凄然问石石何言。纷纷七百年来事，重见江山半壁痕。（款识：起潜仁兄大人属题。辛巳六月刘承幹。钤印“御赐世有令名”“臣刘承幹”“翰怡又字贞一”。）②

此诗为刘承幹受顾廷龙之托所作，于其他各处未见。整首诗情真意切，有感而发。“纷纷七百年来事，重见江山半壁痕”体现出刘承幹深沉的民族情感与敏锐的家国危机意识，与他藏书、刻书的行为也互为照应。虽有借题发挥，也算是不负顾廷龙所托。

1942 年 2 月 11 日，顾廷龙致信刘承幹，为友人求购其所刻“（翁方纲）《复初斋集外诗文》及《宜泉诗》《天隐堂文》”③。3 月 28 日，刘承幹嘱施维藩函答顾廷龙④。3 月 30 日，顾廷龙在日记中表示收到刘承幹所送《复初斋集外诗文》及《天隐阁（堂）文录》⑤。7 月 3 日，刘承幹嘱施维藩函顾廷龙，赠《留余草堂丛书》一部与合众图书馆⑥，顾廷龙于次日收到赠书⑦。9 月 5 日，顾廷龙拜访刘承幹，为合众图书馆索《南浔志书》⑧。9 月 10 日，刘承幹送《南浔志》，并嘱咐顾廷龙“开前赠书单，当将未赠者补赠”⑨，其言辞真挚诚恳，令人感动。12 月 2 日，刘承幹又送《史记》与两《汉书》予顾廷龙⑩。《合众图书馆筹备第四年纪略》中记录，本年度（1942 年 7 月—1943 年 8 月）刘承幹共捐书“37 种 243 册”⑪，亦居各家前列。刘承幹赠合众图书馆诸多书籍，有其作为私人藏书家支持民族图书馆，保护古籍的

① 顾廷龙编：《宋绍定井阑题字册·附册》，北京：国家图书馆出版社，2018 年 2 月，第 6 页。
② 顾廷龙编：《宋绍定井阑题字册》，第 40-41 页。
③ 顾廷龙：《顾廷龙日记》，1942 年 2 月 11 日，第 218 页。
④ 刘承幹：《求恕斋日记》，壬午年二月十二日（1942 年 3 月 28 日），第 14 册，第 14 页。
⑤ 顾廷龙：《顾廷龙日记》，1942 年 3 月 30 日，第 229 页。
⑥ 刘承幹：《求恕斋日记》，壬午年五月二十日（1942 年 7 月 3 日），第 14 册，第 47 页。
⑦ 顾廷龙：《顾廷龙日记》，1942 年 7 月 4 日，第 250 页。
⑧ 顾廷龙：《顾廷龙日记》，1942 年 9 月 5 日，第 260 页。
⑨ 顾廷龙：《顾廷龙日记》，1942 年 9 月 10 日，第 261 页。
⑩ 顾廷龙：《顾廷龙日记》，1942 年 12 月 2 日第 281 页。
⑪ 顾廷龙：《合众图书馆筹备第四年纪略》，《顾廷龙日记》，第 682 页。

情怀，但其中也绝少不了与顾廷龙之间的情谊。

除两人之间的书籍往来外，刘承幹所刻书籍与他本人对书籍的评价，也对顾廷龙产生了一定影响。1940 年 7 月 12 日，顾廷龙在国粹书店购得张其淦《明代千遗民诗咏》，他在日记中写到购书原因：“昔闻刘翰怡言，此书印后，经乱毁尽，不可不收矣。”① 1943 年 8 月 16 日，叶景葵交来王大隆所赠抄本《授时历故》，有曹元忠校，顾廷龙在日记中写道“此书翰怡刻过”②。可见顾廷龙对刘承幹鉴识能力的推崇和对嘉业堂刻书活动的重视。

此外，顾廷龙对刘承幹藏书的去向也始终保持高度关注。抗战时期，刘承幹曾两次大规模售书。第一次为 1941 年 4 月 14 日，郑振铎代表文献保存同志会，以 25 万元秘密购下嘉业堂藏书之菁华——明刊本 1200 余种、钞校本 36 种。当日开始点收，至 4 月 19 日书款两清。同日，叶景葵电话告知顾廷龙，刘承幹书明本千数百种、钞本三十余种，“以廿五万售中央(图书馆)，徐森玉鉴定”③。顾廷龙得知消息后便致信问候刘承幹，并于 4 月 20 日收到刘承幹助手施维藩回信，表示刘承幹已移居胶州路四百五十号，藏书亦随之移去。同时若顾廷龙“须借各种（图书），当有以应命云”④。5 月 4 日顾廷龙拜访施维藩，施云“翰怡明本壹千二百种及钞校本卅余种，以二十五万归郑公矣。”⑤ 第二次为 1942 年 10 月 21 日，刘承幹与张叔平订立合同，拟售嘉业堂藏书“十三万贰千册”⑥。11 月 20 日，顾廷龙自徐森玉处得知此事，日记中有云：“闻翰怡书已为巨贾收购，共二百万，合同已立，归得主自运。（徐森玉）曾见钞校本，精劣不等，惟稿本大都刻过矣。”⑦ 但此次售书并未能像第一次那样顺利进行。由于张叔平延不付款，迟迟不能办理合同中诸多事宜，加之物价飞涨，刘承幹因此蒙受了巨大损失。12 月 17 日，刘承幹以张叔平违反合同为由，提出解约。与此同时，张叔平又将嘉业堂的部分书籍以 320 万元，转手卖给亿中银行董事长朱鸿仪。此次售书涉及转卖与解约，连顾廷龙也深感情况复杂，不禁发出慨叹：“卖买邪，保存邪，非吾所敢知也。”⑧ 一直到 1946 年，刘承幹方得以从江宁警察局领回藏书。以上两次售书顾廷龙虽未直接参与其中，但无论是对刘承幹本人还是嘉业堂藏书，他均报以关心，时刻关注动向，中间还曾去信及登门拜访。刘承幹身陷风波、进退维谷之际，也不忘赠予顾廷龙其所需《史记》与两《汉书》。两人情谊之纯粹深厚，可见一斑。

---

① 顾廷龙：《顾廷龙日记》，1940 年 7 月 12 日，第 91 页。
② 顾廷龙：《顾廷龙日记》，1943 年 8 月 16 日，第 325 页。
③ 顾廷龙：《顾廷龙日记》，1941 年 4 月 19 日第 153 页。
④ 顾廷龙：《顾廷龙日记》，1941 年 4 月 20 日，第 154 页。
⑤ 顾廷龙：《顾廷龙日记》，1941 年 5 月 4 日，第 159 页。
⑥ 应长兴，李性忠主编：《嘉业堂志》，第 129 页。
⑦ 顾廷龙：《顾廷龙日记》，1942 年 11 月 20 日，第 278 页。
⑧ 顾廷龙：《顾廷龙日记》，1942 年 12 月 22 日，第 284 页。

三、谊切苔岑：新中国建国后的刘承幹与顾廷龙

自19世纪30年代以来，嘉业藏书楼久经战火，驻军不断，久疏管理，“上下二层的主楼内蛛尘遍布，疮痍满目。虽然书箱、书橱、书架基本完好，箱橱上锁，但有的书橱玻璃门已碎，书被取走，藏书情况不明，箱橱钥匙不知所踪。电表、电线、桌椅板凳等损坏严重。版片胡乱堆放，随处可见，且有的已霉烂不堪”。[①] 刘承幹面对藏书楼的一片破败，心有余而力不足。且公共图书馆已是大势所趋，刘承幹因此萌生了捐献嘉业堂藏书楼的想法。1951年1月，刘承幹致信浙江省委统战部，希望接管嘉业堂藏书。3月17日，浙江省立嘉兴图书馆接到嘉兴专署的指示：着手清理、保管嘉业堂藏书。3月22日，刘承幹就嘉兴专署文教科函分别拜访张元济、徐森玉，于张元济处与顾廷龙相遇。顾廷龙在日记中写下：“3月22日，访菊老，遇翰怡。”[②] 刘承幹亦有记：“二十二日，晴。诣张菊生丈，适顾起潜、徐凤石（善祥，常州人，商务书馆董事）在坐。”[③] 自此匆匆一见后，刘承幹为嘉业堂藏书归属不断奔波，顾廷龙则忙于上海图书馆筹备事宜，两人鲜有会面之机缘。8月6日，顾廷龙自高君宾处得知，浙江省文教厅代管翰怡藏书[④]。11月19日，刘承幹写下捐献信，正式向浙江图书馆捐献嘉业堂藏书楼藏书。

1953年2月，顾廷龙拟就《上海市私立合众图书馆捐献愿书》，经张元济核定后，正式将合众图书馆捐献国家。

1956年10月，恰逢我国著名出版家张元济九十寿诞，商务印书馆邀请文艺界与社会知名人士赋诗、献画、祝词以示庆贺。张元济作为顾廷龙与刘承幹共同好友，与二人均有着深厚情谊。19日，盖因顾廷龙妻弟潘景郑所制善本书影笺闻名遐迩，顾廷龙本人又工于书画，对笺纸多有着意，于是刘承幹为张元济寿辰一事致信顾廷龙，询问顾廷龙处是否有仍有诗笺：

> 许久未接音尘，伏想枕葄清嘉，著述日富为颂。昨诣冒鹤翁，知菊生丈寿序已脱稿，由椽笔作书，诚双美也。弟拟寿以一诗，尊处如尚有诗笺，乞惠寄一二纸，如已无余，请开示尺寸及纸品，由弟自备亦可也。[⑤]

今虽未见顾廷龙回信，但从商务印书馆《张菊生先生九十生日纪念册》影印顾廷龙、刘承幹祝寿原件来看，两人所用纸张与尺寸一致[⑥]，可知当日顾廷龙接到刘承幹来信后，已将祝

---

① 应长兴，李性忠主编：《嘉业堂志》，第83-84页。
② 顾廷龙：《顾廷龙日记》，1951年3月22日，第565页。
③ 刘承幹：《求恕斋日记》，辛卯年二月十五日（1951年3月22日），第13册，第19页。
④ 顾廷龙：《顾廷龙日记》，1951年8月6日，第578页。
⑤ 刘承幹致顾廷龙信，转引自沈津《顾廷龙年谱长编》（未刊稿），1956年10月19日。
⑥ 张元济：《张菊生先生九十生日纪念册》，北京：商务印书馆，2017年7月。

寿所用纸品与尺寸告知刘承幹。两人无论是在图书事业还是社会往来中，都堪称相知相惜，守望相助。

1963年，刘承幹去世，时年82岁。

1984年，浙江省财政厅拨款重修嘉业堂。邀集专家悉心规划，越数月而竣事。修缮后的嘉业藏书楼“匾额楹联，一应复原。轮奂鬃饰，一新旧贯”①。1985年6月9日，顾廷龙在南浔参观嘉业堂藏书楼并留言：“一九八五年六月九日，来访嘉业藏书楼，修建一新，图书秩然，检阅清人集部，率记志幸。顾廷龙，时年八十二。”② 82岁的顾廷龙，看到如今“修建一新，图书秩然”③ 的嘉业堂藏书楼，再想到直至去世前还在为藏书归属奔波的82岁的刘承幹，大概也会心生感慨与宽慰吧。

结　语

顾廷龙与刘承幹，一为图书馆学家、图书馆主理人，一为私人藏书家。两人因书结缘，在三十余年的书籍往来中，始终保持着纯粹友好的情谊。刘承幹作为民国时期首屈一指的藏书家，在国家危急存亡的关头，兴建藏书楼，耗费巨资购书藏书，为中华民族传统文化的保存贡献了自己的力量。同时他注重藏书利用，以借阅、录副、出版、赠送等形式尽可能满足对嘉业堂藏书有需要的机构与个人。蔡元培曾在致宋子文信中赞赏道：“刘君承幹，住居上海，为中国图书馆协会会员。平日校刊各种国学书籍，志在流通，凡国内外各公私图书馆函索，无不捐赠巨帙。”④ 南浔嘉业藏书楼至今还保存着一册赠送嘉业堂自印书的名录，据上面登记，“1915年—1919年嘉业堂赠送出的自刻书共4882部，受赠者计207人”⑤。顾廷龙便是其中一员，无论是学生时代还是合众图书馆时期，无论是求书还是借钞，刘承幹都有求必应，给予他支持。顾廷龙先生精于目录版本之学，作为当代著名图书馆学家，为我国文化事业做出巨大贡献。他曾用“收书、编书、印书”⑥ 六个字概括自己的一生，与刘承幹可谓不谋而合。上海沦为“孤岛”之际，他应叶景葵之邀，毅然南下参与创办合众图书馆，在上海实现了“孤岛”不孤，“合众”成城。刘承幹给予图书馆诸多帮助，无疑也是这“合众”中的一员。解放后，两人以同样的爱国情怀与民族大义，顺应时代潮流，分别将嘉业堂藏书楼与合众图书馆捐献国家，在传承我国文化事业上堪称志同道合，殊途同归。

值此顾廷龙先生诞辰120周年之际，谨以梳理两位先生交往始末与彼此情谊，聊表敬意。

---

① 应长兴，李性忠主编：《嘉业堂志》，第329页。
② 应长兴，李性忠主编：《嘉业堂志》，第38页。
③ 应长兴，李性忠主编：《嘉业堂志》，第38页。
④ 高平叔：《蔡元培年谱长编》第3卷，北京：人民教育出版社，1999年，第573页。
⑤ 应长兴，李性忠主编：《嘉业堂志》，第59页。
⑥ 顾廷龙：《我和图书馆》，《顾廷龙全集·文集卷》上，第354页。

顾廷龙与叶恭绰交游考

谷玲玲

在顾廷龙的交友圈中，叶恭绰是不可忽视的重要人物。叶恭绰在20世纪中国的政治、交通、文化教育等多个领域都发挥着举足轻重的作用，不仅是著名的现代交通先驱、实业家、教育家，而且也是文化领域内成就突出的书画家、藏书家和学者。叶恭绰与顾廷龙的密切交往，对文物保护、书籍流通、文献出版、图书馆建设、学术发展等方面都具有重要的价值与影响。

两位先生交往较为频繁，经常互相拜访，共同探讨学术或生活问题，鸿雁往还亦多。《顾廷龙全集·书信卷》中收录顾廷龙致叶恭绰信14封。[①]《上海图书馆藏叶恭绰友朋尺牍》只影印顾廷龙致叶恭绰1封信。[②] 2024年，沈津所编《顾廷龙年谱长编》收录了顾廷龙与叶恭绰交往的68封书信，其中55封是保存了原文的，是目前收录顾、叶来往书信内容最为丰富的资料。截至目前，学界已有成果鲜少提及顾廷龙与叶恭绰的交往过程。《叶恭绰传》[③]《叶恭绰研究》[④] 中也未见关于二人交往的记述。本文致力于通过对顾廷龙与叶恭绰往来书信等相关资料的梳理，考察二人交往史实，并从两人的日常学术探讨、互借书画、共同处理法宝馆旧书，以及叶恭绰赠书与借房屋给合众图书馆、顾廷龙为叶恭绰编书提供建议等具体事件中，进一步发掘顾廷龙与叶恭绰交游的价值与影响。

一、学问请益与编书、借书

顾廷龙与叶恭绰熟识后，两人经常进行学术交流。叶恭绰年长于顾廷龙23岁，在交流过

① 顾廷龙致叶恭绰十四通信，《顾廷龙全集》编辑委员会编：《顾廷龙全集·书信卷》上，上海：上海辞书出版社，2017年，第57-74页。

② 丁小明、梁颖：《上海图书馆藏叶恭绰友朋尺牍》，上海：上海辞书出版社，2022年，第2-3页。

③ 郑重著，周伯军主编：《叶恭绰传 仰止亭畔落梅花》，上海：文汇出版社，2023年。

④ 北京画院编：《叶恭绰研究》，桂林：广西师范大学出版社，2020年。

程中，顾廷龙时常表现出敬重之意。从1936年33岁的顾廷龙给56岁的叶恭绰所写的信来看，两人关系尚不熟络。据《顾廷龙年谱长编》，两人直接的书信往来是从1936年11月24日开始的。顾廷龙在写此信时，怀着后学请益之意，加之此时两人关系生疏，故免不了使用礼貌敬语与恭维之词。两人的结交，可能开端于此信，也可能稍早一些。此后，两人来往频繁，书信渐多。

（一）顾求教于叶

顾廷龙时常向叶恭绰请教学术问题。例如，1943年3月25日，平勘刚携日本《大藏经》样本拜访顾廷龙。顾廷龙知燕京大学图书馆有大正《大藏经》，但疑惑两者有何不同，于是便去拜访和请教叶恭绰。叶恭绰告诉他根本区别在于："日本《大藏经》系日本所刊之藏，大正《大藏经》系五种藏经汇校之本。"① 又如，1959年12月10日，顾廷龙还曾询问叶恭绰编订遗稿之法。叶恭绰在14日回复顾廷龙信时，写了近九百字。他首先亮出自己的主要观点：

> 编订遗稿之法，其大要是古为今用，因此必须站在目下及最近之将来的立场，从事此项工作。但其间复有原稿完整与否之分别。如其人较为重要，原稿又较完整，且全未印行过者，我意不要删节，因其中往往有不经意之处，而今日可据为典要者，如年、月、日、地名、官名及典章制度、气候之类；如只系片段或丛残，则只能摘要，因不足概其人之生平，只能以其能供显著之查考与否为断耳。②

叶恭绰认为编订遗稿时要注意原稿的完整性，即使里面有些信息看似不重要，但是在考证史实时却有可能发挥重要作用，故而不应随意删除。随后，他又举出《刘坤一全集》《张之洞全集》《盛宣怀全集》等，指出各自的编订优点。有时，叶恭绰认为可能对顾廷龙有益的事，也会经常写信告知他。1961年1月3日，叶恭绰致信曰："前有友人在《大公报》论及《中国丛书综录》，本拟寄供参考，因事冗忘□，兹检寄备阅。此文似有参考价值，且出善意，前闻正在修订，或尚有用处也。"③ 他推荐给顾廷龙一篇有关《中国丛书综录》的文章。

顾廷龙还曾针对合众图书馆的建设问题，咨询过叶恭绰。关于图书馆是否设置专门与普通目录的问题，1954年3月24日，顾廷龙有信致叶恭绰称："中国科技文献拟编一目……科技家参观者甚多，而均以为有助于研究。然亦有人以为不大众化，缺乏思想性。自知政治学习不够，不足以掌握耳。但就我馆所藏图籍，立即欲使大众可以阅读是不能也，非不为也。专门、普通亦必须分工，否则力量分散，得不偿失耳。"④ 顾廷龙认为设置专门与普通目录，是必要的，也应该面向具有科技兴趣的读者群体，设置专门的编目，以方便读者查阅。叶恭

① 顾廷龙撰，李军、师元光整理：《顾廷龙日记》1943年3月25日，北京：中华书局，2022年，第303页。
② 叶恭绰致顾廷龙信，转引自沈津：《顾廷龙年谱长编》（未刊稿），1959年12月14日。
③ 叶恭绰致顾廷龙信，转引自沈津：《顾廷龙年谱长编》（未刊稿），1961年1月3日。
④ 顾廷龙：《致叶恭绰》（1954年3月24日），《顾廷龙全集》编辑委员会编：《顾廷龙全集·书信卷》上，第65页。

绰还一直十分关心合众图书馆的藏书状况。例如，1954 年 12 月 21 日，他写信给顾廷龙，意在告知《佛教经典目录》《径山藏》等佛道书籍的重要性，并建议合众图书馆收藏。

（二）顾助叶编书

叶恭绰在编书的过程中，曾多次请顾廷龙协助，或请顾廷龙提供修改建议。自 1943 至 1954 年期间，顾廷龙曾与叶恭绰讨论过《清代学者象传》及续编的编辑细节，并给予了重要的修改建议。例如，1943 年 1 月 28 日，《顾廷龙日记》记载：

> 誉虎送《象传》拟目二百四十五人，属为代订，约百廿人左右。阅目之后，余意学者范围广狭无定，在用者自加审核，若以广义言，而重于象，则二百四十五人可无删改。如欲眉目清楚起见，则不妨分为经学、史学、舆地、金石、目录、历算、诸子、辞章等类。若以狭义言，不重于象，则当以有专门著述为标准，而应删之人多矣。且严于学字之义，即重在传，不知二百四十五人皆有传矣，难能胜之。《清儒学案》虽有疵病，大体不错，何必为叠床架屋之事哉。重于象则不宜删矣。①

信中“誉虎”，指的是叶恭绰；“《象传》”即《清代学者象传》。此书是由叶衍兰与叶恭绰先生祖孙二位合著，共有二集：第一集是叶衍兰用了三十余年编成，收录清代前期学者一百六十九人，每人各有画像一帧，小传一篇。此集后由叶恭绰出版。第二集系叶恭绰辑成。叶恭绰在打算出版此集之前，曾请顾廷龙阅定。顾廷龙看完此书之后，提出书中有关学者的范围广狭不定的重要问题，并详细分析了广义与狭义、重象与传的区别。叶恭绰吸收了顾廷龙的建议，此集有所删减，收清初钱谦益至清末民初李希圣等学人之像与传，并补第一集所缺之晚清同、光、宣三朝学者 200 人。除去与第一集重出之侯方域外，实为 199 人。在当年 2 月 9 日，顾廷龙又至叶恭绰处，讨论第二集的纂例问题。1953 年，第二集经顾廷龙编辑安排，在安定珂罗版社影印出版。在 1986 年，顾廷龙将两集合为一编，亲笔题写《清代学者象传合集》书名，敦请潘景郑撰序，交由上海古籍出版社出版。顾廷龙与潘景郑此举，是对两位叶先生卓著业绩的纪念和表彰。

（三）日常学术交往

顾廷龙在认识叶恭绰之后，经常去拜访他。两人时常谈论到过往或当时学界的某些事件。例如，1942 年 11 月 3 日，顾廷龙与潘景郑至叶恭绰懿园畅谈，主要谈及三件与学术相关之事：一是，西北科学考察团所得木简，在经过整理编次考释之后，将由香港商务印书馆照印。当时费三年之力，仅为考释者欲以私人著述名义出版，主者不允，以致争执，延搁至今。二是，杨守敬《水经注疏》稿，经其弟子饶君续成，交商务，在工厂遭乱后，王君在厕旁检得，尚完全，今存分馆。三是，陈寅恪将所著《唐书外国传注》《世说新语注》《蒙古游牧记注》

---

① 顾廷龙撰，李军、师元光整理：1943 年 1 月 28 日记，《顾廷龙日记》，第 292 页。

及校订佛经译本（据梵文）等数种，装入行箧，交旅行社寄安南，不意误交人家，以致遗失。除此三件事之外，还述及蔡元培夫人及其两女之遭遇等事。又，1944 年 11 月 5 日，叶景葵示陈叔通藏陈宪章、刘世儒《墨梅》两卷，拟以易煤，嘱顾廷龙介绍。顾先生认为叶恭绰交游广，即往访托之，索值 20 万元。叶恭绰为述往事两件：一是在 1912 年，他任交通部司长时，袁世凯曾因手头紧张而欠车费，后依账单归还之事。当时办事尚讲求章法，后来世风日下，社会渐渐动乱。二是影印《四库全书珍本》之事。此书原由蒋复璁拟选一目，呈请教育部朱家骅批准，已与商务王云五订约。后来，目传于外，见其漫无选择标准，于是傅增湘、张元济、董康与叶恭绰等联名写信给朱家骅，请重行选定。书信交上去之后，有人打听何人主谋，胆敢反抗教育部？这些人认为此目已经部长批准，无可更动。董康听说后，不仅赶紧发表声明，称是经人所邀，非出自愿，还托人向教育部请求赴日本观光，期间偷偷地携珍本出国，以资卖买。《四库全书珍本》影印之事也因此被耽搁，后来由陈垣提议，以《永乐大典》辑本为标准，才平息了这场纠纷。

此外，顾廷龙还曾多次向叶恭绰求书联、画扇等，与叶恭绰商钞《广东通志》事。叶恭绰托顾廷龙查阅历代学校考试资料、书院志、先世字号等，请顾廷龙为其清点所藏书画、寄存物件等，还曾邀顾廷龙题写跋文。据《叶恭绰鉴藏编年事辑》，1946 年 6 月 28 日，叶恭绰请杨宽、徐森玉、蒋大沂和顾廷龙四人，到懿园寓所清点检理文物、书画、经卷等，并分别装箱，到七月五号才暂告结束。① 又，于当年 11 月 13 日，顾廷龙给吴湖帆为叶恭绰所绘《凤池精舍图》撰文曰："番禺叶遐庵先生谢政归来，侨寓吴门，卜筑精舍，有泉石花木之胜。领袖文坛，发扬地方文化。尝主修甪直唐塑像，保护昆山叶文庄墓。复创办吴中文献展览会，藏家竞出珍秘，盛况空前，衰歇文风，遂为一振。……其欣然敝屣之精神，与饮水知源之德意，堪为后来楷模，咸盼其返居姑苏，颐养天年，为我复兴之先导。"② 叶恭绰曾为保护地方古物做出较大贡献。孙方《叶恭绰对甪直保圣寺的整修与保护》一文，详细考察了叶恭绰在甪直唐塑像保护过程中的重要作为。③ 顾廷龙在此跋文中，盛赞叶恭绰为吴地的地方文化振兴所发挥的重要作用。

（四）互借书籍

顾廷龙与叶恭绰两人经常互借彼此收藏的书画。顾廷龙时常去拜访叶恭绰，并多次借得珍贵书籍、信札、画品等。其中较为珍贵的是毛泽东手书《沁园春·雪》词。该词是毛泽东的作品中影响较大的一首。1951 年 1 月 31 日《文汇报》刊载的柳亚子《关于毛主席咏雪词的考证》一文说，毛泽东手书《沁园春·雪》词，"真正的古本，却有两份，一份是毛主席写在信笺上给我的，另一份是替我写在纪念册上，字句完全相同。"④ 柳亚子还曾赞许道："毛润

① 万君超：《叶恭绰鉴藏编年事辑》，杭州：浙江人民美术出版社，2022 年，第 229 页。
② 顾廷龙：《凤池精舍图跋》，《顾廷龙全集》编辑委员会编：《顾廷龙全集·文集卷》下，第 710 页。
③ 孙方：《叶恭绰对甪直保圣寺的整修与保护》，《叶恭绰研究》，第 70-83 页。
④ 柳亚子：《关于毛主席咏雪词的考证》，《文汇报》，1951 年 1 月 31 日。

之沁园春一阕，余推为千古绝唱，虽东坡、幼安，犹瞠乎其后，更无论南唐小令，南宋慢词矣。”① 叶恭绰所得毛泽东此词手书，珍贵异常。

此手书作品，书写年份不详，今藏处亦不详。但知同纸《沁园春》词前附函云：“誉虎先生：一月十五日惠书拜读。为文艺学术界写字极难着笔，以不具为宜。遵嘱写吾拙作《沁园春》一首，藉博一粲，尚祈指正。顺颂春安。毛泽东二月七日。”② 故此手书是毛泽东应叶恭绰之邀于二月七日所写。

《顾廷龙日记》中记载了顾廷龙替上海图书馆（原合众图书馆）展览会借毛泽东手书的过程。1960 年 2 月下旬，叶恭绰嘱托顾廷龙，要特别注意毛主席手翰。在 4 月 4 日，又致顾廷龙信：“毛主席墨迹，由你馆短期陈列，自无不可，惟原件长过一公尺（裱好，又有镜框），带寄或有麻烦。”③ 7 月 29 日，叶恭绰又叮嘱道：“日前为毛主席《沁园春》词翰曾寄一书，计已达览，未知已否托人带京，因各方重视者，此一手稿，日来尚有人来询也。”④ 至 8 月 2 日，复致信顾廷龙，催还毛泽东手书《沁园春》词。顾廷龙在收到信的两日后请曹文美带交叶恭绰毛泽东手书《沁园春》词。随后，叶恭绰又致信曰：“毛主席《沁园春》词已照收，并径复图书馆矣。此件因欲得者多，故只有自存，尚祈鉴谅。”⑤ 至 11 日，顾廷龙又接到叶恭绰来信，告知毛泽东手书《沁园春》已收到。从整个借还的过程，我们可以看出顾廷龙与叶恭绰两位藏书大家，对于稀见文物的珍爱程度。

除了毛泽东手书《沁园春》词之外，顾廷龙还多次向叶恭绰借阅其它书物。1942 年 11 月 21 日，顾廷龙去拜访叶恭绰时，看到了近代著名藏书家伦明的藏书目。伦明（1878—1944），字哲如，广东东莞人，嗜书如狂，收藏有清代著作近百万种，一生撰写四库全书各部提要一千多篇。其代表作《辛亥以来藏书纪事诗》广为流传。他是一位集藏书家、版本目录学家、大学教授于一身的具有广泛影响力的重要人物。伦明的藏书状况，一直是学界关注的重要问题。叶恭绰对其藏书目的发现，对学界而言，是非常有价值的收获。叶恭绰还向顾廷龙简要介绍了此书目的递藏情况。顾廷龙也看出此书的珍贵意义，便向叶恭绰借了此书目，打算传抄一份，并于 12 月 9 日归还。

另外，1943 年 2 月 28 日，顾廷龙再次拜访叶恭绰，借了清中后期经学家陈奂所藏友朋论学书札。3 月 25 日，叶恭绰向顾廷龙展示王大隆所藏汪喜孙、胡培翚尺牍。顾廷龙借回与原本墨迹校一过，略有补正。此尺牍，一开始是打算收入清代江标所辑《灵鹣阁丛书》的，但不知因何最后并未列入丛书，而是收在了龚自珍之诗文合集《定盦余集》中。后来，叶恭绰由灵鹣阁后人江小鹣处获赠清汪喜孙、胡培翚二家函札，并跋云：“今春晤王欣夫先生，知建

① 柳亚子：《柳亚子赠尹瘦石毛泽东手书〈沁园春·雪〉和自书所作和词跋》，《文艺报》，1987 年 5 月 16 日。
② 万君超：《叶恭绰鉴藏编年事辑》，第 326 页。
③ 叶恭绰致顾廷龙信，转引自沈津：《顾廷龙年谱长编》（未刊稿），1960 年 4 月 4 日。
④ 叶恭绰致顾廷龙信，转引自沈津：《顾廷龙年谱长编》（未刊稿），1960 年 7 月 29 日。
⑤ 叶恭绰致顾廷龙信，转引自沈津：《顾廷龙年谱长编》（未刊稿），1960 年 8 月 2 日。

椴曩者曾以之付刊，渠处得有样本。适顾君起潜假阅，余因嘱起潜加以参校。其中字句，亦间有出入，起潜以识于眉。”① 嘱托顾廷龙取校江刻红印本《汪胡尺牍》。

叶恭绰也曾向顾廷龙借过书籍。据《顾廷龙日记》所载，1943 年 7 月 30 日，叶恭绰向顾廷龙借钞文道希手札；1944 年 1 月 17 日，借阅《青云谱》；1945 年 11 月 24 日，借《晚明史籍考》；1947 年 9 月 13 日，借《顺天府志》。

二、叶恭绰赠书、借房给合众图书馆

（一）捐赠书籍

叶恭绰赠顾廷龙的书，大多是捐给上海合众图书馆的。1941 年 8 月，合众图书馆正式成立，旨在“谋故国之保存，维民族之精神”。1946 年 1 月 24 日，顾廷龙在致上海市教育局的《呈为设立私立合众图书馆申请立案事》中写道：“爰于中华民国二十八年五月发起筹设合众图书馆于上海，拾遗补阙，为后来之征。……初设筹备处，赁屋辣斐德路六百十四号，从事布置，先后承蒋抑卮、叶恭绰、闽侯李氏、长乐高氏、杭州陈氏等加以赞助，捐书甚夥。”② 1946 年 5 月 3 日，叶恭绰为合众图书馆捐赠基金中储券一千万元。③ 叶恭绰捐钱又赠书，是为该馆的创办做出较大贡献的人。

叶恭绰藏书颇丰。他持续捐赠给合众图书馆大批珍贵书籍，是其数十年来有系统的收藏。叶恭绰的捐赠主要分为三批：第一批是捐于 1942 至 1947 年 10 月间。《顾廷龙日记》记载了这批书的详细捐赠过程：1942 年 10 月 26 日，郑振铎致电，称叶恭绰有书赠合众，嘱往接洽。11 月 25 日，叶景葵访叶恭绰，许赠山志。次年 4 月 16 日，叶恭绰与顾廷龙接洽领取山志事。4 月 23 日，顾廷龙拜访叶恭绰，言山志领取手续，由彼此交换一函为凭信。两日后顾廷龙赴法宝馆，检点叶恭绰捐赠之山志，共十箱。5 月 1 日，叶恭绰向合众图书馆捐赠山水、书院、庙宇等一批志书。5 月 9 日，合众图书馆职员钱重知致电顾廷龙，嘱取山志书，计十四箱。5 月 25 日，钱重知为叶恭绰面交赠书函，并代合众拟具答覆稿。两天后叶恭绰将所藏地理类书籍赠于顾廷龙。6 月 12 日，钱重知将叶恭绰藏书印、赠书印各一方交于顾廷龙，并嘱每册钤之。7 月 27 日，顾廷龙将叶恭绰赠书盖上其藏书章。至此，叶恭绰捐赠给合众图书馆之山水、书院、庙宇等一批志书之事圆满完成。除此之外，叶恭绰还在此年 11 月至 12 月间捐赠给顾廷龙丁与王姓的传记资料、民国藏书家兼书画家诸宗元集稿；并在 1947 年赠送《梁士诒年谱》、四皇甫书卷，以及历史档案文件、其朋辈函札等。叶恭绰慷慨的捐赠，较大程度地助力了合众图书馆的建设与发展。

---

① 陈奂辑，吴格整理：《流翰仰瞻陈硕甫友朋书札》，上海：上海古籍出版社，2012 年，第 256 页。

② 王世伟：《上海市私立合众图书馆发展史料二则》，上海图书馆历史文献研究所编：《历史文献》第 3 辑，上海：上海科学技术文献出版社，2000 年，第 18 页。

③ 杨雨瑶：《叶恭绰先生艺文年谱（下）》，《艺术工作》2019 年第 2 期，第 64-75 页。

合众图书馆于1948年8月为叶恭绰在这段时间里所捐书籍编了专门的捐书目录，即《番禺叶氏遐庵藏书目录》。此书由潘承弼撰写初稿、顾廷龙重编并缮录，合众图书馆线装石印本印行。《番禺叶氏遐庵藏书目录序》① 中提及，合众图书馆的宗旨是联合众多藏书家，集腋成裘，保存书籍。叶恭绰就是这些藏书家中贡献较大的一位。此序撰者感激地说道："吾友叶君遐庵自港旋沪，力予赞助。三十二年五月即举所藏地理类书籍相赠。空谷足音，良可喜慰。"随后，他又在序中说道："去秋，君将返棹珂里，检理平生师友手札，及亲历诸事文书，郑重交馆珍庋，足征君之勤求文献，垂老不倦。而于本馆信赖之笃，尤感知音。兹先以地理类目录编纂告成，计九百六种，三千二百四十五册，付诸石印，以便检阅。"② 他不仅对叶恭绰的才学及其捐书、编书行为大加赞扬，而且在序末，还提出"合各家之专藏，以成一馆；合专藏之馆，以萃于一市"的宏大构想，并询问叶恭绰的想法。

1949年3月，叶恭绰撰《书遐庵藏书目录后》，回应了《番禺叶氏遐庵藏书目录序》，曰：

> 余于一九四三年（民国三十二年）以所藏关于地理类图籍捐赠上海合众图书馆，凡九百六种，二千二百四十五册③。……自余普通文物图籍，可散者则悉散之，而屡年所搜集之方志、山志、书院志、寺观志、古迹志及关于文献考古诸函札图片，则悉以赠合众图书馆而企其代编一目。该馆因先编行关于地理一类，其中复析为二十九目④，即此是也。……张菊老之推许，非所敢当，顾、潘二君之劳，则深所纫谢，故特述之于此。⑤

叶恭绰在此文中叙述了他捐赠图书的来龙去脉。他捐赠给上海合众图书馆的大批书籍，有山水、寺庙、书院等志以及亲朋书札，系其数十年有系统的收藏珍品。《番禺叶氏遐庵藏书目录》收其所赠史部地理类书906种，凡3245册，分为水道总录之属、水道河之属、水道江淮海之属、水道郡邑之属、水道通论之属、山川山之属、山川川之属、专志宫殿之属、专志古迹之属、专志寺观之属、专志祠庙之属、专志陵墓之属、专志园亭之属、专志书院之属、专志圣门之属、专志会馆之属、杂记之属、游记总录之属、游记唐至明之属、游记清代之属、游记近代之属、游记游外国之属、游记外国人著述之属、边防北徼之属、边防江海之属、外纪之属、总录之属、丛刻之属、方志之属、舆图之属等，共30种，足可见所捐书籍种类之丰富。

---

① 《番禺叶氏遐庵藏书目录序》题为张元济所撰。叶恭绰亦称此序为张元济所写。但《顾廷龙全集·文集卷》所收此序末，明确署名为顾廷龙。顾诵芬亦称此序是其父顾廷龙所撰。（见于顾诵芬、师元光编著《自将摩挲认前朝——〈宋绍定井栏题字〉释注》第267页）疑此序为顾廷龙代张元济所写。

② 张人凤：《张元济与中国近现代图书馆事业》，上海：上海科学技术文献出版社，2014年，第168-169页。

③ 叶恭绰此言有误，实为3245册。

④ 实为30目。

⑤ 叶恭绰：《矩园余墨》，沈阳：辽宁教育出版社，1997年，第72页。

第二批书赠于1958年。这批赠书，未曾编目。但叶恭绰与顾廷龙有多封书信讨论这批书的捐赠过程，尤其是如何运输的问题。1958年12月2日，叶恭绰致顾廷龙信中曰："再奉赠贵馆第二批书籍，屡问中国书店，因其事忙，竟不得要领，嗣又云现在觅箱子极难，前次即用纸箱云云，不知何故？究竟前次系用何箱？此次以用何箱为宜？"① 叶先生打算再赠一批书给上海图书馆，但比较困惑于使用哪种箱子进行装载。当月8日，他又致顾廷龙信：

> 当与中国书店接洽，该店离我处极近。但来函说明用邮包或蒲包运送，弟所拟捐赠者颇有须细加防护之物（如书画卷轴），既不便照印刷品邮寄，而用蒲包又嫌单薄，北方蒲包不似南方席包，且十分软弱，不能防范包内之物，可否径再一函该店，说明可用木箱，不然无法上路也（如照货物运送，则压榨冲击均所难免矣）。②

可能期间叶恭绰收到了顾廷龙的回信，虽原信不存，但从叶恭绰的回复中可以看出，中国书店方打算使用邮包或蒲包运送。叶恭绰认为所捐书画需要细加防护，建议使用木箱，防止运输途中损害这些珍贵的书籍与文物。当月10日，叶恭绰再致顾廷龙信："适嘱友往中国书店洽商，该店欣然愿为服务，亦云如较好之物以用板箱为宜（所费当亦不太贵），如你馆不克担此费，则由我出亦可，统望示遵。……目下书籍无多，而物品尚有（亦多关于历史文献者），前奉询《广东丛书》一、二、三集，你馆齐全否？"③ 叶恭绰12日复致顾廷龙信称，中国书店赞同其观点，也认为蒲包不妥，建议用板箱。叶先生考虑到上海图书馆可能经费不足，还提出愿意承担这笔费用，只盼这些书物能安全运送与保管，不复似李清照文物被毁之伤痛。同时，他还询问上海图书馆是否已有《广东丛书》。顾廷龙当天回复叶恭绰曰："赠书决定装木箱，以郑重妥寄为是。前函考虑不周，已再径函中国书店切托。……《广东丛书》一、二、三集，我馆仅有一份完全者，亦即先生往日所赠，如能再送一份，尤好，可以一用一藏。"④ 顾先生在信中回应了叶先生关于书籍装载方面的疑虑，决定采用木箱运输。虽然上海图书馆已经有了一套《广东丛书》，但他仍希望叶先生再赠一套，可以一用一藏。顾廷龙16日又致信称，中国书店已于十二日航邮，请其改用木箱装运。次年1月18日，叶恭绰回信称，捐赠给上海图书馆的文籍等，本日已交与中国书店。由叶恭绰经中国书店办理捐书于上海图书馆之事可见，叶恭绰惜书爱书之情，以及对上海图书馆的鼎力支持。

第三批是1959年叶恭绰将法宝馆的藏书归于上海图书馆。法宝馆是1937年叶恭绰出资所建，专门储藏佛教文物，其家藏之物也捐存在此馆中。此次捐赠，既包括法宝馆藏经，也包含叶恭绰藏于法宝馆的私藏之物。1958年12月30日，叶恭绰致顾廷龙信，询问顾廷龙，是

---

① 叶恭绰致顾廷龙信，转引自沈津：《顾廷龙年谱长编》（未刊稿），1958年12月2日。
② 叶恭绰致顾廷龙信，转引自沈津：《顾廷龙年谱长编》（未刊稿），1958年12月8日。
③ 叶恭绰致顾廷龙信，转引自沈津：《顾廷龙年谱长编》（未刊稿），1958年12月10日。
④ 叶恭绰致顾廷龙信，转引自沈津：《顾廷龙年谱长编》（未刊稿），1958年12月12日。

否接收法宝馆的书籍，是否留用钱重知，以及这些书籍是否能在上海图书馆获得妥善安置。1959 年 1 月 6 日，顾廷龙回复叶恭绰信："文化局对公捐献法宝馆，极为满意，将来当交我馆接受，钱重知亦决定留用。所捐图书文物自当妥为保存，使其发挥作用，并将与我馆原藏佛教史料集中整理，编纂专目，则尊藏与培老旧藏有珠联璧合之美。"① 对于叶恭绰的疑虑，顾廷龙在信中进行了一一解答，并且欣喜地表示，上海图书馆有了叶恭绰的法宝馆藏经与王培孙的佛教书籍旧藏后，将会成为海内收藏佛教典籍的大馆。1960 年 1 月 14 日，顾廷龙在信中称已介绍上海图书馆的王煦华前去处理。因归并进程缓慢，叶恭绰在 1 月 15 日致信徐森玉及顾廷龙，希望加快接收房屋款项与清点法宝馆藏经的进度。三天后，他又致信催促顾廷龙道："再法宝馆由你馆接收，计你馆已收到明文，我想接收必须有次第，故此先有明文接收，再由双方点交为妥。"② 同日，再致顾廷龙信："顷接钱重知信，知点交事已办竣，为慰。渠函仅系报告大要，一切尚不得其详，然典籍一类，已达三万数千册，亦不为少矣。对全馆能略有贡献，愚亦当以自慰也。"③ 叶恭绰此次捐于上海图书馆的典籍数量达到三万多册。不过，他提出在个人捐献部分中，所附 15 包稿件，需要自己再清理一遍，看看是否别有用处。故托钱重知从法宝馆藏品中摘出这些稿件，并寄到叶先生处。同时，叶恭绰致顾廷龙信中提到："此次各件有手稿、钞本、明板、元板的书籍，有各时代的碑帖（碑帖有特殊者，有普通者，须分析，如云冈拓本，虽新而难得）。"④ 叶恭绰此次所捐文物中，有不少手稿、抄本、元刻、明刻珍贵书籍，以及一些难得的碑帖，其中包括文廷式胞弟文廷龢的未刊《释名》手稿、老《申报》的小本《杂俎》、《光孝寺志》和《栖霞山志》等。但在 1 月 24 日，叶恭绰再致顾廷龙信中说道："因箱子容量不够，故抽掉一部分，《光孝寺志》即其一也。此志乃排印，因罕见，且记得馆中无之，故特奉上。如馆中已有则不必矣。"⑤ 虽然如《光孝寺志》等一批书都在捐赠之列，但因为箱子不够，不得已减去了这些书。

顾廷龙在之后撰写的《合众图书馆小史》中提到该馆曾受"私人的大量捐赠"，其间隆重介绍到："一九四二年叶恭绰先生来沪，知道了我馆的性质，表示热烈赞助，就把几十年来搜集的山水寺庙等专志其他图书以及朋友书札一起捐赠。"⑥ 此语不仅叙述了这段捐赠史事，更表达了对叶恭绰热情捐书行为的无限感激之情。

值得一提的是，叶恭绰将法宝馆所藏部分书籍捐赠给上海图书馆。在清点书籍的过程中，他发现有些旧书应该及时销毁，曾嘱托钱重知处理，但因进程缓慢，故在 1960 年间，又针对此事多次致信于顾廷龙，督促顾廷龙与钱重知尽快处理。2 月 20 日，叶恭绰在写给顾廷龙的

---

① 叶恭绰致顾廷龙信，转引自沈津：《顾廷龙年谱长编》（未刊稿），1959 年 1 月 6 日。

② 叶恭绰致顾廷龙信，转引自沈津：《顾廷龙年谱长编》（未刊稿），1960 年 1 月 18 日。

③ 叶恭绰致顾廷龙信，转引自沈津：《顾廷龙年谱长编》（未刊稿），1960 年 1 月 18 日。

④ 叶恭绰致顾廷龙信，转引自沈津：《顾廷龙年谱长编》（未刊稿），1960 年 1 月 18 日。

⑤ 叶恭绰致顾廷龙信，转引自沈津：《顾廷龙年谱长编》（未刊稿），1960 年 1 月 24 日。

⑥ 顾廷龙：《合众图书馆小史》，上海图书馆编：《总结·开拓·前进　建馆三十五周年纪念文集》，1987 年，第 2 页。

信中明确提到，法宝馆中存有叶恭绰的私人藏书，其中部分书籍并不是用来捐赠给上海图书馆的。叶先生并不打算出售这些旧书，而是希望顾廷龙可以将它们作为废纸卖掉，并将卖资补助给钱重知。2月27日叶恭绰又致信顾廷龙，请他督促钱重知尽快将旧书以废纸卖出。第二天，叶恭绰又追加了两封信给顾廷龙。两封信的大意是，这些待处理的旧书中可能有误编误印之处。例如，《广箧中词》卷三及卷四中误收汪精卫、梁仲异之作；又如，《年谱》第76页第10行“主义”二字乃“旧习”二字之误。他提出，虽然仅撕去一两页亦无不可，但亦欠完整，不若干净不存为好，为慎重起见，以作废为宜，而且不能交与旧书店，必须彻底销毁，“不然易招批评，极不宜也”。[①] 4月4日至8月9日，叶恭绰又三次加信追问顾廷龙，督促尽快着手处理法宝馆废纸事。终于，在8月20日，叶恭绰在给顾廷龙的信中欣喜地说：“得重知书，知废纸已处理讫，法宝馆完全结束，亦了一心事。”[②] 因为叶恭绰认为这些旧书的编、印、校都不是自己经手的，有不少不妥之处，但又无意修改完善，同时也担心这些旧书可能与某些政治问题有关，故不愿送人或留存，急切督促顾廷龙、钱重知等人尽快加以销毁，以免日后引火上身或招致后人批评。

（二）出借房屋

法宝馆位于上海觉圃净业社内，于1937年由叶恭绰等发起成立，专门收藏佛教文物，亦将家藏之物储于馆中。上海图书馆因赠书日增，无法容纳，欲承叶恭绰协助，在法宝馆中借用空屋一大间，作为临时书库。顾廷龙与叶恭绰就此事，多有书信往来。

顾廷龙可能曾就法宝馆房屋使用问题询问过叶恭绰的意见。在1953年8月4日，叶恭绰写信回应顾廷龙，并在信中发表了自己的看法。他提出应该赶紧预定一间或两间，认为此事不能完全依赖钱重知，而应该由顾廷龙发起，必要时请徐森玉向钱重知提出申请为宜。同时，他还指明了自己的多重顾虑：

> 该馆虽一切由弟负责，而究系社内之一部分，且地段系社内的，又图书有很多系社中原有的，如不经社中同意即行捐出，似不甚合。又该馆系弟捐资造的，但系社中造的，弟有类施主而非业主，自然弟一切可以提议，但似不应做主。而且社中为私利计，必顾虑到此端一开，社中他部份也会□起同样问题，以致不肯通过，反成打草惊蛇，因此不如步步为营。再说弟对此事熟虑多年，迄无善策，故对森老之意极为欣许，但目前恐只能暂用轻笔（仍租而非捐，捐事仍可进行，但应归第二步，租者即造成既成事实之谓也），想兄必会此意，祈即与森老洽定一切可也（今弘化他迁，沤必庇之根本，正触其忌，弘化本谋吞并，若此不啻与狐谋皮）。[③]

---

① 叶恭绰致顾廷龙信，转引自沈津：《顾廷龙年谱长编》（未刊稿），1960年2月28日。
② 叶恭绰致顾廷龙信，转引自沈津：《顾廷龙年谱长编》（未刊稿），1960年8月20日。
③ 叶恭绰致顾廷龙信，转引自沈津：《顾廷龙年谱长编》（未刊稿），1953年8月4日。

叶恭绰此信中提到的“社”，指的是上海佛教净业社。一是法宝馆虽然是由叶恭绰负责的，但是场馆地与馆内很多藏书是归于上海佛教净业社的，并不归属于他个人，故而不能随意决定捐出与否。二是虽然法宝馆是叶恭绰捐资建的，但是由上海佛教净业社建造的。叶恭绰只是施主的角色，而非业主。如果直接将法宝馆房屋捐出，可能会引发上海佛教净业社的反对。三是叶恭绰思虑多年，仍无良策，认为可以遵照徐森玉的意见，先租后捐，分步骤慢慢完成。1958 年，叶恭绰又针对此事件，两度致信顾廷龙。一次是在 1 月 22 日，叶恭绰在信中称：“法宝馆已有展开之望，不知假如因佛教典籍关系，即以之归并合众，似亦一法。……或先租用全部，亦属一法。此可径以官方命令列之……”① 他提出两种方案：一种是趁着将法宝馆的佛教典籍捐赠上海图书馆之际，将法宝馆归并到上海图书馆中；另一种方案是先租用法宝馆房屋，后期再开展其他步骤。后面这种方案，可以直接申请相关部门下达命令。另一次是在 9 月 15 日，叶恭绰在信中补充道：“或者由我个人私函致你，表示愿将房屋让与合众，你即据以请文化局执行，似亦一法。……又如将馆屋及文物一概交回净业社，再由图书馆或何方与社交涉借用或租用，是否妥当，亦请考虑见示。”② 叶先生此信又进一步提供了两种具体方法：一是由叶恭绰以个人名义致信给顾廷龙，表达将法宝馆房屋转让给图书馆的意愿，然后顾先生再请文化局执行；二是将法宝馆房屋与藏品都交给上海佛教净业社，再由图书馆或其他部门出面，提出借或租的申请。四天后，顾廷龙回复叶恭绰，云：“关于法宝馆房屋事，以您个人私函表示愿将房屋让与我馆（上海市历史文献图书馆），我馆即据此函请文化局与有关单位联系进行。鄙意如此办法甚好，似可一试。……此屋如交净业社，我馆现在满屋书籍一时无法它迁，势必与净业社继续订约，我们继续负担租费。”③ 他认为第二种方法虽也可行，但是需要继续承担房租费用，可能对图书馆经费而言也是不小的负担。相比之下，他更赞同叶恭绰提出的借用房屋的方法，认为应与文化局及相关单位联系而获得审批。之后，他们持续推动第一种方案的实施。11 月 27 日，叶恭绰在对比自己与顾廷龙致文化局的信件时提出，应该采用“归并”一词，而非“捐献”；末段的“请早日接管”，表达为“如承同意，请示复，以便双方商榷进行”更合适。同时，他还认为：“至地皮一层，可听其自然解决，此刻似可不提也。……我意，你待文化局表示同意，其他即可双方协定，不必再时间局中，麻烦也。根据此意，所以地皮、余款、职员等皆不必提及，自存物品等亦可不提，均于商榷进行中协定较为方便。”④ 关于法宝馆的地皮、余款、职员、自存物品等，叶恭绰认为可暂时不与文化局提起，将这些事项放在文化局审批同意后的商榷环节中进行。

顾廷龙在所撰《合众图书馆小史》中介绍该馆的“建筑与设备”时提到：“后因赠书日

① 叶恭绰致顾廷龙信，转引自沈津：《顾廷龙年谱长编》（未刊稿），1958 年 1 月 22 日。

② 叶恭绰致顾廷龙信，转引自沈津：《顾廷龙年谱长编》（未刊稿），1958 年 9 月 15 日。

③ 顾廷龙：《致叶恭绰》（1958 年 9 月 19 日），《顾廷龙全集》编辑委员会编：《顾廷龙全集 · 书信卷》上，第 67 页。

④ 叶恭绰致顾廷龙信，转引自沈津：《顾廷龙年谱长编》（未刊稿），1958 年 11 月 27 日。

增，无法容纳。乃承叶恭绰先生协助，得在法宝馆中借用空屋一大间，作为临时书库。”① 叶恭绰最初希望可以将法宝馆房屋“归并”给合众图书馆，后来发现办理起来并不顺利，便改为建议“借或租用”。他在整个事件的处理过程中发挥了重要作用，在较大程度上助力了上海合众图书馆的发展。

结　语

顾廷龙与叶恭绰关系密切，以往学界对此鲜少论及。本文基于日记、信札等文献，大致勾勒出两人的交往主线，不仅为深入考察顾廷龙与叶恭绰两位先生的交友圈、学术影响力等提供了重要补充，而且通过探究两人的日常学术交流、书籍互通以及共同处理法宝馆房屋与旧书等史事细节，揭示出他们的通力合作为学术界、图书馆建设等方面做出的巨大贡献。两位先生虽已仙逝，但他们曾经的丰功伟绩依然留存在历史的记忆里。笔者愚钝，仅撰小文，敬献前辈，以表怀念！

---

① 顾廷龙：《合众图书馆小史》，上海图书馆编：《总结·开拓·前进　建馆三十五周年纪念文集》，1987 年，第 5 页。

顾廷龙与胡适交往考论

陈　锴

胡适与顾廷龙是中国近代文化史上的两个里程碑式人物，分别在中国传统文化与古籍文献学研究领域有着卓越建树。1932 年，二人结交之时，身份地位悬殊，胡适早已是新文化运动领袖与学界名宿，而顾廷龙则是刚从燕京大学毕业的青年学生。此后多年间，虽历经时局动荡，二人仍然保持了断断续续的联系，就“戴震《水经注》真伪”等学术问题进行了交流，见面十余次，留下往来书信数十封。改革开放后，大陆学界重启胡适研究，顾廷龙也积极投身其中并提供了众多鲜活的新史料。20 世纪 90 年代出版的胡适著作多由顾廷龙题写书名，可见二人的情谊跨越了时空。现今学者回顾二人的交往，一方面是对其交友脉络进行大致介绍，如林建刚的《政治的归政治　学术的归学术——胡适与顾廷龙的交往》[①]，一方面是重点关注“《水经注》公案”，如丁小明、尹伟杰的《胡适、顾廷龙与全祖望校〈水经注〉案》[②]，邓云乡的《胡、顾〈水经注〉函札》[③] 等。在此基础上，想要谋得对二人交往更全面细致的展现，一是需要延展时间范围，即探讨胡适逝世后，顾廷龙对其认识与评价，二是需要扩大材料范围，注重搜集顾廷龙与他人交往中提及胡适的材料。“故人似玉由来重”，本文从顾廷龙的视角出发，结合日记、年谱与回忆录等资料，在全面梳理二人交往经过的基础上，一方面补齐了顾廷龙编写《吴窓斋先生年谱》时求教胡适、胡适托顾廷龙查阅王韬入县学之真姓名等事件中被前人所忽视的细节，另一方面发掘出顾廷龙协助发表胡传日记以及顾廷龙在改革开放后首开胡适研究等鲜为人知的史实，由此塑造出胡适在顾廷龙心中亦师亦友的丰满形象。

---

① 林建刚：《政治的归政治学术的归学术——胡适与顾廷龙的交往》，《江淮文史》2015 年第 3 期，第 127-130 页。

② 丁小明，尹伟杰：《胡适、顾廷龙与全祖望校〈水经注〉案——以胡适、顾廷龙往来信札为中心的考察》，《图书馆杂志》2020 年第 12 期，第 155-162 页。

③ 邓云乡：《胡、顾〈水经注〉函札》，《读书》1994 年第 2 期，第 138-143 页。

一、亦师亦友——学术交流与亲切互动

顾廷龙与胡适的相遇源于其族亲、著名历史学家顾颉刚的引荐。1932 年 6 月 21 日，顾廷龙从燕京大学毕业，取得文学硕士学位，胡适为此届毕业典礼的演讲嘉宾，顾廷龙在小笔记本中记载："吾毕业之日，校方请胡适博士讲演，题为'往那里去?'就是以他的名字作题。典礼毕，我和胡先生同往蒋家胡同。"① 中午，顾颉刚宴请胡适夫妇、钱玄同、商承祚等一众名流，顾廷龙在座。是日，二人得以相识。

彼时，顾廷龙在编纂《吴愙斋（吴大澂）先生年谱》，即以请教胡适。胡适告知其父胡传（字守三）与吴氏通好，有信件往来，并打算借所藏书札一册供顾廷龙研究。关于此事，顾廷龙在接受中国新闻社上海分社陆谷苇采访时曾回忆，他去胡适寓所登门赴约时，发现客人甚多，但是胡适见自己来，便马上拿出了所藏的十数封吴愙斋的书札，并且将好友化学家杨梦赉介绍给顾廷龙，说杨那里还有一些吴愙斋致夏同善的书札。② 顾廷龙将一封吴愙斋致胡传手札的书影放在出版的《吴愙斋先生年谱》前作为插图③（见图 1），这即是由胡适提供的资料。顾廷龙玩读各札，抄录数通，觉得"虽不纪年，大致可考，装表无差"④，对研究很有帮助，并为其作跋，发出"其材料得自赤牍中者最为亲切"⑤ 的感慨。后来胡适也在日记中感谢顾廷龙为其父手札作跋，称"他的跋极好，考据诸札年月均甚可靠"⑥。1934 年，顾廷龙正在参与《禹贡》的编辑工作，受胡适之托于杂志第二期上发表了胡传光绪十三年（1887）撰写的《游历琼州黎峒行程日记》，并在按语中写道："按先生琼州之行，时客吴大澂幕，所记不仅历程，关系掌故甚多，适之先生举以付刊，可感也。"⑦ 此事在《胡适口述自传》亦有载："一八八六年先祖母逝世，父亲返里奔丧，翌年又转广州依广东巡抚吴大澂。吴派他去海南岛视察，并报告全岛土著状况，作可能开发的筹划。父亲于此行所保留的详细日记，后来曾发表于专研地理学的《禹贡半月刊》。"⑧ 1935 年 5 月 5 日，顾颉刚去拜访胡适，带去顾廷龙刚成书的《吴愙斋先生年谱》，胡适甚喜于其编写的详实，但是也指出："可惜起潜不曾问我借看先君日记，故郑州河工一段太略。"⑨ 胡传是于光绪十四年（1888）年赴郑州督工黄河大堤建

---

① 顾廷龙小笔记本，转引自沈津《顾廷龙年谱长编》（未刊稿）。

② 谷苇：《文坛漫步》，长沙：湖南人民出版社，1985 年，第 136 页。

③ 顾廷龙：《吴愙斋年谱》，《顾廷龙全集》编辑委员会编：《顾廷龙全集·著作卷》，上海：上海辞书出版社，2016 年。

④ 顾廷龙：《吴愙斋致胡守三手札跋》，《顾廷龙全集》编辑委员会编：《顾廷龙全集·文集卷》下，上海：上海辞书出版社，2015 年，第 1034 页。

⑤ 顾廷龙：《吴愙斋致胡守三手札跋》，《顾廷龙全集·文集卷》下，第 1034 页。

⑥ 胡适：《胡适日记全编》第 6 册，1934 年 9 月 9 日，合肥：安徽教育出版社，2001 年，第 409 页。

⑦ 胡传：《游历琼州黎峒行程日记》，《禹贡》1934 年第 2 卷第 1 期，第 36 页。

⑧ 唐德刚：《胡适口述自传》，北京：华文出版社，1992 年，第 15 页。

⑨ 胡适：1935 年 5 月 5 日，《胡适日记全编》第 6 册，第 464 页。

造的，顾廷龙并未得见相关日记。

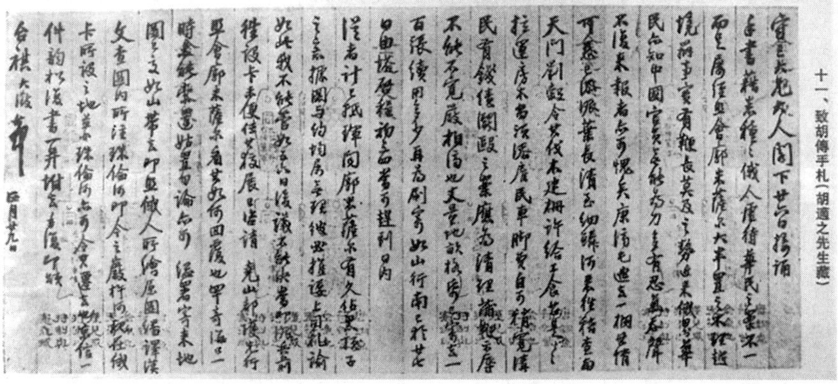

图 1　胡适之藏吴愙斋致胡传手札

有了初次的愉快合作，1934 年 9 月 12 日，胡适再次找到顾廷龙，托查“王韬入县学之真姓名”的问题。王韬原名利宾，苏州府长洲县（今属苏州）甫里村人，后改名“瀚”，字“懒今”，曾因上书献计于太平天国而遭追捕，是中国第一代资产阶级思想家。胡适一直怀疑王韬即是在苏州作《上逢天义刘大人禀》的黄畹，他在北平图书馆阅读王韬咸丰十一年（1861）的《蘅华馆日记》，发现一行“甫郇里民王瀚兰君”的署名，认为王韬是由“兰君”改字为音近的“懒今”。同时，胡适也发现在黄畹《上逢天义刘大人禀》一书后有钤印为“苏福省黄畹兰卿”，又依“畹”与“兰君”同出自“余既滋兰九畹”一句，进而判断王韬入县学前可能曾名“畹”并字“兰君”，故而需要查询道光二十五年（1845）的昆山诸生籍来确认是否当年有名“畹”的秀才，于是便写信向顾廷龙求助：

> 王韬入县学之真姓名，《长洲诸生谱》既不可得，我曾假定他改了姓与名……现在已请罗尔纲君去查光绪五年修的《昆山新阳合志》，不知能得秀才名籍否？最好还请你向昆山甪直一带的旧家去访求道光廿五年的诸生籍，证明那年昆山或新阳的县学第一是否王畹。此琐屑事，乃屡屡奉烦，不安之至！①

顾廷龙在查阅《昆新青衿录》后，果然发现当年有名为“王利宾（兰卿）”之人，这与胡适的推测大致相合，于是在回信中称赞胡适：“先生于王韬学籍，推测至确，深佩深佩！”②并且顾廷龙也在信中提出了自己的思考，认为王韬表字虽多，但其意义都与“兰”相关，且出自“滋兰九畹”：

> 先生又疑王氏曾名畹，极为可能。字多因名而取，故作“兰君”“兰卿”。观其官名

① 胡适：《跋馆藏王韬手稿七册》附录，《国立北平图书馆馆刊》1934 年第 8 卷第 3 期，第 4 页。
② 胡适：《跋馆藏王韬手稿七册》附录，《国立北平图书馆馆刊》1934 年第 8 卷第 3 期，第 4 页。

屡改，表字虽多，而皆与兰字有关，曰“紫荃”（或作诠），“兰”“荃”本联；曰“子久”，与“滋九”音近，当即“滋兰九畹”。惜尚无见其署“王畹”之名以一证耳。此事舍亲曾为转询，甪人正在修《甫里志》，于王氏事迹本甚简略，闻今将从事详订云。①

对于顾廷龙的分析，胡适高兴地在日记中写道：“得顾起潜来信，果证明我的最后假设：王韬的秀才是新阳籍，原名利宾，而字兰卿。他的上太平国书正是黄畹兰卿！”②

此后，顾廷龙赴沪上任职合众图书馆，胡适远居美国担任大使。这一分别导致二人近十年间没有了直接往来，但是神交依旧，如顾廷龙曾负责接收张元济第十八次向合众图书馆的捐赠，其中就有《逊国逸书》一种，1928 年胡适曾向张元济借阅此书。张元济在与顾廷龙信中说道：“前于本月十一日送去《逊国逸书》三册，知荷察收。昨又检得胡适之兄辨正是书之出于伪造若干纸，今补呈，乞察存，倘能装在本书之后，则尤便观览。”③ 胡适有《建文殉国传说的演变——跋崇祯本〈逊国逸书〉残本》④ 一文发表于 1928 年的《国立中央研究院历史语言研究所集刊》，应即与此相关。胡适 1926 年远赴欧洲，在阅览了大量敦煌写卷后成《莫高窟书录》。顾廷龙与顾颉刚合著了《尚书文字合编》，故一直也关注着敦煌写卷。1942 年顾廷龙认为《莫高窟书录》可备研究参考，决定自己抄写保存，于是在同年 6 月到 10 月中花费了大量的时间来抄写并学习。⑤

1946 年 7 月，胡适归国后，由叶景葵陪同首次来到合众图书馆。这是北京一别后，顾廷龙再次与胡适相见，“叶揆初丈即往访之。胡氏为言其考证全祖望《重校本水经注》，出于王梓材伪作。揆丈告以全校稿本为其所藏，今归合众图书馆。因偕胡氏来馆，并介余相见。”⑥ 而后胡适经常造访合众图书馆，在访客花名册中可见其姓名多次在列。此时正值胡适学术生涯的后期，他埋首故纸堆中，致力于《水经注》的相关研究，被称赞为“郦学史上迄今为止搜罗版本最多的学者”⑦，造访合众图书馆也是因为馆中所藏的“陈劢本”“黄友补录本”“重校本”⑧ 三种全祖望校本是他进行“《水经注》辨伪”的珍稀资料。在叶景葵的引荐下，两位曾经相识的友人再次合作，便水到渠成。顾廷龙此时已是著名的文献学家与图书馆学家，在古籍版本、目录等方面有着精深的造诣，也主持着合众图书馆的工作。二人就《水经注》相关问题频繁通信，讨论十分深入。在对胡适进行批判的特殊时期中，这些往来的信件都一直被顾廷龙妥善保存，并于《中华文史论丛》1979 年第 2 辑集中发表。

---

① 胡适：《跋馆藏王韬手稿七册》附录，《国立北平图书馆馆刊》1934 年第 8 卷第 3 期，第 5 页。
② 胡适：《胡适日记全编》第 6 册，1934 年 10 月 14 日，第 418 页。
③ 张元济：《张元济书札》，北京：商务印书馆，1981 年，第 171 页。
④ 胡适：《建文殉国传说的演变——跋崇祯本〈逊国逸书〉残本》，《胡适文集》第 4 册，北京：北京大学出版社，1998 年，第 510 页。
⑤ 顾廷龙日记，转引自沈津《顾廷龙年谱长编》（未刊稿），1942 年 10 月 16 日。
⑥ 顾廷龙：《胡适之先生水经注论著附手札识语》，《顾廷龙全集·文集卷》上，第 77 页。
⑦ 陈桥驿：《胡适与〈水经注〉》，《中华文史论丛》，1986 年第 2 期，第 11 页。
⑧ 参见《合众图书馆藏书目录二编》上册，1954 年油印本，第 51 页。

再加上散见于《胡适手稿》等处的资料，关于胡顾二人围绕《水经注》案所作学术研讨的资料较为丰富，有学者进行了细致解读，本文不再赘述，而将重点放在顾廷龙帮助胡适的具体细节与互动之上。

全祖望曾先后七次校勘《水经注》，这些成果在他身后由王梓材收集并整理而成“重校本”，后再经传抄产生了“约园抄本”“薛刻本”等诸多版本。胡适为了论证诸多全祖望校本《水经注》的真伪，查阅了合众图书馆的大量藏本，顾廷龙协助他找书、校书与抄书，给予了巨大的支持，同时，徐森玉作为胡顾之间的传话人，多次陪同顾廷龙去拜访胡适，也安排了书籍的抄校工作，胡适后致信言谢：“在上海时，承两先生特别帮忙，十分感谢。”① 1947 年 3 月，顾廷龙与徐森玉拜访胡适，畅谈《水经注》，后胡适便托徐森玉借合众图书馆的“全校本”阅览。1948 年 5 月，顾廷龙以“约园抄本”与“薛刻本”对校四卷，想帮助胡适找寻更接近原貌的版本。约园本为张寿镛所藏，号称是王梓材整理“全氏七校”《水经注》的最后定本，而薛刻本是薛福成出资，由董沛在王梓材的基础之上整理刊刻的，胡适由对校判断篡改原文者为薛、董二人，便在与顾廷龙信中说：“约园抄得王梓材原本，居然有很大用处，可以证实薛福成、董沛的刻本改动王梓材本是些什么地方。”② 同年 9 月胡适到上海，三次到馆阅览全祖望校本《水经注》，最终确认其中校改痕迹为全氏亲笔。并访瞿氏铁琴铜剑楼，得借明抄宋本《水经注》，此书由徐森玉交给顾廷龙和胡文楷校勘，后作为重要成果参加了“北大五十周年纪念日《水经注》版本展览”。10 月 31 日，胡适来信言今日开始写合众馆三本跋，请顾廷龙代为复检“陈劢本”的缺卷并代抄卷十一。11 月 2 日，又请顾廷龙抄录全祖望“重校本”的卷六《湛水》。顾廷龙曾向胡适打听沈钦韩《水经注疏证》的下落，想要归藏入馆，胡适后于西北大学发现此稿本，便请人抄一部副本寄至沪上顾廷龙处。《水经注疏证》抄毕后，抄费并邮费共一千四百廿一元五角，由胡适垫付，他希望可以由合众图书馆承担：“但我此时在客中，颇盼望贵馆能将此费担负下来，即将钞本作为贵馆所有……但如贵馆有困难，千万即乞示知，我当设法筹汇，千万请勿客气。”③ 顾廷龙欣然答应，胡适复信感谢，并约定下次来上海，要为此书写一短跋。1949 年 3 月，胡适再次来合众阅览，顾廷龙记：“是月（胡适）经常来我馆，有写读竟日，《全谢山水经注三种跋》文，似即在合众属草者。”④ 日后顾廷龙又回忆道：“胡适之先生《水经注论文》，忆是一九四九年三月来沪时，常至合众图书馆阅书，谓将修改有关《水经注》文章，并出所著诸跋见示。余即随手请杜干卿君录副，每抄就一篇，余即校读一过，储之箧衍忽忽四十年矣。”⑤ 彼时胡适十分用功，每日去合众图书馆看书，往往一看就是一整天，便会时常上顾廷龙家中蹭饭，在并不富裕的顾家只能有什么吃

① 胡适：《〈水经注〉校本研究·关于〈水经注〉版本的书札》，《中华文史论丛》1979 年第 2 辑，第 210 页。
② 胡适：《致徐鸿宝、顾廷龙》（1948 年 10 月 21 日），耿云志，欧阳哲生编：《胡适全集》第 25 册，合肥：安徽教育出版社，2003 年，第 370 页。
③ 胡适：《〈水经注〉校本研究·关于〈水经注〉版本的书札》，《中华文史论丛》1979 年第 2 辑，第 220 页。
④ 顾廷龙：《胡适之先生水经注论著附手札识语》，《顾廷龙全集·文集卷》上，第 79 页。
⑤ 顾廷龙：《胡适之先生水经注论著附手札识语》，《顾廷龙全集·文集卷》上，第 77 页。

什么。但是在特殊时期里，批判者却称顾廷龙经常用“大鱼大肉甚至山珍海味来‘宴请’胡适”①。4 月 6 日，胡适准备赴美，专程来到合众图书馆告别，感谢诸位对他研究《水经注》的帮助，给每个人留墨宝相赠。胡适专门为顾廷龙父亲遗墨题记，云：“程明道作字时，甚敬。他说，‘非欲字好，即此是学。’我在儿童时，读朱子《小学》，记得此语，终身颇受其影响。今见竹庵先生病中遗墨，一笔不懈不苟，即是敬的精神。”②

胡适在合众图书馆的时间虽然不长，但在阅书学习之外，由顾廷龙陪伴与众多学者融洽交往。胡适首先呼吁为张元济、叶恭绰撰写年谱，如 1987 年顾廷龙在《我与商务印书馆》一文中就谈及对张元济遗集的整理：“胡适之先生来合众，张（元济）、叶（恭绰）二老也在座，适之又言两老应有一年谱（适之在其《四十自述》序中即倡议要为二老编年谱事）。”③ 顾廷龙说自己亦以附和：“自告奋勇，谓胡先生曰：‘我能成之。’”④ 两人的思想不谋而合。又如 1949 年，钱钟书、杨绛也经常来合众图书馆阅览，胡适特意向顾廷龙打听过杨绛其人，顾廷龙便将二人介绍给胡适，并强调杨绛为名父之女，是杨荫杭的女儿。胡适一见杨绛面，便一下子背出来她的一大串叔叔姑母，并称自己是杨荫杭的学生，这引得杨绛颇为“不满”，调侃“胡适真是个交际家”⑤。后杨绛曾回忆父亲可能真为胡适之师：“（杨荫杭）曾在澄衷学校、务本女校、中国公学教课，不知在哪个学校教过胡适。”⑥

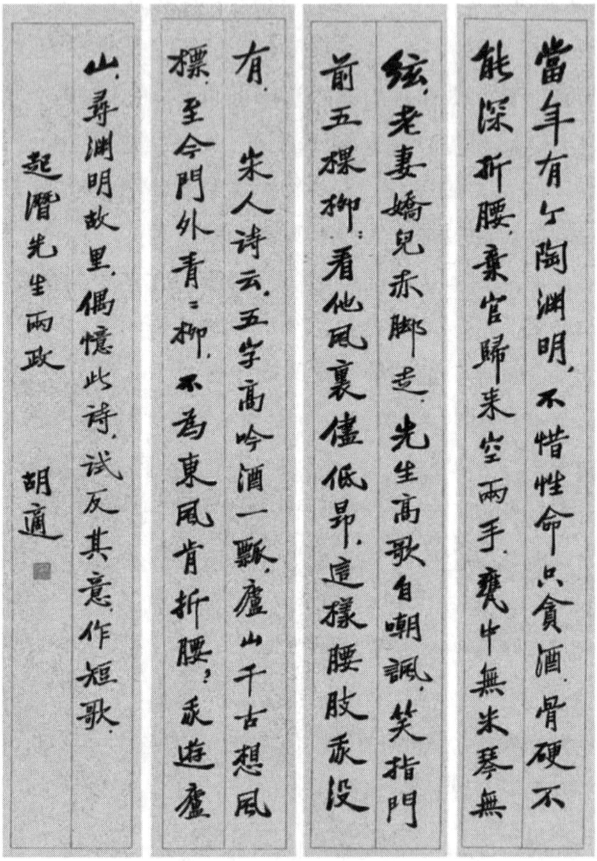

图 2　胡适题赠顾廷龙的《陶渊明同他的五柳》

① 谷苇：《文坛漫步》，长沙：湖南人民出版社，1985 年，第 138 页。
② 顾廷龙：《胡适之先生水经注论著附手札识语》，《顾廷龙全集·文集卷》上，第 79 页。
③ 顾廷龙：《我与商务印书馆》，《顾廷龙全集·文集卷》上，第 485 页。
④ 顾廷龙：《张元济年谱序》，《顾廷龙全集·文集卷》下，第 948 页。
⑤ 杨绛：《杂忆与杂写》，北京：生活·读书·新知三联书店，2010 年，第 145 页。
⑥ 杨绛：《回忆我的父亲》，《杨绛全集》第 2 册，北京：人民文学出版社，2014 年，第 99 页。

二、斯人已逝——顾廷龙对胡适的追忆

1954年，大陆学界开启了大规模的胡适批判运动，曾出版《胡适思想批判》等书刊，但基本是针对他的政治立场而不是学术。1962年，顾廷龙59岁，是年胡适突发心脏病，溘然长逝于台北，享年71岁。此后特殊时期到来，故而在现存的顾廷龙文集、日记等相关资料中，十余年间均未再见有胡适身影出现。直到十一届三中全会后，胡适才由过去被批判的对象成为被研究的对象，1979年5月在北京召开的“五四运动六十周年学术讨论会”标志着胡适研究的回归，80年代末学界还掀起了对胡适的忏悔潮，如周一良写《回忆胡适之》，季羡林写《为胡适说几句话》《站在胡适之先生墓前》等怀念胡适。顾廷龙也是较早重启胡适研究的学者之一。《顾廷龙年谱》记载，1979年3月，《中华文史论丛》编辑郭群一认为顾廷龙所藏的胡适《水经注》论著和书札具有十分重要的学术价值，决定将其发表，在最后由顾廷龙写成《胡适之先生水经注论著附手札识语》一文。这也是特殊时期后，正面评价胡适的文章首次在大陆公开发表，在海内外学术界即刻引起了强烈反响，胡顾二人的交往又再次回到大众视线中。根据郭群一的回忆，此事是由顾廷龙主动提出的：“有一次，我去拜访顾老，他突然用激将法询问我：敢不敢发表一批胡适的文章？我感到兹事体大，立即向当时分管《论丛》工作的罗竹风先生汇报。”① 虽然在60年代，顾廷龙就因为胡适的问题被组织找去谈话，但是他依旧无惧环境变化而始终珍藏着二人的信件，直到重启相关研究，真正做到了他后期向王绍曾所强调的“不能以人废言”，政治的归政治，学术的归学术，这是顾廷龙过人胆识与重情重义的真正体现，也可见胡适在顾廷龙心中的重要地位。此后，顾廷龙多次与友人晚辈，或论学或追忆，都谈及胡适。胡适虽然是颇具争议的人物，但从二人交往的实际出发，顾廷龙心中依旧是对他的学术水平与品行性格充满了尊敬与怀念，给予了恰当的描述与评价。

值得补充的是，在《水经注》案的近半世纪后，胡适业已作古，顾廷龙依旧十分留心相关资料，时时挂念起二人的讨论。20世纪30年代，胡适曾赴天津图书馆阅全祖望校本《水经注》，顾廷龙虽未跟随前去，但对此次天津访书的经过了解甚详，在五十年后与众人谈论时也仍然记忆犹新，与谈者白莉蓉就称赞道：“其中细节述之极详，在座四人皆叹服先生的记忆力。”② 顾廷龙在致沈津的信中也讲述了其中一波三折的经过：“从前傅沅叔（增湘）先生在宣统时为天津图书馆收到一部全祖望七校《水经注》，胡适之知此书，总想一阅。时傅中风卧床，说话只有其儿子能听，胡先生去见他，他说出了‘天津’二字，知必在天津图书馆。但天津馆编目书中遍寻不得，后在书架顶上找到一包没有编目的稿子，取出一看，就是全氏《水经注》稿本。胡氏大喜，因为这稿本有手抄的，有刻本的，草订在一起，当时编目的不识

---

① 郭群一：《忆与顾廷龙先生的交往》，《春华秋实六十载：上海古籍出版社同仁回忆录》，上海：上海古籍出版社，2016年，第230页。

② 白莉蓉致沈津信，转引自沈津《顾廷龙年谱长编》（未刊稿），1995年11月15日。

货，索之高阁，未加销毁，万幸万幸！”① 1980年顾廷龙抵达天津图书馆阅《水经注》，后在与赵兴茂信中说：“津馆的两部全校《水经注》较细地看了，回沪时当在胡适信后的副页上补写一段。”② 李国庆曾关注过胡适对全祖望《水经注》校本的研究，顾廷龙向他提供了丰富的资料，并特别指出《胡适手稿》与《水经注版本展览目录》是必看内容。③

王绍曾是著名古文献学家，曾任张元济助手，校勘《百衲本二十四史》，后长期致力于古籍整理与书目编纂工作，成果斐然。顾廷龙与王绍曾围绕着“续修四库”“四库存目”以及《清史稿艺文志拾遗》等问题进行了大量的讨论。二人在1980年至1983年间的6封通信，内含对胡适学术的评价与辨析。在信中，谈及胡适的校勘学理论，又涉及版本存藏、文本优劣等诸多讨论，言真意切，字字珠玑。

1980年2月3日，王绍曾致信顾廷龙，谈《古籍目录版本校勘文选》一书的文章选录事宜，信末又言正在写一篇《胡适〈校勘学方法论〉的再评论》，恳请成稿后指正。王绍曾在信中持客观态度而基本肯定胡适，也批判了他某些片面的观点，还为特殊时期对胡适有失公允的评价打抱不平：

> 例如他片面地强调对校，只字不提本校、他校及理校，特别是他反对所谓推理的校勘，贬低王念孙、段玉裁的成就。但胡适主张校勘必须依靠古本、善本，主张校改必须得到证实，反对臆改等等，应该给予肯定。1955年在批判胡适时，山大赵俪生教授曾在《文史哲》上发表文章，对胡适《校勘学方法论》曾批判得体无完肤，现在看来并非持平之论。拙作非敢为胡适翻案，不过根据实事求是精神，予以适当评价而已。④

2月22日，顾廷龙在去信中指出胡适此文作为《元典章校补释例》的序言，针对性较强，不能用来全面代表胡适的校勘方法论，并额外补充了《胡适留学日记》中的资料，同时指出批判事件不宜再纳入学术讨论，这展示出了老一辈学者纯粹的治学情怀与敏锐的学术洞察力。信件内容如下：

> 胡适之先生所著《校勘学方法论》，此文原为《元典章校补释例序》，如为序而言，针对性较强；如为方法论而言，则不够全面。将来采用此文，是否用《元典章校补释例序》？至于一九五五年批判之词，本非学术讨论，似可不再提及。《胡适留学日记》中，亦有一段讲校勘学者，不知能采及否？⑤

---

① 顾廷龙致沈津信，转引自沈津《顾廷龙年谱长编》（未刊稿），1993年9月30日。

② 顾廷龙致赵兴茂等信，转引自沈津《顾廷龙年谱长编》（未刊稿），1980年6月15日。

③ 顾廷龙：《致李国庆》，《顾廷龙全集》编辑委员会编：《顾廷龙全集·书信卷》下，上海：上海辞书出版社，2017年，第665页。

④ 王绍曾致顾廷龙信，转引自沈津《顾廷龙年谱长编》（未刊稿），1980年2月3日。

⑤ 顾廷龙：《致王绍曾》（1980年2月22日），《顾廷龙全集·书信卷》上，第256页。

10月31日，顾廷龙在信件往来中再次强调《古籍目录版本校勘文选》在收录胡适文章时不能“以人废言”：

> 对胡适文章收供参考即可，此文不涉政治，似可不予评价，一体编排。听说他的《书信集》亦曾出版，可参考一下其出版说明如何介绍。《中华文史论丛》发表他文章，编者按中似提到不以人废言，亦可参考。①

王绍曾的《胡适〈校勘学方法论〉的再评论》一文几经改易，最后收入在他的《目录版本校勘学论集》中。王绍曾向顾廷龙求教：“拙作《胡适〈校勘学方法论〉的再评价》，已于春节期间写成初稿，因限于水平，卑之无甚高论，错误之处尤为难免。一俟清稿以后，即当寄请指正。”② 顾廷龙阅此文后，评价极高，信中称赞：“前承惠赐大作《胡适〈校勘学方法论〉的再评价》一文，拜读一再，深为佩仰！”③

此外，顾廷龙在学术研究中还曾学习与参考胡适的观点。如1982年4月15日，顾廷龙去信周绍良，谈及自己近日阅读了胡适《记美国普林斯敦大学的葛思德东方书库藏的〈碛砂藏经〉原本》一文，在信中直接转引了胡适的观点：“松坡图书馆所借《思溪》各卷，原是杨守敬在日本收买来的书，日本人在那时代并没有注意《碛砂藏经》，所以杨先生也不知道有《碛砂藏》，故他认为《思溪藏》。其实松坡图书馆所藏的‘杨惺吾之《思溪》’差不多全是《碛砂藏》的零本!”④ 并称自己“有机会北图《思溪》(原为松坡旧物) 当往覆阅”。⑤

图3　顾廷龙题签的安徽教育出版社《胡适年谱》

随着80年代思想解禁，胡适再次回到历史研究的舞台，顾廷龙因与他交往密切并存有大量信札，逐渐成为胡适研究的鲜活资料库，提供了大量珍贵史料。新西兰著名华裔史学家叶宋曼瑛，长期致力于中国近代文化名人研究，出版了

① 顾廷龙:《致王绍曾》(1980年10月31日),《顾廷龙全集·书信卷》上，第258页。
② 王绍曾致顾廷龙信，转引自沈津《顾廷龙年谱长编》(未刊稿)，1980年3月8日。
③ 顾廷龙:《致王绍曾》(1983年2月3日),《顾廷龙全集·书信卷》上，第260页。
④ 顾廷龙:《致周绍良》(1982年4月15日),《顾廷龙全集·书信卷》下，第389页。
⑤ 顾廷龙:《致周绍良》(1982年4月15日),《顾廷龙全集·书信卷》下，第389页。

《从翰林到出版家——张元济的生平与事业》等作品，早在1980年，顾廷龙就将她介绍给朱维铮、王绍曾，二人多次帮她解决了有关张元济的疑问。1987年，她在写作《新旧交替时期——两代杰出人物历史角色的探讨》时得顾廷龙帮助去上海图书馆复印胡适信件，又在致顾廷龙信中称"大概先生知之最详，不得不劳您作答"①，询问了众多关于胡顾二人在1948年交往的问题，希望以顾廷龙的亲身回忆来弥补史料的缺失，如当年北平教员罢教时，胡适曾五次致信顾廷龙，是否往来所谈皆是《水经注》的研究，是否谈论了北平局势；又如胡适是否和张元济见面，其情形又是如何等等，共五个问题，可惜顾廷龙的回信未曾保存下来，不知道他做出了怎样的答复，但是叶宋曼瑛确有文章书写了相关时期的历史事件，② 应参考了顾廷龙提供的信息。

余　论

胡适与顾廷龙的相识缘于青年顾廷龙的求助，由此展开了以学术讨论为中心的十七年直接交往，其间动荡的时局未能阻止二人的联系，亦未磨灭二人对学术的热忱。但是上海解放前夕，因政治时势所迫与个人追求不同，胡适与顾廷龙被分隔于大洋两岸，从此再无见面的机会。1990年12月，为纪念胡适一百虚岁的生日，"胡适与中国新文化"国际学术研讨会在台湾召开，曾邀请顾廷龙参会。顾廷龙因病无法前去，于回信中忆起了1949年胡适赴美前，自己与他分别的情形："回忆往事，如在目前。胡先生临别时，想起给我的信，他说：'吾给你的两封长信，没有留底，请你还给我吧。'我即检还，亦未及抄录。次晨，先生即登轮远航了。"③ 可见二人深知此一别后再难相见，这也确是相见的最后一面。顾廷龙由此嘱托研讨会工作人员，表达了深深的希冀："两函想尚存美，他的日记、遗稿尚多未印者，望能印出。"④

胡适去世后，二人虽阴阳相隔，但他们之间的深厚情谊未被世人所忘却，又鉴于二人在文史学界的崇高地位，故而在20世纪末所编写的胡适研究及相关著作，多请顾廷龙题写书名，如安徽教育出版社的《胡适年谱》（见图3），唐德刚译注的《胡适口述自传》，耿云志主编的《胡适遗稿及秘藏书信》，杜春和等主编的《胡适论学往来书信选》，季羡林主编的《胡适全集》等，这也印证了胡适研究专家唐德刚的想法："（顾廷龙）是唯一最合适的人。"⑤ 由此可见，在新时期学界对胡适的学术研究与形象塑造中，顾廷龙是无法回避的重要人物。本文略述胡适与顾廷龙的交往始末，以纪念两位伟大的前贤。

---

① 叶宋曼瑛致顾廷龙信，转引自沈津《顾廷龙年谱长编》（未刊稿），1987年10月4日。

② 参考：ManyingIp, "Unlikely Friends: Hu Shih and Chang Yuan-chi," *Chinese Studies in History*, Vol. 31 (1997): 55-85.

③ 顾廷龙小笔记本，转引自沈津《顾廷龙年谱长编》（未刊稿）。

④ 顾廷龙小笔记本，转引自沈津《顾廷龙年谱长编》（未刊稿）。

⑤ 刘凌致顾廷龙信，转引自沈津《顾廷龙年谱长编》（未刊稿），1992年10月26日。

古籍版本学界的长者
——周叔弢与顾廷龙

白莉蓉

1978年，为实现周恩来总理“要尽快把全国善本书目编出来”的遗愿，在国家文物局和文化部图书馆事业管理局的领导下，开始了全国范围内的古籍善本书的普查及整理工作。1980年5月至1981年1月，全国各省市图书馆选派的编辑人员集中北京，开始对上报的善本书卡片进行汇总及初审，《中国古籍善本书目》的编纂工作正式启动。我受天津图书馆领导的委派，有幸参加了这项具有历史意义的编目工作，由此，我这个刚刚迈入古籍编目队伍的小字辈，十分幸运地结识了来自全国图书馆界从事古籍整理工作的前辈、老师、专家、学者，也与仰慕已久的著名的古籍版本学、目录学家顾廷龙先生、潘天祯先生、冀淑英先生等相识，一起共事八个月之久。

《中国古籍善本书目》是新中国成立后编纂的第一部全面反映国内古籍善本存藏的大型书目。书目以顾廷龙为主编，潘天祯、冀淑英为副主编，并聘请著名的版本目录学家周叔弢、赵万里、潘景郑为顾问。当时已七十七岁高龄的顾老克服了诸多困难离沪进京，与编委们住在条件不是很好的北京香厂路国务院第四招待所。将编审工作安排就绪后，便亲自前往天津敦聘周叔弢为顾问。由于我来自天津馆，编委会将陪同顾老去津的任务交给了我，这对我来说实在是求之不得之事！

周叔弢先生和天津图书馆有着十分好的关系，他是安徽至德县人，是现代著名藏书家。建国后曾任天津市副市长，他从十六岁始即买书，藏书甚富，尤精于版本之学。1952年，曾把藏书精品715种全数捐给北京图书馆。1955年、1972年，又两次将清代精刻本捐与天津图书馆，其中有清代活字本392种，我对周公是非常敬佩的。

6月13日，我陪同顾老抵津后，当天下午即往周府拜访周公。刚刚跨进周府的大门，就看到周公站在客厅中间迎候了。两位老人已有二十多年未见，显得异常高兴，都急趋数步，紧紧握手，场面十分感人。他们没有任何寒暄，开口就说“书”事。坐下后，顾老向周公说道，此举是为落实周总理的遗愿，都非常激动。顾老代表编委会诚意聘请周公为编委会工作顾问，周公欣然应诺，并对顾老专程来津表示感谢。顾老又介绍了编目工作计划，尤其对收录范围的看法，顾老以为“过去对善本的概念是只注意宋元本，这样会受很大局限，现在应着力挖掘明本与清本”。并就“三性九条”的原则，即“要注重一书的历史文物性、学术资料性和艺术代表性”等征求周公的意见，周公极为赞同。周公也对编目要旨谈了自己的看法。

周公与顾老同为当代古籍版本学界之重要人物，他们对古籍版本鉴定都有独到的见解。顾老谈到“鉴定版本，非见真凭实据，不宜轻改前人之说”。周公则从纸研究的角度谈到，“可以利用地方志，来认识各地区、各时代纸的特点，以此作为鉴别版本的一个依据”。顾老高度赞扬周公化私为公，将集一生心血所收藏的宋元明清善本古籍无偿捐献国家之举。周公还回忆他向北京图书馆捐献珍藏一册《永乐大典》之事，感慨地说：“这是中国人民应尽之天责也！”之后，两人又谈起山东杨氏海源阁藏书的往事，周公谈到他曾从海源阁后人杨敬夫手中购到数十种海源阁旧藏，周公曾在经济不宽裕的情况下，举债购买《蜕庵集》和《闻见后录》二书，为此售出北京自来水公司股票偿债，历数往事，二老动情。

在周公所藏海源阁藏书中，有清代著名藏书家黄丕烈校跋《穆天子传》一书，该书为周公从山东王献唐处购得，后捐给天津图书馆，但一直有学者对此书存疑，以为原书应仍藏于山东（尽管从未见过），在赴津京的火车上我曾向顾老提及此事。顾老对此极为认真，不仅向周公询问买书之经过，还亲自到天津馆将该书原刻本与影印本仔细比勘，辨别真伪。1980年6月顾老在为周一良《自庄严堪勘书图》撰写跋文说道：“先生尝收藏黄荛圃校《穆天子传》一书，为王君献唐故物，曾付景印，或以为景印本与先生所藏原本略有出入，遂传真本尚在山东某氏，秘不示人，称与景印本丝毫不爽。龙请观比勘，景印本与原本却有不同之处，如朱笔之深淡，校文位置之参差，点画略见肥瘦，谛审再三，始恍然当时影印条件较差，摄景、套版、描润三者技术皆不精，遂失真面，滋人疑窦耳。其为黄校真笔，固无庸致疑矣。”① 此次周公亲自对顾老言及购书经过，仍略显激动。

听着两位老人的交谈，我被深深地感动着，短短一个小时的会晤，他们说书论事，侃侃而谈，始终处于兴奋之中。他们对中国古代文化典籍的“深情厚意”，为保护中华民族珍贵文化遗产而无私付出的崇高境界，深深地感染着我，我庆幸能够有机会聆听两位宗师的精辟论述。他们严谨的治学态度，谦虚谨慎的精神是值得我永远学习的。

在顾老的笔记和信件中，还有在津访周公时的谈话记录，其中有云：“下午访周叔弢先生，九十高龄，望之如七十许人。谈版本问题，颇相契合，亦说明我的想法是合理的，例如要对两朝之间的版本鉴定做点研究，冀大姐也感到这一问题了。”又云：“龙衔编委会之命，专程赴津敦聘先生为顾问，荷蒙欣诺，娓娓导论编纂目录之要旨，鉴别版本之精微……窃谓

---

① 顾廷龙：《自庄严堪勘书图跋》，《顾廷龙文集》，上海：上海科学技术文献出版社，2002年，第244页。

鉴定版本，非见真凭实据者，不宜轻改前人之说，举以相质，承许鄙言为不谬。”①

周公和顾老很早就相识。20 世纪 30 年代，顾老和周一良同在燕京大学求学，对周父叔弢先生非常景仰，1938 年 9 月，顾老曾据章氏四当斋藏《前尘梦影录》批本，为周公过录在灵鹣阁丛书本上②，又顾老跋周氏《自庄严堪勘书图》云：“五世丈周叔弢先生藏书之富，夙与李氏木犀轩、傅氏双鉴楼鼎峙海内，而凌驾二氏，无愧后劲。龙久慕名德，未由识荆。既与令嗣太初学长同学燕京，又以京、津迢递，未获抠衣晋谒为憾。抗战初，龙应叶揆初丈之招，南归创办合众图书馆于上海，逾年先生来沪，偕喆弟志辅同访揆初丈，并莅‘合众’，始得以后学奉教，忝闻绪论。建国后，先生视察来沪，时‘合众’已献政府，改名历史文献图书馆，并已统一于上海图书馆矣。因出宋、元善本乞予鉴定，馆藏宋椠《西汉会要》原已残缺，先生即诏曰：此怡府旧藏，余家有残帙一册，当为失群之鸟。允以见赠。未几邮至，帙面书签无少差异，遂为延津之合。征见真知笃好，一经寓目，历久不忘，益令人企佩卓识，且拜高谊之赐，永矢铭感焉。”③

跋中所云周公视察上图事共有二次，一是 1960 年 8 月 9 日审阅《西汉会要》。后顾老收到周公信，云：“《西汉会要》已检得，存卷 43 至 45，上图有卷 46 至 49，适相衔接，并允相赠。”二是 1963 年 4 月，周公去上图，也由顾老接待。又跋中提到的周志辅，即为收藏中国戏曲文献的几礼居主人，他在 1949 年时将所藏戏曲文献悉数寄存“合众”，今已捐赠上图庋藏。

1950 年 7 月，周公六十生日，其哲嗣周一良、珏良、艮良及甥孙师白、师匡昆仲，特征集论文纪念，并编成《周叔弢先生六十生日纪念论文集》。当时撰稿者有顾颉刚、钱钟书、俞平伯、余嘉锡、季羡林、王重民、邓之诚等二十九人，皆为名重当代、学有专擅者。顾老也在其中，以二十九种善本图书撰就《检书偶记》贺之。1980 年 6 月，周公九十华诞，周一良以《自庄严堪勘书图》嘱顾老作跋。顾老跋中热情赞颂了周公的化私为公的高尚品德，跋云：“先生博学强识，爱书若命，每得珍本之纸敝装劣者，必为修复如新。居恒于治事之暇，怡情典籍，丹铅不去手，曾经校读者，往往系以题识，建国之三年，先生以所聚精本悉献诸国家，近复出剩箧续归公库。尝谓捐献个人藏书乃求书得其所，使书籍免遭流散损毁之厄，藉以发挥应有之作用，由国家收藏，自较私人收藏为胜。此其爱国热情溢于言表，尤令人弥深敬仰之私。昔南雷尝谓‘藏书难，藏久尤难’，而先生力谋书之得所，书延其年，人益其寿，斯亦可以解南雷之惑矣。”④

我还知道这样一段书林佳话。1980 年 1 月 14 日，周公致信顾老，询问上海书画出版社 1974 年影刻的元大德广信书院刻本《稼轩长短句》的雕版及刻工。云：“昨见刻本《稼轩长短句》，刻印精美，颇具扬州诗局风格，但不列书手、刻工姓名，仍沿轻视劳动人民之旧习，

① 顾廷龙：《自庄严堪勘书图跋》，《顾廷龙文集》，第 244 页。
② 顾廷龙：《灵鹣阁丛书本前尘梦影录跋》，《顾廷龙文集》，第 216 页。
③ 顾廷龙：《自庄严堪勘书图跋》，《顾廷龙文集》，第 244 页。
④ 顾廷龙：《自庄严堪勘书图跋》，《顾廷龙文集》，第 245 页。

殊为憾事。解放以后，北京木刻久绝，今见此书，真有空山足音之感。不知先生能为探悉书手、刻工姓名否？仆拟记之卷末，以广其传，后继有人，可喜之至。”顾接信后，即复此书刻书原委并录书手与刻工姓名：“上海书画出版社前身是朵云轩，曾感木刻书籍之技术已将告绝，因访求老工人，并招集知识青年加以训练，数年之久，乃有此成绩。后因主事者以无利可图，遂解散此机构。中国雕版，一线之传，不得复苏，殊可惋惜。”周公接到复信，即将书手、刻工、修字、拉线者姓名录于书端，“以彰其艺术之精湛，后之读是书者，或不以我为多事而笑我也”①。两位老人念念不忘的还是为中国传统文化的后继无人而担忧。

周公逝世后，顾老非常难过。1994 年 3 月，天津图书馆学会及天津图书馆为纪念周公，编印出版《弢翁藏书活动四录》，并函请顾老题为书签。顾老当即复信，云：“叔弢先生逝世，忽已十稔，缅怀遗型，不胜怀念！尊处编印遗集以资纪念，甚善甚善！承嘱题签，顷已涂就，如有不合，可重写。”顾老只能用他的笔来寄托他的哀思了。

我在与顾老的接触中，觉得他是一位十分谦和、善良的老人。在津期间，当听说天津图书馆想请他鉴定一些藏书时，他非常高兴，不顾身体劳顿于 6 月 14、15 日两次来到馆中，观看了数部馆内珍藏的善本书，如《棠湖诗稿》、《李学士新注孙尚书内简尺度》、《穆天子传》、《中兴群公唫稿》、《异苑》、《翁覃溪摘录书画汇考手稿》、《石壁精舍音注唐书详节》、《唐拓多宝塔》（有李鸿章跋），以及康有为《大同书手稿》和两部《水经注》，一部为清全祖望五校本，一部为明錬湖书院抄本（其中有些书为“文革”中查抄书，现已退还）。顾老对全氏五校《水经注》极有兴趣，因为此书曾被胡适借去做校书用，经胡适考订该书“八册四十卷全系赵东潜（一清）亲笔写定的真迹，其写成约在乾隆十一年上下”，“已是天地间仅存之孤本了”②。胡适曾给顾老写信谈及此书，如今顾老亲身目睹，显得有些爱不释手，并娓娓讲述当年胡适借书之经过。据顾老笔记，还有“回沪时，当在胡适信后的副页上补写一段”的记载。顾老对每一部书都认真翻检，不时作出评定，还向天津馆的工作人员谈及鉴定版本应注意之问题，使在场的工作人员受益良多。

顾老是德高望重的版本目录学家，也是文字学家和书法家。但他平易近人，奖掖后进，诲人不倦。记得在来津的火车上，顾老问我是否知道天津馆收藏的《水经注》一书，我回答说“知道，我们有全祖望五校本和王梓才抄录全祖望七校本《水经注》”，我还向顾老介绍了部分馆藏珍品，顾老听后十分高兴，鼓励我说：“这很好，做古籍工作就要了解馆藏。”当我向顾老问起“旋风装”书籍的装帧形制时，顾老随手在一个装茶叶的小纸袋边说边写，告诉我旋风装也叫龙鳞装，是宋朝装潢，故宫有唐人写本《王仁昫刊谬补缺切韵》一书。后来在参观故宫博物院图书馆时曾看到了这部书的原件，由于事先有顾老的讲解，使我对此书印象极为深刻。而留有顾老字迹的小茶叶袋，我至今仍保留着。

在与顾老共事的几个月中，他曾给予我们这些年轻人以诸多鼓励与教诲，亲自为我们授

---

① 顾廷龙：《致周叔弢》，《顾廷龙全集·书信卷》，上海：上海辞书出版社，2017 年，第 85 页。

② 胡适致天津省立图书馆井守文馆长信，民国三十七年（1948）八月二十三日。

课、讲解编目及古籍版本知识，对我们提出的哪怕是十分粗浅的问题，也一一细致入微、不厌其烦地耐心指教。他还忙中抽暇为我们每人书赠字幅，为我以金文书写了“学然后知不足”（语出《礼记·学记》），勉励我不断学习进步。更令我难以忘怀的是，在陪顾老来津之时，他曾选购《智永真草千字文》帖送我，教导我“学书应以古籍工作实用性为主，尤以图书馆古籍工作者写一书签、抄补缺页，以用行楷为繁，整理明清人批校本及尺牍，均需熟识行书草书。”并题写跋文于帖端，借以留念。这本字帖与顾老的墨宝，我一直珍藏着，它始终激励着我为所钟爱的图书馆事业，为做好古籍图书的整理和编目工作而不懈努力。

顾老离开我们已有六载，但他老人家的音容笑貌，他和蔼可亲的面容，却深深留在我的记忆中。他虚怀若谷，鞠躬尽瘁的精神是我一生学习的楷模。

（原刊于《图书馆杂志》2004 年第 10 期第 10-13 页）

顾廷龙与顾颉刚学术交谊补述

江　曦

顾廷龙是顾颉刚族叔，顾廷龙长于版本目录学、金石文字学，顾颉刚则是著名历史学家。虽然主要研究领域不同，但二人相交甚笃。《顾颉刚日记》最早提及顾廷龙，是 1921 年 7 月 13 日，至 1980 年顾颉刚去世，二人交游长达 60 年。宋路霞《顾颉刚与顾廷龙》[①]、顾潮《顾颉刚先生与顾廷龙先生的交谊》[②] 等文对二人交谊有专门研究。我们通过阅读顾廷龙和顾颉刚日记、书信、文集等，对其学术交谊有了些许新认识，兹考述如下，于宋、顾二文或有小补。

一

《礼记·学记》说“独学而无友，则孤陋而寡闻”，学术交游，对于一个学者的学术成长有至关重要的影响。顾廷龙与顾颉刚交往最多的两个时期：一是 1931 至 1937 年，二人同在北京；一是 1946 至 1954 年，他们共居沪上。其中第一个时期，顾廷龙融入学术界，建立和扩大交游圈，得益于顾颉刚的帮助。

顾颉刚 1920 年北京大学毕业后，到 1937 年 7 月被迫离开北京，除了 1925 年 4 月到 1927 年 5 月曾短暂执教中山大学，十余年间都身处当时的文化学术中心北京。早在 1922 年，顾颉刚提出“层累说”，1926 年主编出版《古史辨》第一册，声名鹊起，奠定了其在学术界的地位。他与许多知名学者乃至学坛领袖过从甚密，其交游之广，层次之高，从《顾颉刚日记》可见一斑。如 1931 年 3 月 5 日，燕京大学宴客，《日记》记录同席者有蒋梦麟、胡适、沈尹默、钱玄同、魏建功、陈寅恪、赵元任、冯友兰、刘半农、陈垣、郭绍虞等四十余人[③]，皆一

① 载《书讯报》1991 年 12 月 9 日。

② 载上海图书馆编：《顾廷龙先生纪念集》，上海：上海科学技术文献出版社，2014 年，第 119-131 页。

③ 顾颉刚：《顾颉刚日记》卷二 1931 年 3 月 5 日，北京：中华书局，2011 年，第 503 页。

时硕彦。顾廷龙虽为顾颉刚族叔，但比顾颉刚年少11岁。1931年9月，顾廷龙方到燕京大学读书，尚处于学术起步阶段，相较于已是名教授的顾颉刚，应该算是后学。

1931年7月，顾廷龙考入燕京大学研究院国文系，之所以读国文系，因为他在上海持志大学读的专业为国文。顾廷龙报考燕京大学，当与顾颉刚有关。1931年上半年，顾廷龙将从上海持志大学肄业，必然考虑离校后的去向问题，极有可能向顾颉刚请教。1922年顾廷龙在江苏省立第二中学毕业后，曾报考北京大学，“由于英语分数不够，没被录取”①，7月11日他曾到顾颉刚家“谈考事”②。此次又面临考学，向顾颉刚请教也在情理之中。况且彼时，顾颉刚已为燕京大学历史系教授，虽不在国文系，但与文学院院长吴文藻，国文系主任郭绍虞，国文系教授容庚等过从甚密。

1931年3月25日顾颉刚曾致信顾廷龙，“写起潜叔信，请其缓来”③。盖此时顾廷龙欲北上赴京，不知何种原因，顾颉刚让其暂时不要去。随后的4月18日、6月2日、6月12日、6月23日，顾颉刚又写顾廷龙四信④，虽然原信已不存，但其中必然会言及顾廷龙报考燕京大学之事。

顾廷龙初到北京，曾寓居顾颉刚家中，顾颉刚的很多应酬活动也会带顾廷龙参加。如1931年夏，钱穆受聘于北京大学，任历史系教授，9月20日访顾颉刚。是日中午顾颉刚宴请钱穆夫妇，同席者有郭绍虞、顾廷龙等。饭后下午三时，又“同到清华，访浦江清，并晤吴雨僧”⑤。浦江清时任教于清华大学国学门。吴雨僧即吴宓，时任清华大学外文系教授兼主任。9月21日“与起潜叔至达园散步，谒由笙先生”⑥。由笙为潘昌煦，时任燕京大学法律系教授。11月29日“与起潜叔进城，访伦哲如，参观其藏书”⑦。伦哲如即著名目录学家伦明。1932年6月21日，顾廷龙在燕京大学研究院修业期满，被授予文学硕士学位。顾廷龙在参加燕京大学第十六届毕业典礼后，顾颉刚宴请，“同席者有胡适夫妇、先生、黄子通夫人、钱玄同、郭绍虞、商承祚、容庚”，“先生在顾颉刚家，获识胡适，即以《吴愙斋先生年谱》稿请政”⑧。通过参加这次宴会，顾廷龙结识了当时的学界领袖胡适。1932年10月14日顾颉刚宴请高梦旦、燕京大学中文系教授郑振铎，顾廷龙在座。10月21日，“雨亭来，盼遂来”⑨，雨亭即罗根泽，时任河南大学教授，顾廷龙于此结识罗根泽。

除了中国学者，1932年，顾廷龙还通过顾颉刚结识了日本学者吉川幸次郎、平冈武夫、

---

① 沈津编著：《顾廷龙年谱》1922年夏，上海：上海古籍出版社，2004年，第14页。
② 顾颉刚：《顾颉刚日记》卷一1922年7月11日，第249页。
③ 顾颉刚：《顾颉刚日记》卷二1931年3月25日，第511页。
④ 顾颉刚：《顾颉刚日记》卷二1931年4月18日、6月2日、6月12日、6月23日，第518、533、536、539页。
⑤ 顾颉刚：《顾颉刚日记》卷二1931年9月20日，第565页。
⑥ 顾颉刚：《顾颉刚日记》卷二1931年9月21日，第565页。
⑦ 顾颉刚：《顾颉刚日记》卷二1931年11月29日，第585页。
⑧ 沈津编著：《顾廷龙年谱》1932年6月21日，第26页。
⑨ 顾颉刚：《顾颉刚日记》卷二1932年10月21日，第700页。

桥本时雄等。《顾廷龙年谱》云："先生与顾颉刚从事《尚书》之学时，正值日本京都大学东方文化研究所有《尚书正义定本》之纂辑，先生得与吉川幸次郎、平冈武夫等日本学者相往还。"① 又云："是年，在顾颉刚处获识日本桥川时雄，桥川时主编《文字同盟》，后在图书馆中时得见之。"②

顾廷龙初治金石文字之学，他所推崇的学者有吴大澂、容庚、商承祚等。1925 年，其致王同愈信云：

> 盖《说文》虽东汉字书，实亦文字之源流，学者㞡今而犹能读周秦以上书者，悉赖南阁为之管钥。但三千年来，转辗翻刊，罅漏羼增，不可究诘。幸有吴大澂书《说文古籀补》创于前，近人容庚《金文编》继于后，更有商承祚之《殷虚文字类编》踵接继起，而东汉以前文字遂相衔接，此溯上之说也。③

吴大澂卒于 1902 年，顾廷龙为其撰年谱以示景仰。而容庚，则成为他在燕京大学读硕士时的导师。从《容庚北平日记》《顾颉刚日记》来看，顾颉刚与容庚 1925 年开始即交往甚密，二人同为燕京大学教授，共同主编《燕大学报》。1931 年夏，容庚见到顾廷龙手录诸家校批《积古斋钟鼎彝器款识》，并跋云："阮氏此书颇收伪器，余尝斠订一过，惜不获见此校本相参证也。异日起潜先生携此北上，余将一借录之。二十年夏，容庚。"④ 据《容庚北平日记》，容庚 1931 年 8 月曾离京南游，8 月 7 日"五时与徐中舒乘二等车往上海"⑤，8 月 9 日"十一时到南京下关"，8 月 10 日"九时往苏"，8 月 13 日"八时往上海"，8 月 30 日"九时半乘车回北京"⑥。据此，顾廷龙见容庚，并以手录诸家校批《积古斋钟鼎彝器款识》请政，应在 8 月 10 日至 12 日之间。由容庚"异日起潜先生携此北上"之语，可见此时顾廷龙尚在苏州，9 月将赴京就读。顾廷龙在容庚游苏州时得以相见，是否经顾颉刚之介绍，不得而知。但他一到北京，即由顾颉刚引领去拜会容庚。9 月 11 日"起潜叔来，与之同到希白（容庚字）处"⑦。显然，顾廷龙此时与容庚并不熟识，故需要顾颉刚代为引荐。容庚之所以答应成为顾廷龙导师，首先是因为他对顾廷龙金石文字学的认可，但同时与顾颉刚的引荐并非毫无关系。在容庚的指导下，顾廷龙完成了硕士论文《说文废字废义考》。

顾廷龙在赴京就读前即已与商承祚相识。1929 年 7 月顾颉刚返回苏州为父亲庆寿，7 月

---

① 沈津编著：《顾廷龙年谱》1932 年秋，第 28 页。
② 沈津编著：《顾廷龙年谱》1932 年，第 29 页。
③ 顾廷龙致王同愈信，转引自沈津《顾廷龙年谱长编》（未刊稿）1925 年末。
④ 中国社会科学院文学研究所藏《积古斋钟鼎彝器款识》原件，转引自沈津《顾廷龙年谱长编》（未刊稿）1931 年 7 月。
⑤ 容庚撰，夏和顺整理：《容庚北平日记》1931 年 8 月 7 日，北京：中华书局，2019 年，第 239 页。
⑥ 容庚撰，夏和顺整理：《容庚北平日记》1931 年 8 月 30 日，第 240 页
⑦ 顾颉刚：《顾颉刚日记》卷二 1931 年 9 月 11 日，第 561 页。

12日“锡永（商承祚字）自粤来”[①]，13日“到中央饭店，访锡永夫人，到南扬（钱南扬）室，与之俱出，到瞿安（吴梅字）先生家，谈一小时。出，到公园散步，遇起潜叔，同到青年会自由农场吃夜饭”[②]。15日顾颉刚“与锡永夫妇及起潜叔游拙政园及狮子林”[③]，由此，顾廷龙与商承祚结识。

正是在顾颉刚的引介下，顾廷龙在燕京大学读书时，得以与容庚、商承祚多有交往。《顾廷龙年谱》云：是年“先生负笈北平燕京大学，寓顾颉刚家。时商承祚任教清华大学，每周来郊外，也宿于颉刚家，容庚师亦来，四人谈笑挥洒，殊足乐也。”[④] 与容庚、商承祚等金石文字学名家的交游，必然对顾廷龙学术造诣的提高具有积极影响。

顾廷龙在版本目录学方面的成就，与他在燕京大学图书馆、合众图书馆及后来之上海图书馆任职密切相关。顾廷龙投身图书馆事业，始于其硕士毕业后任职于燕京大学图书馆。1932年顾廷龙即将硕士毕业，就工作去向问题亦曾向顾颉刚请教。4月27日，顾廷龙致信顾颉刚，此信今已不存。5月6日，顾颉刚复函顾廷龙云：

> 昨接廿七日赐书，敬悉。论文完功，至慰。……吾叔暑假后职事自当尽力求之，惟现在各大学差不多均已破产，下学年之能开学者不知有几所，其开学而能领到薪金者又不知有几所。欲觅一确实可靠之地，则以求者之多，又不易逐鹿。一也。侄交游虽广，忌者亦多，每有作为，即引人之疑虑。年来息影衡门，亦苦无避咎之术。推荐之事固可为，而其成否则殊难必，盖朋党之见实深中于众人之心也。二也。故侄意，如能得固好，倘不能得，最好仍在北平读书作文。下学年，侄接编《学报》，当可奉稿费稍厚。又《清华学报》如继出，亦可介绍。以一年之力得燕大奖金之数，并不为难。如能成名著三四篇，有以取信于人，则明年秋季或不待侄之介绍而自有来书索聘者。吾辈研究学问，本不当视为弋取名利之具，但在如此不安之环境中，我辈既不事生产，又不肯随人堕落，则舍此殆无可以自立之道。且一经入世服务，心神为之淆乱，从此以后视学问之事即隔膜，虽勉力为之，曾不逮未办事时之一半。故多读一年书，即抢得一年学问，虽生计较苦，而在毕生计之尚有赢利。我辈生此时代，在学问环境中诏我以前进，而经济环境则日逼我以后退，苟无勇气，即终为牺牲耳。未知尊意以为然否？乞酌之。[⑤]

由顾颉刚复信可知，顾廷龙在致顾颉刚信中谈及了论文撰写和毕业去向问题，并委托顾颉刚为其谋职。顾颉刚明确表示“自当尽力求之”，并指出当时在高校谋职的不易。如果谋职不

① 顾颉刚：《顾颉刚日记》卷二 1929年7月12日，第302页。
② 顾颉刚：《顾颉刚日记》卷二 1929年7月13日，第302页。
③ 顾颉刚：《顾颉刚日记》卷二 1929年7月15日，第303页。
④ 沈津编著：《顾廷龙年谱》1931年，第22页。
⑤ 顾颉刚：《致顾廷龙》（1932年5月6日），《顾颉刚书信集》卷二，第491页。

果，则建议其继续在燕京大学读书做研究，可通过其主编的《燕京学报》、并介绍《清华学报》给顾廷龙刊文支付稿酬的形式补贴生计。

6月20日顾颉刚“到研究所，审查学生成绩，定下学年颁奖学金者，草取不取者二函。……今日评定领奖学金者八人”①，其中领奖学金者名单中有顾廷龙。据《容庚北平日记》此日“二时开奖金审查会，洪煨莲、顾颉刚及余三人”②。则奖学金评委为洪业、容庚和顾颉刚。此时，顾廷龙尚未得到燕京大学图书馆职位。

事情终于迎来转机，顾廷龙在参加顾颉刚宴请时，得到了时任燕京大学图书馆馆长洪业的赏识。1932年6月21日，顾廷龙毕业之时，“颉刚邀的客人有钱玄同、洪煨莲、黄子通、容庚等。吾桌上放的一部《郘亭知见传本书目》，洪先生看了很欣赏，后来邀我到图书馆担任哈佛燕京图书馆驻平采访处主任，余欣然应命。”③《顾颉刚日记》中所录是日同席者名单中无洪业，所以顾潮认为“或许是父亲漏记；或许是公公（指顾廷龙）误记，洪先生见到公公《郘亭知见传本书目》并非是此日之事，父亲当年日记中多次记录邀洪先生来家吃饭。”④虽然洪业见顾廷龙批注本《郘亭知见传本书目》的时间尚有疑问，但顾廷龙受到洪业的赏识，并邀请其到燕京大学图书馆工作，得益于顾颉刚的引荐，当是无疑的。是年6月24日、25日，顾颉刚日记中皆记有“起潜叔来谈”⑤，虽然没有明确谈何事，但顾廷龙面临最急迫的谋职之事，肯定是重要话题。顾廷龙后来回忆说：“一日，顾颉刚归，告我曰，洪先生邀我去图书馆做采购古书的工作，我很高兴，可以多看书了。”⑥这一消息第一时间由顾颉刚传递，反映了顾颉刚对顾廷龙入职燕京大学图书馆一事的重视。

顾廷龙就职燕京大学图书馆，任中文采访主任，后又兼美国哈佛大学哈佛燕京图书馆驻平采访处主任，开始了他的图书馆事业。在燕京大学图书馆期间，他为捐赠给燕大图书馆的章钰藏书编纂了《章氏四当斋藏书目》。此后，顾廷龙任职于合众图书馆、上海图书馆，主编了《中国丛书综录》《中国古籍善本书目》等，奠定了其在目录版本学领域的地位。

二

虽然顾廷龙为顾颉刚族叔，但在情感上顾廷龙视顾颉刚亦师亦友。顾廷龙晚年曾对顾颉刚之女顾潮说，他一直把顾颉刚视为自己的老师⑦。顾廷龙撰写的文章多会请顾颉刚审读。如

---

① 顾颉刚：《顾颉刚日记》卷二1932年6月20日，第651-652页。
② 容庚撰，夏和顺整理：《容庚北平日记》1932年6月20日，第268页。
③ 沈津编著：《顾廷龙年谱》1932年6月21日，第26页。
④ 顾潮：《顾颉刚先生与顾廷龙先生的交谊》，载上海图书馆编《顾廷龙先生纪念集》，第122页。
⑤ 顾颉刚：《顾颉刚日记》卷二1932年6月24日、25日，第653、654页。
⑥ 顾廷龙：小笔记本，转引自沈津《顾廷龙年谱长编》（未刊稿），1932年夏。
⑦ 顾潮：《顾颉刚先生与顾廷龙先生的交谊》，载上海图书馆编《顾廷龙先生纪念集》，第119页。

1921年7月14日，顾颉刚曾“改龙叔文讫”[①]。1931年，顾廷龙撰写《晋辟雍碑考》成，顾颉刚曾先后在11月28日、12月3日[②]审读此文。1934年顾廷龙撰《甲午中日战争中之吴大澂》，顾颉刚在12月7日、12月24日为其修改[③]。

1934年顾廷龙撰《吴愙斋年谱》毕，致信顾颉刚云：“拙稿必欲得公一阅，俾作勘误，不能再将就，并希大事粗毕后赐一序，以增声价。”[④] 希望顾颉刚能审读，并撰写序言。顾颉刚十分重视此事，1935年2月13日“检核起潜叔所作《愙斋年谱》一百余页，为改正若干处。”2月14日“抄改起潜叔《愙斋年谱》序文，未毕。”2月18日“抄改起潜叔《愙斋年谱》序例，讫，凡三千言。”2月19日，“作《愙斋年谱》序，讫，千余字。”[⑤]《吴愙斋年谱》1935年3月由顾颉刚主编的《燕京学报》专刊出版。

1936年顾廷龙撰《古陶文舂录》成，5月22日，顾颉刚“修改起潜叔《匋文编》序”[⑥]。1943年郑振铎赠送顾廷龙一部《玄览堂丛书》，1946年，时任教育部京沪区特派员的蒋复璁嘱顾廷龙为此书撰写提要，3月27日写毕。1950年8月9日顾颉刚“点改《玄览堂丛书提要》”[⑦]。

1949年合众图书馆创办者叶景葵去世，7月30日《兴业邮乘》第172号“叶景葵先生纪念特辑”出版，其中收录顾廷龙撰《叶揆初先生行状》。顾颉刚7月9日“为起潜叔所作叶揆初先生行状作最后修改讫”[⑧]，10日“起潜叔来，再改其文。”[⑨] 1953年4月23日“为起潜叔改馆中过去历史报告”[⑩]。8月11日“为起潜叔改《合众图书馆珍贵图书甄选标准草案》[⑪]”。11月15日“为起潜叔改叶揆初书目跋”[⑫]。1962年11月3日“为起潜叔修改《中国丛书综录编辑经过》”[⑬]。可见，不论学术文章，还是纪念性文字，甚至草拟文件，顾廷龙常向顾颉刚请政，而顾颉刚总会认真阅读修改。

顾廷龙与潘景郑合编的《明代版本图录初编》，顾廷龙亦多次向顾颉刚请教。如顾廷龙拟以铜板印此书，1940年4月5日致信顾颉刚时征求其意见云：“公谓然否？”[⑭] 同年5月6日致顾颉刚云：“《版本图说》已属草大纲，宋元部分已成，现拟明清部分，全无依旁，较为万难，

---

① 顾颉刚：《顾颉刚日记》卷一1921年7月14日，第141页。
② 顾颉刚：《顾颉刚日记》卷二1931年11月28日、12月3日，第585、586页。
③ 顾颉刚：《顾颉刚日记》卷三1934年12月7日、24日，第268、275页。
④ 顾廷龙：《致顾颉刚》，《顾廷龙全集·书信卷》，上海，上海辞书出版社，2017年，第112页。
⑤ 顾颉刚：《顾颉刚日记》卷三1935年2月13日、14日、18日、19日，第307-309页。
⑥ 顾颉刚：《顾颉刚日记》卷三1936年5月22日，第476页。
⑦ 顾颉刚：《顾颉刚日记》卷六1950年8月9日，第670页。
⑧ 顾颉刚：《顾颉刚日记》卷六1949年7月9日，第483页。
⑨ 顾颉刚：《顾颉刚日记》卷六1949年7月10日，第484页。
⑩ 顾颉刚：《顾颉刚日记》卷七1953年4月23日，第378页。
⑪ 顾颉刚：《顾颉刚日记》卷七1953年8月11日，第426页。
⑫ 顾颉刚：《顾颉刚日记》卷七1953年11月15日，第470页。
⑬ 顾颉刚：《顾颉刚日记》卷九1962年11月3日，第568页。
⑭ 顾廷龙：《致顾颉刚》（1940年4月5日），《顾廷龙全集·书信卷》，第124页。

亦较能最有精采，将来分出，即可先出明清部分，尊意何如？”① 顾颉刚亦时常关心此书之进度，如1941年1月10日在致顾廷龙的信中问：“《版本图录》已成若干？为念。”②《明代版本图录初编》1940年由开明书店出版，收入《齐鲁大学国学研究所专著汇编》，顾颉刚时为齐鲁大学国学研究所主任，并邀请顾廷龙任名誉研究员。

在图书馆建设方面，顾廷龙也受到顾颉刚的影响。顾颉刚认为图书馆要为学术研究搜集资料，他在任中山大学语言历史研究所教授兼图书馆中文部主任时，为中山大学图书馆制定的《购求中国图书计划书》中说：“我们只要能够用了材料的观念去看图书，能够用了搜集材料的观念去看图书馆的事业，我们现在真不知道有多少新的工作可做。”“总括我们的购书的宗旨，只是‘搜集材料’一句话。”③ 顾廷龙在《介绍顾颉刚先生撰〈购求中国图书计划书〉》中说：“我从事图书馆古籍采购事将五十年，即循此途径为收购目标，颇得文史学者的称便。”④

顾颉刚曾建议顾廷龙整理《书林清话》。叶德辉《书林清话》是版本目录学名著，顾颉刚注重目录学，曾开设目录学课，自然重视《书林清话》。1921年8月13日，《书林清话》正式出版的第二年，顾颉刚就得到了此书，其日记云：“叶德辉《书林清话》，想买了半年，今天乃在朝记书庄见到。胡先生买二部，赠我一部。”⑤ 顾颉刚曾拟编《清代学术丛书》，对清代学术名著进行点校整理。此丛书未能出版，但在顾颉刚1947年12月30日日记中保存了拟目，包括顾炎武《日知录》、阎若璩《尚书古文疏证》、王念孙《读书杂志》、王引之《经义述闻》、章学诚《文史通义》、段玉裁《说文解字注》、赵翼《廿二史札记》、康有为《新学伪经考》《孔子改制考》等，《书林清话》亦列其中。将《书林清话》与清代学术史上的一流名著并举，可见顾颉刚对此书之推重，所以推荐给长于版本目录之学的顾廷龙进行点校注释。

1940年7月2日顾颉刚在致顾廷龙信中说：“自来言目录学者条理清楚无如《书林清话》，不知吾叔能将此书标点、作索引，兼为之注否？如能如此作，则大学中目录学一课可取是作课本矣。侄俟在此定心后，亦当将皮氏《经学通论》如此整理，俾充大学经学史课本也。”⑥ 希望顾廷龙能对《书林清话》进行点校、注释，并编索引。顾廷龙在7月13日日记中云：“接颉刚函，属为标点《书林清话》，并为之注。”⑦ 顾廷龙在收到信的第二天，即开始标点《书林清话》，认为其中“颇有可注者”⑧。7月26日顾廷龙致函顾颉刚，谈《明代版本图录》及《尚书文字合编》事，并言及《书林清话》云：“承属标点注释《书林清话》一事，极愿

① 顾廷龙：《致顾颉刚》（1940年4月6日），《顾廷龙全集·书信卷》，第125页。
② 顾颉刚：《致顾廷龙》（1941年1月10日），《顾颉刚书信集》卷二，第496页。
③ 顾颉刚：《购求中国图书计划书》，《宝树园文存》卷一，北京：中华书局，2011年，第243、253页。
④ 顾廷龙：《介绍顾颉刚先生撰〈购求中国图书计划书〉》，《顾廷龙文集》，上海：上海科学技术文献出版社，2002年，第614页。
⑤ 顾颉刚：《顾颉刚日记》卷一1921年8月13日，第150页。
⑥ 顾颉刚：《顾颉刚书信集》卷二1940年7月2日，第496页。
⑦ 顾廷龙撰，李军、师元光整理：《顾廷龙日记》1940年7月13日，北京：中华书局，2022年，第92页。
⑧ 顾廷龙撰，李军、师元光整理：《顾廷龙日记》1940年7月14日，第92页。

试为，必有以报命也。”[①] 顾廷龙7月28日、29日、30日，8月2日、4日、5日日记中皆记录标点《书林清话》事。8月5日已经“点毕《书林清话》卷二[②]。”1941年1月10日又“注《书林清话》一则”[③]。

顾廷龙所标点注释《书林清话》原书尚存，从《顾颉刚年谱》、顾潮《顾颉刚先生与顾廷龙先生交谊》等来看，这项工作并未完成。

三

顾廷龙在燕京大学图书馆任职后，在很多工作中协助顾颉刚，一定程度上可视为顾颉刚的学术助手。1934年顾颉刚筹备发起禹贡学会，并创办《禹贡》半月刊，顾廷龙参与编辑发行工作。顾廷龙和顾颉刚共同编纂的《尚书文字合编》，更是二人交谊的最好见证。

《尚书》“诘屈聱牙”，向来难治，其中难点之一是文字问题。若要读懂《尚书》，必须对其文字进行彻底清理。顾颉刚一生都致力于对《尚书》的整理与研究，1932年9月9日顾颉刚在日记中制定的本年学术计划中，包括请顾廷龙助其编集《尚书》文字[④]。是日“夜，顾颉刚来，欲请先生帮其为《尚书》学编纂计划，拟先将正文以各种本子校定，其中有古文本、今文本之别，古文今传则有隶古定日本写本、敦煌唐写本，今文则今通行各本也；次辑各书所引《尚书》之目录。顾颉刚嘱先生为隶古定方面之工作。”[⑤] 1933年5月31日，顾颉刚制定三年内计划出版之著作，其中《尚书》学包括：“1、《尚书文字》（哈佛燕京社）（起潜叔助），2、《尚书文字考》（同）（起潜叔助），3、《尚书学书录》（同）（赵惠人助），4、《尚书讲义》（朴社）（郑德坤助）。”[⑥] 其中《尚书文字》《尚书文字考》两种拟请顾廷龙助编。顾颉刚之所以请顾廷龙代为编纂，是因为顾廷龙既长于文字学，又兼通版本目录学。《尚书文字合编》历经波折，至六十余年后的1996年方由上海古籍出版社出版。顾廷龙在致沈津信中云：“去年一年中，上半年忙于《尚书文字合编》的前言。此书只不过提供资料，而不是研究成果。发动到成书，跨度为六十四年，总算完成了，可以告慰颉刚先生于九泉。”[⑦] 这部书最终署名顾颉刚、顾廷龙编，其发起于顾颉刚，而实际编纂工作都是由顾廷龙完成的。关于顾廷龙与《尚书文字合编》的编纂情况，李福标撰有《顾廷龙与〈尚书文字合编〉》[⑧] 一文，所论甚详，此不赘述。

---

① 顾廷龙：《致顾颉刚》（1940年7月26日），《顾廷龙全集·书信卷》，第127页。
② 《书林清话》原书转引自沈津《顾廷龙年谱长编》（未刊稿），1940年8月5日。
③ 顾廷龙撰，李军、师元光整理：《顾廷龙日记》1941年1月10日，第128页。
④ 顾颉刚：《顾颉刚日记》卷二1932年9月9日，第685页。
⑤ 顾廷龙：《平郊旅记》，转引自沈津《顾廷龙年谱长编》（未刊稿）1932年9月9日。
⑥ 顾颉刚：《顾颉刚日记》卷三1933年5月31日，第53页。
⑦ 沈津编著：《顾廷龙年谱》（1996年2月23日），第776页。
⑧ 载邓洪波主编：《中国四库学（第三辑）》，中华书局，2019年，第157-185页。

除了《尚书文字合编》，顾颉刚所编《史记书目》，顾廷龙亦出力甚多。顾颉刚为著名史学家，十分重视对史籍尤其是《二十四史》的整理，1941 年 3 月 8 日在为齐鲁大学国学研究所制定的《民国三十年国学研究所集体工作之现状及计划》中，顾颉刚从标点、编制年表、编制索引、编辑民族史料集四方面提出了较为完整可行的《二十四史》整理计划，而其付诸行动且致力最多的当属《二十四史》之首的《史记》。早在 1927 年，顾颉刚执教中山大学，以《史记》本纪、世家教授学生，并以湖北书局覆刻明震泽王延喆本施以句读。1936 年，顾颉刚与学生徐文珊点校《史记》白文，由国立北平研究院史学研究会印行。

1950 年 1 月 31 日，顾颉刚提出了全面系统整理《史记》计划——“《史记》十书”，包括：《史记》引、《史记》选、《史记》征、《史记》删、《史记》平、《史记》注、《史》《汉》校、《史记》词汇、《史记》简注、《史记》补注（附图表）①。这个规划整理与研究并重，普及与专业研究兼顾。其最为基础的工作是资料搜辑工作，顾颉刚计划对前人《史记》研究成果进行调查整理，编纂《史记书目》。关于《史记书目》之体例，顾颉刚之规划如何，《顾颉刚全集》并无相关资料。但从 1954 年 10 月 26 日顾廷龙致顾颉刚函中可见其大体思路，函云：

> 昨吴谏斋君来访，谓公托其编写《史记书目》，仿《经义考》例，不知别有搜采标准否？由我馆供应材料，自无问题，如何开始，望与吴君函洽。我馆杨鉴君亦曾编有《史记书目》，只录现存者，约得二百余种，未钞序跋，仅为简目，不知可供采摭否？如有检阅之需，可令录呈台览也。方志艺文中所载有关《史记》著述，似尚未有人搜集，恐工程太大耳。②

由此可见，顾颉刚拟编《史记书目》之体例仿照清人朱彝尊《经义考》，采用辑录体。

1954 年 8 月顾颉刚已离沪赴京，任中国科学院历史研究所研究员，书目的编纂工作委托吴谏斋。吴谏斋即吴士鏴，字谏斋，乃吴庆坻之子，吴士鉴弟。1941 年吴氏曾将家藏文献捐赠于合众图书馆，1957 年始任职于上海图书馆前身之一的上海历史文献图书馆，《顾颉刚日记》《顾廷龙日记》中多有与其交往的记录。仿照《经义考》编写《史记书目》，需要利用文献抄录资料，故吴氏求助于时任上海历史文献图书馆馆长的顾廷龙。顾廷龙不但慨然应允其使用该馆资料，同时向顾颉刚提出了两个建议：一、杨鉴曾编有《史记书目》，可作参考；二、方志艺文志中有关《史记》著述，亦可搜集。杨鉴长于版本目录学，曾负责编纂《中国丛书综录》集部，又曾撰《百衲本〈史记〉考略》等文。

针对顾廷龙的建议，11 月 5 日顾颉刚复信顾廷龙云：

---

① 顾颉刚：《顾颉刚日记》卷六 1950 年 1 月 31 日，第 584-585 页。

② 顾廷龙：《致顾颉刚》（1954 年 10 月 26 日），《顾廷龙全集·书信卷》，第 155 页。

吴谏斋先生钞写《史记》材料，乞尽量加以指导。杨鉴兄所编《史记书目》，刚甚愿一读，如便于写寄，请即付钞（或即嘱吴先生钞，俾得门径）。除书籍、板本、序跋外，尚可依《清代文集索引》钞写各篇论文，字数每月一结，刚当将钞费寄上，藉佐吴家菽水。方志艺文略亦可搜集，不知杨兄能为之否？如可，则此书出版时即可用刚与杨兄二人名义编辑。①

顾颉刚采纳了顾廷龙的意见，请他多指导吴谏斋的抄录工作，希望参考杨鉴书目，并请其代为搜集方志艺文，将来出版可以共同署名。

顾廷龙接顾颉刚信后，立即抄写一份杨鉴所编书目，并安排杨鉴从方志中搜集《史记》文献。11 月 28 日，顾廷龙致信顾颉刚，向其汇报情况云：

吴谏斋先生钞《史记》材料，已得五万余字。杨鉴所辑《史记书目》，尚未编成，兹先钞呈指正。方志中已收若干，拟即扩充之。将来《书目》能出版，杨鉴附名以传，渠甚喜愿。此公诱掖后进之美意，至可感佩！清文有关《史记》者可钞甚多，当先从我馆所藏在索引外之各集，诗集中咏《史记》者亦拟钞出，但恐分量太多耳。②

在此信中，除了顾颉刚所说的“依《清代文集索引》钞写各篇论文”，顾廷龙又提出从历代诗集中钞出咏《史记》者。此后，顾廷龙经常向顾颉刚汇报钞录进度，并代顾颉刚给吴谏斋发放抄写酬劳。1955 年 1 月 11 日，致顾颉刚云：“《史记》论文，已钞积甚多，另包寄上，请先察阅。一面继续钞写中。现在先检《清代文集索引》中未收之文集钞出（《索引》所载者检来填空），以后再按《索引》钞写，为数可能甚多。”③ 3 月 8 日，致顾颉刚云：“现已积有八万字，已于昨日挂号寄呈。……各家论文可钞尚多，当再续钞。”④ 4 月 15 日致顾颉刚云：“谏斋所抄《史记》论文，又积得六万壹千伍百肆拾贰字……抄件已于昨日寄上，谏斋想亦奉函矣。如果论文钞完后，是否钞方志中艺文目及作者小传？便希酌示。”⑤ 4 月 24 日顾颉刚回复顾廷龙云：“论文钞完后，即可续钞方志中艺文目及作者小传，又清人笔记关于《史记》各条亦可钞。”⑥ 6 月 6 日顾廷龙致顾颉刚云：“谏斋钞《史记》文又得一批，已于今晨寄出，钞件每次由杨鉴同志检点，计数当不致有误也。”⑦

遗憾的是，由于经费问题，抄录工作被迫中辍。1955 年 11 月 24 日，顾颉刚致顾廷龙云：

---

① 顾颉刚：《致顾廷龙》（1954 年 11 月 5 日），《顾颉刚书信集》卷二，第 518 页。
② 顾廷龙：《致顾颉刚》（1954 年 11 月 28 日），《顾廷龙全集·书信卷》，第 157 页。
③ 顾廷龙：《致顾颉刚》（1955 年 1 月 11 日），《顾廷龙全集·书信卷》，第 159 页。
④ 顾廷龙：《致顾颉刚》（1955 年 3 月 8 日），《顾廷龙全集·书信卷》，第 161 页。
⑤ 顾廷龙：《致顾颉刚》（1955 年 4 月 15 日），《顾廷龙全集·书信卷》，第 162 页。
⑥ 顾颉刚：《致顾廷龙》（1955 年 4 月 24 日），《顾颉刚书信集》卷二，第 521 页。
⑦ 顾廷龙：《致顾颉刚》（1955 年 6 月 6 日），《顾廷龙全集·书信卷》，第 164 页。

"刚手头确甚干涸，贵馆诸文钞毕后，拟暂告一段落。"① 从 1954 年 10 月到 1955 年 11 月，《史记书目》资料抄录工作历时一年有余，顾廷龙对此尽心尽力，经常向顾颉刚提出建设性意见，给予顾颉刚学术研究工作无私的帮助。

综观顾廷龙与顾颉刚长达六十年的交游，他们互相帮助，彼此成就。顾颉刚利用自己的学术影响，在顾廷龙学术起步阶段，给予力所能及的提携；顾廷龙则不计名利，协助顾颉刚完成其学术规划。他们的学术交谊，堪称中国现代学术史上的一段佳话。

① 顾颉刚：《致顾廷龙》（1955 年 11 月 24 日），《顾颉刚书信集》卷二，第 525 页。

王献唐《吴愙斋先生年谱校记》书后
——顾廷龙、王献唐两先生交往事迹拾补

李 军

顾廷龙（1904—1998），字起潜，江苏苏州人。我国近现代著名的目录版本学家、古文字学家。著有《吴愙斋先生年谱》《古匋文孴录》《顾廷龙文集》等。在顾先生百年诞辰之际，由沈津先生编成《顾廷龙年谱》①，对其一生学行作了详尽的记述。顾先生治学严谨，其成名作《吴愙斋先生年谱》，从 1929 年立志撰写，至 1935 年 3 月由哈佛燕京学社正式出版，费时六年之久。年谱出版后，在当时曾引起巨大反响，备受赞誉。顾先生却并没有因此停止研究的脚步，而是仍一如既往地搜集相关材料，准备续编补订年谱。他的知交友好对此事也都十分热心，凡是有关吴大澂的资料，一经发现都尽量提供给顾先生。近年在整理顾廷龙先生所搜集的续编《吴愙斋先生年谱》材料中，就发现很多友人提供的资料，其中就有王献唐先生所作的《吴愙斋先生年谱校记》。可惜数十年间，经历了多次动乱，顾廷龙、王献唐两先生往来的书札丧失殆尽，《顾廷龙年谱》中对王献唐竟不一及，思之令人慨叹。兹利用有限的资料，对个中因缘略加介绍，以存学林之掌故。

王献唐（1896—1960），名家驹，号凤笙，以字行。山东日照人。我国近代著名的学者。生前曾历任山东省图书馆、山东省博物馆馆长（原文如此。编者注）等职。他幼承家学，酷爱读书，潜心经史，著作等身。山东省图书馆百年馆庆期间，为王献唐、屈万里诸先生举行了隆重的纪念会。山东省图书馆李勇慧女士则方从事于《王献唐年谱》的编纂工作，对其一生行事作深入地扒梳清理，用功甚勤。昔杜泽逊先生来沪，惠赐《王献唐师友书札精选》一册，内中收录了唯一一通顾、王两先生往来书札。此札乃顾先生致函胡道静，请代向王先生求山东省图书馆藏《尚书》汉石经残石拓本，胡道静以顾先生信附寄王先生，殆当时顾先生正为编订《尚书文字合编》搜集资料，书札有云：

---

① 沈津编著：《顾廷龙年谱》，上海：上海古籍出版社，2004 年。

道静吾兄左右：前奉手书，迟未作答为歉。承示《西藏大记》一书，学会查尚未备，倘蒙慨赐，感激莫名。龙近为校印《边疆丛书》，第二种《哈密志》即日可以出版，甚碌碌也。前有恳者，比闻山东图书馆藏《尚书》汉石经残石，颇欲得其拓本。因念吾兄与王献唐先生订文字交甚久，倘能为吾索致一份，感幸无似。如必须价购，亦当照缴也，拜托拜托。贵馆期刊查有缺者，敢烦吾兄与慎吾兄设法觅赐配补，俾成全璧，不情之请，统祈亮察。慎吾兄须补《禹贡》已照寄。匆上，祇请著安，并颂侍福，叩贺年禧。弟龙顿首。十二月廿五日。①

按：顾廷龙先生为禹贡学会编印《边疆丛书》（即《禹贡丛书》）始于1936年，《哈密志》正式出版于1937年，则此札当作于1936年12月，同月30日胡道静先生即致函王献唐先生，向他介绍顾先生，是为两先生交往之始。此后他们往来渐密，惜当日书札今多不存。承杜泽逊先生见告，《王献唐师友书札》现存八百余通，其实王家旧藏者数倍于此，不幸多罹劫火，顾先生手札或在其中耶？杜泽逊先生另携示李勇慧女士所搜集王献唐致顾廷龙书札两通，其中3月29日一通有云：

前承景郑兄赠大著《窓斋年谱》，竭两夜之力拜读一过，博瞻缜密，谓百年以来之编年谱者莫若此也。读时臆度所及，随手札记，寄景郑兄，作芹曝之献。初无当于大雅，不意俯承采录，愧荷无已。弟处存窓斋书画间有可补入者，容俟一并钞寄。咸白先生为弟舅氏，卧病数月，须俟愈，检出各札再录，伊藏清末各家手札最夥也。至伯弢兄（即少山长孙），为弟中表，且为外兄，孩提相交，最称莫逆。其抄寄各项材料与兄，曾与弟言之，悉由颉刚兄为介。惜于前年逝世，不得见尊著出版，为可惜也。

从书札内容可知，此乃王献唐先生以所作《吴窓斋先生年谱校记》寄顾廷龙先生收到覆函后，答复顾先生者。其中提到的景郑兄，即顾先生内弟潘承弼（1907—2003），他酷嗜藏书，并好金石碑版，与王献唐先生往来颇密。而伯弢兄，即丁惟枞（1888—1935），王献唐于1940年除夕为之撰《亡友丁伯弢别传》记其生平颇详。据“惜于前年逝世”一句，可知此札作于1937年3月。《顾廷龙年谱》中未及丁氏，据《吴窓斋先生年谱》后《征引书目》② 知，丁惟枞曾向顾先生提供吴大徵致丁艮善书札，王献唐书札所言，当即指此。

在获读王献唐先生复函之后，顾廷龙先生悉其有《齐鲁陶文》之拓，乃将新作《古陶文舂录》附函寄赠王献唐先生。王先生接信后，即于4月4日作覆云：

---

① 顾廷龙：《致胡道静》（1936年12月25日），《顾廷龙全集》编辑委员会编：《顾廷龙全集·书信卷》上，上海：上海辞书出版社，2017年，第294页。

② 顾廷龙编：《吴窓斋先生年谱》，哈佛燕京学社，1935年，第301-303页。

承惠大著《古陶文孴录》，百朋之锡，感纫无量。刻下尚未读毕，展籀首卷，矜慎通明，搜采之博，审识之密，前无古人矣。弟亦夙治此业，只限山左一区，皆以出土地域分别研肄，迄未汇成一书。今读大著，益增愧汗。陶文多以印文钤成，簠斋求钤陶器印多年未获，弟幸收数纽，具为临淄出土，陶质，手下适存拓本二纸，今以奉鉴。

从其内容看，此札与前札相连贯，当同作于1937年。

王献唐先生作这两通书札时，全面抗战尚未爆发，顾廷龙先生正任职于北平燕京大学图书馆。未几，抗日军兴，王献唐先生一心护书，避乱入蜀。顾廷龙先生则于1939年7月，南下上海，出任私立合众图书馆总干事。抗战胜利以后，王献唐、顾廷龙两先生虽分居鲁、沪两地，但均掌馆务，必有业务交流。据张书学、李勇慧《王献唐先生日记稿本述略》[①] 一文称，日记稿尚存十数年，惜今未能寓目，无从论定。

《吴愙斋先生年谱校记》虽仅为王献唐先生阅读年谱时“臆度所及，随手札记”之作，但颇可见其学问之精博，兹全文迻录如下：

1. 谱十二叶　遂启諆鼎……今已付之劫火……

案：此鼎今尚在金山寺中，余数见之。

2. 谱二十六叶　为伯寅师校写《说文》。

案：《潘文勤公年谱》同治七年（1868）四月，呈进篆写《说文》四函，盖即当时愙斋诸人所书者也。

3. 谱三十六叶　连或作廉，王懿荣字也。

案：初作莲，后作廉。

4. 谱四十三叶　“太货”“六铢”。

案：太货六铢，总为一泉之名，非二泉也，标点当改。

5. 同上　焦山僧寄到拓本遂启諆鼎，尚有原字，显然可睹，留此作证据。

案：遂启諆鼎，原止九字，为“遂启諆作庙叔宝尊彝”，陕贾从其四面伪刻字三百，售之叶东卿，东卿不察，为作考释，辇置金山，并以考释刻石。陈簠斋知为伪刻（刘燕庭、鲍子年亦皆知之）多字，曾告京友，为东卿所闻，甚怒，后簠斋出燕庭所藏鼎文原拓九字证之，人无间言，而东卿怒仍不解也。此事颇为当时一掌故，愙斋函中云云，即指此事。

又案：此事亦见《攈古录》金文，陈、鲍书中记得亦有，未暇遍查也。

6. 谱四十四叶　为潘祖荫钩摹矦获碑。

矦获碑当时已刻行，今有印本。

---

① 张书学、李勇彗：《王献唐先生日记稿本述略》，《藏书家》第16辑，山东：齐鲁书社，2009年。

7. 谱四十五叶　钱献之《十六长乐堂款识》，传本甚少……可重刻之否？

案：许印林原本，后归丁少山，前岁又为北平开明书局购去，开明据以重刻，颇佳。

8. 谱四十七叶　为瞿氏《集古官证考证》作序。

案：瞿氏《考证》原刻本甚希见，山东图书馆藏陈簠斋手批一本，上虞罗氏又有排印本。罗本稍有更张，瞿书前后序跋，可增补此谱之处，当有数点。

9. 谱四十八叶　著《区锲释文》，陈簠斋覆书云，釜字甚是，唯器形似钟，而不似釜，不可烹煮……

案：陈说非是，器明是釜，器文可证，釜即鬴，乃量器，非烹煮之釜。《论语》“与之釜”，岂以烹煮之釜量粟耶。区，别是一物，与釜大小器制均不同，陈氏固曾藏瓦区矣。

10. 同上　广武将军碑，竟未访获。

案：广武碑入民国后已出见，当时皆谓已佚失矣。

11. 谱六十二叶　李祖贤卒。

案：“祖”当作“佐”，山东利津人。即著《古泉汇》者，所著他书尚多。

12. 谱六十六叶　案为古陶文考释者，先生而外，未之或闻。

案：同时尚有陈簠斋，均释注拓本上，山东图书馆藏有原本，共八册，原无名，题为《簠斋陶文释存》。又有山东益都孙文楷（模山）著《木庵古陶文释》，亦就所藏陶文拓本题识，其书现经献唐编入《山左先哲遗书》中。木庵藏陶片，虽不及簠斋之多，精则过之，其全部陶片，现藏山东图书馆。

13. 谱一五三叶　八字真钵，已由郭家归至愙斋。

案：八字钵，即潍县郭申堂《续齐鲁古印攈》冠首之易向邑钵，其真钵现仍在潍县。愙斋所得者，乃诸城尹祝年嘱潍县刘学诗伪造者，非真品也。尹为愙斋搜罗金石，著述甚多，子即伯圜，《十六金符斋印存题辞》所谓穆父与伯圜是也。祝年人甚无品，到潍后，托学诗之弟子孙海屏，求其仿制此钵，既成持去。迨后海屏以售古物见愙斋，愙斋出此巨钵示之曰，此尔潍县之物，竟到余手矣。意甚得。海屏视之，即祝年持去者，不得已，向愙斋恭维曰，此大帅宏福耳。现此八字真钵，屡向献唐处求售，索数千金，见之数矣。

十六金符斋所收古钵，伪制甚多，巨者尤甚，类为济南刘氏物，经祝年转售于愙斋者，今刘氏印谱尚存，皆可覆按，此书最为愙斋盛名之累。然吾东郑叔问批《古玉图考》，谓所藏古玉印，伪者居多，实大不然。以献唐所见，《图考》玉印均可靠，叔问于金玉甚非当行，故有此误。

以上各案，可备笑资，不必著之书中，当为先贤讳也。任何精鉴家，无一不买伪物者，非独愙斋为然，不过有多有少耳。

14. 谱一五七叶　书登岱题名……

案：泰山尚有愙斋大篆书一“虎”字刻石，相传其地有虎故也。旧游泰山，曾见之。忘其题记为何，或在此时，或在其游泰山时，不可知矣。

15. 谱一八七叶 与丁少山论中字。

案：少山对此有覆书，札藏丁咸白处，凡数通，甚长。

16. 谱一九一叶 愙斋藏镉。

季鼎镉文字全形，近友人商锡永著入《十二家吉金图录》，记得原器似归叶誉虎，俟查之。

17. 谱五十六叶 寿翁秦前文字之□。

案：□之空处，当作语，即簠斋论古手札及题跋诸作，非专著一书也。簠斋并嘱王西泉为刻此文印记，遇有题跋手札，或钤记于上，其家中长房，现尚存此书汇集抄本。

18. 谱五十六、五十七两叶 为陈簠斋刻瓦文。

案：此瓦文刻本，山东图书馆藏有一本，共两册，无书名叙目，盖未成之书，每幅多有愙斋考释题记，亦锓木。瓦文名数，较《年谱》所载多数倍，乃吴氏刻成，随时寄簠斋者也。

前覆景郑兄书，以此即《秦汉砖瓦录》，书既无名，仍当存疑不敢定也。

廿六年三月二日晨起写记。

献唐。(钤“海西王君”白文方印)

在《校记》后有顾廷龙先生题记云：

越四十有七年，重读一过，采入《年谱》案语中。一九八五年三月十一日，顾廷龙于沈阳，时年八十又二。

按：《顾廷龙年谱》1985年下未系此事，可据之补入。从这十八条《校记》内容来看，王献唐先生着重于对金石学及山东文献方面的考订，如王懿荣、李佐贤名字之辨正，对陈介祺、孙文楷等人的收藏与著述的揭示，以及对山东省图书馆馆藏之介绍，为补订《年谱》提供了可贵的线索。至于对古人在鉴定上的失误，王献唐先生虽然直截了当地指出，但认为“任何精鉴家，无一不买伪物者”，“可备笑资，不必著之书中，当为先贤讳也”。足见其品德之纯正，自非一般小有所得，即沾沾自喜辈所能比者。《校记》被顾廷龙先生珍藏了数十年，不仅为《吴愙斋先生年谱》的续编工作提供了参考，更为顾、王两先生昔日的友情作了很好的见证，于今看来，也就显得弥足珍贵了。

(原载于《天一阁文丛》第14辑)

顾廷龙与谢国桢的交谊

郭永臻

谢国桢（1901—1982），字刚主，晚号瓜蒂庵主，祖籍江苏常州，河南安阳人。毕业于清华大学国学研究院，师从梁启超，主要研究领域是明清史和目录学，著有《晚明史籍考》《明清之际党社运动考》《江浙访书记》等书。顾廷龙（1904—1998）与谢国桢年龄相仿，志趣相投，二人都是中国近现代以来古典文献学界的著名学者。关于二人的交往，顾廷龙曾在谢国桢去世一年半后写下了《回忆瓜蒂盦主谢国桢教授》一文，总结了二人长达 51 年之久的交往历程，并且收录到谢国桢的遗著《江浙访书记》中作为代序。只不过限于篇幅，这篇文章只是介绍了二人交往中的一些重要事件，还有很多细节没有呈现。所以有必要以这篇文章为主要依据，再结合其他记载，对二人的关系进行全面而系统的梳理，从而更好地理解顾廷龙与谢国桢两位重要学者及其对学术界的贡献。

一、平馆初识与金石鉴赏

1931 年，顾廷龙毕业于上海持志大学，同年考入北平燕京大学研究院。[①] 也就是在这一年，国立北平图书馆在文津街成立了新的馆址。顾廷龙时常到北平图书馆看书，并且通过王庸的介绍认识了谢国桢。[②] 王庸字以中，江苏无锡人，和谢国桢一样毕业于清华大学国学研究院，时任北平图书馆编纂委员会委员兼舆图部主任，主要研究史地之学，后来顾廷龙还邀请

---

① 沈津：《顾廷龙年谱》，上海：上海古籍出版社，2004 年，第 22 页。

② 顾廷龙：《回忆瓜蒂盦主谢国桢教授》，《顾廷龙全集・文集卷》下，上海：上海辞书出版社，2015 年，第 988 页。

他到合众图书馆编纂叶恭绰的藏书提要[①]。

此时的谢国桢已经在北平图书馆工作了接近两年[②]，最初主要负责馆藏丛书的编目，后来负责整理馆藏金石碑版和进行自己的明清史研究[③]。顾廷龙在认识谢国桢的同时也结识了北平图书馆的诸多其他学者，顾廷龙与他们“相谈甚得，从目录版本、金石文字、舆图水利，导牖闻见，获益良多”[④]。关于在北平图书馆的这段经历，顾廷龙曾不止一次表达过怀念：“文津街新馆开幕之后，余时往阅览，先后得识王庸君、胡鸣盛君、向达君、赵万里君、谢国桢君、刘节君、贺昌群君、王重民君、孙楷第君。诸子皆学识渊博，而各有专长，可称一时之盛。请益切磋之乐，虽时逾半世纪，犹历历在目。”[⑤] 当时的北平图书馆人文荟萃，顾廷龙提到的每个人的学问都各有所长，因此顾廷龙得以与众人切磋交流，收获颇丰。

之后顾廷龙还被邀请到谢国桢家鉴赏金石题跋，按照顾廷龙的回忆：“一日，先生（引者注：指谢国桢）以购得吴愙斋所题彝器屏幅约往赏鉴，时居小水车胡同。愙斋以篆题器名，行书考识，许余移录以归。”[⑥] 1932 年，顾廷龙从燕京大学毕业后留在燕京大学图书馆工作，并于 1935 年出版了《吴愙斋先生年谱》[⑦] 一书，在书后附有《愙斋先生所藏古器物目》，其中或有从谢国桢处所抄录的拓片。

关于顾廷龙至谢国桢家抄录拓片一事，顾廷龙的未刊手稿《平郊旅记》还有另一处较为详细的记录：“（1932 年 10 月 21 日）撰《吴愙斋先生年谱》，整理《年谱》材料……刘盼遂云，谢国桢藏有吴大澂题屏拓四幅（谢之祖上与吴大澂为知交），明日入城，拟往一观。”[⑧] 顾廷龙首先从刘盼遂处了解到谢国桢藏有吴大澂的拓片，而且谢国桢祖上曾与吴大澂来往甚密。10 月 22 日，顾廷龙至图书馆访问王庸（即前述介绍顾廷龙认识谢国桢者），遂一同在图书馆就餐。《平郊旅记》言：“适晤谢国桢于膳堂，略谈。”[⑨] 顾廷龙提出想去观看谢国桢所藏的吴大澂题屏拓，得到了谢国桢的允许。10 月 23 日下午四点，顾廷龙到按院胡同的谢国桢家，看到了四幅吴大澂题屏拓，都是瓦当，顾廷龙“钞录一过，承许照相”。[⑩]

《回忆瓜蒂盦主谢国桢教授》和《平郊旅记》所记虽然都是去谢国桢家看拓片一事，但是关于所观之物与谢先生的住处皆存在差异。前文所言，顾廷龙至小水车胡同观看彝器屏幅，

---

① 《合众图书馆筹备第六年工作报告》，顾廷龙撰，李军、师元光整理：《顾廷龙日记》，北京：中华书局，2021 年，第 701 页。
② 牛建强：《谢国桢先生年谱》，《明史研究（第 11 辑）》，合肥：黄山书社，2010 年，第 378 页。
③ 谢国桢：《我的治学经历》，《谢国桢全集》，第七册，北京：北京出版社，2013 年，第 659 页。
④ 顾廷龙：《回忆瓜蒂盦主谢国桢教授》，《顾廷龙全集·文集卷》下，第 988 页。
⑤ 顾廷龙：《纪念袁同礼先生百龄冥诞》，《顾廷龙全集·文集卷》下，第 987 页。
⑥ 顾廷龙：《回忆瓜蒂盦主谢国桢教授》，《顾廷龙全集·文集卷》下，第 988 页。
⑦ 吴大澂（1835-1902），初名大淳，字止敬，又字清卿，号恒轩、愙斋、白云山樵、二田居士等。江苏吴县（今江苏苏州）人，祖籍安徽歙县。官员、金石学家、书画家、古文字学家。
⑧ 顾廷龙：《平郊旅记》，转引自沈津《顾廷龙年谱长编》（未刊稿）1932 年 10 月 21 日。
⑨ 顾廷龙：《平郊旅记》，转引自沈津《顾廷龙年谱长编》（未刊稿）1932 年 10 月 22 日。
⑩ 顾廷龙：《平郊旅记》，转引自沈津《顾廷龙年谱长编》（未刊稿）1932 年 10 月 23 日。

后文则言至按院胡同观看瓦当屏拓。由于地点和器物皆不相同，所以暂且将两处记载分列为两件事。不过由此可以看出，两位志趣相投的学者通过吴大澂的拓片产生了联系，由此开启了长达50多年的友谊。

在1939年7月顾廷龙离开北平之前，两人的往来持续不断。只不过并没有非常引人瞩目的学术往来，皆是一些日常应酬。例如根据《顾颉刚日记》记载，1936年10月31日，魏建功夫妇等人在同和居宴请，顾廷龙和谢国桢同在受邀之列。① 1937年3月29日，顾颉刚和顾廷龙、谢国桢二人共同从燕京大学进城到顾颉刚家。② 1937年6月19日，顾廷龙宴客，谢国桢在受邀之列。③

二、合众图书馆时期的顾谢交往

1939年7月，顾廷龙接受叶景葵和张元济等人的邀请，前往上海筹办合众图书馆，以保护历史文献免受战火的破坏及侵略者的掠夺。从此顾廷龙便常驻于上海，这也开启了顾廷龙和谢国桢二人交往的新篇章，二人很长一段时间内的会面地点都在上海。而从这时起直至20世纪50年代，谢国桢的工作地点变化很大，但是谢国桢几乎每次到上海都会跟顾廷龙会面。抗战时期，除了1938年底至次年春天至长沙临时大学任教之外，谢国桢一直在北平工作。1946年夏至上海大中银行工作，1948年秋又到云南大学任教，1949年2月由昆明返回上海，后回到北平，又进入华北大学（时在北平）学习，同年9月至天津南开大学任教。④

根据《顾廷龙日记》的记载，1943年8月31日，顾廷龙给谢国桢写信，询问了《册府元龟》的价格。⑤ 1944年8月26日，谢国桢前来拜访顾廷龙。⑥ 而这恰好可以和谢国桢自己的记录相契合："三十二年的夏天和三十三年的秋天，我两次到上海去。"⑦ 虽然只是简单的询问和拜访，但是恰好和谢国桢在抗战时期仅有的两次上海之行的时间十分接近，不难看出二人的友谊之深。

抗战结束后，或因为在敌占区的工作经历，谢国桢"徒以忧谗畏讥，乃不免于踉跄出走，远居沪渎"⑧。在上海时，根据谢国桢自己的说法："因为我避地上海，生活无着，叶揆初世丈介绍我在河南路一家私营银行（引者注：即大中银行）中充当秘书，写些为人作嫁的应酬函件，没有什么事情。我就在一角小楼的办公桌上开始我的写作工作，我曾写了《清初东北流

① 顾颉刚：《顾颉刚日记》，1936年10月31日，台北：联经出版社，2007年，第三卷，第549页。
② 顾颉刚：《顾颉刚日记》，1937年3月29日，第三卷，第624页。
③ 顾颉刚：《顾颉刚日记》，1937年6月19日，第三卷，第656-657页。
④ 牛建强：《谢国桢先生年谱》，《明史研究（第11辑）》，第393-398页。
⑤ 顾廷龙撰，李军、师元光整理：《顾廷龙日记》，1943年8月31日，第328页。
⑥ 顾廷龙撰，李军、师元光整理：《顾廷龙日记》，1944年8月26日，第385页。
⑦ 谢国桢：《〈一士类稿〉序》，《瓜蒂庵文集》，沈阳：辽宁教育出版社，1996年，第193页。
⑧ 谢国桢：《寒斋记》，《瓜蒂庵文集》，第270页。

人考》。写完了之后，叶揆初世丈又借给我合众图书馆所收藏严我斯（元照）、杨秋室（凤苞）诸家所批注的全祖望《鲒埼亭集内外编》，内容分量很大，费了两年的力量，初步钞写完毕。1949 年春北平解放了，我回到那里。经过学习，这年 10 月分配到天津南开大学任教。1949 年冬到上海来还书的时候，叶揆初世丈已经归道山了，不胜人琴之感。原书交还给顾廷龙先生。”①

在顾廷龙和其他人的记载中，可以发现顾廷龙和谢国桢二人交往的更多细节，但大都是日常的拜访和应酬，少见学术上的来往。

1947 年 1 月 12 日，供职于上海暨南大学史地系的王庸在杏花楼宴请，顾廷龙和谢国桢在应邀之列。② 1 月 22 日，大年初一，虽然下着雨，但是陆续有前来顾廷龙家拜年者，其中就有谢国桢。③ 3 月 16 日，这一天是谢国桢父亲去世一周年，因此顾廷龙前往谢国桢处拜访。④ 5 月 30 日，徐森玉宴请郑振铎，顾廷龙和谢国桢也在列。⑤ 9 月 28 日，徐森玉与谢国桢同来拜访顾廷龙。⑥ 10 月 5 日，谢国桢两次来拜访顾廷龙，但顾廷龙都不在。⑦ 10 月 19 日，谢国桢前来拜访顾廷龙。⑧ 11 月 14 日，牟润孙介绍余元庵来拜会顾廷龙，和余元庵同来的还有谢国桢与关德栋。⑨ 11 月 28 日，顾廷龙与谢国桢同在牟润孙招待之列。⑩ 1948 年 2 月 19 日，谢国桢在南市十六铺里马路恒兴西里 25 号请吃饭，顾廷龙在座，“九时许始罢，又茗谈片晌乃散”。⑪ 7 月 4 日，郑振铎邀请谢国桢、顾廷龙等人在家聚会，“小饮畅谈，至近十时始散”。⑫

1949 年 10 月以后，谢国桢已经到南开大学任教。1950 年 2 月，两人在上海又有来往。2 月 18 日，谢国桢和徐森玉等人至顾廷龙处拜访，未值。⑬ 2 月 19 日，顾廷龙到南市答访谢国桢，至其处才知道早已他迁矣。⑭ 2 月 23 日晚，顾廷龙访问谢国桢，两人一番畅谈。⑮ 这可能是二人在十年动乱前的最后一次会面。

关于二人在这一时期的交往，顾廷龙有这样的总结：“先生（引者注：指谢国桢）与合众图书馆创办人张菊生、叶揆初诸老并有姻世之谊，遂即常作我馆座上客……当时先生在大中

---

① 谢国桢：《后记》，《全祖望集汇校集注》，上海：上海古籍出版社，2018 年，第 2783 页。
② 顾廷龙撰，李军、师元光整理：《顾廷龙日记》，1947 年 1 月 12 日，第 468 页。
③ 顾廷龙撰，李军、师元光整理：《顾廷龙日记》，1947 年 1 月 22 日，第 470 页。
④ 顾廷龙撰，李军、师元光整理：《顾廷龙日记》，1947 年 3 月 16 日，第 476 页。
⑤ 顾廷龙撰，李军、师元光整理：《顾廷龙日记》，1947 年 5 月 30 日，第 488 页。
⑥ 顾廷龙撰，李军、师元光整理：《顾廷龙日记》，1947 年 9 月 28 日，第 506 页。
⑦ 顾廷龙撰，李军、师元光整理：《顾廷龙日记》，1947 年 10 月 5 日，第 507 页。
⑧ 顾廷龙撰，李军、师元光整理：《顾廷龙日记》，1947 年 10 月 19 日，第 511 页。
⑨ 顾廷龙撰，李军、师元光整理：《顾廷龙日记》，1947 年 11 月 14 日，第 515 页。
⑩ 顾廷龙撰，李军、师元光整理：《顾廷龙日记》，1947 年 11 月 28 日，第 517 页。
⑪ 张廷银，刘应梅整理：《王伯祥日记》，1948 年 2 月 19 日，北京：中华书局，2020 年，第 22 册，第 14-15 页。
⑫ 张廷银，刘应梅整理：《王伯祥日记》，1948 年 7 月 4 日，第 22 册，第 180 页。
⑬ 顾廷龙撰，李军、师元光整理：《顾廷龙日记》，1950 年 2 月 18 日，第 527 页。
⑭ 顾廷龙撰，李军、师元光整理：《顾廷龙日记》，1950 年 2 月 19 日，第 528 页。
⑮ 顾廷龙撰，李军、师元光整理：《顾廷龙日记》，1950 年 2 月 23 日，第 528 页。

银行司笔札，暇则阅市，时有所获，余则主持合众图书馆，琐事鞅掌，疏于酬酢。每闻良朋异书之访获，有不胜艳羡之感。”① 张元济（号菊生）和叶景葵（字揆初）作为合众图书馆的创办人，皆与谢国桢有非常密切的关系，谢国桢也借着这一层关系经常到合众图书馆看书，或许也因此与顾廷龙有了时常会晤的机会。1949 年 8 月，顾廷龙完成《合众图书馆第十年工作报告》，其中有一项记录到馆“阅览”书籍者，内有谢国桢的名字②，也说明谢国桢常到合众图书馆看书。

关于谢国桢与叶景葵的关系，前引文章中谢国桢称叶景葵为“世丈”，说明谢、叶两家老一辈就存在来往，只是由于史料所限无法细究。而谢国桢和张元济的关系，谢国桢曾细致地描绘两人在 1930 年第一次见面的场景：

> 菊生先生问起我的家世。很和蔼地问我：“堂上可好。”又继续说道：“先母原籍武进，侨居岭南。据《毗陵谢氏家谱》，先母应该是你的太姑母行，我实在忝长一辈了。”说完了这套话，老者哈哈一笑，复继续着说：“母家还有念书的人，这也是可幸的事。”我连忙站起来，改口称呼表伯，并且回答道：“小侄少年失学，毫无所得，不过还喜欢念书罢了。”③

三、特殊年代心系旧籍

20 世纪 50 年代末，上海图书馆编纂《中国丛书综录》，谢国桢曾为顾廷龙寄去自己所著的《丛书考》以作为参考。顾廷龙在《回忆瓜蒂盦主谢国桢教授》中谈道：“先生既撰《晚明史籍考》，继有《丛书考》之作，已成百数十种。南北迢递，初无知也。建国后，我馆有《中国丛书综录》之辑，承以所著《丛书考》寄示，提供参考，俱见其热爱社会主义，事无大小，力所能及者，均予支持，其风义之高，令人钦敬。”④ 不过在此之后很长一段时间，两人都没有留下往来的记录。

顾廷龙回忆道：“十年内乱，音讯隔绝。‘四人帮’粉碎后，每来申江，必图一晤。有时小饮酒楼，纵谭为乐。”⑤ 似乎顾廷龙和谢国桢二人在十年动乱期间完全没有来往，但实际情况并非如此。因为现存有两人在 1971 年的往来通信，顾廷龙或许记忆有些偏差。虽然顾廷龙本人对他和谢国桢在“文革”时期的往来印象不深，但是我们可以通过现存的实物来了解两人当时交往的细节。在可能十多年音讯隔绝之后，谢国桢于 1971 年 12 月 15 日给顾廷龙写去了一封信：

---

① 顾廷龙：《回忆瓜蒂盦主谢国桢教授》，《顾廷龙全集 · 文集卷》，第 988 页。
② 《合众图书馆第十年工作报告》，顾廷龙撰，李军、师元光整理：《顾廷龙日记》，第 738 页。
③ 谢国桢：《三吴回忆录》，《瓜蒂庵文集》，第 317 页。
④ 顾廷龙：《回忆瓜蒂盦主谢国桢教授》，《顾廷龙全集 · 文集卷》下，第 988–989 页。
⑤ 顾廷龙：《回忆瓜蒂盦主谢国桢教授》，《顾廷龙全集 · 文集卷》下，第 989 页。

每至沪渎，辄叨厚馔，得挹清晖。自返首都以来，倏已半载，而弥日不思。近维兴居佳胜，工作顺利，定如所颂。桢回京后，闻王伯祥兄言，始知吾兄有鼓盆之凄，老年丧偶，生活自多不便，情绪亦觉踽之。久欲问候，而以占襌中辍，今朝以为所中寻觅历史资料，托故不出，乃抽毫展笺，亟候左右，想公亦念及下走也。桢在家之日多，很少与外界接触。文运以后，书籍保存无恙，闭户潜修，读书自怡。秋间阅肆，偶获鲍以文及孙正言校南昌万氏刊本《元遗山诗》（书虽不佳，而朱墨灿然）及《苍雪南来堂诗》，晚来风定，灯火萤然，读之亦是一适，无异江南黄叶时也。吾公知我者，见此当为掀然一笑，并希代候景郑、凤起诸兄。它日过沪，定必诸公之后游也。①

从信的内容来看，谢国桢似乎在半年前到过上海并见到了顾廷龙，并且在分别半年之后写下了这封信。谢国桢对顾廷龙妻子的去世表示安慰，同时交代了自己近来的读书和购书活动，最后请顾廷龙代为问候潘景郑与瞿凤起二人。

在收到这封信后，顾廷龙立即给谢国桢写了回信：

去夏从者过沪，远道相访，契阔多年，得一把晤，快何如之！岁杪又从王君藉知贱况，即承垂慰，关怀之深，感何可言！非属知好，不能及此。当时弟已定于一月初赴沈阳度春节，归途将由京转车，届时趋府面谢，以为晤谈匪遥，未即裁答。但因事改期，于一月下旬始克成行，小住一月，到京之愿虽得实现，而原拟耽阁十几日，可以遍访诸老友，乃以馆中新招青年数十人，须办古书业务学习班，不得不提早返沪，仅在颉刚家居住数日，它未一去，怅惘无似！归来获读手书，因龙迟迟未有回音，转使公疑有所误，引躬自责，罪疚实深，惟公海涵，尚求曲宥。内子衰病侵寻，后成瘫痪，饮食日减，终以不支，竟于一九六七年八月一瞑不视。时值文运伊始，未能赴告，退食之余，鳏居孤寂，睹物思人，每增□□。除学习之外，偶理旧业，作辍无常，盼亲朋之损书而懒于作答，明知阑珊而未能自，不知吾公何以教之。承示时获善本，不胜企羡！此次到京，恨未能抽暇谒高斋一饱眼福，甚以为憾。此间上海书店虽亦发售古籍，私人选购每次必须单位证明，限制较严，因遵“不见可欲”之教，已半年未过其门矣。②

顾廷龙首先表达了和谢国桢时隔多年终又重逢的喜悦，又对谢国桢的安慰表示感激，并且给谢国桢解释了自己回信之慢的原因——前一段时间一直不在上海。至于前一段时间的行程，顾廷龙给谢国桢详细地说明，本来是想在沈阳过完春节从北京转车回到上海，这样在北京可以遍访谢国桢在内的老友，不想因上海有急事，所以不得不提早赶回去。最后顾廷龙回顾了妻子去世时的情况以及未能到北京拜访谢国桢的遗憾。

① 谢国桢致顾廷龙信，转引自沈津《顾廷龙年谱长编》（未刊稿）1971年12月15日。

② 顾廷龙致谢国桢信，转引自沈津《顾廷龙年谱长编》（未刊稿）1971年12月。

谢国桢在收到这封信之后，给顾廷龙回信道：

> 前月曾上寸函，未见赐覆，恐系传闻之误，心中极为惶悚。引躬自责，然亦见想念之殷。知我如公，当能相谅。献岁开春，定维兴居佳胜为颂为慰。桢占俾之暇，亦偶尔阅肆，乃乾先生之书，近已散出。桢购得徐时栋藏冯登府《石经斋〈阁〉文集》、朱书《朱杜溪集》，又获有张叔未手跋旧拓《麓山寺碑》（见于《清仪阁题跋》），及翁叔平手跋汉阳嘉二年残碑，新岁摩挲，聊以自慰。时晤王伯祥先生，辄念及足下也。匆匆书此，仍希不吝赐复，以慰远思。①

谢国桢首先对他的疑误表示自责，并且说这是因为他过于想念顾廷龙，请顾廷龙原谅，化解了这场误会。谢国桢还告诉顾廷龙陈乃乾藏书散出之事，以及自己新获得的古籍和拓片。通过这几次往还通信，顾廷龙与谢国桢的交往也进入了一个新阶段。

“文革”期间，两人还有一些零星的来往。1974 年 5 月 16 日，谢国桢给顾廷龙写信，交代了自己近年来收藏了汉魏石刻五百余种，并且告诉顾廷龙自己今年六七月要前往上海，希望可以和顾廷龙当面交流。② 1975 年 1 月 2 日，谢国桢给顾廷龙寄来了《盐铁论校注》。③ 这一时期，顾廷龙“学习之外，偶理旧业，作辍无常”，谢国桢则是“闭户潜修，读书自怡”。可以看出，政治运动虽然影响了两人正常的古籍善本的搜集与阅读，但是古籍仍旧是两人交往中非常重要的话题，几乎每一封通信中都或多或少地包含相关内容，这无疑是两位学者在时代浪潮中仍旧保持初心的见证。

四、新时期的书林雅事

恰好从“文革”结束的那一年起，谢国桢经常要去上海住一段时间。根据谢国桢之女谢纪青的记录：“一九七六年母亲去世以后，我怕父亲孤单一人在京，无人照料，益增感伤，遂接他到沪居住。但是他怎能放心得下京寓的藏书、写作的条件以及在京的诸朋好友，只住了半年就回去了……以后父亲几乎每年因公或自费来沪，总在我们这里住上两三个月。”④ 这样，在“文革”结束后，顾廷龙和谢国桢两位年过七旬的老人有了定期相聚的契机。

1976 年冬天，顾廷龙到谢国桢在北京的家中拜访，谢国桢在清康熙十二年刻本《方舆纪要》的题跋中写道：“一九七六年冬，顾廷龙先生由上海来京到我家中，见了我这部藏书，遂

---

① 谢国桢致顾廷龙信，转引自沈津《顾廷龙年谱长编》（未刊稿）1972 年 1 月 29 日。

② 谢国桢致顾廷龙信，转引自沈津《顾廷龙年谱长编》（未刊稿）1974 年 5 月 16 日。

③ 顾廷龙撰，李军、师元光整理：《顾廷龙日记》，1975 年 1 月 2 日，第 636 页。

④ 谢纪青：《怀念我的父亲——记明清史专家谢国桢教授》，《江浙访书记》，北京：生活·读书·新知三联书店，1985 年，第 414-415 页。

借给他带到上海去，与上海图书馆藏稿本，可以相互参考，我才知道此书之可贵。”① 1976 年和 1977 年之交，谢国桢在上海图书馆见到了顾廷龙，并且见到了顾廷龙所藏的张元济课卷：“丙辰（1976）丁巳（1977）之交，桢旅食沪渎。读书于上海图书馆，与顾起潜先生时相过从，偶诣其籀史之轩，出示所藏张菊生表伯幼年所作鸳湖书院课卷。桢既谨受而读之，知为课艺之作，然已文采秀发，具有经世之志矣。”② 1978 年冬天，谢国桢又到了上海图书馆，这次顾廷龙将《方舆纪要》修补一新并还给了谢国桢：“一九七八年冬我到上海，在图书馆阅书，顾先生就把这书还给我了。这本书本来是已经瘠损破烂不堪，还我的时候，经顾先生请人修补装订，已焕然一新，成了一部新书了。至友的感情，可不宝诸！”③

1980 年春天，顾廷龙到谢国桢家拜访：“一九八〇年春余于役京华者半年，先生寓郊区，不辞道远，时承过谈。余性懒，曾一答访，获见藏书，琳琅盈室。案上罗列众本，盖正为及门讲授也。谓余曰现由历史研究所派一青年相助整理。”④ 1981 年，两人同至杭州开会，顾廷龙回忆道：“是日上午，适从杭州文献学会归途诸友相访，如谢刚主、刘乃和等，与冀大姐亦均熟识，遂同往古籍书店浏览，我已年余未经登门矣。”⑤ 谢国桢也记录了到杭州开会与参观古籍书店之事：“一九八一年四月，我参加在杭州召开的历史文献研究会年会，休会期间于杭州古籍书店丛书堆中偶然得到了这部木刻版画选。”⑥

1982 年 1 月 20 日，谢国桢在上海看望顾廷龙。⑦ 这次去上海，谢国桢应该是为了和女儿一起过春节：“一九八二年，我在上海度春节。”⑧ 3 月，国务院古籍整理出版规划小组在北京召开会议，顾廷龙和谢国桢同列顾问。开会期间，两人都住在京西宾馆。顾廷龙对于这一段经历有这样的描述：“一九八二年三月下旬，余参加古籍规划小组会议，又与先生朝夕相见。居室比邻，暇即往来谭艺，引为平生快事。二十二日之夜赵勇同志过访，先生在常任侠先生宿舍，偕余往谈，梁容若先生亦在焉，赵同志遂为我四人合摄一景。时先生最长，年八十二，余皆七十有九。”⑨ 而谢国桢在给女儿的信中也谈到了“和老朋友得以重聚叙旧谈今的喜悦”⑩。4 月，谢国桢在致顾廷龙的信中介绍自己收藏的“明清及宋元人稗乘”，并且说：“谨以所记附陈于右，个人点滴之获，以视尊馆所藏与吾兄搜访鉴别之勤，真沧海之一粟耳……辱承见询，辄拉杂书之，罔博一粲，如需钞录时，桢亦可为之代钞也。……人至老年，惟书籍与知友可以慰情，可以益智，临颖至此，犹不免眷念左右耳。此次来南，景郑、凤起两公

---

① 谢国桢：《〈读史方舆纪要〉一百三十卷、〈方舆纪要〉五卷》，《江浙访书记》，第 153-154 页。
② 谢国桢：《张菊生先生鸳湖课作跋》，《瓜蒂庵文集》，第 266 页。
③ 谢国桢：《〈读史方舆纪要〉一百三十卷、〈方舆纪要〉五卷》，《江浙访书记》，第 153-154 页。
④ 顾廷龙：《回忆瓜蒂盦主谢国桢教授》，《顾廷龙全集·文集卷》，第 989 页。
⑤ 顾廷龙小笔记本，转引自沈津《顾廷龙年谱长编》（未刊稿）1981 年 5 月上旬。
⑥ 谢国桢：《鲁迅与中国版画》，《瓜蒂庵文集》，第 153 页。
⑦ 沈津：《顾廷龙年谱》，上海：上海古籍出版社，2004 年，第 634 页。
⑧ 谢国桢：《瓜蒂庵苏松掌故书籍题记》，《谢国桢全集》，第七册，第 128 页。
⑨ 顾廷龙：《回忆瓜蒂盦主谢国桢教授》，《顾廷龙全集·文集卷》，第 989-990 页。
⑩ 谢纪青：《怀念我的父亲——记明清史专家谢国桢教授》，《江浙访书记》，第 412 页。

启迪实多，未能登庐拜访，细谭书林情况，弥为憾甚，俟有机缘，再当话烛西窗耳。”① 可惜9月谢国桢去世，“再当话烛西窗”再也没有机会实现了。

“文革”结束后的这一时期，随着政治氛围的放松与见面机会的增加，两人可以更加自由地讨论与分享他们热爱的古籍善本。除了以上提到的可以明确系年的书林雅事，还有很多事迹无法确定准确的时间，因此在此分为几类加以介绍。

书籍的抄录。谢国桢曾述及上海图书馆藏《钝斋文集》一书：“今上海图书馆藏有方孝标著《钝斋文选》六卷，传钞本，其中有《滇黔纪闻》，承顾廷龙先生相假，余已录有副本。”② 又述及上海图书馆藏《亚谷丛书》：“今次到上海，乃于上海图书馆见藏有此书，乃商请馆长顾廷龙同志为之代钞一部，以为朝夕流览之资。”③ 两部上海图书馆收藏的古籍，谢国桢都是通过顾廷龙的关系得以抄录。

书籍的鉴赏。顾廷龙曾为谢国桢新买的拓片撰写跋语：“刚主先生近在沪肆得陈簠斋藏匋拓本一百七十余片，外裹皮纸，纸面记有拓片张数，支付计数及年月日，当年经营拓墨者所为也……刚主服膺陈吴二氏之学，今无意中遘兹匋拓，并有检赠愙斋记录，陈吴璧痕，得之尤为心喜，手治成册，属为题识。”④ 鉴赏对方的珍藏，是对好友学问的莫大肯定。

讲述所藏或所见的书籍。顾廷龙在《回忆瓜蒂盦主谢国桢教授》一文中这样描述谢国桢：“先生旅游苏杭，所见所得娓娓言之不倦，令人为之神往。尝告我近年所收汉石刻甚富，各地新出土者亦有寄赠，将加考订编为目录，不知如愿否？所得心赏小品，辄命题识，亦同好之乐事也。某年先生游杭归来，为言曾在浙江图书馆获见《明文类体》一书，五桂楼主人自编未梓稿，极为珍贵。余先曾见及，颇有同感。鄙意此书皇皇巨编，刊印不易，似可编一细目注明其钞本刻本，已刻未刻，使读者见其目如读其书，先生然之。”⑤ 虽然只是简单的讨论，但是对于爱书之人来说，亦可以得到极大的满足。

谢国桢还曾对顾廷龙的学问高度评价：“顾廷龙先生又搜集清中叶以后，鸦片战争时期及近人各家私人所著之日记，如费德麟《杏花春雨馆日记》，孙宝瑄《忘山庐日记》，汪康年所辑《师友手札》以及杭州叶瀚《块余生自记》等书，不下数百种，皆足为考史之资。顾君为人谨慎，熟于古文字及版本，亦精于目录之学，惟其有真知灼见，始能鉴别书籍内容之良劣，所以能披沙捡金、集腋成裘也。办理图书馆者不可无此人，今后向科学进军，尤其应当培养这样的人才。”⑥

顾廷龙和谢国桢都是著名的文献学家，因此对古籍善本的讨论与传抄构成了两位学者交往中不可或缺的一部分。正是在这些学术切磋与书籍分享之中，两人愈加对彼此钦佩与欣赏，

---

① 谢国桢致顾廷龙信，转引自沈津《顾廷龙年谱长编》（未刊稿）1982年4月30日。
② 谢国桢：《〈忧患集偶钞〉不分卷、〈孑遗录〉一卷》，《江浙访书记》，第154-155页。
③ 谢国桢：《〈亚谷丛书〉四卷》，《江浙访书记》，第159页。
④ 顾廷龙：《跋谢国桢藏簠斋藏匋拓本》，《顾廷龙全集·文集卷》，第589页。
⑤ 顾廷龙：《回忆瓜蒂盦主谢国桢教授》，《顾廷龙全集·文集卷》，第989页。
⑥ 谢国桢：《〈放鸭亭小稿〉一卷、〈环溪词〉一卷》，《江浙访书记》，第165页。

友谊也在不断加深。古籍善本将两位远隔千里的老人联系起来，在这些与书有关的故事中，我们看到的是两位学者对文献事业的孜孜不倦，还有对彼此的信任与认可。

五、结语

谢国桢生前就已决定将自己收藏的“明清以来的野史笔记、志乘和诗文集约两千种及秦汉以来碑刻砖瓦拓本约一千种”[①] 捐献给国家。谢国桢去世以后，他曾经工作过的中国社会科学院历史研究所专门开辟了“谢氏瓜蒂庵藏书室”，用以保存这些古籍和拓片，并且由顾廷龙题写室名匾额。[②] 这也算是为两人长达50余年的友谊竖立的一座纪念碑。

这50年间，两人因为个人工作或历史进程等原因不断改变交往的地点与形式。从北平到上海，从见面到书信，哪怕间断多年，也未曾影响二人的友谊。这段友谊中，既有传统知识分子的惺惺相惜，也有新时代文化工作者的同志之情；既有对彼此学术能力与学术眼光的认可，也有对彼此品格与胸怀的赞扬。有喜事的时候彼此分享，有需要的时候伸出援手，有哀痛的时候相互慰问，有误会的时候及时解释，古人所谓“君子之交淡如水”，也不过如此吧。

① 谢纪青：《怀念我的父亲——记明清史专家谢国桢教授》，《江浙访书记》，第408页。

② 黄春宇：《谢国桢：从清华园到“瓜蒂庵”》，《文汇报》，2014年12月12日，第T05版。

聂崇岐致顾廷龙信札考释（1939—1958年）

王 蕾 梁益铭 肖 鹏

沈津先生编撰的《顾廷龙年谱》（上海古籍出版社，2004年10月）提及聂崇岐与顾廷龙二人往来信函103通，时间多集中于1934年至1951年，仅有1通为1961年，且以聂崇岐致顾廷龙函居多。因编辑体例所限，《顾廷龙年谱》仅录某年某月某日得聂崇岐来信或致聂崇岐信，一般不述及信函内容，读者对其交往的议题与内容不得而知。近年来，笔者研究哈佛燕京学社北平办事处的历史，曾先后赴北京大学和哈佛大学收集史料。原美国哈佛大学哈佛燕京图书馆善本部主任沈津先生不吝赐教，并提供《顾廷龙年谱》未收录的聂崇岐致顾廷龙信札复印件，以应笔者研究之需。这批信札是沈津先生编撰《顾廷龙年谱》时从顾廷龙先生的公子顾诵芬先生处所得，总计35通，多数信札只署月日，均未注年份。经笔者初步考证，可推断出年份的有28通，包括1939年8通、1940年6通、1941年7通、1946年1通、1947年3通、1948年2通、1958年1通，其余7通时间待考，内容涉及燕京大学状况、哈佛燕京学社引得编纂处引得编纂进展、燕京大学图书馆与上海合众图书馆购书事宜、平沪两地旧书业情形，以及聂崇岐个人教学、研究工作等。本文试图对这35通信函进行揭示和考释，并论述其对以上主题研究的特殊价值。

聂崇岐，字筱珊，亦字篠珊。1903年10月9日生于直隶蓟州（今河北蓟县）马道村。1911年入小学，1917年就读于宝蓟中学，1921年考入燕京大学，初修天算，后转入历史系，与翁独健、冯家昇同为洪业门下弟子，因经济困顿，半工半读，一度辍学，直至1928年才完成大学学业。后任教于汇文中学，兼任中国地学会《地学杂志》编辑。1930年秋，哈佛燕京学社引得编纂处成立，聂崇岐受洪业之邀任该处编辑。1933年，任编纂处副主任，承担日常主要编辑工作，直至1941年底燕京大学沦陷。1942年秋转入北平中法大学汉学研究所，任研究员兼通检部主任。1945年底，复任哈佛燕京学社引得编纂处主任、历史系副教授、教授。1946年，任哈佛燕京学社办事处执行干事。1948年赴美国哈佛大学东方语言系作短期讲学。

1949年2月代理燕京大学教务主任。1952年任职于中国科学院历史研究三所（今中国社科院近代史研究所），主持该所史料编辑室工作，编纂《中国近代史资料丛刊》十余种。1958年兼任中国科学院历史研究三所工具书组长，国务院古籍整理出版规划小组成员。后参与《资治通鉴》《宋史》等点校工作，并考证增补《宋史》之地理志、艺文志，对科举、职官、衙役及宋辽关系等方面的研究颇具影响。1962年4月17日，因心脏病逝世，享年59岁[①][②]本文所涉35通信函的写作时间，主要集中在抗日战争与解放战争期间，既逢国难，又恰是聂崇岐流转于燕京大学、北平中法大学汉学研究所、哈佛大学等地之时。

最早的一批信函发生在1939年，其时北平沦陷，形势严峻。1937年国民政府教育部长陈立夫曾对燕京大学校务长司徒雷登有过“燕大一定要在华北坚持下去”的嘱托[③]，但迫于情势及压力，1938年6月司徒雷登致函董事会，建议除了哈佛燕京学社的中国研究和部分自然科学学科外，其他学科停办，并向董事会反映中国籍教师不愿留在日占区工作，燕京大学许多学生和校友也都反对燕京大学留在北京的决定等问题。司徒雷登还致函成都西南联大，探讨在必要时将燕京大学搬到成都的可能性[④]。

这一时期，聂崇岐及哈佛燕京学社引得编纂处人员均留在北平，后转入中法汉学研究所，仍以“通检”之名继续编辑索引。1939年7月顾廷龙与叶景葵、张元济、潘景郑[⑤]等人在上海创办合众图书馆，任合众图书馆馆长。顾廷龙南下上海至1941年12月8日燕京大学被日军占领关闭期间，聂崇岐致顾廷龙的信札有21通。

一（1939年9月1日）

起潜我兄大鉴：前由令亲潘君处得悉，台端及宝眷已安抵申江，今奉手书，知诸事已大致，摒档就绪，深为欣慰。燕京一切如常，惟自文旌南旋，勺园人士无可与畅读者。斗室孤居，日与陈编为伍，不免索然耳。《秀埜草堂诗集》及《乐圃余稿》，恐邮寄或将遗失，拟托朱蓉江带上，朱君赴美已定，大约月之中旬南下省亲，然后搭轮东游，所遗中文编目主任一缺，或将以王育伊君填补，现已去信征询意见，未悉王君能北来否耳。《四部丛刊》零种，弟颇有欲购买者，详目容开好寄上。王倬云近来颇有所获，惟乏佳

① 邹新明，孙金娟：《聂崇岐：哈佛燕京“引得”到中法汉学研究所“通检”的关键人物》，《大学图书馆学报》2004年第5期，第83-86页。

② 冰心，萧乾：《燕大文史资料》第10辑，北京：北京大学出版社，1997年，第249页。

③ 陈远：《战争中的燕京大学》，《社会科学论坛》2013年第7期，第148-167页。

④ 陈远：《战争中的燕京大学》，《社会科学论坛》2013年第7期，第148-167页。

⑤ 潘景郑（1907—2003），著名的版本目录学家、私人藏书家，师从章太炎、吴梅、俞粟庐，长于训诂，精通词、曲。潘氏家族自乾隆潘奕雋以来，藏书递传六代，至景郑先生一辈“宝山楼”积书达30余万卷，为近代私家藏书翘楚。潘景郑为顾廷龙内弟。

品，弟顷获购潘文勤对联一副，与兄在蒋家胡同所挂者笔势相类，谅非赝鼎也。沪上近日生活情形如何？诵诗、诵芬已觅妥学校否？崇德学校刻已停闭，学生大部分安插于志成中学，倘诵诗留此，又将多一层麻烦矣。

此覆　藉颂

箸安！代向顾太太好诵诗、诵芬均好。

弟　崇岐　拜上

九月一日

按，1939年秋，顾廷龙携家眷南下上海，此函时间确立为1939年。在燕京大学期间，聂崇岐与顾廷龙为关系密切的同事。顾廷龙南下上海后，聂崇岐颇感不舍与失落孤寂，此情在函中溢于言表。

信中“朱蓉江”系朱士嘉①，其地方志整理兴趣始于硕士研究生期间对历史地理的涉猎及参与禹贡学会活动。朱为原燕京大学历史系学生，曾参加顾颉刚组织发起的禹贡学会，并在《禹贡》半月刊上发表有关中国地方志方面的文章。硕士研究生期间，与谭其骧、黄现璠等组织北平史学会，并参与当时的地理学会，广泛收集查阅全国各地方志。因编辑《中国地方志综录》，引起美国国会图书馆注意，受邀赴美整理美国国会图书馆藏中国地方志。此信正值朱赴美之际。朱赴美前是燕京大学中文编目主任，赴美后，燕大欲请曾担任上海图书馆筹备委员的王育伊继任，因此去函征询其本人。王育伊曾被顾颉刚介绍至北平研究院史学研究所任研究员，后任上海图书馆筹备委员，著有《宋史地理志集证》。

二（1939年9月4日）

起潜吾兄史席：前函计达左右，朱蓉江赴美，又有不由上海迳发神户之意，《秀埜草堂诗集》等，前已带至城内，托之携赴上海，今其行程既变，故又将书带回。顷已交栾先生加细包扎，用双挂号寄上矣。特达敬颂

著安！顾太太以次均好！

弟　崇岐　拜上

九月四日

信续言上函提及《秀埜草堂诗集》《乐圃余稿》等书的购买与转送过程，可见其时书籍流转情况。《秀埜草堂诗集》，清顾嗣立著。顾嗣立喜藏书，康熙二十四年（1685）三月建成

---

① 朱士嘉（1905—1989），字蓉江。无锡东北塘乡塘头镇樊七桥朱巷人。著名目录学家，1924年考入燕京大学历史系本科，1932年获硕士学位，留校任燕京大学图书馆中文编目部主任，兼任辅仁大学历史系讲师。

藏书草堂，取苏东坡的诗句“花竹秀而野”之意境，以“秀野”命名，后又以“秀野”自署，其文集也称《秀野集》。《乐圃余稿》为宋朱长文撰，朱思辑。朱长文为北宋著名书学理论家，藏书两万余卷，一生著述丰富，原有《乐圃集》一百卷，南渡后尽毁于兵火，现香港大学冯平山图书馆藏有该书十卷附录一卷。

三（1939年9月18日）

起潜吾兄史席：前接来示，当即作覆，谅蒙收阅。今接邓持宇君寄兄信，谨附上。昨奉手书，所询各事，敬一一上达：

一，读《靖康稗史》，此间尚未着手。王君①如欲收入《已卯丛编》，弟甚为赞同。

二，《四十七种宋传引得》，前日已寄上一部，此信到时，该书想亦能到。

三，令亲所藏抄本《宋人文集》，顷已商得田京镐主任同意，请兄分神觅人代抄，用款当如数寄上。

四，刘选民缺，刻尚无人递补。朱蓉江缺，本拟约王育伊君，现闻王君已随颉刚先生就事齐鲁大学“行校”，故又改约他人。

至讲义一节，以辅仁事突成泡影，并未编制，不能如命，不然必当寄呈一份请斧正也。辅仁之事，发生颇为突兀，而症结则在邓文如先生一人，叨在相知，敢略陈巅末。弟之拟往辅仁兼课，最初发动者为张亮丞先生。张先生在辅仁名虽主任，实无大权，系内诸人皆为陈门弟子，颇欲引弟藉得臂助。最初陈援庵先生亦颇有意提掖，种种经过在文旌未离平时已达诸左右，乃在六月杪，柴君德赓来邓文如先生处，有所接洽。邓先生对弟大事恭维，呼为洪门二大弟子之一，燕京史系少壮派中坚份子。柴君回城，即将此情报之陈援庵先生。陈、洪关系，兄所深知，陈先生以为弟在洪先生地位既然如是重要，倘到辅仁于其陈门整个体系殊为不利，故不惜自食其言，将六朝史授与牟君传楷，而欲为弟开中国近代史一课。

起潜试想现在环境，近代史何能讲授。陈先生之意，明知弟不肯担任，不过故弄此花枪以敷衍耳。故弟当即谢绝，而此一幕短剧，遂告终结。惟此事动机本不在弟，得之固好，失之亦无可惜。深愿故人不必为我悒悒也。此覆。敬颂

著安！顾太太及诵诗兄弟均好。

弟　崇岐　拜上

九月十八日

---

① 王大隆（1900—1966），字欣夫，号补安、宝莹，以字行。江苏吴县人。著名藏书家、文献学家。受业于金松岑、曹元弼。历任上海圣约翰大学、复旦大学教授。著有《补三国兵志》《管子校释》《文献学讲义》等。

此函涉及邓嗣禹、田洪都①、刘选民②、朱蓉江、王育伊、顾颉刚、邓文如③、张亮丞④、陈援庵⑤、柴德庚、洪业、王大隆诸人，编辑《己卯丛编》，寄送引得，代抄《宋人文集》，聂崇岐在辅仁大学兼课等诸事。

1939年，王大隆将《靖康稗史》收入《己卯丛编》中。该本是由丁炳恒在江南图书馆（南京图书馆前身）据丁丙藏本抄出。

1939年2月，哈佛燕京学社引得编纂处出版第34种引得《四十七种宋传引得》。宋史研究是聂崇岐的研究领域，他长期注重搜集宋史资料。在他的建议下，燕京大学图书馆田洪都主任同意代抄顾家所藏《宋人文集》收藏。为哈佛燕京学社引得编纂处编宋代相关引得提供资料参考。

值得注意者有两事，一是1939年秋，刘选民、朱士嘉离职，燕京大学图书馆相关岗位面临无人递补境地。其时，顾颉刚受邀至成都任齐鲁大学国学研究所主任，王育伊随往，继任燕京大学图书馆编目部主任人选遂未能决，可窥见战争对图书馆工作之影响。

其二，函中言及辅仁大学历史系主任张亮丞欲聘聂崇岐讲授六朝史，校长陈垣改聘聂崇岐讲授中国近代史，聂崇岐疑为门户之见而婉拒之事。聂崇岐言："陈洪关系，兄所深知"，盖指洪业与陈垣在"国学"上之学术不睦。"国学"概念发端于1917年前后。蔡元培主导北京大学创立国学门，倡办国学研究生教育，影响颇广，清华学校、中山大学等相继创立国学研究所。1928年哈佛燕京学社成立后，为推进"中国研究"领域之研究生教育和学术研究发展，时任哈佛燕京学社执行干事的刘廷芳致力于利用学社经费仿效北京大学、清华学校成立国学研究所，聘请陈垣兼任国学研究所主任。洪业对"国学"概念甚为反对，认为学问无国界，应按学科分归各院校，坚持主张中国的学问应该让有现代训练、有世界常识的人来研究。1929年，聂崇岐曾去函询问身在剑桥的洪业，自己是否应申请加入国学研究所，洪业鼓励其申请，然聂崇岐并未被录取。洪业对此深为恼火，乃聘聂崇岐为引得编纂处编辑，更坚定主张解散燕京大学国学研究所。1932年，刘廷芳辞去执行干事之职，燕京大学国学研究所解散，研究成员分配至各个院系。洪业与陈垣之间的"国学"之争似乎成为这段不曾终结的不睦关系之始。

---

① 田洪都（1903—?），字京镐，毕业于武昌文华图专，后赴美留学，曾任哥伦比亚大学图书部助理。1928年接任洪业为燕京大学图书馆代理主任，1931年被任命为主任，直至1941年。

② 刘选民，1935年毕业于燕京大学历史学系，后往香港。与于式玉合编《一百七十五种日本期刊中东方学论文篇目附引得》，校补日本青木富太郎辑《东北史地参考文献摘目》。

③ 邓之诚（1887—1960），字文如，号明斋、五石斋，祖籍江苏江宁，著名历史学家。

④ 张星烺（1889—1951），字亮丞。江苏省泗阳县城厢南园人，近代著名历史学家，中国著名地理学家张相文之子。

⑤ 陈垣（1880—1971），字援庵，又字圆庵，广东新会人。中国著名历史学家、教育家。

四（1939年10月12日）

起潜吾兄史席：顷由谢景升先生所惊悉令郎诵诗遽遭不禄，英年夭折，曷胜惋悼。吾兄痛抱西河，雅不欲以浮辞相慰藉，惟希善为珍重而已。专此敬颂

近安！并祈代向顾太太致意。

弟　聂崇岐　王汉章拜上

十月十二日

按，据《顾廷龙年谱》载：1939年9月26日，“是日，先生长子诵诗因患伤寒，后转腹膜炎，抢救无效，病逝家中。先生和夫人悲痛之极”。[①] 顾廷龙先生有二子，长子诵诗，次子诵芬。是年，长子诵诗因腹膜炎病逝，为顾先生一家带来很大的创伤。次子诵芬，解放后毕业于交通大学航空工程系，中国著名飞机设计专家，中国科学院院士、中国工程院院士。谢景升（1899—?），燕京大学神学院教授，曾任燕京大学校长办公室主任。王汉章（1904—1972），燕京大学教员，是日本战败后第一批回到燕京大学的负责人之一。

五（1939年11月9日）

起潜吾兄史席：顷接平冈寄赠台端《尚书》校勘油印草本及其近作《金縢篇与今古文》，今将前者转寄，后者暂留，弟处前数日洪先生来，谈寄赠《引得》全份与贵馆事，昨已嘱马君检出寄上，不日谅可收见。惟一、三、四等期已绝版，势难送齐耳。前示《四部丛刊》零种事，未悉现尚可购得否？《四库珍本》零种，此间书贾有，每册索价一元者，沪上如何？倘能以三四角钱购得一本，如有宋人集部，尚希代为购寄也。奉渎清神预为致谢此颂冬绥！顾太太以下皆好。

弟　崇岐　拜上

十一月九日

按，平冈为日本著名汉学家平冈武夫（1909—1995），1909年生于日本大阪府，1933年毕业于日本京都帝国大学。1936年求学北京，曾受业于著名文献学家傅增湘。曾任日本东方文化研究所研究员、京都大学人文科学研究所研究员、日本学士院会员。以《尚书》研究见

---

① 沈津：1939年9月26日（顾诵芬电话并信告知），《顾廷龙年谱》，上海：上海古籍出版社，2004年，第92页（原文作第86-88页）。

长，积极推进中日学术文化交流。傅增湘曾以一金时平水刊《尚书注疏》残存珍本相赠，识云："平冈武夫君久治《尚书》，尝就余问业。自惭颓老废学，无以益之，因取旧校金本《书疏》，嘱其移录一通。余适藏有残本一卷，君更欲假观，爱玩至不忍去手。余以其嗜之笃也，遂辍以赠焉。……使得流传海外，且付之少年好学之人，为我爱护而永存之，又宁非幸欤！"[①]他与顾颉刚先生因此结缘于1930年。其后结识顾廷龙先生。其所著《金滕篇与今古文》发表于1939年日本《东方学报》[②]。1938年，顾廷龙曾借抄平冈武夫所藏《尚书全解》第三十四册[③]。

六（1939年11月27日）

起潜吾兄惠鉴：手示祗悉，平冈谢柬已遵嘱寄去，希勿念。承代购《四库珍本》，甚感。书尚未到，想以时局关系，包扎邮件寄递稍迟，尚须候三五日也。前所言《四部丛刊》零本，请暂不必代为觅购，惟《四库珍本》，倘市间尚有零种，凡系宋人著作，皆请分神购寄，不必顾及其为文集否也，书款将来如何汇去，亦希示及为祷。此间一切照常。敝处工作，现有四种，《杜诗》及日文期刊皆已付印。《汉书》及《六艺之一录》正在分排，预计在明年暑期前皆可出版。弟私人工作顷应《燕京学报》之嘱，草成《宋辽交聘考》一文，下期或可发表，届时单行本出，当寄呈请教也。蓉江顷有信来，知其已于十月中到美任职，此公稍嫌粗疏，深望其不要弄出笑话也。

专覆敬颂著安。并问顾太太以下好。

弟　崇岐　拜上

十一月二十七日

按，合众图书馆创立之初，即得燕京大学聂崇岐多方相助，顾廷龙亦在上海不断协助燕京大学访购书籍。此函提及洪业嘱托聂崇岐向合众图书馆寄赠已出《引得》全套。聂崇岐亦请顾廷龙代为访购《四库珍本》丛书零种，并留意宋人集部。事实上，聂关注宋史资料搜集的"蛛丝马迹"在其他信函中随处可见，如信函（三）中请代为抄写《宋人文集》，即是一例，兹不赘述。

正是在这样的厚积薄发中，聂崇岐日渐在宋史领域取得硕果。信中提及的《宋辽交聘考》便是其一。该文最终发表于《燕京学报》1940年第27期，后收录于《宋史丛考》下册（中

① 刘起釪：《悼念日本的中国学权威平冈武夫先生》，《中国史研究动态》，1995年第8期，第17页。

② 参见京都大学人文科学研究所的《东方学报总目次》，http：//www. zinbun. Kyoto-u. ac. jp/zinbun/publications/contents_ tohogakuho. htm，2017年5月26日查询。

③ 沈津：1938年3月20日（顾廷龙读书日札），《顾廷龙年谱》，上海：上海古籍出版社，2004年，第72页。

华书局，1980）。宋初开宝七年（974），宋辽两国开始建立外交关系，藉外交使节交往展开多领域交聘。宋真宗景德元年（1004）澶渊盟约订立后，逐步形成成熟的外交关系，并由此维持了一百二十余年的和平。交聘之和平外交方式，涉及管理机构、组织制度、使节、礼仪、国信物、贸易往来机制等系列内容，聂文深入论述和考证了宋辽交聘的过程与各种制度、仪节，是为其学术代表作之一。

七（1939年12月16日）

起潜吾兄大鉴：手示敬悉，前承惠购之《四库珍本》宋集现时尚未收到，沪上聚珍本书如易买，请照另纸所开代购，多费清神，感甚感甚。燕校闹鬼事，传闻不一，小偷似未必情侣，可能真相如何，殊难明也。此间物价近来尚未冒涨，面每袋八元余，米每包四十余元，与沪上相仿佛，惟米不易购得耳。燕京诸事照常，仅有钱阶级购买古玩书画之风大炽。陆志韦①已花去四五千元，容希白②近收得恽南田花卉八开册页，价八百元。洪煨莲顷买妥傅青主草书屏条十二幅，价三百五十元。又伊墨卿山水中堂一张，价二百元。此种数字在豪富观之虽类于九牛一毛，但就一群教书匠言之，亦可谓之不顾命矣。贵本家敦鍒教授昔本乐于斯道，近以新婚宴尔，无暇思及他事，不然恐亦将有所获也。图书馆编目部中日文组组长自朱公西游，恐缺三月，近始聘妥。前清华大学图书馆编目主任施廷镛，昨日闻已到任视事，从此燕校图书馆又多一专家，人才济济，猗欤盛哉。蓉江前十余日曾有信来，谓于十月十六日到华府，事情尚属顺手，仅饮食未甚惯习。且每日下班后斗室独居，举目无亲，但见异类稍感岑寂耳。顷闻陈鸿舜③兄言蓉江之二小姐（亦可称四小姐）于前月以疾夭折，此事蓉江恐尚未知，何今岁离燕京者皆不幸若是耶。

后容续布，敬颂

著安！顾太太以下均好。

弟 崇岐 拜上

十二月十六日

---

① 陆志韦（1894—1970），浙江吴兴人。曾留学美国，获芝加哥大学哲学博士。历任南京高等师范学校、东南大学教授、燕京大学校长。著有《古音说略》《诗韵谱》《社会心理学教科书》等。

② 容庚（1894—1983），字希白，号颂斋。广东东莞人。现代金石学家、甲骨学家、古文字学家。北京大学研究所国学门研究生毕业。历任燕京大学、岭南大学、中山大学教授。著有《金文编》《商周彝器通考》《殷契卜辞》《殷周青铜器通论》（合著）、《宝蕴楼彝器图录》《秦汉金文录》《颂斋吉金图录》《武英殿彝器图录》《丛帖考》等。

③ 陈鸿舜（1905—1986），字历农，江苏泰州人。1929年毕业于燕京大学经济系，曾任燕京大学图书馆秘书。1943年毕业于美国哥伦比亚大学图书馆学院，留任该校东亚图书馆员。1947年回国，任燕京大学图书馆主任。建立东方学文献目录。新中国成立后，任北京大学副教授、教授，中国科学技术情报学会第一届理事。著有《图书馆藏书采购与藏书组织》。

按，函述之事有四：其一，请托顾廷龙继续帮助燕京大学留意沪之旧书市场，代购珍本书籍。其二，平市物价，未有骤涨，但已出现米市紧缺情况，显现1939年末平沪两地社会民生经济因战争开始出现不稳定趋势。其三，因战争原因，部分私家收藏流向市场，促进了古旧书画交易流通，社会文化阶层古书画收藏风气浓郁，尤以平沪两地旧书市场为最。其四，燕京大学图书馆自朱士嘉赴美后，聘得清华大学图书馆编目主任施廷镛①，此时适值哈佛燕京学社汉和图书馆与燕京大学图书馆卡片目录计划进行时期，施廷镛的到来，有助于图书馆编目工作的进展。朱士嘉的二女夭折，令聂崇岐想到顾廷龙之子诵诗的亡逝，感叹离开燕京大学诸人之不幸。

八（1939年12月27日）

起潜兄大鉴：手示祗悉，前所寄来之《四库珍本》尚未收到。本月初，南来邮政车曾失事于丰台。闻平市书贾由沪寄来之书被焚不少，不知此百余册亦在劫中否？敬希嘱书店一查为荷（是否书店尚未发寄?）此后如有新购者，请暂令书铺包扎妥当存于尊处，俟邮政秩序稍佳，再行寄递，以免意外损失为荷。《中西交通史料》之购得，照定价（7.50）八折，合洋六元，《地学杂志》尚有全份，惟堆积一室稍难检齐，请俟明春如何？《广宋遗民录》承代抄一份甚感，需款若干，希示及也。训夫于两月前举一女，近已由蒋家鹌鹑迁至南门内从前刘兆慧住所，想或为明年升级之预兆乎。驼绒事已托王倬云俟探听清楚，再为函达。余续布，即颂

著祺!

弟　崇岐　拜上

十二月二十七日

顾太太以下均好。

按，此函谈及两馆互助访购书籍《四库珍本》《中西交通史料》《地学杂志》《广宋遗民录》等。是时，燕京大学图书馆购藏书籍中许多为新抄录之本。究其原因，珍本孤本难得，唯靠借抄才能获得。燕京大学图书馆与哈佛燕京学社汉和图书馆自1928年开始合作购买书籍，燕京大学图书馆设立哈佛购书处，遵汉和图书馆的购书方针为其购书，同时也为本馆采

① 施廷镛（1893—1983），字凤笙，晚号奋生，曾名镜宇。安徽休宁人。著名图书馆学家、文献学家。少时就读南洋方言学堂法文班。1916年任职于南京高等师范学校教务处。1919年，加入南京学界联合会。1922年调入东南大学图书馆。1925年，与洪有丰筹组南京图书馆协会，任干事，并加入中华图书馆协会，兼任江苏图书馆协会副会长。1929年，受洪有丰邀请，任清华大学图书馆中文图书编目员，曾代任图书馆主任。1937年，成为清华大学保管委员会委员，后代理保管处主任。1938年，任燕京大学图书馆中日文编目组组长。1942年至1944年曾任伪职。1946年任南京中央大学图书馆中文编目部主任。1961年任南京大学图书馆副馆长。

购。1929 年，洪业为哈佛燕京学社起草五年发展规划，提出资料收集之宗旨应坚持教育性而非古文物研究性，后担任图书馆委员会主任，管理图书馆发展。杜联喆回忆："此时刚由洪先生的接洽交涉，建立了哈佛与燕京的联络组织。哈佛中日图书馆在裘闿辉先生主持之下初作有计划的采购中国书籍。我所负责助理的便是代哈佛买书的事。决疑审定的三位师长是洪煨莲先生、马季明先生和容希白先生。"① 洪业规定，燕京大学在购置图书时，如系善本、珍本或抄本，通常送到哈佛，而燕京大学则以影印本办法留存，故抄录是汉和图书馆、燕京大学图书馆获得珍本古籍的重要方式。②

九（1940 年 1 月）

起潜吾兄史席：前函计达，十一月中寄下之《四库珍本》零种，今晨已收到。其中第六包似因检查被拆，失去《天台集》第二册一本。此书在途中约将两月，丰台一炬，弟意此书或付劫灰，今乃仅失一本，余均安然寄到，真万幸也！此间一切如常，惟米价高涨，暗盘闻已至六十元一包，面粉亦非十二元以上不能购得，而小米等面仅数铺户在清晨卖一二时，过八时即"无货"。长此以往，殊非了局，不知沪上如何？燕校现正考试，下星期中即放寒假。任教职者可将清闲两周矣。前所云之《庆元条法事类》，昨已由修文堂送来，索价千六百元，大约非千二三百元不能购到。闻董康③亦有意收买，不知将来鹿死谁手也。此上　敬颂著祺！

顾太太以下均好。李书春嘱代致意。

弟　岐　拜上

按，《顾廷龙年谱》1940 年 1 月 18 日提及"得聂崇岐信，知《四库珍本》已达"④，当为此信，撰写时间当为 1940 年 1 月中上旬。函言，北平粮食紧缺，粮价高涨，甚至断市，修文堂《庆元条法事类》售价高企，战时北平通货膨胀由此可窥见一斑。《庆元条法事类》，南宋谢深甫监修。全书共 80 卷，附录 2 卷。今存残本十六门，尽管不足原书之半，仍保存了有关政治、经济、军事、刑法、服饰等各方面的法令，为研究宋史，特别是中国法制史的珍贵资

① 杜联喆：《结书缘——纪念燕京》，《旭林存稿》，台北：艺文印书馆，1978 年，第 25-26 页。
② 王蕾：《燕京大学图书馆哈佛购书处历史研究》，《国家图书馆学刊》，2013 年第 6 期，第 102-113 页。
③ 董康（1867—1947），江苏武进（今常州）人，原名寿金，字授经，号诵芬主人，早年就读于江阴南菁书院。清光绪进士。1890 年（光绪十六年）授刑部提牢厅主事，总办秋审兼陕西司主稿。1911 年赴日本帝国大学攻读法律。归国后先后任职于东吴大学、上海法科大学、北京大学等校。多次赴日考察日本裁判制度及监狱制度。抗战期间担任汪伪政权北平法院院长、华北司法委员会委员及大理院首席法官。著有《曲海总目提要》。喜藏书刻书，三十年里先后刻成"诵芬室丛刊"等三十余种，以《盛明杂剧》等为精。
④ 沈津：1940 年 1 月 18 日（顾廷龙日记），《顾廷龙年谱》，上海：上海古籍出版社，2004 年，第 99 页。

料。函所云《事类》曾由董康刊刻，其书板又于1945年被燕京大学图书馆购买①，并于1948年刊刻完成，成为学界内通行的版本。

十（1940年4月10日）

起潜吾兄箸席：《广宋遗民传》昨已收到，除谢费心外，尤感诵芬抄录之劳也。嘱填补之《明词林人物考》，今录竣寄上。燕校所藏者亦有缺叶，另片列上，得暇可否依尊处所藏者录补寄上。日来沪上情形如何？燕京无何要闻，仅田公翻印西文书籍事，有外国人误会为洪公所为，来信大肆呵责，真"无妄之灾"，可笑复可气也。田公去年财运亨通，闻翻书所赚不下两万金云。此上敬颂撰安！顾太太以下好！

弟　崇岐　拜上

四月十日

（燕校之《明词林人物考》，于廿七年五月购得，价壹百六十元。）

按，《广宋遗民传》抄本系顾廷龙自潘景郑先生处抄得。《顾廷龙年谱》录有《广宋遗民传》抄本跋云："妇弟潘景郑得此抄本于冷摊，示余曰，聂君筱珊所纂宋代传记引得及之否？检之不获，盖筱珊未见者，亟假录副。原书未题撰人，读《亭林文集》，有为吴江朱不远明德作《宋遗民录》序，疑即是书。惟序称朱录收四百余人，此仅百余人，岂别有同不远之志者欤？抑为残存之本，与辄赠筱珊审定。"② 可见，顾廷龙、潘景郑多方留意资料，对聂崇岐之宋史研究颇为支持。燕京大学图书馆与合众图书馆各藏有《明词林人物考》，均有缺页叶。相互补抄，共得全本。另言及田洪都翻译西书财运亨通，外界讹传为洪先生所为事。

十一（1940年5月31日）

起潜吾兄大鉴：顷奉手示，敬悉种切，燕校图书馆所藏《明词林人物考》，现正改装。《吕枬传》俟该书装竣，再行抄录寄上。前所抄者，均系敝处书记在办公时间内所作，不必另致报酬。嘱代告传傅、李二君事，当日即行转达，谅二人已有函陈诸左右矣。吴老奖金募启，闻出自董鲁庵手。《吴沤烟语》吴序，俟与《吕枬传》同时寄上，谅不亟亟也。弟处尚存尊处款二十四元，现届端阳，不知应寄还否？暇希示及是荷。燕校下年

---

① 邓之诚，邓瑞：《邓之诚文史札记》上，南京：凤凰出版社，2012年，第307页。

② 沈津：1940年4月1日（顾廷龙日记），《顾廷龙年谱》，上海：上海古籍出版社，2004年，第110页。

出洋者顷已发表。我兄相识仅有二人，一为谢大哥，将于八月赴美哈佛神学院，研究宗教。一为葛启扬，将于七月赴美芝加哥大学教中文，年薪二千四百金元，较之以往冯、朱二公，待遇均优，加以年来外汇高涨，故葛公近日得意忘形，大有不可一世之概，贫儿乍富，可笑亦复可怜，不知我兄闻之作何感想也。附以奉闻即颂著安！

弟　崇岐　拜上

卅一日

合寓均吉。

按，此函月份未记，但函中提及“现届端阳”，经查万年历 1940 年端阳节即 6 月 10 日，又据《顾廷龙年谱》1940 年 6 月 5 日提及“得聂崇岐等函，作复”①，推断该函的日期应为 5 月 31 日。函言及燕京大学图书馆为合众图书馆抄录《吕枏传》《吴沤烟语》序事。《吴沤烟语》，清张上龢著。张上龢（1839—1916），字芷莼，浙江钱塘人。近代著名学者张尔田、张东荪之父。侨寓吴门，与郑文焯、朱祖谋等友善，商榷倚声。其词于晚清颇负盛名。吴老系吴雷川②。董鲁庵③实为董鲁安，曾任燕京大学国文系教授。另聂崇岐告知顾廷龙本年度燕京大学出国访学者中，两人皆识者有两人，谢景升与葛启扬。后者 1931 年毕业于燕京大学历史系，1937 至 1938 学年度获得哈佛燕京学社奖学金资助研究六书解说史。冯、朱二公指冯缕昌、朱士嘉。

十二（1940 年 6 月 24 日）

起潜吾兄大鉴：前寄上之《吕枏传》及《吴沤烟语》序，谅已收到。今晨接平冈寄赠台端颉刚先生《古史辩》自序日译本一册（平冈译者），现存敝处，拟日后再行转寄。

来示所嘱购书及硃墨等事，暇当遵办，惟复命何日不敢必耳。吴老奖金捐款事，弟以此老向喜钻营奔竞之徒，假冒为善之辈。数年来对之颇不敢“恭维”，故祇捐一元敷衍了事，按捐款发起人之规定，在职教职员应以月薪百分之十为最低限度。据闻实守此规定者，恐不逾十人也。今承尊嘱，已代交会计课二元，收据附上。二元之数，虽不多，然已加弟所捐者一倍矣。燕京国文系以下年度新生增额助理及助教阶级，闻增有四五人。

---

① 沈津：1940 年 6 月 5 日（顾廷龙日记），《顾廷龙年谱》，上海：上海古籍出版社，2004 年，第 122 页。

② 吴雷川（1870—1944），江苏人。中国近代著名教育家、基督教思想家。1911 年任杭州市市长，1915 年受圣公会洗礼，1925 年任私立燕京大学教授。

③ 董鲁庵（应为安）（1896—1953），蒙古族。又名于力，别号东峦。河北宛平人。曾就读北京高等师范学校，1920 年毕业留校任附属中学教员。1923 年入北京师范大学攻读研究生，1925 年毕业。先后任国立北京女子师范大学教授、北京师范大学国文系副教授、河北省立天津女子师范学院国文系教授、北京私立燕京大学国文系教授。著有《修辞学》《说文或体考》《文纂例》《释格律》《四阿含中的龙》《梵吹考》等书。

其中旧曾教一年级国文者，现皆为各显专长，纷开新课，如王西徵讲《周易》，杨明照讲《校勘学》，不图丧乱之秋，文星乃大，聚于燕京，真盛事也。历史学系翁独健将北来，王钟翰、侯仁之皆留系授课。王教一年级通史，侯教地理沿革史，洪公为敷衍，且为翁独健计，坚嘱弟任宋史一课，而以辽金元史与翁。弟虽谦避再三，终不得不勉为其难，以背时逆俗之老诸生，而与新近之翰苑诸君同驰逐于学海中，其必失败，不待蓍龟，知我如兄，将何以相教。平市以义大利参战，金价萎缩，物价亦趋低垂。沪上如何？专上敬颂

著安！顾太太以下均好。

弟　崇岐　再拜

六月十四日

按，函及顾颉刚与平冈武夫之交谊，两人研究领域皆为古史。《古史辨》为顾颉刚先生代表作之一，学术价值颇高，其自序由平冈翻译为日文在日本流传。又言及吴雷川捐献奖金并倡导燕京大学教职员捐款事。聂崇岐颇不认同，认为其钻营伪善，故做象征性处理。又及国文系研究生培养方式及课程变化。燕京大学国文系受哈佛燕京学社限制基金资助，致力于促进中国研究领域的发展，由函可了解到 1941 年国文系将增加 4 至 5 位助教，学术各有专长，如王西徵①、杨明照等人。本年度燕京大学历史系继续留系任教者有翁独健、王钟翰、侯仁之等人，显现了在抗日战争胶着时期北平与燕大时局日益恶化背景下，学者在国难中的坚守。

函中所言“义大利”，即意大利。意大利参战应指 1940 年 6 月 10 日与德军一起入侵法国，向法国与英国宣战。此时中日战争陷入僵持局面。北平经济局势低迷，受二战整体局势影响，金价萎缩。

十三（1940 年 11 月 5 日）

起潜吾兄史席：顷奉手书，敬悉种切。小墨数锭，赠呈点勘之用。微末之物，不足挂齿也。沪上日来情形如何，北平以日前发生阻击案，闭门大索。今之一周，城内外交通尚未恢复。燕京于上星二开。吴老七十诞辰庆祝大会简单肃穆，燕京新闻并发特刊。尊处亦接到一份否？《杜诗引得》已出版。今日询之马锡用君，方知自去年寄赠全份引得与贵馆，后新出者并未续赠。弟已嘱其检齐各□一并寄上矣。此公脑滞肠肥，举一不能反三，误事之处，不一而足，真可认悟能公为远祖也。《绛帖》事，已与田公谈及，渠意

① 王西徵（1901—1988），原名希曾、伯谛，又名纪新，号鲁忱，晚号元浩老人，斋名正乐堂，或署读无书斋。原籍山东高密，生于沈阳。1921 年考入南京高等师范学校（后改为东南大学）教育系。热爱昆曲，为曲学大师吴梅入室弟子之一。曾任担任北京艺专校长、北京大学、辅仁大学、燕京大学和东北大学教授，主讲词曲，极力倡导戏曲研究应走出书斋，与演出实践相结合。

非但燕京不能买，即哈佛亦不买，因外国人不懂此道故耳。日前偶以事与容希白闲谈，渠甚惜我兄之去并云，曾与洪公披露此意云云，揆其语气似当真实，特以附。闻日来关于邓公谣诼甚多，甚至有谓学校将对之解聘者，于是其走卒等相率为之运动奔走，呼天抢地，结果探知学校根本未作如此打算，亦可谓之庸人自扰矣。专上敬颂撰安。

弟 岐 谨上

十一月五日

致太太以下均好。

按，《杜诗引得》出版于1940年9月，为引得编纂处23种特刊之一。引得编纂处持续向合众图书馆寄赠引得丛刊。截至1941年底太平洋战争爆发前，引得编纂处共出版引得39种，引得特刊19种，共计58种。另有一部分已开始编纂。马锡用长期担任引得编纂处秘书，职责包括财务出纳、统计、报告、日常函件往来收发、办公事务等。聂崇岐在信中对马锡用未及时寄赠新出引得表达不满。

吴老系吴雷川，本年逢七十诞辰。邓公即邓之诚，任教燕京大学，学识渊博，服饰、习惯、仪礼承老辈传统学者遗风，秉持旧礼，“为人为学，颇有古名士风”。因家有妻妾，为部分燕京大学外籍教师非议，认为其观念作风陈旧落后，与时代潮流不符，建议司徒雷登解除聘任。司徒雷登听取时任历史系主任洪业意见，尊重邓之学问、人品，对非议之论不予采纳①

函中聂崇岐再次表达了他与容庚、洪业等燕京大学同仁对顾廷龙离开燕京大学的遗憾之情。

十四（1940年12月11日）

起潜吾兄史席：顷奉田公转来手书，当即检查抽屉所积书报，另寻出《尚书校记》叶四〇四至四八二诸叶，今已东雅堂代寄矣。此数十叶之所以漏寄者，盖在收到之时，正当邮政新章颁布不久，手续闻颇麻烦，故暂置抽屉中，拟候数日再行发寄，不图日久便尔忘掉也。尚希谅之。敝处现正编《大戴礼记引得》，近月所出者除《杜诗》《六艺之一录》引得外，又有《论语》及《周礼》引得，其《尔雅》及《孟子》二引得均拟于农历年前出版。前函敬询未及奉答，特补陈之。徐星伯之《静庵文集序》已收到，谢谢！专上敬请撰安！

合府均吉。

弟 岐 再拜

十二月十一日

---

① 周维强：《学林新语》，《光明日报》2012年2月16日，第12页。

按，此函主要记述引得编纂处工作进展。1940 年 9 月出版《杜诗引得》和《〈六艺之一录〉目录附引得》，11 月出版《论语引得》，12 月出版《周礼引得》，1941 年 1 月出版《孟子引得》，6 月出版《尔雅引得》，进展迅速。

十五（1941 年 1 月 7 日）

起潜吾兄史席：顷奉大示，敬悉种切。台端及景郑先生惠赠多书，感愧之至。此后益当策励，庶不负雅意也。嘱附五条，另纸奉答，学政年表与个人年谱性质相类，《燕京学报》既可刊载年谱文字，则年表、目亦可登录也。序文拟于寒假中为之，惟惧拙辞徒令佳作减色耳。洪煨莲先生顷来电，谓将于二月五日抵沪，大约三二日耽搁，即将搭轮北上。闻洪夫人已函张君天泽托其代订来津舱位。我兄晤张君时可向之一询究竟也。刻下因国际局面日深一日，燕校前途实不可测，司徒先生前曾布告辟谣，但人心依然不定，将来如何，听之而已。昨晚无事，与陈君历农长谈三小时，知朱蓉江夫人近来精神甚为不佳，盖自其严君谢世，姑嫂间不能水乳，所致蓉江前移居陈府时，弟曾婉言相劝，今不幸而所料者皆中，在为友人者亦徒唤奈何而已！据王倬云读燕校会计课，每月转特付朱夫人美金五十元，俾作日用，以现在兑换率计是每月朱夫人花消六七百元，将来如何是了。蓉江在美月薪不过百五十元，除去食宿零用，能余者最多难超七十元，再去五十元，则月仅能剩二十元，倘不另想开源之道。三年之后，祇能敷回国车船之费而已。我等前途固无可言，而蓉江前途似尤黑暗也，奈何！弟前日购得朱英①所绘晚香玉一帧，有潘星斋②先生题辞，惟图章为“曾营”二字，不知何故，可相告否。专覆敬颂

撰安！顾太太以下均好，并之先代谢景郑先生。

弟　岐　再拜

一月七日

按，此函言及潘景郑、洪业、陈历农、朱士嘉、张天泽③等人。潘景郑先生曾向燕京大学图书馆赠送书籍。1941 年初，燕京大学虽未封闭，但人心惶惶。这一时期，顾廷龙先生正在编撰《学政年表》，请聂崇岐撰序。洪业将于 2 月 5 日抵沪，指其自 1940 年底赴美国俄亥俄

① 朱英，字逊甫，江苏金匮（今无锡）诸生，清代画家，善画花卉。

② 潘星斋（1808—1878），字曾莹，江苏吴县（苏州）人，清道光二十一年进士，官至工部左侍郎，工书画，聂崇岐所问印章，即为潘星斋之字。

③ 张天泽，燕京大学历史系毕业，受洪业栽培，主治上海交通史。

卫斯理大学接受名誉博士后，于1941年回国。朱士嘉自赴美后，夫人留北平，生活费全赖朱士嘉通过燕京大学会计课寄来。此时北平时局日益严峻，作为少数滞留未南迁的高校，燕京大学在日军的胁迫下压力与日俱增，北平生活困窘。朱士嘉与夫人两地皆十分不易，又有其家内姑嫂关系不和，为友人所担忧。

十六（1941年1月20日）

起潜、景郑二兄均鉴：今晨邮局递到书三包，计《仪顾堂集》《克斋集》《南宋六十家集》为各一部，祇领之下，莫名感愧，此后于天水一朝史迹，益当奋勉，用答厚意也。专此布达，藉申谢悃。并颂著安。

弟　聂崇岐　再拜

一月二十日

按，顾廷龙帮助聂崇岐代购《仪顾堂集》[①]《克斋集》[②]《南宋六十家集》[③]，对聂崇岐研究宋史提供帮助。

十七（1941年2月26日）

起潜吾兄大鉴：昨函计达，《晁氏三先生集》及闵刻《世说新语》，燕馆及哈佛购书片皆无其书，岂大示中有误字耶？承询明代藩府之分，查明制皇子封一字王，又称亲王，如周王、蜀王皆是，亲王子封郡王，如文城王、静江王，皆世亲王。通常可称藩，可称府，如周藩、蜀藩、周府、蜀府皆是。郡王则仅能称府，如文城王府、静江王府皆是。

---

① 《仪顾堂集》，别集二十卷。清陆心源撰。集中有大量宋元珍本书和碑板的题跋，辨述古书源流，考证金石，堪称精博。同治元年（1862年），初刻于广州，八卷。同治十三年重刻于福州，十六卷，编入所著《潜园总集》。另有单行本，线装八册。卒后其子增为二十卷，精刻于光绪二十四年（1898年），线装六册，最为完备。

② 《克斋集》，宋陈文蔚（1154—1239）撰。诗文集，十七卷。文蔚字才卿，号克斋。上饶（今属江西）人士。朱熹门人，其学以求诚为本，以躬行实践为事，以孝行修其家。曾举进士。端平二年（1235年）以所作《尚书类编》有益治道，诏补迪功郎。陈文蔚笃于儒学，故号“克斋”。此集以号名，有《四库全书》本。

③ 《南宋六十家集》即《汲古阁景钞南宋六十家集》，南宋诗总集。南宋陈起初编，明毛晋重纂影钞。毛晋（1598—1659），原名凤苞，字子久，后改名子晋，号潜在，常熟（今属江苏）人。明诸生，好藏书，建汲古阁、自耕楼，藏书万卷，请名士校勘，所刻书流布天下。陈起所编《江湖集》《江湖前集》《江湖后集》《江湖续集》等至明末已多散逸，明末开始有人搜集与编刻南宋诸家小集，毛氏是较早的一位。他搜集南宋各家小集六十种汇集在一起，按照宋代陈氏刻本原来版式影写，非常精细，无改窜臆断之处，技能工巧，无人能及。

诸藩宗室，世人为辨别计，多冠其本枝国封，如周府中尉、蜀藩中尉之类，无敢祇称何藩何府者。惟接宗法制度大宗有收恒教养小宗义务，故每藩府皆有宗正司，本藩（包括本藩分出之郡王在内）宗子教导之责，而宗子贤者亦可服役于藩府，如朱睦（睦）㮮即其例也。因此，倘有贤宗子欲有何善举（如刻书之类）在本藩之王允许后，亦可用本藩名义，如板本中之蜀藩大字本，即有如此情形也。专上敬颂

著安！

弟　岐　再拜

二月廿六日

按，此函言及合众图书馆欲复制《晁氏三先生集》及闵刻《世说新语》，聂崇岐查无此书目录卡片。又探讨明代藩府与藩府刻书版本问题的关系。

十八（1941年2月27日）

起潜吾兄大鉴：多日未通音问，维动定咸，宜为祝为慰。昨平冈来信，彼处已知文旌南旋，并询历次寄来尚书校记事。弟已据实答复，但未告尊寓何所耳。日前，令亲潘君承彬来谈，谓潘景郑先生藏有乾隆《平定廓尔喀铜版战图》八幅，意欲出让，嘱代询之洪先生。今日与洪、田相晤，便中提及此事，田有意为燕京图书馆购买，不知该价若干，敢祈分神与景郑先生接洽，并希直接通函田公商办为盼。洪自抵燕后，连日大忙，东邀西请，逐日皆有筵宴。盖其背后隐有数万美元，金光闪烁，自应有多人趋附也。薛老昨约弟联名宴洪，已推辞拒绝，此老年逾耳顺，犹热心乃尔。吾辈后生真望尘莫及矣。大著《学政年表》已脱稿否，前应雅嘱代草序文，本拟寒假中为之，岂意俗务纷扰，未著一字，想下月中或可动笔也。前示劝乘中汇抵垂购书一节，甚感盛意提醒。惟一年来旧储已净，而每月收入仅敷开支，心力相违，仅有徒唤奈何而已。尊藏百衲本《二十四史》，曾与洪言及，但此书在平市价只七八九百元，超过一千，恐不易售，不知我兄在他处曾有接洽否？司徒先生顷自沪还，带来不少“乐观”，于是一般愁虑燕京关门者又多喜笑颜开，不似昔日楚囚之态矣。邓公去岁九月底娶妇，今年二月中得孙，洞房之夜至悬孤之辰，不及五个月，较之普通生理约打五折，真可谓之速成科矣。此公终日骂人，而自己儿女却如此“作脸”，老天岂真有报应耶！此上藉颂著安！合寓请吉。

弟　岐　再拜

二月二十七日

按，乾隆《平定廓尔喀铜版战图》八幅，即《平定廓尔喀得胜图》，为潘景郑私人收藏。清朝平定边疆战役后，绘制了一系列铜版画作品庆贺胜利，最为著名者为《平定准噶尔回部得胜图》。其后又相继刊刻了七种战图：《平定两金川得胜图》十六幅、《平定台湾得胜图》十二幅、《平定安南得胜图》六幅、《平定廓尔喀得胜图》八幅、《平定苗疆得胜图》十六幅、《平定仲苗得胜图》四幅、《平定回疆得胜图》十幅[①]。《平定廓尔喀得胜图》八幅刊刻完成于乾隆五十九年（1794 年），此图由潘景郑先生收藏。潘景郑与兄潘博山继承祖父潘祖同“竹山堂”藏书，又陆续搜访祖上“三松堂”散失藏书，及曹元忠、莫棠、孙毓修等旧家藏书，1919 年改“竹山堂”为“宝山楼”，藏书积三十万卷。潘氏藏书绵延六代，为中国藏书史上之大家。自抗日战争开始，潘君之“宝山楼”连遭炮火与盗窃，藏书损失惨重。因家庭经济困顿，景郑陆续出售部分藏书维持家庭生活开支。又百衲本《二十四史》，顾廷龙意欲出售，聂崇岐告知其北平书市此书价格不超过一千元，不易高价出售。或因此，《顾廷龙年谱》中记载顾廷龙后托售于文禄堂的王文进，于 1941 年 6 月 5 日售出得二千元，因“王文进有求于先生，故出价稍大，亦可感也”。[②]

十九（1941 年 3 月 20 日）

起潜吾兄箸席：顷奉手示，敬审种切，生活困难，实有同感。平地食粮虽廉于沪，惟面之佳者尚十六元一袋（合三角六一斤），米之中常者亦七十元一包，比之事变前约涨五倍，而燕京薪水仅加六成，连同增薪，计之所得者不过三百三十元，较前四年恰为一倍，故在昔日百六十元并不感觉拮据，今则未免左支右绌。弟与燕园友朋闲谈，尝言：“钱值钱时不惜钱，钱不值钱反贵钱。”语虽矛盾，实有至理。虽然吾二人不合时宜人也，既不善于蝇营，复不屑于狗苟，处此鬼域世界，不冻不饿已为上帝莫大恩典，何敢再冀非分乎。君子居易以俟命，听之而已，在未饿死以前，固不必戚戚，即不幸饿死亦不知戚戚矣。百衲本《二十四史》事，当尽力为谋出路，惟此间买书声气颇为消沉，一时恐难有结果耳。影照《晁氏三先生集》事，已商之荣山，俟购得胶片后当即摄好寄上，但闵氏五色套版《世说新语》，荣山以设备及技术关系，谓不好办，容另想善策。弟年来搜集宋代役法材料，已有数十万言，暇拟整理问世，《燕京学报》固有专号办法，但“新博士”等皆无成绩发表，弟一老诸生耳，何敢不自度量，不为翰苑诸公留一席空地，故拟“向外发展”，不知商务书馆可承印否，希为一进行之。昨日王西徵来谈，谓初来时，本拟韬晦，俟以系内钜公嫌其不鸣不吠，乃稍露锋芒，今则又恶其近好扬才矣。弟年来处境与王仿佛，前登于《史学年报》及《燕京学报》诸文，自视实无多大价值，然以频年

① 翁连溪：《清代宫廷铜版撷英》，《紫禁城》2010 年第 3 期，第 40–51 页。
② 沈津：1934 年 6 月 5 日（顾廷龙日记），《顾廷龙年谱》，上海：上海古籍出版社，2004 年，第 187 页。

屡有写作，殊遭上锋之忌，昨嫌我“懒”今又恶我“勤”，左右为难，啼笑皆非，呜呼！起潜，此岂人世界也。专覆。敬颂

撰安！

弟 岐 再拜

三月廿日

按，推断此函为1941年3月20日，北平物价继续上涨。是时，燕京大学薪水仅增加百分之六十，330元薪金的购买力仅相当于6袋米。教职人员薪金的通货膨胀补偿金远远赶不上物价上涨的速度和幅度。

续前函关于出售《二十四史》之事，解释北平因通货膨胀，社会民生经济恶化，导致旧书市场消沉低迷。又言及合众图书馆欲复制《晁氏三先生集》与闵氏五色套版《世说新语》事。聂崇岐领导之引得编纂处彼时早已成立校印所，负责引得丛刊及哈佛燕京学社目录卡片、《燕京学报》等的印制工作，经验丰富，设备与技术在北平业界属先进，故与北平之印刷、古字画复制机构熟悉。荣山，为崔荣山。

聂崇岐于宋史研究颇有成果，是时正致力于宋代法役研究，欲请商务印书馆出版。

二十（1941年6月20日）

起潜兄大鉴：多日未接音问，甚念。未悉近况如何？燕京一切如常。陈君出国，业已规定待遇，月百三十元，暂以一年为期。明年或可续聘，或可另寻读书机会。美船以时局关系，舱位极难购得。陈君拟赴日搭轮，大约七月中可成行也。昨晤令亲潘君，知其硕士论文适过，口试亦完，静待金榜题名矣。潘君云其令兄春初托卖乾隆铜版战图，抵今燕京图书馆未曾回信，言外似有误会弟不尽力或未向田君提说之意。弟今日午后晤田询及此事，彼初甚茫然，继方想起似有此事，最后乃真记起。弟确曾提及请其直接与令亲或□兄代为接洽，惟彼以事繁又兼其时曾有大不顺心事，已置之于九霄以外矣。弟之为人，兄所深知，对友朋事能帮忙无不帮忙，绝非轻诺寡信者，此层经过，暇希代向令亲解释，免得再生误会也。

专此 敬颂

著安！

弟制 崇岐 再拜

六月十二日

按，此函言及陈鸿舜君留学事宜，陈君自1929年毕业于燕京大学经济系后，任燕京大学

图书馆秘书，本年即将出国赴美国哥伦比亚大学图书馆学院留学。潘君系顾廷龙夫人之六弟潘承彬，1941年于燕京大学生物系硕士毕业，函中言及前第十八通中他请托聂售卖乾隆铜版战图事，误会聂崇岐不尽力之意，聂实已请托于田洪都，但田因事繁忘，还请顾廷龙代为解释，免生误会。

二十一（1941年12月22日）

起潜吾兄大鉴：未通音闻，又复匝月，近维动止吉祥，为无量颂。燕校于本月八日封闭，学生星散，教职员仍多留居院镇左，近冀领遣散津贴，但事出仓促，希望甚微。弟尚居旧寓，拟俟明春并作打算，迩来燕京有恢复之讯，传说纷纷，半为谣诼，将来如何难遂睹也。专上敬颂著安！顾夫人以下均安！

弟　聂　制崇岐　顿首

十二月廿日

来示请寄“北平北郊成府闻家胡同二号”。

按，1941年12月8日清晨，燕京大学被日军封锁。校长司徒雷登于12月9日被日军关押，长达3年多时间。燕京大学被封闭后，学生纷纷离校，部分教职员尚留在校内，希望领到遣散津贴。聂崇岐因家庭原因，留居北京旧寓，暂时未作离校打算，但引得编纂处工作被迫中止。1942年秋，聂崇岐带领燕京学社引得编纂处8名工作人员，转入中法汉学研究所，成立通检组，任主任及研究所研究员，负责通检编纂工作。

抗日战争结束后，燕京大学复校。聂崇岐与原引得编纂处人员返回燕京大学。战后，北平物价飞涨，通货膨胀不可遏制，民生资源严重短缺，燕京大学教职工的生活极为艰难。聂顾二人恢复通信，可明确判断年份的计有6通。这些信函集中反映了战后北平经济的恶化、教育阶层的困境。是时，聂崇岐身兼数职，燕京大学历史教授、哈佛燕京学社北平办事处执行干事、引得编纂处主任，燕京大学图书馆代理馆长，学术、教学、管理事务等十分繁忙。

二十二（1946年9月19日）

起潜吾兄著席：顷奉手书，敬悉种切。拙作草草成篇，猥承奖饰，曷胜愧恧，《清传引得补辑》之事，弟早有其意，此三十三种者，不徒所收太少，且无字号为用，殊不宏也。惟洪公之意，须再俟数年，揆其所以不印，主进行者，盖欲待三十三种售绝耳。学政年表，关系胜朝一代文运，今兄居然于铅椠之余编成之，甚佩甚佩。序文一事，自当遵命。弟不免有续貂之讥耳。洪公闻已于十五日在神户登船，计程日招可抵新陆，其所授诸课远东史让之翁独健，历史研究法改为学期课程于下季开班。故弟除宋代史一门外，未有兼代之课。燕京近日已开学一周，诸事皆大致就绪无可告者，仅高密公于本周娶妇，事先王钟翰君为之四处奔走，大报贫乏，结果喜金闻有送百元者，有送五十元者，研究生中以碍于王钟翰之面，一律恭送十元。闻请帖所发虽不少，而所收礼金约有五六百元之谱，从此少爷少奶之衣装无愁，亦妙事也。唯燕京向无如此“凑分礼”者，今可谓之破天荒矣。高密公与兄素识，不知亦曾致帖，“恭候台光”否？顷在高密公喜会上闻翁独健已至，沪曾相见否？专覆敬颂

撰安。阖第均吉。

弟　崇岐　再拜

九月十九日

按，函及洪业不在燕京大学（以下简称燕大），翁独健授远东史课程，聂崇岐授宋史课程。查燕大历史系课程档案，1946年课程设置当与此函描述符合。故可推定此函时间为1946年9月19日。《清传引得补辑》之事，应是对哈佛燕京学社引得编纂处于1932年12月编辑出版之《33种清代传记综合引得》之补充。洪业认为应待《综合引得》售完后再做补辑之工作，直至引得编纂处关闭，补辑之事终未就。学政年表即与前第十五通函同指《清代学政年表》，是顾廷龙先生于1941年检点《清实录》时编写而成，详论学政与清代学术文化关系，并纂辑重要诸人传记，初稿曾交夏孙桐①先生审议，未几夏先生仙逝，《清代学政年表》亦未付梓。②

二十三（1947年2月24日）

起潜吾兄著席：今晨奉手示诵悉一一，所开传记等内容目次，搜罗详备，兄为治乙部者入门阶梯，其对学生启迪当非浅尠钦佩之至。安志敏君为齐致中在中国大学时高足。去岁余转学燕京以英语过差落榜，现仍在中大三年级肄业。安君因齐公之介，曾助鸟居龙藏先生译稿，故对考古略涉门墙也。前函所询周桓系本校毕业生，在沦陷期间尝任职伪北大，得列冯承钧门墙，继遂为冯快婿，渠亦为岐“宋史及官制史”班学生，资地平平，特颇努力耳。今年厂甸冷落异常，书摊寥寥。前日偕哈

① 夏孙桐（1857—1941），字闰枝，一字悔生，号闰庵，江苏江阴人。清光绪十八年（1892年）进士，官浙江湖州知府，入民国曾任清史馆总纂。著有《观所尚斋诗存》《文存》《悔龛词》等。

② 顾廷龙：《悔龛词序》，顾廷龙：《顾廷龙全集·文集卷》下，上海：上海辞书出版社，2015年，第913页。

燕社同人一游，祇购三部笔记，可见好书无多矣。嘱寻《内蒙古长城地带》，容遇机图之。此复藉颂

大安。

弟 岐 顿首

二、廿四

按，此函提及顾廷龙开列史部传记目录，供学生研究参考。又言及安志敏、周桓两人。安志敏1948年毕业于北京中国大学史学系，1948—1950年任燕京大学历史系助教，后为著名考古学家。函中提及本年为安君三年级肄业，故应为1947年2月24日。周桓亦为燕大学生，1941年燕大关闭后辍学，1942—1945年间，得力老史学家冯承钧之助，研习西域交通史等，1948年春燕大毕业后留校任哈佛燕京学社研究助理。①

二十四（1947年7月1日）

起潜吾兄著席：不通音讯又复月余，想动定佳胜也。日前樵新送来尊编《菊生先生书目》十三册，除自留一册外，余已分别特赠陆志韦、齐致中、周太初、容氏兄妹三人、燕京大学图书馆、陈援庵、孙子书、中法汉学研究所、邓文如、陈鸿舜，诸祈释念并致谢忱。颉刚先生去春挑出未能取走之书，今春因学校办法变更，已嘱冯续昌君代领，不知冯已有信报告否？颉刚先生对此事深有误会，今或可冰释□□。岐本知之，但处理公务不得不尔徇私情，以招物议。他人则可，岐则绝不肯为。知我罪我，听之而已。图书馆长事，在历农归来后，校方仍不肯释。岐仔肩，经两度力辨，于上月中始许以历农继任，今晨已正式宣布矣。历农人缘不佳，又遇事苛察，无田洪都之才，而有其短，深虞其与同仁不能水乳也。燕校即放暑假，假中拟整理旧稿，俾易米煤之资，迩来物价狂涨，平津粮源断绝，三五月后恐不易维持矣。《庄子引得》已出版，俟过三五日发寄赠一部请教。此颂

撰祈！

弟 岐 再拜

七月一日

按，哈佛燕京学社引得编纂处于1947年5月出版《庄子引得》，据此可推断此函时间为1947年7月1日。是时，顾廷龙先生编成《菊生先生书目》，寄至聂崇岐处，分赠燕京同仁。

---

① 董耀会：《北大人》，北京：书目文献出版社，1993年，第822页。

又图书馆馆长由陈历农继任，但聂崇岐对陈评价不高。此外，聂崇岐还谈及北平物价飞涨，平津地区粮食几近断绝的社会经济情形。

1947 年是国民政府社会经济全面走向失控恶化、经济改革失败的转折年。国民政府自 2 月开始实施停售黄金、管制物价、禁用外币、取缔投机等一系列经济紧急措施，颁布系列经济改革方案，推行金融改革，增加生产、稳定物价，整理财政、稳定币值，刺激扩大社会经济建设活动，召开全国粮政会议，推行《三十六年度田赋征实暨征借粮食实施办法》等举措，同时推行币值改革①，然这一切均告失败，社会经济危机仍一步步滑向深渊。

二十五（1947 年 11 月 21 日）

起潜吾兄著席：今晨奉手书，敬悉一一，史部目录及金石为我兄专精之学，暨南学生何幸得此良师，不禁为之遥贺也。岐自摆脱图书馆务，时间略觉从容。本年授课两门，一为中国通史，一为中国政治制度史，每周六小时，尚能应付。天津《益世报》所登拙作，端为凑买烟钱，拉杂成篇，不足齿也。目下正为《燕京学报》赴《宋役法述》一文，大约十二月中可以脱稿，俟印出后当寄请指正外，此中国官制史亦在整理，倘无阻碍，明夏或可杀青，届时仍当呈政，并烦代向书商接洽出版。敝处今秋即就《庄子引得》，兹随函寄赠贵馆一部，至希詧（查）收是荷。关于中法汉学研究所通检事，因该所人事异动，未便进行，容缓图之如何？专上敬颂

撰安！

弟　岐　顿首

十一月二十一日

按，聂崇岐所撰《宋役法述》发表于 1947 年 12 月出版的《燕京学报》第 33 期，又据哈佛燕京学社档案显示，1946—1947 年度燕京大学历史系课程设置，聂崇岐教授课程与函中所述相符，故可推断此函时间为 1947 年。自 1945 年底，聂崇岐兼任历史系副教授、教授。1946 年，担任哈佛燕京学社办事处执行干事，工作重心转为办事处事务。

函中所言中法汉学研究所（Centre Franco—Chinois d' Etudes Sinologiques），1941 年 9 月由法国政府设立，1942 年 9 月相继成立语言历史组和通检组。因燕京大学封闭，日军占领燕大，哈佛燕京引得编纂处无法继续存在，在聂崇岐的带领下，8 名引得工作人员转入中法汉学研究所通检组，开始以中法汉学研究所通检组之名编辑出版通检。②

1945 年冬，抗战胜利，原燕京大学、中法大学复校，燕京大学一批教授和哈佛燕京引得

---

① 韩信夫，姜克夫：《中华民国史大事记》第 12 卷，北京：中华书局，2011 年，第 8288—8392 页。

② 冰心，萧乾：《燕大文史资料》第 10 辑，北京：北京大学出版社，1997 年，第 253 页。

编纂处聂崇岐等人返回燕京大学，汉学研究所的工作受到严重影响。汉学研究所通检组工作主要由中法汉学研究所吴晓玲、邓诗熙、王娲婷三人承担，吴晓玲任通检组主任。[①] 1947 年，中法汉学研究所进行改组，更名为“巴黎大学北京汉学研究所”，直接隶属于巴黎大学。[②] 此函值中法汉学研究所改组之后，中法汉学研究通检组仅 3 人支撑。聂崇岐虽复回燕京大学，与顾廷龙仍然关心该组的未来发展。

二十六（1948 年 4 月 1 日）

起潜吾兄史席：今晨奉手书，诵悉一切。前寄上引得书目一份，至希转交贵友。贤郎暑中投考燕校，想能录取。开学北来可暂下榻敝寓。日昨接洪公信，哈佛约岐出国，大致不成问题，但岐以薪津仅三千元，揆以目下生活程度之高，绝不足维持两处费，已覆函拒绝。今秋出国与否，尚未定也。

知关特达。即颂

箸安！

弟　岐　再拜

四月一日

二十七（1948 年 4 月 24 日）

起潜吾兄史席：顷奉手书，诵悉一一，历农信已转交，今寄上《史记引得》一部，敬希詧（查）收。敝处现正编《后汉书》及《墨子引得》，后者在六月中出版。前者恐须至年终矣。引得处事在弟出国时，将由王钟瀚君代负责。王君六月抄可到。陈观胜南巡已回，闻在沪上留二日。特覆藉顿

箸安！

弟　岐　顿首

四月二十四日

---

① 杨宝玉：《中法汉学研究所与巴黎大学汉学研究所所出通检丛刊述评》，《北京大学学报》1987 年第 4 期，第 47 页。

② 杨宝玉：《中法汉学研究所与巴黎大学汉学研究所所出通检丛刊述评》，《北京大学学报》1987 年第 4 期，第 46-48 页。

按，《史记引得》全称《史记及注释综合引得》，出版于1947年12月。《墨子引得》为引得编纂处23种特刊之一，出版于1948年5月，又据聂崇岐1948年赴美哈佛大学短期访学史实，推断两函时间为1948年。1946年，洪业应邀去美国哈佛大学讲学，后因内战滞留美国。因聂崇岐协助洪先生开展引得工作近二十年，其目录学学术功底深厚，洪业对此甚为了解，故力荐聂崇岐去哈佛大学讲授目录学。初期，聂崇岐因生活费用问题举棋不定，至4月方下决心应邀赴美国哈佛大学东方语言系作短期讲学。与此同时，自1946年赴美国哈佛大学进修2年的王钟翰回国，任燕京大学历史系副教授，故接替聂崇岐的工作，任引得编纂处代副主任，主持编纂处日常工作。陈观胜（1907—?），生于夏威夷。1931年毕业于夏威夷大学，1934年获燕京大学硕士，1946年获哈佛大学博士，1947年接替洪业任哈佛燕京学社北平办事处执行干事，负责管理学社在燕京大学的工作及与其他五所教会大学的联络。

二十八（1958年7月17日）

起潜吾兄：前月覆函，计达左右，近况如何？双反交心运动，贵馆已结束否？此间已进入第四阶段，本月下旬即将结束。此后将全力投入跃进计划矣。

兹有恳者：敝组拟着手整理王韬著作，其《韬园文录外编》，闻有十二卷本，而京市只能觅到十卷本，不知贵馆有十二卷本否，如有可否假来抄录？如无，则沪上有藏十二卷本者否？又王氏零星著作甚多，亦请就所见所知者开一简目，有渎清神。谢谢！

顾太太体气如何？诵芬仍在京否？

朱蓉江已调往武汉科学分院，主要任务为图书馆工作。

并闻，敬问

俪安！

弟　崇岐　上

七、十七

按，1952年全国院系调整，聂崇岐经翦伯赞推荐，任职于中国科学院历史研究三所（今中国社科院近代史研究所），负责史料编辑室工作，编纂《中国近代史资料丛刊》十余种。[①] 1958年，全国上下各行各业开展“双反”运动及“向党交心”活动。[②] 聂崇岐在此次运动中受到批判。1958年，聂崇岐兼任历史三所工具书组组长，并担任国务院古籍整理出版规划小组成员，是时工具书组正在整理搜集王韬著作。函又及朱士嘉调任武汉科学分院图书馆工作。

---

① 邹新明，孙金娟：《聂崇岐：从哈佛燕京“引得”到中法汉学研究所“通检”的关键人物》，《大学图书馆学报》，2004年第5期，第83-85页。

② 参见《1958年反浪费反保守之双反运动》，http://www.weilishi.org/12418.html，2016年12月6日查询。

此外，在35通信札中，尚有7通年份无法考者，大致内容包括：聂赴上海之行程，与王倬云赴后门一带访“墨”、晤张亮丞先生，及《地学杂志》《中西交通史料》之搜集，以及《甘肃通志》嘉庆八年至十一年所载布政使之详情。在此不一一赘述。

结 语

上文一一收录并略述聂崇岐致顾廷龙先生信函情况，由于诸事并论，线索繁多，不免繁琐，以下做一简要之总结，总论信函所涉事宜。

（1）书籍访求与书市情形。聂崇岐从事历史研究、索引目录编纂，顾廷龙从事版本鉴定、古籍整理研究，二人在1939年前共事于燕京大学，为哈佛燕京学社服务，聂崇岐任哈佛燕京学社引得编纂处副主任，顾廷龙任哈佛燕京学社汉和图书馆燕京购书处负责人，在购书工作领域交集颇多。顾廷龙1931年6月毕业于上海持志大学国文系，同年8月考入燕京大学研究院国文系，并获得美国哈佛燕京学社奖学金。是时，北平图书馆文津街新馆落成，顾廷龙时常前往阅览，结识王庸、胡鸣盛、向达、赵万里、谢国祯、刘节、王重民、孙楷第诸大家，获益良多①，逐渐与书结缘。1933年，燕京大学图书馆中文采访部房兆楹、杜联喆夫妇离职赴美，洪业邀请顾廷龙担任燕京大学图书馆采购古书的工作。1933年7月，顾廷龙被任命为中文采访主任，并兼任哈佛燕京学社汉和图书馆北平采访处主任，直至1939年7月。在燕京大学图书馆工作期间，顾廷龙于古书采购，穷尽多种渠道，尽可能搜罗各种难得之本，尤为注重抄校稿本。采购部原规定各书店每周一三五送样书三次，图书馆采购委员会每一、两个月召开会议一次。顾廷龙到任后，改变此规定，不限书店和时间②，使得燕京大学图书馆可以在最快的时间里获知古书出售信息，在访购古书上占得市场先机，为燕京大学、汉和图书馆经手购入珍贵书籍不胜数，对两馆的中文藏书发展做出了巨大的贡献。聂崇岐曾于1945年至1947年担任燕京大学图书馆代理主任。在此之前，因引得编纂工作及其个人宋史研究需要，非常重视文献资料收集与版本鉴定工作。故二人在访书、购书方面交流频繁。此批信函主要显现了二人互相帮助寻访珍贵文献资料的事情，这些资料一方面涉及聂崇岐研究领域宋史资料的搜集，另一方面则是合众图书馆所需文献资料。二人分别以北平、上海两地旧书市场为基础，结合燕京大学图书馆、合众图书馆及个别所见私人收藏，互补所缺，代抄代购，其中亦涉及版本鉴别考证等工作，互助互益。正是这一辈人积极访购珍贵书籍，才有燕京大学图书馆、哈佛燕京学社汉和图书馆、合众图书馆的发展壮大。

（2）引得进展。聂崇岐是哈佛燕京学社引得编纂处和中法汉学研究所通检编纂工作至关重要的人物，在中国现代索引史上具有重大贡献和重要地位。自1930年哈佛燕京学社引得编纂处成立起，即在该处任编辑，1933年任副主任。1942年创建中法汉学研究所通检部。1945

---

① 沈津：《顾廷龙与合众图书馆》，《沈津自选集》，深圳：深圳出版社，2023年，第78页。
② 沈津：《顾廷龙与合众图书馆》，《沈津自选集》，深圳：深圳出版社，2023年，第78-79页。

年底复任燕京学社引得编纂处主任，从事引得编纂工作二十年。哈佛燕京学社引得编纂处成立之初，仅有聂崇岐、李书春、田继综三人，开展引得的选题、选本、编纂、校印等工作。初期出版的引得，多以篇幅不大，编辑不甚繁，而学术研究又很急需的几部古籍为重点。如《说苑》《白虎通》《历代同姓名录》等引得。聂崇岐独立完成的有《仪礼引得附郑注引书及贾疏引得》。1933 年聂崇岐担任副主任职后，“佐主任处理日常事务及总负编校之责”，引得处编纂重点开始转为十三经、二十四史，及先秦诸子等传统经典文献。[①] 1942 年前，引得编纂处先后完成除《尚书》外十二经，二十四史之前四史，及《庄子》《墨子》《荀子》，还陆续出版了《全上古三代秦汉六朝文作者引得》《艺文志二十种综合引得》《宋诗记事著者引得》《元诗记事著者引得》《辽金元传记三十种综合引得》，以及《崔东壁遗书》《世说新语》《容斋随笔五集》《琬琰集删存》等。[②] 仅聂崇岐独自完成的引得即达 13000 多页，并创造了一种推算表《各板页数推算表》，促进引得编纂的精确性。曾任中法汉学研究所通检组负责人的吴晓玲曾言：聂崇岐是“哈佛燕京大学所属引得编纂处的实际负责者。”[③] 这批信函在细节处阐述了聂崇岐等人在编制引得过程中的资料搜集、问题商论以及相关的出版情况和事宜，恰可与哈佛——燕京学社档案中的相关内容互作补充。

（3）学人情形。信函中提及燕京大学、辅仁大学，乃至西南联合大学等校众多学人，不仅涉及其教学、研究情况，又兼有对其个人生活、家庭变化的评论。尤为特殊的是，哈佛燕京学社自民国期就是一个由中外合办的特殊机构，对于我国学人颇多资助，提供了许多出国访学机会，涉及两国汉学学术圈的往来掌故，聂崇岐等人恰是期间的见证者与亲历者，信函中恰为我们勾连出朱士嘉、陈鸿舜等诸多学人留美前后的相关情状。

（4）教学科研。聂崇岐毕业于燕京大学历史系，师从洪业，曾先后任教于燕京大学历史系、辅仁大学历史系。1945 年起担任燕京大学历史系教师兼哈佛燕京学社研究员，教授中国通史、宋史、中国官制史、中国近代史、中国现代史、中国史学史等研究生课程。其导师洪业对学生的培养素以富有计划性著称，初时安排齐思和研究春秋战国史，周一良主治魏晋南北朝史，冯家昇研究辽金史，翁独健治元史，聂崇岐则治宋史。聂崇岐治宋史，颇得洪业治学的要义，从来皆以掌握丰富的史料为要务。同时，亦得益于多年引得编纂工作对其个人在史料考证领域之训练。此批信函中，涉及其宋史研究者有多处，如聂崇岐发表之《宋辽交聘考》《宋役法述》等成果；又如请潘景郑、顾廷龙等留意上海书市有关宋史资料，协助搜集《四部丛刊》零种、《四部珍本》零种、《宋人文集》、宋人集部、《广宋遗民录》《仪顾堂集》《克斋集》《南宋六十家集》等。此外，哈佛燕京学社每种引得，前有揭示该种古籍之撰述经历、版本流传、内容及学术价值之序言，类书目提要、书志之功能，聂崇岐负责撰写引得序言之数仅次于洪业，集中于史部、

---

① 冰心，萧乾：《燕大文史资料》第 10 辑，北京：北京大学出版社，1997 年，第 252 页。
② 冰心，萧乾：《燕大文史资料》第 10 辑，北京：北京大学出版社，1997 年，第 252 页。
③ 吴晓铃：《吴晓铃集》第 2 卷，石家庄：河北教育出版社，2006 年，第 79 页。

集部之古籍，显现其精深的目录学功底。以上所述种种，皆可作为聂崇岐学术思想研究的基本素材与关键切入点，颇值得学界留意。

（原刊于《高校图书馆工作》2021年第1、3、4、6期）

顾廷龙与朱士嘉的交往及应邀赴美钩沉

白晓羽

顾廷龙（1904—1998），字起潜，江苏苏州人，目录版本学家及图书馆学家。朱士嘉（1905—1989），字蓉江，江苏无锡人，著名方志学家。1932年，二人毕业于燕京大学，获得硕士学位，并入职燕京大学图书馆，共事7年有余。1939年7月，顾廷龙受叶景葵邀请，前往上海创办合众图书馆，同年9月，朱士嘉受美国国会图书馆恒慕义邀请，前往美国工作。目前学界对二人的交往事迹尚未见探讨，究其原因，主要是二人时间与空间交集相对较少。但其友谊自20世纪30年代初一直延续至20世纪80年代末，近60年。

一、同舟共济：禹贡共事与相互切磋

1932年朱士嘉在燕京大学历史系硕士毕业，留校担任燕京大学图书馆中文编目部主任。同年，顾廷龙于燕京大学文学系硕士毕业，受燕京大学图书馆馆长洪业①邀请，担任图书馆中文采访主任兼美国哈佛大学哈佛燕京图书馆驻平采访主任。顾颉刚②在燕京大学就职时，经常在家设宴，据钱穆回忆："余初到校即谒顾颉刚……其家如市，来谒者不绝。"③ 顾廷龙与朱士嘉多次出席宴会，如1931年12月22日，顾颉刚家圣诞节宴客，同席者有朱士嘉、顾廷龙等。④ 1933年2月10日，顾颉刚留顾廷龙、朱士嘉吃晚饭。⑤

1934年2月顾颉刚、谭其骧创办禹贡学会及《禹贡》半月刊。顾廷龙与朱士嘉同年加入禹贡学会，并负责《禹贡》半月刊的出版、销售等工作。据《〈禹贡〉半月刊总目》可知，

---

① 洪业（1893—1980），号煨莲，福建省福州人，著名史学家，著有《考利玛窦的世界地图》《蒙古秘史源流考》等。

② 顾颉刚（1893—1980），字铭坚，江苏苏州人，著名历史学家，著有《古史辨》等。

③ 钱穆：《北平燕京大学》《八十忆双亲师友杂记》，北京：九州出版社，2017年，第116页。

④ 顾颉刚：《顾颉刚日记（第二卷）》1931年12月22日，北京：中华书局，2011年，第592页。

⑤ 顾颉刚：《顾颉刚日记（第三卷）》1933年2月10日，第13页。

1934年至1937年,《禹贡》半月刊共出版7卷82期,所载文章都经顾颉刚、谭其骧审定,其中朱士嘉发表了9篇,顾廷龙发表了4篇,具体篇目见表一。

表一 《禹贡》半月刊所载朱士嘉及顾廷龙的文章①

发表人	发表时间	题目
朱士嘉	1934年3月	《方志之名称与种类》
朱士嘉	1934年5月	《〈中国地方志综录〉例目》
朱士嘉	1934年10月	《〈中国地方志综录〉序》
顾廷龙	1934年12月	《绥远方志鳞爪》
朱士嘉	1935年9月	《杨守敬地理著述考》
顾廷龙	1935年11月	《〈华夷图〉跋》
顾廷龙	1935年12月	《〈国史地理志〉稿本跋》
叶景葵、顾廷龙	1936年1月	《讨论〈方舆纪要〉函札六通》
朱士嘉	1936年3月	沈鍊之《〈中国地方志综录〉正误》之正误
朱士嘉	1936年4月	《明代四裔书目》
朱士嘉	1936年8月	《〈中国地方志综录〉校勘记》
朱士嘉	1937年4月	《怎样编纂新式的县志》
朱士嘉	1937年4月	《〈天一阁方志〉跋》附:《天一阁方志目》

1934年8月24日顾廷龙告诉顾颉刚:"《禹贡》编辑季龙②任之极妥,士嘉倩其任发行,渠亦甚愿。推销方面(广告登报事),当会商一次。"③ 9月10日顾廷龙给顾颉刚汇报《禹贡》半月刊第一卷第一期与第二期的情况,关于销售及方志专题设置的问题,"世嘉毫无意见"④。此时朱士嘉除了燕大图书馆的工作,还担任辅仁大学的讲师,并主编《史学年报》和《燕京大学图书馆学报》⑤,因工作繁忙,无法兼顾禹贡学会的相关工作。⑥ 为了向国内外学界宣传《禹贡》半月刊,顾廷龙将《禹贡》半月刊的消息登上《晨报》与《大公报》,先后印刷了

① 中国社会科学院民族研究所图书室编:《〈禹贡〉半月刊总目》,北京:中国社会科学院民族研究所图书室编印,1982年,第2-38页。

② 谭其骧(1911—1992),字季龙,浙江省嘉兴人,著名历史地理学家,著有《中国历史地图集》等。

③ 1934年8月24日顾廷龙致顾颉刚信,《顾廷龙全集》编辑委员会编:《顾廷龙全集·书信卷》上,上海:上海辞书出版社,2017年,第100页。

④ 1934年9月10日顾廷龙致顾颉刚信,《顾廷龙全集·书信卷》上,第104页。

⑤ 朱士嘉:《朱士嘉自传》《文献》1980年第3期,第159页。

⑥ 1934年9月10日,顾廷龙给顾颉刚的信中提到朱士嘉"似甚忙碌"。谭其骧在《我与〈禹贡〉和禹贡学会》中谈道:"我的正业是大学讲师和图书馆馆员。每星期得上四五堂课,每天还得到馆办公,编图书馆的馆藏方志目录,编半月刊的工作不得不全部依靠开夜车。"由此可知,朱士嘉与谭其骧工作性质相似,平日定十分忙碌。

600份广告，且找了生活书店专门负责《禹贡》半月刊的广告宣传与售卖。① 1936年5月24日禹贡学会召开成立大会，选举顾廷龙和朱士嘉为候补监事。②

顾廷龙与朱士嘉作为同学、同事，经常进行学术切磋。如1930年，朱士嘉先后搜集地方志于燕京大学图书馆、上海徐家汇天主堂藏书楼、中山大学、金陵大学、美国国会图书馆、日本内阁文库等，得老师顾颉刚引荐，获得王体仁③所藏《九峰旧庐方志目》一册，顾廷龙、张尔田、袁同礼、王重民等为又其推荐相关目录书④，顾廷龙也曾将光绪二十三年徐傅所编、王镛补辑的《光福志》借给朱士嘉⑤，这为朱士嘉初编《中国地方志综录》提供了基础材料。1935年顾廷龙撰文赞扬朱士嘉用功之勤，终成《中国地方志综录》，且该书详细记载了各地方志的出版年月、编修人员及收藏之处，是地方志研究者不可忽视的参考材料：

> 我校图书馆收藏地方志之多，非他校所能及。曩时朱君士嘉肄业于此，专心研究，寝馈其中者多年，曾就馆藏及目睹者编为一目，俾为征采之资，曰《方志备征目》，于是汗漫无归之方志，始有薄录可稽，学者无不称便，而朱君犹以为未足。曰："自宋以来纂修方志之业日益兴盛，而中国区宇之大，交通之不便，致流传之不能广。何地有志？何志曾刻？何地之志，几经纂修？前人莫之注意，今日欲研究各地民情风俗，必据方志为入门，是非将方志之存于今者，综而录之不可也"。遂极数年之力，调查国内外图书馆及私家所藏殆遍，详纪纂修人名，及刊版年月，并注所藏之处，末附历代修志统计等表。浩瀚群帙，遂有系统。⑥

1936年顾廷龙见山东省海丰吴氏石莲闇藏书散出，书中有唐翰题⑦的题识印记，便撰写《唐鷦安先生藏书考略》，发表于《大公报·史地周刊》第123期，朱士嘉见刊后便告知顾廷龙，他的好友葛昌楣⑧藏有唐翰题藏书目稿本，并借来唐翰题所编《安雅楼藏书目录》三册，供顾廷龙补充缺漏。⑨ 同年，顾廷龙出版了古文字学专著《古匋文孴录》，朱士嘉在《燕京大学图书馆学报》发表了该书出版的信息。⑩ 1937年朱士嘉得知顾廷龙撰写《跋重纂光泽县

---

① 1934年9月10日顾廷龙致顾颉刚信，《顾廷龙全集·书信卷》上，第104页。
② 顾颉刚：剪报《世界日报》《顾颉刚日记（第三卷）》1936年5月，第480页。
③ 王体仁（1873—1938），字绶珊。浙江绍兴人，喜藏书。
④ 朱士嘉：《中国地方志综录序二》《中国地方志综录》上，上海：商务印书馆，1937年，序二第1页。
⑤ 朱士嘉：《中国地方志综录》上，第4页。
⑥ 顾廷龙：《新书介绍·中国地方志综录》《燕京大学图书馆学报》第78期，1935年。
⑦ 唐翰题（1816—?），字鷦安，浙江嘉兴贡生，著有《说文臆说》《唯自勉斋存稿》等。
⑧ 葛昌楣（1886—1964），字咏莪，浙江平湖人，著有《蘼芜纪闻》等。
⑨ 顾廷龙：《安雅楼藏书目录跋》《顾廷龙全集·文集卷》上，上海：上海辞书出版社，2015年，第172页。
⑩ 沈津：《顾廷龙年谱》，上海：上海古籍出版社，2004年，第54页。

志》，朱士嘉将新得《光泽县志》借给顾廷龙阅览。[①] 1938 年[②]，顾廷龙于厂肆获得吴昌绶[③]遗墨，欲将其手稿整理成册，以利后学，朱士嘉赠吴昌绶照片，顾廷龙将照片“并冠册首，以志景仰”[④]。同年，顾廷龙出版了《章氏四当斋藏书目》，该书按照“藏书特点分卷”[⑤]，朱士嘉撰文评论，认为《章氏四当斋藏书目》以经、史、子、集、丛部为分类法，所著录书目均详记卷册、版本、著者及籍贯，他人题识以按语详解，“发扬读书者藏书之辛苦”[⑥]：

> 是目分类仿四库总目，惟别立丛书为一部。每目于书名、卷册、著者及其籍贯、版本年代，均详著之，分为三卷，卷上为先生手自批校，或曾经题识之书，卷中为旧椠精刻、名家钞校，卷下为通行之本，末附书名通检一卷，井然有条，甚便检阅。顾君复以先生题跋，悉系于目，以见校读之勤，他人识语，亦均录附，以为考证之资。凡题识所及之友朋，各撰按语，详见履贯，以见当年赏析之乐。而于各书著者，又均冠以地望，益可见爱护乡邦文献之热诚，是皆为此目新异之点，极能表彰先生劬学之里面，可谓不负所托矣。[⑦]

1939 年，顾廷龙与朱士嘉同时迎来了职业生涯的转折点。这年夏天，张元济和叶景葵邀请顾廷龙前往上海合众图书馆工作[⑧]，7 月 13 日，顾廷龙与朱士嘉、聂崇岐等人在燕京大学校门告别[⑨]，自此就职于上海合众图书馆。1935 年，商务印书馆出版了朱士嘉的《中国地方志综录》，该书著录 5832 种 9327 卷地方志，“以出版的年月论，上下历八百余年；以地方的单位论，纵横跨二十八行省及西藏蒙古二地”[⑩]，是中国第一部全国方志联合目录。该书出版后得到美国国会图书馆的青睐，1939 年 9 月朱士嘉受美国国会图书馆东方部主任恒慕义[⑪]邀请，前往美国国会图书馆工作，编纂并出版著作《美国国会图书馆藏中国地方志目录》。[⑫]

美国是现代图书馆制度最发达的国家，东亚馆员的职位有着双重要求，除了要精通东亚

---

① 顾廷龙：《跋重纂光泽县志》《顾廷龙全集·文集卷》上，第 71 页。

② 顾廷龙：《跋吴伯宛先生遗墨》《顾廷龙全集·文集卷》下，第 646 页。原文记作“戊寅十月望日，顾廷龙记”，“戊寅”应为 1938 年。

③ 吴昌绶（1868—1924），字伯宛，浙江杭州人，近代诗人，善影刻，刻有《双照楼词》《醉翁琴趣外篇》等。

④ 顾廷龙：《跋吴伯宛先生遗墨》《顾廷龙全集·文集卷》下，第 646 页。

⑤ 顾廷龙：《跋章氏四当斋藏书目》《顾廷龙全集·文集卷》上，第 191 页。

⑥ 沈津：《顾廷龙年谱》，第 73 页。

⑦ 沈津：《顾廷龙年谱》，第 73 页。

⑧ 顾廷龙：《祝贺商务印书馆百龄大庆》《顾廷龙文集》，北京：北京图书馆出版社，上海：上海科学技术文献出版社，2002 年，第 683 页。

⑨ 顾廷龙撰，李军、师元光整理：《顾廷龙日记》，北京：中华书局，2022 年，第 31 页。

⑩ 潘光旦：《中国地方志综录》《斯文悬一发：潘光旦书评序跋集》，北京：群言出版社，2015 年，第 291 页。

⑪ 恒慕义（1884—1975），曾担任美国国会图书馆东方部主任，中国史学家，著有《清代名人传略》等。

⑫ 朱士嘉：《朱士嘉自传》《文献》，1980 年第 3 期，第 159 页。

语言以外，还要经过严格的图书馆学训练。[①] 钱存训在《美国远东图书馆馆员现状与需求》中提到：160 名图书馆馆员中，接受过图书馆学训练的有 35%，接受过东亚研究训练的有 8%。[②] 由此可知东亚图书馆缺乏精通古籍的图书馆学家。1939 年朱士嘉曾写信告诉聂崇岐"十月十六日到华府，事情尚属顺手，仅饮食未甚惯习。且每日下班后斗室独居，举目无亲，但见异类稍感岑寂耳。"[③] 1940 年 6 月 26 日顾廷龙在日记中记录，朱士嘉来信"约吾赴美，吾欲助揆丈经营此馆，不便舍去，为事业不能为个人利益矣。谢书却之，而蓉江盛意极可感也。"[④] 此时，上海合众图书馆还处在筹备阶段，顾廷龙来沪不足一年，故回绝了朱士嘉去美国的邀请。

顾廷龙与朱士嘉二人有着相似的教育背景与生活经历，1939 年 12 月 16 日，聂崇岐曾致信顾廷龙"顷闻陈鸿舜兄言，蓉江之二小姐（亦可称四小姐）于前月以疾夭折，此事蓉江恐尚未知，何今岁离燕京者皆不幸若是耶。"[⑤] 同年顾廷龙长子顾诵诗因病去世。1940 年 9 月 15 日，顾廷龙在日记中写道："去年今日，长子丧亡，悲欢何如！"[⑥] 且顾廷龙曾亲自抄写了潘承弼所作《顾甥诵诗墓志铭》，想必他听闻朱士嘉遭受丧女之痛，内心悲痛定能感同身受。

二、历史留白：顾廷龙受邀赴美

沈津所撰《〈顾廷龙年谱〉编纂小记》谈道："我在采集资料的过程中，在先师的《日记》中看到了当年'哈佛燕京'欲聘先生去'燕京'就任中文编目主任的记载。而程焕文教授竟在'哈佛燕京'的旧存档案里意外地发现裘开明[⑦]和先生的通信，其中也透露了美方想请先生去耶鲁大学、加州柏克莱大学、哈佛大学图书馆工作的设想。但是，由于种种原因，先师放弃了出国的机会。如若先生去了美国，那么历史又会重写。"[⑧] 因而此事值得在此多花些笔墨。

1941 年年底，北京大学沦陷，1942 年秋季，聂崇岐转入北平中法大学汉学研究所，担任

---

① 孙显斌：《略论美国汉籍收藏史——以加州大学伯克利分校斯塔东亚图书馆为中心》《殊方天禄：海外汉籍收藏史研究论丛（第一辑）》，天津：天津人民出版社，2020 年，第 80 页。

② 钱存训著：《美国远东图书馆馆员现状与需求》《钱存训文集（第三卷）》，北京：国家图书馆出版社，2012 年，4 页。

③ 王蕾、梁益铭、肖鹏：《聂崇岐致顾廷龙信札考释（1939—1958）》（二）《高校图书馆工作》2021 年第 3 期，第 74 页。

④ 顾廷龙撰，李军、师元光整理：《顾廷龙日记》，第 89 页。

⑤ 王蕾、梁益铭、肖鹏：《聂崇岐致顾廷龙信札考释（1939—1958）》（二）《高校图书馆工作》2021 年第 3 期，第 74 页。

⑥ 顾廷龙撰，李军、师元光整理：《顾廷龙日记》，第 106 页。

⑦ 裘开明（1898—1977），美籍华人，中国图书馆学家，哈佛燕京图书馆第一任馆长。

⑧ 沈津：《〈顾廷龙年谱〉编纂小记》《国家图书馆学刊》，2004 年第 3 期，第 90 页。

研究院兼通检部主任。[1] 1941年4月21日聂崇岐来信，劝顾廷龙前往美国，担任美国哈佛大学燕京汉和图书馆编目主任，月薪百余美金[2]。1947年6月18日哈佛大学燕京图书馆馆长裘开明写信给加州大学图书馆副馆长布莱恩特先生（Douglas W. Bryant）[3]，希望加州大学伯克莱分校图书馆可以聘请顾廷龙去工作，并且需要预付顾廷龙差旅费600美金：

> 在如此情形下，我仍旧认为，加州大学伯克莱分校在邀请上海合众图书馆的顾廷龙先生（近来我给您做报告里所建议的人选）这件事上，一定会处理得更好。为了更为详细地呈现顾先生之所以适合此职位，我另外附上一封给Elizabeth Huff博士的信，希望你们能给予认真周全的考虑。倘若您决定邀请顾先生，一份邀请函加上一份电传，必须传至上海合众图书馆，其地址为：上海长乐路七四六号。另外，可能需要贵馆预先支付其600美元作为旅费。如上之数目可以从其第一年的薪水支票中按月扣除。最好的支付其旅费的方式，是不要直接寄给他现金，而是通过美国运通公司在旧金山的分支，以电传的方法将600美元划到顾先生的账号上，在支付了顾先生的机票费用后，他能用旅行支票来得到其结余。这样做，能避免在两国通货间转换的不便，因为中国政府有一项法律，规定所有国外转入的资金，只能用中国货币支付。希望以上的建议，对您有所帮助。[4]

同日，裘开明写信给加州大学伯克莱分校图书馆馆长伊丽莎白·赫夫（Elizabeth Huff）[5] 介绍顾廷龙的具体情况，认为顾廷龙著作丰硕，编辑出版了《合众图书馆丛书》，不仅具备丰富的图书馆学知识，而且对古籍收购有丰富的经验。顾廷龙的英语水平足以支撑他在美国工作，且他“认识许多中国古书的私人收藏者”，这便于加州大学进行中国古籍的收购：

> 我觉得顾廷龙先生——中国著名的历史学家顾颉刚的堂叔，也同样适合这个职位。实际上，他对于中国古籍的知识，可能较一些在美国接受过图书馆培训的图书馆员更好。他长时期供职于燕京大学图书馆，这使其懂得现代图书馆的知识，而且燕京的职员中也有好几位曾在西方接受过培训。他懂一些英语，而且我认为，他的英语足以使他能与你们在伯克莱相处融洽。既然你们彼此都熟谙中国之官话，那么你总能用北京方言与之讨论有关图书馆的事宜。毕竟，你要他来编制中国书籍并且提供购书之建议，而非要他来

---

① 王蕾、梁益铭、肖鹏：《聂崇岐致顾廷龙信札考释（1939—1958）》（一）《高校图书馆工作》，2021年第1期，第57-60页。

② 顾廷龙撰，李军、师元光整理：《顾廷龙日记》，第154页。

③ Douglas W. Bryant（1913—1994），加州大学图书馆副馆长。

④ 哈佛燕京图书馆藏裘开明档案，转引自沈津《顾廷龙年谱长编》（未刊稿）1947年6月18日。

⑤ 伊丽莎白·赫夫（Elizabeth Huff）（1921—1988），美国加州大学伯克莱分校东亚图书馆第一任馆长。

此地用英文作为媒介来教授主题。事实上，一九三九年，他被中国商务印书馆及合众图书馆的创始人张元济先生，从燕京请至合众，已经是一个很大的荣誉与成就。诚如您所知道的那样，张先生，一位前清之老翰林，为商务印书馆的中国善本古籍的影印事业及百衲本《二十四史》的出版，倾注了大量智慧及精力。除了我给您列出的顾先生的一些著作外，近来他编辑并出版了《合众图书馆丛书》（一九四〇至一九四五），共十六册，其中包括了十四种著作，这能在一九四六年的《中国书目季刊》第六期 P. 75 至 P. 77 上找到。另外，顾先生的一个令人羡慕的资格，是他通过张元济和顾颉刚，认识许多中国古书的私人收藏者，当中有些人或许愿意将其藏书卖给贵馆。我想，通过如此途径，加州大学能买到许多中国的藏品。我个人当然十分愿意邀请顾先生到本馆工作，惜乎我们未能像贵馆那样筹措到支付此职位的预算。①

顾廷龙多次受邀均未去美国，或许有以下三个原因。第一，上海合众图书馆需要顾廷龙主持工作。1938 年张元济等人开始筹备合众图书馆，1941 年在上海长乐路正式建立合众图书馆。顾廷龙担任总干事，负责文献采集、图书编目、读者服务等具体事务。另张元济、叶景葵等人十分倚重顾廷龙，"兹蒙青垂，折简相招，穷寂之中得一知己，感何可言!"② 顾廷龙十分感恩能够在乱世中为国家的文化事业贡献自己的力量且得知己垂青，故无变动工作的想法。第二，始于爱国之心，顾廷龙不希望中国的古籍外流。"我有一颗爱国之心，决心把小图书馆办像样，护持好几万册的古书。"③ 合众图书馆作为抗日的产物，该馆建立的主要目的是在战乱中保护古籍。从裘开明对顾廷龙的介绍信中可以知道，美国雇佣顾廷龙的重要原因是顾廷龙"认识许多中国古书的私人收藏者"，这样的身份有利于美国进行图书收购，顾廷龙为了防止中国古籍不断外流，拒绝了美国的邀请。第三，不愿合众图书馆在战乱中消失。"尝一助舍侄经营《禹贡》，方具规模，遭变而辍，殊深惋惜。"④ 1934—1937 年顾廷龙一直在协助顾颉刚负责禹贡学会及《禹贡》半月刊的工作。1937 年北平沦陷后，《禹贡》半月刊被迫停刊，直至 1946 年才召开复会会议，不久后再次停刊，1955 年禹贡学会宣布解散。⑤ 由此可知，顾廷龙曾目睹了禹贡学会的创办与消失，想必无法接受自己亲手创办的合众图书馆在战乱再遭此劫难，故在美方提供高薪的情况下，依旧不为所动。尽管顾廷龙未去美国，但其一生的工作始终与美国图书馆有着千丝万缕的关系。

首先，顾廷龙在燕京大学读书时多次获得哈佛燕京学社的资助，如 1931 年顾廷龙申请到

① 哈佛燕京图书馆藏裘开明档案，转引自沈津《顾廷龙年谱长编》（未刊稿），1947 年 6 月 18 日。
② 1939 年 4 月 10 日顾廷龙致叶景葵信，《顾廷龙文集 · 书信集》上，第 36 页。
③ 顾廷龙：《书海沧桑》《顾廷龙文集 · 文集卷》下，第 992 页。
④ 1939 年 4 月 10 日顾廷龙致叶景葵信，《顾廷龙文集 · 书信集》上，第 36 页。
⑤ 马保春：《"禹贡学会"和〈禹贡〉半月刊的坎坷之路》《新时代 · 新技术 · 新思维——2018 年中国地理学术研讨论文集》，济南：齐鲁书社，2020 年，第 47-66 页。

美国哈佛燕京学社的奖学金，共计500法币。① 顾廷龙早年的研究著作《吴愙斋先生年谱》和《古匋文舂录》均在哈佛燕京学社的资助下得到出版。

其次，1932年至1939年顾廷龙一直负责哈佛燕京学社购书的工作。据顾廷龙回忆“当时燕京图书馆中文采访部没有人，洪业为图书馆委员会主任委员，他要我去帮助工作，搞图书采购。这个委员会有两项工作，一是为燕京图书馆购书，一是为美国哈佛大学汉和图书馆买中文书。书单由哈佛方面出，哈佛负责这项工作的是裘开明。我参加这项工作之前，是杜联喆（她的丈夫即房兆楹，后来他们去了美国，在国会图书馆编《清代名人传略》）在做，杜走后有半年无人办这件事。”② 哈佛大学汉和图书馆会支付一定的薪水给工作人员，见燕京大学图书馆哈佛购书处向哈佛大学哈佛学院图书馆汉和图书馆提交用款报告：

> 1937—1938年度哈佛购书处总计用款为17351. 40元国币（结存7145. 82元），其中书款5407. 22元，志书8714. 66元，杂志47. 58元，装订574. 22元，邮费606. 45元，寄件材料118. 08元，文具39. 19元，薪水1844. 00元。薪水领款者和支款额分别为：1937年7月至1938年6月：顾廷龙先生840元，刘楷贤先生420元，关瑞林先生360元；1938年3-6月：吴钰祥先生100元，佟起翔先生100元，陆述文先生24元。（HY-LArchives；哈佛大学汉和文图书馆书款报告1937—1938年）③

1932—1939年燕京大学每月付顾廷龙工资125元左右④，1936—1937年哈佛大学每月为顾廷龙支付工资60元⑤，1937—1938年收到哈佛大学所付年薪840元，1939年以后顾廷龙在上海合众图书馆的工资为每月160元（房屋除外）⑥。据《顾廷龙日记》记载，1942年3月13日“晨起，负米求售者陆绎于途，盖国米能在租界中通行最后一日，故来者尤众，索价六百五十元，稍回，至五百五十元，弄中有购之。入莫则为四百九十元，小民何以为生乎。”⑦ 由此可知20世纪40年代初中国物价高昂，且上海合众图书馆经费捉襟见肘，多通过抄书等方式

---

① 沈津：《顾廷龙年谱》1931年7月，第22页。

② 顾廷龙：《起潜备忘》《顾廷龙全集·读书笔记卷》下册，上海：上海辞书出版社，2016年，第453页。

③ 程焕文：《裘开明年谱》，桂林：广西师范大学出版社，2008年，第211页。

④ 1939年2月8日顾廷龙致叶景葵信，《顾廷龙文集·书信卷》上，第25页。“龙佣书燕馆，专任采访，因校例所限，不能兼任教课，既无聘书，亦无合同。月薪百廿五元，循资而上，暑后学校无恙，当可增加十五元，所幸此间生活程度较低（以房租而论，不过上海十之一耳），勉强维持。”

⑤ 程焕文：《裘开明年谱》，第181页。

⑥ 王世伟等：《叶景葵致顾廷龙论书尺牍（便笺）》，《历史文献》第1辑，上海：上海社会科学院出版社，1999，第32页。1939年5月5日叶景葵给顾廷龙写信“薪水，每月一百六十元（房屋除外），自七月一日起支；如兄七月内尚不能来，即将此款为兄在沪开办购置必需品（此事托景郑最妥）。”

⑦ 顾廷龙撰，李军、师元光整理：《顾廷龙日记》，第225页。

获得书籍。[①] 另1941年法巡捕房多次调查合众图书馆，1942年日人甚至想将合众图书馆当作会所，“两年在法国人统治下，四年在敌伪统治下，‘合众’实在惶恐中度日，心神很不安宁。”[②] 据前文可知美国可每月支付百余美元给顾廷龙，约560元[③]，而顾廷龙始终没有因为经济的压力与工作环境的艰苦而远去美国。

最后，1939年顾廷龙在上海合众图书馆工作后，依旧与美国的图书馆有着密切的往来。据顾廷龙所撰《合众图书馆年度工作报告（1939年至1952年）》可知，上海合众图书馆与美国学界有书籍交流活动，顾廷龙负责相关工作。就赠书而言，美国国会图书馆捐书6次，约合计20部66册；美国新闻处捐书3次，约合计为22种78册；哈佛燕京学社捐书4次，合计约6种7册；美国都城博物馆捐书2次，合计34种90册。[④] 就书籍互换而言，1939年，美国哈佛燕京学社以所编《亚洲学术季刊》与上海合众图书馆所印丛书约定为长期交换。[⑤] 1945年9月20日顾廷龙准备将上海合众图书馆所印刷的14种丛书，邮寄给美国哈佛燕京图书馆。[⑥] 1946年3月19日，顾廷龙致信裘开明，希望恢复长期交换《哈佛亚洲学报》（*Harvard Journal of Asiatic Studies*）的政策，并赠送全份 *Journal* VOL. 1至5， 将邮寄《河朔古迹图识》《补藤花馆石墨目录》至哈佛燕京图书馆。[⑦] 1946年11月22日，顾廷龙致信裘开明，将给哈佛大学燕京图书馆邮寄丛书《陟冈楼丛刻》《钱士青先生丛刻》等，希望哈佛能够赠予新出版的《汉英字典》。[⑧] 1947年11月14日，顾廷龙收到朱士嘉的信件，华盛顿大学东方学院想要拍摄上海合众图书馆的稿本，此事顾廷龙认为需要考虑，核查《合众图书馆年度工作报告》，“馆际往还”及“事务”等均未记载此事，想必顾廷龙考虑到摄影对稿本有所损害，故拒绝了华盛顿大学的请求。[⑨] 就购书而言，顾廷龙担任介绍人。1940年11月26日，

---

① 沈津：《顾廷龙与合众图书馆》《伏枥集》，桂林：广西师范大学出版社，2019年，第69页。“据顾先生回忆，经费之窘，捉襟见肘，更反映在买书上。当时‘合众’买书，一方面补充必备的普通书，点名捉将地访求；一方面对各家随时流散出来的好书争取选购。每月虽有一定的购书经费，但高价的书，有时一部也不够买的。遇到好书，买不起时，有的借抄一部，有的校勘一遍，有的由叶先生买了送来，有时由几个熟人合买了捐赠，新出版的书就找人去索取，总之为了求书，各种方法已经到了淋漓尽致的地步。”

② 沈津：《顾廷龙与合众图书馆》《伏枥集》，第81页。

③ 程焕文：《裘开明年谱》，198页。1938年10月6日，“大约有1000张指引卡，每张印40份，在北平印刷这些导卡片所需的费用为国币890元，按照现在的汇率，折合美元160元。”由此可知，1938年，1美元约为国币5.6元，因此百余美元约为560元左右。

④ 张柯：《合众图书馆馆史考略——以上海图书馆藏合众图书馆史料为中心》，硕士学位论文，华东师范大学，2021年，第121-205页。

⑤ 张柯：《合众图书馆馆史考略——以上海图书馆藏合众图书馆史料为中心》，硕士学位论文，华东师范大学，2021年，第131页。

⑥ 哈佛燕京图书馆藏裘开明档案，转引自沈津《顾廷龙年谱长编》（未刊稿），1945年9月20日。“敝馆所印《丛书》共得十四种，除第一种已寄呈外，余容邮递，稍便再寄。”

⑦ 哈佛燕京图书馆藏裘开明档案，转引自沈津《顾廷龙年谱长编》（未刊稿），1946年3月19日。

⑧ 哈佛燕京图书馆藏裘开明档案，转引自沈津《顾廷龙年谱长编》（未刊稿），1946年11月22日。

⑨ 顾廷龙撰，李军、师元光整理：《顾廷龙日记》，第515页。“华盛顿大学东方学院拟假本馆稿本摄景，此事需考虑。”

"蔡谦[①]持朱士嘉函来见，拟以宋拓《绛帖》售诸哈佛，属为介绍。"[②] 同年11月5日，聂崇岐致信顾廷龙不同意将《绛帖》卖给哈佛。[③] 1941年1月21日顾廷龙将《绛帖》照片返还蔡谦。[④] 此事详情待考。

1941年1月22日顾廷龙在日记中写道："接颉刚信，知洪煨莲赴美后，对其挑剔殊甚，美人信之，尤于《尚书学》尚未完成加以谴责……《尚书文字合编》初不过属余相助，后乃交吾一人"[⑤] 自此以后，顾廷龙几乎每日完成与《尚书》相关的工作，如"理《尚书·禹贡》"[⑥]"再校《尚书》写样"[⑦]"贴《尚书·立政》七张"[⑧]。同年5月17日顾廷龙致函就职于美国国会图书馆的朱士嘉与王重民，请他们帮忙拍摄《尚书·盘庚》与《尚书·费誓》,[⑨] 可见顾廷龙用功之勤。1941至1942年顾廷龙一直在为哈佛大学校订《美国哈佛大学燕京汉和图书馆目录》[⑩]，且1941年10月11日，"裘开明来信，托续为校阅目录，并乞为序"[⑪]，请顾廷龙为该目录作序。13日，顾廷龙致信张元济，"为裘君求序，不知能允否。"[⑫] 1945年9月20日顾廷龙告诉裘开明上海合众图书馆的分类方法，暂时采用南京国学图书馆的分类法，即在"四分法之基础上，增补志、丛、图三部"[⑬]，但是关于数码符号的处理存在疑问，多次与裘开明讨论图书分类问题，希望裘开明指点迷津：

> 敝馆寂寞之中勉为进行，如蚊负山，积书至十四万册，正在整理编目。关于分类一层，因敝馆与南京国学图书馆内容近似，暂采其法应用。若嫌不完善，则编索引补救之，免得多数更张，无所适从。先生素主实事求是，谅能赞同鄙意。分类项目既定，尚须加标数码符号，但用十进法，有削足适履之苦。窃于尊定不计十进法，纯一亚剌伯数目最为钦佩，兹特仿为之，将来务呈指正。不识不计十进之标号亦有规律否？尚祈赐教，俾

---

① 蔡谦，浙江德清人，陕西碑学名家蔡宝善之子。蔡宝善（1869—1939），字师愚，光绪二十九年（1903）经济科进士，担任过陕西宝鸡等县知县、北洋政府肃政史等，著有《听潮音馆词集》。

② 顾廷龙撰，李军、师元光整理：《顾廷龙日记》，第117-118页。

③ 聂崇岐致顾廷龙信，转引自沈津《顾廷龙年谱长编》（未刊稿），1940年11月5日。"《绛帖》事，已与田公谈及，渠意非但燕京不能买，即哈佛亦不买，因外国人不懂此道故耳。"

④ 顾廷龙撰，李军、师元光整理：《顾廷龙日记》，第132-133页。"还蔡同民谦《绛帖》照片，并询《天风环佩山房诗草》，蔡伦撰，是否其族人，曾否刊行？"

⑤ 顾廷龙撰，李军、师元光整理：《顾廷龙日记》，第133页。

⑥ 顾廷龙撰，李军、师元光整理：《顾廷龙日记》，第135页。

⑦ 顾廷龙撰，李军、师元光整理：《顾廷龙日记》，第142页。

⑧ 顾廷龙撰，李军、师元光整理：《顾廷龙日记》，第150页。

⑨ 顾廷龙撰，李军、师元光整理：《顾廷龙日记》，第163页。

⑩ 顾廷龙撰，李军、师元光整理：《顾廷龙日记》，第161页。1941年5月13日"接燕京寄来哈佛目录校样，为阅一过，改正数处，即寄回。"且1941年—1942年顾廷龙在日记中多次记载"校《哈目》"。

⑪ 顾廷龙撰，李军、师元光整理：《顾廷龙日记》，第191页。

⑫ 顾廷龙撰，李军、师元光整理：《顾廷龙日记》，第191页。

⑬ 柳定生：《柳诒徵传略》，中国人民政治协商会议江苏省委员会、文史资料研究委员会编：《江苏文史资料选辑》第19辑，南京：江苏古籍出版社，1987年，第173页。

有遵循，无任叩祷。①

三、学术益友：建国后的交往

1950年7月朱士嘉冲破美国政府及英国领事馆的重重阻碍，回到祖国的怀抱。② 同年9月4日，顾廷龙与朱士嘉阔别十一年再相逢，二人相谈甚欢。③ 1955年朱士嘉开始着手修订《中国地方志综录》④，1977年朱士嘉增补《中国地方志综录》时，嘱托顾廷龙查阅私人所藏地方志的下落，顾廷龙回信："属查私人收藏地方志下落，仅查到一种，万历《乌青志》在我馆，其他注了一些可能转入的单位，你不妨托熟人探听一下，其实等各处对《综录》核对补正后，自能发现的。"⑤

二人在学术交往过程中，常将自己的文章寄给对方，征询修改意见。1935年，商务印书馆出版了朱士嘉的《中国地方志综录》。1935年—1938年，朱士嘉搜集了730种方志，发表《中国地方志统计表》于《史学年报》第一卷第四期。由于旧版《中国地方志综录》存在著录错误、内容不完备、藏书变迁等问题。1955年开始，朱士嘉写信或走访各大图书馆，查阅方志目录，补充、校订《中国地方志综录》，共更正错误约1200条，新发现方志326种。⑥ 1958年商务印书馆出版了增订本《中国地方志综录》。1961年11月20日朱士嘉致信顾廷龙，感谢顾廷龙和潘景郑关于再版《中国地方志综录》提出增加四角号码索引的宝贵建议。另希望顾廷龙指正《美国掠夺我国地方志罪行》，并提议与顾廷龙合作出版《甲午战争资料》，因为顾廷龙撰写《甲午中日战争中之吴大澂》时对甲午战争有详细的论述，且朱士嘉在1957—1958年收集到了故宫博物院所藏关于甲午战争的资料，具备了出版《甲午战争资料》的条件：

> 来信并附《综录》再版说明，均已收到。承吾兄及景郑兄对以上说明提出意见，极珍贵，敬致谢意！《综录》书名、人名笔划索引不如四角号码索引方便，兄建议补印四角号码索引，弟极表赞同，当将尊意转告中华书局。
>
> 贵馆如有新入藏志书，便望告我为感。前次寄奉拙文草稿，拟改为《美国掠夺我国地方志罪行》，希望指正。"甲午战争档案史料"原本是军机处《洋务档》的一部分，1957—1958年弟在北京工作时，托人到故宫博物院档案馆传录的（现称国家档案

① 哈佛燕京图书馆藏裘开明档案，转引自沈津《顾廷龙年谱长编》（未刊稿），1945年9月20日。
② 朱士嘉：《朱士嘉自传》《文献》，1980年第3期，第159页。
③ 顾廷龙撰，李军、师元光整理：《顾廷龙日记》，第547页。
④ 朱士嘉：《自序》《中国地方志综录（增订本）》，北京：商务印书馆，1958年，自序第1页。
⑤ 顾廷龙致朱士嘉信，转引自沈津《顾廷龙年谱长编》（未刊稿），1977年2月11日。
⑥ 朱士嘉：《自序》《中国地方志综录（增订本）》，自序第1页。

局）……弟拟就这部份档案的性质、作用做一简要的说明，做完以后，即寄承请教，因兄对甲午战争有比较全面深刻的研究，大著《吴大澂年谱》对这问题定有详尽的阐述。这部分档案也有关于吴大澂的记载，可能可作修订大著参考之用。你馆如有足够的有关资料，我们可合作编纂《甲午战争资料》，或者把弟所搜集的档案史料，请吾兄统一妥排编纂，不知尊意以为如何?①

1962 年 9 月 4 日朱士嘉写信给顾廷龙，询问《方志的源流特征及其作用》的修改意见："近草《方志的源流特征及其作用》一文，因匆促写成，加上弟业务能力有限，理论水平又低，定有许多缺点，特寄呈，请不吝指正!"② 1976 年朱士嘉写信告诉顾廷龙，由于工作的需要，将对《中国地方志综录》再次修订。朱士嘉将 1959 年至 1964 年的修订稿油印后委托各大图书馆进行核查，此次订正旧版中的讹误部分，注明了同一种方志的版本信息，希望顾廷龙能够为该书的修订提出建议：

我从去年十一月起奉命来京，参加中国科学院北京天文台普查方志中天文资料的工作，同时由于工作需要，对《综录》进行修订。组织上要我先把 1959—1964 年间已经修订的稿件，委托誊印社油印几百份，分送各图书馆核对、提意见寄下，将来汇总、校订、定稿。这次增订，增加内容、修改体例（同一种方志有不同版本的分别，注明何本、何馆所藏）、订正讹误已经不少，但因限于水平，尚待继续改正。估计油印稿五六月份可完成，今年年底希望定稿。领导已商请有关单位派同志们协助修订工作，但仍望您和凤起同志、光贻同志等提出修订的宝贵意见。③

1977 年，顾廷龙关于上述问题，给朱士嘉回信：通过与上海图书馆所藏地方志逐一比堪，发现《中国地方志综录》的一些错误，校订完毕后将邮给朱士嘉。

尊编《综录》馆中已收到，我们现在已把所藏方志编一总目，对修、纂、刻本年份逐部校阅，同版本的亦取出照比，发现问题很多，校正过去之失者亦不少。春节前后可以校完，将来必以一本奉正（打算印刷）。天一阁藏方志，我馆亦有同志去校阅一过。④

---

① 朱士嘉致顾廷龙信，转引自沈津《顾廷龙年谱长编》（未刊稿），1961 年 11 月 20 日。
② 朱士嘉致顾廷龙信，转引自沈津《顾廷龙年谱长编》（未刊稿），1962 年 9 月 4 日。
③ 朱士嘉致顾廷龙信，转引自沈津《顾廷龙年谱长编》（未刊稿），1976 年 3 月 21 日。
④ 1977 年 1 月 28 日顾廷龙致朱士嘉信，《顾廷龙全集·书信卷》上，第 236 页。

1980年8月6日[①]，顾廷龙写信给朱士嘉，谈及编纂《中国古籍善本书目》时，约有十三万张卡片，存在卡片混乱等问题，询问朱士嘉在编纂《中国地方志综录》时是否有类似现象，希望指点一二：

> 《善本书目》，领导命为主编，实非轻才所能胜任。我以完成周总理的遗愿，又不能不免为其难。现在各省卡片集中了十三万余张，卡片离开了原书，一不正确，片来片去，殊难区别，更不易于去取。与兄当年主编方志综录，必多类似之处？综录已否定稿？何时可以付印？其中所经主要困难何在？便中希将经验教训，指示一二，以资借鉴，曷胜盼幸！[②]

朱士嘉在编纂《中国地方志综录》时遇到四大困难。第一，全国各地图书馆缺少地方志总目，检阅存在困难。第二，有的图书馆有方志目录，却由于距离问题，依旧无法及时检阅。第三，目录著录存在错误，如将重刊本记作原刊本。第四，同名异省之地较多，本省县志时常误入他省。[③] 朱士嘉在检阅各地地方志时，也会遇到誊抄在卡片上的记录，如："余于民国十九年着手调查中国现存方志，时北平图书馆尚未与北海图书馆合并，所藏方志，或见于簿录，或见于卡片，大约不出二千五百种。"[④] 因此顾廷龙在编纂《中国善本书目》时遇到卡片混乱的问题向朱士嘉请教，属于情理之中，只因未见复信，无从得知朱士嘉向顾廷龙传递了怎样的秘诀。

1980年10月20日，顾廷龙与朱士嘉受邀参加全国地方志编纂会议，共同起草县志并讨

---

① 李泽主编：《朱士嘉方志文集》，北京：燕山出版社，1991年，第428页。原书未标记信件的具体年份，经考察该信应写于1980年。信中说："《善本书目》，领导命为主编，实非轻才所能胜任。我以完成周总理的遗愿，又不能不免为其难。"可知该信应撰写于《中国古籍善本书目》编纂时期1977—1995，朱士嘉于1989年12月28日逝世。信中还写道："舜徽先生见招参加文献学会，适为此间报到之日，未能参与盛会，极为可惜！"中国历史文献大会成立于1979年4月，故写信时间应在1979—1989年期间。另1980年4月28日，张舜徽致信朱士嘉："中国历史文献研究会，自去年四月在桂林成立以来，倏已一载。今定于下月中旬，在武昌举行第一届年会，请先生惠临指导"（朱士嘉著，李泽编：《朱士嘉方志文集》，第428-429页。）。1980年5月8日至17日第一届中国历史文献研究会在武昌举行，朱士嘉在会议中谈论了与地方志相关的内容。据《顾廷龙年谱长编》（未刊稿）记载，1980年5月10日，顾廷龙抵达北京，此时全国782个藏书单位所编制的古籍善本卡片汇集于此，准备进行卡片初审工作。另顾廷龙在信中也问朱士嘉卡片混乱时的处理方法，此问题恰为全国古籍善本卡片汇集后才会产生的问题。故顾廷龙因为在1980年5月10日要前往北京参加《中国善本书目》的编纂工作，故无法出席1980年5月8日-17日在武昌召开的第一届中国历史文献研究会。因此，该信撰写于1980年。

② 顾廷龙致朱士嘉信，朱士嘉著，李泽编：《朱士嘉方志文集》，第436页。

③ 朱士嘉：《中国地方志综录序二》《中国地方志综录》上，序二第2页。"《综录》之编，有四难焉。各图书馆缺少总目，检阅不便，其难一也。即有目录，有远在他省者，不易见之，其难二也。目录备矣，其于各书所著编纂人与编纂时期，取舍不一，以至同一书也，误分为二，甚有以重刊本误为原刊本者，以增补本误为重修本者，并有卷数与编纂时期亦不著录者，又安所据以为凭乎？其三难也。同名异省之地，不下六七十处，民国初年，政府通令更正，期免重复，乃各图书馆编纂目录并不注意及之，以至本省县志，误入他省者屡见不鲜，虽经校勘，恐仍有误，其难四也。"

④ 朱士嘉：《中国地方志综录序二》《中国地方志综录》上，序二第3页注释七。

论编纂体例。[①] 1981年12月14日朱士嘉致信顾廷龙，请题《中国地方志联合目录》书签[②]，该书1985年由中华书局出版。1985年9月23日朱士嘉致信顾廷龙，计划10月末11月初去上海，希望和顾廷龙相见：久未通信致意，谅一切安详为慰。十月底十一月初，如时间允许，拟赴沪滨，渴望能有面谒请益机会。[③] 1986年4月21日朱士嘉致信顾廷龙，陈鸿舜[④]逝世，悲痛不已。另替商务印书馆编辑部陈江转达约稿信息：

> 顷接鸿舜治丧委员会寄来讣告，惊悉渠已先我去世，实为图书馆学界的损失，异常痛惜，已去电唁，谅我兄也有同感。
>
> 二十日，商务印书馆编辑部陈江同志特来舍，约为该馆建立九十周年纪念（明年二月）撰文，表示祝贺，约一千字，多多益善。陈同志说，曾向吾兄约稿，嘱通候之便，也去信拜托，挥毫题词或撰大文，谅不我弃。陈希望大文能于五月中旬寄出更好，以便赶排，当信件挂号寄出，可节省时间，否则以稿件寄出，十天甚至多一些日子才能收到。[⑤]

1986年6月19日，朱士嘉赠顾廷龙《中国旧志名家论选》。[⑥] 1989年12月28日朱士嘉逝世，1991年9月19日吴丰培[⑦]致信顾廷龙，李泽正在编纂朱士嘉论文集，不久将会出版。[⑧] 顾廷龙与朱士嘉的交往至此戛然而止，但文化意义永存。

结　语

顾廷龙与朱士嘉相识于20世纪30年代初，二人结缘于燕京，共事七年有余。1939年后二人时常天各一方，时间与空间交集相对较少，但友谊持续了近60年。书信成为他们日常问候及学术交流的渠道。二人会进行严肃的学术交流，也会探讨生活见闻，如朱士嘉致信顾廷龙："美国以四月十二日为樱花节，今年是日各省来观者甚多，惜天不作美，雨雪大作。传闻为自来所未有之杀风景，气运然耶。"[⑨] 顾廷龙作为图书馆学家时常为朱士嘉提供方志类材料。

---

① 顾廷龙日记，转引自沈津《顾廷龙年谱长编》（未刊稿），1980年10月20日。
② 朱士嘉致顾廷龙信，转引自沈津《顾廷龙年谱长编》（未刊稿），1981年12月14日。
③ 朱士嘉致顾廷龙信，转引自沈津《顾廷龙年谱长编》（未刊稿），1985年9月23日。
④ 陈鸿舜（1905—1986），江苏泰州人，图书馆学家。
⑤ 朱士嘉致顾廷龙信，转引自沈津《顾廷龙年谱长编》（未刊稿），1986年4月21日。
⑥ 朱士嘉赠顾廷龙原书，转引自沈津《顾廷龙年谱长编》（未刊稿），1986年6月19日。
⑦ 吴丰培（1909—1996），江苏吴江人，参与了《中国地方志联合目录》的编纂工作。
⑧ 吴丰培致顾廷龙信，转引自沈津《顾廷龙年谱长编》（未刊稿），1991年9月19日。"现有人编辑朱士嘉先生论文集，夏日曾来访，嘱代增补，已完稿，不日亦可出版。"根据现存1991年燕京出版社所出版《朱士嘉方志文集》可知，此处"有人"指李泽，该书受《中国现代社会科学家传略》编辑部委托得以编辑出版。
⑨ 顾廷龙撰，李军、师元光整理：《顾廷龙日记》1940年5月17日，第79页。

即使朱士嘉远在美国，他也会借裘开明的信件询问朱士嘉的近况[1]。二人在禹贡学会的工作，为中国地理学史的研究贡献了个人力量。通过顾廷龙拒绝赴美及朱士嘉在美国收集并编纂《美国迫害华工史料》可洞察他们的爱国精神。勾勒二人的交往事迹补充了当前学人对禹贡学会的研究，再现了民国时期学人的情谊。

① 顾廷龙致裘开明信，转引自沈津《顾廷龙年谱长编》（未刊稿），1945年9月20日，“燕京友好陈鸿舜、邓嗣禹、朱士嘉、冯家升、周一良诸君近况如何？”

顾廷龙与王重民交谊考
——以信札材料为中心

付永强

顾廷龙，字起潜，号匋誃，江苏苏州人。1904年生于苏州混堂巷，1931年从上海持志大学国文系毕业，获文学士；旋即考入燕京大学研究院国文系，于1932年毕业，获文学硕士。1933年获燕京大学图书馆聘，任中文采访部主任，又兼任美国哈佛大学哈佛燕京图书馆驻平采访处主任。王重民原名鉴，后改为重民，字有三，号冷庐主人，生于河北省高阳县西良淀村，1924年考入北京高等师范学校。王重民曾随北海图书馆馆长袁同礼学习目录学。因生活困顿、学习刻苦，袁先生介绍他课余至北海图书馆工作。1929年王重民大学毕业，入职北平图书馆（原北海图书馆）。北平图书馆文津街新馆开幕后，顾廷龙经常至此阅书，由是得以和王重民相识，“文津街新馆开幕之后，余时往阅览，先后得识王庸君、胡鸣盛君、向达君、赵万里君、谢国桢君、刘节君、贺昌群君、王重民君、孙楷第君。诸子皆学识渊博，而各有专长，可称一时之盛”①。

一

吴郡顾氏是苏州地区源远流长的大族，被康熙皇帝誉为“江南第一读书人家”②，近代著名学者顾颉刚就是其中的代表。顾廷龙虽为顾颉刚堂叔，但比顾颉刚小11岁，所以亦从顾颉刚学。1931年顾颉刚在燕京大学讲授《尚书》学时，提出了一个宏大的《尚书》研究计划，

① 顾廷龙：《纪念袁同礼先生百龄冥诞》，《顾廷龙全集·文集卷》下，上海：上海辞书出版社，2015年，第987页。

② 顾颉刚著，王煦华整理：《玉渊潭忆往》，苏州市地方志编纂办公室、苏州市档案局编：《苏州史志资料选辑》第2辑，1984年，第10页。

编纂《尚书文字合编》是这个计划的第一项①。当时顾廷龙亦在燕京求学，专攻古文字，因此被顾颉刚邀请一同编辑。顾廷龙回忆："顾先生以《尚书文字合编》嘱龙相助，余欣然应命。旋伯希和君来访，顾先生即以敦煌本《尚书》摄影事面托之。未几，向达、王重民两君有分赴英法两国搜集敦煌写本之命，先生又倩两君将《尚书》部分代为摄还，不久，即荷两君先后寄回。"②《顾颉刚年谱》亦载："（1935 年 5 月）伯希和来平，托彼带信与当时在法国的王重民，请搜集欧洲所藏《尚书》敦煌本。"③ 然而查《顾颉刚日记》，1935 年 5 月 18 日，顾颉刚到欧美同学会吃饭，同席者有伯希和④；6 月 1 日，又与顾廷龙出席燕京大学欢迎伯希和的茶话会⑤，两次均未记载请伯希和带信或面托之事。《顾颉刚日记》载 1936 年 9 月 8 日顾颉刚曾写信给伯希和⑥，这封信现藏于法国吉美博物馆所藏伯希和档案中，具体内容为：

伯希和先生大鉴：

前年两度相见，每怀丰仪，辄增驰慕。近想著作愈益丰富，足慰此间学人渴想。刚与家起潜叔同编古本《尚书》几历数载，除汉、魏、唐各石经外，所得唐人写本及日本写本亦多，惟巴黎图书馆所藏尚未能全备。兹将调查所得，凡尊处有敝处无者，开列一单，敬此允许，照原样大小摄影见案，所有摄影费用若干，乞示知，当照汇也。单中所记号码，有一物两号者，系所据材料不同所致，乞一检查，改正示知是幸。刚近著有《三皇考》一种，家起潜叔近著有《古匋文舂录》一种，随函寄上，敬请鉴证，赐以批评为感。王重民先生处，均请致候，敬请

著安。

顾颉刚敬启（钤顾颉刚朱印）

九月八日⑦

据此可知，大概是因为国内相关文献以及日本古写本已搜罗完备，所以顾颉刚致信伯希和，托其拍摄巴黎图书馆所藏敦煌《尚书》文献。1934 年因为国立北平图书馆与法国巴黎国家图书馆达成馆员互换协议，所以袁同礼即派王重民前往法国，协助伯希和编写法藏敦煌文献目录。在法期间，王重民曾给顾颉刚写信：

---

① 顾廷龙主编：《尚书通检》，北京：书目文献出版社，1982 年，序文第 1 页。

② 顾颉刚、顾廷龙辑：《尚书文字合编》，上海：上海古籍出版社，1996 年，后记第 1 页。

③ 顾潮编著：《顾颉刚年谱》（增订本），1935 年 5 月，北京：中华书局，2011 年，第 261 页。

④ 顾颉刚：《顾颉刚日记》卷三，1935 年 5 月 18 日，北京：中华书局，2011 年，第 344 页。

⑤ 顾颉刚：《顾颉刚日记》卷三，1935 年 6 月 1 日，第 350 页。

⑥ 顾颉刚：《顾颉刚日记》卷三，1936 年 9 月 8 日，第 528 页。

⑦ 转引自刘蕊：《新见巴黎藏中国学人致伯希和书信初考》，《国际汉学》2022 年第 3 期，第 102 页。

颉刚先生史席：

别后倏已二载，无日不想作书，无日得能作成，至今天，真一部十七史，不知从何处说起矣！弟在巴黎曾得有关地理之旧书少许，此次赴罗马，又见到毕方济《坤舆全图》，艾儒略《万国全图》单刻本，似在吾国为佚籍。又得樊守义《身见录》一书——樊氏于康熙四十六年随艾若瑟神父来欧洲，将所见者著为此书，国人来欧者不自樊氏始，而作有游记，则似以樊氏为第一人也。将来拟稍稍整理，为《禹贡》补白，不知先生以为如何也。兹随函奉上《马哥孛罗故居巡礼记》一短篇，请教正！内有插图四幅，《禹贡》能印最好，不能印请转寄简又文先生（上海惇信路四十五号）。前日见伯希和先生，交下先生所欲摄影之敦煌本《尚书》清单，弟当清查，为先生妥照。巴黎所藏，必能如所开示办到，伦敦有者，可即通信向觉明先生，其柏林所藏吐鲁番出土者，弟有照片，如此则欧洲所有，可凑一全份也。弟新从罗马归来未久，又值学期开始，稍觉忙，数日后俟一清查，再为奉陈也。

匆匆，即请著安！

弟王重民，十一月二十日①

此信并未载年份，其中提到王重民赴罗马得见樊守义《身见录》一书，相关内容在 1936 年 11 月 3 日王重民致伯希和的信中也有提到。“闻尊驾已返巴黎，为慰！重民今年有罗马之游，上周方归来……又在 Bibliothèque Nationale Centrale（罗马国立中央图书馆），见樊守义《身见录》，记来欧洲所闻见。中国最早留学生有著述者，似此为第一人”②。所以此信应写于 1936 年 11 月 20 日。三封信对照可知，1935 年顾颉刚并没有当面委托伯希和拍摄敦煌《尚书》文献，也没有托其带信给身在法国的王重民。此事应是 1936 年 9 月顾颉刚致信伯希和托其摄影；11 月左右伯希和返回巴黎，并将顾颉刚所欲摄影之《尚书》代交由王重民处理。11 月 20 日王重民致信顾颉刚，称“数日后俟一清查，再为奉陈”，并建议英国所藏敦煌《尚书》文献可以托身在伦敦的向达代为摄影。在《尚书文字合编》中附有另一封王重民致顾颉刚信：

颉刚先生史席：

今日就先生所开号码，逐一检阅敦煌原卷。Pelliot4033 原缺，5522、5542、5524 非《尚书》卷。日本那波利贞氏所编续目，仅至 5541，不知先生从何处得此号码也。2533 一卷，罗振玉已印入《古籍丛残》，未审尚有再照之必要否？又 2549 一卷，今裱上薄纸一层，恐不能摄影，然当嘱照像师一试之。余号均已检好，交照相师按原大小拍照。至内藤、武义二氏所藏，未审有在伦敦者否？然罗振玉所印，及先生所开，尚未尽此间所藏，将来拟开一详目，邮寄先生，请审阅后，如欲摄影，当再为办理也。

---

① 王重民：《马哥孛罗故居巡礼记》篇首，《禹贡》第六卷第十期，1937 年，第 53 页。

② 转引自刘蕊：《新见王重民致伯希和书信十一通考释》，《图书馆杂志》2022 年第 9 期，第 131 页。

伯希和先生前日赴英伦，两周后方返巴黎。临行前，伊欲将影费代垫，弟为免转手起见，允为设法，将来该价若干，迳寄弟处可也。余再及，即请著安！

弟　王重民顿首

11 月 26 日

30, rue st. Andrédes Arts, Paris 6e France

今见一部罗印《古籍丛残》，无《夏书》《商书》两卷，不知何故？殆后印者始增入此两卷欤？不然，何以跋语及之，请为一检，如未印，并为先生摄该两卷也。又及。①

此封信虽亦未注明年份，但结合上一封信，可知其应写于 1936 年 11 月 26 日。王重民用六天时间就已查清顾颉刚所列清单，指出清单中所存在的问题，并提出“先生所开，尚未尽此间所藏，将来拟开一详目，邮寄先生，请审阅后，如欲摄影，当再为办理也”。1937 年 1 月 3 日，顾廷龙前往顾颉刚处②，他在日记中称复信王重民，告其巴黎所藏隶古定《尚书》篇目。③ 这次前往顾颉刚处，很可能就是顾廷龙代顾颉刚回复王重民，回答他对清单中敦煌文献号码的疑问，以及已印入《古籍丛残》的文献是否需要拍照等问题。

第二次世界大战爆发后，王重民离法赴美。在抗日战争时期，日本侵略者大肆劫掠中国古籍善本。为保护中国的古籍善本，1941 年王重民受胡适委派，前往上海协助运送北平图书馆善本赴美，并于 3 月 15 日与顾廷龙相约见面。顾廷龙在日记中记载：“王有三来，谈英、法、美藏中国书情形甚详。伦敦、巴黎藏敦煌卷极多，巴黎藏者经伯希和编号，八千以后者，有三曾为续编，皆非整卷矣，破碎，法人不知装表术，以日本薄纸糊于正面，致字迹蒙蔽，仅存影约耳。”④ 这正好对应了王重民在给顾颉刚的第二封信中所言“又 2549 一卷，今裱上薄纸一层，恐不能摄影”，可以推测这次两人的交流肯定也涉及顾廷龙感兴趣的英法藏敦煌《尚书》文献的问题。5 月 8 日，王重民自上海返回美国；17 日，顾廷龙又致信王重民，托其拍摄《盘庚》《费誓》。⑤ 6 月 18 日，顾廷龙在日记中称：“《尚书》写样校定，计《禹贡》六张，内有‘东为中江’两页，前刻适与今写者接合。又《胤征》四张，以武内所得照片两张，与有三摄得两张，适可合成一卷，费时并凑，匪易也。使吾得见原卷，必能接合甚多，而较准确也。”⑥ 可见在顾廷龙编纂《尚书古文字合编》的过程中得到王重民帮助颇多。

① 顾颉刚、顾廷龙辑：《尚书文字合编》，附录四第 475-476 页。
② 顾颉刚：《顾颉刚日记》卷三，1937 年 1 月 3 日，第 582 页。
③ 顾廷龙：《顾廷龙日记》，1937 年 1 月 3 日，北京：中华书局，2022 年，第 19 页。
④ 顾廷龙：《顾廷龙日记》，1941 年 3 月 15 日，第 145 页。
⑤ 顾廷龙：《顾廷龙日记》，1941 年 5 月 17 日，第 163 页。
⑥ 顾廷龙：《顾廷龙日记》，1941 年 6 月 18 日，第 170-171 页。

二

1947年2月底，王重民由华盛顿回国。3月11日，徐森玉为其洗尘，顾廷龙亦出席，其后陶孟和与王重民同去参观合众图书馆[①]。王重民在上海小住后，即回北平图书馆任参考组主任。1948年北平和平解放，王重民被任命为北平图书馆副馆长。新中国成立后，改原国立北平图书馆为北京图书馆。1952年王重民辞去北京图书馆职务，专在北京大学任职[②]。顾廷龙创办的合众图书馆于1953年捐献国家，改名上海市历史文献图书馆。1958年合并成立上海图书馆，1962年顾廷龙被任命为上海图书馆馆长。新中国成立后，两人分别身处北京、上海两地，多以书信往来，其内容多有关书籍查阅之事。1949年11月19日顾廷龙写信致王重民：

重民先生左右：

久疏音问，想念为劳。森老归来述悉潭第安康为慰。

张氏约园所钞王本《郦志》，得便检掷，不急急也。兹有友人颜君文凯检其祖庭遗诗，属代赠贵馆，为邮寄之便，托北大图书馆转奉，希察收。

闻贵馆曾向苏联列宁图书馆征求该馆的组织大纲及编目法，不识已否索得？将来倘刊布以供人参考，尚祈惠及。迩来尊处有何刊物？念念。祇请

撰安

弟顾廷龙顿首

（一九四九年）十一、十九[③]

信中所提到的“森老”应指徐森玉，盖徐森玉从北京归来，向顾廷龙说起过王重民近况。“张氏约园所钞王本《郦志》”指张寿镛钞王梓材重录本《全氏七校水经注》。因张寿镛号约园，所以此本也被称为“约园本”。此事与胡适《水经注》研究有关。1943年王重民去信胡适讨论《水经注》的版本等问题，由此引发了胡适对《水经注》戴、赵、全诸家校本公案的关注[④]。顾廷龙所主持的合众图书馆藏有多部《水经注》全校版本，胡适多次前来看书，顾廷龙亦曾与胡适合作研究全祖望校《水经注》的真伪问题。[⑤] 1949年5月上海解放，10月新中国成立。顾廷龙作为合众图书馆的负责人，自然关注政局变动对图书馆事业的影响，所以才

---

① 顾廷龙：《顾廷龙日记》，1947年3月11日，第476页。

② 刘修业：《王重民教授生平及学术活动年表》，《图书馆学研究》1985年第5期，第37-38页。

③ 1949年11月19日顾廷龙致王重民信，《顾廷龙全集·书信卷》上，上海：上海辞书出版社，2017年，第233页。

④ 代坤：《学人之交：胡适与王重民十年书信往来》，《读书》2019年第8期，第79-87页。

⑤ 丁小明、尹伟杰：《胡适、顾廷龙与全祖望校〈水经注〉案——以胡适、顾廷龙往来信札为中心的考察》，《图书馆杂志》2020年第12期，第155-162页。

会向王重民寻求苏联图书馆的组织大纲以及编目方法。

1974年9月5日，王重民曾与顾廷龙通信，希望其帮忙查考王绍兰《弟子职古本考注》的问题：

久未通信，敬祝我兄身体健康。想目前我们都积极参加“批林批孔”运动，不知还在从事什么纂述工作。

兹有恳者，《中国丛书综录》载有王绍兰《弟子职古本考注》一卷，只有贵馆所藏《萧山王氏十万卷楼辑佚七种》稿本，该书在兄领导下编成，想兄最为熟悉。请查所谓“古本”是哪几种古本，所考“古注”有哪几家注，敬请开示为感。我们想知道的是有没有刘绩注，如有，从何处引来。月前贵馆来人，送来《史纲评要》并所藏善本书目稿本，弟浏览一过，认为极丰富，已跃居全国第二位矣。不知最近准备出版否?①

9月中旬顾廷龙致王重民：

久不通信，时深怀念。每从北来熟人询悉尊况佳胜，旬前接奉手书，欣悉一一。嘱查王绍兰所辑《弟子职古本考注》一事，因此书庋藏后库，不在沪埠，当即函请典藏者检阅，一俟复到，再行奉告。我现在参加馆中青年同志选注《盐铁论》工作，昔未研读，今亦初学。②

10月2日王重民致顾廷龙：

两奉手书，承您远道查询并抄示王氏《弟子职古本考注》，极为感谢。“王氏七种”为贵馆独有，从此使北大又多一部法家著作，皆吾兄之力也。抄写极佳，对抄者应给酬报，请兄酌一数目，当另寄上。当时查询王书目的，为的是辨清郭（沫若）老谓刘绩为辽人，其书远在北宋初年。郭老最有力证据，是朱熹的《仪礼经传通解》内《弟子职》篇注之中，杂引了尹知章、刘绩的注文（清代庄述祖等已有此说），所以刘绩必然是朱熹以前人。后来查了北京图书馆藏的明正德刻本《仪礼经传通解》，《弟子职》原是白文无注，可见《仪礼经传通解》窜入尹、刘等注，应在正德以后（必然是刘绩注刻行以后）。……刘绩明人，朱熹不可能引用。北图藏的宋刻本《仪礼经传通解》适缺《弟子职》，请兄与景郑诸同志，如见到宋元刻的《仪礼经传通解》，顺手看看《弟子职》，想亦必无尹、刘注也。郭老谓刘绩避辽讳、金讳之说，看来都是明代刻书通行俗字，间缺一二点划，恐刻工之误，或后印本板损之故，均非有意避讳也。俟有所待，再作书奉闻请教！

① 王重民致顾廷龙信，转引自沈津《顾廷龙年谱长编》（未刊稿），1974年9月5日。
② 顾廷龙致王重民信之底稿，转引自沈津《顾廷龙年谱长编》（未刊稿），1974年9月月中旬。

闻兄参加《盐铁论》选注工作，极为欣慰。此事是新工作，也是迫切的政治任务。前闻上海分得《盐铁论》选注工作，想必成立一大班子，还有工农兵参加，正是吾辈学习好机会也。①

此三封通信的大背景是1974年展开的“批林批孔”运动，提倡法家思想。王重民身处政治中心，亦不能免此。管子为法家代表人物，所以传为管子所作的《弟子职》也就特别受到重视。上海图书馆藏《萧山王氏十万卷楼辑佚七种》为清代著名藏书家王绍兰编辑，其中收录有《弟子职古本考注》一卷。而王重民请顾廷龙查抄《弟子职古本考注》是为了辨明刘绩的身份，此是点校《管子》的需要。1974年王重民参加北大中文系科研项目标点《管子》一书，他在《关于点校〈管子〉的版本问题》一文中提到郭沫若《管子集校》所用的刘绩补注本：

刘绩的补注比房注好，他在补注中曾用当时的善本做过一些校勘，这对我们还有用。刘绩补注本的正文也和杨忱本不同，应该是另一个来源（是不是来源于蔡潜道本，要研究），要证实了这一点，我们就更能说出它的好处。刘绩补注现有明成化间刻本和《中立四子》翻刻本，都可使用。但从庄述祖吴玉缙以后，有些人疑刘绩是宋人或辽人，我们在座谈中也可以讨论。②

顾廷龙派人查抄一部《弟子职古本考注》送与北大，其中并没有刘绩的注文，这也印证了王重民“刘绩为明人”的看法。实际上，《管子补注》的作者刘绩确为明人，弘治庚戌年进士，著作有《礼记正训》《芦泉诗文集》；黄虞稷《千顷堂书目》杂家类载有刘绩补注《管子》二十四卷。③ 由此可见王重民对这一问题判断之精准；又加之顾廷龙的协助，可以说基本解决了这个难题。

除了点校《管子》外，王重民还主持《法家著作稀见本联合目录》《法家著作书目提要》的编制，并受北大图书馆学系委托，与郑如斯一起办图书馆在职干部古籍整理进修班，主要讲授目录学、版本学、校勘学等课程。④ 1975年1月王重民给顾廷龙去信称：

我们的古书整理进修班开课已两个多月，所编《法家著作书目提要》已完成初稿。大家都很努力，您馆派来的两位同志很好，更是努力。您馆藏李贽的著作特多，我们在编目过程中，遇到三个问题，和您馆所独有的两种书要请您馆同志协助查阅解决，附上

---

① 王重民致顾廷龙信，转引自沈津《顾廷龙年谱长编》（未刊稿），1974年10月2日。

② 王重民：《关于点校〈管子〉的版本问题》，北京大学信息管理系编：《王重民先生百年诞辰纪念文集》，北京：北京图书馆出版社，2003年，第456-457页。

③ 巩曰国：《〈管子补注〉刊刻年代考辨》，《图书馆杂志》2006年第12期，第79页。

④ 刘修业：《王重民教授生平及学术活动年表》，第43页。

说明一纸，请转有关同志代为查阅为感！①

根据王重民的设想，《法家著作书目提要》以每一个法家人物为一单元，每个单元包括提要、参考书目、其他参考资料三部分组成。② 上海图书馆藏书丰富，李贽著作颇多，所以王重民与顾廷龙多有书信往来。王重民手稿《关于李卓吾材料及〈史纲评要〉札记》中还标记有请上海图书馆同志代查的问题。③ 信中提到的上海图书馆派来的两位同志应该是指任光亮、陈秉任，两人于1974年被送往北京大学进修。④

王重民虽然身处政治漩涡中心，但对待学术一丝不苟。《史纲评要》是在“批儒扬法”运动中发现的李卓吾的著作，但很多专家怀疑是托名李卓吾的伪书。之后，“四人帮”集团曾请王重民来鉴定此书，王重民实事求是，绝不逢迎，坚持认为是一部伪书，因此得罪“四人帮”而受到迫害。1975年，七十三岁的王重民在颐和园长廊自尽，生前给夫人刘修业留下一封信：“我死了，给全家影响不好，我不要骨灰了”沈津先生谈及这段往事时说，如果当时他去北京，他一定会与王重民先生有很多交流，或许王先生就不会走到这一步。在“文革”期间，顾廷龙也与沈津谈起过自己的“黄昏思想”，觉得一生理想无法实现，看不到希望。因为他曾与胡适有过交往，所以在“文革”中受到批判，后期更是被下放到上海图书馆大书库劳动。沈津则劝他“慢慢来，别着急，总有一天会落实政策的，我们相信党”。或许是沈津的劝慰，或许是心中的理想，支持顾廷龙走过了那段黑暗的岁月。他在小笔记本中写下“能受天磨真铁汉，不遭人嫉是庸才”；“古之立大事者，不惟有超世之才，亦必有坚忍不拔之志”。⑤

三

王重民先生去世不久，十年动乱结束，其夫人刘修业代为整理遗稿。刘修业，字君寄，福州人。1930年考入燕京大学国文专修科，1932年毕业，与顾廷龙为大学同学。1933年入职国立北平图书馆索引组，1936年赴法协助王重民编目，1937年与王重民在法结婚。⑥ 因为王重民与顾廷龙为五十年之旧交，王重民的夫人刘修业与顾廷龙又是大学同学。所以，刘修业在整理王重民的遗著时，多与顾廷龙商讨。1982年3月1日，刘修业致顾廷龙信，其内容为：

---

① 王重民致顾廷龙信，转引自沈津《顾廷龙年谱长编》（未刊稿），1975年1月18日。

② 王重民：《关于编制〈法家著作书目提要〉的初步设想》，北京大学信息管理系编：《王重民先生百年诞辰纪念文集》，第475-476页。

③ 王世伟：《上海图书馆藏王重民先生手稿提要》，《国家图书馆学刊》2004年第1期，第85页。

④ 《顾廷龙：为图书的一生》，文汇网：https://www.whb.cn/zhuzhan/jiaodian/20141107/18625.html，2024年5月1日检索。

⑤ 讲述人：沈津；讲述时间：2024年4月25日；讲述地点：华东师范大学闵行校区人文楼4330教室。

⑥ 刘劲松、符夏莹：《民国时期刘修业的学术成就述评》，《大学图书馆学报》2020年第2期，第112页。

前得张明华同志的信，知允为有三《中国目录学史》写序，至为铭感。但因无全稿可供审阅，我即设法凑足一份，今另挂号寄上海图书馆。讲义后附有关目录学史的短篇论著，多系论宋代以后的目录学史（因讲义只编至宋代），这些篇目系由我拟定，今已付与北大图书馆学系朱天俊同志去编辑……

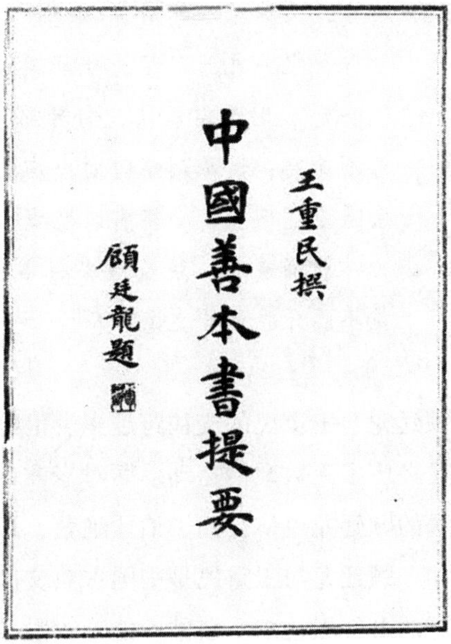

今将所附短篇另抄一目录，另纸寄阅，请您审阅。如觉不宜收入《目录学史》者，可待见张明华同志时告她，她常与我通信，当能转告。我对目录学是外行，恐所拟或有不合适者，尤其最后一篇《顾广圻校雠学》，是有三未定稿，虽经整理也不理想，只因顾千里的校雠是清代名家，或应在包罗中。我已将意见写在这篇文章前边，请您酌定取舍，朱天俊似不拟收入。

听说《中国善本书提要》已蒙代题名，至感。我原拟请您写篇序，因当时上海古籍出版社索稿甚急，许多提要均用原抄的稿，未存副本以供审阅，故未能如我所希望。今《目录学史》由您写序，定为此书增光，您是现在目录学宗师，定能为后学指出研究目录学的方向。至于序的具体内容，由您酌定。①

《中国善本书提要》主要收录王重民在美国国会图书馆、北平图书馆和北京大学图书馆所编写的四千余篇提要；《中国目录学史论丛》则以王重民的《中国目录学史》讲义为主，后收入其已发表的多篇文章，以弥补讲义未竟部分。这两本书分别代表王重民先生在提要式书目编纂以及目录学理论研究方面所取得的卓越成就。1983 年王重民遗著《中国善本书提要》出版，顾廷龙为其题写书名。之后，刘修业给顾廷龙寄去王重民生平材料，并详述运送北平图书馆善本书赴美事。② 1984 年 3 月顾廷龙为王重民遗著《中国目录学史论丛》写下跋文：

王君有三逝世之九年，夫人刘君修业整理其遗稿次第问世。遗著《中国善本书提要》，既风行海内矣，今《中国目录学史论丛》又将出版。余与君系五十年旧交，而修业又与余为燕京大学同学，嘱附一言，谊不敢辞。

君学贯中西，尤邃于目录版本之业。早岁曾在北平图书馆从事编纂之役，潜研群籍，辑著多种。暨乃远涉重洋，历访法、英、德、意、美诸国，遍读中国善本、敦煌遗书，见闻益广。平日尤勤于笔札，翻帘所及，辄为提要。其探赜索隐，钩深致远之功，名山

① 刘修业致顾廷龙信，转引自沈津《顾廷龙年谱长编》（未刊稿），1982 年 3 月 1 日。
② 沈津编著：《顾廷龙年谱》，上海：上海古籍出版社，2004 年，第 650-651 页。

传布，久为学术界所赞扬……

犹忆一九三二年，吾家颉刚教授与余从事《尚书文字合编》之纂辑，需求敦煌写本《尚书》，时适君访法，向君觉明赴英，即托访致国外景本。未几，两君先后以照片见惠，感不能忘，惜摹刻稽时而卢沟变起，事遂中辍。荏苒四十年，今者国泰民安，躬逢盛世，余得重理旧业，必将有以慰我亡友也……

展诵遗文，获益滋多。学有同嗜，而请教无从，言念往事，梦影宛然，执笔陈辞，益不胜牙弦绝响之感已！①

顾廷龙与王重民的交往跨越半个世纪，历经抗日战争、解放战争；亲眼目睹了新中国的建立，又经历了无数政治运动。面对老友的离世，请教无从的境地，五十年交往宛如梦幻，年近耄耋的顾廷龙也体会到了伯牙绝弦、知音难觅的感情。

顾廷龙与王重民是中国古典文献学、图书馆学领域的大家。王重民勤于著述，仅撰成提要的书就多达六千余种，他曾发愿“很希望到死的时候，能够到一万种明以前刻本书”。② 同时他为北京大学创立图书馆学专科（北大信息管理系前身），为新中国培养了大批优秀人才。顾廷龙在抗日战争时期创立合众图书馆保存民族文献，新中国成立后主政上海图书馆购藏大量家谱、鱼鳞图册、明清尺牍。同时他还主持编修了《中国丛书综录》《中国古籍善本书目》《续修四库全书》。他们的一生都在与书籍打交道，都在为他人作嫁衣裳。顾廷龙与王重民相识于北平图书馆，除了在沪时有几次宴饮面谈，其余大都通过书信交流。虽然山海远隔，但学有同嗜，“志同道合者，不以山海为远”。1996 年，作辍无常的《尚书文字合编》终于由上海古籍出版社出版，顾廷龙也实现了“今者国泰民安，躬逢盛世，余得重理旧业，必将有以慰我亡友也”的诺言。可以说这部跨越六十余年的著作的出版是对两人真挚友谊的最好纪念。

① 王重民：《中国目录学史论丛》，北京：中华书局，1984 年，第 341–342 页。
② 王平：《怀念父亲》，《北京大学校报》第 1647 期（2023 年 11 月 6 日），第 2–3 版。

顾廷龙与潘景郑交往考述

王国婧

顾廷龙（1904—1998），字起潜，号匋誃，又号隶古定居主人，江苏吴县（今苏州）人，是近现代著名的图书馆学家、文献学家与书法家。潘景郑（1907—2003），原名潘承弼，字良甫，号景郑，亦为吴县人，近现代著名的藏书家、文献学家，受业于国学大师章太炎，专长训诂、目录、金石与篆刻，亦受教于戏曲研究专家吴梅，善词曲之学。顾、潘二人有同乡之源，又有亲戚关系，加之志趣相同，性情相投，常相互切磋于文字典籍之学，并致力于古典文献的研究与近现代图书馆事业的建设。

顾、潘二人在20世纪30年代的书籍交流，及潘景郑应顾廷龙之邀，至合众图书馆工作之事，前人有所述及。[①] 同时，对于顾、潘二人在30-40年代合作编写出版《明代版本图录初编》的经过也多有回顾。[②] 顾廷龙的儿子顾诵芬是顾、潘二人交往的重要见证者，日常经历的点滴与他在顾廷龙的文章、书信、日记与年谱中所见，使他深切地感知到顾廷龙对于潘景郑在生活中的信赖，在学术能力方面的欣赏，以及自潘景郑加入合众图书馆后，顾、潘二人合作的默契。[③]

① 沈津：《一片冰心在玉壶——怀念潘景郑先生》，《老蠹鱼读书随笔》，桂林：广西师范大学出版社，2009年，第70-71页；郑华栋：《〈著砚楼读书记〉研究》，硕士学位论文，西华师范大学，2016年（校样此处写2017年，应改为2016年。），第10-11页。

② 徐小蛮：《版本目录学家潘景郑先生》，《文教资料》1995年第1期，第8-9页；陈先行：《潘景郑：坐拥书城，淡泊明志》，陈燮君、盛巽昌主编：《二十世纪图书馆与文化名人》，上海：上海社会科学院出版社，2004年，第396页；沈津：《一片冰心在玉壶——怀念潘景郑先生》，《老蠹鱼读书随笔》，第74页；王宇、沈津：《专为前贤行役，不为个人张本——顾廷龙与〈明代版本图录初编〉的出版工作》，《图书馆杂志》2022年第1期，第106-113页。

③ 顾诵芬：《潘承弼词（1933年）——“古井摩挲纪千古”》，顾诵芬、师元光编著：《自将摩挲认前朝：〈宋绍定井栏题字〉释注》，上海：上海科学技术文献出版社，2017年，第206-207、209页。

实际上，二人的交往不只于此。1922 年 10 月，顾廷龙与潘景郑之姐潘承圭在苏州结婚。[①]而在潘景郑 1929、1933 至 1934 年的日记中，已多见顾、潘二人之交游或书信往来。应该说，至迟在 1922 年，两人就已相识，而在 20 世纪 20 年代末，他们就已经有比较密切的往来了。直至 40 年代，潘景郑受顾廷龙之邀来到上海，二人共事于合众图书馆，即开始了长达半个多世纪的更为密切的学术交流。他们一同阅览古书，在书海间采撷往日遗珠；并肩在图书馆工作，接续传统藏书文化精神，同时指导后学，助其在专业领域有所建树；又一起编纂图书馆馆藏乃至全国的古籍目录，为同好学者指明了治学研究的门径。

一、访书与问学

（一）一道访求古书

苏州图书馆藏潘景郑己巳年日记稿本一册，记其 1929 年 2 月 10 日至 9 月 8 日所历之事，在这半年间，顾廷龙与潘景郑常一同前往苏州、上海当地的书肆，如苏州的集宝斋、百双楼、万双阁、来青阁[②]，还有上海的中国书店[③]，检阅或购买古籍。购书后，潘景郑喜在灯下翻阅当日所购之书，自言“乐而不疲”。[④] 除同至书店阅览外，顾廷龙亦至潘景郑家，赏其所获善本。[⑤] 顾廷龙有次回苏州，还携来其外叔祖王同俞所藏宋本《五臣注文选》，请潘景郑同赏。[⑥]有时，二人会从书店借书，抄校后返还。1929 年 2 月 21 日，潘景郑在集宝斋借“校本大徐《说文》”，回家后与顾廷龙等三人抄校此书。[⑦] 同年 4 月 25 日，潘景郑在百双楼借得郑文焯手抄《纪元编》，与王謇、顾廷龙等四人仅用一小时，即完成了过录与校对，连潘景郑自己都感叹，“可云神乎其神矣”。[⑧] 赏书之余，二人还一同游戏，玩升官图，颇得闲趣。[⑨] 这一时期，即使顾廷龙不在苏州，二人依旧通过书信探讨书事。[⑩] 1929 年 4 月，顾廷龙致潘景郑信，询问潘景郑印制书籍表，以及是否有朱学勤、罗振玉或傅云龙之续《汇刻书目》等事。[⑪]

另有潘景郑癸酉年日记稿本一册，其中可见 1933 至 1934 年间，顾、潘二人仍常同至苏州

---

① 顾颉刚：《顾颉刚全集·顾颉刚日记》卷 1，北京：中华书局，2011 年，第 280 页。

② 潘景郑：《景郑日记》（己巳年正月初一至八月初六，1929 年 2 月 10 日至 1929 年 9 月 8 日），苏州图书馆藏稿本 1 册，1929 年 2 月 16、21 日，4 月 6、9、25 日，5 月 28 日，7 月 17 日。

③ 潘景郑：《景郑日记》，1929 年 6 月 14 日。

④ 潘景郑：《景郑日记》，1929 年 2 月 21 日。

⑤ 潘景郑：《景郑日记》，1929 年 2 月 23 日。

⑥ 潘景郑：《景郑日记》，1929 年 4 月 4 日。

⑦ 潘景郑：《景郑日记》，1929 年 2 月 21 日。

⑧ 潘景郑：《景郑日记》，1929 年 4 月 25 日。

⑨ 潘景郑：《景郑日记》，1929 年 2 月 11 日。

⑩ 潘景郑：《景郑日记》，1929 年 3 月 26、30 日，9 月 5 日。

⑪ 顾廷龙：《致潘景郑》（1929 年 4 月 30 日），《顾廷龙全集》编辑委员会编：《顾廷龙全集·书信卷》上，上海：上海辞书出版社，2017 年，第 241 页。

的集宝斋、百拥楼购书。① 1938年，潘景郑在《顾廷龙手钞游庐山词》跋文中回忆往日未经寇祸，书籍累架的情形，以及与顾廷龙手书往来，交流阅书的乐趣。② 由此亦可见，彼时两位先生书信往来与阅读交流之频繁。1938年5月28日，潘景郑有信致在北平的顾廷龙，分享其在上海中国书店与来青阁所见古籍。③ 潘景郑至沪后，顾、潘二人的书籍交流愈加密切，1940至1941年间，二人曾同至上海的卡德路书摊，以及来青阁、听涛山房、存古书店、蟫隐庐、中国书店、抱经堂等古旧书店访书。④

（二）留心乡邦文献

顾廷龙与潘景郑长期致力于先祖相关文献的收集与整理，且常常互为留意。潘景郑先祖潘祖荫，字东镛，号郑庵，江苏吴县人，斋名攀古楼、滂喜斋，谥号文勤。咸丰二年（1852）殿试一甲第三名进士，授翰林院编修，善研《说文解字》，好收藏金石，并刊刻《滂喜斋丛书》等。⑤ 潘景郑曾对潘祖荫所刻清代沈涛的《说文古本考》一书进行重校重刻，其间即得到了顾廷龙的帮助。1929年，潘景郑为《说文古本考》撰跋，记顾廷龙曾告诉他《北京大学（研究所国学门）月刊》中载有该刊编辑室⑥所撰的《（说文）古本考校勘记》，潘景郑即据此《校勘记》，补正了潘祖荫所刊《说文古本考》中的一些字。⑦ 1939年3月，顾廷龙撰《潘氏攀古楼所藏彝器辑目自序》云："前年，景郑内弟尝就所存，悉按旧例，踵事编纂，经此丧乱，成稿散佚，非一时可以杀青。余遂出曩时所辑藏器目，重加编订，以资纪念。"是书编成后还经潘景郑校正。⑧

顾廷龙八世从祖顾嗣立，字侠君，号闾丘，江苏长洲（今苏州）人，康熙五十一年（1712）进士，改翰林院庶吉士，其藏书画与宴宾之处称"秀野草堂"。⑨ 1938年5月28日，潘景郑有信致顾廷龙，言其借得同乡黄玢所绘《秀野草堂图》一卷，因未知顾廷龙先祖之著中是否有关于此书的记录，潘景郑遂将此图内容与题诗作者之名单另誊录一份，呈示顾廷

---

① 潘景郑：《潘景郑日记》（癸酉年正月初一至十二月三十，1933年1月26日至1934年2月13日），苏州博物馆藏稿本1册，1933年12月21日，1934年1月4、29日。

② 潘景郑：《顾廷龙手钞游庐山词》，《著砚楼读书记》，沈阳：辽宁教育出版社，2002年，第577页。

③ 潘景郑致顾廷龙信，转引自沈津《顾廷龙年谱长编》（未刊稿），1938年5月28日。

④ 顾廷龙撰，李军、师元光整理：1940年3月16、23日，1940年5月12日，1940年6月17日，1940年8月20日，1941年1月6日，《顾廷龙日记》，北京：中华书局，2022年1月，第59、61、78、87、99、128页。

⑤ 《苏州通史》编纂委员会编，李峰主编：《苏州通史·人物卷（中）·明清时期》，苏州：苏州大学出版社，2019年3月，第354-355页。

⑥ 《〈说文古本考〉校勘记》分别载于《北京大学研究所国学门月刊》1927年第1卷第6号第647-667页，与1927年第1卷第7-8号第858-868页，其中第6期未标明作者，第7期注明作者为"本学门编辑室"。

⑦ 潘景郑：《说文古本考》，《著砚楼读书记》，第37页。

⑧ 顾廷龙：《潘氏攀古楼所藏彝器辑目自序》，《顾廷龙全集》编辑委员会编：《顾廷龙全集·文集卷》上，上海：上海辞书出版社，2015年，第498页。

⑨ 顾廷龙：《顾嗣立与〈元诗选〉》，《顾廷龙全集》编辑委员会编：《顾廷龙全集·文集卷》下，上海：上海辞书出版社，2015年，第788页；《苏州通史》编纂委员会编，李峰主编：《苏州通史·人物卷（中）·明清时期》，第245页。

龙。[1] 1939 年，顾廷龙在《跋秀埜草堂第一图》文中记，1938 年秋，潘景郑还是购得此图，并将此图赠予顾廷龙："去年春莫，余留滞故都，妇弟潘君景郑，获遘此卷于沪市，知余所好，恐一纵即逝，遂斥厚值收之。"[2] 随后，潘景郑还赠予顾廷龙五世从祖顾达尊选刻的顾嗣立《闾邱诗钞》，是书附有顾嗣立《年谱》[3]，亦赠顾廷龙钤有秀野公藏印的马寒中刻《乌台诗案》[4]。

吴大澂，原名大淳，字止敬，号愙斋，江苏吴县人，同治七年（1868）进士，钦点翰林院庶吉士。吴大澂与顾廷龙家是中表之亲，顾廷龙曾随伯舅王怀霖（字董宬）学习古文字，研读吴大澂所著《说文古籀补》等书，究其学术，并为其撰《吴愙斋年谱》。1934 年 8 月，潘景郑在《吴愙斋年谱》序言中提及吴大澂与潘祖荫交往甚密，潘祖荫官农曹时，若得彝器，必请吴大澂考订。[5] 顾廷龙亦留意这位吴氏先祖与潘祖荫之交游与同好。1931 年春，顾廷龙用自制稿纸，手抄《潘文勤公与吴愙斋手札》一册。[6] 1933 年 2 月，顾廷龙撰《吴县潘氏攀古楼吴氏愙斋两家藏器目叙》，记吴愙斋作翰林时，与潘祖荫同在京师，二人又有姻亲关系，因而交往密切，常同鉴赏金石。[7] 1933 年 7 月 18 日，顾廷龙还与潘景郑同往吴愙斋女婿潘睦先处，观吴愙斋作品与信札。[8] 顾、潘二人珍视吴、潘两位先祖之绩，考其交往又承其志业，有历史交相辉映之感。

作为苏州同乡，收集并整理乡贤先哲文献也一直是顾、潘二人共同的志趣。1936 年，潘景郑为《钞本药园集》撰写跋语，云其寻同乡文震孟所著《药园集》已有十几年，而顾廷龙知潘景郑仰乡邦先贤之著，即借章钰藏王季烈所影上虞罗氏之本，示于潘景郑。[9] 同年，顾廷龙亦撰《药园文集》跋文，记述自己在拜见章钰时，见其所藏影写本文震孟之集，遂与潘承厚、潘景郑二人书信商议刊印此书之事。经章钰许可，其所藏之本即随信一同寄给了潘氏两兄弟。后因资金不足，刊行之事未能成，潘景郑又请人抄写了一部。[10] 潘景郑跋云："存先贤未泯之精神，昭兹来许，其何能辞耶！"[11] 顾廷龙亦言："何如谋为刊行，用资激励后生。"[12]

---

① 潘景郑致顾廷龙信，转引自沈津《顾廷龙年谱长编》（未刊稿），1938 年 5 月 28 日。
② 顾廷龙：《跋秀埜草堂第一图》，《顾廷龙全集》编辑委员会编：《顾廷龙全集·文集卷》下，第 700 页。
③ 顾廷龙：《顾廷龙日记》，1940 年 12 月 12 日，第 121 页。
④ 顾廷龙：《顾廷龙日记》，1951 年 8 月 8 日，第 579 页。
⑤ 潘景郑：《吴愙斋年谱序》，《吴愙斋年谱》，《顾廷龙全集》编辑委员会编：《顾廷龙全集·著作卷》，第 7 页。
⑥ 李军：《潘文勤公致吴愙斋手札（上）》，《历史文献》2020 年第 1 期，第 163-196 页；李军：《潘文勤公致吴愙斋手札（下）》，《历史文献》2021 年第 1 期，第 121-162 页。
⑦ 顾廷龙：《吴县潘氏攀古楼吴氏愙斋两家藏器目叙》，《顾廷龙全集》编辑委员会编：《顾廷龙全集·文集卷》上，第 493 页。
⑧ 潘景郑：《潘景郑日记》，1933 年 7 月 18 日。
⑨ 潘景郑：《钞本药园集》，《著砚楼读书记》，第 512 页。
⑩ 顾廷龙：《药园文集跋》，《顾廷龙全集》编辑委员会编：《顾廷龙全集·文集卷》下，第 805 页。
⑪ 潘景郑：《钞本药园集》，《著砚楼读书记》，第 512 页。
⑫ 顾廷龙：《药园文集跋》，《顾廷龙全集》编辑委员会编：《顾廷龙全集·文集卷》下，第 805 页。

可见二人在传承乡邦文化精神方面具有相同的志向。至 1944 年，顾廷龙还曾拟写《苏州丛书》目录，并将《药园文集》收入其中。[①] 1938 年，潘景郑撰写《顾廷龙手钞游庐山词》跋文，记《游庐山词》由“起潜姊丈钞自故都者。原本为先生（昆山顾炎武）手写成卷，流在燕市，吾姊丈珍重先贤遗泽，特为缮录”，又因知潘景郑致力于收集乡贤遗著，顾廷龙就将自己的缮写之本邮寄给他，潘景郑感慨道：“乡贤遗业，宜吾姊丈之幸（辛）勤掇拾，郑重授余，余敢不护斯如头目耶！”[②]

潘景郑曾撰写《稿本青虚山房集》跋，记是书作者为清代定兴王太岳，该稿由其门人王昶写定，而此集特别之处在于有长洲王芑孙的评点。潘景郑在跋文中回忆，1939 年冬，有书商售此书，潘景郑认为书价过高而不愿收购，但顾廷龙觉其可留，遂将此书收入合众图书馆。潘景郑认为顾廷龙此举令“物得其所，堪为斯书称幸矣”。[③] 1940 年 12 月，顾廷龙《青虚山房集跋》记，潘景郑为合众图书馆觅得王昶所辑《青虚山房集》底本，书中有王昶序与王芑孙的青笔评点。顾廷龙认为此书是王太岳自藏原稿，且亦为作者同乡鹿传霖久寻而未得之书，因此值得收藏。不仅如此，顾廷龙还表达了来日将劝说定兴重视乡贤文献之人，续刻王太岳之集的心愿。[④] 合众图书馆第二年纪略记校勘此书之事。[⑤]

（三）研学互助之谊

顾、潘二人着力发掘与整理乡邦先贤文献，亦有各自的收藏与研究专长，并深知彼此的研习志趣。1933 年 7 月，潘景郑至顾廷龙处，顾廷龙赠其真（正）定拓片。[⑥] 1938 年，潘景郑撰孙星衍《旧钞本京畿金石考》跋文，记顾廷龙曾在正定县拓石墨若干，而潘景郑正是用这些拓片校阅了此书。[⑦] 1942 年，顾廷龙见得拓片若干，并在其中选潘景郑未有而赠之。[⑧] 1936 年，潘景郑在《旧钞本天南纪事》跋文中记，顾廷龙知潘景郑有治南明史之好，因而将在厂肆寻得的此书赠予自己。[⑨] 1937 年，顾廷龙为潘景郑搜寻缙绅齿录，他认为这种文献对于研究人物传记而言，是有价值的。[⑩]

潘景郑出身藏书世家，自己平日亦爱收集，顾廷龙常借阅、抄写他收藏的古籍。1940 年 1 月，顾廷龙借单镇藏夏孙桐等注叶昌炽的《（辛臼簃）诗谳》，校阅并抄录一本。是年 3 月，潘景郑又新得张一麐手录夏孙桐注的《（辛臼簃）诗谳》，后此书又归顾廷龙。经校阅，顾廷龙发现单镇所藏夏孙桐重注本，没有潘景郑新得之本中的夏注详细，遂将潘景郑新得之本中

---

① 顾廷龙：《顾廷龙日记》，1944 年 8 月 21 日，第 384-385 页。
② 潘景郑：《顾廷龙手钞游庐山词》，《著砚楼读书记》，第 577 页。
③ 潘景郑：《稿本青虚山房集》，《著砚楼读书记》，第 536 页。
④ 顾廷龙：《青虚山房集跋》，《顾廷龙全集》编辑委员会编：《顾廷龙全集·文集卷》下，第 811 页。
⑤ 顾廷龙：合众图书馆第二年纪略，《顾廷龙日记》，第 670 页。
⑥ 潘景郑：《潘景郑日记》，1933 年 7 月 20 日。
⑦ 潘景郑：《旧钞本京畿金石考》，《著砚楼书跋》，上海：上海古籍出版社，2006 年，第 150 页。
⑧ 顾廷龙：《顾廷龙日记》，1942 年 10 月 20 日，第 268 页。
⑨ 潘景郑：《旧钞本天南纪事》，《著砚楼读书记》，第 118 页。
⑩ 顾廷龙：《顾廷龙日记》，1937 年 1 月 6 日，第 20 页。

的夏注抄写在自己所抄单镇藏本的页眉。[①] 1940 年 4 月，潘景郑曾发现《宋遗民广录》抄本，随即将此事告诉顾廷龙，并问聂崇岐所纂《宋代传记引得》是否有引，经检未有，顾廷龙遂抄此书，并将抄录之本赠送给聂崇岐。[②] 1940 年 5 月，顾廷龙还曾抄写潘景郑所借《宋于庭文集》三卷留存。[③] 1940 年 6 月，顾廷龙在撰写吴云甫《顾诗笺注》跋文时，曾从潘景郑处借阅吴氏诗文残稿，为其考查吴氏的生平提供了材料。[④]

顾、潘二人不仅了解彼此的阅读雅好，亦欣赏与珍视各自的才能。1934 年 8 月，潘景郑为顾廷龙《吴窸斋年谱》作序云："吾姊夫同邑顾君起潜笃志好古，研治文字、声音、训诂之学……君于是书专精毕力……顾念君搜辑之勤，虽屡经阻折而肆志益坚，其毅力有不可及者。"[⑤] 顾廷龙常称赞潘景郑的学识与文采。1940 年 10 月，潘景郑撰写《隶古定居记》后段，叙述命名的意义，顾廷龙认为其文"极精"。[⑥] 在顾廷龙与潘景郑的日记中，时常出现二人交谈的记录，虽多未记二人所谈为何，但可见二人惺惺相惜之情。他们的高尚情谊不仅在于二人的书籍交流，亦在学林中的相互协助。

（四）相互介绍师友

顾廷龙与潘景郑之师章太炎的交集大致始于 1925 年，是年，顾廷龙转读于上海国民大学国文系，而章太炎此时正担任该校校长。1932 年上半年，正在北平燕京大学研究院学习的顾廷龙听了章太炎的学术报告。[⑦] 虽至此时，顾廷龙与章太炎还未有正式的会面，但在同年 7 月 6 日，章太炎致信潘景郑，询问顾廷龙汇刻古文《尚书》之事的进展情况，可见章太炎对顾廷龙当时的学术研究近况，还是大致了解并关心的。在信中，章太炎还请潘景郑引见顾廷龙，表达其想与顾廷龙当面交流的意愿。[⑧] 是年暑假，顾廷龙经由潘景郑介绍，在章太炎位于苏州锦帆路的寓邸，第一次正式拜访章氏，并向其请教隶古定《尚书》之学，顾廷龙感叹章太炎"娓娓讲述了半天，真正是诲人不倦"。[⑨] 1988 年 3 月与 1989 年 1 月，顾廷龙分别在《章太炎

---

① 顾廷龙：《顾廷龙日记》，1940 年 1 月 25-26 日，第 47 页；1940 年 3 月 24 日，第 61 页；1940 年 4 月 22 日，第 74 页；1941 年 2 月 19 日，第 139 页。

② 顾廷龙：《顾廷龙日记》，1940 年 4 月 1 日，第 65 页。

③ 顾廷龙：《顾廷龙日记》，1940 年 5 月 2 日，第 77 页。

④ 顾廷龙：《顾廷龙日记》，1940 年 6 月 7 日，第 85 页。

⑤ 潘景郑：《吴窸斋年谱序》，《吴窸斋年谱》，《顾廷龙全集》编辑委员会编：《顾廷龙全集・著作卷》，第 7 页。

⑥ 顾廷龙：《顾廷龙日记》，1940 年 10 月 5 日，第 108 页。

⑦ 顾廷龙：《纪念章太炎先生诞辰一百二十周年》，《顾廷龙全集》编辑委员会编：《顾廷龙全集・文集卷》下，第 960 页。

⑧ 章太炎：《致潘景郑》（1932 年 7 月 6 日），上海人民出版社编：《章太炎全集・书信集》下，上海：上海人民出版社，2022 年，第 1186-1187 页。

⑨ 顾廷龙：《章太炎先生篆书墨迹序》，《顾廷龙全集》编辑委员会编：《顾廷龙全集・文集卷》下，第 649 页；顾廷龙：《纪念章太炎先生诞辰一百二十周年》，《顾廷龙全集》编辑委员会编：《顾廷龙全集・文集卷》下，第 960 页。

先生篆书墨迹》序言[①]，以及“章太炎先生诞辰一百二十周年纪念会”[②]上的发言中回忆了他与章太炎的这次正式见面，可见这次交谈在其印象之深。

作为章太炎的入室弟子，潘景郑一直留心收集与保存章氏文稿。1939年，潘景郑撰《春秋左传读》书跋，记其寻访此书许久未得，然所幸“比得姊夫顾君起潜之力，自故都觅假一本，思为剞劂，以广传布……爰商同门诸子，襄成斯举，依原本影印百袟”[③]。原来，早在1938年春，顾廷龙检理章钰的四当斋藏书时，就发现了这本书，顾廷龙还曾向章太炎弟子钱玄同请教此罕见之书的来历。[④] 1940年，潘景郑将影印的《春秋左传读》赠予顾廷龙二册。[⑤] 1941年，顾廷龙在叶景葵处阅览于式枚所藏信札时，发现一通章太炎《上李鸿章书》，但缺失末页，遂专门带回请潘景郑再阅。[⑥] 后来，因戊戌变法研究专家汤志钧致力于研究章太炎，潘景郑便与其密切通信，为其提供关于章氏的史料。1975年5月，潘景郑在给汤志钧的信中即附“‘戊戌正月’《上李鸿章书》末后抄件”，可见潘景郑在看到顾廷龙带给他的这封信后，又查考并补充了末页缺失的内容，现在这封信被收藏在上海图书馆，书信的内容收入汤志钧于1977年出版的《章太炎政论选集》。[⑦] 1980年，顾廷龙还专门写信给汤志钧，感谢其惠赠《章太炎年谱长编》两册。[⑧]

顾廷龙亦曾向潘景郑介绍自己的师友。1929年2月，顾廷龙向潘景郑介绍自己在国民大学学习时，教授自己小学的老师闻宥。[⑨] 1941年5月，书商王文进曾请顾廷龙审阅《文禄堂访书记》7册。顾廷龙认为此记“舛误触目，凌乱无序”，幸有潘景郑助阅四册。[⑩] 同年12月，王文进本欲向顾廷龙出售刘咸校《五代史记注》，但价格昂贵，因此顾廷龙只是借来过录后便归还王氏了。此书共计40册，亦由顾、潘二人协同抄录，其中，潘景郑过录第21至28册。[⑪] 1991年，《五代史记注》还被顾廷龙列入《自传题纲》的校勘成果部分。[⑫] 1941年5

---

① 顾廷龙：《章太炎先生篆书墨迹序》，《顾廷龙全集》编辑委员会编：《顾廷龙全集·文集卷》下，第649页。

② 顾廷龙在章太炎先生诞辰一百二十周年纪念会上的发言稿，转引自沈津《顾廷龙年谱长编》（未刊稿），1989年1月10日；顾廷龙：《纪念章太炎先生诞辰一百二十周年》，《顾廷龙全集》编辑委员会编：《顾廷龙全集·文集卷》下，第960页。

③ 潘景郑：《春秋左传读》，《著砚楼读书记》，第15页。

④ 钱玄同：《与顾起潜书》（附顾廷龙撰《钱玄同先生遗稿》跋），《制言》1939年第50期，第1–2页。

⑤ 顾廷龙：《顾廷龙日记》，1940年1月24日，第46页。

⑥ 顾廷龙：《顾廷龙日记》，1941年5月16日，第163页。

⑦ 汤志钧：《潘景郑谈章太炎》，《历史文献》2014年第18辑，第604页。

⑧ 顾廷龙：《致汤志钧》（1980年7月7日），《顾廷龙全集》编辑委员会编：《顾廷龙全集·书信卷》下，上海：上海辞书出版社，2017年，第425页。

⑨ 潘景郑：《景郑日记》，1929年2月16–17日。

⑩ 顾廷龙：《顾廷龙日记》，1941年5月31日，第167页；1941年8月12日，第182页。

⑪ 沈津补充日记内容，转引自沈津《顾廷龙年谱长编》（未刊稿），1941年12月18–19日；顾廷龙：《合众图书馆第三年纪略》，《顾廷龙日记》，676–677页。

⑫ 顾廷龙小笔记本记其拟写《自传题纲》，转引自沈津《顾廷龙年谱长编》（未刊稿），1991年。

月，应长沙古董商蔡季襄的邀请，顾廷龙又携潘景郑一同鉴赏当时出土的文物。① 同月，顾廷龙又携潘景郑拜访无锡实业家、收藏家华绎之，观其藏书，二人获见郑元祐《华孝子祠记》，是书有顾廷龙五世从祖顾达尊题诗，并钤顾达尊之“秀野曾孙”印。②

20世纪20年代末至40年代初，顾、潘两人常流连于书肆，琢磨于书林，亦在学术上相互协助，共同求索，并在文献领域都有所精进。特别是在此交往过程中，二人也更为了解彼此的品性与专长，因而为他们共事于合众图书馆，以及合作编纂古籍书目等，奠定了坚实的协作基础。

二、共事图书馆

从1939年，合众图书馆建立，到1955年2月，合众图书馆改建为上海历史文献图书馆，再到1958年10月，成立的新上海图书馆。③ 顾廷龙与潘景郑二人一直在图书馆中协同工作，共同致力于图书馆古籍的收集与整理，以及馆内的人才培养等。

（一）一同建设馆藏

在到合众图书馆工作之前，潘景郑曾在章太炎的章氏国学讲习会担任讲师，后又在章太炎夫人汤国梨创立的太炎文学院任教并兼图书馆主任。④ 1940年4月21日，顾廷龙与叶景葵（字揆初）商议邀请潘景郑来合众图书馆工作。叶景葵认为，潘景郑具有真才实学，且与顾廷龙志趣相投，因而十分期待两人合作。顾廷龙当日记：

> 景郑来畅谈，余深盼其能来相助。揆丈意，将来须主金石一部，则景郑尤为相宜，实为图书馆中难得之真才，与龙意见融洽，合力为之，必能薄具成绩，非为私也。揆丈发宏愿举此伟业，特以重任见委，吾自当鞠躬尽瘁，不负其热心知己，但独木不能建大厦，然得人之难若登天，奈何。⑤

1940年5月，顾廷龙又与叶景葵商议合众图书馆的人事，并牵挂着潘景郑能否顺利来合众图书馆工作。⑥ 直至6月，顾廷龙日记专记潘景郑之回应，“景郑来谈，下半年可应本馆之约”⑦，其欣喜之情溢于言表。潘景郑正式来馆的前一日，顾廷龙还专门为其进行了简单的布

---

① 顾廷龙：《顾廷龙日记》，1941年5月13日，第161-162页。
② 顾廷龙：《顾廷龙日记》，1941年5月19日，第164-165页。
③ 顾廷龙：《一个图书馆的发展——从合众图书馆到上海图书馆（1939—1958）》，《顾廷龙日记》，第641-642页。
④ 顾廷龙：《上海私立合众图书馆十四年小史》，《顾廷龙日记》，第654页。
⑤ 顾廷龙：《顾廷龙日记》，1940年4月21日，第74页。
⑥ 顾廷龙：《顾廷龙日记》，1940年5月9日，第78页。
⑦ 顾廷龙：《顾廷龙日记》，1940年6月23日，第89页。

置。[①] 8 月 1 日，潘景郑到馆开始工作。顾廷龙当日记曰：“景郑始到馆，为余校正所拟书志稿廿余篇，俾商定体例，以便续撰，将来拟两人分撰，撰后互阅一过。”[②] 根据顾廷龙在《明代版本图录初编》序言中的记述，“旋邀景郑来共编摩，接席商兑，重订体例。”[③] 潘景郑到馆后为顾廷龙校阅的“书志稿”大致应该是《明代版本图录初编》的“图书说明”。入馆后，潘景郑相继上架《丛书集成》[④]，又整理李宣龚、蒋抑卮赠书[⑤]。上海沦陷，时局动荡，有时交通受阻，潘景郑无法来馆，顾廷龙都会记在日记里。[⑥]

在合众图书馆建立初期，顾廷龙担任馆内总干事，潘景郑、朱仁二人为干事，潘景郑在合众图书馆工作期间主要负责采编历史图书。[⑦] 1945 年 11 月，潘景郑开始请长假，1946 年 2 月，潘景郑辞职，回苏州办田业银行之事。[⑧] 1947 年 5 月，合众图书馆董事会第六次临时会议通过叶景葵的提议，顾颉刚、钱钟书、潘景郑三人被合众图书馆聘请为顾问。[⑨] 1951 年 1 月，潘景郑复信顾廷龙，言及自己很愿意应顾廷龙之邀，继续回合众图书馆工作，3 月，潘景郑又回到合众图书馆。[⑩] 自 1939 年合众图书馆建立之初到 1952 年，潘景郑陆续向馆内捐赠了大量的古籍与拓片。这 13 年间，潘景郑捐赠的古籍共计 1689 种，6341 册，拓片约 413 种，1316 张。[⑪] 另外，还有 180 册各家闱墨，可补充馆藏的 200 余册清季硃卷，以及不易收集的清代名人行状、题名录、齿录、同官录、缙绅录，以及小说、章回弹词唱本等。[⑫] 1954 年，合众图书馆已经捐献于上海市人民政府，潘景郑仍任采编之责，并负责特藏整理工作。[⑬]

1955 年，潘景郑在上海历史文献图书馆的采编典藏组工作，继续整理馆藏古籍书目，并

---

① 顾廷龙：《顾廷龙日记》，1940 年 7 月 31 日，第 95 页。

② 顾廷龙：《顾廷龙日记》，1940 年 8 月 1 日，第 96 页。

③ 顾廷龙：《明代版本图录初编叙》，潘承弼、顾廷龙同纂：《明代版本图录初编》，民国丛书本，上海：上海书店，1996 年，第 3 页。

④ 顾廷龙：《顾廷龙日记》，1941 年 9 月 19 日，第 187 页。

⑤ 顾廷龙：《顾廷龙日记》，1941 年 11 月 6-7 日，第 196 页。

⑥ 顾廷龙：《顾廷龙日记》，1941 年 12 月 8、10 日，第 202-203 页。

⑦ 《合众图书馆筹办处职员表》原件，转引自沈津《顾廷龙年谱长编》（未刊稿），1942 年 5 月；顾廷龙：《上海私立合众图书馆十四年小史》，《顾廷龙日记》，第 654 页。

⑧ 顾廷龙：《合众图书馆第七年工作报告》，《上海私立合众图书馆十四年小史》，《顾廷龙日记》，第 709、654 页；顾廷龙的回忆，转引自沈津《顾廷龙年谱长编》（未刊稿），1945 年。《合众图书馆第七年工作报告》记辞职时间为 1946 年 2 月，《上海私立合众图书馆十四年小史》记辞职时间为 1946 年 3 月，以工作报告所记为准。

⑨ 顾廷龙：《合众图书馆董事会第六次临时会议》，《顾廷龙日记》，第 914 页。

⑩ 顾廷龙致陈叔通信，转引自沈津《顾廷龙年谱长编》（未刊稿），1951 年 1 月 5 日；潘景郑致顾廷龙信，转引自沈津《顾廷龙年谱长编》（未刊稿），1951 年 1 月 27 日；顾廷龙：《上海私立合众图书馆十四年小史》，《顾廷龙日记》，第 654 页。

⑪ 根据《顾廷龙日记》中合众图书馆历年纪略或工作报告中记潘景郑捐赠数据统计。

⑫ 顾廷龙：《合众图书馆第二年纪略》，《合众图书馆筹备第五年工作报告》，《合众图书馆第十二年工作报告》，《顾廷龙日记》，第 666、691、750 页。

⑬ 顾廷龙：《1954 年工作计划》，《顾廷龙日记》，第 775 页。

兼辅导读者阅览之任。① 1958年，上海历史文献图书馆并入新上海图书馆，潘景郑就一直在善本组工作，直至退休。② 从1940年进入合众图书馆，到1988年从上海图书馆退休，潘景郑始终都在协助顾廷龙，整理馆藏古籍等。捐赠古籍、校阅文献、目验馆藏、著录卡片、复核书卡、编辑书目等都倾注了潘景郑的心血。同时，顾、潘二人在共事的过程中，也非常重视将此中积攒的点滴经验手把手教授于馆内的后学。

（二）协同培养后学

20世纪60年代初，随着图书馆事业的发展，以及培养相关人才的迫切需要，顾廷龙与潘景郑大力帮助馆内年轻同志提升专业素养，注重在具体的版本鉴定实践中指导后学。沈津曾说："我在进入版本目录学这个领域后，就受到顾廷龙、潘景郑、瞿凤起三位先生的教诲。"③ 1961年起，沈津、吴织陆续跟随三位先生学习，并在协助潘、瞿两位先生校阅上海图书馆古籍善本书的过程中，学习鉴定善本版本及著录书卡。《上海图书馆古籍善本书目》由顾廷龙担任主编，潘、瞿二人负责校阅书卡。具体的工作流程是由沈津从书库调取善本，潘、瞿二人审阅原书及其书卡。沈津与吴织对照修改后的书卡与原书，探究其修改的缘由。在此过程中，沈、吴两位年轻人跟随潘、瞿二人，在广泛的版本鉴定中提升了业务能力。工作之余，顾廷龙还教授沈津与吴织古文以及书法，并安排潘景郑和瞿凤起关照他们的专业学习。④ 1982年2月，顾廷龙在《映庵自记年历》的跋文中回忆道，1958年合并后的上海图书馆善本组仅有瞿凤起、潘景郑二人，有关领导考虑培养接班人的问题，因而调沈津、吴织两位年轻人来组。顾廷龙认为研究古典文献，必须要能写小楷，而这本《映庵自记年历》即是沈、吴二人练习小楷的抄写之作。⑤ 除了馆内的指导外，顾廷龙还安排沈津与吴织跟随潘、瞿两先生至上海古籍等书店，学习鉴定出口的图书与碑帖。⑥ 直至70年代末和80年代，沈津仍在请潘景郑帮助自己修改文章。⑦

赵嘉福于1961年进入上海图书馆古籍修复组，他亦与其他馆内青年一起，跟随三位先生学习。据他所述，顾廷龙很重视古籍修复人才的培养，不仅亲自指导馆内后学练习书法，亦请潘、瞿二人教授大家学习古汉语与古籍版本知识，并带大家阅读《古文观止》等。⑧ 同样在古籍修复组的潘美娣于1963年进入上图，她亦受教于顾、潘二人。在顾廷龙的鼓励与支持

---

① 顾廷龙：《1955年度工作计划》，《顾廷龙日记》，第808页。

② 沈津：《一片冰心在玉壶——怀念潘景郑先生》，《老蠹鱼读书随笔》，第71页。

③ 沈津：《序》，《伏枥集》，桂林：广西师范大学出版社，2019年，第2-3页。

④ 沈津：《学术事功俱隆 文章道德并富——回忆先师顾廷龙先生》，上海图书馆编：《顾廷龙先生纪念文集》，上海：上海科学技术文献出版社，1999年，第65页；沈津：《上图是我的娘家》，上海图书馆编：《我与上海图书馆》，上海：上海科学技术文献出版社，2002年，第43页；吴织：《回忆顾廷龙》《回忆潘景郑》，上海图书馆编著：《岁月留痕——上海图书馆历史记忆》，上海：上海科学技术文献出版社，2015年，第9-10、17页。

⑤ 顾廷龙：《跋映庵自记年历》，《顾廷龙全集》编辑委员会编：《顾廷龙全集·文集卷》下，第970页。

⑥ 沈津：《学术事功俱隆 文章道德并富——回忆先师顾廷龙先生》，《顾廷龙先生纪念文集》，第59、65页。

⑦ 沈津：《一片冰心在玉壶——怀念潘景郑先生》，《老蠹鱼读书随笔》，第74页。

⑧ 赵嘉福：《古籍修复》，《岁月留痕——上海图书馆历史记忆》，第207页。

下，潘美娣撰写了《古籍修复与装帧》一书，潘景郑还为是书撰写了序言。

三、合作编纂图录、丛书与书目

从编纂开创断代图录先河的《明代版本图录初编》，到整理二人始终重视的乡贤文献，再到编辑《合众图书馆丛书》，以及具有时代藏书文化风貌的“合众图书馆藏书分目”，顾、潘二人都倾注了大量心血。但也正是基于这些坚实的积累，他们又与更多志同道合之士一同编辑了《上海图书馆古籍善本书目》与《中国古籍善本书目》等，为同行学人厘清了学术的脉络，铺垫了治学的途径。

（一）《明代版本图录初编》

王宇与沈津对于《明代版本图录初编》的出版经过已有较为详尽的梳理，不过就顾、潘二人具体的编辑合作与分工，及二人在编纂此书的过程中产生的新发现等，仍可在此有所补充。顾廷龙曾有意以朝代分章编写《目录学》一书，因此自1939年春始，顾、潘二人即通信商议此事。① 是年11月，顾廷龙受聘为成都齐鲁大学国学研究所名誉研究员。② 1940年2月，顾廷龙受齐鲁大学校长刘世传、齐鲁大学国学研究所主任顾颉刚之约，撰写《目录学》。同月15日，顾廷龙拟将《目录学》改为《版本图说》，16日，顾、潘二人商议了《中国板本图说》的体例。③ 1940年4月，顾廷龙致信顾颉刚，称他已将聘书带给潘景郑，潘景郑亦将欣然受命撰写此书。④ 是年5月，顾廷龙又致顾颉刚信，言《版本图说》宋元部分的大纲已拟写完成，虽然正在草拟的明清部分缺乏前著参考，且编辑有一定难度，但顾廷龙认为这一部分应该最为精彩，因而有先出版明清《版本图说》之意。⑤ 至此，经过顾、潘二人从1939至1940年历时一年多的反复研讨，《明代版本图录》的研究范围与撰述方式即大致确定下来。1941年1月，顾廷龙在致顾颉刚的信中解释了此书撰写范围变化的缘由，并表达了与潘景郑共编此书的欣喜之情：

> 《版本图录》现已决定断代为之，因宋元本书影已多，并非亟需之作，明代尚无人做过，故特以参考者实急，遂为《明代版本图录》，而名之曰《初编》，叙例、目录已定，过阴历新年即当与伯祥商印。现在借书不易，挂漏不免，导此先路，恭候他人之纠缪补

---

① 顾廷龙：《明代版本图录初编叙》，潘承弼、顾廷龙同纂：《明代版本图录初编》，第3页。

② 顾颉刚编著：《齐鲁大学国学研究所名誉研究员》，《顾颉刚全集·宝树园文存卷2》，北京：中华书局，2010年，第258页。聘书、履历表原件，转引自沈津《顾廷龙年谱长编》（未刊稿），1939年11月29日。

③ 顾廷龙：《顾廷龙日记》，1940年2月13、15–16日，第51–52页。

④ 顾廷龙：《致顾颉刚》（1940年4月5日），《顾廷龙全集》编辑委员会编：《顾廷龙全集·书信卷》上，第123页。

⑤ 顾廷龙：《致顾颉刚》（1940年5月6日），《顾廷龙全集》编辑委员会编：《顾廷龙全集·书信卷》上，第126页。

缺矣。此事由景郑兄负责为多，渠现在敝处共案编摹，有赏析之乐。预计卅年之一年内，此三事必竭力成之也。①

1940年5月，顾廷龙试将明刻本“以年为经，以目为纬”进行编排②，以此作为是书的结构框架。同时，潘景郑则主要负责书目与叙例的拟定，具体选择的明版书目则由两人一同考定。1940年6月，潘景郑大致完成了《明本图说》的书目拟定工作。③ 7月，潘景郑将《明代版本图说》叙例送呈顾廷龙，此时《明代版本图说》的体例编排大体完备，顾廷龙将12分项中的“经厂”改为“内版”。④ 8至9月，顾廷龙依旧在完善《明代版本图说》的选目，9月13日，顾廷龙将《明代版本图说》（所选书目）交由潘景郑再次审阅。⑤ 大致确立书目后，潘景郑开始拍摄书影，并与顾廷龙一起寻找合适的明本，在此期间，顾、潘二人仍在反复筛选书目、校阅书稿。1941年2至6月间，潘景郑着手拍摄《明代版本图录》所需书影，顾廷龙则主要在撰写说明与书序。同时，顾廷龙至施维藩处寻嘉业堂藏明版书，二人还一起拜访实业家夏偕复，与上海私立工业专科学校的华凤翔等人，又一同在集宝斋等检寻适合使用的明版书。⑥ 4月中，《明代版本图录》交付锌版后，顾廷龙仍在继续撰写说明、整理书稿并完善相关内容。⑦ 直至6月中下旬，顾廷龙完成《明代版本图录》的目录，并开始总阅全部书稿。⑧ 至此，是书的整体编纂工作已基本完成。

1941年7月1日，顾廷龙将书稿当面交付于上海开明书店编辑王伯祥，但因当时需印教科书，所以《明代版本图录》的印刷就被排后。顾廷龙遂请王伯祥先审阅书稿，修改后再返还于己。⑨ 10月，张元济阅览是书，其校正的部分由潘景郑照改。同时，顾廷龙又在张元济借给他的《涵芬楼烬余书录》中发现可以用于《明代版本图录》的明本，遂请潘景郑先行筛选。⑩ 是书出版时间记为1941年，顾序与潘跋也均撰于1941年。但1943年6至9月，顾廷龙

① 顾廷龙：《致顾颉刚》（1941年1月23日），《顾廷龙全集》编辑委员会编：《顾廷龙全集·书信卷》上，第130页。

② 顾廷龙：《顾廷龙日记》，1940年5月21、23日，第80-81页。

③ 顾廷龙：《顾廷龙日记》，1940年6月17日，第87页；沈津补充日记原记“《明本图说》”即为“《明代版本图录》”，转引自沈津《顾廷龙年谱长编》（未刊稿），1940年6月17日。

④ 顾廷龙：《顾廷龙日记》，1940年7月20日，第93页。

⑤ 顾廷龙：《顾廷龙日记》，1940年8月11、23、25、30日，第98、100-102页；1940年9月4-5、13日，第103-105页。1940年8月11日记“《明代版本图录》”，此后8-9月仍用“图说”之名。

⑥ 顾廷龙：《顾廷龙日记》，1941年2月25-26日，第140-141页；1941年3月6-8、15-16、19、21、31日，第143、145-147、149页；1941年4月29-30日，第156-157页；叶景葵撰，顾廷龙编：《叶景葵杂著》，上海：上海古籍出版社，1986年，第206页。

⑦ 顾廷龙：《顾廷龙日记》，1941年4月16、23日，第152、154页；1941年5月30日，第167页；1941年6月1、6日，第167、169页。

⑧ 顾廷龙：《顾廷龙日记》，1941年6月13、18、20、22-24、26日，第169、171-173页。

⑨ 顾廷龙：《顾廷龙日记》，1941年7月1日，第174页。

⑩ 顾廷龙：《顾廷龙日记》，1941年10月3-4日，第189页。

又相继校对排样、修改序文，并编写了索引。① 1944 年 1 月下旬，此书于才正式面世，并收入"齐鲁大学国学研究所专著汇编"。收到成书后，顾廷龙又再次校阅此书。②

1941 年 11 月，顾廷龙致信顾颉刚，述与潘景郑合作此书的缘由："敝意不求近效，暗然日章，否则欲速则不达，徒如宋人之助苗长耳；故仅龙与景郑二人从事编校，想公必以为然也。"③ 顾廷龙在此书序言中力推潘景郑之功："丁时丧乱，搜辑不易……摄景撰说，历时两年，景郑之力居多……吾二人当联镳十驾，陆续足成，并世贤达，其有以广之乎？"④ 潘景郑在跋语中举顾廷龙之业："是役也，吾姊夫顾君起潜实综大纲，发凡起例，君力居多，仆盖参佐末役，与有编摩，幸观厥成，差慰夙愿。假我余年，得为赓续之业，此则私心切祷，志在不渝。"⑤ 在如此艰难的时局，顾、潘二人齐心协力完成了中国版本图录史上的创举，实属不易。

1941 年 6 月 2 日，顾廷龙依据时间与地域对《明代版本图录》的内容进行分类，由此发现吴郡刻书甚多，就考虑日后再单出《明代吴郡刻书考》。⑥ 同年，顾廷龙还曾与潘景郑商议，计划从文集、家谱等书中辑录《清代吴贤碑传集》，整理两百人就可作为一集，预计成书十册，以期有助于地方志的整理与研究。⑦ 潘景郑擅长金石之学，本就重视碑拓的收集。在二人编纂《明代版本图录》期间，潘景郑曾带 80 多种清人墓志请顾廷龙赏阅，顾廷龙在日记中记道："景郑携来清人墓志八十种，颇可观，其中书丹当推张啬庵（张謇，号啬庵）第一，篆盖则吴愙斋第一，其文可补《碑传集》者甚多也。"⑧ 虽然，他们有志于继续编写《明代版本图录》的心愿未成，整理《明代吴郡刻书考》与《清代吴贤碑传集》之事亦未果，但《明代版本图录》的编辑与出版，开启了二人长达半个世纪的合作编纂古籍目录的历程。

（二）《合众图书馆丛书》与"合众图书馆藏书分目"

合众图书馆建馆之初，顾廷龙曾选馆藏稿抄本，编辑《合众图书馆丛书》，潘景郑与其一同访书、校书，并为此书撰写跋语，参与了此书的编纂。顾廷龙于 1940 年 1 月开始校阅《合众图书馆丛书》第一集第一种《恬养斋文钞》的排印样本，并研究其分卷⑨，同时又查阅他书，补充其中所缺之字。⑩ 3 月，顾廷龙还与潘景郑一同斟酌文中的讹字。⑪ 虽然，此书所题

---

① 顾廷龙：《顾廷龙日记》，1943 年 6 月 8 日，第 316 页；1943 年 7 月 11 日，第 321 页；1943 年 8 月 3、25 日，第 323、327 页；1943 年 9 月 2、4 日，第 328-329 页。

② 顾廷龙：《顾廷龙日记》，1944 年 1 月 19-20 日，第 351 页；沈津补充《明代版本图录初编》出版信息，转引自沈津《顾廷龙年谱长编》（未刊稿），1944 年。

③ 顾廷龙：《致顾颉刚》（1941 年 11 月 14 日），《顾廷龙全集》编辑委员会编：《顾廷龙全集·书信卷》上，第 131 页。

④ 顾廷龙：《明代版本图录初编叙》，潘承弼、顾廷龙同纂：《明代版本图录初编》，第 4 页。

⑤ 潘景郑：《明代版本图录初编跋》，潘承弼、顾廷龙同纂：《明代版本图录初编》，第 1-2 页。

⑥ 顾廷龙：《顾廷龙日记》，1941 年 6 月 2 日，第 168 页

⑦ 顾廷龙：《顾廷龙日记》，1941 年 2 月 20 日，第 139 页。

⑧ 顾廷龙：《顾廷龙日记》，1941 年 6 月 26 日，第 173 页。

⑨ 顾廷龙：《顾廷龙日记》，1940 年 1 月 3 日，第 36 页。

⑩ 顾廷龙：《顾廷龙日记》，1940 年 1 月 18 日，第 45 页。

⑪ 顾廷龙：《顾廷龙日记》，1940 年 3 月 11 日，第 58 页。

出版信息为1940年2月据稿本排印，但根据顾廷龙日记记述的刊印情况，这本书应该是随校随印，3月前仅印前2卷，直至5月底，《恬养斋文钞》才完全印出。[①] 第一集第三种《潘氏三松堂书画记》由潘景郑题跋并补遗一卷，第一集第六种《朱参军画像题词》与第一集第九种《寒松阁题跋》亦有潘跋。顾廷龙为第七种《余冬璅录》、第八种《舠舟諳柄》、第十一种《里堂家训》、第十二种《论语孔注证伪》、第十三种《东吴小稿》、与第十四种《归来草堂尺牍》撰写跋文。其中《东吴小稿》是由顾廷龙与潘景郑一起发现的。1941年，顾、潘二人一起拜访华绎之，赏其藏书时发现《东吴小稿》，顾廷龙认为此元人手稿"可贵之极"，遂向华绎之借来此书进行抄校，誊写后付石印。[②]

合众图书馆的建立源于叶景葵、张元济、顾廷龙等同仁志士"保存固有文化之责任"，而叶景葵、蒋抑卮等私人藏书家倾囊相赠珍藏多年的古籍，不仅成为合众图书馆建馆的基础，也使得合众图书馆成为当时独树一帜的的国学图书馆。基于对图书馆编目工作的重视，以及对中国旧有藏书风貌的保存意识，顾廷龙与潘景郑自合众图书馆建立伊始，即从私家捐赠书籍编起，致力于编辑"合众图书馆藏书分目"，单称"合众图书馆某氏书目"。[③]

《海盐张氏涉园藏书目录》四卷，源自张元济旧藏。1941年，张元济将所藏旧嘉兴府先哲著述捐赠给合众图书馆，又将张氏先世、海盐前贤的著述等寄存在该馆。张元济原计划待宗祠书楼重建或海盐设有地方图书馆后，再将暂存书籍转藏于乡，但所期无望，遂将暂存的书改为捐赠。[④] 1941至1952年，张元济曾多次向合众图书馆捐赠。[⑤] 1941年8月，合众图书馆搬迁后，潘景郑即着手整理并编写张元济赠书书目。[⑥] 1943年7月至1944年8月，合众图书馆完成对张元济寄存或捐赠书目卡片的分类，1944年8至9月，顾廷龙校对张元济书目的卡片，1944年8月至1945年8月，该馆又再次修订张元济寄存以及捐赠书的书目三册，1944年11月，顾廷龙校阅海盐先哲著述卡片，1945年3月，顾廷龙继续校阅张元济书目及其卡片。[⑦]

1946年10月，《海盐张氏涉园藏书目录》终于在张元济八十寿辰时，由商务印书馆、新

---

① 顾廷龙：《顾廷龙日记》，1940年3月9日，第57页；1940年5月22日，第80页。

② 顾廷龙：《顾廷龙日记》，1941年5月19-20日，第164-165页；1941年7月15日，第176页；1945年4月10-18日，第419-420页。

③ 顾廷龙：《创办合众图书馆意见书》，《顾廷龙全集》编辑委员会编：《顾廷龙全集·文集卷》上，第312、315-316页。

④ 顾廷龙：《合众图书馆第三年纪略》，《顾廷龙日记》，第674页；叶景葵：《海盐张氏涉园藏书目录序》，潘景郑、顾廷龙编：《海盐张氏涉园藏书目录》，上海合众图书馆印行，1946年10月。

⑤ 张树年主编，柳和城等编著：《张元济年谱》，北京：商务印书馆，1991年，第488-492页；并据《顾廷龙日记》中合众图书馆历年纪略或工作报告所记。

⑥ 叶景葵：《海盐张氏涉园藏书目录序》，潘景郑、顾廷龙编：《海盐张氏涉园藏书目录》，上海合众图书馆印行，1946年10月。

⑦ 顾廷龙：《顾廷龙日记》，1944年8月8、23日，第383、385页；1944年9月1、3、8-9、11、13-14、16-17、20-21日，第387-390页；1944年11月2、7-8、11日，第399-401页；1945年3月2-4、6-10、14-16日，第415-416页；顾廷龙：《合众图书馆筹备第五年工作报告》，《顾廷龙日记》，第693页；顾廷龙：《合众图书馆筹备第六年工作报告》，《顾廷龙日记》，第700页。

华银行两个机构，以及顾廷龙、潘景郑等13人捐资印行。[①] 1946年12月《图书季刊》曾推介此书，记编者为合众图书馆。[②] 时至1947年，顾廷龙仍在继续校阅此目样稿，于3月底完成清样的校对后又再次付印。[③] 1947年12月，容媛在《燕京学报》撰写此书书评，记潘景郑为编者，顾廷龙为校者。[④] 1954年，潘景郑与馆员杨鉴仍在同时编写合众图书馆的初编目录，与张元济的赠书书目。[⑤] 由此可见，顾、潘二人在1946年10月出版《海盐张氏涉园藏书目录》一书后，仍在整理张元济的赠书书目。若不是叶景葵之序与容媛所记，潘景郑的编目之绩恐怕难以被人知晓，而顾廷龙的反复校阅之功亦融入了图书馆的集体之名。

《番禺叶氏遐庵藏书目录》一卷，以叶恭绰所捐的地理类书籍为主。是书由潘景郑撰写初稿，顾廷龙重编、缮写、题签，并代张元济撰序。[⑥] 1943至1951年，叶恭绰陆续向合众图书馆捐赠了自己搜集的大量地志等书。[⑦] 至1943年8月，合众图书馆已经完成了叶恭绰捐赠书籍目录草片的分类工作。[⑧] 1945年1月1日，顾廷龙托曾任馆内特约书记的杨敬涵缮写叶恭绰赠书书目，月底，叶恭绰赠书书目又经顾廷龙校对。[⑨] 1945年5至8月，合众图书馆曾请与茅乃文合编有《国立北平图书馆中文舆图目录》的中国地理学史研究专家王庸，编纂叶遐盦藏书提要。[⑩] 1946年6月，顾廷龙清点叶恭绰藏书。[⑪] 1947年10月，顾廷龙再次校阅此目。[⑫] 1948年8月，合众图书馆出版此书，12月容媛发表此书书评。[⑬] 1949年3月，叶恭绰撰《书遐庵藏书目录后》，并在文中特向顾、潘二人的编纂之劳表示感谢。[⑭] 1954年，合众图书馆仍

---

① 潘景郑、顾廷龙编：《海盐张氏涉园藏书目录凡例》，《海盐张氏涉园藏书目录》，上海合众图书馆印行，1946年10月。

② 愚：《海盐张氏涉园藏书目录》，《图书季刊》1946年12月新第7卷第3-4期，国立北平图书馆，第50页。

③ 顾廷龙：《顾廷龙日记》，1947年1月10-11日，第468页；2月5-7日，第472页；3月4-7、27日，第475、477页。

④ 容媛：《海盐张氏涉园藏书目录》，《燕京学报》1947年12月第33期，燕京大学哈佛燕京学社，第273-274页。

⑤ 顾廷龙：1954年第三季度计划，《顾廷龙日记》，第789页。

⑥ 顾廷龙：《番禺叶氏遐庵藏书目录序》，《顾廷龙全集》编辑委员会编：《顾廷龙全集·文集卷》上，第212页；代张元济撰《番禺叶氏遐庵藏书目录》序，依据沈津《顾廷龙年谱长编》（未刊稿），1948年8月1日。

⑦ 叶恭绰：《书遐庵藏书目录后》，《矩园余墨》，沈阳：辽宁教育出版社，1997年，第72页；并据《顾廷龙日记》中合众图书馆历年纪略或工作报告所记。

⑧ 顾廷龙：《合众图书馆筹备第四年纪略》，《顾廷龙日记》，第686页。

⑨ 顾廷龙：《顾廷龙日记》，1945年1月1、23日，第407、411页；沈津补充日记内容，转引自沈津《顾廷龙年谱长编》（未刊稿），1945年1月1日。《合众图书馆筹办处职员表》，转引自沈津《顾廷龙年谱长编》（未刊稿），1942年5月；顾廷龙：《合众图书馆第三年纪略》，《顾廷龙日记》，第679页。

⑩ 顾廷龙：《合众图书馆筹备第六年工作报告》，《顾廷龙日记》，第701页。

⑪ 顾廷龙：《顾廷龙日记》，1946年6月28-30日，第463-464页。

⑫ 顾廷龙：《顾廷龙日记》，1947年10月27、29、31日，第513-514页；沈津补充日记内容，转引自沈津《顾廷龙年谱长编》（未刊稿），1947年10月27、29、31日。

⑬ 容媛：《番禺叶氏遐庵藏书目录》，《燕京学报》1948年12月第35期，燕京大学哈佛燕京学社，第283-284页。

⑭ 叶恭绰：《书遐庵藏书目录后》，《矩园余墨》，第72页。

继续整理叶恭绰赠书草目与草片，馆员陈洁芳参加校补工作。[①] 1957 年，上海历史文献图书馆又补写叶恭绰捐赠图书的卡片近一千种。[②]

叶景葵是首个向合众图书馆捐书的私人藏书家，他捐赠的古籍包括“宋元明清各代的刊、钞、校、稿本”等，这些书在合众图书馆成立的第一年就开始陆续入藏了。[③]《杭州叶氏卷盦藏书目录》五卷，由顾廷龙与潘景郑共同编辑，张元济作序，顾廷龙题签、撰跋，并请顾颉刚修改跋语。[④] 至 1941 年 6 月，合众图书馆已编写完成叶景葵赠书的草片近三分之二。[⑤] 1943 年 6 月，顾廷龙修订叶景葵捐书书目，至 1943 年 8 月，合众图书馆已编成叶景葵捐书目录初稿六册。[⑥] 1949 年 8 月至 1950 年 8 月，合众图书馆继续校定叶氏卷盦藏书书目，1950 年 7 月，顾廷龙校对此目。[⑦] 1943 年 7 月至 1944 年 8 月，合众图书馆亦编撰叶氏卷盦藏书提要 264 种。[⑧] 1953 年 4 月《杭州叶氏卷盦藏书目录》正式出版，顾廷龙在跋文中记，此目在印行时又经顾、潘二人再次修订。[⑨]

《杭州蒋氏凡将草堂藏书目录》六卷，由顾廷龙撰序，经顾、潘二人共同编辑。早在 1939 年 4 月叶景葵致信顾廷龙，请其至上海主持合众图书馆工作时，就曾提及自己与蒋抑卮之书都将捐入合众。[⑩] 1940 年 12 月，顾廷龙担心蒋抑卮的后人不会鉴别古书版本，因而协助其后人整理捐书去其重复，并录书目。[⑪] 1941 年 4 至 5 月，顾廷龙陆续检阅蒋目，并与潘景郑分别录目。[⑫] 1941 年 7 月至 1942 年 8 月，蒋氏后人遵蒋抑卮遗命，向合众图书馆捐其藏书。[⑬] 1941 年 11 月，顾廷龙请潘景郑编写蒋氏赠书书片，自己则复核蒋氏赠书与书目。[⑭] 1942 年 5 月，

---

① 顾廷龙：《1954 年工作计划》，《顾廷龙日记》，第 774 页；顾廷龙：《1954 年下半年度工作计划》，《顾廷龙日记》，第 787 页；顾廷龙：《1954 年第三季度计划》，《顾廷龙日记》，789 页。

② 顾廷龙：1957 年上半年采购工作总结，《顾廷龙日记》，第 866 页。

③ 据顾廷龙：《上海私立合众图书馆十四年小史》，《顾廷龙日记》，第 644 页；及《顾廷龙日记》中合众图书馆历年纪略或工作报告。

④ 沈津补充《杭州叶氏卷盦藏书目录》出版信息，转引自沈津《顾廷龙年谱长编》（未刊稿），1953 年 4 月；顾颉刚：《顾颉刚全集·顾颉刚日记》卷 7，北京：中华书局，2011 年，第 470 页。

⑤ 顾廷龙：《合众图书馆第二年纪略》，《顾廷龙日记》，第 671 页。

⑥ 顾廷龙：《顾廷龙日记》，1943 年 6 月 30 日，第 319 页；顾廷龙：《合众图书馆筹备第四年纪略》，《顾廷龙日记》，第 686 页。

⑦ 顾廷龙：《合众图书馆第十一年工作报告》，《顾廷龙日记》，第 745 页；顾廷龙：《顾廷龙日记》，1950 年 7 月 15、18、22-26 日，第 544-545 页。

⑧ 顾廷龙：《合众图书馆筹备第六年工作报告》，《顾廷龙日记》，第 700 页。

⑨ 顾廷龙：《杭州叶氏卷盦藏书目录跋》，《顾廷龙全集》编辑委员会编：《顾廷龙全集·文集卷》上，第 210 页。

⑩ 王世伟、许全胜整理：《叶景葵致顾廷龙论书尺牍（便笺）》（1939 年 4 月 3 日），上海图书馆历史文献研究所编：《历史文献》第一辑，上海：上海社会科学院出版社，1999 年，第 31 页。

⑪ 顾廷龙：1940 年 12 月 17-19 日，《顾廷龙日记》，第 122 页；顾廷龙：《合众图书馆筹备一年纪略》，《顾廷龙日记》，第 660 页。

⑫ 顾廷龙：《顾廷龙日记》，1941 年 4 月 18 日，第 153 页；1941 年 5 月 17、20、22-25、27、29 日，第 163、165-167 页。

⑬ 顾廷龙：《合众图书馆第三年纪略》，《顾廷龙日记》，第 674 页。

⑭ 顾廷龙：《顾廷龙日记》，1941 年 11 月 7、10-14 日，第 196-198 页。

顾廷龙将蒋氏书目的草片分为六大类，并继续校对蒋氏书片，6月，潘景郑完成蒋氏书目草片的编写，准备分类，同月底，蒋书丛书部编定，8月，顾廷龙对蒋氏书目草片进行分类。直至1943年2月15-17日，顾廷龙仍在整理蒋氏书目卡片。① 1945年8月至1946年8月，合众图书馆誊录完成蒋氏赠书目录三册，1946年5月，顾廷龙整理《蒋氏凡将草堂书目》。② 1947年10月，顾廷龙请在上海自行车厂工作（曾在苏州图书馆工作）的洪驾时补抄《蒋氏凡将草堂书目》总集类。③ 1947年11、12月及1948年2月，顾廷龙又再次校阅《蒋氏凡将草堂书目》。④ 1948年6月，《杭州蒋氏凡将草堂藏书目录》刊行，顾廷龙在《私立合众图书馆藏书概况》中记："抑卮生前捐合众者，合众编有书目，曰《蒋氏凡将草堂书目》，潘景郑编，洪驾时刻蜡纸，印数十部。"⑤

1940年10月28日，叶景葵告知顾廷龙，李宣龚将向合众图书馆赠书，29日，顾廷龙拜访李宣龚，知李宣龚对合众图书馆寄予厚望，因而选择将书赠予该馆。⑥ 1940至1952年，李宣龚相继向合众图书馆捐赠《文体明辨》等古籍与西书、西报、杂志，以及时人诗文集与师友书札等⑦，1941年4月，顾廷龙校对李宣龚赠书编目草片，5月初校对完成，6月又校卡片并将书目分类，11月潘景郑开列李宣龚的赠书清单并加注分类号码。⑧ 1944年10月，顾廷龙校对李宣龚赠书卡片，1945年8月，合众图书馆完成李宣龚赠书目录草片的分类。⑨ 根据合众图书馆第十二年工作报告的记载，《闽县李氏硕果亭藏书目录》五卷，应该成书于1950年8月至1951年8月之间。⑩ 不过根据顾廷龙日记所记，1951年9月22日潘景郑才完成李目的编写，23日顾廷龙仍在校阅此目。⑪ 1954年，合众图书馆又再次计划继续整理李宣龚赠书的草目。⑫ 由此可知，成书于合众第十二年度的《闽县李氏硕果亭藏书目录》应该是一个阶段性成果，并不代表李宣龚的完整捐书情况。

---

① 顾廷龙：《顾廷龙日记》，1942年5月3、14日，第236、239页；1942年6月12、30日，第246、249页；1942年8月3、8、26日，第255-256、258页；1943年2月15-17日，第296页。

② 顾廷龙：《合众图书馆第七年工作报告》，《顾廷龙日记》，第708页；顾廷龙：《顾廷龙日记》，1946年5月24日，第458页。

③ 顾廷龙：《顾廷龙日记》，1947年10月26日，第513页。

④ 顾廷龙：《顾廷龙日记》，1947年11月12-13日，第515页；1947年12月14、16-17日，第518页；1948年2月4-5日，第520页。

⑤ 沈津编著：《顾廷龙年谱》，上海：上海古籍出版社，2004年，第507页。

⑥ 顾廷龙：《顾廷龙日记》，1940年10月28-29日，第112页。

⑦ 据顾廷龙：《顾廷龙日记》，1940年11月3-4、10-13、16-17、19-23日，第114-117页；1940年12月1、8、20-22、25日，第118-119、122-123页；及《顾廷龙日记》中合众图书馆历年纪略或工作报告。

⑧ 顾廷龙：《顾廷龙日记》，1941年4月18-19、21-22、25日，第153-154页；1941年5月8-9日，第160页；1941年6月18-19、26-28日，第170-171、173页；1941年11月6、12日，第196-197页。

⑨ 顾廷龙：《顾廷龙日记》，1944年10月16-18、23日，第395-396页；顾廷龙：《合众图书馆筹备第六年工作报告》，《顾廷龙日记》，第700页。

⑩ 顾廷龙：《合众图书馆第十二年工作报告》，《顾廷龙日记》，第752页。

⑪ 顾廷龙：《顾廷龙日记》，1951年9月22-23日，第584页。

⑫ 顾廷龙：《1954年工作计划》，《顾廷龙日记》，第774页。

顾廷龙在国民大学就读时，曾随胡朴安学习。1947 年胡朴安去世后，胡氏夫人朱昭昭及子女按胡氏遗愿，要将其所藏书捐赠于图书馆，经顾廷龙建议，胡氏所藏之经学、小学、佛学、乡邦文献等归入合众图书馆。[①] 1948 至 1949 年，合众图书馆编缮胡朴安书目的草片。[②] 1951 年 2 月，潘景郑开始编辑胡朴安藏书目录，至 5 月完成后，还呈胡朴安侄胡道静阅览。[③] 合众图书馆第十二年工作报告（1950 年 8 月至 1951 年 8 月）记胡氏书目编辑完成，共三册[④]，名为《泾县胡氏朴学斋藏书目录》，六卷。1951 年 9 至 10 月，顾廷龙仍在校阅此目。[⑤]

1950 年 10 月，顾廷龙曾整理潘景郑赠书，1951 年 2 月，顾廷龙又校阅潘景郑赠书书片。[⑥] 1950 年 8 月至 1951 年 8 月之间，合众图书馆将潘景郑所捐书编为《吴县潘氏宝山楼藏书目录》六卷。[⑦] 时局艰难，收集古籍与编辑书目本就格外不易，但无论是捐书人的收藏旨趣与精神境界，还是编目者的苦心孤诣与拳拳之情，都使得这些“藏书分目”具有独特的时代意义。

（三）《中国古籍善本书目》等

1958 年 10 月，新的上海图书馆成立，顾廷龙与潘景郑又相继合作编纂《上海图书馆古籍善本书目》与《中国古籍善本书目》（以下简称“《善目》”）。1961 至 1965 年，顾廷龙、潘景郑与瞿凤起三人，在沈津与吴织的协助下编辑《上海图书馆古籍善本书目》，在此期间，潘景郑与瞿凤起主要负责审阅馆藏古籍与其书卡著录信息是否一致。[⑧] 1965 年 4 月，时任上海文管会出口鉴定委员会副主任的顾廷龙还与潘景郑、瞿凤起一起准备出口图书文物鉴定会议的材料，并商议重新区别一、二级藏书。[⑨] 另据沈津的回忆，1968 年初，顾廷龙、潘景郑与瞿凤起三人还在上海图书馆一同整理过《朱氏结一庐藏书》。[⑩]

1978 年 3 月，《善目》的编辑工作正式启动，11 月，为了使初次参加编目的工作人员，在版本著录方面有所参考，经顾廷龙提议，上海图书馆从馆藏中选宋、元、明、清的刻、抄、校、稿本共计 30 种，影图并附简说，编为《善本书影》。潘景郑与沈津用时一天即完成了《善本书影》选目的拟定，并用两天撰写了说明。沈津撰写的说明有三分之二，并经顾廷龙与潘景郑修定。此书的编辑与出版仅用时一周，由上海古籍书店复印出版，并出售给当时参加

---

① 顾廷龙：《合众图书馆第九年工作报告》，《顾廷龙日记》，第 721 页。
② 顾廷龙：《合众图书馆第十年工作报告》，《顾廷龙日记》，第 737 页。
③ 顾廷龙：《顾廷龙日记》，1951 年 2 月 20 日，第 563 页；1951 年 5 月 24 日，第 569 页。
④ 顾廷龙：《合众图书馆第十二年工作报告》，《顾廷龙日记》，第 752 页。
⑤ 顾廷龙：《顾廷龙日记》，1951 年 9 月 14-15、18-20、22 日，第 583-584 页；10 月 7、12-14 日，第 585-586 页。
⑥ 顾廷龙：《顾廷龙日记》，1950 年 10 月 3 日，第 550 页；1951 年 2 月 22 日，第 563 页。
⑦ 顾廷龙：《合众图书馆第十二年工作报告》，《顾廷龙日记》，第 752 页。
⑧ 沈津：《学术事功俱隆 文章道德并富——回忆先师顾廷龙先生》，《顾廷龙先生纪念文集》，第 65 页；沈津：《一片冰心在玉壶——怀念潘景郑先生》，《老蠹鱼读书随笔》，第 71 页。
⑨ 顾廷龙：《顾廷龙日记》，1965 年 4 月 13、22 日，第 630-631 页。
⑩ 沈津的回忆，转引自沈津《顾廷龙年谱长编》（未刊稿），1968 年年初。

《善目》编辑领导小组会议的代表。[①] 1979 年年底，《善目》编辑委员会成组，顾廷龙被任命为《善目》主编。[②] 同年，潘景郑被《善目》编委会聘为顾问，实际上，从 1978 年起，潘景郑就已经在核查上海图书馆所藏善本书目的卡片，并解答编委会在著录善本时的疑惑。[③] 1980 年 8 月，顾廷龙致《善目》编委会副主任方行信，谈及曾有人对上海图书馆抄本没有备注的情况提出质疑，顾廷龙请其将这些“白片”寄回上图，并言由顾问潘景郑解决此疑问。[④]

1981 年间，潘景郑曾多次参与《善目》编辑问题的探讨。是年 2 月，顾廷龙与潘景郑、沈津等人商议如何提升《善目》的编辑速度。[⑤] 4 月中旬，顾廷龙有信致担任《善目》组织工作的曾祥集[⑥]，言下旬在南京召开的《善目》主编工作会议应该请潘景郑，因为潘景郑在书目的分类与著录方面是有经验的。[⑦] 下旬，顾、潘二人共同参加了此会议，潘景郑在复审与定稿方面提出了建议。[⑧] 7 月，顾廷龙又与潘景郑、沈津等人讨论《善目》史部卡片的相关问题并研究后续工作。[⑨] 1983 年 2 月，顾廷龙托沈津写信催询专家回复，同时告诉他可向潘景郑学习“情意迫切，措词宛转”的文笔。[⑩] 1983 年 8 月，潘景郑又参加了《善目》经部的定稿以及史部卡片的复审工作，根据当时一同工作的沈津回忆，潘景郑每天都会去上海图书馆的办公室审阅卡片。[⑪]

作为默默无闻的顾问，潘景郑在《善目》编辑中的具体贡献很少会被后人注意，但从 1978 年至 1986 年间，潘景郑一直在孜孜不倦为编好《善目》而尽心尽力。从核查每一部书的书卡，到为同仁答疑解惑，再到为书目的整体编辑与出版出谋划策，这些吉光片羽的记录无一不是他与顾廷龙相互支持、彼此携行的证明。

顾廷龙与潘景郑从 20 世纪 20 年代末至 80 年代的主要交往历程，既是中国藏书文化、古籍编目以及近现代图书馆事业发展史，也使人感慨传统学者寄托于书卷间的高情厚谊。顾、潘两位先生并肩经历风云变幻、人生磨砺，却始终坚守初心、矢志不渝，他们的精神令人深感钦佩。谨以此文，表达对两位纯粹学人的敬意。

---

① 沈津：《一片冰心在玉壶——怀念潘景郑先生》，《老蠹鱼读书随笔》，第 72 页；沈津：《我和〈善本书影〉》，《书丛老蠹鱼》，北京：中华书局，2011 年，第 274-275、279 页。

② 顾廷龙：《中国图书事业的一项伟大成就——〈中国古籍善本书目〉追记》，《顾廷龙全集》编辑委员会编：《顾廷龙全集 · 文集卷》上，第 457 页。

③ 沈津：《一片冰心在玉壶——怀念潘景郑先生》，《老蠹鱼读书随笔》，第 72 页。

④ 顾廷龙：《致方行》（1980 年 8 月 8 日），《顾廷龙全集》编辑委员会编：《顾廷龙全集 · 书信卷》上，第 308 页。

⑤ 日记，顾廷龙致冀淑英信，转引自沈津《顾廷龙年谱长编》（未刊稿），1981 年 2 月 23 日，1981 年 3 月 11 日。

⑥ 顾廷龙：《中国图书事业的一项伟大成就——〈中国古籍善本书目〉追记》，《顾廷龙全集》编辑委员会编：《顾廷龙全集 · 文集卷》上，第 463 页。

⑦ 顾廷龙致曾祥集信，转引自沈津《顾廷龙年谱长编》（未刊稿），1981 年 4 月中旬。

⑧ 沈津：《一片冰心在玉壶——怀念潘景郑先生》，《老蠹鱼读书随笔》，第 72-73 页。

⑨ 顾廷龙小笔记本，转引自沈津《顾廷龙年谱长编》（未刊稿），1981 年 7 月 8 日。

⑩ 顾廷龙致沈津信，转引自沈津《顾廷龙年谱长编》（未刊稿），1983 年 2 月 15 日。

⑪ 沈津：《一片冰心在玉壶——怀念潘景郑先生》，《老蠹鱼读书随笔》，第 73 页

顾廷龙与张秀民交往钩沉

——以二人通信为中心

殷潄玉

顾廷龙、张秀民是我国著名的版本目录学家、图书馆学家，两位先生毕生致力于图书馆工作与研究，在学术和工作上有一定的交集，彼此建立了较为深厚的友谊。

顾廷龙于 1904 年 11 月生于江苏苏州，1931 年 7 月从上海持志大学国文系毕业后，考入北平燕京大学研究院国文系，主要修习语言文字以及目录版本之学。顾廷龙从 1932 年 6 月毕业后至 1939 年，在燕京大学图书馆工作，先后任燕京大学图书馆中文采访部主任、美国哈佛大学哈佛燕京图书馆驻平采访处主任。1939 年 7 月他又应合众图书馆发起人叶景葵的邀请，赴上海主持合众图书馆的工作，1962 年 11 月开始任上海图书馆馆长。张秀民，1908 年 12 月生于浙江嵊州廿八都。1927 年，考入厦门大学，大学期间对版本目录学颇感兴趣，并撰写论文《评四库总目史部目录类及史部杂家类》《宋刊本和摇床本》。文章被其老师李笠邮寄给国立北平图书馆副馆长袁同礼，颇受袁的赏识。张秀民因此被调往国立北平图书馆中文编目组从事编目工作。自 1931 年 7 月初入馆至 1971 年退休，张秀民在北京图书馆共工作了 40 余年。

顾廷龙与张秀民在北京工作时有无结识，在顾廷龙早年与友人的交往信件中，未有体现，但同在北京图书馆界工作，可能有机会相识。1977 年 6 月 23 日张秀民在致顾廷龙的信中说："多年不见，时切驰想。"① 同年 7 月，顾廷龙回复说："阔别十余年，时在怀想！"② 据此，虽不能判断二人在北京是否相识，但至少说明二人应在 1967 年以前有所交往，那时张秀民尚未从北京图书馆退休，顾廷龙时任上海图书馆馆长。二人很可能很早以前就相识，于 1967 年前后，有过会晤。

二人有资料可查的通信交往，集中在 1977 年到 1992 年 15 年间的 31 封通信中。从中可见

① 张秀民致顾廷龙信，转引自沈津《顾廷龙年谱长编》（未刊稿），1977 年 6 月 23 日。
② 顾廷龙致张秀民信，转引自沈津《顾廷龙年谱长编》（未刊稿），1977 年 7 月 26 日。

张秀民与顾廷龙二人各自的学术活动以及彼此的学术沟通与帮协，也能够借此管窥上个世纪八九十年代我国目录学、印刷史、出版史的学术动态，国际同行的学术来往与学者友朋间的私交逸事亦贯通其中。

一、《中国印刷史》的成书、出版与顾廷龙的帮助

张秀民自 1971 年从北京图书馆退休开始，就一直致力于《中国印刷史》的撰写。资料收集是撰写工作顺利进行的重要环节，他在《中国印刷史自序》中谈到先后赴福建、宁波天一阁、北京图书馆、上海图书馆查访资料的情况，其中提到顾廷龙的帮助，“1977 年赴上海图书馆找资料，蒙顾廷龙（起潜）馆长予以借阅方便”①。而去上图查阅资料的细节经过，在 1977 年 6 月至 8 月张秀民与顾廷龙通信中有更具体的呈现。

6 月 23 日，张秀民写信致顾廷龙表明欲去上图查阅资料，但因人生地不熟，想请顾在住宿及出行上提供帮助：“上海、南京两馆藏书丰富，久欲来沪、宁一行，因找旅馆麻烦，所以虽过转多次，始终未敢下车，不知阁下能设法代为介绍旅馆否？如贵馆有招待所，当然更为方便。琐事相烦，殊觉不安。”② 顾廷龙热情地予以积极回复：“您如有便来沪，旅馆当为极力设法。希望先函见告，以便联系（我馆无招待所）。”③ 除此之外，想到张秀民有去善本古籍库阅览的需要，顾廷龙还热心地为其联络工作人员，以便其阅览。7 月 26 日，顾廷龙将张秀民的信交上海图书馆业务组并附留言：“赠书请转外采，最好给一谢信或收条。退休人员看书手续如何？张先生必有阅览善本之意，如何作复，希酌示。”④ 这里需要补充的是，顾廷龙便条所提的赠书是指张秀民同年 6 月末赠给上海图书馆的两部书（均为日本神田喜一郎博士赠予张秀民之书），一本是神田喜一郎所著《敦煌学五十年》，一本是神田喜一郎所译的《中国印刷术的发明及其影响》日译本。后者写于张秀民退休前，此书的雏形是张秀民于 1952 年发表在《光明日报》的文章——《中国印刷术的发明及其对亚洲各国的影响》，后扩充成《中国印刷术的发明与影响》，于 1958 年由人民出版社出版，1978 年重印。该书后被删减，构成了《中国印刷史》的首尾两章。此书在日本印刷史学界引起反响，日本知名学者神田喜一郎将其译成日文出版。张所赠应是该书于 1958 年初版的日译版。顾廷龙在回信中对张秀民的赠书表示感谢：“承惠大著日译本及神田《敦煌学五十年》两书，均已遵转日文编目组登录编目，供众参考。盛情不胜感荷！”⑤ 此处顾廷龙又提醒工作人员，同仁赠书，应提供感谢便条，以示尊重，这说明顾对于张此次赠书的重视。8 月 17 日，张秀民去信告知赴沪时间，再次希望顾廷龙能够提供后勤上的帮助：“现在秋凉，拟定于本月廿六日凌晨来沪，当夜六点半即可

---

① 张秀民著，韩琦增订《中国印刷史》上，杭州：浙江古籍出版社，2006 年，《自序》第 10-11 页。
② 张秀民致顾廷龙信，转引自沈津《顾廷龙年谱长编》（未刊稿），1977 年 6 月 23 日。
③ 顾廷龙致张秀民信，转引自沈津《顾廷龙年谱长编》（未刊稿），1977 年 7 月 26 日。
④ 顾廷龙给工作人员便条，转引自沈津《顾廷龙年谱长编》（未刊稿），1977 年 7 月 26 日。
⑤ 顾廷龙复张秀民信，转引自沈津《顾廷龙年谱长编》（未刊稿），1977 年 7 月 26 日。

到北站，希望代为联系旅馆。自北站下车，到贵馆当在七点左右，可能已闭馆，可否交代一位同志在门口等候，以便赴旅馆投宿为荷。”① 顾廷龙去信张秀民告知去上海图书馆的路线，并将接待住宿的事宜交予沈津办理，最终在 8 月 26 日晚于上海图书馆与张秀民晤面。

顾廷龙与张秀民的此次会晤，加深了二人君子之交的深厚情谊。在 1979 年到 1992 年近 13 年的通信中，张秀民多次向顾廷龙赠书，并谈及其《中国印刷史》的撰写进度。顾廷龙也很关注与支持张秀民的工作，为其提供相关的学术信息以及发表学术论文的平台，信中多次鼓励张秀民，赞誉其书的撰写在学术史上的重大意义。

在 1979 年到 1980 年间，从顾廷龙予张秀民的复信中看，张秀民分别赠予顾廷龙两部专著——《中国印刷术的发明及其影响》以及《活字印刷史话》。此二书构成了 1971 年以后张秀民撰定《中国印刷史》的基础。前文已述，张秀民于 1977 年曾赠给上海图书馆日译本《中国印刷术的发明及其影响》，该书应是 1958 年的初版，而此次赠送的乃是 1978 年由人民出版社出版的重印本。《活字印刷史话》一书构成了《中国印刷史》“活字版”部分的大致内容。据《中国印刷史自序》载，该书初版仅 1 万字，1979 年二版第三次印刷时，字数扩充了到了 5 万字，形成了专书。② 1980 年所寄，应是二版三刷后的那版。二书充实了上海图书馆的馆藏，顾去信张秀民表示感谢，在 1979 年 4 月 11 日信中说：“日前奉到承惠大著《中国印刷术的发明及其影响》一书，无任珍感！原版我馆仅有一二部，借阅频繁，不敷于用，今得再版，嘉惠士林多多。”③ 在 1980 元旦信中说：“日前奉到惠赠大著《活字印刷史话》一册，简明扼要，拜读之余，不胜感佩！”④

顾、张二人在信中还就当时印刷史领域的学术动态展开交流，这些交流为张秀民对印刷史相关议题的探讨提供了资料与启发。1980 年元旦，顾在信中向张提供了一则关于“印刷术起源”的学术信息，谈到韩国学者李弘植关于这个议题的论文：

> 近有美籍友人（钱存训）寄示高丽大学李弘植的文章，题目是《从木版印刷看新罗文化——在庆州佛国寺释迦塔发现的〈陀罗尼经〉》，考订它的年代约为 704 年，因为经文中有武后新字。因新字创于 689 年，传到新罗当稍后，武氏下台是 704 年。这样比贞观十年（636）还后一些，而比咸通九年较早了。高丽原文，正请人译，不知先生已有所闻否？⑤

收到信后，张秀民对这个议题较为感兴趣，并回信告知此前对这一学术信息有所了解，但并不全面，希望顾能提供文章译文。张秀民于同年 1 月 26 日复信中说：

---

① 张秀民致顾廷龙信件，转引自沈津《顾廷龙年谱长编》（未刊稿），1977 年 8 月 17 日。
② 张秀民著，韩琦增订：《中国印刷史》上，第 10 页。
③ 顾廷龙复张秀民信，转引自沈津《顾廷龙年谱长编》（未刊稿），1979 年 4 月 11 日。
④ 顾廷龙致张秀民信，转引自沈津《顾廷龙年谱长编》（未刊稿），1980 年 1 月 1 日。
⑤ 顾廷龙致张秀民信。转引自沈津《顾廷龙年谱长编》（未刊稿），1980 年 1 月 1 日。

> 蒙示知南韩发见唐刻佛经，谢谢。关于此事，去夏在京时，曾早有所闻，后蒙上海出版社胡道静同志见告，去年年底钱存训博士自美寄来其论文，文中有此经部分照片，惟李某文章未见，不知已译好付印否？如有复本，望惠赐一份为盼。①

印刷术起源的时间问题是上个世纪七八十年代较为热议的话题，学界对此存在较大的争议。张秀民关于这个问题有着较为深入的讨论，在《中国印刷术的发明及影响》一书中总结了7种说法，包括汉朝说、东晋说、六朝说、隋朝说、唐代说、五代说、北宋说。其中，唐代说亦存在多种说法，有初唐说、中唐说、唐末说3种说法，张秀民所坚持的说法是7世纪唐初贞观说。② 为了论证自己观点的正确性，他先后撰写了3篇文章，包括《雕版印刷开始于唐初贞观说》（发表于《社会科学战线》1979年第3期）、《再论雕版印刷开始于七世纪唐初贞观说》（发表于《图书馆杂志》1982年第4期）、《三论雕版印书始于七世纪唐初贞观说补记》（发表于《中国印刷》1987年第15期）以反驳唐末说、隋朝说等说法。学界对雕版印刷起源时间虽有争议，但对于其发源于中国的观点，均无异议。韩国李弘植文则颠倒黑白、混淆视听，他以庆州佛国寺内所发现的木板印刷的《无垢净光大陀罗尼经》为实物证据，认为木版印刷起源于新罗圣德王三年至景德王十年（对应中国唐代的武周年间，即公元704—751年），这就否定了印刷术起源于中国的说法。李文在上个世纪60年代，引发了欧美及日韩学者对于印刷术起源的关注。李文一经发表，韩国各大媒体便大肆争相报道，径将中国古代雕版印刷术发明权占为己有，日韩欧美学者更是推助波澜，纷纷撰文，支持李说。而彼时的中国正处于十年“文革”的动乱阶段，学术信息闭塞，国内学者处于政治内耗中，对此一无所知。直到1978年以后，经过钱存训、顾廷龙等人的努力，这一事关国家荣誉的学术大事才被国内印刷史学界的专家获悉，并在80年代引发学者对李文的反击与拨正。上述张秀民复信顾廷龙，即触及李文的译介与传播事宜，据钱存训回忆，顾廷龙从他那得到李文后即刻托上海图书馆专业人士合作翻译，并请国内印刷史专家加以研讨。③ 张秀民作为印刷史领域颇有建树的专家，自然在参与研讨之列。

从顾廷龙处获得论文译文后，张秀民据此撰写了一篇题目为《南朝发现的佛经为唐朝印本》（发表于《图书馆研究与工作》1981年第4期）对李文加以纠正，指出庆州佛国寺释迦塔发现的《陀罗尼经》不是新罗所印制的，而是在初唐时期由中国传过去的，因此，其雕版印刷术发源于新罗的说法是完全错误的。此文捍卫了中国发明雕版印刷术的主权，维护了民族尊严。而韩国所发现的佛经印本，恰为张秀民的“唐初贞观说”提供了可靠的实物。胡道静在致张秀民的信中说：“旧友钱存训兄在《联合国文教月刊》写一文，即将发表。其中透露在南朝鲜发现之雕印本陀罗尼经，约当我国唐初武后到玄宗初年之印刷物。实物具在，恰足

---

① 张秀民复顾廷龙信，转引自沈津《顾廷龙年谱长编》（未刊稿），1980年1月26日。

② 张秀民：《中国印刷术的发明及其影响》，上海：上海世纪出版集团，2009年，第16-44页。

③ 钱存训：《怀念顾起潜先生》，《国家图书馆学刊》2002年第4期，第75-76页。

佐证尊说我国雕版印刷创自贞观年代之说。"① 在《中国印刷史》《雕版印刷术的发明》一节中，张秀民更坚定地坚持"唐初贞观说"。而张秀民撰写《中国印刷史》一书的初衷就源自他拳拳的爱国之心。初到北京图书馆工作时，他阅读了卡特《中国印刷术的发明和它的西传》，惊叹的同时又颇为羞愧，"印刷术为我古代劳动人民之重大发明，而印刷史之作乃由外人代疱，心实耻之，乃不自量，蚊力负山，要写出一部《中国印刷史》。"② 可以说，顾给张提供的这则学术信息，让张秀民升腾起了强烈的民族责任感与饱满的家国情怀，更坚定了他撰写与出版《中国印刷术》的初衷，希望以此增强民族文化自信。

顾廷龙与张秀民的信中还多次谈论到文章投稿与接收的相关事宜，顾任上海图书馆馆长期间，创办了学术刊物《图书馆杂志》，曾向张秀民约稿，此后张秀民也自发向该刊投稿。1982年5月5日，张秀民致信询问用稿兼投稿事宜："今从拙著《中国印刷史稿》中抄出《关于毕升与明代刻印工事迹考略》一篇，另封挂号寄上，请先生斧正后交给编辑，不知能用否？若蒙刊出，请加印三十份，以便赠送国内外友人（费用可自出）。如不合用，请早退还。数月前，曾寄上拙文《再论雕版印刷开始于唐初贞观说》，交给贵馆馆刊创刊号，至今久无回音，如不采用，亦请早日挂号退还为盼。"③ 可见，这一年中张秀民曾两次向《图书馆杂志》投稿，第一次为约稿，此篇后更名为《再论雕板印刷开始于七世纪唐初贞观说》发表，同年5月又寄《关于毕升与明代刻印工事迹考略》一篇。

同年12月25日，顾廷龙回信告知用稿情况："承为我馆撰写论文，极感盛情，纪念刊已在排印中，现在印刷较费事，预期明年上半年可以出版（洽谈时言明，明年一季度出书，恐不能必无延误）。"④

张秀民关于印刷史专题的论文，借顾廷龙提供的学术平台得以刊布，所刊发的文章抽自其出版前的《中国印刷史》的部分内容。利用学术平台刊布，能够引起学者对于印刷史领域相关话题的关注，在一定程度上引发学术争鸣，张秀民关于雕版印刷起源的学说多次被后来发表的研究论文征引，推进了中国印刷史等学术问题的研究。同时，也为《中国印刷史》的出版树立良好的口碑，间接起到了宣传作用。

1982年前后，张秀民《中国印刷史》的撰写工作基本完成，之后张秀民又花了6年的时间完成了整理、修改补充与出版的工作。在1982年至1988年张秀民与顾廷龙的信中，呈现了不少《中国印刷史》成书的细节动态，老一辈学者之于著述的兢兢业业、学者间的相互勉励可见一斑，这也为研究《中国印刷史》的成书过程提供了难得的第一手资料。

从这6年的通信看，《中国印刷史》成书先后经历两个阶段：

---

① 1979年胡道静致张秀民信。转引自张秀民《南朝鲜发见的佛经为唐朝印本》，《张秀民印刷史论文集》，北京：印刷工业出版社，1988年，第54页。

② 张秀民著，韩琦增订《中国印刷史》上，第8页。

③ 张秀民致顾廷龙信，转引自沈津《顾廷龙年谱长编》（未刊稿），1982年5月5日。

④ 顾廷龙复张秀民信，转引自沈津《顾廷龙年谱长编》（未刊稿），1982年12月25日。

首先是誊录整理兼修改补充阶段，主要集中在1982年年初至1985年4月初。1982年1月15日，张秀民曾致信请求顾为其书题签，以为后来的出版作准备，“拙稿《中国印刷史》拖延十载，最近始请人在誊清中，希望先生赐一题签（直写），以光篇幅，专此奉恳”①。此时，顾廷龙正主持《中国古籍善本书目》的编纂工作，每部整理完毕后，都会向同行专家寄送油印本，张秀民也在邮寄之列。张秀民致信回复修订建议，顺便谈到了《中国印刷史》的整理情况。退休之后，张秀民蛰居在嵊县老家，冬季苦寒，而在恶劣的环境中依然坚持整理《中国印刷史》。在致顾廷龙信中，张秀民表达了在艰苦环境中整理《印刷史》任务艰巨，“近数月忙于搞《印刷史》，又寒斋零度苦寒，未能详细审阅，所提愚见，只凭记忆，可能有误，尚请原谅”②。1985年又多次致信说：“由于整理《中国印刷史》稿十分紧张，亲友间书信也往往长期未答。”③“全国善本书目集部九册，由老家转来杭州，因忙于赶拙作《中国印刷史》，无暇细阅。”④ 这三年间，除了紧张的誊录初稿，张秀民又在原稿的基础上增益了《中外印刷史大事年表》数万字的内容。1984年9月20日，顾廷龙致信张秀民赠其题签，勉励其著述之事，并期待著述出版，其中谈到了《中国印刷史》的增益，“大著《中国印刷史》又增补了数万字，又益以《中外印刷史大事年表》，更见精善，将来是否交中华或古籍出版，希望早日与读者见面。记得曾命另写内封面一页，兹涂呈请正。如不用，留作纪念，姑以寄上。”⑤

其次，1985年5月至1988年，属于《中国印刷史》的校对、出版阶段。1985年4月19日，张秀民在致信中谈到《中国印刷史》将提交出版社校稿：“拙作约四、五十万字，虽花了四五十年心血，不学无术，自知漏误必多，五月上旬先交上海人民出版社部分稿子，出版后即当奉上指正。”⑥ 1985年7月18日张秀民致顾廷龙信中说：“去年十二月初来杭整理《印刷史》，至本月六日已将全部稿子约五十万字寄交上海人民出版社。十多年来，挨冻受暑，吃尽苦头，总算松了一口气。惟限于水平及见闻，误漏必多，一俟出版，当首先呈上请教正。内外封面均用先生墨宝，为本书生色不少，在自序中也有道谢。昔顾亭林云：著书必前人所未及，就后世所不可无而复为之。未知拙作有当于斯文否。”⑦《中国印刷史》出版之前，附于书内的《中国印刷史大事年表》先印出抽印本。1985年4月11日，张秀民又致信说：“全书连附录约近五十万字，其中第一附录《中国印刷史大事年表》费数月编成，约三十四页，北京有两家刊物来要，已于日前寄给《中国印刷》杂志。”⑧ 1986年1月17日，张秀民将《中国印刷史大事年表》抽印本寄给顾廷龙。

---

① 张秀民致顾廷龙信，转引自沈津《顾廷龙年谱长编》（未刊稿），1982年1月15日。
② 张秀民致顾廷龙信，转引自沈津《顾廷龙年谱长编》（未刊稿），1982年1月15日。
③ 张秀民致顾廷龙信，转引自沈津《顾廷龙年谱长编》（未刊稿），1985年4月11日。
④ 张秀民致顾廷龙信，转引自沈津《顾廷龙年谱长编》（未刊稿），1985年4月19日。
⑤ 顾廷龙致张秀民信，转引自沈津《顾廷龙年谱长编》（未刊稿），1984年9月20日
⑥ 张秀民致顾廷龙信，转引自沈津《顾廷龙年谱长编》（未刊稿），1985年4月19日。
⑦ 张秀民致顾廷龙信，转引自沈津《顾廷龙年谱长编》（未刊稿），1985年7月18日。
⑧ 张秀民致顾廷龙信，转引自沈津《顾廷龙年谱长编》（未刊稿），1985年4月11日。

据1988年4月25日张秀民致顾廷龙的信得知，1986年4月《中国印刷史》出初校样，本来预计1987年10月出版，但是校稿有拖延，直到1988年4月才进行二校，“拙著《中国印刷史》，去年四月出初校样，新书预告八七年十月出版，至今年四月才寄来二校样，一俟出书，自当立即送呈请教正”①。1988年9月，《中国印刷史》正式出版。

可以说，自1977年张秀民首次向顾廷龙致信开始，之后的11年中，顾廷龙一直关注着张秀民《中国印刷史》的撰写与成书，并给予了学术资源上的帮助及精神上的勉励，促进了《中国印刷史》的完善与高质量出版。著述扉页所题署的“中国印刷史”题签也是二人深厚友谊的见证。

二、《中国古籍善本书目》编纂进展与张秀民的建议

顾廷龙与张秀民的交往还体现在关于《中国古籍善本书目》（以下简称《善本书目》）的诸多交流上，1977年至1992年间两人的31通信中，有14通信都谈论到了《善本书目》的编纂情况，可以说，顾、张二人通信基本贯通了《善本书目》编纂的始终，展现《善本书目》编纂过程的侧影。两位著名版本目录学家对于专业问题的探讨，也使《善本书目》编纂的质量进一步提高，反映了老一辈版本目录学者对于学问事业的用心与严谨。

1975年10月，国家文物事业管理局局长王冶秋与北京图书馆馆长刘季平下达了周恩来总理病重期间的重要指示——“要尽快地把全国善本书总目编出来”。1977年4月18日，顾廷龙作为上海图书馆馆长受上海市文化局委任，与潘皓平共赴北京参加专家研讨会，商讨《善本书目》编纂工作，这次会议决定以上海图书馆、北京图书馆为试点，联合南京图书馆、浙江图书馆，编一本“全国善本的总账”。同年7月26日，顾廷龙在回复张秀民的信中谈到《善本书目》工作的启动与赴京会议：“今年四月中旬，我曾随同馆领导到北京，接受文物局布置任务，传达周总理病中指示，尽快地把全国善本书总目编出来。在北图商量了几次，以北京、上海为试点，然后全面铺开。因在京勾留不多，仍未能很好地一看北图善本为憾！”②同年8月17日，张秀民在致信中表达了对于《善本书目》编纂之事的祝福与期待：“奉读手教，敬悉在搞全国善本书总目，此事关系国家体面，希望能早日完成。”③

1977年至1981年是编纂《善本书目》的布局与开展阶段。1978年以顾廷龙为代表的专家们制定了《善本书目》详审的编纂体例、著录范围、书目分类，并部署了全国各省、市、自治区的古籍善本书普查与编目工作。1979年又陆续召开版本鉴定及著录工作座谈会，深入讨论善本书的版本鉴定、收录范围、著录规则以及分类等问题，并组成了新老专家相结合的编纂队伍。1980年5月起，在北京进行全国总编，成立《中国古籍善本书目》编辑委员会，

---

① 张秀民致顾廷龙信，转引自沈津《顾廷龙年谱长编》（未刊稿），1985年4月25日。
② 顾廷龙致张秀民信，转引自沈津《顾廷龙年谱长编》（未刊稿），1977年7月26日。
③ 张秀民复顾廷龙信，转引自沈津《顾廷龙年谱长编》（未刊稿），1977年8月17日。

顾廷龙被任命为主编，冀淑英、潘天祯为副主编，集中了全国各省市图书馆专业人员以及各藏书单位编制的古籍善本卡片，成立了经、史、子、集、丛五个编辑室，组织专业人员对各地汇集的卡片进行初审。至1980年底五个编辑室的卡片初审工作基本完成。1981年进入卡片复审定稿、油印征求意见稿的阶段。从后来顾廷龙与张秀民的通信中可以看出，油印本《善本书目》征求意见稿，不是一次性整体油印的，而是根据完成的进度分部分批油印的，其中首先被油印出来的是经部与丛部。

1981年7月18日，在顾廷龙致张秀民的信中谈到《善本书目》的编审进度："《善本书目》经部、丛部已油印征求意见稿，在装订中。一俟成书，当即寄呈诲正，务恳细加纠缪，不胜感荷。"① 同年10月，编成油印本目录，并由潘天祯起草致专家函稿，广泛征求图书馆之外专家学者的意见。同年年底，张秀民收到从北京邮寄来的《善本书目》油印本。1982年1月15日他在致顾廷龙的信中说道："十二月二十一日寄下之《中国善本书目》油印本经部六册及丛部三册（由北京寄来），均先后拜读。此目内容丰富，著录精审，在我国目录史上堪称伟举。这与先生之领导、主持是分不开的。既蒙不耻下问，敢就愚见所及，另纸录呈，提供参考。限于水平，乡间无书，近数月忙于搞《印刷史》，又寒斋零度苦寒，未能详细审阅，所提愚见，只凭记忆，可能有误，尚请原谅。关于史、子、集三部，想亦油印完毕，亦希望能早日赐下，以便先睹为快。"② 就经部、丛部所出现的问题，张秀民提出了建议，并对史、子、集三部油印稿表达了期待。但比较遗憾的是，其建议是另纸录呈的，并没有在信件中直接体现。从后来顾廷龙给其他人的信件中，可略窥一二。

1982年2月10日顾廷龙致冀淑英信中说："还谈到同书名的书好多部排在一起，不很好看。此与张秀民先生主张用'又一部'是一个意思，有同志主张要编索引。"③ 1983年2月9日顾廷龙致沈津的信中，谈到了张秀民对于《善本书目》丛部的建议："张秀民同志意见，请你细看一下，是否可归纳几点，写进我们的总结。一、油印本缺少一个编例。他提的《洪武正韵》的注，是否这个问题？他的'歌……应再'一句，与它本出入何在？二、恐属于先天性的，是体例问题，未注出版地。不知南京讨论时如何取消的，你有印象否？台湾目录注否？定稿时能补救否？三、一般笔误细校不难改正，总结中有无必要谈到这个问题，请酌定。"④ 综上，张秀民主要指出《善本书目》经部、丛部存在的若干问题，包括：书名著录体例不完善、目录编纂体例不完整、部分著录存在笔误等。同时，他也提出了相应的解决对策，如上文谈到之于同名书著录的问题，可标注"又一部"。

1982年、1984年、1985年张秀民又对陆续邮寄来的《善本书目》子部、集部提出了建议。1982年12月25日顾廷龙致张秀民说："承为子部提出宝贵意见，曷胜感荷！油印本虽然

---

① 顾廷龙致张秀民信，转引自沈津《顾廷龙年谱长编》（未刊稿），1977年7月18日。
② 张秀民致顾廷龙信，转引自沈津《顾廷龙年谱长编》（未刊稿），1982年1月15日。
③ 顾廷龙致冀淑英信，转引自沈津《顾廷龙年谱长编》（未刊稿），1982年2月10日。
④ 顾廷龙致沈津信，转引自沈津《顾廷龙年谱长编》（未刊稿），1983年2月9日。

谬误尚多，可以就正有道，否则难以向各处请教。高见当即分致南京、北京参考。史部及子部各类陆续印出，陆续呈政。”① 1984 年 4 月 7 日张秀民有信致顾廷龙说：“全国善本书目集部曲类由北图寄到一册，弟对于词曲系门外汉，提不出意见，惟六九页曲谱首列《北雅》，是否应移在《太和正音谱》之末，因《北雅》系万历张萱所改名，宁献王朱权固原题《太和正音谱》也。”② 1985 年 4 月 11 日张秀民有信致先生：“北图寄来全国善本书目‘宋至清别集’九册，由老家转来杭州，粗粗翻阅，将愚见另纸抄呈，过几天奉上。”③ 这些建议使《善本书目》在体例、著录模式上更加完善。

1982 年 1985 年间，油印本《善本书目》专家征求意见稿逐渐审回，编委会整理、吸收这些建议，完善定稿，分部出版。关于《善本书目》的出版、印刷，张秀民与顾廷龙经常互通信息。张秀民十分关心《善本书目》的出版情况，1983 年 8 月 7 日致信咨询出版情况：“上月关于全国善本书目意见数纸，想已早蒙赐览，全部目录不知何时能脱稿。”④ 由于《善本书目》各部编纂著录、意见审回的时间不一，各部按定稿顺序，分批出版。最新出版的是经部，1984 年 9 月 20 日顾廷龙复信中告知张秀民：“《善本书目》经部已定稿，准备国庆后发稿，商交古籍出版，知念附闻。”⑤ 1985 年 7 月 18 日，张秀民有信致顾廷龙提出经部出版建议：“主持全国善本书目，经部可以先印。”⑥

1988 年 5 月 26 日，顾廷龙致信告知张秀民《善本书目》的出版进展：“《中国善本书目·经部》不久将再缩印平装本，以便普及之需。丛部已排出校样，今年可能出书。史部已于去年九月发稿。”⑦ 1990 年 9 月再次致信告知：“《古籍善本书目》经部已出，并出缩印本。丛部去年亦已出，尚无缩印本。史部已排完，正在校稿中。集部元代前者亦已发稿，最近听说明代亦已完。希望年内能将子、集两部定稿完毕，交至出版社，编辑工作可告完毕。索引另编(单独发行)，出精装，不附线装之后，索引要求多方面可以查到欲查之词汇，北京同志正在拟编例中。”⑧ 1990 年《中国善本书目》编纂事务已经接近尾声：五大部类中，经部、丛部业已出版；史部，处于出版社的校稿状态中；子、集二部，处于定稿状态。

顾、张通信中关于《善本书目》的讨论，从侧面反映了《善本书目》从谋划商议到编纂、审校、出版的全过程。《善本书目》是新中国成立以来由国务院总理亲自关怀、批复的重大目录编纂工程，属于目录学史上的大事。张秀民作为专家，对《善本书目》各部的中肯建议被编委会采纳，在一定程度上完善了《善本书目》的编纂体例。同时，张秀民作为目录编纂工

---

① 顾廷龙致张秀民信，转引自沈津《顾廷龙年谱长编》（未刊稿），1982 年 12 月 25 日。
② 张秀民致顾廷龙信，转引自沈津《顾廷龙年谱长编》（未刊稿），1984 年 4 月 7 日。
③ 张秀民致顾廷龙信，转引自沈津《顾廷龙年谱长编》（未刊稿），1984 年 4 月 11 日。
④ 张秀民致顾廷龙信，转引自沈津《顾廷龙年谱长编》（未刊稿），1983 年 8 月 7 日。
⑤ 顾廷龙复张秀民信。转引自沈津《顾廷龙年谱长编》（未刊稿），1984 年 9 月 20 日。
⑥ 张秀民致顾廷龙信，转引自沈津《顾廷龙年谱长编》（未刊稿），1985 年 7 月 18 日。
⑦ 顾廷龙致张秀民信，转引自沈津《顾廷龙年谱长编》（未刊稿），1988 年 5 月 26 日。
⑧ 顾廷龙致张秀民信，转引自沈津《顾廷龙年谱长编》（未刊稿），1990 年 9 月。

程的见证者之一，多次对顾廷龙主持编纂的《善本书目》给予高度的评价：“此目内容丰富，著录精审，在我国目录史上堪称伟举。这与先生之领导、主持是分不开的”①，“全国善本书目由先生领导，极费苦心，而由冀淑英同志等熟手协助，必能得心应手，事半功倍，将来出版，嘉惠士林，当与《四库提要》比美矣”②。张秀民又云：“主持全国善本书目，经部可以先印，大功告成，可与纪河间比美，堪称近代目录史上之巨编鸿著。”③ 二人之情谊，也借《善本书目》编纂之契机更近一步。《善本书目》编务繁忙，顾廷龙在高龄不辞辛苦，接受这个艰巨的任务。张秀民因此忧顾之身体，多次致信表示关心，“先生领导全国善本书目之编纂工作，任务繁重，尚希勿过于操劳，多加珍摄为盼”④，“春暖，望劳逸结合，为国珍重”⑤。

此外，两人在31通信中还谈到县志资料影印、引荐外国学者、赠送书法题识、延请出席活动等学者之间的意趣雅事。比如，在撰写《中国印刷史》的同时，张秀民还格外关注其家乡县志《嵊县志》版本问题，因上海图书馆所藏《嵊县志》版本部分内容与其在宁波天一阁所见的版本有所差异，便写信向顾廷龙请求复制影印一部。顾欣然答允，将原版放四寸拍摄并装裱成册寄与张，同时张委托钱存训在美国所摄的康熙第二次修《嵊县志》胶卷，也由上海图书馆拍摄寄出。⑥

再如，顾廷龙也因张秀民的介绍，结识了瑞士美籍学者、印刷史专家艾思仁（J. S. Edgren）。艾思仁对于中国古籍、印刷史颇感兴趣，后来任职于普林斯顿大学东亚图书馆，曾撰写文章《显德三年〈宝箧印陀罗尼经〉考》，此文抽印本由张秀民邮寄给顾廷龙。1984年10月华美协作社在美举办中国善本展，艾思仁是负责人，由此编写一套《中国善本书目录》，收录了在美展览的中国善本书40多种，其中《目录》内还收录了钱存训的文章。张秀民曾在1984年至1985年间致顾廷龙的信中谈到此事，期间还将艾推荐给顾认识。在1985年11月7日张秀民致顾的信中，谈到艾对于顾的仰慕：“九月中旬瑞典人艾思仁先生来杭时，对先生书法十分赞美，当时写了一张便条，请他前来晋谒，不知有否晤面。”⑦ 而顾廷龙致沈津的信中也说到此事：“张秀民先生曾介绍一位瑞典学者（J. S. Edgren），中文姓艾，他写了一篇《显德三年〈宝箧印陀罗尼经〉考》，很有研究，给我一本抽印本。他还见到美国某博物馆藏中国木佛像肚中找出的一个经卷，年代甚早，不知您有所闻否？艾君在美与翁万戈先生一道编写一本 *Chinese Rare Books in American Collections*，翁先生见过否？《苏斋诗稿》看见否？艾君明年来沪写博士论文，可得再晤。”⑧ 艾的博士论文《南宋杭州出版印刷》在上海撰写，期间

---

① 张秀民致顾廷龙信，转引自沈津《顾廷龙年谱长编》（未刊稿），1982年1月15日。

② 张秀民致顾廷龙信，转引自沈津《顾廷龙年谱长编》（未刊稿），1985年4月17日。

③ 张秀民致顾廷龙信，转引自沈津《顾廷龙年谱长编》（未刊稿），1985年7月18日。

④ 张秀民致顾廷龙信，转引自沈津《顾廷龙年谱长编》（未刊稿），1984年9月22日。

⑤ 张秀民致顾廷龙信，转引自沈津《顾廷龙年谱长编》（未刊稿），1984年4月19日。

⑥ 顾廷龙与张秀民来往信件。转引自沈津《顾廷龙年谱长编》（未刊稿），1980年1月26日、1981年6月3日、1981年6月12日、1981年7月18日、1984年9月22日。

⑦ 张秀民致顾廷龙信，转引自沈津《顾廷龙年谱长编》（未刊稿），1985年11月7日。

⑧ 顾廷龙致沈津信，转引自沈津《顾廷龙年谱长编》（未刊稿），1985年11月7日。

应该也受惠于顾廷龙不少，二人因张秀民的引荐结下了国际友谊。

顾廷龙是版本目录学领域公认的书法高手，生前曾为多部著作题识书名，还举办过个人书法展。自1977年至1992年间，张秀民多次致信请求顾惠赐墨宝，顾廷龙在为《中国印刷史》题签外，又先后慷慨赠予。1986年1月17日，张秀民致谢顾廷龙为其家乡山水惠赠墨宝："接奉手教，并赐墨宝'瞻山桥''瞻山亭'题字，为我县山水增辉，传之无穷，幸何如之！先生在百忙中赐下墨宝，不特弟深为铭感，合乡亦拜赐多矣。特先道谢，容后面谢。"[①] 同年11月，张秀民又致信顾廷龙求赐墨宝："敝乡瞻山桥去冬建成，将先生法书大字刻在桥之内外两面，见者无不赞美。瞻山亭石柱六根已竖立（年内建成），亭匾也在制作中。现于上山入口处造一石坊，坊前陈列石狮一对，坊额拟横书"名山福地"四大字，又来麻烦先生，请大笔一挥（最好篆书，请标年月，落款、盖章），不情之求，实难启齿，尚望俯允为盼……"[②] 同年11月15日，顾复张信："嘱书'名山福地'已涂就，敬奉教正。"[③] 为了酬谢，张秀民家乡成立王羲之研究会时，张借机延请顾担任会长。在1988年4月25日，张致顾的信中说："敝县决定成立王羲之研究会、王羲之墓修建委员会，拟聘请先生为名誉副会长（又有舒同、沙孟海、唐云、沈定庵诸先生），如蒙慨允，即由县方发出正式聘书。前几年，先生为我乡瞻山所书墨宝早已刻石，与'名山福地'碑同垂不朽矣。"[④] 顾欣然应允。

结　语

由上文可见，张、顾之交都是围绕学术活动、学术旨趣而展开的，正印证了那句古话"君子之交淡如水"，他们因志趣相投而建立深厚的友谊，亦充满了书卷学问意趣。

而在31通信中，谈论最多的就是二人各自所正在从事的撰著或编纂工作，作为同领域的专家，二人互相勉励、相互支持，均为彼此的学术事业提供力所能及的帮助，二人因版本目录学所建立的纯粹友谊，今天仍然在这些零零散散的信件中闪现光辉，可谓上世纪学者君子之交的佳话。作为版本目录学、印刷史领域举足轻重的人物，二人的学术交往与沟通也彰显了上个世纪八九十年代版本目录学以及印刷史领域的新进展。无论是《中国印刷史》的撰写与出版，还是《中国古籍善本书目》的编纂与发行，张、顾都倾尽了半生的精力与心血。二人是版本目录学、印刷史领域的舵手。他们都担负起了"文革"之后振兴文化的历史使命，并在国际学术交流中，维护了国家与民族的尊严，更将中国传统学术推向了世界。

---

① 张秀民致顾廷龙信，转引自沈津《顾廷龙年谱长编》（未刊稿），1986年1月31日。
② 张秀民致顾廷龙信，转引自沈津《顾廷龙年谱长编》（未刊稿），1986年11月7日。
③ 顾廷龙复张秀民信。转引自沈津《顾廷龙年谱长编》（未刊稿），1986年11月15日。
④ 顾廷龙致张秀民信，转引自沈津《顾廷龙年谱长编》（未刊稿），1988年4月25日。

顾廷龙与王绍曾交往考论
——以《百衲本二十四史校勘记》整理等事为中心

石　杰

引　言

顾廷龙（1904—1998），江苏苏州人。王绍曾（1910—2007），江苏江阴人。我国两位江苏籍的文献学家，他们的交集，与近代出版大家张元济（1867—1959）先生有很大关系。青年顾廷龙与青年王绍曾，都曾在张元济身边工作，而二位先生在20世纪70年代末以来的交往，也主要是围绕张元济展开的。

20世纪20年代末，王绍曾就读于无锡国专，授业恩师有钱基博、唐文治等人。其毕业论文为《目录学分类论》，指导老师为钱基博先生。钱先生对此文十分推崇，并推荐在《无锡国专学生丛刊》第1种出版。1930年无锡国专毕业后，经唐文治先生推荐，王绍曾进入商务印书馆（上海），在校史处协助张元济校勘《百衲本二十四史》。1932年，上海惨遭兵燹，商务印书馆亦毁于战火，王绍曾遂离沪赴无锡国专就职。关于那段与张元济先生共事的岁月，王绍曾在《二十四史版本沿革考》一文中写道："回忆菊老之宏奖后进，循循善教，益不胜向往之思也！"①

无独有偶，顾廷龙在上世纪三十年代末离京赴沪，亦在张元济主持的合众图书馆工作。1939年间，叶景葵先生前后数次致信（电）顾廷龙，邀请其来沪主持工作。1939年4月3日，叶景葵在致顾廷龙的信中提及筹办合众图书馆的设想，并称"欲得一青年而有志节，对于此事有兴趣者，任以永久之责。故弟属意于兄，菊生亦极赞许"②。《叶景葵致顾廷龙论书尺牍

① 王绍曾：《二十四史版本沿革考》，《目录版本校勘学论集》，上海：上海古籍出版社，2005年，第481页。

② 叶景葵：《致顾廷龙》（1939年4月3日），叶景葵撰，柳和城编：《叶景葵文集下》，上海：上海科学技术出版社，2016年，第1121页。

（便笺）》披露了多封叶景葵致顾廷龙的信札和电文，文中不乏催促顾廷龙南下的内容。期间，张元济亦去信顾廷龙，欲"招令襄助，事正权舆"①。1939 年 7 月 17 日，顾廷龙最终抵达上海，开启了其在合众图书馆的工作生涯，任合众图书馆总干事，主持馆务。

顾廷龙与王绍曾建国前均曾在张元济身边工作，20 世纪七八十年代以来，两位先生更是围绕着张元济展开了频繁的交往。1979 年 7 月 28 日，王绍曾人生中第一次去信顾廷龙，请其审读《试论张元济先生对我国文化事业和目录学的贡献》一文，二人的正式交往便由此开始。王绍曾因思张元济为我国古籍整理事业贡献了毕生精力，遂有总结其一生成就之设想，二先生遂围绕着《近代出版家张元济》的撰写工作书信往来不断。张元济一生最大的贡献之一，便是校勘整理出版百衲本二十四史，而王绍曾更是与顾廷龙不约而同地提出了整理《百衲本二十四史校勘记》的想法。当然，除了围绕张元济展开的交往外，王绍曾与顾廷龙在学术上还有很多的交流探讨，诸如针对《清史稿艺文志拾遗》《续修四库全书》及《四库存目丛书》等书的探讨。尤其值得关注的是，二人曾针对《古籍目录版本校勘文选》一书，展开过频繁的探讨。不过令人遗憾的是，此书起初计划由中华书局出版，但最终却无疾而终，可谓中国文献学史上的一大憾事。本文将围绕《试论张元济先生对我国文化事业和目录学的贡献》《近代出版家张元济》《百衲本二十四史校勘记》及《古籍目录版本校勘文选》等四部著述，从它们的成书经过或整理过程中，勾勒二位先生交往的历史轮廓。

一、《试论张元济先生对我国文化事业和目录学的贡献》的修改

顾廷龙与王绍曾虽均在张元济身边工作，但二位先生在新中国建国前却无缘得见。他们的正式结交，要从 1979 年中国图书馆学会成立大会说起。1979 年 7 月 9 日至 16 日，中国图书馆学会成立大会暨第一次科学讨论会在山西太原晋祠举行，当时全国 29 个省、市、自治区的图书馆学会（筹委会）和北京地区两个专业系统学会的近 200 名代表参加了此次大会。大会选举了以刘季平为理事长，丁志刚、黄钰生、顾廷龙、汪长炳、梁思庄、佟曾功为副理事长，谭祥金为秘书长的第一届理事会。据统计，"向这次科学讨论会提出论文的有 106 个单位的 165 名同志，共撰写论文 174 篇。"② 这 174 篇论文中即包括了山东省图书馆学会呈送的《试论张元济先生对我国文化事业和目录学的贡献》一文，此文的作者即为王绍曾。但令人遗憾的是，山东省参加此次全国图书馆学会成立大会的参会者并非王绍曾，二位先生就这样错过了人生的首次面晤。

会后，王绍曾曾就此文的相关问题去信顾廷龙，请其改润。王绍曾在信中写道："山东省学会曾将拙作《试论张元济先生对我国文化事业和目录学的贡献》一文报送太原，因省学会成立迟迟，未及将拙作打印，报去者仅为复写原稿一份，估计先生未及寓目。"从王绍曾 1979

① 张元济：《张元济书札》，北京：商务印书馆，1981 年，第 167 页。

② 邹华享等编：《中国近现代图书馆事业大事记》，长沙：湖南人民出版社，1988 年，第 260 页。

年 7 月 28 日致顾廷龙的信件可知，因其文章未及打印且当时其并未代表山东省参会，在阅览大会简报后故而去信顾廷龙。王绍曾在信中称“久仰盛名，未缘聆教”①，可知二位先生虽曾均常伴张元济左右，却未曾见面。1979 年中国图书馆学会成立大会是一个极佳的契机，两先生在此后的往来便逐渐频繁。

在中国图书馆学会成立大会后，山东省方面欲辑科学论文特辑，王绍曾的《试论张元济先生对我国文化事业和目录学的贡献》一文入选。其文虽屡经修改，但王绍曾却仍感不满，他认为“主要症结在于对菊老之学问事业，缺乏全面系统之深入研究与认识，凡所论述，不过皮相之见，挂一漏万与谬误之处尤所难免”。他在去顾廷龙的信中写道：“窃念先生与菊老交往至深，当今深知菊老者亦惟有先生，为此将拙作另一份复写稿挂号寄上，乞于百忙中赐予审阅，并请一一予以指正，以便继续修改补充。”②

需要注意的是，王绍曾在信中提及了张元济在国民党中央研究院第一次集体会上的发言：“又拙作第一部分简介菊老生平时，曾提及菊老在国民党中央研究院一次集体会上反对内战，呼吁和平。1950 年探望菊老时，菊老曾赠与发言小册子一本，惜已于‘文化大革命’中丢失，此次集会时间及会议名称均已遗忘，你馆入藏《申报年鉴》或国民党《中央日报》，可否请馆内同志代为查证，并请将结果示知？”③

王绍曾所谓的“国民党中央研究院一次集体会”应为“国立中央研究院成立二十周年纪念会暨第一次院士会议”，时在民国三十七年（1948）9 月 23 日。

图 1　国立中央研究院成立二十周年纪念会暨第一次院士会议合照，第一排左起第五位为张元济

① 王绍曾致顾廷龙信，转引自沈津：《顾廷龙年谱长编》（未刊稿），1979 年 7 月 28 日。
② 王绍曾致顾廷龙信，转引自沈津：《顾廷龙年谱长编》（未刊稿），1979 年 7 月 28 日。
③ 王绍曾致顾廷龙信，转引自沈津：《顾廷龙年谱长编》（未刊稿），1979 年 7 月 28 日。

而王绍曾所谓张元济在院士会议上发表的“反对内战，呼吁和平”的发言，应是张元济在此次会议上的致辞。全体院士会议伊始，张元济发表了致辞。会后，《益世报（天津）》1948年9月24日第3版、《大公报》（上海）1948年9月24日第2版及《舆论导报》1948年第32期文摘分别刊登了题为《老院士张元济呼吁和平》《首都一学术盛会——中研院首次院士会议蒋总统亲临并参加致辞张元济称国家需要和平》与《我们需要和平：九月廿三日在国立中央研究院第一次院士致辞》三篇文章，各报在文中大肆表扬了张元济呼吁和平的奔走呐喊。1948年10月31日的香港《文汇报》发表了作者为云彬的人物专栏，专门介绍了张元济的生平，重点刊登了其在中央研究院第一次院士会议上的发言。王绍曾在信中提及，“1950年探望菊老时，菊老曾赠与发言小册子一本”。所谓“发言小册子”，后结集出版，名为《刍荛之言》。此书共计8页，出版机构不详，上海图书馆藏本前有“院会致辞”题署。张元济所赠之物，当即此书。张元济在中央研究院首次院士全体会议上的致辞后收入商务印书馆出版的《张元济全集》，题名《国立中央研究院第一次院士会致辞》。

1979年10月3日，顾廷龙复信王绍曾一通，信中谈到《试论张元济先生对我国文化事业和目录学的贡献》一文：

> 顷奉手书，敬悉一一。
>
> 大著我曾请树年先生校阅，他对您表示非常感佩！校出两处，兹将其原条附上。树年先生又请丁英桂先生校阅一过，他也感到您博览群书，对菊老的表扬极为详悉，其校语两纸，先行附阅，尊稿遵嘱不再寄还。①

从回信来看，顾廷龙曾将王绍曾的文章转交给张元济的哲嗣张树年先生校正，张树年校后又请丁英桂先生校阅。丁英桂，浙江平湖人。1914年高小毕业，翌年考入商务印书馆商业补习班学习，学成后即留商务印书馆工作。1916至1932年间，他常年跟随在张元济身边，是其辑印古籍的重要助手之一，《杜工部集》《百衲本二十四史》及《正统道藏》等书的出版工作便是由其负责②，这正是张树年将此文转交丁英桂的重要原因。从顾廷龙的回信来看，张树年与丁英桂对此文的修改发挥了重要作用，王绍曾亦“遵照两先生指示逐一修改，惟丁英桂先生所示商务曾影印《续藏经》一条，因未查到根据（我馆未入藏此书，《丛书综录》又不收佛藏），未及改正”③。王绍曾《目录版本校勘学论集》收入了《试论张元济先生对我国文化事业和目录学的贡献》一文，从文中的小注来看，他应从张树年与丁英桂处获知了张元济当时发言的具体背景，且已知所赠之册为《刍荛之言》。

---

① 顾廷龙：《致王绍曾》（1979年10月3日），《顾廷龙全集》编辑委员会编：《顾廷龙全集·书信卷》上，上海：上海辞书出版社，2017年，第255页。

② 庄文生主编：《浙江省平湖县志》，上海：上海人民出版社，1993年，第978页。

③ 王绍曾致顾廷龙信，转引自沈津：《顾廷龙年谱长编》（未刊稿），1980年2月3日。

关于撰写此文的目的，王绍曾提到：

> 今春偶读北京图书馆李致忠同志文章《古书造伪与版本学》（刊登《北图通讯》1978年第2期），其中涉及对菊老评价，颇多不实之词，甚至抓住菊老片言只语，乱扣帽子，攻其一点，不及其余。文章既不实事求是，亦非学术讨论应有之态度，因思正确评价菊老之毕生功业及其在目录学上之贡献，实有必要。①

李致忠在《北图通讯》1978年第2期发表了题为《古书造伪与版本学》的文章，文章分“以残书充全书”“以丛书零种充单刻书”“伪改书名、著者以充罕见之书”“增删刻书牌记”“增删刻书年款”“挖改序跋紧要处或改换序跋”“伪造伪钤名家藏书印鉴”“染纸造蛀以充古刻旧刊”“以真带假版本杂拼”及“以装帧造伪”等十个方面，论述了古书造伪的类型、手段及其与版本学的关系。其中，在“增删刻书年款”与“以装帧造伪”两处，李致忠分取张元济鉴定原宝礼堂旧藏《黄氏补千家集注杜工部诗史》与北图藏《古逸丛书》零种《周易上经》的例子，针对古书造伪导致的误鉴情况作了分析。

事实上，李致忠所举之例，确系张元济先生打眼失误之所在。李致忠文章的主题是介绍古书造伪，虽非为专门批判张元济，也不意总结其一生之成就与过失，但其文之末在讲版本鉴定之时，又将张元济数落一通：“声称‘审别宋板，只看刀法’的张元济，误以元刊当宋刊，以《古逸丛书》当元版的事例，不正是这种玄学鉴定法的失败和自我讽刺吗?”虽然他声称“并不是全盘否定前人从多年实践中总结出来的鉴定版本的宝贵经验”②，但用这种有失公允的态度评价张元济数十年为版本鉴定所作的贡献，王绍曾显然是无法接受的。王绍曾“受益于菊老多年”③，他认为李致忠的文章“颇多不实之词，甚至抓住菊老片言只语，乱扣帽子，攻其一点，不及其余”，此语虽失偏颇，但却体现了其对张元济的尊敬与推崇。而王绍曾在信中提及的“因思正确评价菊老之毕生功业及其在目录学上之贡献，实有必要”的想法，在其后极大推动了他对张元济一生功绩之总结。

二、《近代出版家张元济》的成书

1979年的全国图书馆学会成立大会，对于王绍曾和顾廷龙来说，是二人交往中的重要契机，也是他二人围绕张元济展开学术交流与探讨的一次不可多得的机遇。全国图书馆学会成立大会之后，王绍曾在致顾廷龙的第一封去信中针对李致忠的文章，表达了欲总结“菊老之

---

① 王绍曾致顾廷龙信，转引自沈津：《顾廷龙年谱长编》（未刊稿），1979年7月28日。

② 李致忠：《古书造伪与版本学》，《北京图书馆通讯》，1978年第2期，第64页。

③ 顾廷龙：《我与商务印书馆》，《顾廷龙全集》编辑委员会编：《顾廷龙全集·文集卷》上，上海：上海辞书出版社，2015年，第486页。

毕生功业及其在目录学上之贡献”的设想，并在信尾言道：“后学正在继续写《张元济先生生平》一文，一俟完稿，即当寄请斧正。”① 这个总结张元济毕生功业的构想，最后凝结成了《近代出版家张元济》一书。因考虑到顾廷龙常年在张元济身旁工作，王绍曾在信中表达了寻求帮助的意愿，希望顾廷龙在寻找张元济资料方面提供助力。

1979 年 10 月 3 日，顾廷龙在去王绍曾的复信中言到，他“曾编了一本《诗文稿》，尚未完全搞好。菊老尚无传记，尚须搜集些资料。菊老九十，他的老友有诗文为寿，似有两巨册。经过‘文化大革命’，藏在何处，尚须寻找”，并表示“将来如有材料，当随时奉寄”②。王绍曾所谓的“《张元济先生生平》”一文，今于其旧作中并未发现，但《近代出版家张元济先生》一书中有“《张元济先生的家世和生平》”一节，应与王绍曾信中所提的“《张元济先生生平》”一文有关。1982 年春节前，胡文楷去信王绍曾，建议其将《试论张元济先生对我国文化事业和目录学的贡献》一文“改写成一本书，作为张元济先生对商务创业和他对我国文化教育事业所作贡献的一个纪念”③。从 1984 年出版的《近代出版家张元济》初版书后的《后记》来看，《试论张元济先生对我国文化事业和目录学的贡献》及王绍曾在致顾廷龙的信中提及的《张元济先生生平》二文，应是初版书稿得以成文的重要资料。其后，随着王绍曾搜集的资料越来越多，《张元济先生生平》一文便扩展成了《近代出版家张元济》一书。

此书 1984 年由商务印书馆出版，此前王绍曾曾数次去信顾廷龙、张树年等人拜托寻找相关资料并请求审阅书稿。1982 年，《近代出版家张元济先生》一书初稿告蒇。同年 10 月 16 日，王绍曾有信致顾廷龙，请其为《近代出版家张元济》一书赐序并题签，他在信中写道：

> 闻拙稿第一、二部分已由汪家熔同志寄呈左右，第三、四部分亦将修订完毕，不久即可陈上。顷承树年先生转告，尊意以“现代出版家张元济先生生平”命题，极为允当，惟“生平”二字是否可以省略，敬请卓裁。书名确定后，如先生时间许可，拟请为拙稿题签并赐撰序文，倘蒙俯允，则不仅后学之幸，亦将为读者所渴望也。④

从王绍曾的去信可知，此书稿第一、二部分修改完毕后经由汪家熔转寄顾廷龙审阅。因第三、四部分未及修订，故当时并未转寄。王绍曾致顾廷龙的这封信，道出了《近代出版家张元济》一书各部分的修订情况。而关于此书的书名，起初欲依顾廷龙意见，以“现代出版家张元济先生生平”命名，王绍曾意省略“生平”二字。后此书以“近代出版家张元济”为名出版，可知顾廷龙采纳了王绍曾的意见。因顾廷龙关于此书书名确定所致王绍曾的相关信札今已难寻踪迹，故而关于此书命名的详情已难知悉。

---

① 王绍曾致顾廷龙信，转引自沈津：《顾廷龙年谱长编》（未刊稿），1979 年 7 月 28 日。
② 顾廷龙：《致王绍曾》（1979 年 10 月 3 日），《顾廷龙全集・书信卷》上，第 255 页。
③ 王绍曾：《近代出版家张元济（增订本）》，北京：商务印书馆，1995 年，第 140 页。
④ 王绍曾致顾廷龙信，转引自沈津：《顾廷龙年谱长编》（未刊稿），1982 年 10 月 16 日。

1983年春节前，王绍曾收到“由树年先生抄示先生审稿指示九点，继由汪家熔同志寄到拙稿第四章及指示原件”①。针对顾廷龙所提的修改意见，王绍曾在1983年3月6日去顾廷龙的信中写道：

有关指示修订各节，均已于春节前后一一遵办，并已将修改稿寄还汪家熔同志。惟其中对精练文字一节，以时间无多，但能稍求润饰，不及反复推敲，予以删削，有负雅嘱，深感惶愧。现拙稿第三章至今未蒙汪家熔同志寄下，函询亦未允复，未知将如何取舍。鄙见以为，菊老毕生精力固以古籍整理出版为重点，但对新文化运动潜流时期，传布科学文化与民主思想，启迪民智，影响深远，自亦未可湮灭，故仍拟请其酌予保留，或另行改写。若全部删去，则有如鸟之两翼缺其一翅，尊意如何？可否请树年先生转告？拙稿俟汪家熔同志清稿后，不久当可发排。②

王绍曾在信中特意询问了书稿第三部分张元济在新文化运动期间的历史活动该如何取舍的问题。同年4月19日，王绍曾称“顷由树年先生转下四月七日手示”，则王绍曾3月6日的去信顾廷龙于4月7日回复并转交张树年呈寄，顾廷龙应在信中回复了上述问题。王绍曾在信中称“汪家熔同志曾拟将拙稿第三章‘在新文化运动中的作用’删去不用”，因顾廷龙未审阅第三章，故其并未就第三章的取舍问题发表看法。顾廷龙审阅第三章后，在4月7日去王绍曾的信中应该同意了保留第三章的内容。王绍曾后将顾廷龙的意见汇报商务印书馆，“汪家熔同志来信已同意保留，惟措辞上须略予修订（拟将菊老在新文化运动中所起的作用，概括为同盟军的作用）”③。

经过与顾廷龙、张树年及汪家熔等人的反复商榷，《近代出版家张元济》一书略见雏形。但王绍曾认为“原稿在‘古籍整理’中对整理《孤本元明杂剧》及残宋本《册府元龟》未加阐述，实为一大缺点”。于是，王绍曾利用两个月的时间反复阅读《孤本元明杂剧》等相关资料，遂“又在‘古籍整理’中增补有关《孤本元明杂剧》及残宋本《册府元龟》整理经过约一万余字”④。但王绍曾在1983年12月29日致顾廷龙的信中又言及，“关于商务书稿中增加整理《孤本元明杂剧》及残宋本《册府元龟》事，二十六日接商务总编办公室复信，因拙稿已于十二月中发稿进入工厂，无法再行增补，殊感美中不足”⑤。审阅1984年初版的《近代出版家张元济》一书可知，此部分内容却业已加入。1984年7月15日，王绍曾在致顾廷龙的信中提到：“残本《册府元龟》一节，（商务）本早已同意用修订稿抽换，结果并未实行，故内

① 王绍曾致顾廷龙信，转引自沈津：《顾廷龙年谱长编》（未刊稿），1983年3月6日。
② 王绍曾致顾廷龙信，转引自沈津：《顾廷龙年谱长编》（未刊稿），1983年3月6日。
③ 王绍曾致顾廷龙信，转引自沈津：《顾廷龙年谱长编》（未刊稿），1983年4月19日。
④ 王绍曾致顾廷龙信，转引自沈津：《顾廷龙年谱长编》（未刊稿），1983年12月23日。
⑤ 王绍曾致顾廷龙信，转引自沈津：《顾廷龙年谱长编》（未刊稿），1983年12月29日。

容不免舛错。现已酌加修订，将清样寄还。”① 从王绍曾的去信可知，经与商务协商，虽然当时清样与旧稿并无出入，但出版部门已经同意了其抽换新增内容的要求。关于此书，王绍曾多次去信顾廷龙，用修订稿抽换原稿的事宜，应是顾廷龙在其中起了斡旋作用。

经增补后，此书初版的终稿成形，并在 1984 年 11 月由商务印书馆出版。从图 2 所附的目次来看，此书初版仅四节，分别为《张元济先生的家世和生平》《近代出版事业的开拓者》《从戊戌新文化运动到“五四”前后》及《整理出版古籍的丰硕成果》四个部分。至 1995 年，商务印书馆又出版了一个增订本，根据书后所附《增订本余话》，增订本主要增加了王绍曾在 1987 年海盐张元济学术讨论会上提交的《张元济先生校史始末及其在史学上的贡献》一文，各节内容详见图 2。1990 年，中华书局向商务印书馆归还了 14 种《百衲本二十四史校勘记》，商务印书馆林尔蔚经理将每种校勘记抽印了十页赠予王绍曾。在阅读此 14 种校勘记后，王绍曾对张元济改宋元本误字（校勘记称“修”）的问题，又有了新的认识。由于认识的深入，王绍曾又“把论文又作了一些修订，补写了一节：‘一个需要重新认识的问题’”，附于《张元济先生校史始末及其在史学上的贡献》一文之末，“使读者对张先生有一个更全面的认识”②，形成了今所见增订本的最终版本。

目　次

目　次

图 2 《近代出版家张元济》两种版本目录
左为 1984 年初版目录，右为 1995 年增订本目录

《近代出版家张元济》出版后，顾廷龙对此书评价颇高，曾在《我与商务印书馆》一文中表扬此书“阐扬菊老校勘之学非常详尽”③，他又褒扬王绍曾称：“菊老平生学术文章、出版事业，得公椽笔，为之表彰，特别关于古籍整理一章，尤非吾公莫能道其详也。”④《近代出版家张元济》一书对张元济的生平及其古籍整理的辉煌业绩有了较为全面的总结，但王绍曾却认为“此书对菊老生平仅具端绪，古籍整理一章，未提及《宝礼堂宋本书录》，尤属疏漏”，故他在去顾廷龙的信中表达了遗憾，计划“另拟专文，以资补苴”⑤。关于张元济与《宝礼堂宋本书录》，王绍曾在增订本中并未增入相关论述，亦未另附专文讨论。2002 年，他又在为

---

① 王绍曾：《致顾廷龙》（1984 年 7 月 16 日原信）。
② 王绍曾：《近代出版家张元济（增订本）》，第 218 页。
③ 顾廷龙：《我与商务印书馆》，《顾廷龙全集・文集卷》上，第 486 页。
④ 顾廷龙：《致王绍曾》（1985 年 7 月 19 日），《顾廷龙全集・书信卷》上，第 262 页。
⑤ 王绍曾致顾廷龙信，转引自沈津：《顾廷龙年谱长编》（未刊稿），1985 年 7 月 26 日。

《顾廷龙文集》所撰的序里提及此事，在阅读了《〈宝礼堂宋本书录〉序》后，他从“薄而录之，以诏来者”一句认定，《宝礼堂宋本书录》的作者定为张元济无疑。同时他又一次表示，“写《近代出版家张元济》，最大的失误是脱漏了《宝礼堂宋本书录》，这是千不该、万不该的”①。但关于张元济所撰《宝礼堂宋本书录》，王绍曾却一直未能着手研究，不得不谓是他在张元济研究上的一大憾事。令人欣慰的是，他的弟子杜泽逊先生在1995年撰写了《张元济与〈宝礼堂宋本书录〉》一文，弥补了王先生生前的一大遗憾。

三、《百衲本二十四史校勘记》的整理

《近代出版家张元济》一书的增订本，加入了张元济校勘整理《百衲本二十四史》的内容。《百衲本二十四史》是张元济古籍整理事业中的一大力作，关于此书的成书背景，张元济在《影印百衲本二十四史缘起》中说：“长沙叶焕彬吏部语余：‘有清一代，提倡朴学，未能汇集善本，重刻《十三经》《二十四史》，实为一大憾事！’余感其言，慨然有辑印旧本正史之意，求之坊肆，匄之藏家，近走两京，远驰域外。每有所觏，辄影存之。后有善者，前即舍去，积年累月，均得有较胜之本。”② 上世纪二三十年代，他用了数年光阴辑印了《百衲本二十四史》，完成了叶德辉的遗愿，并在此基础上撰集了《百衲本二十四史校勘记》，可谓中国近代正史整理与校勘史上里程碑式的著作。王绍曾在青年时代曾佐助张元济校勘《百衲本二十四史》，据其回忆：“《衲史校勘记》不仅详细记录各本异文，其中重要异文，菊老均加有按语，证以中华点校本《二十四史》所引‘张元济校勘记’云云，更加确凿无疑。此类按语，实为校勘记精华所在，如果逐条迻录，当可与《校史随笔》相互表里。”③ 遗憾的是，《百衲本二十四史》的附属成果《衲史校勘记》自诞生以来，在顾廷龙、王绍曾等人奔走呼号之前，一直未能得到妥善处置。

1987年3月4日，在纪念张元济诞辰一百二十周年的会议上，顾廷龙发表了题为《我与商务印书馆》的致辞，他在致辞中说道：

> 菊老校《百衲本二十四史》(佐之者胡文楷、王绍曾先生都认真不苟)，当时写成校记若干册，我曾获一睹，所据各本不同之字都一一校出。有人认为有用的已入《校史随笔》，余下的都没有用了。我认为它还是一部有用的校记，值得印出来。因为当时花很大的人力详校各本，后人欲知某本作某，一索即得，可节省研究工作者的很多时间，亦可考察一字致误之由。如果不能印，最好贡诸国家图书馆，以利参考。④

---

① 王绍曾：《〈近代出版家张元济〉增订本余话》，《目录版本校勘学论集》，2005年，第764页。

② 张元济著，顾廷龙编：《涉园序跋集录》，上海：上海古典文学出版社，1957年，第36页。

③ 王绍曾致顾廷龙信，转引自沈津：《顾廷龙年谱长编》(未刊稿)，1987年12月22日。

④ 顾廷龙：《我与商务印书馆》，《顾廷龙全集·文集卷》上，第485-486页。

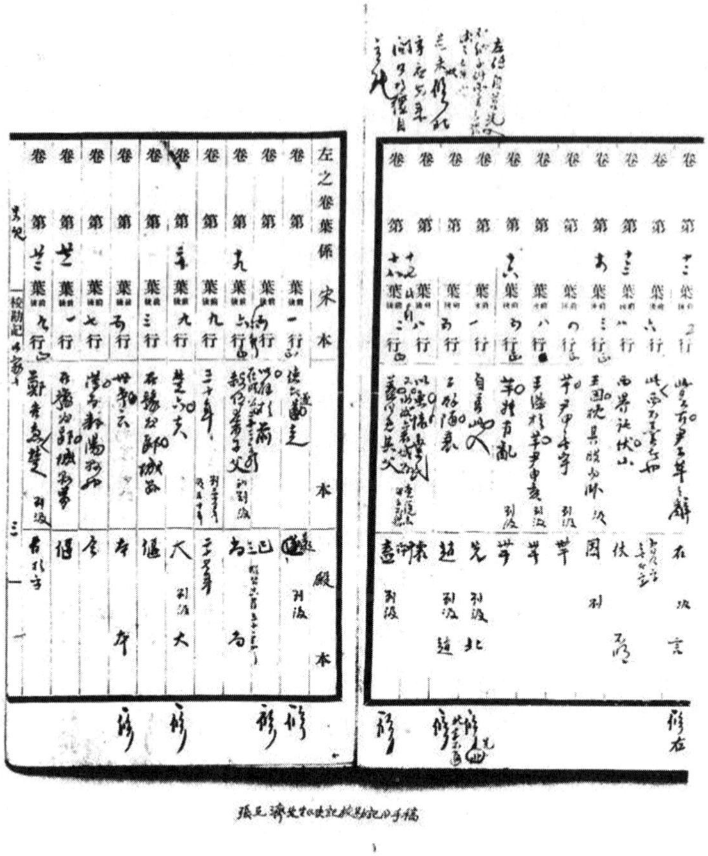

图 3　张元济《史记校勘记》手稿

在此次会议上，顾廷龙表达了影印《百衲本二十四史校勘记》的设想。虽然《百衲本二十四史校勘记》的部分内容已经收入了张元济所撰的《校史随笔》，但顾廷龙依然认为“它还是一部有用的校记，值得印出来”。关于《百衲本二十四史校勘记》价值问题的讨论，二十世纪四十年代蒋仲茀先生认为此稿已无用，顾廷龙则认为不然，“后来标点校勘《二十四史》就有用了。可是用的人亦有见仁见智的不同，决不能以一人之管见为定评。”①

同年 10 月，张元济的故乡海盐县举办“张元济学术研讨会”，王绍曾赴海盐参加了此次会议。据其当年 12 月 22 日致顾廷龙的信件可知，王绍曾亦在此次会议上提出了整理《百衲本二十四史校勘记》的建议：

> 此次海盐会议，后学曾提出两项建议：一为成立菊老学术研究会，二为整理出版《衲史校勘记》，得到与会同志一致同意，并当场推定研究会筹备小组人选（其中有我公在内）。惟能否落实，尚须待商务领导决定。关于整理《衲史校勘记》事，因目前不属商

---

① 顾廷龙：《致王绍曾》（1990 年 3 月 20 日），《顾廷龙全集·书信卷》上，第 264 页。

务专业分工范围，更难付诸实施。①

王绍曾在海盐会议上的建议，得到了与会者的一致赞成。而顾廷龙在提出整理《百衲本二十四史校勘记》的建议后，又在当年9月“以商务老同仁名义上书陈云同志，建议将《衲史校勘记》出版事宜批转国务院古籍整理出版规划小组研究解决”。针对《百衲本二十四史校勘记》的整理，王绍曾在海盐会议上提出了较为具体的实施计划，建议“《衲史校勘记》应先由中华认真清理，造具清册，交还商务。在出版问题未解决前，先由商务指定专人就《校勘记》中菊老加具案语条目，逐一迻录，汇编成册，付诸剞劂（书名可以另定）”，“庶几菊老二十年辛勤校史成果，不致长此沈埋”②。

王绍曾在海盐从中华书局赵守俨处得知，“《衲史校勘记》在十年动乱中已残缺不全，究竟丢失若干种册，须清理后方能知悉”③。1987年12月22日，王绍曾在致顾廷龙的信函中提及此事。顾廷龙在回信中表达了对校勘记遗失的震惊与遗憾：“《衲史校记》竟遭遗失，实在可惜。此种稿本，只有交国家图书馆才能重视。出版单位少真知灼见之人，若个别妄人谬言作用不大，遂视同弃物，复何言哉！”④ 1992年，在《百衲本二十四史校勘记》整理之际，顾廷龙又言及此事，他说：“《衲史校记》丢失，殊不该应。将来图书馆外借未刊本，必须倍加郑重。”⑤

王绍曾在1987年海盐学术讨论会上提交了《张元济先生校史始末及其在史学上的贡献》一文，正是缘于对张元济校史的深入研究，此后他将研究重点放在了张元济校勘《二十四史》之上。1989年，适逢张元济逝世三十周年，王绍曾又撰《〈百衲本二十四史校勘记〉必须得到重视——张元济先生逝世三十周年所想到的》一文。此后，这篇文章在《古籍整理研究学刊》1989年第6期发表，此乃王绍曾研究张氏校史的又一力作，此文后于当年12月25日转寄顾廷龙请其指正。

20世纪50年代，中华书局点校《二十四史》，曾从商务印书馆借阅《百衲本二十四史校勘记》(23种，173册)。中华书局点校《二十四史》耗时十数年，从商务借阅之《百衲本二十四史校勘记》遂去向不明。1990年以来，中华书局清理库房，先后于库房中发现了16种校勘记⑥。《百衲本二十四史校勘记》重新发现的消息，经由张树年去信告知后，顾廷龙始获知当年手稿的具体下落。张树年在信中请顾廷龙抽空赴商务查看，“看看这批有价格的史稿保存得如何，有无损坏霉烂情况。最好请林（尔蔚）总指派专人负责进行整理，并督促中华继续

① 王绍曾致顾廷龙信，转引自沈津：《顾廷龙年谱长编》(未刊稿)，1987年12月22日。
② 王绍曾致顾廷龙信，转引自沈津：《顾廷龙年谱长编》(未刊稿)，1987年12月22日。
③ 王绍曾致顾廷龙信，转引自沈津：《顾廷龙年谱长编》(未刊稿)，1987年12月22日。
④ 顾廷龙：《致王绍曾》(1987年12月27日)，《顾廷龙全集·书信卷》上，第263页。
⑤ 顾廷龙：《致王绍曾》(1992年2月22日)，《顾廷龙全集·书信卷》上，第268页。
⑥ 聂溦萌：《重新发现的百衲本〈北齐书〉〈周书〉〈北史〉校勘记述论》，《文史》2021年第2辑，第103-104页。

追查和归还散失在外的史料"①。1990 年 3 月 20 日，顾廷龙去信王绍曾，慨叹"没有作过校勘工作者，他不理解，真所谓夏虫不可与语冰"！关于《衲史校记》，他向王绍曾提议"希望索还几本就几本。或者原本借来复印，有多少即多少，不全就不全"②。

商务印书馆获知《百衲本二十四史校勘记》于中华书局库房中发现后，以"《张元济年谱》座谈会"为契机，邀请与会学者于 1990 年 4 月 25 日讨论研究《百衲本二十四史校勘记》的编辑出版问题，顾廷龙在会上提出了由香港商务印书馆影印出版《衲史校记》的建议。因商务印书馆车辆紧张，并未安排车辆接送参会学者，考虑到身体原因，原本已经预定 251 次济沪直快车票的王绍曾放弃了参会机会。幸得张树年探访，王绍曾始知此次会议的详情。其后，他于 1990 年 5 月 30 日专门去信顾廷龙，谈及《百衲本二十四史校勘记》的整理出版问题：

> 根据《校勘记》上批注删改等复杂情况，确实无法整理出版排印本，且耗费大量人力、物力，非一二年内所能蒇事。闻尊见力主交由香港商务印书馆影印出版，后学深表赞同。鄙意以为《衲史》虽曾于五十年代出过精装缩印本，但国内新建图书馆收藏《衲史》者不多。此次香港商务影印《校勘记》时，最好同时重印精装缩影本，将《校勘记》附于各史之后，既便于读史治史者复核，又可于征订时增加吸引力。已将此意告知高崧同志。③

王绍曾根据山东大学刘光裕先生带回的《史记》与《三国志・魏书》校勘记的复印件，并与《衲史》影印本复核，对张元济改字的情况作了鉴别。但考虑到《百衲本二十史校勘记》的批注删改较为复杂，整理排印困难重重，遂同意了顾廷龙提出的由香港商务印书馆影印出版的意见，并建议"最好同时重印精装缩影本，将《校勘记》附于各史之后"。他还认为"商务当前首要任务，必须根据中华书局提供线索，派得力干部追踪迄今为止尚未交还商务之 9 种《校勘记》"④。同时，他将发表在《文献》1990 年第 2 期的《张元济校史十五例》转寄顾廷龙指正。

此后，经过一年多的深思熟虑，王绍曾研究了新的整理方案，一改此前影印出版的旧思路，决定整理排印《百衲本二十四史校勘记》。1991 年 10 月 18 日，王绍曾撰定了《〈百衲本二十四史校勘记〉整理方案》，并函寄顾廷龙审阅。1992 年，承商务印书馆委托，王绍曾正式担任《百衲本二十四史校勘记》整理主持人一职。据杜泽逊回忆，"幸存的《百衲本二十四史校勘记》稿本 133 册（16 种）被分批交给王绍曾先生。当时由我（杜泽逊）一趟一趟用包背

---

① 张树年致顾廷龙信，转引自沈津：《顾廷龙年谱长编》（未刊稿），1990 年 3 月 18 日。
② 顾廷龙：《致王绍曾》（1990 年 3 月 20 日），《顾廷龙全集・书信卷》上，第 264 页。
③ 王绍曾致顾廷龙信，转引自沈津：《顾廷龙年谱长编》（未刊稿），1990 年 5 月 30 日。
④ 王绍曾致顾廷龙信，转引自沈津：《顾廷龙年谱长编》（未刊稿），1990 年 5 月 30 日。

到济南，交给王先生，并与王先生一起逐册清理，分辨出张元济先生亲笔和其他校史处成员汪诒年、蒋仲茀等先生的笔迹”。①

1992年间，王绍曾曾数次去信顾廷龙，“就《衲史校勘记过录须知》十六条，《整理凡例》十条，《校勘记复核注意事项》九条，向（顾廷龙）先生请示”②。同年，他在致顾廷龙的信中提及校勘记的整理情况，言到“《衲史》前四史校勘记，正着手过录，惟其中问题极为复杂，整理工作责任重大，能否避免舛错，殊不敢必”③。经过两年的呕心沥血，至1994年，《百衲本二十四史》前四史校勘记的整理工作大致蒇事。在前四史校勘记整理即将完成之际，王绍曾撰《〈百衲本二十四史校勘记〉整理缘起》一文，并在当年7月底请顾廷龙审阅，顾廷龙称赞“拜读一再，实深钦佩”④！

在整理《百衲本二十四史校勘记》期间，王绍曾曾多次去信顾廷龙，咨询难解之处，如问“《史记》校勘记中，下栏除标明殿本、元本、汲本、南本、北本外，尚有‘刘本’，不知所指何本”⑤，又如问“《三国志校勘记》有称‘大字宋本’‘宋补本’‘另宋本’‘伍校本’者，均不能确指其为何本，均加注说明，是否妥适”⑥。但可惜的是，顾廷龙关于这些问题的答信，今于王绍曾旧物中并未发现。二先生关于《衲史校勘记》各版本探讨的个中细节，今已难究其竟。

1994年，经过两个寒暑的整理，前四史校勘记大致已经整理完毕。同年9月9日，杜泽逊探访顾廷龙，呈上《百衲本二十四史校勘记》前四史的整理清稿，请其审定并题签、赐序。顾廷龙翻阅了《三国志》一史，并指出署一“枢”字小条者为清末闽人探花林仲枢⑦。应王绍曾、杜泽逊之邀，顾廷龙撰写了《〈百衲本二十四史校勘记〉序》，在文中极力表彰了张元济整理正史的历史贡献。而针对校勘记整理之人，他认为“校理之事，必学养兼备、不惮烦劳者庶克成之，则又非绍曾莫属矣”，并称此书“俾世之治史者人手一编，受惠无穷”⑧。

《百衲本二十四史校勘记》前四史原拟在1997年5月间商务印书馆建馆一百周年纪念之际出版，但商务“出版部门认为书稿稿面不整洁，字体亦有不规范之处，恐影响影印质量。同时因前四史页数合计达一千三百页，如合成一册，无法装订。为此决定先将《史记校勘记》付印，在此基础上，再陆续影印三史”⑨。至1997年12月，《百衲本史记校勘记》终于面世。《百衲本二十四史校勘记》的顺利出版，主持整理者王绍曾付出了巨大心血，而远在沪上的顾

---

① 杜泽逊：《王绍曾先生与目录版本学研究》，王学典编：《群星璀璨——山东大学文史名家传略》，济南：山东大学出版社，2021年，第261页。

② 王绍曾：《顾廷龙文集序》，《目录版本校勘学论集》，第645页。

③ 王绍曾致顾廷龙信，转引自沈津：《顾廷龙年谱长编》（未刊稿），1992年1月22日。

④ 顾廷龙：《致王绍曾》（1994年7月31日），《顾廷龙全集·书信卷》上，第271页。

⑤ 王绍曾致顾廷龙信，转引自沈津：《顾廷龙年谱长编》（未刊稿），1990年5月30日。

⑥ 王绍曾致顾廷龙信，转引自沈津：《顾廷龙年谱长编》（未刊稿），1994年7月30日。

⑦ 杜泽逊：《槐影楼日记》（未刊稿），1994年9月9日。

⑧ 顾廷龙：《百衲本二十四史校勘记序》，《顾廷龙全集·文集卷》上，第136页。

⑨ 王绍曾致顾廷龙信，转引自沈津：《顾廷龙年谱长编》（未刊稿），1997年5月。

廷龙亦为此书的出版提供了很多助力，并为王绍曾解决了不少难题。自 1987 年二先生呼吁整理《百衲本二十四史校勘记》以来，至 1997 年 12 月《史记校勘记》出版，其间历时十年之久，二先生为此书的出版所作之贡献由此可见一斑。

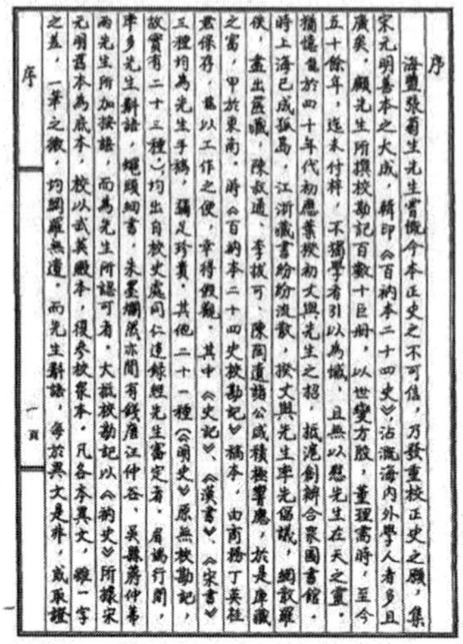
序
海鹽張菊生先生嘗慨今本正史之不可信，乃發重校正史之願，集
宋元明善本之大成，輯印《百衲本二十四史》，沾溉海内外學人者多且
廣矣。顧先生所撰校勘記百數十巨册，以世變方殷，董理需時，至今
五十餘年，迄未付梓，不獨學者引以爲憾，且無以慰先生在天之靈。
猶憶龍於四十年代初應葉揆初丈與先生之招，抵滬創辦合衆圖書館。
時上海已成孤島，江浙藏書紛紛流散，揆丈與先生率先倡議，網羅散
佚，盡出藏儲，陳叔通、李拔可、陳陶遺諸公咸積極響應，於是庫藏
之富，甲於東南。時《百衲本二十四史校勘記》稿本，由商務丁英桂
君保存，藉以工作之便，幸得假觀。其中《史記》、《漢書》、《宋書》
三種均爲先生手稿，彌足珍貴。其他二十一種（《明史》原無校勘記，
故實有二十三種），均出自校史處同仁遂録經先生審定者。眉端行間，
率多先生斠語，蠅頭細書，朱墨爛然，亦間有錢唐汪仲谷、吳縣蔣仲茀
兩先生所加按語，而爲先生所認可者。大抵校勘記以《衲史》所據宋
元明舊本爲底本，校以武英殿本，復參校衆本，凡各本異文，雖一字
之差，一筆之微，均網羅無遺，而先生斠語，每於異文是非，或承[illegible]
序　一頁

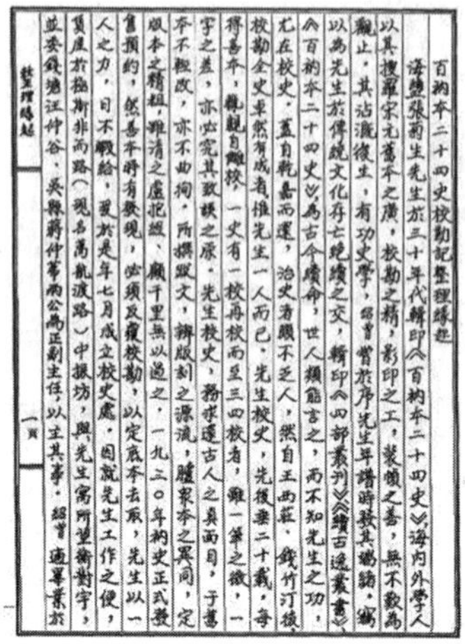
百衲本二十四史校勘記整理緣起
海鹽張菊生先生於三十年代輯印《百衲本二十四史》，海内外學人
以其搜羅宋元舊本之廣，校勘之精，影印之工，裝幀之善，無不歎爲
觀止。其沾溉後生，有功史學，紹曾嘗於序先生年譜時發其端緒，竊
以爲先生於傳統文化存亡絶續之交，輯印《四部叢刊》、《續古逸叢書》、
《百衲本二十四史》，爲古今續命，世人類能言之，而不知先生之功，
尤在校史。蓋自乾嘉而還，治史者頗不乏人，然自王西莊、錢竹汀諸
校勘全史卓然有成者，惟先生一人而已。先生校史，先後垂二十載，每
得善本，輒親自讎校，一史有一校再校而至三四校者，雖一筆之微，一
字之差，亦必究其致誤之原。先生校史，務求還古人之真面目，于舊
本不輕改，亦不曲徇，所撰跋文，辨版刻之源流，覈衆本之異同，定
版本之精粗，雖清之盧抱經、顧千里無以過之。一九三〇年衲史正式發
售預約，然善本時有發現，必須反覆校勘，以定底本去取，先生以一
人之力，日不暇給，爰於是年七月成立校史處，因就先生工作之便，
賃屋於極斯非而路（現名萬航渡路）中振坊，與先生寓所望衡對宇，
並委錢塘汪仲谷、吳縣蔣仲茀兩公爲正副主任，以主其事。紹曾適畢業於
整理緣起　一頁

图 4：《百衲本二十四史校勘记》附顾廷龙《序》及王绍曾《整理缘起》

当然，《百衲本二十四史校勘记》的出版也并非一帆风顺，其间阻力重重，汪家熔对此即持反对意见。他曾撰《〈百衲本二十四史・史记〉真相——读〈史记校勘记〉兼与王绍曾教授商榷》一文，认为张元济为了商业目的，故意抬高了百衲本的价值，藉此打压殿本的声誉，以求扩大《百衲本二十四史》的发行，同时声称蒋仲茀在五十年代整理《衲史校勘记》的史事是王绍曾编造的“神话”①，他又在所著《中国近现代出版家列传——张元济》一书中声称“《百衲本二十四史》的《校记》是绝不能公开的”②。为此，王绍曾在 2002 年作了《为什么要整理出版〈百衲本二十四史校勘记〉——兼答汪家熔先生》一文，他指出《百衲本二十四史》“校改范围限于明显的讹误，而且均有确凿的依据，校改之字又均见于《校勘记》中”，而且中华书局点校本《二十四史》“根据张校改字在点校本中俯拾即是”，这又恰恰是对张元济的一种认可。同时，王绍曾也承认《衲史校勘记》存在误修之字，但张元济于此“均列有《误修字表》准备重印时加以回改”。王绍曾于此反击汪家熔，“自己承认误修，也反映了张先生襟怀的坦白”③。

需要注意的是，中华书局于 2017 年清理档案库时又发现了《晋书》《周书》《北齐书》及《北史》等 4 种校勘记，共计 24 册，关于此 4 种校勘记的发现，可参中华书局编辑鲁明的

① 详参汪家熔《〈百衲本二十四史・史记〉真相——读〈史记校勘记〉兼与王绍曾教授商榷》（未刊稿），又可见汪家熔所著《商务印书馆史及其他——汪家熔出版史研究文集》（中国书籍出版社 1998 年版）与《中国近现代出版家列传——张元济》（上海辞书出版社 2012 年版）二书。

② 汪家熔：《中国近现代出版家列传——张元济》，上海：上海辞书出版社，2012 年，第 285 页。

③ 王绍曾：《为什么要整理出版〈百衲本二十四史校勘记〉——兼答汪家熔先生》，《目录版本校勘学论集》，第 852-857 页。

《报告》①。顾廷龙先生于1998年仙逝，王绍曾先生亦在进入新世纪的7年后离开人世。以上4种《百衲本二十四史校勘记》的重新发现，两位先生均未获亲见，不得不谓是一大憾事。2024年8月7日，由商务印书馆与中华书局联合主办的“张元济《百衲本二十四史校勘记》手稿本四种交接仪式”在京举行，2017年新发现的4种共计24册校勘记重回商务。可喜的是王绍曾先生弟子杜泽逊出席了交接仪式，或可告慰二先生在天之灵。加上上世纪90年代发现的16种《衲史校记》，目前尚有3种校记下落不明。待此4种及剩余3种《衲史校记》重新整理出版，或可告慰二先生在天之灵！

四、《古籍目录版本校勘文选》的编写

顾廷龙与王绍曾二先生自1979年以来的交往，大都离不开张元济这位前辈，如关于《试论张元济先生对我国文化事业和目录学的贡献》一文的修改，再如《近代出版家张元济》一书的创作，又如《百衲本二十四史校勘记》的整理，张元济都是二人交往中难以绕开的人物。除此之外，二先生在其他学术问题上亦多有探讨，诸如讨论《清史稿艺文志拾遗》《续修四库全书》及《四库存目丛书》等，尤其值得关注的是二人关于《古籍目录版本校勘文选》选文问题的探讨，其中蕴含着二人对中国古典文献学的深刻认识。

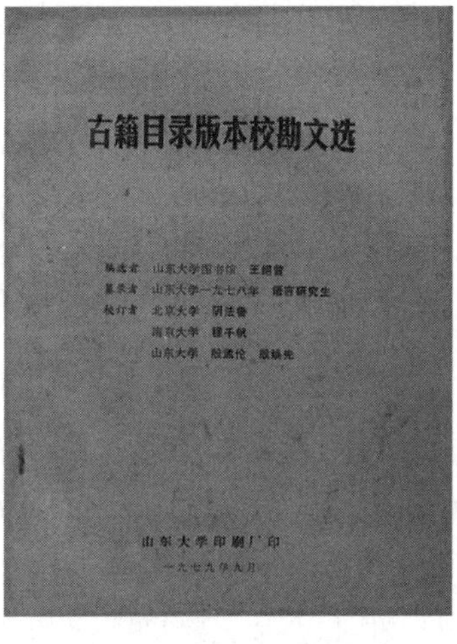

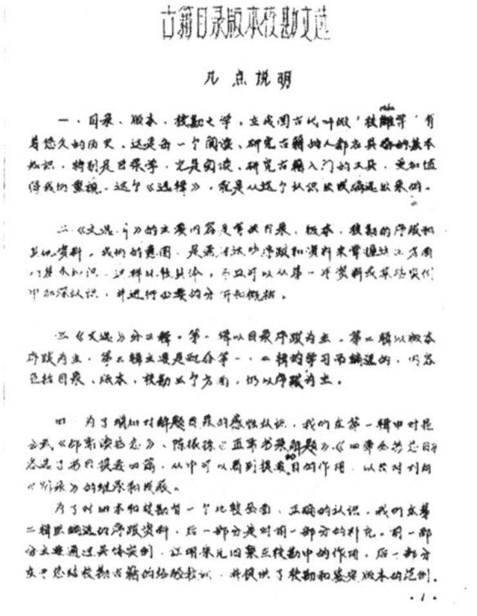
古籍目录版本校勘文选

几点说明

图5 《古籍目录版本校勘文选》封面与《几点说明》

《古籍目录版本校勘文选》是王绍曾选编的关于目录、版本、校勘诸学问的选读资料，由山东大学1978届语言研究生纂录，负责此书校订的有北京大学阴法鲁、南京大学程千帆、山东大学殷孟伦与殷焕先诸先生，1979年9月由山东大学印刷厂油印出版。此书共分三辑，主

---

① 详参聂溦萌《重新发现的〈北齐书〉〈北史〉〈周书〉校勘记述论》，载《文史》2021年第2辑第104页。

要收录各类序跋、提要，“第一辑以目录序跋为主，第二辑以版本序跋为主，第三辑主要是配合第一、二辑的学习而编选的，内容包括目录、版本、校勘三个方面，仍以序跋为主。”从书前所附的《古籍目录版本校勘文选几点说明》中可知，王绍曾编纂此书的意图“是通过这些序跋和资料来掌握这三方面（目录、版本、校勘）的基本知识。这样比较具体，而且可以从第一手资料或某些实例中加深认识，并进行必要的分析和概括”。此书的编辑，程千帆先生提供了不少有用的建议，王绍曾又根据其意见在第三辑中“增选了清段玉裁《与诸同志书论校书之难》、李笠《广段玉裁说校书之难》、徐复《校勘学中二重及多重误例》（选自《新中华》复刊第三卷第十一期）、胡适《校勘方法论》（选自《胡适论学近著》第一集）四篇文章”。因为此书的前三辑已然刊印，程千帆所列诸文暂作补遗附于第三辑之后，故未列于此书目次之中。另外，此书的“编选得到北京大学图书馆系很多帮助”①，提供了不少有益的资料。

王绍曾在《几点说明》里面同时提到：“由于我们的水平有限，编选的序跋资料，不一定都很恰当，也还有该选而没有选的。”② 1980 年，王绍曾“拟为重编《文选》，撰写《叙例》及选目，广泛征求国内学者意见，先后获得张舜徽、金克木、赵景深、程千帆、冀淑英诸先生回信”③。而顾廷龙亦在王绍曾《古籍目录版本校勘文选》征求意见人之列，他在 1980 年 2 月 3 日去信顾廷龙，询问《古籍目录版本校勘文选》的选文意见：

> 去年后学承我校中文系殷梦（孟）伦先生之嘱，为文科研究生编选《古籍目录版本校勘文选》，日前已由我馆将油印本寄请先生指正，谅已誓阅。此书由于编选时间仓促，选材有欠允当，在刻印时，又未亲自校对，以致讹字连篇，标点符号亦多差错，印出后已无法一一改正，遗误读者，良深歉疚。兹接周振甫兄来信，因目前高等学校需要此类参考用书，中华书局已决定接受，给予出版。目前中华正在研究修订意见，一俟接到正式通知，即当着手修订。后学个人意见，除增补《隋志》《四库总目》各类目小序及佛道藏序跋外，并须择要简注。后学于目录校勘之学本无研究，率尔操觚，讹漏难免，尚乞于百忙中亲自审阅并指示修订意见，临颖无任感祷。④

从王绍曾的信中可知，《古籍目录版本校勘文选》系殷孟伦嘱王绍曾为山东大学文科研究生编纂之教科书，且中华书局编辑周振甫先生当时已经决定出版此书，作为高等学校参考用书。经王绍曾研究，决定于三辑中“增补《隋书》《四库总目》各类目小序及佛道藏序跋”。程千帆先生提议将胡适《校勘方法论》增入，王绍曾在此基础上撰写了《胡适〈校勘学方法论〉》一文，认为“胡适主张校勘必须依靠古本、善本，主张校改必须得到证实，反对臆改

---

① 王绍曾：《古籍目录版本校勘文选几点说明》，王绍曾编选：《古籍目录版本校勘文选》，济南：山东大学印刷厂，1979 年，第 1–2 页。

② 王绍曾：《古籍目录版本校勘文选几点说明》，《古籍目录版本校勘文选》，第 2 页。

③ 王绍曾：《顾廷龙文集序》，《目录版本校勘学论集》，第 641 页。

④ 王绍曾致顾廷龙信，转引自沈津：《顾廷龙年谱长编》（未刊稿），1980 年 2 月 3 日。

等等，应该给予肯定”①。

顾廷龙在致王绍曾的信中表示，他“亦尝有编选之意，但未着手。尊编先得我心，无任欣慰”。同时，他建议增选“傅增湘《校史随笔序》，余嘉锡《四库提要辨正序》《藏园群书题记续编序》，张元济《宝礼堂宋本书录序》，陈垣《校勘学释例序》等”。针对胡适《校勘学方法论》，他认为“此文原为《元典章校补释例序》，如为序而言，针对性较强，如为方法论而言，则不够全面”。他同时提到，“《胡适留学日记》中，亦有一段讲校勘学者”②，《百衲本二十四史》样本的说明校例，亦颇有可采之处，推荐王绍曾选用。

1980 年 3 月 8 日，王绍曾去信顾廷龙，再次向其询问《古籍目录版本校勘文选》的选文事宜，并表示“承嘱增选傅增湘《校史随笔》序、余嘉锡《藏园群书题记续编》序、陈垣《校勘学释例》序，均已遵嘱补选”。而百衲本《二十四史》样本中的校例说明，王绍曾希望顾廷龙可以“检寄，迻录后即当奉还”。顾廷龙提到的《胡适留学日记》中论校勘学的文章，王绍曾已在《胡适留学日记》第 4 册中找到，但他认为“观点基本上与《校勘学方法论》相同，因写作时间较早，不如《校勘学方法论》周密而完整，似可不再补选”③。

中华书局希望王绍曾提出一个修订意见，故而他对各方面的意见进行了整理。王绍曾在 3 月 8 日的信中将此《意见》同时转抄顾廷龙一份，希望顾廷龙可以逐项予以指示。《古籍目录版本校勘文选》增选了佛道藏书目序跋，同时他向顾廷龙询问“能否适当增选校印《大藏经》序跋，若日本《大正藏》序跋、章炳麟《频伽精舍校刊大藏经》序（以日本宏教书院本为底本）、《校印大藏经凡例》《日本弘教书院缩印大藏经缘起》”？而商务印书馆影印的《续藏经》，因未见原书，王绍曾询问顾廷龙：“不知影印时是否撰有序跋？能否予以选录？”王绍曾又根据冀叔英先生的意见，“新增有关小说、戏曲书目序跋”。《古籍目录版本校勘文选》第二辑所选版本序跋二十四例，原本是采用了王绍曾在北京大学图书馆学系善本书总目编辑研究班上的讲稿，“因原稿意图在于着重表明宋元旧椠之作用，未能全面反映历代版本发展过程，故拟另行编选有关版本源流及论述宋、元、明、清版本得失一类文章，附以有代表性之序跋，以增加读者感性知识。选录序跋，原则上尽量选用在《中国版刻图录》《明代版本图录》中有书影，或《四部丛刊》已有影印本，有实物可资参验者；序跋作者，并须注意有一定代表性，不偏重于某几个人”④。

此后，王绍曾专门就《古籍版本目录校勘文选》一书撰写了《叙例》，这一点从顾廷龙 1980 年 10 月 31 日致王绍曾的信中可以获知。因顾廷龙事务繁杂，故关于《叙例》一文，直到当年 10 月 31 日他才回信一通。在阅读王绍曾所撰《叙例》后，顾廷龙认为“关于版本学之建立与发展云云，鄙意版本学不仅限于宋元本。‘版本’一词虽属后起，而注重各种本子，

① 王绍曾致顾廷龙信，转引自沈津：《顾廷龙年谱长编》（未刊稿），1980 年 2 月 3 日。
② 顾廷龙：《致王绍曾》（1980 年 2 月 22 日），《顾廷龙全集 · 书信卷》上，第 256 页。
③ 王绍曾致顾廷龙信，转引自沈津：《顾廷龙年谱长编》（未刊稿），1980 年 3 月 8 日。
④ 王绍曾致顾廷龙信，转引自沈津：《顾廷龙年谱长编》（未刊稿），1980 年 3 月 8 日。

则自汉刘氏父子已然。‘各种本子’不成一词，所以用‘版本’二字较好较习惯，内容当然包括各种本子。就是有刻本以后，抄本亦很重要，似不能拘版本必为木刻之本”①。关于选文的问题，顾廷龙又建议增选《颜氏家训》卷六《书证》、岳珂《九经三传沿革例》及郭沫若《影印永乐大典序》，同时建议删去张元济《影印宋刊本杜工部集跋》及自己所撰《明代版本图录初编序》。“关于敦煌遗书的文章，似可检阅一下《敦煌遗书总目索引》一书的前言后记。还有戏曲方面，似可一检《古本戏曲丛刊》有无总序可采。”②

针对顾廷龙回信所提诸建议，王绍曾在 1980 年 11 月 13 日复信一通，表示“关于版本学之建立与发展一节，尊意版本学不限宋元本，颇具卓见。后学本亦如此理解，故于版本选例中，将战国帛书、汉魏竹简以及六朝、隋唐写卷，均予酌选”。于顾廷龙所提《颜氏家训》卷六《书证》及岳珂《九经三传沿革例》，他决定“拟就《书证》中有关论述南本、北本、俗本文字异同，以及引用长安出土秦铁称权，证实《史记·始皇本纪》丞相‘隗林’为‘隗状’之误各条（共选用八条）；《沿革例》拟除‘书本’以录全文外，其余如‘字画’‘注文’‘音释’等，亦拟于每条中酌予选录，藉以节省篇幅”。至于张元济与顾廷龙的二序，王绍曾则婉拒了顾廷龙的意见，未加删削。《敦煌遗书总目索引》“因《后记》不如《叙例》扼要，拟采用《叙例》，另于概述中对《后记》加以补充说明”，而“《古本戏曲丛刊》初编卷首有郑振铎序，颇能说明问题”。至于郭沫若《影印永乐大典序》，《古籍目录版本校勘文选》已编入此文，但考虑到“内容与赵万里《谈谈永乐大典》基本相同，但不及赵文具体，故拟选用赵文”③。

王绍曾在信中提到，“前寄《叙例》，以文字过于繁冗，拟另行改写”④。可知，王绍曾确曾为《古籍目录版本校勘文选》撰写过《叙例》，亦请顾廷龙审阅修改，但目前这部分信札下落不明，《叙例》原文今则难以窥其真容。1980 年 2 月，乔好勤先生将论文《近百年中国目录学初论》转寄顾廷龙审阅，顾廷龙向乔好勤提及王绍曾编辑的《古籍目录版本校勘文选》，并称赞其书“资料丰富，颇资启发”⑤。关于此书的出版，顾廷龙一直关注有加，他在 1983 年 2 月 3 日致王绍曾的信中询问“尊编《文选》，何时可出版”⑥？但令人遗憾的是，此书的出版计划最终流产，中华书局并未出版此书。王绍曾所撰《顾廷龙文集序》为此书的流产作了解答，原来当时王绍曾“身患结肠癌，虽经部分切除手术，安然无恙，但重编《文选》，头绪纷繁，未敢继续进行，因而错过出版时间”⑦。目前，杜泽逊先生负责整理的《古籍目录版本校勘文选》已由福建人民出版社出版，顾廷龙生前炽热的牵挂终将得到实现。

① 顾廷龙：《致王绍曾》（1980 年 10 月 31 日），《顾廷龙全集·书信卷》上，第 258 页。
② 顾廷龙：《致王绍曾》（1980 年 10 月 31 日），《顾廷龙全集·书信卷》上，第 258–259 页。
③ 王绍曾致顾廷龙信，转引自沈津：《顾廷龙年谱长编》（未刊稿），1980 年 11 月 13 日。
④ 王绍曾致顾廷龙信，转引自沈津：《顾廷龙年谱长编》（未刊稿），1980 年 11 月 13 日。
⑤ 顾廷龙致乔好勤信，转引自沈津：《顾廷龙年谱长编》（未刊稿），1980 年 2 月下旬。
⑥ 顾廷龙：《致王绍曾》（1983 年 2 月 3 日），《顾廷龙全集·书信卷》上，第 260 页。
⑦ 王绍曾：《顾廷龙文集序》，《目录版本校勘学论集》，第 641 页。

结 语

二位先生虽同在张元济门下，但却未尝一接声光，王绍曾久慕顾廷龙盛名，但“因抗战期间，辗转西南，建国以来，寄迹历下，无缘叩谒”①，1979 年以来亦仅鱼燕往还而已。1985 年 11 月，苏州大学举办了“唐文治诞辰一百二十周年纪念会”，当时二先生相邀同往。王绍曾先至上海，“原拟抠衣晋见，亲承謦欬，一偿多年来梦寐以求之夙愿”②，但当时他腰椎增生旧病复发，未得登门拜访。顾廷龙获知王绍曾身体有恙，“即驱车见访，殷殷存问”③。这场迟到了五十余年的会面，终于在 1985 年底得以实现。

自此之后，顾廷龙与王绍曾的交往逐渐增多。1985 年，王绍曾先生去信顾廷龙，“竭诚欢迎（顾廷龙）先生及冀淑英先生于明年三四月间来济南讲学，并游览泉城、泰山、曲阜诸名胜”，山东大学校领导亦素仰顾廷龙、冀叔英二先生“为图书馆界名宿，道德文章，海内宗仰，拟于两先生莅校讲学之际，敦聘为兼职教授”，并邀请二人以后每年定期莅校讲学。同时，王绍曾在信中力邀顾廷龙与冀淑英为山东大学研究生班及古籍整理进修班授课，并称“如蒙两先生莅校讲学并任兼职教授，不特青年学子问学有途，即后学及其他中青年教师亦将受益无穷也”④。1987 年秋，顾廷龙先生应邀出席了上海古籍出版社在山东济南舜耕山庄召开的《古本小说丛刊》出版工作会议。在济期间，他在山东博物馆调阅了王献唐编的《齐鲁匋文》，后又于山东省图书馆参观了海源阁遗书，王绍曾都一直陪同在他的身旁。⑤

二位先生在青年时代追随张元济的那段经历，是二人得以在晚年结缘，并成为至交的一个重要因素。1979 年全国图书馆学会成立大会之后的第一次书信往来，更是极大推动了两人在学术上的交流与探讨。王绍曾人生中最重要的几部著述，《近代出版家张元济》《古籍目录版本校勘文选》及由其主持整理的《百衲本二十四史校勘记》，在它们的成书过程中顾廷龙均发挥了重要的作用。无论是撰序题签，还是答疑解惑，顾廷龙永远是王绍曾的第一人选。斯人已逝，今撰此文，仅就二先生之交往稍表端绪，以示纪念！

---

① 王绍曾：《顾廷龙文集序》，《目录版本校勘学论集》，第 640 页。
② 王绍曾致顾廷龙信，转引自沈津：《顾廷龙年谱长编》（未刊稿），1985 年 11 月 12 日。
③ 王绍曾：《顾廷龙文集序》，《目录版本校勘学论集》，第 642 页。
④ 王绍曾致顾廷龙信，转引自沈津：《顾廷龙年谱长编》（未刊稿），1985 年 11 月 29 日。
⑤ 王绍曾：《顾廷龙文集序》，《目录版本校勘学论集》，第 643-644 页。

“欣喜前尘景，因缘文字多”
——顾廷龙与钱存训交往考略

孙伊昕

顾廷龙一生交游甚广，与中外图书馆学界的诸多重要学人有密切往来，钱存训便是其中之一。二人的交往，既对各自的学术研究产生了重要作用，也对中国的图书馆学、印刷史研究产生了不可忽视的影响。目前学界关于顾廷龙与钱存训的交往主要有两篇文章，一为钱存训自撰《怀念顾起潜先生》[①]一文，侧重于当事人自己的回忆；二为王世伟《古籍整理应重视祖本、校勘与版本源流——读顾廷龙与钱存训书信札记》[②]一文，侧重于对二人往来信札中所体现出的学术观点的整理。本文拟对顾廷龙与钱存训的交往事实进行梳理，对二人的交往始末与学术往来略作征考。

一、顾廷龙与钱存训的三段交往

顾廷龙与钱存训的交往可分为中华人民共和国成立前和改革开放后两个阶段。中华人民共和国成立前以 1945 年至 1947 年为主要交往时间段，1947 年 9 月钱存训前往美国芝加哥大学，随后在美国定居，二人的联系与往来就此中断。1979 年改革开放后，中美两国关系正常化，钱存训作为美国图书馆界访华代表团的成员访问中国，二人再次相见，并恢复了持续的书信往来。到 1998 年顾廷龙去世，二人多次见面。此外，顾廷龙与钱存训主要依靠书信进行学术讨论与交流。尽管长期分处两国，但二人的情谊并没有受此影响。今以顾廷龙与钱存训的会面事件为线索，以时间为序，将二人可详于记载的相见始末列于下。

---

① 钱存训：《怀念顾起潜先生》，上海图书馆编：《我与上海图书馆》，上海：上海科学技术文献出版社，2002 年，第 34-37 页。

② 王世伟：《古籍整理应重视祖本、校勘与版本源流——读顾廷龙与钱存训书信札记》，《图书与情报》2005 年第 2 期，第 86-88 页。

（一）中华人民共和国成立前：沪上相识

1934年，国民政府决定将北平国宝南迁，其中包括北平图书馆的藏书。其中部分善本寄存在上海法租界亚尔培路中国科学社，称为“国立北平图书馆上海办事处”。钱存训应胡适之托，于1938年春到达上海租界内，主持上海办事处的工作，担任北平图书馆上海办事处主任①。1939年7月13日，顾廷龙应叶景葵、张元济之邀，离开北平前往上海，开始筹建“合众图书馆”②

1945年3月31日，钱存训在徐森玉的陪伴下拜访顾廷龙，在顾廷龙位于法租界的家中见面③。此后二人多次会面、餐叙。

1947年1月2日，在顾廷龙的介绍下，钱存训与陈鸿舜结交④。1933年7月，顾廷龙曾接受燕京大学图书馆聘请，担任中文采访部主任，彼时陈鸿舜任办公室主任，二人是旧相识。⑤陈鸿舜、钱存训皆为江苏泰州人，故顾廷龙在日记中称二人是“同乡世交也”⑥。恰是此次结交，为三十年后顾、钱二人的重逢埋下伏笔。

1945年相识之后，顾廷龙与钱存训二人多次相互宴请、共访友人，交往频繁。1947年7月7日，顾廷龙赠予钱存训《海盐张氏涉园藏书目录》⑦。此书为张元济所作，1946年10月，合众图书馆决定将其作为“‘合众’编印藏书目录的第一种”由各方筹资印行，顾廷龙也在出资名单之中⑧。1947年2月到3月，顾廷龙多次校对该书。1947年5月，《海盐张氏涉园藏书目录》一经出版便受到学人的关注，多有学者、大学图书馆向顾廷龙索要该书，同时顾廷龙也主动向友人与各图书馆单位赠送此书⑨。顾廷龙向钱存训赠书，可见二人交往情谊之深。

1947年8月23日，钱存训起程离开上海，在前往美国之前将妻子与三个女儿送往贵阳安置⑩。顾廷龙前往送行。但遗憾的是，顾廷龙并未见到钱存训。顾廷龙在日记里写道：“送钱存训行，至则家人移，今晨已行矣。”⑪ 此后三十年二人再未相见。

---

① 钱存训：《北平图书馆善本古籍运美迁台经过》，钱存训著，国家图书馆编：《钱存训文集》第三卷，北京：国家图书馆出版社，2012年，第129页。

② 顾廷龙撰，李军、师元光整理：《顾廷龙日记》1939年7月13日，北京：中华书局，2022年，第31页。

③ “三月三十一日……徐森玉陪钱存训来。”沈津：《顾廷龙年谱》1945年3月31日，上海：上海古籍出版社，2004年，第348页。

④ 顾廷龙撰，李军、师元光整理：《顾廷龙日记》1947年1月2日，第467页。“钱存训来，介绍与鸿舜相见，谈甚快，同乡世交也。晚，存训假大来为之洗尘，余与森老为陪”。

⑤ 顾廷龙的回忆、顾廷龙小笔记本，转引自沈津《顾廷龙年谱长编》（未刊稿），1933年7月。

⑥ 沈津：《顾廷龙年谱》1947年1月2日，第397页。

⑦ 沈津：《顾廷龙年谱》1947年7月7日，第414页。

⑧ 顾廷龙：《张元济与合众图书馆》，顾廷龙著，《顾廷龙全集》编辑委员会编：《顾廷龙全集·文集卷》上，上海：上海辞书出版社，第338页。

⑨ 如1947年6月3日，瞿凤起向顾廷龙索要《目录》；9月27日，顾廷龙向浙江省通志馆、浙江图书馆赠送《目录》，岭南大学图书馆向顾廷龙函索《目录》；10月1日，顾廷龙赠许元方《目录》等。见沈津：《顾廷龙年谱》，第411-422页。

⑩ 钱存训：《留美杂忆》，钱存训著，国家图书馆编：《钱存训文集》第三卷，第316页。

⑪ 顾廷龙撰，李军、师元光整理：《顾廷龙日记》1947年8月23日，第500-501页。

（二）改革开放后：国内重逢

1972年，中美关系开始走向正常化，根据钱存训的回忆，中美图书馆界开始组团互访，这是两国“少数学术团体最早接触的开端”①。1979年1月27日，钱存训以私人名义向时任北大教授的陈鸿舜致信，表达了美国图书馆界组团访华的意愿。钱存训与陈鸿舜正是经顾廷龙介绍相识。恰是在这封信的作用下，美国国会图书馆收到了北京图书馆刘季平馆长的邀请信，此次访华方能成行。② 也正是在这一次回国的过程中，阔别三十多年的顾廷龙与钱存训再次于上海相见。

1979年6月2日，顾廷龙接到潘吉星的来信。潘吉星在信中告知顾廷龙：

> 美国图书馆界访华代表团九月下旬将抵沪，代表团成员钱存训计划访问先生，请有思想准备。③

对此，顾廷龙表示非常高兴，他在给潘吉星的回信中写道：

> 龙与钱先生一别计已卅余年矣。此次如到沪，可得把晤，一疏结念！④

同样，钱存训也对此次与顾廷龙重逢充满期待，他在给时任上海图书馆副馆长的潘皓平的信中表示希望与顾廷龙先生见面商谈⑤

此次回国，钱存训随代表团一同访问了北京、西安、上海、南京、广州五个城市，为期三周。9月21日至9月25日在上海停留了五天。9月21日，钱存训随代表团参观访问上海图书馆，由顾廷龙亲自接待。钱存训代表芝加哥大学向上海图书馆赠送500余种有关高科技和电子计算机方面的西文图书，由时任上海图书馆馆长的顾廷龙亲自接收⑥。与此同时，钱存训还将自己收集的1966年在韩国发现的《无垢净光大陀罗尼经》复印本全份及相关报道和研究资料赠送给上海图书馆保存，这一批材料受到了顾廷龙的特别重视⑦。作为回礼，顾廷龙用篆文亲写周总理诗句“欣喜前尘景，因缘文字多”的条幅回赠（图1），此条幅一直被钱存训妥

---

① 钱存训：《中美图书馆代表团首次互访记略》，钱存训著，国家图书馆编：《钱存训文集》第三卷，第148页。

② 钱存训：《中美图书馆代表团首次互访记略》，钱存训著，国家图书馆编：《钱存训文集》第三卷，第151-152页。

③ 潘吉星致顾廷龙信，转引自沈津《顾廷龙年谱长编》（未刊稿），1979年6月2日。

④ 1979年6月24日顾廷龙致潘吉星信，《顾廷龙全集·书信卷》下，上海：上海辞书出版社，2017年，第448页。

⑤ 《顾廷龙日记》，转引自沈津《顾廷龙年谱长编》（未刊稿），1979年9月1日。原文为“希望与先生见面商谈。”。

⑥ 钱存训：《怀念顾起潜先生》，上海图书馆编：《我与上海图书馆》，第34-35页。

⑦ 钱存训：《中美图书馆代表团首次互访记略》，钱存训著，国家图书馆编：《钱存训文集》第三卷，第153-154页。

善保存①。此次所赠之书大约在1980年4月前后全部收到，顾廷龙在致钱存训的信中为此专门表达了感谢：“承赠我馆之书，已先后收到，当由馆中另行函复，盛情感谢不尽。”②

9月22日，顾廷龙等陪同美国图书馆界访华代表团游览黄浦江。根据钱存训的回忆，当时“由馆中特别安排我和顾老同座游艇的中央，得以畅谈往事。”③ 期间，二人交流了古代刻书记载、纸之用途、铜活字始于中国还是朝鲜等重要的学术问题。此时，钱存训正应李约瑟邀请写作《中国科学技术史：纸和印刷》，二人讨论的问题都在钱存训的著作中有所体现。关于这个问题，将在下文详述。

通过顾廷龙的介绍，钱存训还参观访问了上海书画社和朵云轩，从中收集了大量有关雕版印刷的材料用于写作。顾廷龙另请上海图书馆的杨律人将雕版印刷过程绘成图，配以详细说明寄给钱存训，为钱存训的写作提供了重要的材料。为此，钱存训在《纸和印刷》的自序中专门道谢④

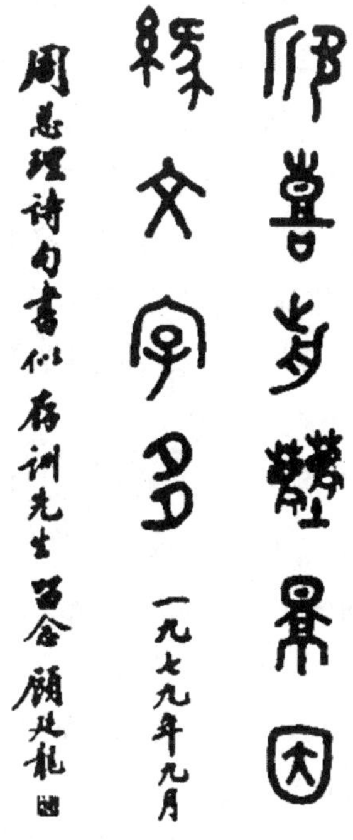

图1　顾廷龙赠钱存训手书篆文卷轴

此次二人重逢，既对二人的学术研究起到了重要的促进作用，同时也是中美关系和两国文化交流史上的关键节点。自此之后，顾廷龙与钱存训恢复了较为频繁的书信来往，二人在信中交流学术，同时在相互的介绍和帮助下，与胡道静、张秀民、潘吉星等重要学者建立起了密切的学术往来，这对中国印刷史、出版史研究与中美学界的交流产生了深远的影响。

1984年，顾廷龙与钱存训在上海再次见面。1984年8月，钱存训回到中国，在北京参加由中国科学院主办的第三届“国际中国科学史讨论会”，并被指定为技术组主席，宣读论文《欧洲印刷术起源的中国背景》⑤。会后，钱存训前往上海，在上海图书馆拜访顾廷龙。根据钱存训回忆，此次上海之行目的是“感谢他多年来对我写作的帮助”。⑥

在这次会晤过程中，二人谈及1941年钱存训护送北平图书馆藏在上海的善本古籍运美迁台一事。

---

① 钱存训：《怀念顾廷龙先生》，钱存训著，国家图书馆编：《钱存训文集》第三卷，第288页。“并承面赠他用篆文所书周总理诗句‘欣喜前尘景，因缘文字多’的条幅给我作为纪念，至今保藏。”。

② 沈津：《顾廷龙年谱》1980年4月24日，第616-617页。

③ 钱存训：《怀念顾起潜先生》，上海图书馆编：《我与上海图书馆》，第35页。

④ 钱存训著，刘祖慰译：《中国科学技术史》第5卷第1分册《纸和印刷》，北京：科学出版社，2018年，作者自序，第3页。

⑤ 钱存训：《留美杂忆》，钱存训著，国家图书馆编：《钱存训文集》第三卷，第384页。

⑥ 钱存训：《留美杂忆》，钱存训著，国家图书馆编：《钱存训文集》第三卷，第385页。

珍珠港事变前夕，上海租界内局势紧张，时任北平图书馆馆长的袁同礼和胡适决定将存沪善本迁移至美国保管。因钱存训偶然得知，其妻许文锦的同学张芝静女士的大哥在海关任检察员，故通过钱存训委托“张君”签字放行。从 1941 年 10 月开始，钱存训每到张君值班时，便亲自押送一批善本去海关报关，谎称为《四部丛刊》《四部备要》《图书集成》等大部头的新书，历时 2 个月，将 102 箱善本秘密运往美国，其中历经艰险。1942 年 6 月，美国国会图书馆宣布北平图书馆的善本书籍 102 箱已全部到达华盛顿。此乃战时存续中国文脉之大事。钱存训也因此在抗战胜利后获教育部的明令嘉奖，在 1999 年获得由北京图书馆颁赠的荣誉奖状①。

此次二人谈及的便是这件事。顾廷龙对此非常关心，称赞这批古籍当时离开上海是“十分明智的决定”，对钱存训做出的贡献表示了高度肯定，并希望这批国宝能够早日完璧归赵。钱存训也根据台方的档案向顾廷龙说明了这批古籍运往台湾是“寄存性质”，后来重编《台湾中央图书馆“典藏”〈国立北平图书馆善本书目〉》可以作为这批古籍所有权的证明②。1985 年 1 月 25 日，钱存训在给顾廷龙的信中表示，自己曾去台湾探视在台湾寄存的 102 箱善本书，称其“保存尚称妥善”。③

除此之外，张秀民曾托钱存训拍摄斯坦福大学藏康熙年间第二次纂修的《嵊县志》。借此次回国，钱存训将所拍摄的胶卷带回，托顾廷龙转交给张秀民。对此，张秀民在给顾廷龙的信中专门表达了感谢：“上年蒙赐照贵馆珍本弘治《嵊志》，此次又蒙代为转寄到钱存训博士在美国所摄康熙第二次修《嵊县志》胶卷（康熙第一次修《嵊县志》，已早由北图寄来复制本），在百忙中装箱付邮，诸多麻烦，不特个人十分感激，敝县文化界亦将感先生之厚赐矣。”④ 此份胶卷为 1989 年新修《嵊县志》所用，张秀民为县志编委会顾问。钱存训所摄胶卷可见于新修《嵊县志》的《历代县志简介》一章中。其中亦可见张秀民托顾廷龙复制上海图书馆藏明弘治刻《嵊县志》⑤。

这是钱存训最后一次踏上故土，也是两人最后一次在中国的土地上相见。

除见面外，二人经常通过信件交流，连接起了中美两国的书缘。

就学术而言，顾廷龙与钱存训长期保持着密切的学术往来，经常互相共享两国的学术动态。如 1985 年，在美国纽约，华美协进社主办了一场中国善本书的展览，会后编辑了《中国善本展览图录》（Chinese Rare Books in American Collections）一书，此书由艾思仁主编，钱存

---

① 钱存训：《北平图书馆善本古籍运美迁台经过》，钱存训著，国家图书馆编：《钱存训文集》第三卷，第 128–137 页。

② 钱存训：《怀念顾起潜先生》，上海图书馆编：《我与上海图书馆》，第 36 页。

③ 沈津：《顾廷龙年谱》1985 年 1 月 25 日，第 658 页。原文为“月前去台，曾往探视在台寄存之前平馆善本书 102 箱，现由台方“故宫博物院”代管，仍在原箱中，有铁皮固封。善本书库有温度湿度调整器，保存尚称妥善。”。

④ 张秀民致顾廷龙信，转引自沈津《顾廷龙年谱长编》（未刊稿），1984 年 9 月 22 日。

⑤ 《嵊县志》编纂委员会编：《嵊县志》，杭州：浙江人民出版社，1989 年，第 674–675 页。

训、翁万戈参与编辑。书中共收有学术论文三篇，其中首篇为钱存训作《雕版源流技法》(Technical aspects of Chinese printing)。此书于1984年问世，1985年1月，钱存训便将书托芝加哥大学郑炯文带给远在上海的顾廷龙，并写信向顾廷龙表示："内有拙文一篇，多承相助指导，至深感企，谨再申谢。"① 除了钱存训的文章外，顾廷龙在《图录》中得见不少远藏海外的孤本秘籍，对此顾廷龙表示"琳琅满目，如获至宝"②，甚至在其中发现了宋刻《集韵》《施顾注苏诗》两本自己尤为感兴趣的书。根据研究，顾廷龙与这两本书皆有书缘，这两本书也为顾廷龙长期从事的研究提供了新的重要材料③

顾廷龙也非常关心钱存训的学术成果，对钱存训探讨的问题发表自己的观点。1965年在浙江温州白象塔内发现了《佛说观无量寿佛经》的印本残页，页上经文呈回形萦绕分布。钱存训1988年11月在台北"汉学资源国籍研讨会"作的报告中认为，此佛经为最早的活字印刷品，原因在于经文中存在笔画相接、排列不规则、个别字倒置或横排的情况。④ 1991年6月26日，顾廷龙在致沈津的信中却表达了相反的观点，他提到有关回文佛经，"前年存训先生及原作考证者均有寄示"，并认为此佛经并非活字印刷，举出"同字不同大小，不同写法；两字之间紧接少隙，活字不能密接；色字为衔接摩尼字而侧写，不是倒排"⑤ 三个观点作为佐证。二人虽意见相左，但实为推动研究正向发展的学术争鸣。

同样，顾廷龙对钱存训的学术能力十分信任与认可。在沈津向他咨询编写"美洲地区善本书目"时，他提到"存训先生是行家，有较深的研究，我近读其所撰《欧美各国所藏中国古籍》一文，极佩极佩"。⑥ 顾廷龙提到的这篇文章原于1985年刊于台北《古籍鉴定与维护研习会专辑》中。顾廷龙在感慨自己身体欠佳时，提到"存训先生年逾八十，尚能工作至夜间一二时，殊可钦佩"。⑦ 在编《续修四库全书》时，顾廷龙两次致函邀请、托人传话，请钱担任《续修四库全书》的学术顾问和欧美方面的代表⑧

除学术上的肯定之外，顾廷龙也多次在给友人的信中表达自己对钱存训的挂念。1987年，钱存训回到北京参加中国图书馆学会，顾廷龙彼时亦在北京，因寓所相距较远，二人遗憾未能得见。但顾廷龙始终关注着钱存训的行程与动态，他知道原国家图书馆副馆长胡沙将在9月10日晚上去接钱存训⑨。顾廷龙也在1988年5月26日致张秀民的信中表达了自己与钱存训

---

① 钱存训致顾廷龙信，转引自沈津《顾廷龙年谱长编》(未刊稿)，1985年1月25日。

② 1985年6月28日顾廷龙致钱存训信，《顾廷龙全集·书信卷》上，第252页。

③ 详见王世伟：《古籍整理应重视祖本、校勘与版本源流——读顾廷龙与钱存训书信札记》，《图书与情报》2005年第2期，第86-88页。

④ 钱存训：《现存最早的印刷品和雕版实物》，钱存训著，国家图书馆编：《钱存训文集》第一卷，第275-277页。

⑤ 沈津：《顾廷龙年谱》1991年6月26日，第724页。

⑥ 顾廷龙致沈津信，转引自沈津《顾廷龙年谱长编》(未刊稿)，1986年11月7日。

⑦ 顾廷龙致沈津信，转引自沈津《顾廷龙年谱长编》(未刊稿)，1993年8月13日。

⑧ 钱存训：《怀念顾起潜先生》，上海图书馆编：《我与上海图书馆》，第37页。

⑨ 顾廷龙致吴织信，转引自沈津《顾廷龙年谱长编》(未刊稿)，1987年10月9日。"胡馆长接待外宾，据说外人很重视《古籍善本书目》。钱存训晚上才到，他去接。"。

未能相见的遗憾："去年北图新馆开幕前，满以为可与兄及钱存训先生均能把晤，岂知分居数处，不获如愿为怅！"①

1989年8月，顾廷龙在北京，原定于8月中旬返沪，但因得知钱存训或将来北京参加全国书展举行的图书馆座谈会，特意将自己回沪的行程向后推迟十天。8月18日，顾廷龙在给钱存训的信中表达了自己对于北京重逢的期盼："闻台驾近将有来京之讯，龙因此推迟旋沪，冀得把晤。"② 8月19日，又在致周一良和沈津的信中解释自己因钱存训将来北京十分高兴，故推迟返沪，以盼一晤："吾本拟八月中旬回沪，听说钱先生八月廿三日要来参加全国书展举行之图书馆界座谈会，因而多留旬日，以图一晤。"③ 但钱存训未能回国参会，二人也遗憾未能再见。

（三）1989年：相聚美国

1980年，钱存训在结束第一次回国之行后，便立即邀请顾廷龙来美国访问。他在1980年5月23日给顾廷龙的信中写道："近来国内团体来美访问者络绎不絶，闻国内图书馆界亦有组团来访之说，极望吾兄能到此一游，自当倒履相迎也。"④ 然而顾廷龙在九年后才第一次也是唯一一次访问美国，这也成为顾廷龙与钱存训二人的最后一次相见。

1989年2月28日至3月3日，顾廷龙应美国研究图书馆组织（（The Research Libraries Group，简称RLG））的邀请，赴美国华盛顿国会图书馆参加全美中文善本书联合目录国际咨询会议。同时出席会议的有钱存训、马泰来、吴建生、周一良等14人。此次会议主要讨论了联合目录的收书范围、著录规则以及电脑录入的拼音方式⑤。

会后，顾廷龙从华盛顿至纽约，前往哥伦比亚大学东亚图书馆、大都会博物馆、普林斯顿大学葛思德东方图书馆等地观书。3月11日，应钱存训之邀，顾廷龙从纽约飞往芝加哥，参观芝加哥大学东方图书馆所藏善本古籍⑥。此时，钱存训已是芝加哥大学东方图书馆名誉馆长。这次访问，顾廷龙见到了许多善本，如杭淮的《双溪集》。后顾廷龙依此写作《跋双溪杭公诗集》一文，指明东方图书馆所藏的版本是"朱竹垞采入《诗综》之底本，后修四库，亦据以缮录，馆臣即以模糊处迳加删略，但皆署名，则甚希见也"。⑦ 同时，顾廷龙见到了潘祖荫《致李鸿藻尺牍》。20世纪40年代，顾廷龙曾在上海见过此尺牍之全本，今在异国他乡重逢，竟已不全，令人唏嘘⑧。

顾廷龙在芝加哥大学共停留三日，后又前往旧金山。经钱存训介绍，前往加州大学伯克

---

① 顾廷龙致张秀民信，转引自沈津《顾廷龙年谱长编》（未刊稿），1988年5月26日。
② 顾廷龙致钱存训信，转引自沈津《顾廷龙年谱长编》（未刊稿），1989年8月18日。
③ 1984年8月19日顾廷龙致周一良信，《顾廷龙全集·书信卷》上，第284页。
④ 钱存训致顾廷龙信，转引自沈津《顾廷龙年谱长编》（未刊稿），1980年5月23日。
⑤ 顾廷龙：《应邀赴美国参加中文善本书联合目录国际咨询会议汇报》，《顾廷龙文集》，上海：上海科学技术文献出版社，2002年，第671页。
⑥ 顾廷龙：《应邀赴美国参加中文善本书联合目录国际咨询会议汇报》，《顾廷龙文集》，第672页。
⑦ 顾廷龙：《跋双溪杭公诗集》，《顾廷龙全集·文集卷》下，第800页。
⑧ 顾廷龙：《应邀赴美国参加中文善本书联合目录国际咨询会议汇报》，《顾廷龙文集》，第672页。

利分校东方图书馆，参观傅兰雅史料专题展览。后于3月16日回国[①]。

1989年9月4日，顾廷龙写作《应邀赴美国参加中文善本书联合目录国际咨询会议汇报》一文[②]，详细记录了美国之行的始末。

顾廷龙此次前往美国，与钱存训交谈甚多。此时，恰逢芝加哥大学东方图书馆馆长马泰来为钱存训的八十寿辰编印论文集《中国图书文史论集》。借此机会，顾廷龙为此论文集题写书签，后又写作《沈子它毁拓本题记》，收入此文集[③]

二、顾廷龙与钱存训的学术往来

顾廷龙与钱存训的学术往来，既有面谈，又多通过书信交流。钱存训曾在论著写作期间多次向顾廷龙请教，也曾将海外的学术动态通过顾廷龙传达回国。同样，顾廷龙密切关注钱存训的学术成果，并就钱存训探讨的问题发表自己的观点。二人多次交流，产生了许多重要的研究成果。

（一）顾廷龙为钱存训写作《纸和印刷》提供帮助

1968年9月，钱存训应李约瑟之邀，参与《中国科学技术史》第5卷第1分册《纸和印刷》的写作。该书于1982年完稿，1985年出版[④]。钱存训在这本著作中广收博采，“收录参考文献近2000种，插图或照片约200幅”。[⑤] 其中，也得到了顾廷龙的许多帮助。从为写作收集材料，到创作过程中请教问题，再至创作完成后提出修改意见，整个写作过程顾廷龙都曾施以援手。为此，钱存训专门在序中对顾廷龙表达了感谢[⑥]。

1. 提供咨询

钱存训在《中国科学技术史》第5卷第1分册的序中写道：

> 作者在1979年远东之行中，从所访问的各图书馆、博物馆及会谈的专家处获得不少帮助和教益，为最后一次修订全稿搜集了补充材料。在中国和日本看到了古代纸张样品和罕见的珍贵印刷样品。在北京荣宝斋和上海朵云轩与雕版印刷师傅详谈，取得了宝贵的经验，并且搜集到一些工具和附件。作者曾多次拜访上海图书馆顾廷龙馆长，承他建议和合作，根据调查制成了一整套雕版印刷工序的照片和图样。[⑦]

---

① 顾廷龙：《应邀赴美国参加中文善本书联合目录国际咨询会议汇报》，《顾廷龙文集》，第671-672页。

② 沈津：《顾廷龙年谱》1989年9月4日，第706页。

③ 钱存训：《怀念顾起潜先生》，上海图书馆编：《我与上海图书馆》，第36页。

④ 钱存训：《悼念中国科技史大师李约瑟博士》，钱存训著，国家图书馆编：《钱存训文集》第三卷，第250-255页。

⑤ 钱存训著，刘祖慰译：《中国科学技术史》第5卷第1分册《纸和印刷》，北京：科学出版社，2018年，“作者自序”，第2页。

⑥ 钱存训著，刘祖慰译：《中国科学技术史》第5卷第1分册《纸和印刷》，“作者自序”，第3页。

⑦ 钱存训著，刘祖慰译：《中国科学技术史》第5卷第1分册《纸和印刷》，“作者自序”，第3页。

从中可知，1979 年作者回国一行，对《纸和印刷》的写作非常重要，顾廷龙在其中发挥了关键作用。1979 年 9 月 22 日，顾廷龙陪同美国图书馆界访华代表团乘坐游艇游览黄浦江，与钱存训共同坐在游艇中央，二人在游览过程中分别讨论了有关古代刻书记载、剪纸和墙纸的起源时间、铜活字起于中国还是朝鲜、韩国发现的印刷物的产生时间这四个问题①。

有关古代刻书的记载，顾廷龙推荐钱存训参考卢前的《书林别话》②。1985 年，《纸和印刷》英文版由英国剑桥大学出版社出版，钱存训在其中采纳了顾廷龙的意见，多次引用《书林别话》作为参考内容，并将《书林别话》列入参考文献之中③。如他在探讨印刷工序④、版刻印数⑤、中国印刷用墨⑥、蓝印色的成分⑦等问题时，都引用了《书林别话》的内容作为论证材料。在《纸和印刷》出版后，钱存训又写有《中国雕版印刷技术杂谈》一文，他在文中提到：

> 年前作者为李约瑟之《中国科学技术史》大系写作《纸和印刷》一书，因其偏重科技，曾搜集有关雕印技术方面资料，以供参考。但遍检群书，竟未见有关此类文献。后承上海图书馆顾起潜馆长相告，得读卢前的《书林别话》一文……⑧

可以说，正是顾廷龙的建议，为钱存训对古代刻书技术进行更深入的研究指明了方向。

关于纸的用途及起源的问题，顾廷龙告知在新疆曾发现用旧文书纸糊棺的情况，这或许并不是为了节约，而是纸的用途之一。⑨ 钱存训在《中国科学技术史》中，对壁纸、剪纸的历史和起源进行了研究⑩，或因有此问。

钱存训还询问了有关铜活字起源于中国还是朝鲜的问题。在钱存训写作《纸和印刷》时，已知最早中国铜活字版出现在明弘治三年（1490），而朝鲜的最早的铜活字本出现在李朝高宗二十一年（1234），这就引发了学界关于铜活字始于中国还是朝鲜的讨论与思考。顾廷龙认为，中国使用活字印刷的时间较早，铜活字也可能起源于中国，但因为朝鲜产铜，所以铜活

---

① 《顾廷龙日记》，转引自沈津《顾廷龙年谱长编》（未刊稿），1979 年 9 月 22 日。

② 《顾廷龙日记》，转引自沈津《顾廷龙年谱长编》（未刊稿），1979 年 9 月 22 日。“钱询古代刻书记载，先生介绍其看卢前《书林别话》。”。

③ 钱存训著，刘祖慰译：《中国科学技术史》第 5 卷第 1 分册《纸和印刷》，第 387 页。

④ 钱存训著，刘祖慰译：《中国科学技术史》第 5 卷第 1 分册《纸和印刷》，第 17 页。

⑤ 钱存训著，刘祖慰译：《中国科学技术史》第 5 卷第 1 分册《纸和印刷》，第 178 页。

⑥ 钱存训著，刘祖慰译：《中国科学技术史》第 5 卷第 1 分册《纸和印刷》，第 218 页。

⑦ 钱存训著，刘祖慰译：《中国科学技术史》第 5 卷第 1 分册《纸和印刷》，第 219 页。

⑧ 钱存训：《中国雕版印刷技术杂谈》，钱存训著，国家图书馆编：《钱存训文集》第一卷，第 283 页。

⑨ 《顾廷龙日记》，转引自沈津《顾廷龙年谱长编》（未刊稿），1979 年 9 月 22 日。“钱问纸之用途，古代有剪纸、墙纸始于何时，先生告以新疆曾发现以旧文书纸糊棺，棺以纸糊，疑非纯为节约，而是纸之用途之一。”

⑩ 钱存训著，刘祖慰译：《中国科学技术史》第 5 卷第 1 分册《纸和印刷》，第 103-119 页。

字的使用在朝鲜变得广泛①。钱存训在《纸和印刷》中也多次关注到了这个问题②，并且他在就实物证据描述“朝鲜是首先使用金属活字的国家”③ 的同时，也强调了朝鲜的活字印刷是受到了中国采用活字思想的影响④。

2. 提供材料

钱存训通过顾廷龙的建议，从卢前《书林别话》中搜集有关雕印技术的材料。但书中的记载并不尽全。钱存训在《中国雕版印刷技术杂谈》中回忆：

> ……但其中所述多为刻书步骤、纸墨装订，以及近代刻工等记录，对于版片采用的各种木材、雕刻所用的各种工具，以及印刷的工艺过程等等，亦未述及。⑤

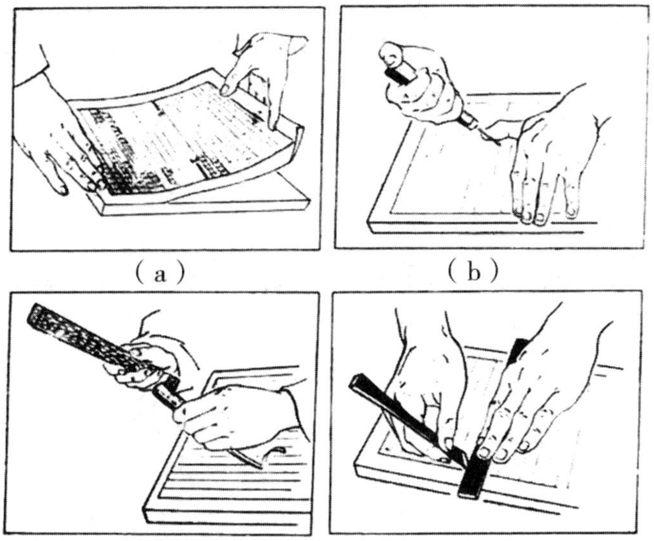

（a）（b）（c）（d）

图 2 《纸和印刷》中所见顾廷龙请人为钱存训绘制的雕版工序

因此，钱存训在 1979 年 9 月回国时，前往北京荣宝斋和上海朵云轩，收集有关雕刻工具和工序的实物材料。

朵云轩，清光绪二十六年（1900 年）由孙吉甫创办，1938 年由朱静庵盘下⑥。与北京荣宝斋齐名，故有“北荣南朵”之称。因此钱存训选择了这两个地方进行考察。朵云轩长期以来一直保持着雕版印刷的传统，这与顾廷龙的努力密不可分。在顾廷龙的倡导下，朵云轩招

---

① 《顾廷龙日记》，转引自沈津《顾廷龙年谱长编》（未刊稿），1979 年 9 月 22 日。“钱又问铜活字始于中国还是朝鲜，先生谓活字中国早，用铜亦可能始于中国，但朝鲜产铜，使用始广。”

② 钱存训著，刘祖慰译：《中国科学技术史》第 5 卷第 1 分册《纸和印刷》，第 16、286-296 页。

③ 钱存训著，刘祖慰译：《中国科学技术史》第 5 卷第 1 分册《纸和印刷》，第 287 页。

④ 钱存训著，刘祖慰译：《中国科学技术史》第 5 卷第 1 分册《纸和印刷》，第 295 页。

⑤ 钱存训：《中国雕版印刷技术杂谈》，钱存训著，国家图书馆编：《钱存训文集》第一卷，第 283-284 页。

⑥ 唐力行编：《江南文化百科全书》，上海：上海锦绣文章出版社，2021 年，第 293 页。

收青年学习写刻传承技法，顾廷龙在至周叔弢的信中感慨：“中国悠久之雕版技术，倘能绝而复苏，岂非大幸！”①

1979年9月，经顾廷龙介绍，钱存训访问朵云轩，“取得全套雕版、工具、样张和了解刻印的工艺流程”②。1980年2月20日，顾廷龙在致周叔弢的信中仍在挂念此事，他担心钱存训“操作过程未能得见”③。后又请上海图书馆杨律人再度访问朵云轩，为钱存训拍摄刻板过程，并为之绘制了“上板”“发刀”“扯刀”“挑刀”“打空”五张图片。4月24日，顾廷龙致信钱存训，将图片和照片附于信中，并对“夹空三线”等名词做出了解释，同时附上两张“花格样张”④。5月23日，钱存训回信向顾廷龙表达了感谢：“承兄安排指点，多方协助，尤幸感幸，将来当在书中申明道谢。”⑤

最后成书时，钱存训选择了其中四幅作为书中插图，将其命名为“上板”“发刀”“剔空”“拉线”（图2），并在脚注和序中向顾廷龙专门道谢。诚如钱存训所言，他对雕版技术的知识和写作，得到顾廷龙的指点很多⑥。成书之后，钱存训并没有将顾廷龙给予的材料束之高阁，而是进行了进一步的研究，在1987年写成《中国雕版印刷技术杂谈》一文，于1988年5月刊于《中国印刷》第20期。

3. 提出修改建议

《中国科学技术史：纸和印刷》1982年正式完稿，1985年出版。在出版之前，钱存训曾将部分稿件寄予顾廷龙审阅，顾廷龙提出了三条建议：

> 兹有三点意见，提供参考。1. 黄杨质坚，可刻印章，刻书则恐没有足够的宽度，因此树无高大者。2. 卢前，字冀野，南京人。中央大学教授，吴梅学生，工词曲。喜刻书，四十年代在南京刻书甚多。其室名饮虹簃。五十年代初病逝。3. 旋风装，相传为梵夹装，将两面粘联即是。我们编写《辞海》条目时，根据钱遵王《读书敏求记》及故宫影印的唐写本《唐韵》跋文，纠正了旧说。⑦

虽然笔者没有找到钱存训的去信，但顾廷龙在信中提到的“黄杨木”“卢前”“梵夹装”三件事在《中国科学技术史：纸和印刷》中均可找到记录。可以推测，钱存训在书完稿后出版之前，曾将自己的全部或部分书稿寄与顾廷龙。

有关黄杨木质地软硬问题，钱存训在《纸和印刷》中认为：“黄杨木最软，经常用来镌刻

---

① 顾廷龙：《致周叔弢》，顾廷龙著，《顾廷龙全集》编辑委员会编：《顾廷龙全集·书信卷》上，第87页。
② 钱存训：《怀念顾起潜先生》，上海图书馆编：《我与上海图书馆》，第35页。
③ 1980年2月20日顾廷龙致周叔弢信，《顾廷龙全集·书信卷》上，第86页。
④ 沈津：《顾廷龙年谱》1980年4月24日，第616页。
⑤ 钱存训致顾廷龙信，转引自沈津《顾廷龙年谱长编》（未刊稿），1980年5月23日。
⑥ 钱存训：《怀念顾起潜先生》，上海图书馆编：《我与上海图书馆》，第35页。
⑦ 沈津：《顾廷龙年谱》1984年10月24日，第655页。

整齐的正文。"[①] 然顾廷龙在给钱存训的信中认为"黄杨质坚"。2004 年，钱存训和郑如斯将《纸和印刷》进行修订，由广西师范大学出版社重新出版，命名为《中国纸和印刷文化史》。对比两个版本，可以发现，在新出的《中国纸和印刷文化史》中，钱存训将"黄杨质软"改为了"枣木和黄杨木质较硬"[②]。这与顾廷龙在信中提出的修改意见一致。

有关"卢前"和"梵夹装"，顾廷龙则为钱存训在书中提到的内容提出了补充信息。因《书林别话》中记载了有关雕版技术的信息，钱存训大量引用了卢前的内容，故顾廷龙在信中提到了卢前的基本信息。有关旋风装，是钱存训在描述一份用兰嚓（Lantsa）书写体印成的佛经的装帧形式时提到的，他认为"其装订方式是把两长条印张同在一头叠粘起来，就像梵夹装一样"。[③] 顾廷龙在编写《辞海》"旋风装"辞条时，对"旋风装"进行过考证，认为"旋风装"有两种含义，一为卷子，二为册子[④]，无论哪种含义，都与"梵夹装"为二事。而有一种观点认为"旋风装"即为"梵夹装"，因此，顾廷龙在辞条中实际是修正了这种观点，也为钱存训书中提及的"梵夹装"提供了新的信息。

（二）钱存训通过顾廷龙传达《无垢净光大陀罗尼经》相关信息

1966 年 10 月，在韩国庆州佛国寺释迦塔内发现了一卷《无垢净光大陀罗尼经》，据张秀民所言，佛经长 20 尺，于 704—751 年间刊印，被认为是世界上最早的印刷品[⑤]。佛经一经发现，便引起了国际学术界的激烈讨论。1967 年 12 月 14 日，哥伦比亚大学率先召开新闻发布会，朝鲜史教授李亚德和中国史教授富路德发表谈话，并撰文发表[⑥]。

1968 年，高丽大学教授李弘植分别在《韩国社会科学论集》第 8 期、《白山学报》第 4 期上发表《木板印刷를中心본로으新罗文化》《庆州佛国寺释迦塔发现无垢净光大陀罗尼经》两篇文章[⑦]，认为《陀罗尼经》"实际上是新罗时期的遗物"[⑧]。作为回应，钱存训于 1972 年在联合国教科文组织《信使》月刊上发表了《中国对造纸术及印刷术的贡献》一文，认为"由于朝鲜和日本在此以前已受中国文化影响甚深，印刷品和印刷术是从中国传入，当无疑问。"[⑨] 此事轰动国际学术界十余年，但当时中国大陆正值"文革"时期，竟对此事一无所知。

---

① 钱存训著，刘祖慰译：《中国科学技术史》第 5 卷第 1 分册《纸和印刷》，第 174 页。

② 钱存训著，郑如斯编订：《中国纸和印刷文化史》，桂林：广西师范大学出版社，2004 年，第 177 页。

③ 钱存训著，刘祖慰译：《中国科学技术史》第 5 卷第 1 分册《纸和印刷》，第 272 页。

④ 辞海编辑委员会：《辞海（1979 年版缩印本）》，上海：上海辞书出版社，1980 年，第 1551 页。

⑤ 张秀民：《南朝鲜发见的佛经为唐朝印本说》，《张秀民印刷史论文集》，北京：印刷工业出版社，1988 年，第 51 页。

⑥ 钱存训：《现存最早的印刷品和雕版实物》，钱存训著，国家图书馆编：《钱存训文集》第一卷，第 272 页。

⑦ 参见钱存训：《现存最早的印刷品和雕版实物》，钱存训著，国家图书馆编：《钱存训文集》第一卷，第 280-281 页。

⑧ （南朝鲜）李弘植著，许玉善、卢调文译：《从木版印刷看新罗文化——在庆州佛国寺释迦塔发现的陀罗尼经》，武汉大学图书馆学系古籍整理小组：《中国书史参考资料》，武汉：武汉大学图书馆学系，1980 年，第 54 页

⑨ 钱存训：《中国对造纸术及印刷术的贡献》，钱存训著，国家图书馆编：《钱存训文集》第一卷，第 349 页。

1979年9月，钱存训作为美国图书馆界访华代表团的成员回到中国，将《陀罗尼经》的复印本以及有关报道和研究赠送给了上海图书馆，这些信息“引起顾老的特别关注”。[①] 因事关重大，顾廷龙迅速将信息传递出去，请人翻译相关材料及研究成果，并寄送给学界友人。

首先作出回应的大陆学者是胡道静。他在1979年《书林》第2期上发表了《世界上现存最早印刷品的新发现》一文[②]，在1979年12月9日通过信件将此事告知张秀民，并将钱存训《中国对造纸术及印刷术的贡献》中文译稿的印样复印件寄存至张秀民处[③]。1980年，顾廷龙在得见《陀罗尼经》的全本复印件后，再次将信息告诉了胡道静，他在给钱存训的信中说道：“今年又承见惠《塔经》全份，当即交胡道静览观。道静笔勤，即恳其先行奉复，谅邀察及。”[④]

同样，顾廷龙也将相关信息传达给了张秀民。1980年元旦，他在给张秀民的信中详细描述了此事：

> 近有美籍友人寄示高丽大学李弘植的文章，题目是《从木版印刷看新罗文化——在庆州佛国寺释迦塔发现的〈陀罗尼经〉》，考订它的年代约为704年，因为经文中有武后新字。因新字创于689年，传到新罗当稍后，武氏下台是704年。这样比贞观十年（636）还后一些，而比咸通九年较早了。高丽原文，正请人译，不知先生已有所闻否？[⑤]

顾廷龙在信中提到的“美籍友人”就是钱存训。李弘植的文章被许玉善、卢调文两位学者翻译。1980年6月，顾廷龙将这份译文寄给张秀民[⑥]，翻译后的文章于10月发表在《图书馆学研究》1980年第6期上。钱存训也同样将这件事告诉了张秀民。张秀民在《南朝鲜发见的佛经为唐朝印本说》中回忆：“钱博士寄来其论文《中国对造纸术及印刷术的贡献》附有此经照片。并说：‘希望国内专家能作一点补充研究，证明此为中国印刷品传入朝鲜，而非如一般人所说的系新罗印刷品。’”[⑦]

---

① 钱存训：《怀念顾起潜先生》，上海图书馆编：《我与上海图书馆》，第35页。

② 胡道静：《世界上现存最早印刷品的新发现》，武汉大学图书馆学系古籍整理小组：《中国书史参攷资料》，第51页。

③ 转引自韩琦：《印刷史研究中的一段佳话》，《庆祝钱存训教授九五华诞学术论文集》编辑委员会编：《南山论学集钱存训先生九五生日纪念》，北京：北京图书馆出版社，2006年，第177页。原文为“兹将钱稿译文之将刊出于香港《明报》的译样（存训兄赠我者），用硒静电复制一份寄奉，即存尊处，或为行家参考之一助也。”

④ 沈津：《顾廷龙年谱》1980年4月24日，第616页。

⑤ 韩琦：《印刷史研究中的一段佳话》，《庆祝钱存训教授九五华诞学术论文集》编辑委员会编：《南山论学集钱存训先生九五生日纪念》，第177页。

⑥ 张秀民在《南朝鲜发见的佛经为唐朝印本说》写道：“……顾廷龙同志来信时曾说‘正请人译，但直至今年六月底才收到他寄来的译文。’”张秀民：《南朝鲜发见的佛经为唐朝印本说》，《张秀民印刷史论文集》，第54页。

⑦ 张秀民：《南朝鲜发见的佛经为唐朝印本说》，《张秀民印刷史论文集》，第54页。

在告知各自学界友人的同时，钱存训和顾廷龙也对这一问题展开了探讨。1979 年 9 月 22 日，二人游览黄浦江时，钱存训便向顾廷龙请教了佛经中有武周用字的问题，顾廷龙谨慎地认为"武后造字间有袭旧时抄写别体者，尚待考证"①，可见顾廷龙治学之严谨。1980 年 4 月，顾廷龙去信向钱存训表达了感谢，并说明已交待胡道静就这一问题进行研究②。5 月，钱存训回信，在信中提到自己从胡道静处得知李弘植的文章已被翻译成中文，"因此件印刷品关系重大，李氏文中谓为新罗自印，而非传自中国，则朝鲜为世界上印刷发明最早国家，但其论据颇多牵强，拟加驳斥。"并在信中向顾廷龙求要一份翻译后的文章："惟弟对朝文所知有限，极盼阅读全部译文，以免乖谬。"③

这一信息传入国内后，有关《陀罗尼经》的研究在中国学界引起了热烈反响，胡道静、于为刚、张秀民、陈石铭等学者都发表文章参与了讨论④。顾廷龙和钱存训也分别就印刷术的起源问题发表过自己的观点。如钱存训在《纸和印刷》的写作中，多次提及《陀罗尼经》一事，并于 1988 年 11 月在台北"汉学资源国际研讨会"中报告了《现存最早的印刷品和雕版实物》一文，文中从楮纸、与高丽版《大藏经》的对校、经文字体、出现武后制字四个角度论证了此印刷品并非由新罗印制，而是由唐代中国印制⑤。1993 年 11 月，顾廷龙在致王明根的信中，仍在为他解答有关《陀罗尼经》的问题，并向王明根推荐了四篇相关的研究文章作为参考⑥。

综合钱存训致张秀民和顾廷龙的两信中所表达的信息可以得知，钱存训认为韩国学者得出的"《陀罗尼经》是新罗印刷物"结论并不足信。因此，钱存训在两信中所表达的观点，既是他将材料寄送给张秀民、胡道静等友人的目的，也是他将有关《陀罗尼经》的学术信息通过顾廷龙传回国内的根本动机。如钱存训自己的回忆："这一问题在国内引起重视和展开讨论，最初是由顾老主导和安排所作出的结果。"⑦ 从发现者到信息传播者，钱存训与顾廷龙构成了一个信息传播的链条，在两人的共同努力下，庆州本《陀罗尼经》的消息传到国内，引起了学者的广泛关注，越来越多的学者参与到该经与早期印刷品的讨论和研究中，有力地驳斥了韩国学者的观点。

(三) 顾廷龙为钱存训写作《沈子它毁拓本题记》

为庆贺钱存训八十寿辰，许倬云、马泰来等人组成钱存训先生八十生日祝寿论文集编辑委员会，为钱存训编辑《中国图书文史论集》，以祝眉寿。书中收录了顾廷龙所作《沈子它毁

---

① 《顾廷龙日记》，转引自沈津《顾廷龙年谱长编》(未刊稿)，1979 年 9 月 22 日。
② 沈津：《顾廷龙年谱》1980 年 4 月 24 日，第 616 页。
③ 沈津：《顾廷龙年谱》1980 年 5 月 23 日，第 618 页。
④ 参见钱存训：《现存最早的印刷品和雕版实物》，钱存训著，国家图书馆编：《钱存训文集》第一卷，第 281 页
⑤ 钱存训：《现存最早的印刷品和雕版实物》，钱存训著，国家图书馆编：《钱存训文集》第一卷，第 270-274 页。
⑥ 顾廷龙致王明根信，转引自沈津《顾廷龙年谱长编》(未刊稿)，1993 年 11 月 10 日。
⑦ 钱存训：《怀念顾起潜先生》，上海图书馆编：《我与上海图书馆》，第 35 页。

拓本题记》一文。

1989 年，顾廷龙应邀前往美国华盛顿参加全美中文善本书联合目录国际咨询会议，在位于华盛顿的周一良家中见到了周明泰赠予周一良的《沈子它毁》拓本一轴，并应周一良之邀，在回国后为拓本作跋①。此器原为庐江刘体智所藏，铭文 149 字，13 行②。顾廷龙在《题记》篇末写道：

> 今年为我姨丈钱存训教授八旬双庆，马泰来先生等将编印论文集为寿，征文下逮，耄荒不敢辞。今年三月获访芝城，承钱丈伉俪优渥款接，铭感不能忘。……金文多吉语，曰“秉得恭纯，佳匄万年”；曰“用匄眉寿，黄耇吉康”；曰“用匄多福，眉寿无疆”；曰“用匄万年眉寿，永命多福”，敬为寿翁诵之，藉伸祝贺之忱。③

顾廷龙称钱存训为“姨丈”，是因为二人闲谈时，顾廷龙曾提起他的母亲许氏和钱存训的妻子许文锦之间有姻亲关系，因此“自认要晚一辈”。顾廷龙此番谦虚之情，令钱存训及其夫人都深感不安④。顾廷龙所举的金文吉语，并非《沈子它毁》原文，而是集自多种青铜铭文，顾廷龙早年跟随容庚学习古文字，对这些内容较为熟悉。

从周一良提供拓本到最后撰写成文的过程中，顾廷龙曾表达过自己的写作决心，他在致沈津的信中说到：“钱存训八十纪念文集这篇文章非写不可。”⑤ 但又担心这篇文章不像学术论文，多次写信向沈津、吴织写信叙述自己的担忧⑥，又将自己的文章寄予王煦华审阅⑦。最终耗时三个月，历经辛苦终于写成，可谓用心之至，这反映了顾廷龙对二人情谊的重视。

1992 年，《中国图书文史论集》由现代出版社出版，封面为顾廷龙题签“中国图书文史论集”八字，《沈子它毁拓本题记》收入论集下编“考古、历史、文学”部分。从表及里，这本书的写作与出版，体现了顾廷龙与钱存训之间的深厚情谊。

三、结语

1996 年 8 月，国际图联拟在北京召开专题研讨会，钱存训与顾廷龙都在被邀之列，因此

---

① 顾廷龙：《沈子它　拓本题记》，《顾廷龙文集》，第 174-181 页

② 顾廷龙：《沈子它　拓本题记》，《顾廷龙文集》，第 174 页。

③ 顾廷龙：《沈子它　拓本题记》，《顾廷龙文集》，第 181 页。

④ 钱存训：《怀念顾起潜先生》，上海图书馆编：《我与上海图书馆》，第 36 页。

⑤ 顾廷龙致沈津信，转引自沈津《顾廷龙年谱长编》（未刊稿），1989 年 6 月 20 日。

⑥ 顾廷龙致吴织信，转引自沈津《顾廷龙年谱长编》（未刊稿），1989 年 7 月 16 日。顾廷龙致沈津信，转引自沈津《顾廷龙年谱长编》（未刊稿），1989 年 7 月 16 日。顾廷龙致沈津信，转引自沈津《顾廷龙年谱长编》（未刊稿），1989 年 8 月 19 日。

⑦ 顾廷龙致沈津信，转引自沈津《顾廷龙年谱长编》（未刊稿），1989 年 7 月 16 日。“钱存训教授八十生日纪念文集自当凑一篇，化了好多日，只是一篇文两三千字。现请王煦华兄提意见，如可用，即缮正寄去。”

顾廷龙期盼着借此次会议“老朋友可得握手言欢”[①]。但两人因故并没有再次晤面。

1998 年 8 月 22 日，顾廷龙因病长辞于上海。2002 年，钱存训写作《怀念顾起潜先生》一文刊于《我与上海图书馆》[②] 中。2005 年，《图书与情报》上发表王世伟作《古籍整理应重视祖本、校勘与版本源流——读顾廷龙与钱存训书信札记》[③]。2015 年 4 月 9 日，钱存训在美国芝加哥去世。

从 1945 年相识到 1998 年顾廷龙去世的 53 年间，二人相知相惜。顾廷龙与钱存训的交往，既是图书馆学史上的生动个例，也为中国图书馆学界引入了新鲜的国际视野。通过二人的往来沟通，中美学界得以紧密联系，学术信息也得以跨越太平洋通畅交流，对 20 世纪中国印刷史研究产生了重要的推动作用。时至今日，二人各自取得的学术成果也是学者在从事相关研究中必不可少的重要参考资料。

---

① 顾廷龙致沈津信，转引自沈津《顾廷龙年谱长编》（未刊稿），1996 年 3 月 24 日。

② 钱存训：《怀念顾起潜先生》，上海图书馆编：《我与上海图书馆》，第 34-37 页。

③ 王世伟：《古籍整理应重视祖本、校勘与版本源流——读顾廷龙与钱存训书信札记》，《图书与情报》2005 年第 2 期，第 86-88 页。

烽火中的“素交”
——顾廷龙与钱锺书的书缘

陶禹含

顾廷龙（1904—1998），字起潜，别号匋誃。江苏苏州人，现代图书馆事业家、古籍版本目录学家、书法家。顾廷龙的一生，是为图书奉献的一生。他的一生中有六十六个年头为图书馆事业而奋斗。顾先生曾在《我和图书馆》中总结毕生经历：“我干的最多的是图书馆工作，整整六十五个年头。说起来，我做的工作很普通，归结一下只有六个字：收书、编书、印书。”① 顾廷龙在受叶景葵、张元济之邀南下办合众图书馆时，曾说过这样一句话：“人不能自有所表现，或能助成人之盛举，亦可不负其平生。”② 体现出老一辈图书馆事业家顾廷龙无私奉献、慷慨助人、谦逊自省的高尚人格。也正是在合众图书馆，顾廷龙与现代著名作家、学者钱锺书产生了一段颇深的书缘。

钱锺书（1910—1998），原名仰先，字哲良，后改名锺书，字默存，号槐聚，笔名中书君。江苏无锡人，现代著名作家、学者。钱锺书在周岁抓周的时候，抓到一本书，因此取名为锺书。锺有专注、专一的意思。钱锺书一生钟情于书，手不释卷，从而成就了他的博学多识。夫人杨绛回忆钱锺书：“他只要有书可读，别无营求”③。钱锺书虽喜读书，却不好藏书。有人到家中拜访钱锺书，发现他书架上的书并不多。钱锺书答：“我自己的书并不多，很多书都是托人从图书馆借的，我没有那么多地方放书。图书馆的藏书很多，问题是要懂得去用，光是收藏书是没用的。”④ 钱锺书在治学上善于借助图书馆的文献资源，实现书籍自身的价值。

---

① 顾廷龙：《我和图书馆》，顾廷龙著，《顾廷龙全集》编辑委员会编：《顾廷龙全集·文集卷》上，上海：上海辞书出版社，2015 年，第 354 页。

② 顾廷龙：《我和图书馆》，顾廷龙著，《顾廷龙全集》编辑委员会编：《顾廷龙全集·文集卷》上，第 367 页。

③ 杨绛：《记钱锺书与〈围城〉》，《将饮茶》，北京：生活·读书·新知三联书店，2015 年，第 136 页。

④ 李文涛、杨全红：《“这是钱教授的风趣了”钱锺书先生打趣图书馆二三事》，《图书馆报》，2022 年 6 月 9 日。

一个是护书人，一个是爱书人；一个潜心古籍，一个学贯中西，顾廷龙与钱锺书之间的友谊是如何发展的，两人又是如何在日寇侵袭、战乱频繁的上海相互支持，共度时艰的呢？学界对顾廷龙与钱锺书的交谊已有一定的研究，陆阳《〈顾廷龙日记〉中的钱锺书》[①] 对《顾廷龙日记》中与钱锺书有关的条目进行摘取和梳理。钱之俊《钱锺书与合众图书馆》[②] 利用《顾廷龙年谱》和《顾廷龙日记》还原钱锺书到合众图书馆看书、借书、赠书的经历。钱之俊《〈顾廷龙年谱〉里的钱锺书》[③] 整理了《顾廷龙年谱》中与钱锺书相关的纪事。本文在前人研究的基础上，进一步挖掘和拓展相关史料，还原顾、钱交往的历史现场，更为全面地展现顾廷龙、钱锺书二人的交往情况，分析二人友情对彼此工作、生活的积极影响。

一、顾廷龙对钱钟书学术研究的支持

顾廷龙与钱锺书的交往围绕着一个中心，那就是“书”。钱锺书是“书痴”，顾廷龙是合众图书馆的实际管理者，合众图书馆便成为二人交往的主要场所。在这里，顾廷龙对这位热爱读书的勤奋学者，尽心尽力，服务备至。《顾廷龙日记》中有关钱锺书的到访记录有四十余条，时间跨度从 1943 年至 1949 年。

顾廷龙对钱锺书的来访非常重视，常亲自接待并记录于日记和图书馆年度工作报告中。1946 年 1 月 8 日，《顾廷龙日记》记载：“归，悉默存、季康夫妇及止溪先后来，皆失迎”[④]。顾廷龙因事离开馆内，回来以后听说钱锺书、杨绛夫妇和李英年先后来过，对未能接待他们流露出了遗憾之情。顾廷龙之子顾诵芬回忆道：“碰到过的最多的就是钱锺书，钱锺书住得离我们家不太远，我们那不是长乐路富民路口嘛，他住在长乐路过去一点点，叫什么新村，我也不记得了。反正他常来，常来都是我给他开门。他在后面按电铃，我一下就开了，他进来。我只知道他的英文非常棒，我父亲也说，你应该向他学学英文。”[⑤] 曾在合众图书馆任职的沈燮元也回忆过接待钱锺书的情形，“钱锺书先生当时住在蒲石路的蒲园，和合众相距不远，因此常来看书。合众当时大门不开，由后门出入，装有门铃。门铃响了，每次开门不是保姆，便是顾老自己开。有一次，保姆和顾老都不在，铃响了，由我去开，一看是锺书先生（因钱先生经常来，虽未接谈，但知道他是钱锺书）。因顾老不在家，只好由我接待。”[⑥] 由此可见，钱锺书常去合众图书馆看书。在合众图书馆，日常负责接待钱锺书的一般都是顾廷龙。

顾廷龙对钱锺书的热情接待与服务体现出一个图书馆人良好的职业操守。顾廷龙曾在

---

① 陆阳：《〈顾廷龙日记〉中的钱锺书》，《书屋》，2022 年第 6 期。

② 钱之俊：《钱锺书与合众图书馆》，《钱锺书生平十二讲》，上海：上海社会科学院出版社，2013 年，82-91 页。

③ 钱之俊：《〈顾廷龙年谱〉里的钱锺书》，《钱锺书生平十二讲》，92-96 页。

④ 顾廷龙撰，李军、师元光整理：《顾廷龙日记》1946 年 1 月 8 日，北京：中华书局，2022 年，第 434 页。

⑤ 顾诵芬口述：纪录片《合众图书馆》，爱奇艺视频。

⑥ 陆阳：《〈顾廷龙日记〉中的钱锺书》，《书屋》，2022 年第 6 期。

《上海私立合众图书馆十四年小史》中阐述创办合众图书馆的缘起：

> 同人平素所嗜皆为旧学，故以国故为范围，俾志一而心专，庶免汗漫无归之苦，乃得分工合作之效。精钞、名校、旧椠、新刊与夫金文、石墨皆在搜罗，而古今名贤之原稿，尤所注重，专供研究高深国学者之参考，并拟仿晁、陈书志，欧、赵集录，撰列解题，以便寻览。①

"专供研究高深国学者之参考"是顾廷龙等人筹办合众图书馆的重要目的。因而，钱锺书作为一名国学研究者乐于来合众图书馆看书借书，正是顾廷龙在办馆之初就希望看到的。

1941年8月1日，顾廷龙作为合众图书馆发起人之一在制定的《私立合众图书馆组织大纲草案》中更清晰地阐释了合众图书馆的创办宗旨：

> 本馆目的：一、征集私家藏书，共同保存，以资发扬中国之文化。二、搜罗中国国学图书及有关系之外国文字图书。三、专供研究高深中国国学者之参考。四、刊布孤椠秘笈。②

顾廷龙对钱锺书的重视正体现出"专供研究高深中国国学者之参考"的服务宗旨，展现了顾廷龙对传播和发扬中国文化的努力。1943年8月15日，顾廷龙顺路拜访钱锺书，将《匏庐诗话》借给钱锺书，并与他畅谈了一番。③ 顾廷龙为钱锺书送书到家，主动提供参考咨询服务，体现出顾廷龙对钱锺书学术研究的鼎力支持。此外，顾廷龙对钱锺书的阅读情况也较为关心，在他的日记中，有时会记录钱锺书到馆阅读的书籍，如1944年1月20日，"钱锺书来，阅《榕村语录》等"；1944年10月27日，"默存来，略查《朱子语类》"；1947年7月11日，"默存来借《广东新语》"。④ 顾廷龙为钱锺书的国学研究提供了丰富而便捷的文献资源。这不仅有赖于叶景葵、张元济、陈陶遗、李宣龚等人对合众图书馆的慷慨捐赠，顾廷龙本人在整理馆藏、编制目录上也耗费了大量心血，他编制馆藏目录、藏书提要和目录卡片，大大提高图书的检索效率，同时通过编制书目提要增进对藏书的了解，从而更好地为专家学者提供有针对性的参考咨询服务。

顾廷龙及其苦心经营的合众图书馆为钱锺书在20世纪40年代上海时期的学术研究提供了重要支持。钱锺书的《谈艺录》成书于20世纪40年代，是一部探讨中国传统诗话的集大成

---

① 顾廷龙：《上海私立合众图书馆十四年小史》，顾廷龙撰，李军、师元光整理：《顾廷龙日记》，第648页。

② 顾廷龙：《合众图书馆董事会议事录》（1941年8月1日），顾廷龙撰，李军、师元光整理：《顾廷龙日记》，第889页。

③ 顾廷龙撰，李军、师元光整理：《顾廷龙日记》1943年8月15日，第325页。

④ 顾廷龙撰，李军、师元光整理：《顾廷龙日记》，1944年1月20日，第351页；1944年10月27日，第397页；1947年7月11日，第494页。

之作，它大量援引历朝历代的诗话诗论，并引入西方文学理论分析和论述中国传统诗歌，展现了钱锺书深厚的国学基础和贯通中西的理论修养。在《谈艺录》序言中，钱锺书指出写作该书遇到的种种困难，“余既自叹颛愚，深惭家学，重之丧乱，图籍无存。未耄善忘，不醉多谬；蓄疑莫解，考异罕由”①。钱锺书一方面谦虚地指出自己头脑不清，学问不够，另一方面也指出由于战乱“图籍无存”，难以找到图书资料，因此有很多疑惑难以解答，有很多需要考证的问题也没有地方查证。但是，比较幸运的是这些困难得到了很多朋友的支持与帮助，其中就有顾廷龙。“乃得李丈拔可、徐丈森玉、李先生玄伯、徐君调孚、陈君麟瑞、李君健吾、徐君承谟、顾君起潜、郑君朝宗、周君节之，或录文相垂，或发箧而授。皆指馈贫之困，不索借书之瓻。”②

钱锺书在《谈艺录》中援引的古籍学术资源离不开顾廷龙的帮助和扶持。顾廷龙日记中记录的钱锺书向他借阅《匏庐诗话》《榕村语录》《朱子语类》《广东新语》等书不仅显示出钱锺书在古籍方面尤其是对古代诗话、儒家经典、古典学术以及地方笔记的阅读兴趣，同时，这些书籍都作为引证材料出现在《谈艺录》中，其中《匏庐诗话》被引六次，《榕村语录》被引三次，《朱子语类》被引七次，《广东新语》被引一次。而这些只是顾廷龙对钱锺书提供的文献资源服务的冰山一角，《顾廷龙日记》记录得十分简略，很多记录只用“钱锺书来”“钱锺书来阅书”一句话一笔带过，而没有具体写清为钱锺书参考咨询和借阅了哪些书籍，但从钱锺书如此频繁地到顾廷龙处访书，可以看出钱锺书在学术研究上对顾廷龙搜集整理保存的文献资源的依赖与关注。

夏伟在《青年钱锺书与辣斐德路亭子间——〈谈艺录〉之诞生》一文中提出设问：“究竟是怎样的力量保护并推动了钱锺书，助其在‘兵罅偷生’中逆流而上、破茧成蝶，而未蹉跎鱼烂、仲永自伤。”③ 作者主要从钱锺书的“基本自我”与机缘和逆境两个方面剖析了《谈艺录》的诞生原因。私以为，为钱锺书提供丰富文献资源的顾廷龙及其他友人们也是一股不容忽视的力量。杨绛在《怀念陈衡哲》一文中曾侧面写过钱锺书常到合众图书馆查书的事迹，“锺书工作忙，偷空读书。他正在读《宋诗纪事》，还常到附近的合众图书馆去查书，我不愿打搅他”④。这篇文章所回忆的内容的时间是在钱锺书一家搬到蒲园后。钱锺书是在1949年初从辣斐德路钱宅搬到蒲园的，此时开明书店版《谈艺录》已经出版，但钱锺书的学术研究并未结束，他仍然常去合众查找资料。而《顾廷龙日记》中1949年日记是完全缺失的。不难想象，顾廷龙与钱锺书的交往要比顾廷龙在日记中记录下来的多很多。

---

① 钱锺书：《谈艺录》序，《谈艺录》，北京：生活·读书·新知三联书店，2019年，第2页。
② 钱锺书：《谈艺录》序，《谈艺录》，第2页。
③ 夏伟：《青年钱锺书与辣斐德路亭子间——〈谈艺录〉之诞生》，《探索与争鸣》，2023年第6期。
④ 杨绛：《怀念陈衡哲》，《杂忆与杂写》，北京：生活·读书·新知三联书店，2010年，第138页。

二、钱钟书对顾廷龙图书馆事业的支持

顾廷龙热心支持钱锺书的学术事业，钱锺书对顾廷龙图书馆事业的扶助也不遗余力。

(一) 赠书

钱锺书多次向合众图书馆赠书，丰富图书馆的馆藏资源。《顾廷龙日记》记录了 1944 年、1946 年、1947 年钱锺书到合众图书馆赠书的情况。1944 年有三次赠书记录，即 2 月，钱锺书第一次来赠书，赠《苓泉年谱》①；7 月，赠《吴董卿集》②；9 月，替金天翮赠送所著《皖志列传稿》及《天放楼文言续》③。1946 年有一次赠书记录，即 3 月，赠《周报》。④ 1947 年有三次赠书记录，即 1 月，赠《思想与时代》⑤；4 月仅记录为“默存来赠书”⑥，未写明具体书名；9 月，赠远东教育会议所发〔印〕刷物⑦。但结合合众图书馆历年的工作报告，可知钱锺书对合众图书馆的捐赠不止以上记录，实际上钱锺书对合众图书馆的赠书更多。笔者爬梳合众图书馆历年工作报告，制作《钱锺书向合众图书馆捐书情况表》⑧ 如下：

钱锺书向合众图书馆赠书情况表		
赠书时间（年月）	赠书种数（种）	赠书册数（册）
1943 年 8 月—1944 年 8 月	17	32
1944 年 8 月—1945 年 8 月	5	5
1945 年 8 月—1946 年 8 月	3	50
1946 年 8 月—1947 年 8 月	27	39
1947 年 8 月—1948 年 8 月	15	17
1948 年 8 月—1949 年 8 月	38	66
1949 年 8 月—1950 年 8 月	0	0
1950 年 8 月—1951 年 8 月	6	6
总计	111	215

根据《钱锺书向合众图书馆赠书情况表》可知，钱锺书自 1943 年 8 月至 1949 年 8 月向合众图书馆总计捐赠图书 111 种，215 册。自 1943 年至 1949 年，钱锺书连续七年向合众图书馆

① 顾廷龙撰，李军、师元光整理：《顾廷龙日记》1944 年 2 月 1 日，第 353 页。
② 顾廷龙撰，李军、师元光整理：《顾廷龙日记》1944 年 7 月 5 日，第 379 页。
③ 顾廷龙撰，李军、师元光整理：《顾廷龙日记》1944 年 9 月 27 日，第 392 页。
④ 顾廷龙撰，李军、师元光整理：《顾廷龙日记》1946 年 3 月 30 日，第 450 页。
⑤ 顾廷龙撰，李军、师元光整理：《顾廷龙日记》1947 年 1 月 28 日，第 471 页。
⑥ 顾廷龙撰，李军、师元光整理：《顾廷龙日记》1947 年 4 月 17 日，第 480 页。
⑦ 顾廷龙撰，李军、师元光整理：《顾廷龙日记》1947 年 9 月 9 日，第 502 页。
⑧ 顾廷龙：《工作报告（1939—1958）》，顾廷龙撰，李军、师元光整理：《顾廷龙日记》，第 660-887 页。

捐赠图书，体现出钱锺书对顾廷龙图书馆事业的大力支持。查《合众图书馆第十一年工作报告》（1949 年 8 月 16 日—1950 年 8 月 15 日），未见钱锺书的赠书记录。1950 年 8 月至 1951 年 8 月间，钱锺书已经在北京清华大学任教，仍然关心着合众图书馆的发展，他向合众图书馆捐赠图书合计 6 种，6 册，用捐赠图书的方式传达对顾廷龙的惦念和对其图书馆事业的关心。

（二）借抄

借阅传抄是古人整理与保护典籍的传统方法，故在古籍版本学中有“抄本”一说。传抄是顾廷龙在战时抢救和保护文化典籍的重要手段。抗日战争期间，物价暴涨，书价昂贵，而图书馆购书经费有限。面对较为优质而又无法购买的国学典籍，顾廷龙常常采取借阅传抄的方式，使“孤本不孤”，不仅可以丰富合众图书馆的馆藏资源，同时对于保护和传播珍稀古籍起到重要作用。顾廷龙曾回忆他在合众图书馆抄书时的专注和投入，他常常抄书抄到深夜，一晚上可以抄写三千字小楷，图书馆对面的舞厅都已散场，他仍然在奋笔疾书。① 1944 年 3 月 9 日，《顾廷龙日记》记载“默存来，见借《谭仲修师友尺牍》一册，为许增、陈豪等。”② 谭仲修即晚清学者、词人谭献。谭献字仲修，号复堂。钱锺书家藏秘笈题名为《复堂师友手札菁华》，顾廷龙当日记录书名为《谭仲修师友尺牍》，与《复堂师友手札菁华》意义相近，应为同一书。1944 年 8 月 6 日，《顾廷龙日记》记载“访默存，还《复堂师友手札》两册，又借一册”。③ 1945 年 4 月 3 日，《顾廷龙日记》记载“默存来，见假《复堂师友手札》首册”。④《复堂师友手札菁华》是手稿本，也是孤本，对于了解晚清的学者交游和学术思想史具有珍贵的史料价值。《合众图书馆筹备第五年工作报告》（1943 年 7 月—1944 年 8 月）记录本年度传抄《复堂师友手札菁华》一册。《合众图书馆筹备第六年工作报告》（1944 年 8 月—1945 年 8 月）记录传抄《复堂师友手札菁华》，未标明册数。⑤ 钱锺书将《复堂师友手札菁华》借给顾廷龙传抄，不仅体现出对顾廷龙的信任，更是与顾廷龙一同参与文化典籍的保护与传播的具体表现。1946 年 1 月，顾廷龙在向上海市教育局呈递的《呈为设立私立合众图书馆申请立案事》中对钱锺书对合众图书馆的扶助表示郑重地感谢，“赖有清高绩学若秉志、章鸿钊、马叙伦、郑振铎、陈聘丞、徐调孚、王庸、钱锺书等数十人以及社会潜修之士同情匡助，现在积存藏书约十四万册，正事陆续整理，准备供众阅览”。⑥

（三）介绍读者

新中国成立之前，合众图书馆从未向社会公开开放，熟人介绍或持介绍信方能进馆阅览。钱锺书介绍自己的学生和朋友来合众图书馆研究学习，拓展合众图书馆的读者群体，促进图

---

① 黄春宇，于颖：《顾廷龙：为图书的一生》，《文汇报》，2014 年 11 月 7 日。
② 顾廷龙撰，李军、师元光整理：《顾廷龙日记》1944 年 3 月 9 日，第 360 页。
③ 顾廷龙撰，李军、师元光整理：《顾廷龙日记》1944 年 8 月 6 日，第 383 页。
④ 顾廷龙撰，李军、师元光整理：《顾廷龙日记》1945 年 4 月 3 日，第 418 页。
⑤ 顾廷龙：《工作报告（1939—1958）》，顾廷龙撰，李军、师元光整理：《顾廷龙日记》，第 692 页、699 页。
⑥《上海市私立合众图书馆发展史料二则》，上海图书馆历史文献所编：《历史文献》第 3 辑，上海：上海科学技术文献出版社，2000 年，第 18 页。

书馆资源的流通和利用。1944 年 4 月 3 日，《顾廷龙日记》记载“默存偕其友周君来参观”；1945 年 12 月 12 日，《顾廷龙日记》记载“默存偕（周）节之来，同访森老，不值”。[①] 周君即周节之，是钱锺书的拜门学生之一。他家境富裕，与钱锺书的关系亲密。随着当时物价的上涨，他主动增加了向钱锺书支付的学费。他还请钱锺书代为买书，自己不读，专供老师阅读，这些书被钱锺书戏称为“借痴斋藏书”。[②] 从日记中可以看出钱锺书至少两次带周节之来合众图书馆参观阅览。查《合众图书馆工作报告》，《合众图书馆筹备第五年工作报告》（1943 年 7 月—1944 年 8 月）中“六．参观”中有“周节之（钱锺书同来）”的记录；《三十四年度工作报告（合众图书馆第七年工作报告）》（1945 年 8 月—1946 年 8 月）“五．阅览”中有阅览者题名，记录有钱锺书、周节之的名字；《合众图书馆第八年工作报告》（1946 年 8 月—1947 年 8 月）“五．阅览”亦出现周节之的名字。[③] 1946 年 3 月 8 日，《顾廷龙日记》记载“锺书偕章克椮来”[④] 章克椮是钱锺书的学弟，此时亦是一同工作的同事。钱锺书自 1946 年 6 月至 1948 年 6 月担任国立中央图书馆英文总纂，兼任英文馆刊《书林季刊》的主编。钱锺书曾向馆长蒋复璁推荐章克椮担任《书林季刊》助理编辑。章克椮毕业于清华大学外文系，是比钱锺书低两级的学弟，他精通英、法、俄等多种语言，还具有深厚的历史知识和古代汉语基础。建国后，章克椮入职上海社科院历史研究所，翻译了大量近代报刊史料，对中国近代史研究做出重要贡献。

（四）担任图书馆顾问

1947 年 5 月 7 日，合众图书馆董事会第六次临时会议通过了聘请钱锺书、顾颉刚、潘景郑为合众图书馆顾问的提案。[⑤] 三天后，钱锺书的学生周节之设宴庆祝，顾廷龙向钱锺书当面呈递了聘书。[⑥] 钱锺书担任合众图书馆顾问，从一个单纯的读者转变为合众图书馆的任职人员，这种身份的转变促使钱锺书与顾廷龙在图书馆事业上的合作更进一层。1947 年，钱锺书已凭借小说《围城》在沪上声名大噪，钱锺书此时不仅是畅销小说家，还是暨南大学教授，国立中央图书馆英文总纂。钱锺书此时职务较多，接任合众图书馆顾问，更多的是出于友情的协助和回馈。从顾廷龙的角度出发，钱锺书的加入，无疑可以为合众图书馆提供更坚实的学术支持，增强合众图书馆的声誉和影响力。钱锺书与顾廷龙之间的关系也从读者与馆员，转变为图书馆事业发展勠力同心的同事与挚友。

1947 年，二人的交谊最为密切，每个月都见面。根据已有史料梳理，二人于 1947 年至少

---

① 顾廷龙撰，李军、师元光整理：《顾廷龙日记》，1944 年 4 月 3 日，第 366 页；1945 年 12 月 12 日，第 429 页。

② 吴学昭：《听杨绛谈往事》，北京：生活·读书·新知三联书店，2008 年，第 186 页。

③ 顾廷龙：《工作报告（1939—1958）》，顾廷龙撰，李军、师元光整理：《顾廷龙日记》，第 694 页、709 页、717 页。

④ 顾廷龙撰，李军、师元光整理：《顾廷龙日记》1946 年 3 月 8 日，第 446 页。

⑤ 顾廷龙：《合众图书馆议事录（1941 年 8 月-1953 年 4 月）》，顾廷龙撰，李军、师元光整理：《顾廷龙日记》，第 914 页。

⑥ 顾廷龙撰，李军、师元光整理：《顾廷龙日记》1947 年 5 月 10 日，第 483 页。

见面18次。1947年1月、2月、3月、4月、5月、6月、7月、8月、9月、10月、11月钱锺书都来拜访过顾廷龙；而顾廷龙在1947年7月、9月、10月去拜访过钱锺书，其中9月拜访时钱锺书不在家。5月，二人一同参加周节之的宴席。① 6月、12月，二人一同参加郑振铎的宴席。② 8月，二人一同参加李宣龚的宴席。③ 1947年11月5日，郑振铎约晚餐，钱锺书还与顾廷龙一同请客，二人关系的亲密可见一斑。④

（五）为爱国文化事业牵线搭桥

钱锺书还热心为顾廷龙的古籍与文物保护事业搭桥牵线。1945年11月18日，在顾廷龙写给顾颉刚的信中，提到顾廷龙想要参与赴日调查遗失文物团，钱锺书为顾廷龙向徐森玉说情一事：

> 最近悉教部有赴日调查遗失文物之组织，该调查团团长为张道藩，团员徐森老、贺昌群、向达、伍蠡甫（光建子，任该团英文秘书）、张凤举（任日文秘书），多公熟人，亦可一托，似可正式具报，大有完璧归赵之望。初赴日调查团委由森老主持，龙颇欲随往一开眼界（因敝馆进展财力所限，决不能仿英美，至日本规模或有可采）。钱锺书君为言于森老，森老极赞成，不意改张为首长、且人选由部派定者。惟森老与锺书云：此事全由杭立武主管之，渠尚欲为龙设法，已飞笺与杭接洽，尚无回音。公知其详情否？不知究有定额几人？公与杭至交，能一探否？徐、贺、向皆熟人，倘能偕去，亦甚难得，且可于尊藏切实访觅矣。⑤

顾廷龙想参加的原因主要是希望考察日本图书馆事业，从中学习成功经验以利于办好合众图书馆。⑥ 虽然最终未能如愿成行，但经钱锺书牵线，徐森玉了解到顾廷龙对调查遗失文物的迫切心情和工作热情。1946年，为配合“战时文物损失清理委员会”请外交部向远东顾问委员会及盟军驻日总部提出的《追偿我国文物意见书》中的主要要求，并为中国政府向日方提出战争赔偿提供交涉依据，“战时文物损失清理委员会”迫切需要编纂遗失文物目录。徐森

---

① 顾廷龙撰，李军、师元光整理：《顾廷龙日记》1947年1月28日，第471页；1947年2月11日，第473页；1947年3月11日，第476页；1947年3月31日，第478页；1947年4月17日，第480页；1947年6月2日，第488页；1947年7月11日，第494页；1947年9月9日，第502页；1947年9月15日，第503页；1947年9月22日，第505页；1947年10月22日，第512页；1947年11月5日，第515页；1947年7月6日，第493页；1947年9月21日，第505页；1947年10月7日，第508页；1947年5月10日，第483页。

② 郑振铎著，陈福康整理：《郑振铎日记全编》，太原：山西古籍出版社，2006年版，1947年6月9日，第285页；1947年12月19日，第317页。

③ 顾廷龙撰，李军、师元光整理：《顾廷龙日记》1947年8月1日，第498页。

④ 顾廷龙撰，李军、师元光整理：《顾廷龙日记》1947年11月5日，第515页。

⑤ 顾廷龙：《致顾颉刚》（1945年11月18日），顾廷龙著，《顾廷龙全集》编辑委员会编：《顾廷龙全集·书信卷》上，上海：上海辞书出版社，2017年，第144-145页。

⑥ 顾诵芬，师元光编著：《钱锺书诗（1944年）——“一栏识井便知门”》，《自将摩挲认前朝：〈宋昭定井栏题字〉释注》，上海：上海科学技术文献出版社，2017年，第252页。

玉推举顾廷龙担此重任，并聘请谢辰生、吴静安、程天赋等人与顾廷龙合作[①]，历时九个月最终完成了这部《中国甲午以后流入日本之文物目录》[②] 的编纂（下简称《文物目录》）。《文物目录》收录甲午以后至 1945 年抗战胜利前夕被日本劫夺的中国甲骨、石器、铜器、刻石、陶瓷、古玉、丝绣、书画、写经、拓本、杂物、古籍等类中国文物 15245 件。《文物目录》不仅在外交上可作为日本侵略中国、巧取豪夺的重要证据，同时对于研究中国近代史、书籍史、中国古典文献学亦具有不可忽略的学术价值。

1946 年 2 月 11 日，《顾廷龙日记》记载："默存来，达慰堂意，属撰《玄览堂丛书提要》，许之。"[③] 慰堂是蒋复璁的号。1946 年起，钱锺书担任国立中央图书馆英文总纂兼英文馆刊《书林季刊》的主编，而蒋复璁是国立中央图书馆馆长。钱锺书作为蒋复璁的下属传达蒋复璁的工作指示，诚请顾廷龙为《玄览堂丛书》撰写提要。蒋复璁和顾廷龙都在图书馆界工作，为抢救珍稀古籍文献而奔走。"刊布孤椠秘笈"是合众图书馆的办馆目的之一，自 1940 至 1945 年顾廷龙已编辑印行《合众图书馆丛书》十四种，在当时取得积极反响。蒋复璁邀请顾廷龙为《玄览堂丛书》撰写提要不仅体现出蒋复璁与顾廷龙在古籍保护事业上的同声相应、同气相求，还反映出蒋复璁、钱锺书等人对顾廷龙版本目录学功力的认可。顾廷龙是撰写古籍书目提要的行家里手，撰写藏书提要是他在合众图书馆的日常工作。邀请顾廷龙撰写《玄览堂丛书》提要可以彰显《玄览堂丛书》的学术价值，具有权威性。

《玄览堂丛书》与蒋复璁有着密切关联。1940 至 1941 年间，时任国立中央图书馆馆长的蒋复璁在重庆创建国立中央图书馆重庆分馆，出于抢救珍贵古籍的热切愿望，蒋复璁暗中联系郑振铎等爱国学者在上海代购古籍善本三千八百余种，钱款由蒋复璁从中英庚子赔款中拨发，书籍归国立中央图书馆所有。[④] 为了抢救和保护文化根脉，郑振铎等人决定先将这批善本中最为珍稀、最富有价值的书籍编为丛书，陆续影印出版，从而化身千百，不再有失传之厄。《玄览堂丛书》分为初集、续集、三集先后影印出版。顾廷龙为《玄览堂丛书》初集、续集、三集均撰写过提要。《玄览堂丛书提要》文字明白洗练，对书籍内容与版本的评析颇有真知灼见，旁征博引似信手拈来，又辅以一两句透辟评价，充分显示出顾廷龙广博的学识和深厚的古典文献学造诣。此外，顾廷龙还承担过《玄览堂丛书》三集的出版工作。[⑤]

---

① 顾廷龙：《甲午以后流入日本之文物目录跋》，《顾廷龙文集》，上海：上海科学技术文献出版社，2002 年，第 164 页。

② 徐森玉主编，顾廷龙、谢辰生、吴静安、程天赋编著：《中国甲午以后流入日本之文物目录》，上海：中西书局，2012 年。

③ 顾廷龙撰，李军、师元光整理：《顾廷龙日记》1946 年 2 月 11 日，第 443 页。

④ 沈津整理、注释：《郑振铎致蒋复璁信札》（上），《文献》，2001 年第 3 期；《郑振铎致蒋复璁信札》（中），2001 年第 4 期；《郑振铎致蒋复璁信札》（下），2002 年第 1 期。

⑤ 顾廷龙：《玄览堂丛书三集提要》，顾廷龙著《顾廷龙全集 · 文集卷上》，第 255-256 页。

三、顾廷龙与钱锺书在生活上的交往

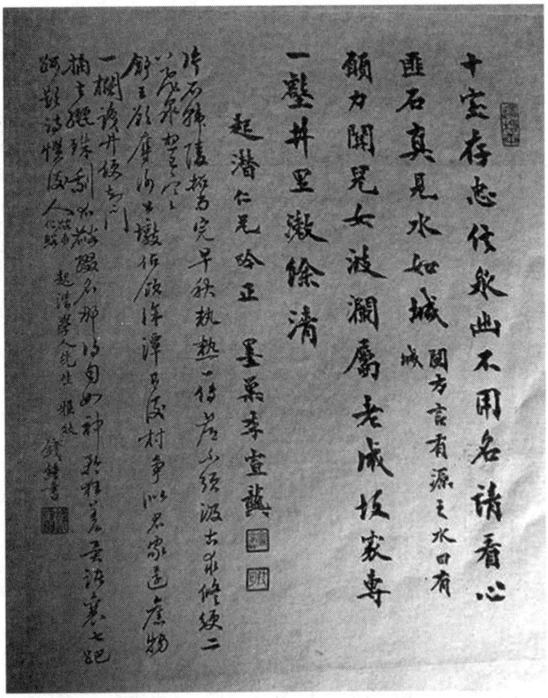

图1 钱锺书题诗三首于顾廷龙编《宋绍定井阑题字册》

钱锺书与顾廷龙不仅在事业上相互扶持，在生活中也有着亲密的互动。1944 年 3 月 2 日，《顾廷龙日记》记录：“访默存，介其夫人杨季康女士相见，先君弟子也。”[①] 顾廷龙去拜访钱锺书，钱锺书介绍自己的妻子杨绛与其相识。钱锺书也曾与顾廷龙的家人有过亲切交流。据顾廷龙之子顾诵芬回忆，顾廷龙对钱锺书的外文水平之高非常钦佩，在顾诵芬上大学一年级的时候，顾廷龙专门带他向钱锺书请教如何学好英文，钱锺书说“就得像上海人能听懂大世界的那个滑稽戏一样，要能听懂那个词，你的英文就过硬了”[②]。钱锺书还向顾诵芬赠送一本英文现代剧剧本以便学习使用。[③] 1944 年 9 月 5 日，钱锺书为顾廷龙家藏的宋阑题七言绝句三首。[④] 宋阑，即南宋绍定井阑，因有“顾衙”“复泉”字样，故又名复泉井阑。1915 年，顾廷龙祖父在自家的新宅中发现该井阑。顾廷龙自幼喜爱金石，他对井阑进行了一番考证，1929 年，自制一本《宋绍定井阑题字册》，自 1930 年起，邀请自家亲密师友为井阑题字。这本《题字册》充分展现顾廷龙的交游情况，其中有钱锺书题诗三首，未收入钱锺书诗集《槐聚诗存》。

片石韩陵拓尚完，早秋执热一传看。不须汲古求修绠，二八飞泉想已寒。

舒王欲夺谢公墩，占领深潭有后村。争似君家还旧物，一栏识井便知门。

摘去骊珠剩爪鳞，缀名那得句如神。矜狂差异诸襄七，跁踦题诗惯后人。

起潜学人先生雅教

钱锺书

---

① 顾廷龙撰，李军、师元光整理：《顾廷龙日记》1944 年 3 月 2 日，第 359 页。

② 顾诵芬口述：纪录片《合众图书馆》，爱奇艺视频。2024 年 8 月 17 日检索。

③ 顾诵芬，师元光编著：《钱锺书诗（1944 年）——“一栏识井便知门”》，《自将摩挲认前朝：〈宋昭定井栏题字〉释注》，上海：上海科学技术文献出版社，2017 年，第 253 页。

④ 顾廷龙撰，李军、师元光整理：《顾廷龙日记》1944 年 9 月 5 日，第 387 页。

第一首诗写钱锺书在早秋季节看到顾廷龙家的井阑拓片，“执热”源自《诗经·大雅·桑柔》中的“谁能执热，逝不以濯”，意在表现钱锺书观赏顾廷龙的《宋绍定井阑题字册》时艳羡激动的心情。“早秋”与《顾廷龙日记》中记录的时间“9月”相合。后两句由实入虚，诗人面对井阑拓片，想象着清冽的井水飞溅而出的情形，生动可感。第二首诗同样用典，引用王安石在《谢公墩二首（其一）》一诗中与谢安争墩的幽默典故①，反衬顾家的旷达大度，赞颂顾宅因井栏而美名流芳。第三首诗是对题诗的自谦之辞，诗人认为题诗与井阑相比，价值较低，好似“骊珠”和“爪鳞”之分，有悔作之意。三四句引用《随园诗话》中诸锦拒绝题诗的典故自况，表达出自觉诗作不够好，但不题诗又可能让人觉得“矜狂”的复杂感情，最后只好题诗让后人去评说。从这三首诗可以看出钱锺书对顾廷龙的题字请求很用心，诗中引用多个典故，既展现出对顾家及其家藏文物的颂扬，又在颂扬中暗含朋友间的打趣和自嘲。这三首诗是钱锺书与顾廷龙友谊的见证。

作为亲密友人，钱锺书与顾廷龙一同出席过不少宴饮聚会。1943年、1945年、1946年、1947年、1948年都有二人一同赴宴的记录。这些聚会的规模一般在八九人间，聚会成员虽多有变动，但均为文雅之士，展现顾廷龙、钱锺书与沪上文化圈的密切交流。根据《顾廷龙日记》记录，1943年2月19日，这一天是元宵节，李宣龚请客吃午餐，钱锺书、顾廷龙均出席，在座有陈灨一、夏敬观、陈伯冶、沈剑知、朱象甫等人。② 1943年4月4日，李宣龚招食茶点，钱锺书、顾廷龙均出席，在座有冒广生、夏敬观、沈昆三、沈剑知、瞿凤起、瞿旭初、顾公雄、黄霭农。③ 1945年12月2日，《国文月刊》社邀请顾廷龙、钱锺书吃饭，在座有吕诚之、唐弢、曹聚仁、吴文祺、赵泉澄、顾雍如、王以中。④ 1946年5月7日，顾廷龙请钱锺书吃饭，同时受邀的还有洪业、顾颉刚、郑振铎、张天泽、徐森玉、叶景葵、高君珊、雷洁琼。⑤ 1947年5月10日，钱锺书的学生周节之请客，钱锺书来合众图书馆邀顾廷龙一同前去，在宴席上顾廷龙向钱锺书面递了合众图书馆顾问的聘书。⑥ 1947年8月1日，李宣龚请客，顾廷龙与钱锺书均出席，同席者有梁思成、温源宁、林崇墉、徐森玉、瞿旭初等。⑦ 1948年2月3日，这一天是南方小年，顾廷龙请钱锺书、顾颉刚、郝昺衡、孙蜀丞、牟润孙等在合众图书馆的家中吃午餐。⑧ 此外，《顾颉刚日记》和《郑振铎日记》中也有关于钱锺书、顾廷龙二人交往的描述，从侧面反映出钱锺书、顾廷龙与顾颉刚、郑振铎的私交。据《顾颉刚日记》记

---

① 王安石《谢公墩二首（其一）》：“我名公字偶相同，我屋公墩在眼中。公去我来墩属我，不应墩姓尚随公。”王安石退居江宁时居住在半山园，在半山园以北不远处有一个小土堆名为“谢公墩”，相传是东晋名相谢安旧游之地。王安石在这首诗中以风趣的笔调表达出对谢安的敬意，同时也暗含与谢安一争高下的心理。

② 顾廷龙撰，李军、师元光整理：《顾廷龙日记》1943年2月19日，第298页。

③ 顾廷龙撰，李军、师元光整理：《顾廷龙日记》1944年4月4日，第305页。

④ 顾廷龙撰，李军、师元光整理：《顾廷龙日记》1945年12月2日，第427页。

⑤ 顾廷龙撰，李军、师元光整理：《顾廷龙日记》1946年5月7日，第455页。

⑥ 顾廷龙撰，李军、师元光整理：《顾廷龙日记》1947年5月10日，第483页。

⑦ 顾廷龙撰，李军、师元光整理：《顾廷龙日记》1947年8月1日，第498页。

⑧ 顾廷龙撰，李军、师元光整理：《顾廷龙日记》1948年2月3日，第519页。

录，1946年10月5日中午，郑振铎请客，钱锺书、顾廷龙均出席，同席者有蒋复璁、李济、魏建功、吴宗济、屈万里、张珩、徐森玉、王庸及顾颉刚；[①] 1949年1月17日晚上，叶景葵请客，钱锺书、顾廷龙均出席，同席者有胡适、郑振铎、徐森玉、张芝联、顾颉刚及顾廷凤。[②] 据《郑振铎日记》记录，1947年6月9日，钱锺书、顾廷龙来郑振铎家中宴饮交流，同席者有马衡、徐森玉、汤临石、李宗侗、袁同礼、钱存训、张珩；[③] 1947年11月5日，中午，徐森玉为向觉明洗尘，邀钱锺书、顾廷龙、郑振铎、徐伯郊等人作陪，晚上，郑振铎约吃晚饭，钱锺书与顾廷龙合请郑振铎；[④] 1947年12月19日，这一天是郑振铎50岁生日，钱锺书、顾廷龙等人来郑振铎家祝寿，“谈笑甚欢”，同席者还有徐森玉、王以中、李健吾、郭绍虞、陈济川等人；[⑤] 1948年1月1日元旦晚宴，蒋复璁在会宾楼请客，钱锺书与顾廷龙列席，同席者有郑振铎、王伯祥、周宽甫、徐伯郊、王辛笛及南京中央图书馆的两位同人，“谈颇畅”[⑥]；1948年5月24日晚六时许，钱锺书夫妇与顾廷龙在郑振铎家吃晚餐，同席者还有徐森玉、萧乾、李玄伯、王崇武等，“谈论古事及版本，甚欢。十时许，散”[⑦]；5月29日中午，钱锺书与顾廷龙到李玄伯家吃午餐，同席者有郑振铎、乔大壮、马慕轩等；[⑧] 1948年6月10日晚六时许，顾廷龙与钱锺书在郑振铎家晚餐，同席者有严文郁、周予同、王伯祥、李馨吾、章克椮、周连宽等，“谈得颇痛快，十时许，散”[⑨]

然而天下没有不散的筵席。1949年8月24日，钱锺书应清华大学之聘，携妻女北上，离开了上海。在临行前一天，钱锺书向顾廷龙赠《百尺楼集》作别，顾廷龙有题记云：“番禺陈庆森撰。庆森为前京沪铁路局长陈伯庄之父。一九四九年八月廿三日，钱默存先生赠。默存明日赴北平应清华之聘。”[⑩] 顾廷龙晚年回忆与钱锺书的分别，还记得钱锺书在临上火车前给他留下“司的克”的趣事。可惜此事没有被详细记述下来。[⑪] “司的克”是手杖的英译。查《顾廷龙日记》，1949年日记完全缺失，细节无从得知，但与钱锺书的分别之景深深地印刻在顾廷龙的脑海中。手杖是钱锺书日常摩挲的亲密之物，亦是行走时可以依仗的借力之物。钱锺书将手杖赠予顾廷龙，既是二人亲密友情的见证，也暗含对顾廷龙的支持之意。钱锺书离

---

① 顾颉刚：《顾颉刚日记》卷五1946年10月5日，北京：中华书局，2011年，第726页。

② 顾颉刚：《顾颉刚日记》卷六1949年1月17日，第406页。

③ 郑振铎著，陈福康整理：《郑振铎日记全编》1947年6月9日，太原：山西古籍出版社，2006年，第285页。

④ 顾廷龙撰，李军、师元光整理：《顾廷龙日记》1947年11月5日，第515页；郑振铎著，陈福康整理：《郑振铎日记全编》1947年11月5日，第309页。

⑤ 郑振铎著，陈福康整理：《郑振铎日记全编》1947年12月19日，第317页。

⑥ 郑振铎著，陈福康整理：《郑振铎日记全编》1948年1月1日，第336页。

⑦ 郑振铎著，陈福康整理：《郑振铎日记全编》1948年5月24日，第370页。

⑧ 郑振铎著，陈福康整理：《郑振铎日记全编》1948年5月25日，第371页。

⑨ 郑振铎著，陈福康整理：《郑振铎日记全编》1948年6月10日，第375页。

⑩ 顾廷龙：《百尺楼诗集题记》，顾廷龙著，《顾廷龙全集》编辑委员会编：《顾廷龙全集·文集卷下》，第871页。

⑪ 邹振环：《宽厚的智者顾廷龙》，《侨报》，1992年11月21日。

开上海两年后，还在书信中关心顾廷龙和他的家人，那时顾廷龙之子顾诵芬从上海交通大学航天工程系毕业，被分配到沈阳航空工业局。钱锺书在信中对顾诵芬的远行非常关切。[①] 1977年4月，顾廷龙接到国家文物局通知，进京参加中国古籍善本书目及试点工作座谈会。顾廷龙在儿子顾诵芬的陪同下到钱锺书家中拜访，杨绛亲自下厨招待顾廷龙父子吃午饭。[②] 阔别28年的老友再度相逢，二十余年间国事家事沧桑变换，两位先生也从中年步入了晚年，时间赋予了此次会面更为深刻的意义，想必顾廷龙与钱锺书在见面那一刻已深感快慰。

自1943年至1949年，钱锺书与顾廷龙一同度过了人生中最艰难的岁月。世事维艰，情足可贵。钱锺书认为中国古语中的“素交”最能表现友谊的精髓，“真正的交情，看来像素淡，自有超越死生的厚谊”[③] 在人心惶惶、硝烟四起的战争年代，钱锺书与顾廷龙透过书籍看到了彼此眼中的坚定，那是对伟大祖国的缱绻深情，对压迫与掠夺的无声反抗，对保护中华文化的炙热情怀。在战火与炮声中，他们彼此支持、患难与共，为保护和传承中国传统文化根脉不懈奋斗，结下了深深友谊和累累硕果。这一段素白之交中，有每叩必应的仁义，有共擎互举的热血，亦有志趣相投的欣悦，令后人无限追思、感佩不已。

---

① 顾廷龙撰，李军、师元光整理：《顾廷龙日记》1951年9月6日，第582页。

② 顾诵芬，师元光编著：《追记：悼念杨绛先生》，《自将摩挲认前朝：〈宋昭定井栏题字〉释注》，上海：上海科学技术文献出版社，2017年，第254页。

③ 钱锺书：《谈交友》，《钱锺书散文集》，杭州：浙江文艺出版社，1997年，第73页。

白首论交久，江干话语亲
——顾廷龙与胡道静学术情谊述略

武方艺

顾廷龙（1904—1998）与胡道静（1913—2003）皆为中国近现代目录版本学大家。顾廷龙曾从学于胡道静的伯父、著名文字训诂学家胡朴安，胡道静亦曾从学于顾廷龙之侄、著名历史学家顾颉刚。二人自1929年相识于上海持志大学开始，纵使经历战乱烽火，遭遇时运拨弄，亦未曾间断学术往来，不以盛衰易节。在长达半个多世纪的沪上学术生涯中，二人志同道合、相知相惜的经历不仅令他们结下了深厚的情谊，也对中国的版本目录学、图书馆学、古代科技史的发展颇具影响。

一、顾廷龙与胡道静的学行交集

顾廷龙，字起潜，号匋誃，又号隶古定居主人、小晚成堂主人。江苏苏州人。1904年11月10日，顾廷龙出生于苏州混堂巷旧宅。其父顾元昌志于经世之学，其族侄顾颉刚长于史学，开创古史辨派，是历史地理学与民俗学奠基人。按辈分，顾廷龙比顾颉刚长一辈，却比顾颉刚小11岁，而顾廷龙在北平时曾随顾颉刚读书、写作，顾廷龙亦视顾颉刚为师。①

胡道静，安徽泾县人，1913年1月18日出生于江苏省上海县（今上海市）一个中层知识分子家庭。其父胡怀琛精国学，工诗文，其伯父胡朴安精善文字、训诂、校勘之学。如此之家学，使得胡道静自幼接触典籍，并养成了“手抄群书”的学习习惯。据胡道静回忆，他读于上海正风中学时，在父亲与老师顾实的指导下打下了目录学功底，而最终由伯父胡朴安带

① 顾潮：《顾颉刚先生与顾廷龙先生的交谊》，上海图书馆编：《顾廷龙先生纪念集》，上海：上海科学技术文献出版社，2014年，第119页。

他走上这条治学道路。①

顾廷龙1924年赴上海攻读南阳大学机械系，因身体欠佳，且对数学兴趣不大，于是转到国民大学，师从胡朴安、闻宥学习文字音韵训诂之学，此后因学校改组休学返里。休学期间，顾廷龙得以从其外叔祖王同愈学习，并在王同愈处见一《四库简明目录》抄本，因缘而作四库目录汇校标注工作，后来得到胡怀琛的赞赏。顾廷龙回忆：

> 偶从公（王同愈）案头见有《四库简明目录》抄本，各书详注版本，余甚好之。公曰："此从叶菊裳先生处传抄者。叶先生则录自朱学勤藏本。"当时朱学勤、邵懿辰、莫友芝皆好书，各以所见不同版本者详记于《简明目录》。三人又时相交流补充，是文人好书之乐事也。余亟购得藏园所印《郘亭知见传本书目》，过录其上，以便校补。②

胡怀琛曾专门为此赋诗赞赏："目覩豈徒诧万卷，手抄不肯易千钟。自家独坐空斋里，便有乾坤在此中。"③

1929年顾廷龙又以特异成绩插读上海持志大学国学系毕业班。顾廷龙著作之一《说文废字废义考》④ 的写作，便是在持志大学听胡朴安课时所受到的启发，他回忆道："《说文》中有些字从简单到复杂，再回复到简单，从中可以看出文字的演变发展。所以我的毕业论文就选了这个题目。"⑤

胡道静1928年9月被录取为上海持志大学国学系二年级学生，他在系统深造的同时，广泛从师而学，其间便曾跟随顾颉刚学习史学史。胡道静专门有《〈古史辨〉对一个顽固青年的冲击》一文，谈到顾颉刚"层累地造成的中国古史说"⑥ 对他的影响。顾颉刚对胡道静的《梦溪笔谈校证》亦做出"有似裴松之注《三国志》"⑦ 的极高评价。

从顾廷龙与胡道静的求学经历来看，顾颉刚与胡朴安、胡怀琛不仅分别是顾廷龙与胡道静的同族亲属，还是顾廷龙与胡道静共同的学术前辈，顾廷龙与胡道静甚至在未相识时就不约而同地受教于顾颉刚与胡朴安二人，这不可谓不是一种缘分，或许也是这种教育背景的相

---

① 胡道静：《回忆我的学生时代》，《胡道静文集·序跋题记、学事杂忆》，上海：上海人民出版社，2011年，第260页。

② 顾廷龙：《王同愈集序》，王同愈著，顾廷龙编：《王同愈集》，上海：上海古籍出版社，1998年，第1页。

③ 陈先行：《顾廷龙生平述略》，上海图书馆编：《顾廷龙先生纪念文集》，上海：上海科学技术文献出版社，1999年，第94页。

④ 《说文废字废义考》是顾廷龙在燕京大学研究院学习时的硕士毕业论文，1932年撰写，一年内完成，从未发表过，后被收入《顾廷龙全集·著作卷》中。该文分六个章节：绪论，废字考，废义考，字废例，义废例，结论。较为系统地发现提出并分析阐述了《说文解字》中废字废义的文字形义历史发展现象。

⑤ 沈津编著：《顾廷龙年谱》，1931年，上海：上海古籍出版社，2004年，第24页。

⑥ 顾颉刚：《与钱玄同先生论古史书》，《古史辨自序（上）》，北京：商务印书馆，2011年，第1-9页。

⑦ 胡道静：《抄校讽诵六十冬》，胡道静著，虞信棠、金良年编：《胡道静文集·序跋题记、学事杂忆》，第203页。

近，无意间为二人之后的交往与情谊做了铺垫。而促成顾廷龙与胡道静相遇的直接原因，却并非二人有共同的授业师，而是纯粹“以学会友”。

胡道静1928年入上海持志大学国学系二年级就读，顾廷龙则于1929年春插读持志大学国学系毕业班，据胡道静回忆：

> 以班次相差两级，初无缘相识，旋《校刊》发表余《版匡释名》一文，顾学长见而视为空谷足音，访得余住址，不耻下问，莅寓相定交。余以学长识见高余万倍，私心亟愿居友生之位。学长长于目录之学，传录各家《四库简明目录标注》至勤劬，并补苴极丰，余极佩之。学长又有特殊见解，以为《四库存目》必须作版本标注。此见当时识者甚少，余亦不能深明就里。至解放后拨乱反正年代，京师乃有《四库全书存目丛书》之辑，即由学长主其事，始知学长所见早矣，卓矣。①

顾廷龙于1931年从上海持志大学毕业后，考入燕京大学研究院国文系继续进修，从燕京大学毕业后又留在燕大图书馆工作；而胡道静于1931年毕业后，进入上海通志馆任编辑，负责通志稿中的“文化事业编”和“宗教编”中的基督教内容的编辑工作。于是顾廷龙在北平，胡道静留上海，二人虽难以相见，但对彼此的关注却不曾停止。1934年，顾颉刚在北平组织“禹贡”学会，并创办《禹贡》月刊，编刊《西北边疆史地丛编》。为广求图籍，顾颉刚求助顾廷龙帮忙搜索。胡道静得知消息后，感于顾廷龙与顾颉刚的“书生报国宏志”，便从上海向顾廷龙邮汇款项，资助“禹贡”学会与历史地理学的发展。② 由于胡道静所从事的上海通志的工作也属于历史地理学范畴，他又编写了一份《三个收藏记述上海的西文书籍的目录》，并于1936年刊发在《禹贡》半月刊第六卷第六期上③，不仅支持师友的学术事业，也借此整理了有关上海史的外文资料。

1939年，顾廷龙应叶景葵与张元济之邀，离开北平赶赴上海，任私立合众图书馆总干事。时隔八年，顾廷龙与胡道静重逢于沪上，1940年10月31日，胡道静还曾给顾廷龙送来胡朴安辑的《朴学斋丛书》。④

---

① 胡道静：《胡道静序》，顾廷龙：《顾廷龙文集》，上海：上海科学技术文献出版社，2002年，第1页。

② 胡道静：《胡道静序》，顾廷龙：《顾廷龙文集》，2002年，第2页。

③ 胡道静：《三个收藏记述上海的西文书籍的目录》，胡道静著，虞信棠、金良年编：《胡道静文集·上海历史研究》，上海：上海人民出版社，2011年，第131-162页。文章原载于《禹贡》半月刊第六卷第六期。

④ 顾廷龙撰，李军、师元光整理：《顾廷龙日记》1940年10月31日，北京：中华书局，2022年，第113页。“朴学斋”为胡朴安藏书之处。此处《朴学斋丛书》实际指《朴学斋丛书》第一集。胡朴安有感于国家多故，文献沦亡，于1938年起选择家藏先人著述，于1940年编成《朴学斋丛书》。该丛书是胡氏诗文总集，共32卷，收书25种，包括胡朴安祖父胡学书的《养拙斋诗存》，父亲胡鼎的《守拙斋诗存》《守拙斋文存》，胡朴安之弟胡怀琛的十五种著述为丛书的中坚内容。胡朴安于书末撰家乘，书前有柳亚子、陈柱、高夔序。1947年，胡朴安病逝后，其子胡道彦又将胡朴安著述编为《朴学斋丛书》第二集，将胡寄尘诗作编为《朴学斋丛书》第三集。参罗志欢撰《中国丛书综录选注》（上），济南：齐鲁书社，2017年，第283页。

然而顾廷龙与胡道静相逢不久后，1941 年 12 月 8 日，太平洋战争爆发，上海法租界亦沦陷，胡道静惊险逃过日伪搜禁，携弟奉母匆忙离开上海，避乱途中先后任金华《东南日报》编辑、《中央日报》安徽版的资料室主任与副刊《青锋》主编，1945 年抗战胜利后才返回上海，就任《正言报》总编辑。[①] 在上海沦陷的时间中，胡道静被迫离沪，顾廷龙依旧坚守合众图书馆，日寇曾意图攫取合众藏书[②]，又以借用图书馆场地开会为由试图侵占房屋[③]，皆被顾廷龙拒绝。顾、胡二人此番历经战乱，又有四年未能相见，甚至书信往来都被战火阻隔，1946 年二人再次于沪相见时，顾廷龙记下“道静来，四年不晤矣，快甚”[④] 之语，对于苦难不再提起，只有老友重逢的喜悦值得记忆。

抗战结束后，上海通志馆复馆，后改组为文献委员会，胡道静仍为编辑，并兼任中国新闻专科学校（上海）教授，1949 年又任《中央日报》社副总编辑。[⑤] 解放以后，胡道静投身于新中国文化事业的建设，1950 年被任命为华东军政委员会文化部文物处科长。在此期间，顾廷龙依旧从事于合众图书馆的保护与建设，虽然抗战时图书馆避免了被日寇侵占，但上海解放前夕，又被国民党占用，张元济和徐森玉皆亲自来照料，“幸即解放，得免糟蹋”。[⑥] 1946 至 1950 年间，顾廷龙与胡道静来往不断，恰逢解放后生活条件安定，胡道静便常去合众图书馆看书[⑦]，借助于合众丰富的藏书资源，其《梦溪笔谈校证》也在多番努力下于 1956 年春出版。除此之外，胡道静还向顾廷龙与合众图书馆捐赠胡朴安的遗著《蒙书考》[⑧]，间接为潘景郑编胡朴安藏书目提供了资料。1951 年 5 月 24 日潘景郑将《胡氏朴学斋书目》编成后，顾廷龙又示于胡道静，胡道静于南京参加太平天国展览会时捐赠《书目》一册。[⑨]

1951 年，胡道静赴苏州东华人民革命大学学习，又于 1952 年参加入新疆工作团，举家赴新疆乌鲁木齐，一年后返回上海。1958 年调任中华书局上海编辑所编辑，正是这一工作，让胡道静参与了顾廷龙主持编纂的《中国丛书综录》的出版工作。《中国丛书综录》自 1958 年开始编辑，1959 年 12 月至 1962 年 12 月分三册出版，在此期间，胡道静多次与顾廷龙讨论

---

① 虞信棠：《道静先生学行纪略》，胡道静著，虞信棠、金良年编：《胡道静文集·序跋题记、学事杂忆》，第 407-409 页。

② “日本人对‘合众’很注意，曾派人到法公董局教育处声言，要合众图书馆的书。该处只说‘合众’是几个私人办的小图书馆，书尚不多，也没有好书，才打发的。”沈津：《顾廷龙与合众图书馆》，上海图书馆编：《顾廷龙先生纪念集》，第 41 页。

③ “卅一年三月十八日，日人山本鹤模住裕华新村廿九号来，自称法租界日本人会第五分会代表，欲商借本馆为每月聚会之所，后请张音曼先生婉却之。”顾廷龙：《工作报告（1939—1958）》之 1941 年 7 月-1942 年 8 月《合众图书馆第三年纪略》，顾廷龙撰，李军、师元光整理：《顾廷龙日记》，第 678-679 页。

④ 顾廷龙撰，李军、师元光整理：《顾廷龙日记》，1946 年 1 月 17 日，第 440 页。

⑤ 虞信棠：《道静先生学行纪略》，胡道静著，虞信棠、金良年编：《胡道静文集·序跋题记、学事杂忆》，第 410 页。

⑥ 顾廷龙：《合众图书馆小史》，上海图书馆编辑：《总结·开拓·前进 建馆三十五周年纪念文集》，上海：上海图书馆，1987 年，第 3 页。

⑦ 胡道静：《胡道静序》，顾廷龙：《顾廷龙文集》，第 2 页。

⑧ 顾廷龙撰，李军、师元光整理：《顾廷龙日记》，1950 年 10 月 13 日，第 551 页。

⑨ 顾廷龙撰，李军、师元光整理：《顾廷龙日记》，1951 年 5 月 24 日，第 569 页。

《中国丛书综录》的分类、版式等问题①。这不仅是顾廷龙与胡道静交往事迹中的一件大事，也是中国二十世纪文献学史上的一项重要成果。

1966年“文革”开始后，顾廷龙与胡道静皆遭受迫害，家人受害，二人的学术交流陷入停滞，其间的往来信件亦尽遭毁失。上海的图书馆事业遭遇严重干扰与破坏，顾廷龙作为封建主义、资本主义、修正主义的代表人物，文艺黑线的执行者，反动学术权威，在上海图书馆首先受到攻击，被停职审查，后又被抄家，其夫人潘承圭因此卧病在床。在沉重的精神负担与愈发恶劣的生活条件下，潘承圭于1967年逝世。而顾廷龙则先后在上海图书馆仓库、“牛棚”等地参加学习与劳动，1972年得以重返上海图书馆。1969年，胡道静长子胡小静因“炮打张春桥”被视为“反动学生”，遭受隔离审查、野蛮毒打等疯狂迫害，胡道静也被指为“长胡子的后台”而被捕入狱，并被判十年有期徒刑，1976年被释放，后被安排至虹口区清洁管理所，做打扫路面的工作。

粉碎“四人帮”后，特别是在党的十一届三中全会后，胡道静一家才得以重见光明，顾廷龙与胡道静也终于得以恢复联络。十年动乱不仅摧残了二人的身心与家庭，也对“文革”前所积累起来的学术成果造成重创。胡道静此前积攒的《中国古农书总录》《梦溪笔谈补证》等学术成果尽毁于动乱中。“文革”之前，中华书局上海编辑所决定编录一部古农书目录及资料集，而彼时正任中华书局上海编辑所编辑的胡道静便被委以此任，这一学术工作的资料与成果亦毁于十年动乱中。动乱结束后，胡道静未改其志，重振精神，多次赴上海图书馆查阅、修复古农书珍本孤本。顾廷龙作为上海图书馆馆长，不仅以其特色馆藏资源支持胡道静的工作，还主动将古农书孤本影印出来送给农业研究机构与院校，二人共同支持农业建设。顾廷龙在担任上海历史文献图书馆与上海图书馆馆长期间，先后主持影印三十多种馆藏珍贵文献，他曾以馆藏宋刊《艺文类聚》与宋舒州本《王文公文集》付中华书局上海编辑所影印，彼时胡道静正在所中任职，因此所方皆委任胡道静执编。胡道静回忆：“《王集》玻璃版在馆，唯顾馆长知之，又此集所收王安石佚文佚诗至多，更惟顾馆长瞭然。微馆长，殊不能有善本《王集》及内容如此丰富者出版呈现于世也。”② 十年动乱过后，顾廷龙与胡道静的交集除了集中在古文献整理方面，还共同促成中国印刷史研究中的一段学术佳话，即韩国庆州本《陀罗尼经》的传入与研究，这一消息经钱存训介绍，由顾廷龙中转，胡道静与张秀民等国内印刷史研究者才得以关注并引发学术讨论，最终确认《陀罗尼经》为中国唐朝长安印刷品，以正中国印刷术的国际地位。

20世纪80年代初，顾廷龙与胡道静共同被聘为华东师范大学图书馆学系兼职教授及研究生导师，顾廷龙开设“校勘学”课程，胡道静开设“应用目录学”课程，与顾、胡二人共事的还有潘景郑等多位学者，他们共同开课、参与研究生招生与考试命题、指导研究生论文，

---

① 顾廷龙撰，李军、师元光整理：《顾廷龙日记》，1960年8月5日，1960年8月9日，第607页；1960年8月11日，1960年8月13日，第608页。

② 胡道静：《胡道静序》，顾廷龙：《顾廷龙文集》，第3页。

为中国古典文献专业研究生培养做出了重要的贡献。①

顾廷龙与胡道静相识之初便是出于对彼此学识的欣赏，二人贯穿大半个世纪的交往也多围绕学术交流展开，虽然几经战火分隔、动乱迫害，甚至许多累积而成的学术成果也被摧毁，他们依旧不以盛衰易志，并为古文献学界留下《中国丛书综录》和《梦溪笔谈校证》等重要学术成果，共同参与了“古农书”整理与庆州本《陀罗尼经》的研究等重要学术课题。

二、胡道静与顾廷龙在学术事业中首尾共济

（一）胡道静助力顾廷龙的学术事业

1. 胡道静向顾廷龙介绍王献唐

1932 年秋，顾颉刚请顾廷龙参与《尚书文字合编》的工作，主要负责摹写不同载体、不同字体的《尚书》古本。② 至 1936 年，顾廷龙需求《尚书》汉石经残本拓本，彼时该拓本藏在山东省图书馆，而胡道静与山东省图书馆馆长王献唐有旧交，顾廷龙便于 1936 年 12 月 25 日向胡道静致信求助：

> 道静吾兄左右：前奉手书，迟未作答为歉。承示《西藏大记》一书，学会查尚未备，倘蒙慨赐，感激莫名。龙近为校印《边疆丛书》，第二种《哈密志》即日可以出版，甚碌碌也。兹有恳者，比闻山东图书馆藏有《尚书》汉石经残石，颇欲得其拓本。因念吾兄与王献唐先生订文字交甚久，倘能为吾索致一份，感幸无似。如必须价购，亦当照缴也，拜托拜托。
>
> 学会藏贵馆期刊，查有缺者，敢烦吾兄与慎吾兄设法觅赐配补，俾成全璧。不情之请，统祈亮察。慎吾兄须补《禹贡》，已照寄。匆上，祗请著安，并颂侍福，叩贺年禧。
>
> 弟龙顿首。（一九三六年）十二月二十五日。③

同年 12 月 30 日，胡道静致函王献唐，帮助顾廷龙求借《尚书》拓本，并将顾廷龙的来信附寄。

> 献唐先生：久未领教，时切遐念。在报端上常读贵馆业务增进的消息与发现并保存古物的佳音，知贤劳弥甚，而有功文化至大，深以为慰。兹有恳者，友人顾起潜先生，

---

① 王世伟《顾廷龙、潘景郑、胡道静三先生的学术情谊片断追忆》，《海派》第 4 辑，2023 年 12 月，上海大学出版社，第 71 页。

② 顾廷龙“小笔记本”，转引自沈津《顾廷龙年谱长编》（未刊稿）1932 年秋，第 48–49 页。

③ 顾廷龙；《致胡道静》（1936 年 12 月 25 日），《顾廷龙全集》编辑委员会编：《顾廷龙全集 · 书信卷》（上），上海：上海辞书出版社，2017 年，第 294 页。

精研金石文字，现在燕京大学图书馆，顷闻贵馆藏有《尚书》汉石经，拟得拓本，属为代乞一份（原函附呈），如存俯允，寔深感激，尚祈直接寄与起潜先生为祷。倘需手续费，即乞示知，以便转达。不情之请，至恳鉴宥。[①]

在此之后王献唐与顾廷龙、胡道静的往来信件，暂已无可考，因此对于顾廷龙是否顺利收到山东省图书馆藏的《尚书》汉石经拓本亦无所知。然而正是在胡道静此番帮助与介绍下，顾廷龙得以与王献唐相识，结识文献学与图书馆学界的前辈，为之后与学界同仁进行交流和工作打下良好基础。

2. 胡道静协助顾廷龙出版《中国丛书综录》

新中国成立后，私立合众图书馆捐赠给上海市人民政府，1954 年 3 月改名上海市历史文献图书馆，1958 年与上海图书馆等馆统一机构。[②] 1959 年，适逢新中国建国十周年，各界都在筹备献礼事宜，顾廷龙考虑到我国当时尚无一部完善的检索中国古籍的目录工具书，而主要依靠日本学者编的东方文化研究所的汉籍总目，便决定倾全馆之力，编著一部《中国丛书综录》，而中华书局上海编辑所则指定胡道静担任责任编辑。胡道静在编辑该书的过程中，为顾廷龙提供了使用“四角号码检字法”的力证，又主张采用以卡片直接交付印刷的方法，从而保证如期出版。

胡道静本就于其学术实践中得出“四角号码法”是最适用于汉字文献索引方法的经验，他认为，汉字的特征，一是单体，二是方块，“四角号码法”则符合汉字结构、形体的特点，取角编号不仅具有科学性，还易记易查。[③] 因此，当《中国丛书综录》的编辑工作进行到讨论索引检字法时，胡道静为顾廷龙提出两条使用“四角号码法”的有力佐证：一是上海公安局对市区六百万人口的户籍总卡就是由四角号码编排的；二是哈佛燕京社资助编制的中国古籍引得，虽然在北京编制时，由于主持者是“庋撷法”发明者洪业而使用“庋撷法”，但当资金转移到日本京都大学人文科学研究所继续编制时，日本方面亦考虑使用“四角号码法”。可见“四角号码法”本身具有一定的优越性。顾廷龙闻之大喜，遂决断使用原先受到不少人反对的“四角号码法”为《综录》索引方法。

《综录》稿是以卡片形式编成的，而献礼日期迫近，又来不及再改录为书稿发版，当时承印的中华印刷厂要求指派编辑驻厂指导，共同解决印刷中的疑难杂症。胡道静不仅提出以卡片代稿发厂排版的解决办法，还主动驻厂工作。胡道静后来回忆到：

车间同志以从未根据卡片排版，虑有疏失，似此大帙，如之何可，乃提出要余驻厂，

---

① 安可荇，王书林手稿整理，杜泽逊编校整理：《王献唐师友书札・下》，1936 年 12 月 30 日胡道静致王献唐信，青岛：青岛出版社，2009 年，第 1863 页。

② 顾廷龙《合众图书馆小史》，上海图书馆编辑：《总结・开拓・前进 建馆三十五周年纪念文集》，第 7 页。

③ 张喜梅：《馆里馆外——文化名人与中国近代图书馆的创建和理论探索》，北京：中国时代经济出版社，2013 年，第 193 页。

> 共同解决问题。时厂方业务繁忙，实行三班倒制，换人不停工作，因而余需廿四小时留厂，幸时值盛夏，乃携一草席，晚间就车间隙地眠卧，有事随时呼余起共商，遂得安全排成。①

又有书后《全国主要图书馆收藏情况表》90多页，时间已不允许现铸铅条印刷，胡道静遂提出“用照相铅皮版印刷，征得四联印刷厂印刷，然后交中华厂整体装订，又得馆方及中华厂同意，然后渡此难关。”② 顾廷龙在为《章氏四当斋藏书目》撰写跋语时，涉及编《中国丛书综录》事，还特别表示“胡君辛苦极矣，深感不忘”③。1959年9月30日上午，《综录》第一部样书装订印出，中华书局上海编辑所组织锣队往上海图书馆报喜，顾廷龙即刻率馆员迎接。

胡道静对印刷出版流程十分娴熟，解了《中国丛书综录》排版印刷的燃眉之急，且在该书出版过程中事必躬亲，协助顾廷龙按时完成了工作，增进了二人学术情谊。1961年，胡道静还根据其编纂《中国丛书综录》的切身经历，撰写了《〈中国丛书综录〉在目录学上的重大成就》一文，指出：“《中国丛书综录》是建国以来图书馆界在党的领导下从事编制‘联合书目’方面的一项辉煌的成就。它将我国浩若烟海的古籍丛书，从目录学的角度上做了纵深的清理工作，编制出一套六种有机组合的目录和索引，使图书馆的工作者和利用者无论从哪一种要求上都能迅速地检索到所需图书的目录学情况。”④《中国丛书综录》的编纂，正是有赖于顾廷龙、胡道静等众多具有学术追求与深厚文献学素养的学者通力合作，才能迅速问世并惠及后人。

（二）顾廷龙助力胡道静学术研究

顾廷龙自1939年返回上海组建合众图书馆开始，便将巨大热情与精力投入图书馆事业当中。合众图书馆于1953年捐献给上海市政府，1958年合并入上海图书馆，顾廷龙也继续任上海图书馆馆长。在合众图书馆创办之时，顾廷龙即明确图书馆的功能除典藏外，还必须谋以传播。⑤ 一方面，他认为合众图书馆是“向读者提供中国古典文献为业务范围的专业性图书馆”⑥，合众图书馆、上海图书馆先后以其特色馆藏资源为不同领域的学者提供借阅、研究之便，胡道静撰著《梦溪笔谈校证》便得益于此。另一方面，顾廷龙主张“利用图书馆藏书便利编印图书，存亡续绝，使稀见典籍化身千百，既利于保存，又利于传播与弘扬民族优秀文

---

① 胡道静：《胡道静序》，顾廷龙：《顾廷龙文集》，2002年，第3页。
② 胡道静：《胡道静序》，顾廷龙：《顾廷龙文集》，2002年，第3页。
③ 顾廷龙：《章氏四当斋藏书目跋》，《顾廷龙文集》，第138页。
④ 胡道静：《〈中国丛书综录〉在目录学上的重大成就》，胡道静著，虞信棠、金良年编：《胡道静文集·古籍整理研究》，上海：上海人民出版社，2011年，第54页。
⑤ 陈幼华，李歆，郝雁：《顾廷龙图书馆学思想述略》，《图书情报知识》，2011年第5期，第64页。
⑥ 顾廷龙：《创办合众图书馆意见书》，《顾廷龙文集》，第604页。

化遗产，我始终将此作为图书馆事业的重要组成部分”[①]，他与胡道静共同整理上图所藏稀见古农书，便是一项既支持学术研究，又发掘优秀文化遗产助农的实际举措。

1.《梦溪笔谈校证》的写作

胡道静在《梦溪笔谈校证》出版后，曾专门撰写《梦溪笔谈校证五十年》一文来回忆他与《梦溪笔谈》的交集。他在读中学时并不知道活字印刷技术早在第十一世纪就已被中国创造出来，而只知道德国“葛登堡印刷术”，直到他十八岁时读到美国学者卡特所写的《中国印刷术的发明及其西传》才惊讶了解到，这项有关人类文化发展的重大创造，是中国祖先所做出的伟大贡献，并由此得知此说源于《梦溪笔谈》，便找来阅读。他最初买到的是一部古书流通处影印的清光绪三十二年（1906）番禺陶氏爱庐刊本，读之入迷，又去查当时已经出版的《四部丛刊》与《四部备要》，却遗憾发现这两部丛书并未将《梦溪笔谈》收录在内。直到《四部丛刊续编》出版后，《梦溪笔谈》才被作为“笔记”收录其中。

在反复阅读后，胡道静认为《梦溪笔谈》需要进行校勘，只是解放前的学术环境恶劣，胡道静受限于生活的不宁，工作的多变，只能艰难抽取空余时间进行《梦溪笔谈》的校证工作。上海解放前夕，胡道静第一次读到毛泽东的著作《中国革命和中国共产党》，他不仅因此接触到马克思列宁主义，学习到革命理论，还因文中提到中华民族对世界文明的巨大贡献，尤其是“四大发明”中活字印刷术的发明，而受到鼓舞。于是解放后，在国家稳定的大局下，他便以更专心、更坚定的态度继续完善校证。

由于“清末以来，校订《笔谈》文字的凡有数家，以王静安先生的校识为尤精，可惜从未刊行”[②]，《梦溪笔谈》在当时不受重视，亦无精良版本可读，胡道静自述其初衷在于“结集古今学者的智慧，将这部古典名著做一番初步整理的工作，希望对于它的广大的读者能多少有一些便利”[③]。因此《梦溪笔谈校证》的“证”，主要是“集证”的工作，“积数十年之功，撮录群书有关之条文，辑集众家诠解之论述”[④]。恰逢解放后生活安定，胡道静便常去合众图书馆看书，1946至1950年间，顾廷龙多次记下“访胡道静”[⑤]“胡道静来”[⑥]之语，胡道静亦有回忆文字：“时余任抗战工作在内地，至胜利返沪，与学长重聚言欢，始常在合众图书馆阅书，余撰《梦溪笔谈校证》，得力于学长及图书馆藏书为多，乃余所深感也。”[⑦]得益于合众图书馆所收的叶景葵、张元济、蒋抑卮、李宣龚、陈叔通、叶恭绰、胡朴安等名家藏书，胡道静在十余年间先后收集到影刻宋乾道本、明弘治本、《稗海》本、《津逮秘书》本、《学

---

① 顾廷龙：《我和图书馆》，《顾廷龙文集》，第598-599页。

② 胡道静著，虞信棠、金良年整理：《引言》，《梦溪笔谈校证》，上海：上海人民出版社，2016年，第24页。

③ 胡道静著，虞信棠、金良年整理：《引言》，《梦溪笔谈校证》，第24页。

④ 胡道静著，虞信棠、金良年编：《茑萝依松柏——我怎样撰写〈梦溪笔谈校证〉》，《胡道静文集·序跋题记、学事杂忆》，第226页。

⑤ 顾廷龙撰，李军、师元光整理：《顾廷龙日记》，1946年2月17日，第444页；1947年2月15日，第473页；1947年8月23日，第500页；1950年2月15日，第527页。

⑥ 顾廷龙撰，李军、师元光整理：《顾廷龙日记》，1950年10月13日，第551页。

⑦ 胡道静：《胡道静序》，顾廷龙：《顾廷龙文集》，第2页。

津讨原》本、《四部丛刊续编》本和《汇祕笈》本，还有各家校记以及宋、元故书杂记征引的内容，用以校注《梦溪笔谈》《补笔谈》《续笔谈》。

对于这段经历，胡道静曾在《我读书在上海的图书馆里》里回忆："起潜同志是我的老学友，馆中工作人员也多半稔熟，所以，不仅是得到阅读的便利，还获得切磋琢磨的乐趣。《校证》之能迅速完稿，主要得益于此。"①

2. "古农书"整理与研究

1960年十月八日，党中央发出"大办农业"的号召，各界纷纷响应号召，就行业立足点挖掘潜力来支持农业建设，胡道静所在的出版编辑行业与顾廷龙所在的图书馆界亦展开行动。中华书局上海编辑所计划编录一部尽可能完整的古农书目录，时任该所编辑的胡道静由于精通目录学，且熟悉中国古农史，便被委以此任。然而如前文所述，十年动乱将胡道静积攒的农学资料悉数摧毁，"文革"结束后，胡道静重振精神，继续该项工作，多次为搜集、阅读古农书赴上海图书馆。顾廷龙作为上海图书馆馆长，主管馆藏古籍，上图所藏的许多古农书珍本甚至孤本，此前都被束之高阁，其价值未能得到开发与应用，此番恰逢国家大力号召，顾廷龙亦以上图特色馆藏资源积极响应，不仅助力胡道静的古农书普查工作与古农史研究，二人此番合作还为国家的农业建设作出巨大贡献。

检索《顾廷龙年谱》可知，1978年至1983年间，胡道静经常与顾廷龙相约查阅、影印、校注、修复上图所藏农学要籍②，顾廷龙所编的多种目录书亦为胡道静搜求古农书提供了颇多线索，比如胡道静读《杭州叶氏卷盦藏书目》，得知上图藏有朝鲜刊本《农事直疏》及《衿阳杂录》，遂为文刊于纪念李约瑟博士八十寿辰论文集《中国科技史探索》以表之；又读《章氏四当斋藏书目》，得知北京图书馆存有明钞本《树艺篇》，亦为孤本，遂就北图索得胶卷阅读后为文载《中国农报》以表之。③

胡道静对上图所藏农业要籍的价值与特点专门撰文阐述。《分门琐碎录》重在指导栽培、种艺的操作方法，并补充丰富了从中古到近世我国农业发展历程，形成较完善的古农书发展线索。④《稼圃辑》对长江下游粮食作物的品种和性能有详细记载。⑤《浦泖农咨》是一部论述

① 胡道静：《我读书在上海的图书馆里》，胡道静著，虞信棠、金良年编：《胡道静文集·序跋题记、学事杂忆》，第369页。

② 沈津编著：《顾廷龙年谱》，1978年5月4日条，第598页；1978年10月13日条，第603页；1980年1月26日条，第614页；1983年1月22日条，第643页。

③ 胡道静：《胡道静序》，顾廷龙：《顾廷龙文集》，第3页。

④ 参见胡道静《稀见古农书录》，文章原载于《文物》1963年第3期，后收入胡道静著，虞信棠、金良年编：《胡道静文集·农史论集、古农书辑录》，上海：上海人民出版社，2011年，第235-243页。胡道静《上海图书馆所藏稀见与珍贵古农书对传统农学研究作出的贡献》，《胡道静文集·农史论集、古农书辑录》第157-172页。

⑤ 参见胡道静《稀见古农书别录》，文章原载于《图书馆》1962年第4期，后收入《胡道静文集·农史论集古农书辑录》第244-252页。胡道静《上海图书馆所藏稀见与珍贵古农书对传统农学研究作出的贡献》，《胡道静文集·农史论集、古农书辑录》第157-172页。顾廷龙《〈稼圃辑〉后记》，《顾廷龙全集》编辑委员会编：《顾廷龙全集·文集卷》，第608页。

水稻栽培的著作，不仅包含中国江南地区社会转型前的农业经济史料，还详细总结了江南稻作的技术经验，书中还记载了在江南地区进行的双季稻早稻栽培实验，在世界遥遥领先。[①]《刍牧要诀》主要记录绵羊蓄养、牧牛以及预防牛瘟的方法。[②]《农事直说》与《衿阳杂录》皆为朝鲜农学家以汉文撰写的要籍，《农事直说》详细记载了朝鲜各种油、粮作物，以及种棉花法，《衿阳杂录》记载了衿阳谷物品貌与种植经验。[③] 上图于十年动乱其间所收的《农桑辑要》元刊大字本可用以纠正四库本存在的误题撰者、变乱篇次、误文脱字、避讳妄改等过失，[④] 拨乱反正后，中外农学界纷纷求观此书，顾廷龙遂决定影印文献本二百部，据胡道静所述："工作期间，学长就此书版本问题，时召余相商，写文献本出版识语时，遂以谈论结论书入之。此乃学长与余位版本目录学问题饶有兴趣互商之最后一次也。"[⑤]

顾廷龙对馆藏古代农业要籍的整理与开发，不仅使胡道静等文献工作者受益，还为农学界提供参考，将古籍中的农业智慧落到实处。胡道静的古农书研究论文成功发表，而顾廷龙作为"幕后工作者"的贡献却鲜为人知，胡道静便专门撰写了《顾老支持农业建设》一文，以说明顾廷龙支持农学与农业的贡献："顾老决心将它们影印出来，书前出版说明申明响应党中央大办农业号召之至意，每书皆少量印制，并不出售，只送有关的农业研究机构和农业院校。"[⑥] 农学界亦将这批古农书奉为至宝，对此产生巨大反响，《浦泖农咨》一书的作用尤为明显，得到中国农业科学研究院广州华南水稻研究所积极回应，甚至还有日本农业研究单位联合菲律宾尝试对《浦泖农咨》的创造进行模拟实验。[⑦] 胡道静撰文不仅为纪念顾廷龙的图书馆事业对学术乃至各界的贡献，还可视作顾胡二人相知相惜的情谊见证。

三、共同促成有关庆州本《陀罗尼经》的学术讨论

1966 年 10 月，韩国庆州佛国寺释迦塔内发现了一卷《无垢净光大陀罗尼经》，据考订应

---

① 参见胡道静《稀见古农书录》，文章原载于《文物》1963 年第 3 期，后收入《胡道静文集・农史论集 古农书辑录》第 235-243 页。胡道静《上海图书馆所藏稀见与珍贵古农书对传统农学研究作出的贡献》，《胡道静文集・农史论集、古农书辑录》第 157-172 页。

② 参见胡道静《稀见古农书别录》，文章原载于《图书馆》1962 年第 4 期，后收入《胡道静文集・农史论集 古农书辑录》第 244-252 页。

③ 参见胡道静《朝鲜汉文农学撰述的结集》，文章原载于纪念李约瑟博士八十寿辰论文集《中国科技史探索》[国际版]（1982 年）[中文版]（1986 年），后收入《胡道静文集・农史论集 古农书辑录》第 173-181 页。

④ 参见胡道静《述上海图书馆所藏元刊大字本〈农桑辑要〉》，文章原载于《图书馆杂志》1982 年第 1 期，后收入《胡道静文集・农史论集 古农书辑录》第 117-124 页。胡道静《上海图书馆所藏稀见与珍贵古农书对传统农学研究作出的贡献》，《胡道静文集・农史论集、古农书辑录》第 157-172 页。

⑤ 胡道静：《胡道静序》，顾廷龙：《顾廷龙文集》，第 4 页。

⑥ 胡道静：《顾老支持农业建设》，胡道静著，虞信棠、金良年编：《胡道静文集・序跋题记、学事杂忆》，第 380 页。

⑦ 胡道静：《顾老支持农业建设》，胡道静著，虞信棠、金良年编：《胡道静文集・序跋题记、学事杂忆》，第 380-381 页。

是 704-751 年间刊印。这一发现在国外曾轰动一时，1967 年 12 月 14 日，朝鲜史教授李亚德和中国史教授富路德发表谈话，并撰文发表，说明发现经过及该印刷品的重要性。1968 年，高丽大学教授李弘植发表《木板印刷를中心본 로 으新罗文化》《慶州佛國寺釋迦塔發見의無垢淨光大陀羅尼經》（《从木版印刷看新罗文化——在庆州佛国寺释迦塔发现的〈陀罗尼经〉》）两篇文章，断定此经为朝鲜历史上新罗统一时期的产物。基于国外学界对此问题的讨论，中国学者钱存训于 1972 年在联合国教科文组织《信使》月刊上发表了《中国对造纸术及印刷术的贡献》一文，认为“由于朝鲜和日本在此之前已受中国文化影响甚深，印刷品和印刷术是从中国传入的，当无疑问”①。由于当时国内正处于文革动乱时期，因此对于这个由《陀罗尼经》引起的关于最早印刷品与印刷术归属国问题的讨论，国内学者并未得知消息，更无法作出相关反应。直到 1979 年，钱存训作为美国图书馆界访华代表团的成员之一回到中国时，与顾廷龙见面，才将此事告知顾廷龙，并将《陀罗尼经》以及国外相关研究论文的复印本悉数赠与上海图书馆，希望能引起国内学者的注意，“证明此为中国印刷品传入朝鲜，而非一般人所说的系新罗印刷品”②。

《陀罗尼经》的有关消息是 1979 年 9 月随着钱存训回国而传入国内的③，顾廷龙在 1980 年 4 月 24 日致钱存训的信中专门提及此事：“去年台驾来沪，获聆教益，深为快慰！惠承大著两种，均经拜读，受益匪浅。《新罗塔经》景片并文章两篇，得广闻见，感荷之至。……今年又承见惠《塔径》全份，当即交胡道静览观。道静笔勤，即恳其先行奉覆，谅邀察及。”④可知钱存训赠与上海图书馆的经文影印件及国外研究论文则是在 1980 年 4 月到达上海的，顾廷龙得到相关材料后，便第一时间交给了擅长古代科技史、印刷史的胡道静。胡道静此前已有《梦溪笔谈校证》出版，而如前文所述，活字印刷术不仅是《梦溪笔谈》内容的重要组成部分，亦是吸引胡道静“入梦”的契机，可以说此时胡道静对印刷术的关注已持续数十年，顾廷龙第一时间将材料转交胡道静，又委托其先给钱存训回信，体现了他对胡道静学术水平的高度认可。

事实上，胡道静也确实是国内最先对《陀罗尼经》的问题作出回应的学者。1979 年，消息传回国不久，胡道静先是发表了《世界上现存最早印刷品的新发现》⑤，强调中国是最早发明印刷术的国家，又于 1979 年 12 月 9 日写信将相关消息告知印刷史专家张秀民，信中写到：

---

① 钱存训：《中国对造纸术及印刷术的贡献》，钱存训著，国家图书馆编：《钱存训文集》第一卷，北京：国家图书馆出版社，2012 年，第 349 页。

② 张秀民：《南朝鲜发现的佛经为唐朝印本说》，《张秀民印刷史论文集》，北京：印刷工业出版社，1988 年，第 54 页。

③ 钱存训：《怀念顾起潜先生》，上海图书馆编：《我与上海图书馆》，上海：上海科学技术文献出版社，2002 年，第 34-35 页。

④ 沈津编著：《顾廷龙年谱》，1980 年 4 月 24 日，第 616 页。

⑤ 文章原载于《书林》1979 年第 2 期，后被收入中国印刷技术协会编：《中国印刷年鉴 1982—1983》，北京：印刷工业出版社，1984 年，第 247-248 页。

> 久企治学谨严深邃，当世言版刻史学者，无出公右。乏缘请益，引憾历时。顷以李文俊兄处得闻近著益富，新义日丰，愈增钦慕，因求得尊址，奉书致意。
>
> 旧友钱存训兄在《联合国文教月刊》写一文，即将发表，其中透露在南朝鲜发见之雕印本《陀罗尼经》当为我国唐初武后到玄宗初年之印刷物，实物具在，恰足佐证尊说我国雕版印刷创自贞观年代之说（《社科战线》新近发表的大作已拜读，至佩）。兹将钱稿译文之将刊出于香港《明报》的印样（存训兄赠我者），用硒静电复制一份寄奉，即存尊处，或为行家参考之一助也。①

从信件开头措辞来看，胡道静此前并未与张秀民有过往来，此番去信的主要目的便是将《陀罗尼经》的消息传递给当时国内印刷史学界的"行家"，并为其提供已有研究成果为参考。实际上，此举正是邀请张秀民参与到这场学术讨论中，并希望以此引发更广泛的效应：不仅吸引更多国内学者的关注，还期望中国学界能在张秀民等"行家"的引领下发出自己的声音。

未几，1980年元旦，顾廷龙亦致信张秀民：

> 近有美籍友人寄示高丽大学李弘植的文章，题目是《从木版印刷看新罗文化——在庆州佛国寺释迦塔发现的〈陀罗尼经〉》，考订它的年代约为704年，因为经文中有武后新字。因新字创于689年，传到新罗当稍后，武氏下台是704年。这样比贞观十年（636）还后一些，而比咸通九年较早了。高丽原文，正请人译，不知先生已有所闻否？②

胡道静在1980年1月9日再致张秀民信中亦提及翻译外文文献事：

> 彼地科学院李弘植有长文考证（朝鲜文），美国善富（Goodrich）则有英文报道，此二文均由钱存训兄复制寄给上海图书馆顾起潜兄，起潜已请馆中识朝文、英文者译出，准备刊布于该馆将出版之馆刊。我当请潜兄在出版后寄一册给您老。③

顾廷龙此番去信的目的与胡道静相同，亦是邀请张秀民关注《陀罗尼经》事件并发声，并且又告知国外研究成果在译之事，也是向"行家"提供参考之举。此时顾廷龙延请人翻译的外文文献，正是给钱存训信中所说的"《新罗塔经》景片并文章两篇"，这两篇文章分别是富路德原先发表于《科技与文化》（Technology and Culture）1967年第8卷第3期的《关于一件新发现的最早印刷品的初步报告》（Printing：Priliminary Report on a New Discovery）（梁玉龄

---

① 1979年12月9日胡道静致张秀民信。
② 1980年1月1日顾廷龙致张秀民信。
③ 1980年1月9日胡道静致张秀民信。

译)①，与李弘植原先发表于《白山学报》(백산학보) 1968年5月第4号上的《从木版印刷看新罗文化——在庆州佛国寺释迦塔发现的〈陀罗尼经〉》(《木板印刷를中心본 로 으新罗文化》《慶州佛國寺釋迦塔發見의無垢淨光大陀羅尼經》)(许玉善、卢调文译)②。正是在顾廷龙与胡道静的多番联络下，张秀民专门撰文《南朝鲜发现的佛经为唐朝印本说》，认为庆州所现的《陀罗尼经》是在唐朝长安印刷，后由新罗僧人携归的。③ 这一观点得到学术界普遍重视与认可，并被广泛征引。

在这场由庆州所现《陀罗尼经》引发的有关中国印刷史的讨论中，顾廷龙从钱存训处接收国外讯息与材料，并主动请人翻译，而后转交国内研究者，又积极邀请国内学者关注，可以说是该讨论不折不扣的发起人，尽管在有关《陀罗尼经》与印刷史研究的具体文献中鲜少见到他的身影，但他在讨论中发挥的“文献中枢”的作用却是不可忽视的。胡道静则凭借其出版编辑从业者与印刷史研究学者的双重身份，在本场讨论中与顾廷龙密切配合，作为首先从顾廷龙处接收材料与讯息之人，他不仅主动参与到问题研讨中，还积极延请“行家”、联络学者，并以其身处出版业的便利为其他学者提供即时的研究成果作为参考。正是在顾廷龙与胡道静的共同努力下，越来越多学者参与到有关《陀罗尼经》与印刷史的研究当中，维护了中国“印刷术发明国”的地位。

结　语

1980年4月，顾廷龙为胡道静夫妇赠五言书法诗作：

白首论交久，江干话语亲。相期同炳烛④，放眼百花新。

“江干”即“江边”，应指黄浦江边，也就是上海。这首诗作于十年动乱结束之后，先是缅怀二人年少因学相识相知，半个多世纪以来论学交友、不以乱易志的同窗学术情谊，而后

---

① 文章原载于《书林》1980年第3期，后被收入武汉大学图书馆学系古籍整理小组编印：《中国书史参考资料》，1980年，第55页。

② 文章原载于《图书馆学研究》资料第6期，1980年10月。后被收入《中国书史参考资料》，1980年，第52页。

③ 文章原载于《图书馆研究与工作》1981年第4期，后被收入上海新四军历史研究会印刷印钞分会编：《雕版印刷源流》，北京：印刷工业出版社，1990年，第285-288页。

④ 顾廷龙书法作品多用大篆写成，这也使得“炳烛”二字的释读过程颇费一番曲折。据王世伟《顾廷龙、潘景郑、胡道静三先生的学术情谊片断追忆》(《海派》第4辑，2023年12月，上海大学出版社，第71-76页)：20世纪80年代，顾廷龙与胡道静都曾担任上海市地方志编纂委员会的顾问，为缅怀二人功绩，上海市地方志办公室举办“快乐修志——上海市地方地系统老同志书画摄影展”时，曾向胡道静家属商借了顾廷龙这首诗作翰墨，网上报道将“炳烛”释读为“灭炀”。2023年6月中旬，王世伟先后请教清华大学的张涛和上海图书馆的仲威，起初他们释读为“灭烛”，后仲威提出字形应是“丙烛”，“丙”通“炳”，有“点燃”之义，才将全诗释读准确。

则放眼未来，在历经动荡、重获新生后仍相约秉烛同游于书海，表达了希望学术事业欣欣向荣的美好愿景。

顾廷龙赠胡道静五言书法诗作

这首诗的前两句可视作对顾廷龙与胡道静一生交往与情谊的精炼概括。二人自学生时代以学交友，毕业后虽屡经分离，仍在对学术事业的追求过程中，不期重逢于沪上，并共同参与了中国 20 世纪学术史上许多重要事件。顾廷龙一生的绝大部分精力都投入图书馆事业，从合众图书馆到上海图书馆，他作为馆长，建设馆藏，保护典籍，服务读者与社会，不断践行“为他人行役”之信念，对胡道静的个人学术研究与著述活动提供了莫大帮助，《梦溪笔谈校证》的出版、“古农书”的整理与研究背后，都有顾廷龙作为坚实后盾。胡道静一生的学术与工作情况则较为复杂多变，但总体而言，其出版从业者与目录学、古代科技史研究学者的多重身份，又是个人特色，也正因他丰富的编辑出版经验，他才能及时帮助顾廷龙解决《中国丛书综录》从编著到出版之间产生的一系列难题。

“白首论交久，江干话语亲”，顾廷龙与胡道静是同窗、是学友，是君子之交、互帮互助的关系，铸成的是相知相惜、经久不衰的情谊。二位学人的交往不仅是学术史上的轶事，也对中国 20 世纪文献学界的诸多重大课题产生了深远影响。

顾廷龙与冀淑英的学术交往

刘晓丽

顾廷龙[①]与冀淑英皆是我国杰出的版本目录学家，作为《中国古籍善本书目》的主编和副主编，二人坐镇上海、北京，一南一北，协调工作、商讨细节，书信往来频繁。《顾廷龙全集·书信卷》下收录顾廷龙致冀淑英书信十二通[②]，艾俊川根据自己的收藏，整理发表了《顾廷龙致冀淑英书信十三通》[③]，2024年，沈津编撰《顾廷龙年谱长编》，书中收录顾廷龙致冀淑英信，凡三十通[④]，除收录《顾廷龙全集》、艾俊川整理书信外，又据顾廷龙小笔记本中所载补入五通。同时书中还收录冀淑英致顾廷龙书信二通，是目前收录顾、冀来往书信最为完备者。从现存书信、日记等资料看，两位先生在学术上交往频繁，尤其是《中国古籍善本书目》（以下简称《善目》）编纂期间，二人专注目录版本学，守正出新，教化育人，为后世学人之楷模。

一、编纂书目，守正出新

1975年，周恩来总理在病中发出了“要尽快地把全国古籍善本总目录编出来”的指示。1978年3月，文化部国家文物局在南京召开会议布置总目编纂事宜。5月，《善目》编辑委员会在北京成立，顾廷龙任主编，冀淑英、潘天祯任副主编。至1995年3月全书完稿，1998年3月全书印制完成，历时二十年之久。《善目》在全面调查摸底的基础上，经过对大量版本资料的分析、研究、考

① 为省简行文，本文涉及的所有专家学者均直书其名，略去先生等敬称，还望海内方家见谅。

② 顾廷龙：《致冀淑英（十二通）》，《顾廷龙全集》编辑委员会编：《顾廷龙全集·书信卷》下，上海：上海辞书出版社，2017年，第393—405页。

③ 艾俊川：《顾廷龙致冀淑英书信十三通》，《文津学志》2020年第2期，第11-18页。

④ 《顾廷龙年谱长编》提及“先生有信致冀淑英”者凡31次，其中1通据日记记录，未收录全文。

证之后定稿，全书共收录全国781个图书馆、博物馆等文化机构所收藏的古籍善本6万种，约13万部。“《中国古籍善本书目》的编纂，开创了中国古籍全国性书目的先河。”①

沈津《顾廷龙年谱长编》最早提及顾、冀二人的交往，是在1980年5月10日，顾廷龙赴京参与纂修《善目》会议，冀淑英一行人负责接待，晚饭后，顾廷龙又与冀淑英详谈工作细则和目录质量问题。作为学界同仁，二人相识的时间当早于此。但《善目》的编纂，确实增加了二人的交往，顾廷龙和冀淑英由此结下了深厚的友谊。二人往来书信大部分内容与《善目》编纂相关，大到编纂体例、分类办法、工作进度、会议日程、商讨议题，小到《善目》刻印地点、行款字数、开本大小、用纸类型、印量多少、刷印顺序、刻印价格等等，可以说是事无巨细，皆用心为之。1995年，《善目》编成在即，顾廷龙特意委托冀淑英撰写《后记》，总结经验，以告后来。他在给时任文化部图书馆司司长杜克的信中写道：“窃维《善本书目》藏书单位多，分藏地区广。其中工作较杂，值得总结一点经验，以告后来。吾因冀大姐工作做得多又细，特建议她写一篇《后记》，如何鉴别、如何配合（指一书分在两馆者，有同名异书，亦有异书同名者）等等，今已草就，特送呈审正。”② 而顾廷龙最重视、最关切的还是《善目》的收录范围和分类问题。《后记》撰成后，他又特地写信给冀淑英，希望补充说明分类问题与收书范围敲定的前后过程。信中称：

> 日前承枉谈，甚快！尊撰《后记》，拜读再三，甚佩甚佩！（这部大《目录》必须有这样一篇《后记》）。我想起有几点要补充：第一次我们聚会，上午在北图讨论收书范围及时代。下午到文物局王局长汇报，决定定几事：一收书范围，二分类问题。此王局长定的，大家亦无异议者。我还提出以“北图八本”为模式，想大姐均尚记忆。还有一事即领导问题，开始由文物局又归文化部，需要提一提。因《经部》发布会上有报导。请参考一下，要前后呼应（似载《图书馆学会会刊》）。③

从现行《〈中国古籍善本书目〉后记》来看，冀淑英基本采纳了顾廷龙的建议④，对此信

---

① 顾廷龙：《中国古籍善本书目编纂工作总结》，《顾廷龙全集》编辑委员会编：《顾廷龙全集·文集卷》上，上海：上海辞书出版社，2015年，第450页。

② 顾廷龙：《致杜克》（1995年），《顾廷龙全集》编辑委员会编：《顾廷龙全集·书信卷》下，第474页。

③ 顾廷龙：《致冀淑英》（1995年5月14日），《顾廷龙全集》编辑委员会编：《顾廷龙全集·书信卷》下，第404页。

④ 1996年8月29日，顾廷龙给方行的信中谈到了冀淑英撰写《后记》的一些细节：“我还做了一件傻事，《善本书目》结束，我请冀淑英写一篇后记，最后同意了，但我想要她写的事，她不肯写，她说没有参加，后来同意写了。一件什么事呢？《善本书目》开始之时，十年动乱粗停，北大办了两年的改订古籍新分类法（破《四库》），善本范围怎样，收书到何时为止？皆赖王冶秋同志决定的。收善本到清末，分类用《四库》，后来还决定了字体照原书等等（我问：‘现在要改订旧分类法，我们还用《四库》，理由如何？’王局长说‘等不及’）。现在讲用《四库》好像无所谓了，‘四人帮’时期，不能用《四库》，要改造，所以冶秋之功不可没。现在写进去了，经杜司长审阅，同意付印。”（参见顾廷龙：《致方行》（1996年8月29日），《顾廷龙全集》编辑委员会编：《顾廷龙全集·书信卷》上，第357页。）由此可知，冀淑英在写这部分内容时是有所顾虑的，但最终还是采纳了顾廷龙的建议，足见冀淑英对顾廷龙的信任和尊重。

所建议的内容一一做了补充。

顾廷龙之所以如此强调《善目》的分类与收录标准，不仅仅因为二者是一部目录学著作的基本框架，更重要的是《善目》在古籍部类设置、善本收书范围等方面，破而后立，在中国古典目录学、版本学的基础上有所创新。

就图书分类而言，《善目》在《四库》分类法的基础上增入丛书部，看似并无太多创见。但在当时的社会背景下，却是力排众议的决定。1996 年 8 月 29 日顾廷龙致方行信中提及："《善本书目》开始之时，'十年动乱'粗停，北大办了两年的改订古籍新分类法。……现在讲用《四库》好像无所谓了，'四人帮'时期，不能用《四库》，要改造，所以冶秋之功不可没。"[①] 当时很多学者批判《四库》分类法观念传统、类目零乱，希望破而后立，用新的图书分类法来反映新时代的面貌。"破"固然容易，但要打破中国沿用数百年的《四库》分类法，重新建立一个分类严谨、类目清晰、大众认可的分类法，在短时间内是不可能实现的。破而不立，只会造成新的混乱和争论。当时决定沿用《四库》分类法，虽然在一定程度上是对"效率"的妥协[②]，但在后续的工作中，顾廷龙、冀淑英等人多次组织开会，商讨分类表的修订事宜，不断吸收各方面专家的可行性建议，最后由冀淑英起草分类表修订说明。1981 年 6 月 9 日顾廷龙致信南京图书馆古籍部主任潘天祯说："冀大姐的类表修订说明很简赅，我无意见。"[③] 6 月 17 日又致信冀淑英："类表说明甚好，龙已告潘老，当即打印。"[④] 《善目》在《四库》分类法的基础上斟酌增删，完善类目设置，使其最终成为版本目录学界据以参考的基本范式，直到现在仍被各公私书目沿用。

在善本收录范围上，《善目》制定了"三性"原则，即历史文物性、学术资料性和艺术代表性，并具体化为九条标准。顾廷龙说：

> 关于书目的编法，着重讨论了两个问题。一是书目的收书范围，二是采用什么分类法和著录方法。讨论中有同志提出，书目只收宋、元本，但我听了传达，根据自己的领会，认为总理的指示决不仅仅是搞宋、元本，他是要编一本全国古籍善本的总账。而我们过去讲善本，只注重宋、元本，受了很大局限。单是著录宋、元本的书目，过去已编了一些。我们现在除了宋、元本，还要着力发掘明本与清本。我主张明本一定要收，理由是我们现在之重视明本，正与明朝人重视前代宋、元本相同。[⑤]

---

① 顾廷龙：《致方行》（1996 年 8 月 29 日），《顾廷龙全集》编辑委员会编：《顾廷龙全集·书信卷》上，第 357 页。

② 顾廷龙曾问王冶秋："现在要改订旧分类法，我们还用《四库》，理由如何?"王冶秋的回答是"等不及"。参见顾廷龙：《致方行》（1996 年 8 月 29 日），《顾廷龙全集》编辑委员会编：《顾廷龙全集·书信卷》上，第 357 页。

③ 顾廷龙致潘天祯信，转引自沈津《顾廷龙年谱长编》（未刊稿），1981 年 6 月 9 日。

④ 艾俊川：《顾廷龙致冀淑英书信十三通》，《文津学志》2020 年第 2 期，第 13 页。

⑤ 顾廷龙：《十年苦干，抢编出善本书总目——忆周总理、陈毅等同志对图书馆事业的关怀》，《顾廷龙全集》编辑委员会编：《顾廷龙全集·文集卷》上，第 466 页。

1986年11月17日，顾廷龙在给沈津的信中称：

> 善本标准，我最近又仔细考虑了一下，觉得“三性”是不错的，是可行的。但是“善本”的这个名称，应该与张之洞的说法要有区别。……现在我们的善本从文物角度出发的，所以不能以张之洞的说法，与版本目录角度不同。①

早在1957年，冀淑英就曾提出衡量善本书标准的“三性”。她在文章中指出：“善本书的标准，可以说是具备思想性、历史性、艺术性的罕见本，各具其一或二均可。”② 与《善目》所制定的“三性”标准不谋而合，足见其对善本的理解独到而精辟。1988年1月17日顾廷龙致冀淑英信称：“《善本书目》创始时，曾同客日坛总工会招待所，共商‘三性’‘九条’，忽逾十年。”③ “三性”“九条”的古籍善本收录原则，具有较强的科学性和实践性，被学术界普遍认可、采纳，各相关单位在判别古籍善本时多以此为参考。2006年8月5日中华人民共和国文化部发布的《古籍定级标准》，明确指出“参照编纂《中国古籍善本书目》时提出的鉴别善本古籍的‘三性原则’，以及该目列举的收录善本古籍的‘九项条件’（两者简称‘三性九条’），同时考虑全国现存善本和普本古籍的实际情况，制定本标准”④。

《善目》编纂工作，从组织动员，经普查、汇编、复核、定稿，到最终出版问世，历时二十年之久。顾廷龙在《中国古籍善本书目编纂工作总结》称：“《中国古籍善本书目》的编纂，开创了中国古籍全国性书目的先河。《书目》在编纂体例等诸多方面既继承了中国图书目录学、版本学的优良传统，又有所发展和创新。……《中国古籍善本书目》既是一项实践的成果，同时也体现了我国当代古籍目录学、版本学研究的水平。它在古籍整理和研究理论上的建树与影响也是非常重要和深远的。”⑤

但《善目》的出版却并不顺利，一度遭遇盗版。某古籍出版社在未征得编委会同意的情况下，私自与日本株式会社合作⑥。顾廷龙十分气愤，1990年10月7日，他在给冀淑英的信中称：“近闻古籍出版社与日书商私下协议，对我们的《中国古籍善本书目》作了部分篡改。……古籍这样做，真是岂有此理。”⑦ 当月18日，冀淑英回信：

---

① 顾廷龙致沈津信，转引自沈津《顾廷龙年谱长编》（来刊稿），1986年11月17日。

② 冀淑英：《什么叫善本书?》，《冀淑英文集》，北京：北京图书馆出版社、上海：上海科学技术文献出版社，2004年，第5页。

③ 艾俊川：《顾廷龙致冀淑英书信十三通》，《文津学志》2020年第2期，第18页。1988年1月11日原南京图书馆馆长汪长炳去世，故顾廷龙在信中念及二人共事事。

④ WH/T20-2006，古籍定级标准。

⑤ 顾廷龙：《中国古籍善本书目编纂工作总结》，《顾廷龙全集》编辑委员会编：《顾廷龙全集·文集卷》上，第450-451页。

⑥ 骆伟：《〈中国古籍善本书目〉为何屡遭盗版》，肖永英等编：《资讯管理研究》，广州：中山大学出版社，2009年，第357页。

⑦ 顾廷龙：《致冀淑英》（1990年10月7日），《顾廷龙全集》编辑委员会编：《顾廷龙全集·书信卷》下，第399页。

> 古籍出版社事出乎意外，现在出版法已发布，古籍作法实属不虑后果。尊函义正辞严，且看其作何措施。数月前，杭州大学外语系王宝平来馆，在《总目》查询《格致丛书》卡片，他曾去日本进修半年，说起在日本见到我们的书目（未说明书名），并询是怎么回事。当时对此一无所知，并未留意，想来书已发行了。①

后冀淑英携样稿及与该社来往信件咨询律师，并于1991年7月9日将所谈要点写信告诉顾廷龙②，7月20日顾廷龙写信回复冀淑英："关于古籍出版社侵权事，我赞成向出版总署上告，以待秉公处理。"③ 最终，该古籍出版社停止和日方私订的合同。

二、举善荐贤，奖掖后进

作为《善目》主编，顾廷龙往返奔波于各地，共汇辑、编纂全国781个单位的善本藏书。1991年7月11日，为表彰顾廷龙在校勘整理古籍图书工作方面所做出的杰出贡献，上海市人民政府予以记大功奖励，随后他又受到文化部的嘉奖。面对各方肯定和嘉奖，他并不居功自恃，而是归功于冀淑英、潘景郑等一众版本目录学家的鼎力相助。顾廷龙对冀淑英在《善目》编纂工作中所做出的贡献予以充分肯定。如他在给方行的信中说："说句客观公道的话，在我看来冀是真行家。"④ 给杜克的信中夸赞称："冀大姐工作做得多又细。"⑤ 给潘天祯的信中称："冀大姐的类表修订说明很简赅，我无意见。"⑥ 给国务院古籍整理出版规划小组组长李一氓信中评价称："她是著名的中国版本目录的专家。"⑦ 给曾祥集的信中认为冀淑英"代表一个时期的鉴别水平"⑧。1989年，顾廷龙在华盛顿参加"美国中文善本书联合目录国际咨询会议"前，曾填写一份专家答卷，其中问及："您认为谁可以参加《全美中国古籍善本书目》编纂工作。"顾廷龙的回答是：沈燮元、冀淑英、沈津。⑨ 足见顾廷龙对冀淑英的专业水平和学术素养是十分肯定和赞赏。

顾廷龙对冀淑英十分倚重，"当编纂人员遇到问题争执不休时，担任主编的顾廷龙先生明确表示'由冀大姐说了算'"⑩。他还不止一次提出希望由冀淑英担任主编一职，自己改任顾

---

① 冀淑英致顾廷龙信，转引自沈津《顾廷龙年谱长编》（未刊稿），1990年10月18日。
② 冀淑英致顾廷龙信，转引自沈津《顾廷龙年谱长编》（未刊稿），1991年7月9日。
③ 顾廷龙：《致冀淑英》（1991年7月20日），《顾廷龙全集》编辑委员会编：《顾廷龙全集·书信卷》下，第403页。
④ 顾廷龙致方行信，转引自沈津《顾廷龙年谱长编》（未刊稿），1980年6月6日。
⑤ 顾廷龙：《致杜克》（1995年），《顾廷龙全集》编辑委员会编：《顾廷龙全集·书信卷》下，第474页。
⑥ 顾廷龙致潘天祯信，转引自沈津《顾廷龙年谱长编》（未刊稿），1981年6月9日。
⑦ 顾廷龙致李一氓信，转引自沈津《顾廷龙年谱长编》（未刊稿），1988年5月1日。
⑧ 顾廷龙致曾祥集信，转引自沈津《顾廷龙年谱长编》（未刊稿），1981年4月中旬。
⑨ 沈津：《为学不作媚时语，实践方能出真知——怀念冀淑英先生》，《文津学志》2020年第2期，第23页。
⑩ 陈先行：《心中的丰碑——怀念冀淑英先生》，《文津学志》2020年第2期，第29页。

问。1988 年 4 月 11 日致方行信写道："我想主编推冀，我当顾问。"① 5 月 1 日致信李一氓称："建议请北京图书馆常务副馆长杜克同志担任主任委员，他对此项工作开始及经过均甚了解。请原副主编冀淑英同志担任主编，她是著名的中国版本目录的专家。龙已八十有五，衰老日甚，不克肩荷重任，请辞去副主任委员和主编，改任顾问。"② 7 月 13 日，又写信给陈杏珍，信中回复关于兰州会议拟讨论的几个问题，其中第一个便是："要解决班子问题，自季老逝世后，已成群龙无首之局。鄙意请杜局长任主任，请冀淑英同志任主编，我辞去主编（年老体衰，精力不济），改任顾问。"③ 8 月初又寄信给刘小琴，内容大致相同④。

1988 年 6 月 1 日，时任文化部部长王蒙给李一氓回信，称："顾廷龙先生提出更换主任委员和主编的建议，我们考虑：为客观如实地反映有关人士在书目编辑工作中付出的辛勤劳动，也为保持书目编辑体例等方面的一致，还是不改动为好。顾先生身体、精力尚好，还能领导定稿工作。"⑤ 最终出版的《善目》依旧是顾廷龙主编，冀淑英副主编。

顾廷龙、冀淑英两位前辈都很关心后进学人的研究和成长，并给予他们具体的帮助和耐心指导。业师杜泽逊在回忆《四库存目标注》的撰著与出版往事的时候，时常提及二位前辈对他的关怀和勉励。他提道："在《四库存目标注》写作过程中，得到过很多师友的帮助。首先是顾廷龙先生，得知我从事这项工作后，把他自己批注的《四库存目》线装本四册一函寄给我参考，还写信给予热情勉励，后来还题了书签。我把顾先生的批注全部抄下来收到《标注》里去了，全部标明顾先生的名字。"⑥ 顾廷龙不仅慷慨地将自己批注的《四库存目》借给杜泽逊师参考，还谦虚地在信中写道："兹将批注本寄奉参考，想河海不捐细流，或愿一顾。"⑦ "顾先生虚怀若谷，提携爱护小辈，高山仰止，可谓楷模。"⑧ 冀淑英也很关心《四库存目标注》的编纂工作，提供了很多帮助。杜泽逊师回忆道："冀先生近在国图，除了我经常拜访外，几乎每次专家会议她都必定应邀前来。国图的部分善本被选为《存目丛书》底本，有不少是冀先生亲自查验书品，填写查核单寄来，她的字一笔不苟，从笔画上可以感觉到她的手微微颤抖。"⑨ 1997 年 10 月底，《四库存目丛书》完成并出版完毕，冀淑英来信中说："大作《四库存目标注》，其工甚巨，其功之伟，亦可预见，谨预祝成功。"⑩ 在回忆中，业师

---

① 顾廷龙：《致方行》（1988 年 4 月 11 日），《顾廷龙全集》编辑委员会编：《顾廷龙全集·书信卷》下，第 334 页。
② 顾廷龙致李一氓信，转引自沈津《顾廷龙年谱长编》（未刊稿），1988 年 5 月 1 日。
③ 顾廷龙致陈杏珍信，转引自沈津《顾廷龙年谱长编》（未刊稿），1988 年 7 月 13 日。
④ 顾廷龙致刘小琴信，转引自沈津《顾廷龙年谱长编》（未刊稿），1988 年 8 月初。
⑤ 沈津：《顾廷龙年谱》，上海：上海古籍出版社，第 690–691 页。
⑥ 杜泽逊：《〈四库存目标注〉的撰著与出版往事》，澎湃新闻，2023 年 1 月 3 日。
⑦ 杜泽逊：《我与〈四库存目标注〉》，宫晓卫主编：《藏书家》第 15 辑，济南：齐鲁书社，2009 年，第 4 页。
⑧ 杜泽逊：《〈古籍简报〉是我国古籍事业的实录》，《求学与治学》，杭州：杭州古籍出版社，2021 年，第 260 页。
⑨ 杜泽逊：《我与〈四库存目标注〉》，宫晓卫主编：《藏书家》第 15 辑，第 6 页。
⑩ 杜泽逊：《我与〈四库存目标注〉》，宫晓卫主编：《藏书家》第 15 辑，第 7 页。

动容地写道："对《标注》，冀先生给予的指导与鼓励，是永远值得怀念的。"① 由此一例，不难看出二位先生对后辈的勉励关怀之情。

三、精于本业，严谨审慎

中国古籍数量庞大、分布较散、版本复杂，现在我们通过各公藏图书馆的官网，或其编纂的书目、图录更容易获知一部古籍不同馆藏、不同版本的基本信息。但在当时《善目》编纂过程中，判定版本是最麻烦的。"审核是否同一书，同一版本，决定列一条款目，还是列几条款目，著录是否准确，鉴定是否恰当等问题，在看不到原书，工具书又缺乏的情况下，为了保证质量，参加初审的同志采取了在北京就近核书，向外地发函咨询，用书影核对版本、鉴定版本等办法。"② 顾廷龙和冀淑英都是版本目录学大家，精于版本鉴定。但《善目》编纂涉及全国几百个机构的藏书，不是把所有的版本都摆在面前，鉴定一下就可以完成的事情，其中很多关节需要斡旋。仅以《崇祯历书》为例，足可管窥《善目》编纂过程中查阅古籍、核对版本的周折复杂，以及二位前辈在版本审定方面的严谨慎重。

1983 年 2 月 21 日，顾廷龙致信吴织："《崇祯历书》详目，望寄冀大姐转。"③ 3 月 3 日顾廷龙致方行信中提及：

> 北图有《西洋新法历书》两部，我比对了。书名页是挖版改刻，痕迹显然，著者、校订者的具名几行，也是挖改的。吴织编的表开头八行，即与最后的两行的内容全同，就是一个东西。应并。故宫有四部，一部全的（较多），与北图本同。另有七本签题《崇祯历书》（签是手写的），较详的记了式样。内容与《西洋历法新书》校。《历法新书》有加页，数字有更改。《新书》在它加页改数字之前，有几句说明的。另外有一本《比例规解》，故宫一位同志说，这是《崇祯历书》之一，调出一观，封面有《崇祯历书》与上图有一页是相同的，原编作康熙补刻本。我与冀看不像重刻或补刻。我已请故宫将《崇祯历书》十一本送北图代拍胶卷，现请冀大姐与故宫杨玉良同志商，不等上海来公函，可以几种拍在一卷中。④

从信中可以看出，在看故宫博物院藏《崇祯历书》之前，顾廷龙已经看过北图所藏两部《西洋新法历书》，并认为书名页，著者、校订者具名的几行挖改痕迹明显。另外，信中称故

---

① 杜泽逊：《我与〈四库存目标注〉》，宫晓卫主编：《藏书家》第 15 辑，第 7–8 页。

② 顾廷龙：《中国古籍善本书目编纂工作总结》，《顾廷龙全集》编辑委员会编：《顾廷龙全集·文集卷》上，第 448–449 页。

③ 顾廷龙致吴织信，转引自沈津《顾廷龙年谱长编》（未刊稿），1983 年 2 月 21 日。

④ 顾廷龙：《致方行》（1983 年 3 月 3 日），顾廷龙：《顾廷龙全集·书信卷》上，第 322 页。

宫所藏《比例规解》是《崇祯历书》之一，与上图藏本有一页相同，可知顾廷龙之前还看过上图藏本。3月3日，又与冀淑英一起查看故宫博物院藏本，认为“不像重刻或补刻”。

次日，顾廷龙、冀淑英一行，又到北京大学图书馆查看《西洋历法新书》。当日顾廷龙又致信吴织：“我要故宫把《崇祯历书》十本，另《比例规解》（此有封面《崇祯历书》）一本，共十一本，口头已与杨玉良联系好了，她说要领导批一批。我说我们补一公函来。故宫无复制胶卷设备，要拿到北图去拍，麻烦是麻烦的，但也只好如此了。公函请你速办并寄冀大姐，请她设法洽办。”① 9月9日，顾廷龙致信方行，并汇报《崇祯历书》情况：“陈君辉到科学院图书馆，崔建英接待尚友好，他说《崇祯历书》因为没有编目，所以复制部门提不到，他允为协助提摄。”② 9月18日，顾廷龙再次致信方行，并在信中抄附了中国科学院图书馆（今中国科学院文献情报中心）崔建英关于《崇祯历书》的意见书：

> 《崇祯历书》我馆无，馆藏为《西洋历法新书》，卷数、种数比较多，王重民所录可能即据是本。徐宗泽说过，徐家汇藏书楼有崇祯初版徐氏四种，即《崇祯历法》之内容，猜想《西洋历法新书》是《崇祯历书》逐步扩充修版补刻而成。沈燮元同志来摸了一下，等他回宁后汇片时有何发现，请其来函。③

仅一部《崇祯历书》，就涉及中国国家图书馆、上海图书馆、故宫博物院、北京大学图书馆、中国科学院图书馆等多家藏书机构，顾、冀二人不仅要对各馆所藏版本进行对比、熟悉各本特征，部分版本还需与各馆进行交涉，然后提摄、复制，再做进一步细细甄别。这样琐碎细致的工作，最终落实到《善目》不过是简简单单一条。④ 而《善目》收录善本6万种，其背后又是怎样艰苦卓绝的努力和一丝不苟的坚持。以小窥大，可见《善目》编纂过程中版本鉴定工作的繁杂细碎，及二位前辈为准确著录版本信息而做出的不懈努力。

在顾、冀二人的往来书信中，随处可见二人对《善目》所收善本的讨论，各本之间的异同优劣，版片是否补刻后印，校跋是否真迹。去取之间，无不透露出二人对善本书的敬畏和严谨的治学态度。1981年3月11日，顾廷龙致信冀淑英，回复四种丛书的著录问题：“承询四种丛书的著录，鄙意《泽古斋丛钞》种数并无增加，应删‘增刻’两字。《指海》《守山阁》即照来示著录。《秘书二十一种》，我馆藏本补刻后印，没有进入善本，不知他馆所藏如何？颇疑康熙据明版补刻，均不精工，似可删去，尊意然否？”⑤ 今检《善目》，《泽古斋丛钞》条“增刻”二字已删。⑥ 4月2日，顾廷龙致信冀淑英，进一步讨论《秘书二十一种》的

---

① 顾廷龙致吴织信，转引自沈津《顾廷龙年谱长编》（未刊稿），1983年3月4日。
② 顾廷龙致方行信，转引自沈津《顾廷龙年谱长编》（未刊稿），1983年9月9日。
③ 顾廷龙致方行信，转引自沈津《顾廷龙年谱长编》（未刊稿），1983年9月18日。
④ 中国古籍善本书目编委会编：《中国古籍善本书目》子部上，上海：上海古籍出版社，第270页。
⑤ 艾俊川：《顾廷龙致冀淑英书信十三通》，《文津学志》2020年第2期，第12页。
⑥ 中国古籍善本书目编委会编：《中国古籍善本书目》丛部，第437页。

著录问题："关于《秘书二十一种》的版本著录，鄙意当以该书的成书年代为准则，应作'清康熙七年新安汪氏据《古今逸史》刊版重编本'，不知尊意以为何如？供参考。"① 今《善目》著录版本为"清康熙七年汪士汉据明刻古今逸史版重编本，清翁同龢批"②。基本依据顾廷龙的意见著录。此信中又提到："我看到一张片子，北图目 7270《周礼》，清乾隆福礼堂刻本，清陈奂校并跋。卡片上未写'陈奂校'云云，有人以铅笔补上了，则很好，可是片后又有人钢笔有'陈奂校跋，疑非真迹'。此书重以陈奂校跋，真则入善，不真则不入善，便中请您鉴定示知，不另函调了。"③ 此书后收入《善目》，著录为："清乾隆五十二年福礼堂刻本，清陈奂校并跋。"④ 1981 年 11 月 10 日，他又致信冀淑英，核查清抄本段玉裁《说文解字读》，信云："顷见《东方学报》（京都）第 53 册 1981 年 3 月，其《续说文解字段注考正订补》一文，附录原书题记，题为《北京图书馆藏段懋堂〈说文解字读〉》，原书题记有云'首八十八翻为懋堂先生手书尤可贵'。段注《说文》，初名《说文解字读》，后刻行时改今名。初稿又有亲笔，可入《善目》，今不见。请一查原书是否尚在？是否有段氏亲笔？龚丽正题跋是否亲笔？是无其他人的笔迹？"⑤ 此书后补入《善目》⑥，著录为："清抄本，清龚丽正、王萱铃跋。"⑦ 知此书并非段氏亲笔，书中除龚丽正亲笔题跋外，还有王萱铃题跋。上文提及的清乾隆五十二年（1787）福礼堂刻陈奂校跋本《周礼注》、清抄本段玉裁《说文解字读》在中国国家图书馆"中华古籍资源库"就可浏览全文影像，极为便利，而在当时，顾廷龙却很难得见，还需托人代看，不禁使人感慨当时《善目》编纂之不易。

作为学界同仁，顾廷龙时常与冀淑英探讨版本学的发展、版本鉴定等方面的问题。1987 年二人合撰《套印和彩色印刷的发明与发展》⑧，文中详细论述套版印刷技术的发明、流传以及发展情况。沈津称："冀先生是国内数一数二、名列前茅的古籍版本鉴定专家，当他人遇到疑惑不决的重要善本时，她总能思维敏捷地作出判断。"⑨ 冀淑英在版本鉴定方面如老吏断狱、

---

① 顾廷龙致冀淑英信，沈津《顾廷龙年谱长编》（未刊稿），1981 年 4 月 2 日。同年 5 月 21 日，顾廷龙又致信潘天祯，进一步阐释丛书版本的著录问题，所举事例即《秘书二十一种》，信中称："丛书中'凡因转版后改编的新丛书，须于版本项中注明原版的时代和出版'。关于这条，我认为只要写明原丛书之名即甚明了，无须注明原版和出版人。改编后成了新书，原版情况没有详细帮助的必要，况原丛书一般都是很著名的，一提丛书名人都知道的。记得冀大姐曾函见询，我的答覆是：关于《秘书二十一种》的版本著录，鄙意当以该书的成书年代为准，则应作'清康熙七年新安汪氏据《古今逸史》刊版重编本'，不识尊意以为何如，供参考。"参见顾廷龙致潘天祯，沈津《顾廷龙年谱长编》（未刊稿），1981 年 5 月 21 日。

② 中国古籍善本书目编委会编：《中国古籍善本书目》丛部，第 369 页。

③ 顾廷龙致冀淑英信，转引自沈津《顾廷龙年谱长编》（未刊稿），1981 年 4 月 2 日。

④ 中国古籍善本书目编委会编：《中国古籍善本书目》经部，第 169 页。

⑤ 艾俊川：《顾廷龙致冀淑英书信十三通》，第 14 页。

⑥ 艾俊川认为"段玉裁《说文解字读》清抄本当是接到顾先生信后补入"。（参见艾俊川：《顾廷龙致冀淑英书信十三通》，《文津学志》2020 年第 2 期，第 14 页。）

⑦ 中国古籍善本书目编委会编：《中国古籍善本书目》经部，第 404 页。

⑧ 顾廷龙、冀淑英：《套印和彩色印刷的发明与发展》，《出版史料》1987 年第 3 期，上海：学林出版社，第 61–65 页。

⑨ 沈津：《为学不作媚时语，实践方能出真知——怀念冀淑英先生》，《文津学志》2020 年第 2 期，第 23 页。

慧眼独具，所以顾廷龙时常邀请她对古籍版本进行鉴定。1981 年 4 月中旬，顾廷龙致信曾祥集称："我馆有宋元本鉴别上有不同意见，我想邀请冀大姐定一下，代表一个时期的鉴别水平，否则悬而不决，贻误后人。" 而信中称冀淑英 "代表一个时期的鉴别水平"①，足见顾廷龙对冀淑英在版本鉴定方面的肯定。沈津在纪念顾廷龙的文章中回忆道："（我）在明周显宗刻本《陶渊明集》的衬纸上发现了《三国演义》的残页，为卷八第十五回 '太史慈酣斗小霸王，孙伯符大战严白虎' 的上半部分，是过去研究《三国演义》者所从不知晓者。我根据残存衬纸的字体、纸张、文字等进行鉴定，认为此种刻本应在明嘉靖之前，或在明成化、弘治间。那时，顾老在北京探亲，我就将衬纸的复印件和我的看法写信告诉他，并请顾老验正，也就近请北京图书馆冀淑英、丁瑜先生鉴定，听听他们的意见。" 顾廷龙 1989 年 8 月 19 日致信沈津，谈其新发现的明嘉靖本《三国演义》残叶，信中称："《三国志》残叶印本，我给冀大姐看，她说早于万历，丁公看万历。我是望高看的，同意冀老的意见。"②。足见顾廷龙十分重视冀淑英的意见，而冀淑英 "早于万历" 的说法，也可以体现出她在版本判定方面审慎严谨的态度。

四、因时育才，为国养器

《善目》编纂的初衷是完成周总理的遗愿，编纂出一部全国性的善本书目。但在编纂《善目》的过程中，顾廷龙、冀淑英等专家前辈积极投身教育事业，努力培养古籍人才，使得人才培养成为《善目》编纂中的一项具有重要意义的成就。顾廷龙在《中国图书事业的一项伟大成就——〈中国古籍善本书目〉追记》中称："经过一段时间的工作，人们恍然明白，这是一项全国性的培养古籍工作接班人，解决古籍鉴定编目后继无人局面的事业。《中国古籍善本书目》的编辑过程，培养了一批年轻的专业工作者，还造就了一批高水准的业务骨干和专家。干部水准的提高，对今后继续整理我国古代文化遗产的影响，更是难以估量的。"③ 正如顾廷龙所说，这批业务骨干和专家后来都成长为各图书馆古籍部、特藏部负责人，对中国古籍事业的蓬勃发展做出了杰出的贡献。

顾廷龙先生在文章中曾数次提出培养人才的建议和构想。1981 年，顾廷龙撰写《整理出版古籍小议》，在谈及 "培训专研人员" 时称："大学文科应设古典文献学系。创设研究所，将素有研究者组织起来。大学生或研究生都必须具有一定的文字、音韵、训诂、目录、版本的基本功。"④ 1986 年 2 月，顾廷龙在参加上海市古籍整理规划小组会议时发言："应该把培

---

① 顾廷龙致信曾祥集，转引自沈津《顾廷龙年谱长篇》（未刊稿），1981 年 4 月中旬。

② 沈津：《学术事功俱隆，文章道德并富》，上海图书馆编：《顾廷龙先生纪年文集》，上海：上海科学技术文献出版社，1999 年，第 62 页。

③ 顾廷龙：《中国图书事业的一项伟大成就——〈中国古籍善本书目〉追记》，《顾廷龙全集》编辑委员会编：《顾廷龙全集·文集卷》上，第 459-460 页。

④ 顾廷龙：《整理出版古籍小议》，《顾廷龙全集》编辑委员会编：《顾廷龙全集·文集卷》上，第 413 页。

养古籍修补人才列入规划。我替古籍修补工作呼吁一下，希望大家能够关心。”①

顾廷龙不但呼吁业界积极培养古籍专研人员和古籍修复人员，而且主动培养古籍编目人员。他在文章中曾提到，为顺利完成《善目》的编纂工作，他和冀淑英等人在各地培养古籍编目人才：

> 当时的情况不像现在，古籍编目人员十分缺乏，水平参差不齐，工具书不足。……北京图书馆的冀淑英、中国书店的张宗绪、吉林大学的罗继祖等五位同志讲授版本、目录、工具书使用、校勘、辨伪、印章等方面的知识，并印发了有关的工具书。经过半个月的紧张学习，每个学员都感到收获很大。②

顾廷龙、冀淑英也曾多次谈及人才培养问题。1988年3月18日，顾廷龙在给沈津的信中称：“我从天津开会归后，即承任继愈馆长由冀大姐陪同降舍，谈培养问题。……总感到古籍不能任其散亡，古籍数量上是不会大发展，而古籍整理工作是要大大发展，古籍工作者要大大培养。”③ 先生时年已八十有五，仍牵挂人才培养问题。

在培养研究生方面，顾廷龙是非常积极的，甚至可以说是迫不及待。1983年3月3日他致方行信称：“有一件事，我特别感兴趣，就是图书馆招研究生事，亦是您几年前所提的。他也很热心，即与教育部去联系。研究生可在馆内招，亦可在馆外招。我很愿带图书馆自己招的研究生。他问我能带几个，我说两个。我说越快越好，晚了我要等不及的。”④ 吴织曾深情地回忆顾廷龙先生教导她的情景：“1961年，为培养图书馆工作的冷、缺门人才，组织上将我从方法研究部调至善本组，学习珍本古籍保管整理、版本鉴别等业务。当时的我，刚过而立之年，对于古籍茫然不知，和不到20岁的沈津同志一起，由顾老和潘景郑、瞿凤起三位老先生指导培养。从练字、抄卡、读古文，到听讲书上序跋和识别版本异同，耳提面命，‘手把手’地教学。”⑤ 除此之外，他还兼任复旦大学、华东师范大学教授，悉心培养中国古典文献学专业的研究生。

冀淑英也有同样的使命感和紧迫感，希望能将自己一生的工作心得和古籍鉴定经验传授给晚辈。李际宁在《回忆冀淑英先生几件事》中提道：“冀先生退休前的几年，我们感觉到，她有一种紧迫感，她常常利用各种机会，尽可能地讲一讲本馆善本书的问题，她是希望在她

---

① 顾廷龙：《古籍整理二三事》，《顾廷龙全集》编辑委员会编：《顾廷龙全集·文集卷》上，第417页。

② 顾廷龙：《中国图书事业的一项伟大成就——〈中国古籍善本书目〉追记》，《顾廷龙全集》编辑委员会编：《顾廷龙全集·文集卷》上，第458页。

③ 顾廷龙：《致沈津》（1988年3月18日），《顾廷龙全集》编辑委员会编：《顾廷龙全集·书信卷》下，第525页。

④ 顾廷龙：《致方行》（1983年3月3日），《顾廷龙全集》编辑委员会编：《顾廷龙全集·书信卷》上，第323页。

⑤ 吴织：《沉痛的追思》，上海图书馆编：《顾廷龙先生纪念文集》，第74页。

退休之后，国家图书馆的善本事业后继有人。”① 退休之后，冀淑英还时常给国图古籍善本组同仁讲授知识。“我每星期要给年轻人讲一次课，主要讲北图古籍藏书来源，一家一家讲，事先要备课。”② 陈红彦在回忆讲课的情景和内容时写道：“讲的时候，冀先生只有一个简单的提纲，对善本书入藏国家图书馆的源流，从内阁大库到海源阁、铁琴铜剑楼，从杨守敬到傅增湘、周叔弢，娓娓道来，如数家珍。”③ 而这“娓娓道来，如数家珍”的背后，是冀淑英几十年来日积月累的工作心得和对古籍事业始终如一的赤诚之心。陈先行在听到冀淑英退休后还会给国图后辈讲课时，“感动得久久说不出话来”，感慨道：“她原本可以在家颐养天年，但她放弃了，她放不下国图，惦记着晚辈们，她把自己的一生完完全全奉献给了图书馆古籍事业，这是一位多么可敬可爱的长者呀！”④

同为国内杰出的版本目录学家，顾廷龙和冀淑英积极投身于中国图书事业中，兢兢业业、立德树人。二人在《善目》编纂过程中相互配合，结下了深厚的友谊。他们高尚的品格及学术交往值得我们回顾和纪念。囿于材料和识见，本文必有疏漏和失当之处，亦不能全面地展现二人的交往事迹和深厚友谊。笔者不揣浅陋，谨以小文，表达对两位先生的敬意。

---

① 李际宁：《回忆冀淑英先生几件事》，《文津学志》2011 年，第 22 页。

② 陈先行：《心中的丰碑——怀念冀淑英先生》，《文津学志》2020 年第 2 期，第 30 页。

③ 陈红彦：《永远的女先生——纪念敬爱的冀淑英先生》，《文津学志》2020 年第 2 期，第 43 页。

④ 陈先行：《心中的丰碑——怀念冀淑英先生》，《文津学志》2020 年第 2 期，第 30 页。

累块不止，丘山从成

——顾廷龙、潘天祯的交往与《中国古籍善本书目》的编纂

李琪琪

顾廷龙（1904—1998），1931年毕业于持志大学国文系，1932年获燕京大学文科硕士学位，是我国著名古籍版本学家、目录学家和书法家，曾任上海图书馆馆长。潘天祯（1919—2004），1941年毕业于国立中央大学，新中国成立后，先后担任南京图书馆阅览部主任、书目参考部主任、古籍部主任、副馆长等职，1980年担任《中国古籍善本书目》（以下简称《善目》）副主编，负责子部的复审和定稿工作。从沈津撰写的《顾廷龙年谱长编》（未刊稿）来看，顾廷龙与潘天祯的交往大概始于《善目》编纂之初，当时顾廷龙任主编，潘天祯任副主编，他们为完成这项工作付出了大量的时间和精力，并在共事过程中建立了深厚的友谊。一直到顾廷龙先生辞世，两人一直保持着密切的联系。

一、潘、顾的结交与《善目》的初纂

《善目》是周总理于1975年病重期间指示要尽快编写出来的一部大型古籍书目，由于当时各种条件尚不具备，直到1976年才开始准备工作，前后共历十余年，经、史、子、集各部陆续出版，在所有参与者的共同努力下，此目得以顺利完成。该目所收古籍数量繁多，收录之书来自八百多个单位，当时编目标准未定，许多具体问题亟待处理。顾廷龙以古稀之年担任总编，当时他患有高血压，颈部、眼部、胃部亦曾患病，潘天祯彼时已是六旬老人，编目期间也曾在车祸中足部受伤①，其间种种困难和曲折并不为人所知。同时，参与者来自各大图书馆和高校等单位，编目过程历时较久，他们不能随时聚集在一起，编目工作的顺利进行主要依赖于频繁的会议和通信。两位先生更是往来通信不断，这些信函不单涉及工作安排通知，

① 顾廷龙致潘天祯信，转引自沈津：《顾廷龙年谱长编》（未刊稿），1981年10月3日。

也包括了会议主题、出版时间、油印颜色、会议经费安排、著录条例等具体内容，足以补充《善目》编纂的诸多历史细节。

自1975年周总理指示后，1977年国家文物局在北京召开了多次会议，制定了古籍善本书目的收录范围、著录条例和分类法等三个文件的初稿。1978年3月国家文物局在南京召开会议，会上着重讨论了这三个文件，并决定成立由国家文物局领导的古籍善本书目编辑工作领导小组，具体的编目工作自此之后便开始逐步推进。①

顾廷龙第一次在笔记中提及潘天祯是在1978年11月16日，他记录了一次全国古籍善本书总目编辑领导小组会议，此次会议主要集中讨论古籍善本书目的分类法，并讨论了一些著录问题：

> 王冶秋讲话，谭祥金作工作报告。下午讨论。先生建议，以省为单位，大区不汇总；分册出版，如宋元本、明本、清本、钞本、校本、稿本、佛道藏经、敦煌遗书。方行同意先生意见。潘天祯同意大区不汇总，但不同意分册出版。②

这是比较早期的会议，从最终的成书来看，《善目》当时并未分册出版，而是按照经、史、子、集、丛分部出版。此次会议后，编委会于1979年3月形成了关于收录范围、著录条例和分类法等方面的具体文件。但是这一阶段整体还处于各大图书馆、博物馆以及各大高校等单位的普查阶段，以著录卡片为主。

从1980年5月开始，进入卡片集中汇编阶段，各单位选派人员集中进行整理汇编工作，工作历时一年又三月，至1981年10月，开始根据卡片目录改编成书本目录，形成油印本《征求意见稿》，寄往各图书馆复核，同时送请专家征求意见。③ 先出油印稿本这一决定开始有人不赞成，认为可以一气呵成，直接完成《书目》。但据顾廷龙在1990年撰写的《十年苦干，抢编出善本书总目——忆周总理、陈毅等同志对图书馆事业的关怀》一文，先出油印稿本征求意见的想法是由时任北京图书馆馆长的刘季平决定的：

> 曾有同志表示不赞成，认为可以在卡片目录的基础上一气呵成。后来还是刘季平同志决定先付油印，因为这对下一步工作有很大的方便。香厂路工作告一段落后，接着就结合油印目录的编制，进行了分工：经部、史部由上海负责，子部由南京负责，集部和丛部由北京负责。油印目录完成后，发到各地征求意见。最后，在定稿过程中，我和两位副主编北图冀淑英、南图潘天祯、顾问潘景郑以及其他编辑同志集中在上图工作达三

---

① 冀淑英著：《冀淑英文集》，北京：北京图书馆出版社，2004年，第181–182页。

② 顾廷龙先生小笔记本，转引自沈津：《顾廷龙年谱长编》（未刊稿），1978年11月16日。

③ 顾廷龙：《中国古籍善本书目编纂工作总结》，《顾廷龙全集》编辑委员会：《顾廷龙全集·文集卷》上，上海：上海辞书出版社，2015年，第448–449页。

年之久。①

从后续工作来看，《征求意见稿》以审慎的态度广泛收集了社会各界的意见，同时对存在争议的条目作了复核，这对编目成果无疑是非常有益的。在形成《征求意见稿》的过程中，为了提高效率，由正副主编带领工作人员分别在北京、上海、南京等地审查，因此从1981年开始，顾廷龙在上海负责经部、史部的复审工作，潘天祯在南京负责子部的复审工作，冀淑英在北京负责集部和丛部的复审工作。可能正是因为异地分工存在沟通工作的需要，这一年顾廷龙和潘天祯的通信变得频繁起来，他们的通信所涉及的不单是各自所负责的部分，而于整个书目编纂的具体著录问题均有所涉及。

在形成油印本草稿的过程中，曾在南京举办过一次重要的主编会议，据顾廷龙和潘天祯的通信及顾廷龙日记记载，顾廷龙计划于1981年4月在南京召集主编会晤，会议起初定在当月27日，后经协调改为22日。关于会议内容，1981年3月22日潘天祯来信说：

> 张一千②同志来南京，传达您老拟于四月在宁召集主编会晤的高见，我完全拥护。会期可否订在中下旬，……会晤经费，一千同志意见，可由与会者在本地《总目》经费中报销，不必另列预算。会晤内容，冀大姐提议商讨分类表和著录条例中未明确的问题，鄙意还可研究油印本的规格、要求及临时提出的问题，不知尊意何如？凡此种种，敬候您老指示，我均遵命照办。③

4月2日顾廷龙回信中说会议内容应该定为“分类表、著录方面的问题、进度问题及其它问题”④。宫爱东总结这次会议为：“回顾了过去的工作，讨论了当前工作情况和工作安排，研究了‘收录范围’‘著录条例’‘分类表’及‘征求意见稿油印本’等问题，取得了一致的意见。”⑤ 从现有的资料来看，潘、顾二人的结交始于《善目》初纂之时，在此后他们书信往来不断，为《善目》的编纂付出了巨大的心血，并在学术史上留下了一段佳话。

二、潘、顾对《征求意见说明》诸细节的商讨

在顾廷龙和潘天祯后续的通信中，他们主要围绕着《征求意见说明》草稿的第二项展开讨论，并对南京会晤未明确的问题作了补充。《征求意见说明》是附于油印稿之后的说明，其

---

① 顾廷龙：《十年苦干，抢编出善本书总目——忆周总理、陈毅等同志对图书馆事业的关怀》，《顾廷龙全集·文集卷》上，第468页。

② 张一千，时任文化部图书馆局办公室副主任。

③ 潘天祯致顾廷龙信，转引自沈津：《顾廷龙年谱长编》（未刊稿），1981年3月22日。

④ 顾廷龙致潘天祯信，转引自沈津：《顾廷龙年谱长编》（未刊稿），1981年4月2日。

⑤ 小宫：《〈中国古籍善本书目〉主编工作会议在南京举行》，《江苏图书馆工作》1981年第2期，第83页。

中包括著录条例、收录范围等项，主要目的是为了帮助收稿单位更好地完成审核工作，其中第二项主要涉及著录条例方面的问题。

其一，关于“稿本”的著录问题。《征求意见说明》草稿第二项第3条：“稿本系指作者本人亲笔所写，或虽系别人抄写，但经作者本人亲笔修改、批校过的，或丛书编者亲笔所抄的丛书。凡无作者亲笔加工的，只能称作钞本。”即凡是没有作者亲笔加工的只能称为钞本，而作者手稿本与经人抄写后由作者批校的本子才能称之为稿本。此后顾廷龙又致信潘天祯，表达了稿本需要进一步细分的想法：

> 关于这条，我认为稿本要有区分，如作者亲笔写的原稿称“手稿本”，别人誊清后经作者校改的称“稿本”；又如别人誊清而无改动的称“誊清稿本”（有的目录称“清稿本”，但恐“清”字易误为朝代，因拟加一“誊”字）。亲笔稿本与一般略加修改的稿本不能没有区别的。……又有一次在四编室讨论，亦曾谈到稿本问题，有几位同志提到要区别，我是赞成的，吾公当时说：“我来和稀泥罢，片子上写有‘手’字的不去掉。”我未多辩，即按尊意处理。①

顾廷龙表示稿本需要作进一步的细分，第一是要将“手稿本”和校改过的稿本（即前文所说他人抄录又经作者亲手校改的本子）等分别开来，第二是将别人誊清而无改动的命名为“誊清稿本”。如顾廷龙所说，“誊清稿本”曾称“清稿本”，但是为了区别于“清代的稿本”，最好加一字称为“誊清稿本”。前人确实有以“清稿本”命名经人抄录之本的情况，但是并未见“誊清稿本”这一说法。自此之后，《明清稀见史籍叙录》《清史稿艺文志拾遗》《中国古籍总目》等书目始称经人抄录的本子为“誊清稿本”，在医学文献、地方志等著作中也逐渐遵从了这一著录体例。顾廷龙在《中国古代的钞校稿本》一文中说：

> 关于写本，我们一般将它分为钞本、校本和稿本。作者的原稿通称稿本。稿本还可细分为作者亲笔写的称手稿本，誊清的称清稿本，据以钞写或刻印的本子称底稿本，还有誊清本经作者手校本，有请名人审阅过的稿本等等。稿本是书的第一形式，是最可信的本子。②

此文成文于《善目》编纂工作之后，应是受到了编目工作的启发。手稿本由作者手写，基本都是草稿状态，难以保证字迹是否端正和是否有涂抹情况，对阅读者和出版者来说，都不易辨别，所以会产生誊写后的本子，而作者在誊清本上修改，便形成了誊清本经作者手校本。陈先行说：“虽然稿本有初稿、修改稿与定稿之分，但曩昔各家公私书目却每以‘手稿

---

① 顾廷龙致潘天祯信，转引自沈津：《顾廷龙年谱长编》（未刊稿），1981年5月21日。

② 顾廷龙：《中国古代的钞校稿本》，《顾廷龙全集·文集卷》上，第281页。

本’‘稿本’‘清稿本’等名称著录之”，“全文皆为作者亲笔书写者称‘手稿本’。由他人誊录复经作者亲笔修改者称‘稿本’。全文为他人誊录者则称‘清稿本’或‘誊清稿本’。（如果由作者亲笔誊录，当然亦称‘手稿本’）。”①

顾廷龙认为亲笔稿本（即“手稿本”）和其他稿本必须加以区分，原因之一是这两种版本价值不同，“手稿本”价值更大。顾廷龙举例说：“哪怕书店中，这二者的标价也会有所不同。”② 原因之二是因为当时国内外书目对亲笔稿本称“手稿本”的情况很普遍。通过对书目编纂工作经验的总结，顾廷龙认为不能笼统地将二者都称为“稿本”。潘天祯起初的看法是卡片上原写有“手稿本”的则保持原样，他复顾廷龙的信件今已下落不明，潘天祯的回信内容已无从得知，但据顾廷龙 1981 年 6 月 9 日致其的回信可知，潘天祯对顾廷龙关于“稿本”的意见应当是给予了支持：

> 至誊清稿本的问题，尊见甚是。誊清稿本，如无题跋、作者印章等等，难以区别的，作钞本著录亦可。……在报来的片子正反面，有原著录可辨的，即据以分为手稿本或稿本。有一定数量亲笔的，即称手稿本，如《天下郡国利病书》，不识尊意然否？俟油印本出来后，我们可分工注意某项的著录，能从书景解决的最好，不能解决可待出去看书后解决。③

潘天祯在回信中应该回应了“誊清稿本”的问题，即如果没有题跋、印章，难以辨别是否为“誊清稿本”的，可以都著录为钞本。如果收集的卡片本就有所著录的，则按卡片标注为主。有一定数量作者的亲笔，则统一称为手稿本。如《天下郡国利病书》，关于此书的著录，顾廷龙询问了潘天祯的意见，从《善目》著录的结果来看，《天下郡国利病书》较早的版本都是钞本，除了有钱大昕、黄丕烈跋的“天下郡国利病书不分卷”本著录为“稿本”外，其余均著录为“钞本”④，二先生所讨论者当即此本。但《善目》著录为“稿本”而非信中所称“手稿本”，应该是二先生在后续的讨论中决定仍作“稿本”处理。虽然《征求意见说明》没有正式出版，但是程千帆在《校雠广义》中转引了稿钞本的著录原则：“本目中著录‘手稿本’，系作者亲笔手写，如原书系他人代钞，而经作者亲笔校改、删补者，著录为‘稿本’，其无作者笔迹者，著录为‘钞本’。”⑤ 结合《善目》的实际著录情况，此应为《征求意见说明》对“稿本”的最终著录条例。细致的著录条例对《善目》最终定稿的形成和古籍整理编目工作的顺利推进意义重大，不仅为编目的成功提供了便利的条件，更为图书馆事业的发展

---

① 陈先行，石菲：《明清稿钞校本鉴定》，上海：上海古籍出版社，2009 年，第 8 页。

② 顾廷龙致潘天祯信，转引自沈津：《顾廷龙年谱长编》（未刊稿），1981 年 5 月 21 日。

③ 顾廷龙致潘天祯信，转引自沈津：《顾廷龙年谱长编》（未刊稿），1981 年 6 月 9 日。

④ 中国古籍善本书目编辑委员会编：《中国古籍善本书目·史部》，上海：上海古籍出版社，1991 年，第 732-733 页。

⑤ 程千帆，徐有富：《校雠广义·版本编》，济南：齐鲁书社，1997 年，第 405 页。

和后人编目提供了有益的参考。

其二，关于条例2："凡因转版后改编的新丛书，须于版本项中注明原版的时代和出版人"一条，顾廷龙于此提出建议：

> 只要写明原丛书之名即甚明了，无须注明原版和出版人。改编后成了新书，原版情况没有详细说明的必要，况原丛书一般都是很著名的，一提丛书名人都知道的。记得冀大姐曾函见询，我的答覆是：关于《秘书二十一种》的版本著录，鄙意当以该书的成书年代为准，则应作"清康熙七年新安汪氏据《古今逸史》刊版重编本"，不识尊意以为何如，供参考。①

"转版后改编的新丛书"是非编者本人裒辑，而转版自前人的丛书。这是由于改编本的来源丛书大多很有名，故不需要说明原版及成书年代。顾廷龙提到的《秘书二十一种》是清人汪士汉编辑的丛书，《善目》丛部著录为"清康熙七年汪士汉据明刻《古今逸史》版重编本"②，与顾廷龙致潘天祯信中言及的基本一致。此书据《中国丛书综录选注》总结："是编凡二十一种，九十四卷。乃取明吴琯《古今逸史》刊版重编而成，取《汲冢周书》以下二十一种古代逸史，均先秦汉魏六朝唐宋之名著。其称'秘书'者，盖当时尚为罕见之籍。"③ 关于稿本和丛书的著录问题，顾先生感叹最初的著录颇有"详所不当详，略所不当略"④ 之弊。编目工作需要对细节反复思考，并不能轻易敲定，对于著录条例，需要把握著录信息的详略，未必都有可供参考的标准，而编目者的判断就尤其重要，编目工作之复杂严谨可见一斑。

其三，关于条例3："油印本只著录标片的藏书单位代号"，此条例制定的初衷是为了节省篇幅，但是大多数人主张收藏单位全列，所以后来又作了修改补充⑤。编目工作的成功仰赖各参与者严谨的工作态度，编目细节几乎都经历了多次讨论，反复商榷。顾廷龙对于参与者的意见亦十分重视，并不凭己意决断。他在通信中也常与两位副主编反复商讨，并时时交换意见，他们之间无疑是互相信任的，通信中随处可见"尊意如何""请多指教""盼请裁夺"等字样便是最好的例证。不仅如此，在与他人通信时，顾廷龙也多次表达了对潘天祯的信任与推崇。

其四，关于《征求意见稿》油印本的印刷颜色，顾廷龙倡导"油印本虽然一般使用黑色，但是为了醒目，可以使用蓝色"⑥，但是据现存的油印本《征求意见稿》来看，顾廷龙的意见

---

① 顾廷龙致潘天祯信，转引自沈津：《顾廷龙年谱长编》（未刊稿），1981年5月21日。

② 中国古籍善本书目编辑委员会编：《中国古籍善本书目·丛部》，上海：上海古籍出版社，1990年，第369页。

③ 罗志欢：《中国丛书综录选注》上，山东：齐鲁书社，2017年，第57页。

④ 顾廷龙致潘天祯信，转引自沈津：《顾廷龙年谱长编》（未刊稿），1981年5月21日。

⑤ 顾廷龙致潘天祯信，转引自沈津：《顾廷龙年谱长编》（未刊稿），1981年5月21日。

⑥ 顾廷龙致潘天祯信，转引自沈津：《顾廷龙年谱长编》（未刊稿），1981年5月上旬。

最终未被采纳，油印本依然采取了黑色印刷。同时对于装订办法，顾廷龙在1981年9月12日致潘天祯的信中提出了自己的意见：

> 八月二十日手书敬悉。油印本需有一个说明，现草拟了一个《征求意见说明》寄呈台阅，并望多多修改，万勿客气。原拟每类订一本，现考虑装订费太贵（订工加封面），只好以页数为标准，约五十页左右订一本了，尊意何如？①

为了节省成本，顾廷龙建议由每类装订一本改为50页左右订一本。由此可见，当时编目的经费已趋拮据。《善目》作为一个参与单位众多的项目，由于参与的学者分散各地，审稿费、差旅费、会议费等项支出较多。因此，编目工作在当时即面临着经费短缺的问题，顾廷龙已开始考虑在装订费等项上想办法，力求做到节省开支，以保证编目工作的顺利推进。

在整理卡片的过程中，两位先生相当注重对原书的核查，在汇集著录卡片时多次提到遇到疑难问题时需查看书影，如果能解决最好，如果存在争议，顾廷龙的提议是："俟油印本出来后，我们可分工注意某项的著录，能从书景解决的最好，不能解决可待出去看书后解决，不知可行否？"② 如在复查书画目录时，潘天祯发现"《十竹斋画谱》《芥子园画传》卡片相当多，孰为原刻，孰是翻印，书影也难识别"③。对于此类条目，则需核查原书，顾廷龙还曾去信潘天祯询问"看书问题，即如何保证重点"④，这是由于在进入整理油印稿阶段后，从全国各地收集上来的卡片数量巨大，所以在核对时需要区分主次统筹安排。

三、潘、顾关于释藏著录问题的讨论

在顾廷龙和潘天祯的交往中，两人对潘天祯所负责审核的《善目》子部释家类有很多讨论。如针对西园《血经》与《赵城藏》的讨论，1981年12月7日潘天祯有信致顾廷龙：

> 西园《血经》宋濂序，经慧眼鉴定是濂手笔，已嘱小宫（宫爱东）在卡片上著录。该园藏《赵城藏》两卷，一卷极新，显系复印；一卷稍旧，亦似复制。但典守者历言流传乃某僧自山西携吴，未便多拂其意，只在报京时将卡片抽出，然苏州市油印《善本书目》已经入录。现经指教，更无可疑矣。多谢多谢。⑤

所谓的"西园《血经》"，指的是苏州西园寺所藏的元代至正二十五年僧释善继血书本

---

① 顾廷龙致潘天祯信，转引自沈津：《顾廷龙年谱长编》（未刊稿），1981年9月12日。
② 顾廷龙致潘天祯信，转引自沈津：《顾廷龙年谱长编》（未刊稿），1981年6月9日。
③ 潘天祯致顾廷龙信，转引自沈津：《顾廷龙年谱长编》（未刊稿），1981年8月20日。
④ 顾廷龙致潘天祯信，转引自沈津：《顾廷龙年谱长编》（未刊稿），1981年8月12日。
⑤ 潘天祯致顾廷龙信，转引自沈津：《顾廷龙年谱长编》（未刊稿），1981年12月7日。

《大方广佛华严经》，故称西园《血经》，属子部释家类译经类，有宋濂、黄丕烈、莫友芝、翁同龢等人序跋[①]。从信件内容来看，西园《血经》作序之人为宋濂的判断，应是顾廷龙为之。《赵城藏》则是金代刊刻的一部大藏经，又称《赵城金藏》或《金藏》，《善目》所收者系金皇统九年至大定十三年解州刻本《金藏》，因以《开宝藏》为蓝本翻刻，故极其重要。最初佛教典籍是列入编目计划中的，但顾廷龙认为释藏庞大复杂，需耗费大量的时间与精力，可能需要另编专目。

顾廷龙在1982年4月15日致信周绍良，谈到了释藏另行编目的问题："见示《中华大藏经》目表，展阅一再，深感藏经目录如欲清理编目，决非少数人、短期内所能完成。《善本书目》不能久待，只可留将来另编专目。"[②] 顾廷龙提到的《中华大藏经》是台湾编印的版本，此书的编纂计划自20世纪50年代提出，最初设想分四辑出版，但是由于主持者屈映光过世、计划失当、缺少文献等原因，数度停止，直到1982年前三辑才宣布完成，但第四辑的编写计划就此夭折。台湾同时编印了《中华大藏经》全藏目录，于1960年出版了《三十一种藏经目录表解》一书，后又于1971年改编成《二十五种藏经目录对照考释》，并于1983年出版[③]。顾廷龙与周绍良的通信时间为1982年，此时台湾所编《中华大藏经》前三辑已经基本完成，仅前三辑已达数百册四千余部。大概由于释家类归入潘天祯所负责审核的子部，根据周绍良提供的全藏目录，顾廷龙判断释藏编目短期内难以完成，故在致信周绍良的第二日又致信潘天祯专门商讨释藏另编专目的设想：

> 关于释藏另编专目问题，闲谈时，唐长孺、周绍良两先生支持最力。唐先生说，敦煌经卷也是另编目录，如各藏均列，分量过重。周先生出示台湾所编《中华大藏经》附各藏表（名称记不完整了，方册一本，厚可寸余），我翻了一下，必要弄清它，决不是一二人在短期间可以摸清的。李致忠、丁瑜两同志过访，我询及《赵城藏》子目问题，据说当时写卡片即按入库先后为序。他们只觉得《赵城藏》《思溪藏》只有北图有之，似有舍不得割爱之情。因与曾、李（曾祥集、李竞）两公谈时很坚决，希望不要被释藏拖住。前在宁面谈时，公亦同意，幸公为熟筹之。[④]

顾廷龙在信中提及释藏可能要另行编目，且这一意见相继得到了唐长孺和周绍良的支持。唐长孺以敦煌经卷单独编目举例，认为各藏均列分量过重，周绍良则出示了台湾编印的《中华大藏经》目表，自此顾廷龙便更加坚定了释藏另行编目的想法。现查《善目》，其子部卷二

---

① 中国古籍善本书目编辑委员会编：《中国古籍善本书目·子部》下，上海：上海古籍出版社，1996年，第897页。

② 顾廷龙：《致周绍良》（1982年4月15日），《顾廷龙全集·书信卷》下，上海：上海辞书出版社，2017年，第389页。

③ 张新鹰：《台湾编印〈中华大藏经〉始末》，《藏外佛教文献》，1996年，第87-91页。

④ 顾廷龙致潘天祯信，转引自沈津：《顾廷龙年谱长编》（未刊稿），1982年4月16日。

十中收录了释家类，共分大藏、译经、撰疏等3类（包括注疏撰述、语录纂集、史传音义、目录杂撰），其中大藏部分仅收录18部，均仅列名目而未著录具体分卷①，正与顾廷龙释藏另编专目的意见契合。1982年“全国古籍整理出版规划会议”会后，释藏的详细整理工作便开始逐步推进②，由任继愈主持整体工作，“中华大藏经编辑局”负责编辑工作，此后中华书局陆续出版了《中华大藏经》，《中华大藏经总目》也在2004年编成，释家类目录在后来逐渐得以单独补全。

从子部的编目进度来看，1982年时顾廷龙认为子部收录释藏颇为艰巨，彼时编目工作仍处于通过油印本征求意见阶段，至1983年8月则进入定稿阶段，而子部的正式出版则晚至1994年底方得告蒇。1990年5月17日潘天祯有信致顾廷龙及冀淑英：

> 五月八日顾老手示敬悉，筹划周至，不胜敬佩。谨报如次：
>
> 一、史部已经排完，集部明以前部分既经顾老审阅，“先行发排，以免排字工作的等待”，丁山会上已经提出，未闻异议，今又重申，所示极是，自当赞同。
>
> 二、子部绝大部份已经剪贴，医书、道家两类，不足两千款，经过审阅，有个别问题待定，尚未交剪。兵家类三百款左右，燮元同志复查完毕，工作已告段落。小说家七百余款，尚在排列中，未复核。已经剪贴者，即可遵命派人送冀大姐审阅，需全部审完修改后，方可统一编号。何时送京，是否在京就便编号，均祈垂示，以便照办。
>
> 三、集部两万多款，占全目三分之一以上，在京定稿。如交宁再看，辗转迁延，势必推迟完稿之期。冀大姐才高心细，经验丰富，责任心极强，经手编定之稿，必臻上乘。祯才疏学浅，蒲柳早衰，难当大任。因此明清以后集部目，请直接由京送沪，不需经南京转手，非敢违命，实不能也。③

潘天祯此信中比较重要的信息有三点：一是史部编排完毕，集部明以前的部分已经完成；二是子部绝大部分已经剪贴，潘天祯提到了医书、道家、兵家类、小说家类，但未提及释家类；三则是集部内容完成后不必送到南京转手，可以直接送去上海。从1981年开始，顾廷龙在上海负责经部、史部的复审工作，潘天祯在南京负责子部的复审工作，冀淑英在北京负责集部和丛部的复审工作。1993年8月10日顾廷龙致函彭长登时言及子部由南京潘天祯同志定稿后发交出版社④，说明1993年时子部审稿工作已经大致完成，此时距离顾廷龙考虑释藏问题已逾10年之久，他在回忆中写道：“当时的情况不像现在，古籍编目人员十分缺乏，水平参差不齐，工具书不足。例如，苏州的西园（寺）藏经楼有大量的佛经，苏州市派出了三个

---

① 中国古籍善本书目编辑委员会编：《中国古籍善本书目·子部》，第883-885页。

② 《中华大藏经》编辑局编：《中华大藏经总目·序》，北京：中华书局，2004年，第1页。

③ 潘天祯致顾廷龙及冀淑英信，转引自沈津：《顾廷龙年谱长编》（未刊稿），1990年5月17日。

④ 顾廷龙致彭长登信，转引自沈津：《顾廷龙年谱长编》（未刊稿），1993年8月10日。

不懂版本的同志前去做著录、鉴定工作。他们认真学习、刻苦钻研，渐渐从不懂怎么做，到比较懂了。”[①] 虽然面临缺乏专业人才、任务难度大等种种问题，《善目》的编纂工作最终还是得以顺利完成，同时，在编目过程中也培养了许多专业人才。

四、结语

《善目》是新中国国成立后对传世古籍善本的重要归纳和总结，编纂工作规模浩大，涉及单位、书目繁多，且缺乏基础资料参考，繁琐的编目工作绝非一蹴而就，需要古籍编目人员长期坚持工作，克服重重困难。顾廷龙曾在《中国古籍善本书目编辑经过》一文中说“跬步不休，跛鳖千里，累块不止，丘山从成”[②]，恰是这一代学人为这一文献学重大项目无私奉献的真实写照。二位先生作为学问广博的文献学家，一生成就非凡，在各自的学术生涯中熠熠生辉，他们的治学态度和品质都足以垂范后学。他们在晚年积极响应国家号召，十数年如一日献身古籍编目事业，在编撰《善目》的过程中相识相知，合作无间，互相尊敬，共同为后人留下了珍贵的学术成果和宝贵的编目经验。逢此纪念顾廷龙先生诞辰之际，谨以所见略撰此文，不胜荣幸。

---

① 顾廷龙：《中国图书事业的一项伟大成就——〈中国古籍善本书目〉追记》，《顾廷龙全集·文集卷》上第458页。

② 顾廷龙：《中国古籍善本书目编辑经过》，《顾廷龙全集·文集卷》上，第438页。

顾廷龙、上海图书馆与扬州“青溪旧屋”刘氏往来考略

杨丽娟

扬州“青溪旧屋”是清代嘉庆至咸丰年间著名经学家刘文淇故居，也是其曾孙、中国近代著名国学大师刘师培故居。自刘文淇以来，刘氏以学术传家，影响贯通中外。最近，目录学家、版本学家、上海图书馆原馆长顾廷龙先生与扬州青溪旧屋刘氏后人交往的相关史料面世，揭开了顾廷龙、上海图书馆与这座江淮间有名的书香门第之间的不解之缘。

一、顾廷龙与“青溪旧屋”刘氏后人的交往

刘文淇是扬州学派后期的杰出代表；本居溧水，继迁金陵，后侨居扬州，颜其居曰“青溪旧屋”。其子刘毓崧、孙刘寿曾，都是乾嘉汉学传统的知名学者，以祖孙三代共注一部《春秋左氏传》而著称。第四代学人刘师苍、刘师培等，也都能发扬祖上遗业，在传统学术领域做出了非常重要的贡献。

新发现的史料证明，顾廷龙与“青溪旧屋”刘氏的往来从刘葆儒开始。刘葆儒（字次羽）系国学大师刘师培堂兄刘师苍之子，也是“青溪旧屋”第五代后人。顾、刘之间交往，由徐森玉介绍。1942 年 9 月顾廷龙致刘葆儒一通书信中说：

> 次羽先生阁下：
>
> 去年四月，承徐森玉先生介绍，得识荆州，并获拜展先德遗稿，感幸无似，匆匆未能细读为恨。兹敝馆于客秋迁移来此，适与尊寓相邻，颇思一聆雅教，以匡不逮。星期日（二十日）上午十时，当趋前奉访，倘执事无暇，请指示时日为盼。

专此，祇请道安。

顾廷龙顿首。卅二年九月十九日。[①]

徐森玉（1881—1971），名鸿宝，字森玉，以字行，浙江吴兴人。中国著名文物鉴定家，金石学家，版本学家，目录学家。该信札使用的是“合众图书馆筹备处”的信札。合众图书馆系1939年顾廷龙与张元济、叶景葵等人在上海共同创办。信札显示，1941年4月，顾廷龙由徐森玉介绍，见到刘葆儒，并拜读了他所珍藏的“青溪旧屋”刘氏家稿。而此次，顾廷龙再次约见刘葆儒“一聆雅教”。从信中所述“获拜展先德遗稿，感幸无似，匆匆未能细读为恨”一语推测，顾廷龙可能此次亦向刘葆儒询问青溪旧屋刘氏家稿之事。

刘葆儒此时寓居四川北路，作为刘家长子长孙，他保存了从扬州“青溪旧屋”带往上海的家稿，并利用工作之余，对部分稿件进行整理[②]。

1952年刘葆儒因车祸去世后，顾廷龙仍关注刘氏家稿动态，在自己编辑出版的《清代朱卷集成》中收有刘显曾和刘师苍叔侄二人的硃卷。从刘氏后人保存的一封上海图书馆工作人员毛光义的信件，可以说明这一点：

刘模同志：

您好！

关于上海图书馆顾廷龙馆长拟收集整理尊先德文淇公以下诸先生遗稿、遗札事，去年曾由顾老托弟致函经传同志，本年1月，经传同志复函告知，这批遗物以前曾由令尊大人收藏，保存于上海四川北路宅中，并告知你将进一步寻找，并拟和顾老先生及弟取得联系云。此函早经转交给顾老。顾老对尊先德遗稿已有着落，深为欣慰；对你们二位热情支援祖国的四化建设，亦万分钦佩。

由于顾老日常工作极为繁重，未遑复信。不过，他对此事极为关心，曾多次询弟有无消息。弟亦因事冗性懒，久疏音问，歉甚。

上月又访问顾老，顾老谈起最近又收到经传同志去信，询问前函有否收到，顾老已复信经传同志，并托弟写信给你。

顾老认为，如果该物的找寻工作已经落实，是否可以让他老人家先看到实物，以便对交付手续以及日后的整理出版工作作出打算和规划。不知是否可以早日实现此项盛举，是否托沪友或上海图书馆组织上协助，或由你考虑，在必要时亲自来沪与顾老先生商谈。总之，我们希望你能于百忙之中抽空给我们回音。

肃此，顺致敬礼！

---

① 李艳凤、巫庆：《新见民国时期扬州“青溪旧屋”刘氏往来书信》，《史学月刊》2010年第4期，第101页。

② 杨丽娟、葛星明：《青溪旧屋的第五代文化传人刘葆儒》，赵昌智主编：《扬州文化研究论丛》（第四辑），扬州：广陵书社，2009年12月，第97-103页。

弟毛光义敬上

82.11.5

复信请寄：上海陕西南路582弄34号或成都北路586/9上海化工设计院毛光义，或直接寄上海南京西路黄陂路口上海图书馆顾廷龙先生均可。①

收信人刘模系刘葆儒胞弟刘崇儒之子，刘经传系刘葆儒之子。从信中看，顾廷龙对“青溪旧屋”刘氏遗稿遗札特别重视，多次谈及要整理出版刘氏家学，并认为此是一件“盛举”。刘氏后人对顾廷龙的建议也特别珍视，也数次与顾廷龙通信表示支持。

“文淇公以下诸先生遗稿遗札”到底有哪些？刘葆儒生前曾整理出一个“上海书目”，约略可见其端倪：《青溪旧屋集》二本、《通义堂集》八本、申叔遗著七包、《传雅堂》稿一包、《张侯稿本》四本、家墓志一包、《杨母六秩寿实》一函、寄各件单（包括《国史儒林》《家中硃笔》《传雅诗镌》一本目录）、青溪书牍十六本、通义尺牍十七本②。

二、“青溪旧屋”刘氏向上海图书馆两次捐书

关于刘家藏书，《青溪旧屋仪征刘氏五世小记》有这样的描述：“刘氏累世藏书，皆以木架承之，不下数十架，以银皮纸写标签，风过疏棂，飘若蝴蝶，也有一种美的境界。但所藏皆寻常日用版本，或当时著作家新刻投赠的。明刻本稍多，并无宋元旧版。惟其书多批较详审，旁行斜上，丹黄斓然，新整若手未触者，也是少见的。闻德清戴子高先生故后，其家人无人经营，所有谪麟堂的书，许多送归刘氏，其书更多了。”③ 戴子高，即戴望（1837—1873），著名经学大家，著《颜氏学记》十卷、《论语注》二十卷、《管子校正》二十四卷，《谪麟堂遗集》四卷。刘寿曾也曾在《寄示苍儿》诗中称“万卷楹书留尔读”④。万卷之说或有夸张，但刘氏藏书甚多，亦是事实。不少资料记载“青溪旧屋”还藏有一些珍稀版本的文献。如《文献家通考》记缪荃孙《艺风藏书续记》，有其明兰格抄本《钦明大狱录》二卷。缪跋云：“世间传本绝少，此本仪征刘恭甫寿曾旧藏，亦罕覯之秘籍也。汪宗沂手跋曰：同学仪征刘恭甫家多藏书，以癸酉秋得《钦明大狱录》二卷于金陵书市，定为明人抄本，因以见示余。”⑤ 秦更年《婴闇题跋》称：“《说苑》二十卷影印，刘申叔藏宋刊本。”⑥ 此可见刘氏藏书应该不少，其中不乏精善之物。另外，刘文淇所撰《尚书序传疏大意》稿本亦被扬州市

① 毛光义致刘模信，巫庆先生所藏（未刊稿），1982年11月5日。

② 杨丽娟：《新见扬州青溪旧屋刘氏藏书目录》，赵昌智主编：《扬州文化研究论丛》（第六辑），扬州：广陵书社，2011年2月，第23-31页。

③ 梅鹤孙：《青溪旧屋仪征刘氏五世小记》，上海：上海古籍出版社，2004年8月，第76页。

④ 转引自郭院林：《清代仪征刘氏〈左传〉家学研究》，北京：中华书局，2008年3月，第237页。

⑤ 郑伟章：《文献家通考》，北京：中华书局，1999年6月，第1079页。

⑥ 转引自梅鹤孙：《青溪旧屋仪征刘氏五世小记》，第78页。

图书馆所藏①。

经过近200年的历史风雨，“青溪旧屋”刘氏万卷藏书早已散佚，留给了读书人一个令人感叹的背影。幸运的是，“青溪旧屋”刘氏向上海图书馆两次捐书，保留了刘氏一些珍贵的图书，为人们解读刘氏家学提供了新的资料：“青溪旧屋”刘氏第一次献书发生在上个世纪50年代初。1954年，在刘师培的外甥梅鹤孙等人支持下，刘葆儒之子、时在清华大学读书的刘经传将《左疏》稿本送交上海市文献图书馆保存，以防散佚。接收当日，刘葆儒胞弟刘崇儒在梅鹤孙、徐森玉和尹石公陪同下，手捧刘氏《春秋左氏传旧注疏证》原稿7册、清稿7册，送到上海市文献图书馆（即后来的上海图书馆）收藏。馆长顾廷龙亲自接收，并出具了收据。

刘氏第二次献书发生在上个世纪80年代。在顾廷龙先生的精心安排下，1983年前后，刘家第二次向上图献书。上图发给扬州市文管会一份公函，见证了这一捐献之举。

> 市文管会：
>
> 今年6月，长春汽车研究所刘经传同志（系清代经学家刘文淇后代）向本馆捐献一批珍贵图书资料等，计图书43种、尺35册、字画87种、拓片57种。另有尺牍56种。其中为宋刊本《省元林公集资治通鉴详节》、刘文淇的稿本《春秋左氏传旧疏考证》《青溪旧屋尺牍》计2409页、《通义堂尺》计2153页及清嘉年间学者为丁晏、魏源等手迹，皆有极高的史料及文物价值。为表彰刘经传同志关心支持祖国文物事业的行动及精神，根据国家《文物保护法奖励条例》报请市文管会发给奖状。②

亲身经历献书过程的刘模女婿、扬州收藏家巫庆先生还用“上海师范大学”信笺抄录了当时献书的部分目录：汪保和一幅、阮芸台一幅、王家瑞一幅、包世臣一幅、叶燮一幅、阮元一幅、陈德衡一幅、董玉书、吉亮工、钱振常、刘传福、包世臣书、吴廷飏画、邓石如画、良甫扇面、申叔扇面、郑板桥字一幅、虚谷书一幅、口口行状、沧浪外史（报平安竹图）、徐乃昌联一幅、董邦达蟹图、眉寿图（黄慎画）、吴让之画（刘太冲序）、吴让之书、孙衣言书、包世臣字、周子嘉花鸟、董邦达书、徐乃昌书、曾国荃书、汪仲伊书、陈念东书等。

至此，江淮间著名的书香门第，扬州青溪旧屋的最后部分藏书有了自己的理想归宿。

（原刊于《扬州文化研究论丛》2011年第2期）

---

① 据2009年6月12日《扬州晚报》报道：此稿于道光十年写成，未能付诸梓行，卷末有作者道光二十年七月的补记，叙其经过，并有小白文方印，一为“青溪旧屋”，一为“刘氏文淇”。这也表明，《尚书序传疏大意》一卷世间仅此一本。

② 上海图书馆致扬州市文管会信，巫庆先生所藏（未刊稿）。

怀念顾廷龙先生

杜泽逊

8月22日，图书馆界的泰斗、著名的版本学家、目录学家、古文字学家和书法家顾廷龙先生逝世了。作为受过先生教导的后生学子，我感到莫名的悲哀，并不由自主地回忆起受先生教诲的情景。

1992年1月11日我在北京琉璃厂购得一部清刻巾箱本《钦定四库全书附存目录》，共十卷四册，有某氏朱墨两色批注。后来弄清朱批均摘自《四库提要》，墨批则是批注者知见的四库存目书传本。《四库提要》共记录图书10254种，其中3461种收入《四库全书》，谓之“著录”，另外6793种则仅存书目，谓之“存目”。四库存目书数量几乎是著录书的两倍，由于《四库全书》未收入，流传渐稀，学者早已苦于难以访求。四库著录之书，又单独编有《四库全书简明目录》，存目书不在内，提要亦大大简化，是学者容易携带的本子。清代邵懿辰、莫友芝、朱学勤、孙诒让、王颂蔚、王懿荣等都曾在《四库简明目录》上标注他们所知见的版本，后来流行的邵懿辰撰、邵章续补的《增订四库简明目录标注》和莫友芝撰、傅增湘订补的《藏园订补郘亭知见书目》就是这些前辈成果的结晶。但前辈们大都只是留意四库著录书的版本，却较少留意存目书的传本。我虽有此感，却并没想到自己要去弥补。当我在书店发现这部《四库存目》单行本时，才知道存目书亦有单独的目录，虽然只记录书名、卷数、著者，却证明前人对存目书是早已重视了。另外其中有批注，从其中一张浮签用的是民国三十四年一月十四日的日历来看，是民国年间人士的标注。其中标注的条目不多，却给我极大的启发：前人亦有留意存目书传本的。于是我开始从事存目书传本资料的搜集，拟撰《四库存目标注》一书，以补前辈们的空缺。

俗话说“人外有人，天外有天”，我的一知半解其实前辈们早已想到了。1992年11月5日下午我带着王绍曾师的信到北京拜谒仰慕已久的顾老。在此之前，我曾在济南见过顾老，但那是在集体场合，轮不上我上前说话，因此还算不上正式认识。这次是专门拜访，心情完全不同。我不崇拜名人，也从不愿攀附门墙，但顾老不同，顾老在我心目中不是以名人面貌存在的，而是以一位宽厚长者、老师宿儒的面貌出现的，因为我的业师王绍曾先生与顾老是莫逆之交，从老师那里我久已对顾老有了一定认识。此时的顾老，早已从上海图书馆馆长的位置上退休，住在北京北苑航空研究院儿子家中，颐养天年。下午3时，我来到顾老家，顾老已午休过，正在看书，知道我来了，在客厅接待了我。顾老虽已年近九旬，仍然精神饱满，谈兴很浓，而且记忆很好。

谈及《四库存目标注》，顾老告诉我，他亦藏有一部，上面随手批注有版本，可惜在上海家中没带来。顾老鼓励我努力去做，他说："《存目标注》很有意义，如果作成了，功德无量"。谈话之间，顾老从卧室取出一部《郘亭知见传本书目》，那是傅增湘排印大字本，顾老在上面过录了两家批注，即朱学勤批注和陆树声批注。陆树声是陆心源次子，他的批注用绿色过录。朱学勤批则用另一种颜色过录（已记不清是什么颜色）。密行细字，上下皆满。顾老说是从上海带来准备给傅熹年先生参考的，傅熹年先生正整理其祖父傅增湘订补的《郘亭知见传本书目》。我告诉顾老，《藏园订补郘亭知见传本书目》已有即将出版的介绍文章发表，已整理完了。顾老说："那就算了。"

顾老还告诉我，去年台湾人士来访，问及今后古籍出版方向，顾老曾建议他们印三部书：一是四库底本，二是四库存目书，三是禁毁书，统谓之"四库外书"。顾老向台湾人士提的建议，现在《四库全书存目丛书》已出齐，《四库禁毁书丛刊》正在编集出版，只有四库底本尚未着手。顾老还谈及《清史稿·艺文志》、清代版本的研究、唐写卷子的鉴别等问题。

经此拜谒，我才知道顾老亦曾批注过《四库存目》，可惜没能见到。这件事告诉我，顾老十分重视四库存目之书。这给我以很大鼓舞，对自己选择的《四库存目标注》课题信心更大了。

过了近一年，1993年10月，我忽然收到一个邮件，顾老寄来的，没有挂号，打开一看，是四本一函的《四库存目》，再看卷内，与我收藏的是同一版本，书名下偶有顾老批注的版本。书里夹了一封信，开头说："泽逊先生大鉴：久疏笺候，驰念良殷。近读《古籍简报》，欣悉先生从事存目版本甚勤，无任钦佩！鄙人昔曾从事于此，所见存目书即注于目下，当时燕京购书费拮据，有收有未收。收者均在今北大。未注版本者，因已收入丛书，容易找。后来卢沟之变，百事俱废。兹将批注本寄奉，想河海不捐细流，或愿一顾。"这信是10月17日写的。我感动得无法形容，除立即回信感谢外，马上把顾老批注过录下来了，准备收入拙作《四库存目标注》，并一一注明系顾老批注，其批注原本则带到北京当面奉还了。去年我去看顾老，顾老又拿出来给我看，里头还偶然留有我夹的批条，我要抽出来，顾老说"留着吧"。现在想来倍感悽怆。

从顾老把自己的批注本《四库存目》主动寄给我参考，联想到顾老准备把自己过录的朱学勤、陆树声两家批注《郘亭书目》借给傅熹年先生参考，老人的宽厚无私给我留下了永生难忘的印象，也为我的为人和治学树立了最好的榜样。

1994年9月至1997年11月，我应邀参加编纂《四库全书存目丛书》，在北大工作了三年多，这期间经常到北苑顾老家中拜访，从图书馆到古文献收集、整理与流布，到学林旧事，无所不谈。所遇疑难，往往就教于顾老。顾老常常就某一问题生发开来，一谈就是一组问题。这时所受教益最大，是课堂上永远不可能得到的。

有几次，顾老都谈及他在燕京大学图书馆主持采访图书的往事。1996 年 8 月 22 日下午，顾老说，他在燕大毕业后留校，因为口音（苏州话）不能讲课，洪煨莲派他到图书馆，负责买古书。那时书店很多，大书店以外还有小书店。这些店每周送三次书，每次都很多。各店的书挂牌子。有两个助手帮助登记、查对。重复的书，如果版本不同亦收。当时有个购书委员会，由洪煨莲、顾颉刚、邓之诚、容庚、郭绍虞组成。他们主张不同，兴趣不同。于是顾老先把书分成若干类，再分别找他们审。小说笔记史料给邓之诚看，邓全要。金石拓片给容庚看，容庚说："这好！全要。"文学书给郭绍虞看，郭全要。洪、顾两先生面广。有一部可惜了，那就是《端方电稿》。当时奏稿刻了，电稿没刻，量很大。因为后来燕大钱少了，没买。过一段时间再找，找不到了。现在亦不知下落，可惜了。

1997 年 7 月 17 日顾老又谈起燕大往事，说："不同类的书给不同专家看，可以各取所好，多买书。当时买到翁方纲之子翁树培的手稿，一元钱。"

谈到《艺风老人日记》手稿，顾老说："是后来买的，邓之诚先生与缪氏为亲戚，邓先生买的。"

顾老在燕京大学图书馆主持采访古书，作出了重大贡献，现在北大了解图书馆的人都有这样的结论："燕京的书精。"我个人多次到北大图书馆查书，《四库全书存目丛书》亦大量采用过北大藏书作底本，发现燕大的书一部是一部，书品好，不残缺。这是采访者认真把关的结果。顾老在燕大期间，学术成果亦十分引人注目。1935 年，《吴愙斋先生年谱》附《著述目录、藏古器物目录》由哈佛燕京学社出版。1936 年，《古匋文孴录》由北平研究院出版。1938 年，《章氏四当斋藏书目》由燕京大学图书馆出版。一批论文题跋亦陆续发表。这些著述均以功力深厚、体例严密受到学界广泛关注，在同行中树立起自己的学术形象。1939 年 5 月 25 日张元济先生致函顾廷龙云："先后获诵鸿著《吴愙斋年谱》《章氏四当斋藏书目》，尤钦渊雅。近复承寄《燕京大学图书馆》第 130 期 1 册，大作《嘉靖本演繁露跋》纠讹正谬，攻错攸资，且感且佩。"叶景葵、张元济等先生在上海创办合众图书馆，请顾廷龙先生南下主持馆务，绝非轻率之举。顾老到上海后所作出的杰出贡献更充分证明了这一点。

顾老对小辈爱护备至，随时教诲。1995 年 10 月 29 日我看到南京图书馆的万历刻本《召对录》一卷（复制件），明申时行撰。前有申瑋题记："先文定公遗书在清代为禁书，至不易得。顾君廷龙，旧姻也，于春间在北平书肆见先公《召对录》一卷，毛边纸，惜后阙二页，驰书告余，以法币 12 元得之，旋赠于怀弟珍藏。不几时，潘君承弼又得是卷，纸张不同，完好无阙。潘君为世交，知书乃余家先代宝物，承以见赠。因书之简端，藉志欣幸。时丙子夏六月大暑节，十二世孙瑋敬识。"丙子为民国二十五年（1936 年），此时顾老在燕大。我觉得这条记有顾、潘二老往事的跋文很有意思，就复印寄给顾老。12 月 2 日顾老用毛笔、福寿笺纸写了满满两页回信。内云："承示申君一跋，此事恍然如目前。申先生与潘先生在苏州一银行共事。申君好收藏，尝得吴大澂画人物轴，龙编《吴窓斋年谱》时曾得一照片景印。窓斋能画山水人物花卉，写字则初作玉筋体，后学杨沂孙，再作金文。吴氏通信作金文者，我见致陈簠斋、潘祖荫、王广生、李眉生诸人。"由申璋藏画谈到吴大澂书画特点，开启人智，触类旁通。前辈博闻多识，多如此者。

随着资料的逐步搜集，《四库存目标注》已初具规模，约计200万字，我遵照黄永年先生的建议，开始清稿。我写了一条样稿，是繁体字横写的。顾老看了以后，认为体例很好，很满意。但他表示将来出版仍要竖排，"古书不能横排"。他说有些行文横排不好处理。我遵照顾老的建议，改成竖写。后来，在清稿过程中，我慢慢体会到顾老建议的优越性，竖排确实要方便些。

顾老早已为《四库存目标注》题了签。由于顾老对《四库存目》早有研究，并且把自己的批注本借给我参考。在三年多时光中，顾老又给予悉心指导。因此，我曾打算清稿之后再请顾老赐序。去年10月2日，《四库全书存目丛书》已竣工，我即将离开北京回山东大学，编委会同仁委托我去拜访顾老，对顾老给予《存目丛书》的支持和指导表示感谢，同时请顾老出席11月初的庆典。顾老表示10月中旬到上海，会议不能出席了。这一次我把《四库存目标注稿》十一册带给顾老过目，顾老看了，赞叹不已。顾老除建议竖排外，还建议翰林院印及进书木记可照原大影印，供读者参考。顾老还谈及各家《四库简明目录》的关系，并回忆起在燕京时到城里逛书摊的往事。他说有一次在头发胡同买到薛允叔手稿，讲法律的，那时没钱，到朴社借钱买下。然后写一篇介绍文章，用稿费还朴社。那时到琉璃厂、隆福寺要一天，回来晚了，西直门外没汽车，只好走回燕大。日本人来了，出入西直门都要下车搜身。

这是我最后一次聆听先生教诲。先生去了，再也不能向他请教，再也不能听先生讲过去的故事了。高山仰止，景行行止，虽不能至，心向往之。敬爱的顾廷龙先生将永远活在我心中，成为我人生的楷模。

（原刊于《山东图书馆季刊》1998年第3期第31-33页）

著述篇

顾廷龙先生与版本目录学

来新夏

顾廷龙先生（1904—1998）是上世纪的学术耆宿，是一位驰誉海内外的版本目录学家、书法家、金石学家。他涉及的学术领域极广，在版本目录学、金石学、谱牒学及书法学诸方面，都有突出的学术贡献。他是一位将职业与事业完善结合而极有所建树的楷模。他一生以敬业精神为图书馆收书、编书、印书，直至做领导管理工作，而为图书馆界所敬仰。他在具体实践工作的基础上，始终以学术态度，将一般图书馆业务工作提高到有丰富学术内涵的层次，并身体力行，进行高水平的学术研究工作，学术成果累累，培养了一批有学术造诣的图书馆人，为世人树立图书馆学术性形象付出了极大的精力。

顾廷龙先生涉及的学术领域极广，几难望其涯涘，我因业务专攻所及，在版本目录学方面，早年于上世纪40年代曾受教于余嘉锡先生之门，略窥版本目录学的门径，其后因时代变异，版本目录学几等于废弃。直至80年代，学术重光，我重理旧业，开设“古典目录学”一课，但能就此学沟通交流者几希，幸于1982年得识顾廷龙先生于太原，当面请益，多获指点，而喜得良师；后又多次相遇于学术会议，乃在先生鼓励下，始撰《古典目录学》。1987年，《古典目录学》油印初稿完成，送请先生审阅，先生给予切实的指导，经修改后于1989年定稿问世，又蒙赐序。我于古典目录学之略有所知，皆出于二师之耳提面命。余嘉锡先生，受业师也；顾廷龙先生，则私淑师也。

顾廷龙先生之从事目录版本之学起步甚早，1927年初，先生方24岁，即在外叔祖王同愈先生家习金石目录学，获见朱学勤氏批注之《四库简明目录》抄本，与莫友芝氏之《郘亭知见传本书目》所批有异。次年购得《郘亭知见传本书目》，以过录朱氏批注，作日后校补之基，而先生自称“此是我从事目录版本之始，安知竟成我古籍整理终身之业”①。其后，版本目录学渐成晦学，先生则乐此而不疲。于1932年6月果以攻读《郘亭知见传本书目》受知于

① 顾廷龙：《王同愈集序》，王同愈著，顾廷龙编：《王同愈集》，上海：上海古籍出版社，1998年，第2页。

洪业先生，而于次年7月间正式就任燕京大学图书馆中文采访主任，并兼任美国哈佛大学汉和图书馆驻平采访处主任，其后，在沪参与创建私立合众图书馆，并相继担任历史文献图书馆、上海图书馆馆长，历经六十余年，献其终身于图书馆事业。

顾廷龙先生之治版本目录之学，植根于二端：一则经眼大量书目。先生自从业燕京图书馆之始，即注重广事搜求各类书目，所积几已充栋，每在收书编书之际，必以书目相校，对各类图书之存佚流传，了然于心。久之，自在脑海中成一图书数据库。二则亲手校读编制书目。先生自供职图书馆始，即不断校读藏书家已成书目，并择要写出具有参考价值的题跋，如在1935年所撰《跋赵定宇书目》即言其目之流传情况云："是目原本藏余妇弟潘君景郑处。册首有'楝亭藏印''玉雨堂藏印'，知从曹氏、韩氏辗转而出。余见《楝亭书目》尝载之，他家藏目尚均未有，想犹未经传抄者耳。吾馆力搜目录之部，余遂乞景郑借钞，以广其传。"当时先生尚不知藏者姓氏而云"赵氏身世不可详"，但记取其事，直至三年后，因读清王渔洋《香祖笔记》等书而获知"赵定宇乃万历中吏部侍郎赵用贤之别署也"。乃又写《再跋》而自我检讨云："后世谫陋初竟，不详愧恧何如？"① 前辈谦逊谨严若此，对后来者也是一种身教。1938年2月，先生更为藏书家章钰所赠藏书编制《章氏四当斋藏书目》，发箧陈书遍加翻检类次成目并为之跋云：

> 综其遗籍，可类别为三：一、经丹铅者十之二：凡治一书必贯首尾点勘，多至六七周不倦，即数百卷之巨帙，不止一种，而亦校不一次，益为难能。拾遗补阙，阐扬数百年来未发之覆，功在学术，不可没也。按程日课，新知创见，伤事感时，随书卷末，所作题识，可以越缦、缘督《日记》视之。至若蝇头细字，琳琅五色，妍舞行间，尤为校本生色，世难其俦，人间至宝。一、可珍秘者十之一：宋元旧椠，明清精刻，虽不称富，足备一格。前哲遗稿，家传希籍，蓄之箧衍，有待流布。荛圃、渌饮，校勘名家。同叔、泖生，文行君子，剩墨遗翰，当同球璧。他如朋好之所评题，赏奇析疑，羽翼元书，皆一时名流之手笔，不尤可贵乎？一、为通行者十之七：有清中翼之书，叠（垒）经沧桑，昔为寻常，今已难得。近时名家所刻，则插架甚备，又多出先生所校雠者，一代刊书之盛，实与有倡助之功。至四方故旧所贻赠先集自著，皆试印新本，为晚清、国初驰誉（声）艺林者，几毕萃于此。卷册繁多，自非征集所易也。先生家世儒素，求书匪易，节衣缩食以得之，卒业乃已。历数十年，积数万卷，虽不足与名藏家相颉颃，若掇其精而噬（哜）其胾，岂他人区区以多藏为富者哉！观其经丹铅者，一字未尝放过，即略加批点，亦复纸敝墨渝，浏览洽熟，读书之精且博如此，为吾家涧宾（蘋）而后一人也……。②

① 顾廷龙：《跋赵定宇书目》，《顾廷龙全集》编辑委员会编：《顾廷龙全集·文集卷》上，上海：上海辞书出版社，2015年，第141页。

② 顾廷龙：《章氏四当斋藏书目跋》，顾廷龙：《顾廷龙文集》，上海：上海科学技术文献出版社，2002年，第136-137页。

这段跋文，言简意赅，不仅较全面反映章氏四当斋藏书之概貌，亦示后学以治版本目录学之蹊径。是年11月下旬先生于致叶景葵信中复自谦其编目之事称：“《四当斋书目》承许能表彰式老劬学之里面。龙编纂时，确曾刻意于是，惟目录体裁所限，无发挥之地，今邀洞鉴，快幸何如。此目编印匆遽，尚欠详核，必多讹误。”① 足见先生治学之谦抑。

《四库简明目录标注》为治目录学者所必读，先生于1939年春在燕馆时，有书贾持此书求售，即为之写跋云：“见板格镌‘算鹤量鲸室’五字，书衣又有端陶斋题字，知为章式之先生所钞赠者，惟阙失四卷，殊为可惜。余以此本眉上增注多于刊本，曾录示邵伯䌹先生，而章氏原本及此板格均即寄在馆中，钞补甚易，可为璧合，岂不善哉。”② 邵氏为《标注》辑者，前辈学人互通有无之风格，远胜今人，弥足钦敬。十余年后即1955年元旦，先生复为朱学勤手批《四库简明目录》写跋而论及版本目录学之重要性及“标注”之做法云：

> 治学而不习目录版本之业，犹访胜境而徘徊于门墙之外也。……从事目录之学，《四库总目》搜集（辑）较富，犹堪津逮。当清咸、同之际，学者奉为圭臬，钻研称盛。仁和邵懿辰位西，首以《简明目录》创为标注之业，一书数本，详加罗列，以资考稽。踵起者，以独山莫友芝郘亭、朱学勤修伯为最著。三人者，各注见闻，相互交流，展转传钞，多所增益，壹皆以邵氏为蓝本耳。……标注之业，见闻所牖，永无止境，必赖来学之踵事增华，不能成于一手者也。三家之著，聊自备忘，初皆未必有成书之意，故俱未能及身写定。邵本得章汇录各家所订补，遂最详备。惟以雕版印数不多，售价既昂，且禁翻印流传，以致甚稀。莫本经绳孙辑成后，任人覆印，几为治目录者人手一编，书林相沿，知莫多于知邵。朱本仅有传抄，知者益鲜矣。③

顾廷龙先生于1940年初曾应约撰《目录学》，旋以版本图说较有精彩，拟改撰《版本图说》，并即筹划进行，于是年5月间在致顾颉刚信中陈述其编撰计划说：“《版本图说》已属草大纲，宋元部分已成，现拟明清部分，全无依旁，较为万难，亦较能最有精彩，将来分出，即可先出明清部分，尊意如何？”④ 并言自排列刊版纪年着手，“将明刻本刊板纪年者，分别开列，即以年为经，以目为纬。藩府所刻另列，以便查考。考究明本，尚无人及之”⑤。7月间又在致顾颉刚信中论及其事称：“《版本图说》因明本向少人留意，故先从事于此，以便人之参考，叙例、目录，业已拟好……”。⑥ 次年2月，为难得之明洪熙本《欧阳修撰集》作跋，特志其得书之喜悦云：“比岁，潘君景郑与余有《明代版本图说》之纂，历朝以次，惟仁宗在

---

① 顾廷龙：《致叶景葵》（11），顾廷龙：《顾廷龙文集》，第744页。
② 顾廷龙：《钦定四库全书简明目录标注跋》，顾廷龙：《顾廷龙文集》，第155页。
③ 顾廷龙：《朱修伯手批四库简明目录跋》，顾廷龙：《顾廷龙文集》，第156–157页。
④ 顾廷龙：《致顾颉刚》（20），顾廷龙：《顾廷龙文集》，第773页。
⑤ 顾廷龙：1940年5月21日日记，沈津编著：《顾廷龙年谱》，上海：上海古籍出版社，2004年，第119页。
⑥ 顾廷龙：《致顾颉刚》（21），顾廷龙：《顾廷龙文集》，第773页。

位仅一年，洪熙刻本，尤为难得，久访竟无一遇。施君韵秋主南浔刘氏嘉业藏书楼事，承以楼中有洪熙本《欧阳修撰集》见告，并荷商假，于是难得之刻，难得之集，竟获展卷览读。”① 8月间，先生与潘景郑氏，历尽编校、摄制、著文之劳，《明代版本图录初编》大致编就，先生亲为作序，言其始末云：

> 曩时藏家书目，多不著版本，虽载及明人著述而不能考其刻年。范氏天一阁藏明本最富，阮元为编目录，始称稍详。近惟陈氏听诗斋之《明人别集目录》，蒋氏传书堂之《善本书目补遗》，陶氏涉园之《鉴藏明板书目》，是皆专于明本者，而刻年亦未能详识。若叶德辉、莫伯骥两家读书志，摭录较多，原委分明，而惜非专著。故今人欲研究明代版本，无所取证，每感参考无资之苦。余夙有纂辑目录学一书之志，拟分三编：曰流略、曰图录、曰校雠，断代为章，复各析以时、地、公、私之作，俾有系统可寻，条理可睹。前年之春，曾欲以清代刻本为始，时与妇弟潘君景郑邮筒商榷……，旋邀景郑来共编摩，接席商兑，重订体例……，首辑图录，以重雕版之源流，风气之趋尚，又先由明代入手者。盖宋元本书景及景印之本，流传已广，不难访致。明本则汗漫无归，按索无图而求之弥难。兹就吾二人研说所得，先为初编，虽不能备，聊补所乏。丁时丧乱，搜辑不易，幸得杭县叶氏、海盐张氏、吴兴刘氏、天津华氏诸家及涵芬楼，慨然相示，至可感篆。摄影撰说，历时两年，景郑之力居多……。②

此序记《明代版本图录》纂辑缘由、体例等甚备，足为检读之导引，虽为先生版本目录学领域之合作，而擘画周详，图文并茂，前可补先贤之不足，若用以比照图籍，鉴定版刻，更嘉惠后学甚巨，无怪《图录》合作者潘景郑先生于书跋中极推其书曰：

> 诸家书影之辑，于版本有先河之功。惟专录宋元，未有类次，荟萃之业，屠门大嚼，祗足快意，以诏来学，抑且未具。叶氏《书林清话》论版本详矣，罗陈虽宏，实征攸待，可备掌故，靡以考镜，此吾《版本图录》之作所由。梦寐向往，不惮矻矻，穷年会隶分举，勒为初编，以资讨理者也。先之以明代者，以宋元书影有传，而清刻传布綦广，胪举非易，绩以用缓。惟朱明承先启后，继往昭来，传递之迹，有所踪寻，而其精粗高下，尤足以觇文献之盛衰。是用分别部居，粗陈纲要，类别十二，影逾百页。时值板荡，瓶借惟（维）艰，责全求备，以俟后贤。是役也，吾姐夫顾君起潜实综大纲，发凡起例，君力居多……。③

---

① 顾廷龙：《洪熙本欧阳修撰集跋》，顾廷龙：《顾廷龙文集》，第282页。

② 顾廷龙：《明代版本图录初编叙》，顾廷龙：《顾廷龙文集》，第159页。

③ 潘景郑：《明代版本图录初编跋》，潘承弼、顾廷龙同纂：《明代版本图录初编》，台北：文海出版社，1971年，第1页。

顾廷龙先生之于版本目录学诸识见，除见于《图录》外，多散见于各文。有直抒其有关版本目录学之见解者。

1961年底，先生撰《版本学与图书馆》一文，涉及广阔，资料丰富，畅论版本之定义及其与图书馆之关系云：

> 依我看来，版本的含义实为一种书的各种不同的本子，古今中外的图书，普遍存在这种现象，并不仅仅限于宋元古籍。在九世纪以前，经过不断的传写，在印刷术发明以后，经过不断的刻印，因而产生了各种不同的本子。有了许多不同的本子，就出现了文字、印刷、装帧等各方面的许多差异。研究这些差异，并从错综复杂的现象中，找出其规律，这就形成了版本之学。所以版本学的内容实在是相当丰富的，如关于图书版本的发生和发展，各个本子的异同优劣，制版和印刷的技术，版本的鉴别，装订的演变以及研究版本学的历史等等，应该可以成为一门专门的科学。……中国讲版本之学，起源很早，逐步的发展，研究对象很明确，内容很丰富。过去藏书为私人所有，非有特殊交情看不到的，而且也看不到很多的。名流学者尚且如此，劳动人民和一般知识分子更无法见到了，以致这门学问难以开展。还有自命不凡的人，往往鄙视版本，以为版本仅仅是讲宋元旧刻，几行几字，边（栏）阑尾口等等。讥讽地说，版本学就是那么一些罢了。……更好地从事版本学的研究，与整理古籍合（和）其它研究工作，分工合作，相互配合，更好地为科学研究服务。不要为版本而版本，是很必要的。①

顾廷龙先生于晚年虽自谦其版本目录学居于个人致力之学术领域之第三位（一小学，二书法），但在上世纪七八十年代先生年逾古稀时，不仅积极投身于主编《中国古籍善本书目》的版本实践工作，编写《古籍版本概述》和《唐宋蜀刻本简述》等教材，以普及版本知识，培训版本人才。而且还在不同场合，和不同人沟通商榷，发表较多的有关版本学见解。如对王绍曾氏所编《古籍目录版本校勘文选》之选目建议（1980年），对研究生发表“讲版本不能局限于宋元本”和“版本为专用名词，不仅宋、元本，而应包括各时代的抄本、校本、稿本”等论点（1981年）。在一次整理古籍会议上先生呼吁“整理古籍要懂得古籍目录学”，在与沈津君函商编美洲地区善本书目问题时，曾论及善本标准问题说：“善本标准，我最近又仔细考虑了一下，觉得三性是不错的，是可行的。但是‘善本’的这个名称，应该与张之洞的说法要有区别。张之洞《书目答问》的标准，是对当时的士子（仿佛现在的中学生），自修用书善不善的标准。现在我们的善本，是从文物角度出发的，所以不能以张之洞的说法，与版本目录学角度不同。”（1986年）② 在为纪念张元济一百二十年诞辰的文章中，先生语重心长

① 顾廷龙：《版本学与图书馆》，顾廷龙：《顾廷龙文集》，第454-455、461页。

② 顾廷龙致沈津信，转引自沈津《顾廷龙年谱长编》（未刊稿），1986年11月7日。

地说："目录版本是一门实学，非空谈者所得知。"（1987年）① 在为《中国历代图书著录文选》所作序中说："在我国古代典籍中，有关目录学、校雠学、文献学、版本学等方面的学术资料，至为丰富，学习之，研究之，借鉴之，有助于进一步充实现代图书馆学的内容，并使其具有中国的特色。"② 在为严佐之先生所著《近三百年古籍目录举要》序中重申目录之学与治学之重要性说："书目为治学之津逮，否则，擿植索途，事半功倍。年来研究目录者（日）众，凡治学者，必先熟悉目录，是为入门之径。至于研究编纂目录之体例，著录之方法，分类的详略，简目与书志之异同，是可谓之目录之学。"（1990年）③ 而1989年2月为拙作《古典目录学》所撰叙文，不仅对拙作予以公正评论以资激励，更为古典目录学作较全面论述。先生于叙中论古典目录学之产生、发展及功能，极为详审。首论目录学之源流云："中国目录之学，源远流长，自刘氏父子创为《别录》《七略》以来，代有发展。在封建社会长期形成的经史子集四部分类成为传统目录学的主流。"次论目录学的发展称："古典目录学从其发展过程来看大体上与中国封建社会相始终，新夏先生谓'中国封建社会的目录工作，从一开始就不是单纯技术性的图书登录工作，而是从学术研究的角度着眼'，我很赞成先生的看法。"再论目录学的功能称："学者若从事我国古典文献的整理研究，更有必要掌握其基本理论与方法，以及这门学科的历史。""章学诚所谓'辨章学术，考镜源流'，确实道出了古典目录学的主要功能。我认为这是古典目录学的优良传统，值得借鉴。"并结合当时正主编之《中国古籍善本书目》的实践而论二者之联系说："关于此目的著录要求与分类方法，经过广泛征求意见和讨论研究，在许多方面采取了古典目录学的基本做法，而有所变通和发展。"先生还对拙作给以肯定说："在总结前人研究成果的基础上，独抒已见，撰为专著，名曰《古典目录学》是一桩极有意义的事。""窃惟此作广征博引，深入浅出，叙述简要，议论平实，颇多创见，足为研究古典文献及传统目录学者入门之阶梯。"④ 奖掖后学之情，溢于言表，令人感动。

顾廷龙先生有关版本目录学的论述，虽多散见于各文，然勾稽荟萃，已得版本目录学之精要。这些宝贵遗产对后来学人，尤其是从事版本目录学研究者，更应继承发扬。今值先生101岁冥诞，缅怀先生音容笑貌，不禁黯然，重温说论，益当砥砺，敬撰此文以祭。设有不洽，尚祈诸贤达指正！

2005年10月写于南开大学邃谷

（原刊于《新世纪图书馆》2006年第1期第3-6页）

---

① 顾廷龙：《张元济访书手记辑录小引》，顾廷龙：《顾廷龙文集》，第151页。

② 顾廷龙：《中国历代图书著录文选序》，顾廷龙：《顾廷龙文集》，第117页。

③ 顾廷龙：《近三百年古籍目录举要序》，顾廷龙：《顾廷龙文集》，第118-119页。

④ 顾廷龙：《古典目录学叙》，顾廷龙：《顾廷龙文集》，第115-116页。

聆公一席话 胜读十年书
——深切缅怀顾廷龙先生

李希泌

我国著名的图书馆事业家、古籍版本目录学家、书法家，上海图书馆名誉馆长顾廷龙先生，因病医治无效，不幸于1998年8月22日在北京去世。

我和顾老交往已有半个世纪。1948年，我初谒顾老于上海私立合众图书馆。顾老待人谦逊，学识渊博，给我留下深刻印象。建国后，在顾颉刚先生处，曾多次见到顾老。顾老是颉刚先生的七叔，顾老每次来北京，必去看望颉刚先生。1986年，我应上海社会科学院经济研究所马伯煌教授之邀约，到上海审稿。此时，《文献》杂志正讨论文献学的问题，我想顾老是这方面的老专家，定有很多精辟意见，我决定去向顾老请教。顾老和我谈了有关文献学的意见，非常透彻，获益匪浅。幸当时经济研究所研究人员林其锬同志携有录音机，将顾老的话都录了下来。今日重温顾老当时的谈话记录。倍感亲切，兹分类整理如下，以此表示对顾老之哀思与深切缅怀。

一、文献的界说

顾老说："文献"一词，始见于《论语·八佾》："夏礼吾能言之，杞不足征也；殷礼吾能言之，宋不足征也。文献不足故也。"最早用"文献"作书名的是宋末马端临著的《文献通考》。他给"文献"下的定义是："引古今史谓之文，参以臣僚奏疏诸儒议论谓之献。"

二、文献的范围

顾老认为：凡是《文献通考》中所收集的东西都属文献。《文献通考》全书分24门：田赋、钱币、户口、职役、征榷、市籴、土贡、国用、选举、学校、职官、郊社、宗庙、王礼、乐、兵、刑、经籍、帝系、封建、象纬、物异、舆地、四裔等。因此，文献学涉及的范围是很广的。我们现在谈的是从古典文献这一角度出发的，对于科技文献等不属于本文范围，故暂不谈及之。用“古典文献”的说法，是比较明确的。所以，将来《文献》上要标明哪些是古典文献的东西。古典文献，在建国前称之为“国学”，南京曾有个国家（学）图书馆，是表示与专收新书的图书馆有区别。过去称之为“国学”，现在我们叫“古籍”，也就是我们所讲的古典文献。

三、文献资料

在文献资料问题上，顾老谈得很详细。他说，文献和文献资料还是有区别的。书本中有文献和文献资料，但是有的文献资料并不属于书本的。比如我们上海图书馆收藏了很多鱼鳞册，都是明末清初的。它有两种：一种是地主家的，记录田地多少、方位等；一种是官府的，记录田地分布、田赋分配等。这就不属于一般书籍，而属于图籍资料，它也是一种文献资料。抗战时期，日本人大量收集鱼鳞册，他们要从中了解江南农村的地理情况，特别是道路、桥梁的分布。这是属于军事需要，为了侵略我们。所以文献资料的使用是多功能的，怎么样利用，是一个值得研究的问题。顾老指着他模写的清儒郑大鹤所拟《学宫植园修治计划图》，说它所绘的是苏州学宫的一个植园。将来能把这些东西整理出来，就可以编撰成书。还有尺牍，亦称信札，也属文献资料。比如编《时务报》的汪康年，他和师友来往的信札，原是单张的，前人虽曾编排次序，但易于散乱，我们花了大约两年时间装裱成册，就成书了。现在又加以抄写，标点一下，由上海古籍出版社出版，这就同单张、散乱的原始资料不同了。所以，图书馆应该重视这些文献资料的搜集整理工作。可以利用的，印刷出来使用就广。既可播之远方，也可传之久远。这对于原始资料来说，本身保存得好自然好，保存得不好，也还可以有印本。这种资料，就是文献资料。为此，顾老曾建议上海古籍出版社印稿本丛书，稿本是原始资料，着重在没有发表的，但都是亲笔的，有修改的，要照原本影印。比如《四库全书》底本的《三朝北盟汇编》，可以看到四库馆臣删改的原貌。

四、关于中山大学图书馆的《购求中国图书计划书》

顾老说，他对文献资料范围起初也不太明确。在燕京大学图书馆任采购员时，由于邓之诚、郭绍虞、容庚、顾颉刚诸先生的指导（他们是收购委员会委员），通过实践才逐步认识的。顾颉刚先生在1927年为广东中山大学图书馆收购图书资料，编写出版过一本题为《购求中国图书计划书》。他指出：“以前收集图书，目光所注，至为狭隘。例如西汉《七略》不收当代律令，清代《四库》不收释、道二藏及府县志等。”他认为：“要把记载自然界和社会的材料一起收起来，无论什么东西，只要我们认为是一种材料就可以收下来，不但要好的，而且还要坏的。”他肯定了当时北京大学研究所和故宫博物院图书馆的做法，他说：“北京大学研究所国学门里，于普通书籍之外更搜罗明清的题本和报销册等十余万件。历代的碑碣拓本和佛像照片一万数千种。故宫博物院的图书馆分为两部，一是图书馆，一是文献部。文献部中，如图画、照片、墨迹、档案，以及各种表示宫廷历史的器物都陈列在内。”他本着“搜集材料”这个宗旨，拟具了16个方面的购求中国图书计划，计有：①经史子集及丛书；②档案（包括诏令、实录、国书、奏章、告示、会典、方略，则例、报销册、统计、表册、公文公报等）；③地方志（包括一统志、省志、州府志、县志、乡志、山水志、寺庙公院志、地图、地方调查表等）；④家族志（包括家谱、族规、家训、祖先图、世德纪、氏姓考等）；⑤社会事件的记载（包括报纸、杂志、报告、传单、章程、纪念册、某一事件的专记等）；⑥个人生活的记载（包括日记、笔记、手札、讣闻、哀启、寿文、挽诗、传文、节考等）；⑦账簿（包括商店之取货簿、营业簿、货价单、工厂之物料薄、田主之收租簿、完粮簿、公共机关之征信录、家庭和个人的伙食簿、杂用簿、婚丧喜庆的用费簿、礼物簿等）；⑧中国汉族以外各民族之文籍（包括满、蒙、回、藏、苗、僮等民族之书籍、经卷、公文、金石文字拓本，及记载其语言历史之书等）；⑨基督教出版之书籍及译本书（包括各种方言之新旧约、宗教学书、历史书、科学书、定期刊物、报告等）；⑩宗教及迷信书（包括佛书、道书、善书、神像、符咒、卜筮书、星相书、堪舆书等）；⑪民众文学书（包括小说、故事、戏本、弹词、鼓词、摊簧、杂曲、歌谣、宝卷、诙谐文等）；⑫旧艺术书（包括医书、乐谱、棋谱、法帖、画谱、图案画谱、游戏书等）；⑬教育书（包括旧式儿童读本、科举用书、历年新式教科书、各学校讲义、课艺、试卷、报单、文凭等）；⑭古存简籍（包括商代甲骨、周秦汉竹木简、汉魏以下石经、六朝以下写本书、宋元明初刻本书等）；⑮著述稿本（包括未刊之著述稿、已刊著述之原稿、改稿、印刷样本等）；⑯实物的图像（包括记载性的图画、照片、金石拓本、留声片、影戏片、幻灯片及模型等）。顾颉刚这16个方面的购求计划。对文献资料涉及的范围是比较全面的，也就是现在所谓记载有历史价值的都是文献。他在半个世纪以前已有所见了。我们收集资料的范围大抵不出乎此。所列16个方面，好像范围很广，但是真要收集很不容易。一般人家不会保存这么多的东西。我认识文献资料，大概也是根据他的购求计划。起初，我们对这些琐碎的文献资料怎么使用法，有什么作用，不大懂，后来从说明中得到启发，觉得很有意思。

的确，文献资料包括的方面很多。比如，由上海图书馆研究员潘景郑先生收集、整理、保存的汪鸣銮受馈账册，后来并经冒鹤亭、张元济、顾颉刚先生加以题跋，张元济题署为《礼泉录》，从中可知当时京官清贫，依靠亲友、门生资助的情况，这便具有一定的史料价值，可做为清季京官的掌故。可见零星记载，具属史料，其作用就看保存者参考者怎样处置了。又如革命文献中有许多传单，像长辛店铁路工人罢工发的传单、宋教仁被刺后发的传单等等。这类资料，虽然我们也收集保存了若干，但还没有很好地整理出来。

1931年10月，书友郭石麒君收购了嘉兴沈氏藏书，其中有门簿一册，以为无用，但我认为可作史料，因承见赠。这册门簿是封建社会官坊的遗物，可以看到酬应的一些礼节。因此特请当过京官的熟悉情况的张元济、冒广生两位老先生写一段题记，不致后人看了无用。张先生题曰：“京官宅子之门簿，阍人对每日来访之客人之姓名、住址及来访之原因，或见或否，有时并及其官职及与主人之关系，以备酬答之用。”冒先生说：“中国礼俗尚于往来，老辈于寻常宾客若过五日不答则谓不敬。此门簿之设之由来。而于婚丧祝寿尤极重视，不通庆吊者等于绝交。”又说：“往时京朝官往还率皆师生、同年、同乡、亲串；无故而奔走权门者有之，则众目为钻营。”这种情况，正书中是找不到的。

五、抢救文献工作

顾老曾提到1955年秋，上海造纸工业原料联购处从浙江遂安县收购了一批废纸，我们组织人挑选有用的东西。我们挑出了2000斤，其中有明代民间用书《万宝全书》、讣闻、哀启等。还有一书为明张铨撰《国史纪闻》。这说明熟悉古籍者所见相同，不熟悉的，弃之如敝屣。总之实践才出真知。

广义的文献，是翻译的名称。文献同图籍分不清，我们也分不清，文献资料一经整理，并加一说明，便成书了。广义文献的概念、范围是比较广的。讲文献学，教学生，总要讲得宽一点。我们从图书馆的角度收集资料，与他人是不同的。

六、文献与文物

顾老认为，文献资料贵重的、珍贵的，便是文物。如宋、元、明人的信札便算文物。又如郭天锡的《日记》，大部分在我们上海馆，有影印本；但有一小部分散佚了，是从整本中散出去的，北京有几张，山西也有几张，他们摆在书画里，便成了文物。青铜器实物在博物馆，是文物，而铭文拓片，便是文献资料。文献资料是分散的，零碎的，未经整理的。比如讣告、登科录、硃卷等都是资料。如果是完整的原本，便是文献，登科录原本也是文献。文献资料经过集中整理并加以说明，同文献一样，刻印出来就是书了。青铜器铭文拓片，我们把它装订成册，印了出来也是书。所以，文物、文献资料、文献、书，有区别，又有交叉。书，不算文献，但包括了文献，书中有文献资料。比如墓志铭，单张的石刻拓片是归金石一类，编印入《碑集传》就成书了。编纂碑传时，先要搜集资料，有的是石刻拓本，有的是抄写的文章。

的确，现在范围越来越广，门类也越来越多了。因为一个专题确立之后，就要把有关的方面摆进去。其中最容易接触到的是传记，现在还没有人正式写一本传记资料学。我于1948年在暨南大学兼课，便想讲传记资料。传记资料也可以说是传记学的一个内容，因为一个学科得先有资料。传记学同文献交叉，但也能分，它以传记为研究对象，它是文献学的一个部分，一个门类。

七、文献与家谱

顾老认为，传记学可属历史文献学，因为研究历史离不开历史人物。比如天文学史，就涉及到天文学家；中医文献学，医学方面的人物也得摆进去，甚至病例里也有涉及人物的，所以统统离不开人物。传记学有助于解决历史问题。比如某一事件牵涉到多少人，这里头相互的关系，也有个“关系学”的问题。以往我主持上海合众图书馆馆务时，收集了大量硃卷。硃卷上详列卷主的家世。有一次叶景莘先生要写熊希龄先生的传略，但对熊的家世不详，问到我，我从熊的硃卷中查到了熊的详细世系，答复了叶。叶很满意。硃卷的史料价值是很高的，是传记学的重要参考文献。

八、听君一席话，胜读十年书

顾老以上谈话足有三小时，我们怕谈话时间太长会对顾老的健康有影响。这时我不得不停止和顾老的谈话，并且对顾老说明我的想法。顾老也深为谅解，我们就依依告别顾老而去了。其锬送我回寓所，在途中，我和其锬互谈今天听顾老谈话的感受，我对其锬说：“古人有句话说‘听君一席话，胜读十年书’。顾老对我们今晨谈话所发生的影响，其亦有胜读万卷书之感乎!”其锬深以为然。

我和顾老的交往，因为顾老是颉刚先生的叔叔，我以长者之礼事之。顾老长我 15 岁却以忘年之交和我交往。凡我有文字的事情请求顾老，顾老无不欣然命笔。我最近出版的两部拙著《健行斋文录》《健行斋诗词》都请顾老为我题签。

1996 年，《文献》编辑部请我致函顾老，请顾老题词。顾老很快复了我的信，并附寄来题词草稿，望我修改。原函及诗附录如下。

希泌吾兄：

许久不晤，甚以为念!

昨奉手书，敬悉一一。《文献》创刊时是一位陆同志常与我联系，后来他就离开了，忽忽 16 年了。属书数语，为同志们鼓气，兹先写数语奉正。我写几句颂赞，恐不妥当，请先斧正。我喜欢《孔子家语》的话，凑起来的。

我原想写解放后，外地运沪作纸浆之废纸中抢救到宋本二种、太平天国时契卷等。这事是文物局、华东文化部、上海文管会领导下进行的。例如现在大家重视家谱，大量的后归上海图书馆，“文革”搬动一再，略有损失，今上海市领导拨款整理，喜事也。我也参加过从外地运来废纸，抢出不少可贵图书资料。虽则以前发表过文章，人皆不知了。意以为何如?

可惜住太远了，不克面谈，听觉较差，不克电谈。

拙稿斧正后，掷下请缮。

匆请著安！夫人问好！

弟顾廷龙敬上

11 晚

文献题词

文献创刊，十六星霜。

念尼父无征之叹，有志发扬。

兢兢业业，为史学争光。

是非显学，甘于韫藏。

雪抄露纂，不辞繁忙。

再接再厉，日益辉煌。

以上顾老给我的信和为《文献》杂志题词都说明了顾老对我的深情厚意和对《文献》杂志关注之情。今日读之不觉泫然泪下。

后　记

我患帕金森病已有五载，手不能写字，行动极为不便，幸思维能力尚未丧失，故每有写作辄请人代为整理。此文系请老同事毛华轩同志代为整理。

（原刊于《北京图书馆馆刊》1999 年第 1 期第 103-107 页）

影响顾廷龙先生学术生涯的几件事

王世伟

作为一代著名的图书馆事业家、古籍版本目录学家的顾廷龙（1904—1998）先生，在他的学术生涯中，有几件事对其学术的发展产生过重要的影响。

一、弃理从文，为古籍版本目录学研究奠定坚实的知识基础

顾廷龙先生1904年11月10日出生于苏州的一个书香门第。其祖父顾祖庆是前清秀才，父亲顾元昌是一位教员，喜欢研究图书文物，书法功夫也很深。从1908年顾先生四岁起，即开始了读书学习的生涯，1933年，顾先生从燕京大学研究院国文系毕业。其具体的学习时间和学校见下表：

顾廷龙先生青少年时期求学读书一览表

1908年2月—1915年1月：苏州家塾念书

1915年3月—1918年6月：苏州私立彭氏小学后转入吴县县立第四高等小学念书

1918年7月—1922年6月：苏州江苏省立第二中学念书

1922年7月—1923年6月：东吴大学附属中学和上海惠灵英文专修学校补习英语

1924年7月—1925年6月：上海南洋大学机械系念书，一年后退学

1925年7月—1927年6月：上海国民大学商科经济系后转国文系念书

1927年7月—1929年1月：担任家教并师从南翔叔祖父王同愈问金石目录学

1929年2月—1931年6月：上海持志大学国学系念书

1931年7月—1932年6月：燕京大学研究院国文系念书①

顾先生早年在苏州的小学和中学求学念书。中学毕业后，为报考大学，曾先后在东吴大

① 《顾廷龙自传》，1956年。

学和上海惠灵英文专修学校补习英语，并补习了数理课程，1923 年 6 月考取了南洋大学机械系。1925 年 5 月，上海日商纱厂日籍职员枪杀工人顾正红，上海爆发了五卅运动，工人罢工，商人罢市，学生罢课，顾先生所在的南洋大学自然也不例外。秋后开学，顾先生对于数学物理并无太大兴趣，加上父母从将来寻谋职业方便考虑，希望他学习商业，于是他便转学到了刚刚成立的国民大学商科经济系。实际上，顾先生醉翁之意不在酒，他之所以转学，是因为他十分喜欢文字学，而章炳麟时任国民大学校长，学校中又有教授胡朴安，他们都是顾先生久慕的学者。顾先生进入国民大学商科经济系后，正课读的是商科科目，而选修则选了几门文科；到了第二年注册时，选课全选了文科的课程，当时的商科经济系主任看了选课单，劝顾先生转系，这样，顾先生就从商科经济系转到了国文系。当时教授经学和文字学的是胡朴安，教授音韵学的是闻宥，教授诗歌的是胡怀琛，教授六朝文的是刘三，均为知名学者。在这些老师中，顾先生后来经常通信的有闻宥和容庚二人，顾先生认为："这些人都是爱护图书文物的，他们对我的影响，又是巩固我终身从事这个事业的志愿。"① 正是因为如此，于是有了以后的从王同愈问学的经历，有了持志大学国文系的学习经历，有了燕京大学研究院国文系的学习经历，有了在燕京大学图书馆担任中文采访的经历，也有了离京南下创办合众图书馆的机遇，从而为以后的古籍版本目录学研究奠定了坚实的基础。顾先生早年的弃理从文是其一生学术生涯的一个重要起点。

二、离京南下，在沪创办合众图书馆

三十年代末离京南下，在上海创办合众图书馆，是顾廷龙先生一生学术生涯的转折点。顾先生离京南下，分析起来，大致有三个方面的主要原因。

一是由于日本侵华战争，使素称藏书最丰富的东南一带遭受兵灾，藏家纷纷流散，而当时的公立图书馆均已迁往内地，上海虽有私立图书馆数处，但各有其方针，对于我国民族文化遗产兼顾不到，私人收购流散图书的也很少。目睹丰富的中华历史文献珍藏被日美等列强多方搜括以去，顾先生很觉痛心。诚如叶景葵在 1939 年 4 月 3 日给顾先生的信函中所述："弟因鉴于古籍沦亡，国内公立图书馆基本薄弱，政潮暗淡，将来必致有图书而无馆，私人更无论矣。是以发愿建一合众图书馆。"②

二是由于顾先生与叶景葵、张元济等先生有深厚的学术交往的基础。顾先生与叶景葵在 1933 年经由信函通讯相识。顾先生后来回忆：叶先生"是一个爱护后辈的长者，每到北京，必来看我。平时讨论金石目录之学，很相投契。"③。1939 年 3 月 15 日，叶景葵在给顾先生的

---

① 《顾廷龙自传》，1956 年。

② 王世伟、许全胜整理：《叶景葵致顾廷龙论书尺牍（便笺）》三十四，上海图书馆历史文献研究所编：《历史文献》第 1 辑，上海：上海社会科学院出版社，1999 年，第 31 页。

③ 《顾廷龙自传》，1956 年。

信函中谈及准备创办合众图书馆，并征求时在北京的顾先生是否有南图的意愿："上海方面如有图书馆组织（私人事业，性质在公益方面）需要编纂校勘人才，吾兄愿意南图否？"① 1939年4月18日，叶景葵在给顾先生的信函中更明确地提到了合众图书馆的组织设置等问题："鄙意组织愈简愈好，大约即以弟与菊老及陈陶遗（彼在江苏声望极隆）三人为发起人，即为委员。委员中或推菊老为主任，其下设总编纂一人，请吾兄作任之，不再设其他名义。"② 对于叶景葵等人的盛情相邀，顾先生回忆道："叶景葵来信说：'弟与菊生均垂暮之年，欲得一青年而有志节，对于此事有兴趣者，任以永久之责；故弟属意于兄。菊生亦赞许。'张元济亦来信相促，使我异常兴奋。"③ 学术前辈们的高度信任与期望，给了顾先生极大的鼓舞与激励。这也是促使顾先生毅然南下的重要原因。

三是顾先生离去燕京之意甚切。关于这一点，过去在研究分析顾先生创办合众图书馆的文字中很少提及。顾先生于1932年在燕京大学研究院国文系毕业获文学硕士学位后即留校继续从事研究，其间写成了《吴愙斋先生年谱》、《古陶文舂录》著作的初稿。1933年秋季，由顾颉刚介绍，顾先生担任了燕京大学图书馆中文采访部主任并兼美国哈佛大学汉和图书馆驻北京采访处主任，半日研究，半日工作。当时的采访经费均由哈佛燕京学社拨给。他也承担了为哈佛购书的任务。尽管如此，顾先生担任采访处主任后，与哈佛燕京学社的关系，"一般地说都是他们指定的普通书，从没有主动地为他们搜罗过。"④ 但也曾遇到过美方指定要购买善本书的例子。

一次是1938年9月美方指定要买一部宋杜大舂（珪）编的《名臣碑传琬琰之集》，这是一部宋刻明补版的珍贵图书。此书系编录碑传文章，虽然当时国内收藏的还多，但顾先生认为究属名贵罕见之书，一去之后，国内就少了一部。顾先生很不愿好书出国，于是和燕京大学图书馆主任商量能否复制，但无法筹资；顾先生又与引得编纂处的聂崇岐商议，欲全部重印，但所需经费太大，也有困难。后来不得已，就把其中不见他书的文章，汇印一书，后附引得，题为《琬琰集删存》。

另外一次是1938年12月，美方又指定要买几部清朝嘉庆道光间人的文集，均为稀见的文献。当时顾先生极力主张由图书馆重印，结果印成了五种，就是《愚庵小稿》、《许郑学庐文稿》、《梦陔堂文集》、《保甓斋文录》、《袖海楼杂著》。"这样，并没有把难得的原刻本搜罗送出。当时既担任这工作，自不能不听命采办；但看好书从我手中流出，心中总感不愿。因此，我离去之意甚切。"⑤

---

① 王世伟、许全胜整理：《叶景葵致顾廷龙论书尺牍（便笺）》三十一，上海图书馆历史文献研究所编：《历史文献》第1辑，第30页。

② 王世伟、许全胜整理：《叶景葵致顾廷龙论书尺牍（便笺）》三十五，上海图书馆历史文献研究所编：《历史文献》第1辑，第31-32页。

③ 《顾廷龙自传》，1956年。

④ 《顾廷龙自传》，1956年。

⑤ 《顾廷龙自传》，1956年。

正是由于当时特殊的工作性质和环境，使顾先生感到在燕京大学图书馆担任中文采访工作并不是他的期望，也并非是他最适合的工作。当叶景葵、张元济在上海发出南图的邀请时，顾先生即向燕京方面辞职。馆方虽挽留，但顾先生“去意已坚，终至离开”①。

三、时隔三十多年，先后两次担任大学兼职教授，培养专业人才

顾先生在其一生的学术生涯中，对古籍专业人才的培养十分重视。抗战胜利后，上海各大学先后复校，有的增设文学院，有的增加文史课程。当时顾先生的学术已为学界所公认，他也希望通过教学，“物色几位对国学有修养，对图书馆有兴趣的青年来共同工作”②。1947年7月，同济大学成立国文学系，郭绍虞为主任，聘任顾先生为兼任讲师，担任读书指导。1947年9月，孙人和任暨南大学文学院院长，聘任顾先生为历史系兼任教授，担任史部目录学和金石学的教学。1948年7月，时任光华大学文学院院长的蒋维乔聘任顾先生担任中国文学系兼任教授，担任文字学的教学。顾先生在培养文史和图书馆人才方面发挥了其作为教育工作者的作用。

时隔三十多年之后的1980年，华东师范大学图书馆系创办不久，当时担任系主任的陈誉教授开门办学，先后聘任了顾廷龙、潘景郑、胡道静、吕贞白等著名学者担任中国古典文献专业的研究生导师，继北京大学和武汉大学之后，较早地在全国高校图书馆系中开始进行研究生的培养。顾先生从1980年起的十年中，先后担任了三届的研究生导师，培养了周松龄、邱健群、王世伟、彭伟国等多名研究生，还为研究生开设了“校勘学”等课程。顾先生还应聘担任复旦大学的兼职教授，培养了梅宪华、日本学生高桥智等在内的多名研究生。1981年，顾先生在《整理出版古籍小议》一文中，谈到了古籍专业人员的培养。他认为：“大学应设古典文献学系，创设研究所，将素有研究者组织起来。大学生或研究生都必须有一定的文字、音韵、训诂、目录、版本的基本功。将来各专一经，分别研究。”③

顾先生在时隔三十多年的前后，先后两次担任大学兼职教授培养专业人才，成为他学术生涯中的重要经历，使先生渊博的学识在教育工作中发挥了作用，从而为图书馆古籍整理工作培养了人才。

四、古文字学的兴趣和基础与《尚书文字合编》的终身追求

顾先生早年就对古文字学产生了浓厚兴趣。如他早年从南洋大学机械系转入国民大学商

---

① 《顾廷龙自传》，1956年。

② 《顾廷龙自传》，1956年。

③ 顾廷龙：《整理出版古籍小议》，《顾廷龙文集》，上海：上海科学技术文献出版社，2002年，第676页。

科经济系（后入国文系），正是由于“自己喜欢文字学，久慕章炳麟及教授胡朴安的学问”①。在从叔父王同愈学习的过程中，有机会阅读了王同愈有关金石、目录、书法、绘画的藏书，而顾先生“所喜欢的也就是这些”②。顾先生回忆：“我决定一面启蒙，一面还从王同愈学习。两年中，我阅读了不少有关金石目录的书籍，汇录了各家批注《四库全书简明目录》的传本，又汇录了各家阅读《积古斋钟鼎款识》的校语。在这两项工作上，对我专业的修养，提高了不少，建立了我治学的基础。”③ 顾先生1931年考入燕京大学研究院国文系，导师为容庚。容庚正是当时古文字学最负盛名的学者。燕京大学就读期间，顾先生曾住在族侄顾颉刚家里，而顾先生“爱好文物，爱好考据工作，受到他们的影响很大”④。后来顾先生所写的研究生毕业论文《说文废字废义考》，正是研究古文字学的。燕京大学研究院国文系毕业后，顾先生曾撰写了《吴愙斋年谱》和《古陶文舂录》两部著作的初稿，这两部著作研究的内容也都是古文字学的或与古文字学有关的。二十世纪九十年代初，顾先生曾举荐华东师范大学李玲璞教授担任《古文字诂林》项目的主编，自己也应聘担任了该项目的顾问。1995年5月26日，顾先生在给笔者的来函中谈到了《古文字诂林》和异体字问题：“《古文字诂林》进行有无困难？我颇感异体字问题很有研究。但须吃饱饭，没有任务，才能为之。我有条件，而老不中用耳。唉！”⑤ 联想到顾先生在指导我研究生论文时，初定的论文题目就是《敦煌文献的别体字研究》，可见顾先生对于文字学特别是异体字问题多有心得，原本是可以作出更多的研究成果的。

正是由于顾先生对于古文字的浓厚兴趣与扎实的研究基础，所以与《尚书文字合编》结下了不解之缘。顾先生1933年从燕京大学研究院毕业后，由顾颉刚介绍担任了燕京大学图书馆中文采访部主任，1934年加入了顾颉刚组织的禹贡学会。1939年11月，顾颉刚任齐鲁大学国学研究所所长，聘任顾先生为名誉研究员。叔侄两人可谓很有学术缘分，而这种学术缘分突出地表现在《尚书文字合编》一书中。顾颉刚对于《尚书》之学深有研究，当年曾在燕京大学讲授《尚书》学，因有编辑《尚书学》之计划，因以《尚书文字合编》属顾先生相助，顾先生欣然答应。顾先生1992年在《尚书文字合编版刻样本跋》中回忆了当年进入燕京大学研究院学习以及研究整理《尚书文字合编》时的情景：“顾颉刚教授在燕京大学授《尚书》学，感于《尚书》一经文字之纠纷最多，欲剖析是非，必先取各种古本，加以比勘始可。于是搜集不同载体、不同字体之本若干种，将以汇编付印以备研究。……因思仍以刻版为佳，影写上木，当时尚有青年高手，藉此一编，并可使雕版之业流传有绪。颉刚与余商酌既定，遂由北京文楷斋承梓，……费时八年，将近完工，不意卢沟桥事变起，北平沦陷，此事暂告

① 《顾廷龙自传》，1956年。
② 《顾廷龙自传》，1956年。
③ 《顾廷龙自传》，1956年。
④ 《顾廷龙自传》，1956年。
⑤ 顾廷龙致王世伟函，1995年5月26日。

停顿。1939 年夏，余携家赴沪，安顿后，继续写刻，但未及全部毕工，而文楷歇业，刻工星散。所有版片……解放后运来上海图书馆。历经周折，忽忽六十年矣。”① 顾先生在《尚书文字合编后记》中也述及了多年未能完成的原由：“1980 年余奉命主编《中国古籍善本书目》来京，顾先生（指顾颉刚）又以《尚书文字合编》工作相促，余无以应，内疚无地。未几先生以心脏病去世，殊感痛悼!”② 1982 年起，在有关方面的鼓励和支持下，顾先生又开始将未竟之稿予以完成。1995 年 2 月 19 日，顾先生在给笔者的来函中曾提到：“我于《尚书文字合编》尚未完全脱手，本月内必可结束。李玲璞先生为我写了推荐书（与王元化先生合作）向国家古籍规划小组请到补助，出版将无问题矣。”③ 几个月之后，即 1995 年 8 月，《尚书文字合编》由上海古籍出版社正式出版。在出版前言中，顾先生对先秦《尚书》的面貌、西汉的今古文、东汉的科斗古文、东晋的隶古定、唐代的今字和异体字、五代的科斗古文和宋代的隶古定等分别进行了考证。诚如顾颉刚所言：“经学中今古文问题以《尚书》为最复杂，加以字体传讹弥多，遂至纷乱而不可理董。”④ 至此，顾先生受顾颉刚之托而于终身所追求的《尚书》文字的学术难题，终于画上了一个圆满的句号。

五、多次参加文物鉴定整理工作，成博学多闻的古籍版本鉴定大师

顾先生于历史文献中的唐写本、宋元明清刻本、明清尺牍、抄校稿本、碑帖书画、近现代革命文献等均有所研究，文献鉴定的识见为海内外学界所叹服。顾先生在学术上之所以能够达到这样的高度，与他多次参加文物鉴定整理工作是分不开的。顾先生一生的工作机构，主要有三处，一是燕京大学图书馆，二是上海市私立合众图书馆，三是上海图书馆，而精力尤其集中在后两处。由于对图书文献很爱好，所以数十年中从事图书文献事业可谓乐此不疲，而其目的，就是为了保存民族文化遗产。在数十年图书文献的生涯中，顾先生多次参加文物鉴定整理工作，有机会目验鉴定众多图书文物，成为古籍版本目录学家。

首先是合众图书馆创办的前几年中，顾先生与各方面接触，尽力进行图书文物的收集与保护工作，曾接受了众多藏书家捐赠的大批专门收藏，奠定了当时合众图书馆藏书的基础。在这几年中，顾先生杜门检理，罕与外接，编制草卡，编写善本书志，选印有关书画考古的未刊资料 16 种。⑤

其次是抗日战争胜利后，合众图书馆曾接受了各家大量的赠书，特别是许多老辈学者和藏家把自己和前人的著作稿本，郑重地送来合众图书馆保存。顾先生模仿天一阁的遗法，不放松当时各种刊物的搜集，或直接去信，或辗转托人，以供后来考史之用。

---

① 顾廷龙：《尚书文字合编版刻样本跋》，《顾廷龙文集》，第 17 页。
② 顾廷龙：《尚书文字合编后记》，《顾廷龙文集》，第 15 页。
③ 顾廷龙致王世伟函，1995 年 2 月 19 日。
④ 顾廷龙：《尚书文字合编前言》，《顾廷龙文集》，第 3 页。
⑤ 《顾廷龙自传》，1956 年。

第三是1946年3月，徐森玉担任了国民政府教育部清理战时文物损失委员会京沪区代表，成立了办事处，聘任顾先生担任了总干事。这个办事处的任务，是要向日本索回历年搜括去的文物做好准备工作，主要是编一个“中国甲午以后流入日本之文物目录”。当时一起参加工作的有贺昌群（解放后担任中国科学院图书馆副馆长）、谢辰生（解放后在文化部文物局工作）、程天赋（解放后在上海高等教育局工作）。但是由于当时的办事处处理接受下来的汪伪政权陈群的藏书数量甚多，其中有一部分是从国民党军统手里接过来的。因此，为了郑重起见，当时另外成立了一个上海区清点接收封存文物委员会，由国民党教育部另外聘任叶恭绰为主任委员，顾先生与徐森玉、郑振铎、马叙伦、王庸为委员。后来这批书分给了几所大学。当时贵州大学分到了一批，在一捆杂书中间，夹有很多的革命文献，大学的人员并不检看，就决定不要，准备卖给收废纸的。顾先生即与贵州大学校长商量，不要毁掉这些革命文献，希望转送给合众图书馆，而合众图书馆又把自印整齐的书送给贵州大学作为交换。这样，五十多种革命文献得以保存。①

第四是1947年，办事处结束后，获悉国民党军统所管理的敌伪产业处理局中所接受的文物很多，徐森玉等深恐这些文物被分散或盗卖，想能看看其中有哪些珍宝。1947年4月，成立了国民党行政院接受敌伪逆文物审查委员会，徐森玉为主任委员，顾先生兼任了编纂，协助鉴定工作。

建国以后，顾先生于五十年代末担任了《中国丛书综录》的主编工作，“文化大革命”期间参加过抄家文献的整理工作，从1978年起又担任了历时二十年之久的《中国古籍善本书目》的主编工作，这些都为顾先生的古籍版本鉴定提供了很好的“观风望气”的条件。

（原文刊于《国家图书馆学刊》2008年第2期第71-74页）

① 《顾廷龙自传》，1956年。

读《古陶文舂录》

张政烺

古陶器物的出现，在中国也许是很久的事，但是陶文之获得一般学人的注意，却还不过六七十年。这虽是一件小事，却可藉以见出古器物学风气转变的大端。中国古器物学之兴始于宋代，当时不免带些玩骨董的气息，虽则也注意到器的铭文，而最大目的却在收藏实物，所以金玉以外的古物，一般人不大注意，到了清朝，由于经学、小学研究的猛进，大家知晓了古器物铭辞字体的重要，于是古器物铭辞之学，特别发达，古文奇字随而渐多可读。同时在收藏竞争的风气下，像刘喜海等人遂提倡古物以文字为贵之说，虽属破铭铜片，苟有文字，皆加宝藏。因此古器物之收藏研究的范围，遂扩张到钟鼎以外。刘氏的同乡一般山东学者，尤其是陈介祺，继承了这种风气，派人四出搜求古物，凡有片文只字者，无论何物，概所罗致，于是又访求到古陶器物，自此世上始有古陶文字的存在。

自来发现的陶文，虽然也有商代或周初的遗物，如殷墟及城子崖出土的，但数量极少，大体则皆是战国时代的产品，这是中国古文字学研究上一件很可庆幸的事情。因为战国是中国文字变化最剧烈的一个时代，而同时又是传世材料最少的一个时代——彝器既寥寥无几，兵器货币玺印之类，文字又过于简单——并且所有陶文，大都是齐、燕、赵几国的产物，这种在地域与时代上的确定，其给予研究上的便利，恐怕只有甲骨文可以比拟。

陶文的发现，正当清末金石考据之学极端发达的时候，所以发现之后，立即为一般学者所利用。有用以考经的，如丁艮善之据临淄出土的陶文，证明《诗经齐风》“子之还兮”“子之茂兮”“子之昌兮”的“还”“茂”“昌”皆是地名；有用以证史的，如方濬益之证明《汉书地理志》城之名，齐时本已有之，而不始于文帝的封朱虚侯章：这都是很重要的发现。其专作小学研究的，则有吴大澂所撰《古陶文字释》及《三代秦汉古陶文字考》。两书虽未完成问世，而《说文古籀补》却收录陶文不少，这是类编陶文的发端。其后丁佛言作《说文古籀补补》，辑录的陶文更多，考释也不少精到的地方。其搜罗最备，考释最精，以专书形式问世的，则推顾先生这部《古陶文舂录》。

我们晓得古文字应用的时期很长，从有文字之始到小篆，时代既远，区域又广，字体演变，遂有时地之别。同时更因不同阶级的书写者——如专门写字的史官与粗有常识的工匠——所应用工具的不一，写出的字亦不一，以及因文字的应用不同，又有所谓匠体变体差别，这种种的差异，皆是研究古文字演变时所应注意的症结。一个从事于古文字学研究的人应该把这些成因不同的种种单位分清，然后才可以对古文字学作一番“史的研究”。甲骨不成问题。可算是古文字的一个单位，铜器则因时地过于广泛，必须定为几个单位，晚周材料缺乏，兵器与玺印，也可各自独立，成一单位，而这大批的陶文，也当然是最重要的一个单位。甲骨文，金文，玺印文字，早已经人集拢起来，编成字典，给予研究的人无穷的方便，只有陶文一直还不曾有同类的作品出现。感谢顾先生他替我们弥补起这一个缺憾。他费了多年的工夫，集合起他自己搜讨的成绩，和前人研究的结果，编成了这部陶文字典——这部《古陶文舂录》!

本书是用《说文》的部次编排的，这是向来编次古文的成法，不过却有些人反对。因为《说文》是一部晚出的书，所收的文字，不完不备，与古代文字大有出入，而且分析偏旁常有错误，以致分部属字也多有不对的地方。因此有人便主张据形系联，另创系统。我以为这意见却也有讨论的余地。我们编一部辞书，目的是在供人翻检，所以怎样才最便于翻检，是第一件应注意的事情。假如废除一切旧有法则，另立新的系统，在短期间既未必能够作得周密无讹，而别人检查起来，更未必能便利实用《说文》是研究我国古文字学的宝典，凡是研究古文字学的人大致都曾读过，它的部次大家也十九可以熟记，所以依据《说文》的部次来排编，虽不能合于我们的理想，终不失为一个妥当而适用的办法。至如《说文》的字有许多合古文字的偏旁不同，那正好用古文来证明《说文》的错误，而《说文》所无之字，也正好藉古文来补苴。并且，这种编排方法于研究上还有一点方便之处。前面我们已经说过，研究陶文应当把它看作一个单位，来考订古文字的变迁史，这种意见前人已曾有过。王静安先生曾根据陶文及六国兵器、玺印、货币诸文字与《说文》中所收之孔壁古文比较，而有“战国时秦用籀文六国用古文”的说法。王氏的理论虽要妙卓绝，可惜没能举出充分的证据。现在有了这部陶文字典，并且是按《说文》部次排列的，那么我们可以很容易的用以与《说文》的古文对勘一下，来证成或反证王氏这个惊人的学说。

由于排印的不便，并且一部字书的优良，亦非三二例证所可表现，所以关于本书考释的如何优美一层，此处暂置不谈。至于本书摹写的准确，印刷的精工，则绝非一般同类作品所可比拟，

总之，这是过去陶文研究成绩的总汇，也是第一部成功的陶文字典。一个研究中国文字学，中国古器物铭，甚至中国古代史的人，是不可轻轻把它放过的。

（原刊于《益世报》（天津版）1937年3月11日）

评顾廷龙《古匋文舂录》

二　土

关于纂辑古文字的书，近几年来，颇为发达。甲骨文有商承祚的《殷墟文字类编》，孙海波的《甲骨文编》；金文有容庚的《金文编》及《续编》；玺印文字有罗福颐的《玺印文字征》，最近又出版了一部顾廷龙的《古匋文舂录》，那么除了泉币及兵器文字，尚没有人编辑外，商周六国文字的字汇，差不出都要齐全了。顾氏这部书，在上举诸书中，最为晚出，是专辑匋文的一部字汇。匋器出土是在光绪初年，第一次出土于山东临淄历城，第二次出土于河北易州，都是战国时齐鲁燕赵之物，故其文字亦皆战国时之文字。山东出土的，多归于陈介祺，河北出土的，则散藏于各家。顾氏编辑此书所根据之材料，共有五家，颇为丰富；而编辑之法，是就其可识者，一一按说文排比，成为正编，其不可识者，另为附编。内中考释之精碻，排比之严核，与夫摹写之工整，都可以看出作者的用心，而绝不是草草成事的东西，可以说是研究古文字尤其是六国文字的一部最不可少的书籍了。

此书的好处很多，读者看了自可明白，这里不必多叙。现在且将我个人对此书的意见，稍为说说，不知道对不对？姑分三方面叙说于后：

（一）全书体例方面：全书体例，尚称完善。不过也有疏忽之处：如本书卷九司字下，列有“”“”二字，释为“司马”合文，是“司”为“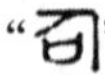”“”，“马”为“”“”。但卷十马字下，仅列有一文，未载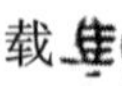二字。又卷九“文”字下列有，释作“文是”，而卷二未载“是”字。存此失彼，于体例上，殊欠精密。此其一端。

本书凡例有云：“以两旁可识而说文解字所无者，附列各部之末，其图象文字偏旁莫辨及一旁可辨而不审其音义者，则略加编次为附编。”今检全书附编所载诸文，亦有两旁可识而未尽合例言者：如三十一页所列之“”“”二文，左旁之“”为立字，与卜辞金文同。

（卜辞作“”① 金文作“”② 本书卷十有立字，作“”较“”多一横，亦相似。）右旁之“”“”为巠字，虽与金文微异，（金文巠作“”③“”④“”⑤“”⑥）但与本书卷十三所载“”（经）之偏旁相同。是此文当为从立巠声之字，说文虽未收，亦应入卷十立部之末，不得混于附编，以乖体例。此其二端。

本书卷十三收有“”“”“”三文，均释作“紝”。附编二十四页又收有“”“”“”“”等诸文。正编之“”，文为“中蒦圆里人”，“”字之文，为“蒦圆匋里人”附编之“”文为“中蒦圆匋里”“”之文为“中蒦圆里人”，文句皆大同小异，可知“”“”诸文皆为一字。正编之“”“”，既释为“紝”，则附编之“”“”诸文，亦当释作“紝”，而连续于“”“”之下，较为近理也。（又附编三十五页之为紝之破体，亦当系于紝字下。）又卷十四载有“”真书写作“”，注云“说文所无”。按附编十六页有“”字，所从之“”，与“”正同，真书亦可写作“”，二文一入正编，一入附编，亦觉不类，此其三端。

（二）正编考释方面：本书正编中所考释之文，均甚精核，但亦偶有欠缺不当之处，虽然无关宏旨，却亦百瑜之微瑕也。如卷八载有“”字。原注曰“坒说文所无，疑即丘之异。文（编者按：“文”字原脱，据《顾廷龙全集 著作卷 古匋文舂录》卷八第1b叶补。上海：上海辞书出版社，2016年，第576页。）说文丘古文从土。”按说文古文丘作“”，此文从北从土，乃“”之省文。三体石经古文丘作“”，亦从土，原注未引，似觉欠缺。又卷八“”“”二文均释为衣，按说文“衣有题识者”象题识，此二文均象衣有题识之形，当为字。三体石经古文卒作“”，又古文狄字作“”，所以之卒作，均与此二文相同，是此二文皆当释为卒，而非衣字也。且卜辞金文衣字俱作“”⑦“”⑧“”⑨“”⑩“”⑪均无题识之形，亦可作为反证也。

（三）附编方面：本书附编所载之文字，据凡例所云，皆其图象文字及偏旁莫辨或一旁可辨而不审其音义者。今细阅全编，亦有可辨识者：如十四页之“”，疑即吴字，说文吴从矢

① 罗振玉：《殷墟书契前编》卷六，1912年刊本，第8页。
② 毛公鼎。
③ 盂鼎。
④ 克鼎。
⑤ 邾公钟牼之偏旁。
⑥ 齐陈曼簠经字偏旁。
⑦ 罗振玉：《殷墟书契前编》卷二，第10页。
⑧ 罗振玉：《殷墟书契前编》卷五，第10页。
⑨ 罗振玉：《殷墟书契后编》上，1916年《艺术丛编》影印本，第11页。
⑩ 盂鼎。
⑪ 颂壶。

口，古文作“”。按矢卜辞有作“”[1]“”[2]者，与此字所从之“”正同，是“”或即吴字也。至于说文古文之，则当本古玺文之“”及古匋文之又作“”者。（此匋文本书未载，丁佛言《说文古籀补补》列入，皆同字而异形也。）又一来源也。

又如十四页之“”，疑即佶字。说文佶从人吉声，此文从吉甚明，而所从之“”即人字。金文人字有作“”“”[3]“”[4]“”[5]者，本书卷八“”字，左旁人作“”，均与此文所从之人相同。

又如三十页之“”，疑即仆字。说文仆：给事者，从人从菐，又菐说文从丵，按金文仆有作“”[6]者又有作“”[7]者。对亦从丵，卜辞作“”[8]，金文作“”[9]。又三体石经古文宰作“”，古文濮作“”；（假仆为濮）诸文所从之丵，俱与“”相似，是“”当即仆也。又十六页有“”字，右旁之“”，亦当为丵之省文，真书可写作迣，或即仆之异文，亦未可知？按玄应一切经音义三引广雅曰“仆，役使也。”仆既供人使用，从辵亦可通。又如二十五页之“”疑即赓字。说文续古文作赓，从庚贝。按庚字金文作“”[10]“”[11]“”[12]本书卷十所载之庚作“”，均与此文所从之“”相似，可知此文当为赓字。又二十五页之“”“”“”疑均为赓之破体，亦宜连系于赓字下。又如三十五页之“”，疑即贝朋之朋，易损卦崔憬注曰：“双贝曰朋。”汉书食货志苏林注曰：“两贝曰朋”。毛诗小雅菁菁者莪，郑笺曰：“五贝为朋”。倗友之倗从此。按贝朋字之初文为“”[13]，后省作“”[14]“”[15]（从孙诒让说）皆象连贝之形，而倗友之倗则作“”[16]“”[17]，此文从人从双从系，为形声兼会意字，当为后起之朋字无疑，然所从之为二贝，与卜辞同，亦可证明崔苏二家说之不误也。

---

① 罗振玉：《殷墟书契前编》卷一，第45页。
② 罗振玉：《殷墟书契后编》下，第4页。
③ 人作父戊卣。
④ 散盘。
⑤ 王孙钟。
⑥ 召伯虎敦。
⑦ 齐镈或从宀。
⑧ 林泰辅撰：《龟甲兽骨文字》卷二，东京：三省堂，1921年，第25页。
⑨ 师敦卣。
⑩ 父庚尊。
⑪ 豚卣。
⑫ 玑鼎。
⑬ 子女鼎孙诒让以文为子荷贝形之省。
⑭ 中鼎。
⑮ 罗振玉：《殷墟书契前编》卷五，第10页。
⑯ 罗振玉：《殷墟书契前编》卷四，第3页。
⑰ 叔代敦。

以上所述各节，不过是看书的时候随便纪录下来的，既不成文，而见解亦不甚确，本不足以发表，贻笑大方，不过苏甘先生的十二道金牌是非把忠良拖下水不可的！没有法子，只好出丑。

（原刊《新苗》第十册，1936 年 10 月 16 日，第 11–13 页）

顾廷龙的金石学研究与交游

胡培培

顾廷龙不仅在目录学、版本学、校勘学等方面学术成果斐然，在金石学研究方面也颇有建树，其所著《古匋文舂录》就是这方面的代表性著作。此书被朱士嘉誉为“集古匋文字之大成，对于研究比较文字学以及先秦史的人都是不可少的参考资料”①。

除了撰写金石学专著，顾廷龙还密切关注金石学研究动态，并与其他研究金石的学者积极交流，成就了一段段书林佳话。特别是他手录的诸家批校本《积古斋钟鼎彝器款识》，为多位金石研究学者所借阅、题识。

顾廷龙的金石学研究是近代金石研究的重要组成部分，在陶文研究乃至古文字研究、金石学研究学术史中，发挥着不可或缺的、承前启后的作用。在当前的研究成果中，顾廷龙的图书馆事业和古籍事业成就多为人所称道和关注。相比较而言，金石学著述及相关学术交流虽有论及，但均较为零散，不够系统和深入，② 本文综合考察顾廷龙的金石学研究与交游情况。顾廷龙能够取得突出的金石学成就，除了他自己的勤奋努力之外，与其他金石学者的交游互鉴也是一个重要因素，需要将两者结合起来加以全面考察。

一、性嗜许书：顾廷龙的金石学积累

顾廷龙曾自述学古文字之历程：“余弱冠始习许书，从事段、桂、王、朱之书，得识文字之义例。四年而后读器铭卜辞，其文字则真商、周遗型矣。”③ 顾廷龙自少年时开始读《说文

---

① 《燕京学报》第 20 期“出版界消息”，署名“蓉江”，1936 年，第 604 页。

② 顾王乐《清末民国时期利用古文字资料校证〈说文〉之研究》（吉林大学博士学位论文，2020 年，第 93-94 页）简要介绍了顾廷龙的《说文废字考》和《古匋文舂录》；王霄蛟《太室埙铭文考释“乐”》（《中国文化》2023 年第 2 期，第 89-95 页）、路翩飞、侯乃峰《古文字中“召”字补说》（《汉字文化》2023 年第 1 期，第 79-82 页）等则是利用《古匋文舂录》一书进行具体的文字考证。

③ 顾廷龙：《说文废字废义考叙》，《顾廷龙文集》，上海：上海科学技术文献出版社，2002 年，第 24 页。

解字》，对文字学有较早的积累。而学习古文字，与爱好篆书则是相辅相成的。1997 年 4 月 6 日，顾廷龙在给陈燮君的信中谈道："我为研究古文字学，而学写篆书的。""我为爱好篆书而研究古文字学"。[①] 可见篆书对他的吸引力。顾廷龙学习篆书，得到了吴湖帆的教导。他曾自述："我学篆得到吴大澂之孙吴湖帆的教导为多，看到他的写篆书的过程。"[②] 为学习篆字，顾廷龙长期临写金文，尤其是《虢季子白盘》《墙盘》《秦公镈》等。可以说，篆书的练习和古文字的研读为顾廷龙打下了金石学基础。

坚实的古文字积累，使顾廷龙可以很快从事专门的研究。1928 年，他先后撰写了《释克》[③]《释良》[④] 等短篇札记；1929 年开始撰写《吴大澂年谱》；1932 年秋，助顾颉刚汇编《尚书文字合编》。顾廷龙还撰写了多篇关于金石的题跋，1932 年 5 月，阅《钟鼎墨拓》并题识[⑤]；1933 年 1 月 1 日，撰《读郁华阁金文记》[⑥]；1933 年 4 月 25 日，跋孙诒让《古籀余论》[⑦]；1934 年 8 月 31 日，跋《金石录补》[⑧]；1934 年 12 月，跋《江左石刻文编》[⑨]；1937 年，撰《读汉金文小记》，包括龙渊宫鼎、谷口鼎、杨鼎等七十三则；[⑩] 1938 年 1 月，撰《金石萃编原目》跋。[⑪] 可见其治学之一端。

此外，顾廷龙还与金石文字学者多有学术往来。这种交往有利于其金石学方面的积累。他在 1925 年入国民大学、1927 年入持志大学，从胡朴安、闻宥、姚明辉等学习文字、音韵、训诂之学。1931 年 7 月，顾廷龙考入北平燕京大学研究院国文系，更加扩大了学术交游圈，他先后接受容庚、郭绍虞、魏建功、黎锦熙诸老师教导，习语言文字、目录版本之学。[⑫] 又在北平图书馆阅书，由王庸之介，得识谢国桢、向达、贺昌群、刘节、赵万里、胡文玉等，"相谈甚得，从目录版本、金石文字、舆图水利，导牖闻见，获益良多"[⑬]。顾廷龙在北京期间，常寓居顾颉刚家，得到顾颉刚的学术指点。顾颉刚还曾为顾廷龙"看所作《晋辟雍碑考》"[⑭]

---

① 顾廷龙：《致陈燮君》，《顾廷龙全集》编辑委员会编：《顾廷龙全集·书信卷》下，上海：上海辞书出版社，2017 年，第 615-616 页。

② 顾廷龙：《致陈燮君》，《顾廷龙全集》编辑委员会编：《顾廷龙全集·书信卷》下，第 615 页。

③ 顾廷龙：《释克》，《顾廷龙全集》编辑委员会编：《顾廷龙全集·文集卷》下，上海：上海辞书出版社，2015 年，第 557-588 页。

④ 顾廷龙：《释良》，《顾廷龙全集》编辑委员会编：《顾廷龙全集·文集卷》下，第 559-560 页。

⑤ 顾廷龙：广东省立中山图书馆：《广东省立中山图书馆馆藏金石书画选》，广州：岭南美术出版社，2002 年，第 7 页。

⑥ 郁华阁金文墨拓，为长白盛伯羲所集，计千百余种，分装四十册。顾廷龙：《读郁华阁金文记》，《顾廷龙全集》编辑委员会编：《顾廷龙全集·文集卷》上，第 499-509 页。

⑦ 顾廷龙：《孙诒让古籀余论跋》，《顾廷龙全集》编辑委员会编：《顾廷龙全集·文集卷》上，第 34 页。

⑧ 顾廷龙：《金石录补跋》，《顾廷龙文集》，第 167 页。

⑨ 顾廷龙：《江左石刻文编跋》，《顾廷龙全集》编辑委员会编：《顾廷龙全集·文集卷》下，第 580 页。

⑩ 顾廷龙：《读汉金文小记》，《顾廷龙全集》编辑委员会编：《顾廷龙全集·文集卷》上，第 511-542 页。

⑪ 顾廷龙：《金石萃编原目跋》，《顾廷龙全集》编辑委员会编：《顾廷龙全集·文集卷》上，第 489 页。

⑫ 顾廷龙：《我和图书馆》，《顾廷龙全集》编辑委员会编：《顾廷龙全集·文集卷》，第 354 页。

⑬ 顾廷龙：《回忆瓜蒂盦主谢国桢教授》，《顾廷龙文集》，第 585 页。

⑭ 1931 年 11 月 28 日，顾颉刚：《顾颉刚日记》第二卷（1927—1932），北京：中华书局，2011 年，第 585 页。

"《校晋碑跋》"①，均是与金石学有关的文章。

除了顾颉刚之外，顾廷龙还有一些对金石学颇有研究的好友，如谢国祯、容庚、商承祚、章钰等，常与其讨论金石问题。谢国祯与顾廷龙往来密切，经常一起鉴赏所得金石拓片等。1931 年，谢国桢购得吴大澂所题彝器屏幅，上篆书题名，行书考识，约顾廷龙赏鉴。顾廷龙专录上面的吴大澂行书考识，② 以作《吴大澂年谱》编纂之用。直到建国后，二人还保持着良好的友谊，如 1974 年 5 月 16 日，谢国桢有信致顾廷龙告以所藏《簠斋藏陶》《季木藏陶》拓片编目事，专门请顾廷龙观阅拓片。③ 容庚则是顾廷龙在燕京大学时的老师，于顾廷龙亦师亦友，交流亦非常频繁。1935 年 7 月 14 日，顾廷龙还从容庚处"取《海外吉金录》二部代售"④。

商承祚也是现代有名的金石学研究学者。1932 年 10 月 30 日，顾廷龙至商承祚新居借《石刻文编》稿。《石刻文编》，当是指商承祚《石刻篆文编》，此书汇辑商周至晋石刻文献中的篆字，双钩摹勒，注以楷书，并标明出处，是研究篆字的重要参考资料，这时还未正式出版。顾廷龙归还此书时，商承祚还借给他自己所藏马衡、徐森玉、孙伯恒等集拓的石经拓本，可见二人关系之密切。⑤ 藏书家章钰与顾廷龙则是忘年交。顾廷龙在燕京大学深造时，经外叔公王同愈介绍与其相识，二人同为苏州人，经常谈论金石。1933 年 1 月 26 日，顾廷龙于章钰处谈刻石，获见非常罕见的巴蜀藏经目、吴中天庆观造像拓片，以及章钰批校《语石》的稿本。章氏批注条目甚密，增添了很多叶昌炽未及见到的资料。顾廷龙借归与顾颉刚共赏，又将其批注过录。⑥ 1937 年章钰去世后，顾廷龙专为章钰手批《语石》作跋。⑦

宴客访友是旧时学者加强联系的重要场合和方式，与顾廷龙往来的多有金石研究学者。如 1936 年 6 月 6 日中午，顾颉刚宴客，同席者有于省吾、刘节、孙海波、容肇祖、容庚等。⑧ 1936 年 6 月 6 日，与商承祚、于省吾、魏建功、孙海波、唐兰同至容庚处。⑨ 1936 年 10 月 15 日，顾颉刚宴客，同席者有容庚、刘盼遂、董鲁安、陈梦家等。⑩ 1937 年 6 月 5 日，刘盼遂宴客，同席者有顾颉刚、容庚、陈梦家、董鲁安等。⑪ 于省吾、刘节、孙海波、容肇祖、容庚、商承祚、唐兰、陈梦家等都是有名的金石研究学者。

顾廷龙还通过信件与各地学者保持往来。1936 年 12 月 30 日，胡道静致王献唐信，为顾

① 1931 年 12 月 17 日，顾颉刚：《顾颉刚日记》第二卷（1927—1932），第 590 页。
② 顾廷龙：《回忆瓜蒂盦主谢国桢教授》，《顾廷龙文集》，第 585 页。
③ 谢国桢致顾廷龙信，转引自沈津：《顾廷龙年谱长编》（未刊稿），1974 年 5 月 16 日。
④ 容庚著，夏和顺整理：《容庚北平日记》，北京：中华书局，2019 年，第 423 页。
⑤ 顾廷龙撰；李军，师元光整理：《顾廷龙日记》，北京：中华书局，2022 年，第 9 页。
⑥ 顾廷龙：《跋语石》，《顾廷龙全集》编辑委员会编：《顾廷龙全集·文集卷》下，第 583 页。
⑦ 顾廷龙：《霜根老人手批语石跋》，《顾廷龙全集》编辑委员会编：《顾廷龙全集·文集卷》下，第 582 页。
⑧ 顾颉刚：《顾颉刚日记》第三卷（1933—1937），北京：中华书局，2011 年，第 483 页。
⑨ 容庚著，夏和顺整理：《容庚北平日记》，第 471 页。
⑩ 顾颉刚：《顾颉刚日记》第三卷（1933—1937），第 543 页。
⑪ 顾颉刚：《顾颉刚日记》第三卷（1933—1937），第 650 页。

廷龙相询山东图书馆藏《尚书》汉石经拓本事，顾廷龙从此结识王献唐。[①] 起因是顾廷龙得知山东图书馆藏有《尚书》汉石经，委托胡道静转为介绍。胡道静在信中道："友人顾起潜先生，精研金石文字，现在燕京大学图书馆，顷闻贵馆藏有《尚书》汉石经，拟得拓本，属为代乞一份。"[②] 信末附顾廷龙致胡道静函（1936 年 12 月 25 日）："比闻山东图书馆藏有《尚书》汉石经勒石，颇欲得其拓本，因念吾兄与王献唐先生订文字交甚久，倘能为吾索致一份，感幸无似，如必须价购，亦当照缴也，拜托拜托！弟龙顿首。"[③] 现能见到最早的王献唐给顾廷龙的回信是在 1937 年 3 月 29 日。王献唐在信中说："弟少受学，颇承前辈许印林之绪余，因欲为许刻遗书，并作年谱、学案及著述目。"[④] 可知期间两人还有往来。在 29 日当天王献唐还有一信与顾廷龙，是关于顾廷龙所著《窓斋年谱》以及王献唐所藏窓斋书画可补顾廷龙《年谱》不足事。[⑤] 3 月 31 日，顾廷龙给王献唐写了一封长信，其中关于金石的内容，是讨论《石经叙录》《齐鲁陶文》《古匋文舂录》等书：

尊著《石经叙录》尚未见及，幸示一读，以开茅塞，全份拓本俟将来重拓再行预约。现拓匋文已成若干，曾在坊间瞥见大序，未能细读，知一洋洋大观也。何日可以成书？甚念。龙于匋文嗜之有素。惜所见不广，而柴愚一无发明。弟曾将所见拓本文字排比成册，名之曰《古匋文舂录》，承北平研究院史学研究会列入丛书，为之出版。谫陋之作，无当于大雅，敬呈一册，敢乞指正。[⑥]

顾廷龙所说"现拓匋文已成若干，曾在坊间瞥见大序"当是指王献唐为山东图书馆出版的《齐鲁陶文》，顾廷龙还赠予王献唐《古匋文舂录》一书。4 月 4 日，接信后的王献唐又为顾廷龙寄去陶器印拓本二纸。从以上数信可见二人相识以后很快交流融洽、来往频繁，很重要的一个原因即是对金石、陶文的共同关注，志趣相投。

1934 年 6 月，容庚、徐中舒、董作宾、商承祚、顾廷龙等发起成立金石学社，顾廷龙为会员，[⑦] 表明他已经成为民国时期金石学研究圈中重要的一员。

---

① 邮戳：上海廿五年十二月三十。安可荇、王书林手稿整理，杜泽逊编校整理：《王献唐师友书札》，青岛：青岛出版社，2009 年，第 1863-1864 页。

② 安可荇、王书林手稿整理，杜泽逊编校整理：《王献唐师友书札》，第 1863 页。

③ 安可荇、王书林手稿整理，杜泽逊编校整理：《王献唐师友书札》，第 1865-1866 页。

④ 王献唐 1937 年 3 月 29 日致顾廷龙函，原件藏哈佛燕京图书馆。引自李勇慧：《王献唐著述考》，济南：山东教育出版社，2014 年，第 42 页。

⑤ 李军：《王献唐〈吴窓斋先生年谱校记〉书后——顾廷龙、王献唐两先生交往事迹拾补》，《天一阁文丛》第十四辑，杭州：浙江古籍出版社，2016 年，第 49-53 页。

⑥ 稿本现存山东省图书馆。

⑦ 顾廷龙履历表，转引自沈津：《顾廷龙年谱长编》（未刊稿），1934 年 6 月。

二、研有所得：《古陶文舂录》的成书与交流

顾廷龙嗜好古文字，对甲骨、钟鼎、匋器、玺印、小篆等各类文字皆有涉及，尤其对陶文更是一直密切关注和搜辑。其所得陶文拓片众多，多是陈介祺、潘祖荫、吴大澂等旧藏。陈介祺所藏陶器既多且精，专置拓工，故其拓片流传较广，而潘祖荫、吴大澂所藏陶器虽略逊于陈介祺，但是拓片较为难得，亦为珍贵。其后，顾廷龙又得其妇兄潘承厚、友人周季木所集拓片，综合多家，手自模录，“汰其复重，选其完整，慎校阙蚀，严区真赝”①，终成《古匋文舂录》一书。

《古匋文舂录》将所收匋文中可识者，依《说文解字》部居分十四篇共十四卷，其不可识者为附编一卷，至 1936 年 1 月 1 日，顾廷龙撰成《古匋文舂录自叙》，完成后，很快付诸出版。1936 年 2 月 23 日，顾廷龙有信致叶景葵，谈到“拙编《古匋文舂录》急待写付石印”②，当是已经开始石印前的誊写，也是在本月，闻宥为《古匋文舂录》作“叙”。

至 1936 年 6 月，《古匋文舂录》作为“国立北平研究院史学研究会文字史料丛编”之一，由国立北平研究院总办事处出版课印行。此书摹写匋文工饬，由马衡封面题签，王同愈题扉页，闻宥为之作叙，陈邦怀作跋并称赞此书：“可与《金文编》媲美。”③

《古匋文舂录》出版以后，受到了很多的关注。1936 年 6 月 15 日，《燕京大学图书馆报》刊出《古匋文舂录自叙》。编者称：“今顾君此编一出，古文字之脉络贯通矣。”④ 1936 年 9 月，《图书季刊》第 3 卷第 3 期“新书介绍”，发表署名“风”的文章，介绍《古匋文舂录》。

1937 年 3 月 11 日，天津《益世报》发表张政烺《读〈古陶文舂录〉》书评。张政烺对书籍的印刷和装帧予以好评，曰：“本书摹写的准确，印刷的精工，则绝非一般同类作品所可比拟。”更重要的是，张政烺从古文字研究的角度对这部书的分类和体例予以肯定。张政烺认为此书用《说文》的部次排列，尽管有人质疑，却是非常合适的，因为这样一部字典书，“目的是在供人翻检，所以怎样才最便于翻检，是第一件应注意的事情。”⑤ 因此，沿用研究古文字学者都读过的《说文》的排列方法，是比较快捷实用的，尤其是《说文》还可以在研究古文字变迁方面起到重要的作用。

张政烺还谈到，王国维曾把陶文及六国兵器、玺印、货币等文字，与《说文》中所收之古文《尚书》互相比较，从而提出“战国时秦用籀文，六国用古文”的说法，这一说法要妙卓绝，可一直没能举出充分的证据。顾廷龙此书的出版，则提供了很多对勘的案例，可以验

---

① 顾廷龙：《古匋文舂录·自叙》，北京：国立北平研究院，1936 年，第 13 页。

② 顾廷龙：《致叶景葵》，《顾廷龙全集》编辑委员会编：《顾廷龙全集·书信卷》上，第 10 页。

③ 陈邦怀：《一得集》，济南：齐鲁书社，1989 年，第 262 页。

④ 《燕京大学图书馆报》1936 年 6 月第 92 期第 5 页。

⑤ 张政烺：《读〈古陶文舂录〉》，《益世报·读书周刊》1937 年 3 月 11 日，第 12 版。

证王国维“这个惊人的学说”。[①] 确如张政烺所言，王国维的这一说法又得到很多学者的探讨[②]。在具体的探讨过程中，文字的比勘均是其中非常重要的一环，顾廷龙此书可以发挥重要的作用。

《古匋文舂录》成书以后，顾廷龙先后将书赠送给王伯祥[③]、潘承厚、叶景葵[④]。1936年8月9日，曹经沅亦有信致顾廷龙催问此书。1943年3月28日，顾廷龙访李英年，赠《古匋文舂录》。[⑤] 但是顾廷龙本人并未存有多本《古匋文舂录》。1944年8月30日，顾廷龙专门致信吴丰培，托购《古匋文舂录》。[⑥] 用了近两个月的时间，吴丰培为顾廷龙共收得九部[⑦]。1988年3月26日，顾廷龙还向王煦华借阅《古匋文舂录》。

顾廷龙在《季木藏匋叙》中称：“余既纂《古匋文舂录》行于世，更将类选墨本以付景印，祸乱顿作，事遂不果。”[⑧] 虽影印之事，至今仍未成，但可见一直以来学界对《古匋文舂录》一书持非常肯定的态度。顾廷龙在匋文上的成就，还在于密切关注匋类研究著述，并为之序跋。1935年12月，顾廷龙撰章氏四当斋藏《郑盦藏匋跋》。郑盦，乃潘祖荫之号。顾廷龙称光绪年间所藏匋器，“陈氏簠斋以近水楼台，所收最富，次之为潘氏郑盦，又次则王氏天壤阁、吴氏愙斋”。[⑨]“陈氏簠斋”乃陈介祺，“王氏天壤阁”是王懿荣之斋号，“吴氏愙斋”是吴大澂。以上诸人均以善金石、富收藏而闻名。其中，吴大澂所作匋文考订最多，陈介祺所藏匋器拓本流传最多。而潘祖荫因政事繁忙，未有专著，所藏拓本亦非常少，“每得新物，一拓而止，小品铭文，往往截取朱卷余纸为之”[⑩]，因此非常难得。顾廷龙作《古匋文舂录》时，曾遍寻未获，为攀古楼整理彝器图书，亦未得见。直到此年见章钰所藏此册，才得见郑盦藏匋面貌，虽仅集拓182纸，但亦非常可贵。[⑪]

---

① 张政烺：《读〈古陶文舂录〉》，《益世报·读书周刊》1937年3月11日，第12版。

② 唐兰认为籀文“和西周厉、宣期文字不一样，可是和春秋时到战国初期的铜器文字却很接近”，同样主张籀文是东周时代的一种文字，只是没有限定为秦文字（唐兰：《中国文字学》，上海：上海古籍出版社，2005年，第124页）；容庚则认为在春秋时代各国文字里，秦国文字对西周晚期文字所作的改变最小，因此秦国文字跟西周晚期流传下来的籀文相合之处甚多，王国维据此认为籀文为秦人所作书，理由是不充分的（容庚：《容庚学术著作全集》第10册《中国文字学形篇》，北京：中华书局，第85-86页）。同参见裘锡圭：《文字学概要》，北京：商务印书馆，2013年，第54-57页。

③ 王湜华：《奖掖后进的顾廷龙》，《书城》1996年第1期。

④ 1936年9月19日，王世伟、许全胜整理：《叶景葵致顾廷龙论书尺牍（便笺）》，《历史文献》第1辑，上海社会科学院出版社，1999年，第23页。

⑤ 顾廷龙撰，李军、师元光整理：《顾廷龙日记》，第304页。

⑥ 顾廷龙撰，李军、师元光整理：《顾廷龙日记》，第387页。

⑦ 顾廷龙撰，李军、师元光整理：《顾廷龙日记》，第396页。

⑧ 顾廷龙：《季木藏匋叙》，《顾廷龙全集》编辑委员会编：《顾廷龙全集·文集卷》下，第593-594页。

⑨ 顾廷龙：《郑盦藏匋跋》，《顾廷龙全集》编辑委员会编：《顾廷龙全集·文集卷》下，第590页。

⑩ 顾廷龙：《郑盦藏匋跋》，《顾廷龙全集》编辑委员会编：《顾廷龙全集·文集卷》下，第590页。

⑪ 顾廷龙：《郑盦藏匋跋》，《顾廷龙全集》编辑委员会编：《顾廷龙全集·文集卷》，第591页。

三、顾廷龙手录诸家批校本《积古斋钟鼎彝器款识》

顾廷龙与当时的金石学家之交流，更反映在多位金石学者关注、借阅、抄录、题跋他手录的诸家批校本《积古斋钟鼎彝器款识》事中。《积古斋钟鼎彝器款识》乃清阮元所著金文文字之书，在书中，阮元将诸家所藏金石拓本汇为一编，著录商、周、秦、汉、晋铜器551件，摹录原文，附以释文，再进行考证。此书上承宋代薛尚功《历代钟鼎彝器款识法帖》，反映了清代中期的金石学研究成果，是清代金石文字著录与考释著述中非常重要的一部。顾廷龙称此书有“椎轮大辂之功”①，最早为嘉庆九年（1804）刻本。但书中多有讹误，因此，清代以来很多金石学家为之作校勘。1928年5月，顾廷龙拜见闻宥时，见到闻宥摹写的陈乃乾临抄翁树培、叶志诜、龚橙、汪鸣銮四家校批《积古斋钟鼎彝器款识》，假书以归，又借到吴大澂的手批本，共五家校语。顾廷龙分别用绿色、蓝色、红色、赭色、墨色摹录于所藏《积古斋钟鼎彝器款识》上。②

顾廷龙在吴湖帆处借到的吴大澂手批本为丁亥年（1887年）手批。1928年8月，他又在外叔祖王同寓案头见到高野侯藏吴大澂硃批本《积古斋钟鼎彝器款识》，此本乃吴大澂戊子年（1888年）批校，比丁亥年批校更加精详，于是用紫色笔过录于眉端：“综读先生两批，所释精确不磨，于奇古难识之字尤有悬解，足以匡纠阮氏之违失。”③

经过顾廷龙的考证，赭色笔所录汪鸣鸾批校，实际上均是潘祖荫之说。④ 因书末所附潘氏手札，上有“兄批处甚多，照此录于尊书之上可也”等语，如果仅将书中缀有“伯寅”二字的条目计作潘祖荫的批校，则只有二十多处，不能谓为“甚多”。而且，如果里面掺杂了汪鸣鸾的批校，那么汪氏必然会自署其名，但全书未见一处，当更确信全为潘祖荫手批。⑤

与此同时，王同愈撰《起潜录诸家校批积古斋款识书后》，称“以五色笔汇录翁宜泉、叶东卿、龚孝珙、潘伯寅、吴清卿诸家之说于一篇”⑥，采用了顾廷龙的说法。顾廷龙欲从事《积古斋钟鼎彝器款识》的汇校，王同愈帮助甚大，商借校本，还从杭州高氏借得《龚橙丛稿》，论古文甚多，颇有助益。⑦

---

① 中国社会科学院文学研究所藏《积古斋钟鼎彝器款识》顾跋原件，转引自沈津：《顾廷龙年谱长编》（未刊稿），1928年6月。

② 中国社会科学院文学研究所藏《积古斋钟鼎彝器款识》顾跋原件，转引自沈津：《顾廷龙年谱长编》（未刊稿），1928年6月。

③ 中国社会科学院文学研究所藏《积古斋钟鼎彝器款识》顾跋原件，转引自沈津：《顾廷龙年谱长编》（未刊稿），1928年8月。

④ 中国社会科学院文学研究所藏《积古斋钟鼎彝器款识》顾跋原件，转引自沈津：《顾廷龙年谱长编》（未刊稿），1928年9月28日。

⑤ 中国社会科学院文学研究所藏《积古斋钟鼎彝器款识》顾跋原件，转引自沈津：《顾廷龙年谱长编》（未刊稿），1928年9月28日。

⑥ 王同愈著，顾廷龙编：《王同愈集》，上海：上海古籍出版社，1998年，第28页。

⑦ 《王同愈集序》，王同愈著，顾廷龙编：《王同愈集》，第2页。

1929年4月9日，顾颉刚见到顾廷龙手录诸家校批《积古斋钟鼎彝器款识》并为之作跋。顾颉刚还希望顾廷龙争取到北京这一文化中心地区搜求对此学有造诣的张之洞、王懿荣等人评注本，“继续写录，合为一书，于以见有清一代金文学之大成”。①

顾廷龙汇录的《积古斋钟鼎彝器款识》文献价值甚大，当时很多金石学家如容庚、唐兰、徐中舒、董作宾、刘节等都曾观赏、借阅并作题识，成为当时金石学交流的一个重要媒介。1929年6月，商承祚过苏州，见顾廷龙手录诸家校批《积古斋钟鼎彝器款识》，“拜读一过，以识欣幸”。②

1931年夏，容庚在观阅顾廷龙手录诸家校批《积古斋钟鼎彝器款识》后，作跋语：“阮氏此书颇收伪器，余尝斠订一过，惜不获见此校本相参证也。异日起潜先生携此北上，余将一借录之。”③ 作为金石研究专家的容庚，也关注《积古斋钟鼎彝器款识》，特别是对其中所收伪器，作过专门校订，而顾廷龙此手录汇校本可以和其所得互相参证。容庚当多次借阅过此书，如1935年，容庚即又向顾廷龙借《积古斋钟鼎彝器款识》。④

也在1931年夏，徐中舒在苏州经眼过此本《积古斋钟鼎彝器款识》，亦作跋语，称此书为“阮书最善本”⑤。1932年8月，董作宾在借阅此书后亦认为“此书集诸家校订之大成，洵足称海内第一善本。”同时，又建议顾廷龙结合民国时期逐渐发展起来的甲骨金文研究成果，“倘更参以近今甲骨金文之研究，比勘考证，逐一理董，并旧说而刊布之，尤为古学盛业”⑥。

到1932年夏，唐兰借阅顾廷龙手录诸家校批《积古斋钟鼎彝器款识》半个月，将尤重要者录出，并在卷末题识，评述各家：“阮氏椎轮之功不可没，而谬误极多，诸家指摘未能尽也。诸家评语则以潘、吴为胜，龚氏好为异物说，鉴别亦逊，为最劣矣。”⑦ 在诸家借阅题跋过程中，顾廷龙也在不断充实这部书，如1933年8月12日，顾廷龙又获见虞山旧山楼赵氏所藏《积古斋钟鼎彝器款识》龚校本，匆录一过。⑧

总之，这部得到清代以来重要金石学研究学者评注的《积古斋钟鼎彝器款识》，在民国时

---

① 中国社会科学院文学研究所藏《积古斋钟鼎彝器款识》顾跋原件，转引自沈津：《顾廷龙年谱长编》（未刊稿），1929年4月9日。

② 中国社会科学院文学研究所藏《积古斋钟鼎彝器款识》顾跋原件，转引自沈津：《顾廷龙年谱长编》（未刊稿），1929年6月。

③ 中国社会科学院文学研究所藏《积古斋钟鼎彝器款识》顾跋原件，转引自沈津：《顾廷龙年谱长编》（未刊稿），1931年夏。

④ 容庚著，夏和顺整理：《容庚北平日记》，第435页。

⑤ 中国社会科学院文学研究所藏《积古斋钟鼎彝器款识》顾跋原件，转引自沈津：《顾廷龙年谱长编》（未刊稿），1931年夏。

⑥ 中国社会科学院文学研究所藏《积古斋钟鼎彝器款识》顾跋原件，转引自沈津：《顾廷龙年谱长编》（未刊稿），1932年8月。

⑦ 中国社会科学院文学研究所藏《积古斋钟鼎彝器款识》顾跋原件，转引自沈津：《顾廷龙年谱长编》（未刊稿），1932年夏。

⑧ 中国社会科学院文学研究所藏《积古斋钟鼎彝器款识》顾跋原件，转引自沈津：《顾廷龙年谱长编》（未刊稿），1933年8月12日。

期经过顾廷龙的手录、汇辑，为新时期的金石学者所关注和研究，不仅可以考见当时金石学交流之情况，亦可反映民国前后金石学治学方式之转变。清末以来，甲骨文、金文、简帛文字等研究成果逐渐增多并发展成为独立的文字学，也廓清了中国几千年的文字体系。这些文字考订，以出土文献为主，与民国以前主要依靠《说文解字》文字系统阐释金石铭文不同，还以研究成果不断检验《说文》以及依靠《说文》所阐述的各类观点。以上各家对顾廷龙手录诸家批校本《积古斋钟鼎彝器款识》的关注和讨论，无论是考订其中所收伪器，还是评述各家评语之优劣，均是民国时期金石学发展的反映。

四、结语

顾廷龙的金石学研究所涉范围颇广，除上文提到的匋文研究、金文研究，还对砖文亦有专门关注。如1935年6月1日，为王振铎辑《汉代圹砖专集录》作叙："石室之刻，虽无侩盗攘窃之患，而终有风雨飘零之蚀，是金石之坚，尚藉梨枣以永寿，而圹专有画鲜字，方甴零落，拾取既便，弃掷亦易，流传保存之不能广长，宜其更甚于石刻。"[①] 此文发表在1935年6月20日天津《益世报·读书周刊》上。总之，顾廷龙的金石学成就非常值得重视和深入研究，金石学交游也是他学术生涯中重要的组成部分。

---

① 顾廷龙：《汉代圹专集录叙》，《顾廷龙全集》编辑委员会编：《顾廷龙全集·文集卷》下，第587页。

顾廷龙与《尚书文字合编》

李福标

顾廷龙（1904—1998），字起潜，号匋誃，江苏苏州人。早年肄业于上海持志大学，获文学学士学位。后入北平燕京大学研究院国文系，获文学硕士学位。1933 年 7 月就任燕京大学图书馆中文采访主任，兼任美国哈佛大学汉和图书馆驻平采访处主任。1939 年至上海，参与创办上海私立合众图书馆，任总干事。“合众”捐献国家后，历任上海历史文献图书馆馆长，上海图书馆馆长、名誉馆长。主编了《章氏四当斋藏书目》《杭州叶氏卷盦藏书目录》《泾县胡氏朴学斋藏书目录》《番禺叶氏遐庵藏书目录》《杭州蒋氏凡将草堂藏书目录》、大型联合目录《中国丛书综录》《中国古籍善本书目》，又与潘景郑合编《明代版本图录初编》等。1994 年，以九十高龄受命主编《续修四库全书》。顾廷龙作为我国著名的版本目录学家，在图书馆学界作出了杰出的贡献。而其人生最初与最高愿望，却并不在此。据沈津《顾廷龙年谱》载：1973 年，“上海图书馆成立批孔小组，指定先生任组长，盛巽昌为副组长。在一次闲谈中，先生说，他最有研究的还是小学，当年在燕京大学时就是学的这个，版本鉴定、书法都还是后来才搞的。因此，排列是一小学；二书法；三才是版本研究”①。顾廷龙自称最有研究的在小学，而其小学方面的主要成就，除了他在燕京大学的硕士学位毕业论文《说文废字废义考》，以及后来编著的《古陶文舂录》之外，就数与顾颉刚合辑的《尚书文字合编》了。前二者是深度的学术研究，而《尚书文字合编》在严格意义上来说仅是资料汇集，并非研究成果。恰恰是这个资料汇集之事，是顾廷龙最为看重的，顾廷龙大半生念兹在兹，愈到晚年愈感此事之重大，竭全力以赴之。这其中有什么东西是值得我们深入研究的呢？本文就此发表一点浅见。

---

① 沈津编著：《顾廷龙年谱》（1973 引盛巽昌札记），上海：上海古籍出版社，2004 年，第 581 页。

一、《尚书文字合编》工作的缘起

20世纪初的中国史学界出现了以顾颉刚为主将的“古史辨”学派，《尚书文字合编》的编辑是顾颉刚在其古史研究背景下首倡的。《尚书》是我国最早的史料汇编，而中国传统经学在解读这部经典时只从儒家圣道王功的思想出发，不顾历史事实，历史屈从了观念。顾颉刚一生致力于还《尚书》本来的历史面目，主张摆脱经学思想的束缚，以新的方法与体例对《尚书》进行了全面的探索与整理，开创了现代《尚书》学的新局面。

顾颉刚的《尚书》研究是以1922年为中学生翻译《尚书》发轫的。1923年提出了对今文各篇的全面意见，1925年今译了《盘庚》《金滕》两文，载《古史辨》第一、第二册。随着其古史研究的深入，对《尚书》的认识提到了更高的层次。他于1924至1925年间谈及解经目的时曾说：“前年标《王政三大典考》时，简端记云：‘汉人解经之目的，欲使经义为一而无异同。今人解经之目的，欲使经义异同毕露而无一丝毫糅杂之处。’上面是统一观念，下面是历史观念。”① 1926年起到厦门大学和广州中山大学任教，开了《尚书》和《左传》两门课。他在中山大学编《尚书》讲义，搜集自汉至近代研究《尚书》的主要各家之说六十二种，编为《尚书学参考资料》八巨册。

1929年起到燕大及北大，其间“《尧典》《皋陶谟》《禹贡》”的题目被通过，又担任“中国上古史研究”课，对《尚书》研究的要求就更高了，为《尚书》课所编的《尚书研究讲义》分甲、乙、丙、丁、戊五种，每种中再分册搜集资料，作专题研究。

顾颉刚曾就《尚书》的彻底整理与全面总结做过数次规划，最具代表性的为“《尚书》十种”：《尚书文字合编》《尚书通检》《尚书校文》《尚书集释》《尚书今译》《尚书学史》《尚书学书目》《伪古文尚书集证》《尚书学论文选》《尚书简注》。然而限于种种原因，也因为问题涉及方方面面，青年时即暴得大名而事务纷纭的顾颉刚没有把他计划的工作进行到底，他必须借助其他学科、其他专家的力量。

《尚书》本是五经中被严重窜乱的一部，其最初的面貌今已不可知，春秋、战国时的面貌，从《国语》《左传》《墨子》《孟子》等征引的《尚书》文字中可以窥见一二，这时文字上已经出现很多歧异了。因语言文字的巨大障碍，后世对之如同研读天书。唐代大文豪韩愈就曾感叹：“周盘殷诰，佶屈聱牙。”（《进学解》）近人王国维也以《尚书》“于六艺中最难懂”，“于《书》所不能解者殆十之五”②。顾颉刚说得更明确：“这一万六千余字包含着大大小小的问题不止两万个，有可以解决的，也有不易解决的，也有必待新材料出现方可解决的，也有脱字、讹字、错简以致永不能解决的。”③ 他在从事古史研究时，一向崇尚乾嘉考据之学，

---

① 顾颉刚：《泣吁循轨室笔记》（五），《顾颉刚读书笔记》卷2，北京：中华书局，2011年，第266-267页。
② 王国维：《与友人论诗书中成语书》，《观堂集林》卷2，北京：中华书局，1959年，第75页。
③ 顾颉刚：《尚书学杂记》，《顾颉刚读书笔记》卷11，第298页。

认为“学问必须在繁乱中求得的简单才是真实的纲领；若没有许多繁乱的材料作基本，所定的简单的纲领便终是靠不住的东西”①。他对新学科的研究方法保持更敏锐的认识，对《尚书》文法的研究颇感兴趣②，对古文字学的研究成果更是备加关注。在燕京大学期间，他提出从研究历代传本的字体入手，“把各种字体的本子集刻成一编，看它因文字变迁而沿误的文句有多少”（《尚书通检》序），借以通过对比解决《尚书》纷乱复杂的文字问题。而具体执行编辑《尚书文字合编》这一工作的人选，必定具备一定的文字学的修养，又要具备文献学、版本学的知识。除此，更重要的是要具义无反顾、坚持不懈的牺牲精神。从此三点考察，顾颉刚郑重将此任务委托给了刚从燕京大学毕业的顾廷龙。

二、为什么选择顾廷龙

顾廷龙以小学为一生第一值得标举之事，其说殆有二端：其一，顾颉刚所托之编辑《尚书文字合编》的重任在此，而此重任直接关系了20世纪中国史学界之一大事；其二，其所从学者在此，治学志趣亦在此。

第一点，我们在前一节已经有所述及。那么，为什么说其所从学者在此，治学志趣在此呢？顾廷龙自幼随父祖教读《四书》《五经》，很早即对金石文字及书法发生强烈兴趣。早年求学者也主在此，其自传回忆早年求学经历时说：“时（1925年）适国民大学成立，以章炳麟为校长，有商科，家长希望我为将来谋职业方便起见，不学工则学商。而我自己喜欢文字学，久慕章炳麟及教授胡朴安的学问，因此我决定转学到该校的商科经济系。正课是读商科科目，选课选了几门文科。第二年注册时，我的选课全选了文科的课程，系主任看了选课单，劝我转系。我就转入了国文系。当时教授经学、文字学为胡朴安，音韵学为闻宥，诗歌为胡怀琛，六朝文为刘三，我从各位老师那里得到了很多知识和方法。我在古典文学方面，没有进一步钻研，而在语言文字方面，获得了一定的途径。”③ 1927年春，顾廷龙因故辍学家居，专习国学。1928年2月，顾廷龙外叔祖王同愈退休住南翔，遂召顾廷龙为馆师。顾廷龙认为“王同愈是新旧学问都渊博的，尤其对金石、目录、书法、绘画的专精，为当时所推重。家中藏书不少，我所喜爱的也就是这些。因此，我决定一面启蒙，一面还从王同愈学习。两年中，我阅读了不少有关金石目录的书籍，汇录了各家批注《四库全书简明目录》的传本，又汇录了各家阅读《积古斋钟鼎款识》的校语。在这两项工作上，对我专业的修养，提高了不少，

---

① 顾颉刚：《自序》，顾颉刚等编《古史辨》第1册，上海：上海古籍出版社，1982年，第29页。

② 1928年，顾颉刚执教于中山大学时指导学生何定生用西方语法理论专门研究《尚书》文法，写出了《尚书的文法及其年代》。顾颉刚说：“在《尚书》方法算是开了一条新的途径。”见杨筠如《读何定生君〈尚书的文法及其年代〉》，《中山大学语言历史学研究周刊》1929年第6集第72期，台北：文海出版社，1967年，第2901页。

③ 顾廷龙自传第二部分“求学时期”，写于1956年3月31日，载上海图书馆顾廷龙档案。参见王世伟《顾廷龙先生之〈集韵〉研究》，《图书馆研究与工作》2005年第2期。

建立了我治学的基础”①。1930年春，顾廷龙辞去了家庭教师，由胡朴安介绍转入持志大学国学系。1931年下半年又考入燕京大学研究院国文系。时系主任为郭绍虞，导师为容庚。当时顾廷龙还选修了黎锦熙的修辞学，魏建功的古音系研究，侯堮的训诂学。

顾廷龙于金石文字及书法艺术造诣极深。他私淑吴窸斋（大澂），尝谓“廷龙童年得篆文《论语》《孝经》于家，喜而摹之，取以校读本，喜其诘屈，未详为谁氏手笔也。过庭请问，乃知吴窸斋先生集古文字以书者。……廷龙于是识先生之名而惜不获见焉。比长，从伯舅王董宬先生习古文字之学，繇秦篆而进窥古籀。遂读先生所著《说文古籀补》《古玉图考》《权衡度量实验考》，于是于樵习书法之外，更得研求先生之学术矣”②。1934年顾廷龙撰成《吴窸斋先生年谱》。1936年顾廷龙又撰成《古陶文舂录》，此书被学术界誉为搜罗最备、考释最精，以专书形式问世的第一部成功的陶文字典，书中即多采吴大澂之说。除受吴大澂影响很深之外，负笈燕京期间，正值乡贤章钰寓京，顾廷龙常相请益。章钰深目录及金石之学，尝与吴䌹斋（士鉴）、朱少滨（师辙）合撰《清史稿艺文志》，历时七载，一丝不苟，尤为人所乐道。顾廷龙尝述与章氏之交谊云：“以龙于金石目录之学有同耆焉，不鄙顽钝，引而教之。休沐良辰，辄诣请益，或出孤拓珍本、名书法绘相与赏鉴，或述乡邦掌故、前朝旧闻昭示愚蒙。”③

顾廷龙在燕京肄业一年之后，于1932年撰毕业论文《说文废字废义考》，获硕士学位。此论文正是对其治学基础的深化，即从金石文字转向探讨更深入的文字起源及流变问题。《说文废字废义考叙》云：

> 余弱冠始习许书，从事段、桂、王、朱之书，得识文字之义例，四年而后读器铭卜辞，其文字则真商、周遗型矣。吴（大澂）、孙（诒让）诸家之悬解，于许君或以证明，或有订补，叹为古旨斯达。时值举世学者侈言研究古文字惟从甲骨文、金文求之，薄《说文解字》者东汉字书耳，不足以言古焉。余遂潜志金文、甲骨文，于有清钟鼎款识、贞卜文字之著述，各若干种，或购或借，校读再过，观诸家释字，别创理解，新奇可喜者固不少；而言人人殊，牵强付会者亦甚多。探其考释之法，无非以许氏之说为根据，有以与《说文》貌似而定即某字，往往不得造字之旨以阐古义。大都以《说文》之本义即为甲骨文、金文之本义者，或从其引伸义以立说，亦即有用以订正许氏者。……余尝因循数年，絶无所获，既而思之，甲骨文、金文者，其原则为记事，重在史迹，并非重文字之缔造焉。因欲考史实，而文字奇古，用先识字，并非所出者为殷、周二朝之整个文字也。顾古文字之探索，端赖许书之精研以会通。当许君痛彼时“诡更正文，乡壁虚

---

① 王世伟：《顾廷龙先生之〈集韵〉研究》，《图书馆研究与工作》2005年第2期，第2页。

② 顾廷龙：《吴窸斋先生年谱叙例》，顾廷龙：《顾廷龙文集》，上海：上海科学技术文献出版社，2002年，第525页。

③ 顾廷龙：《章氏四当斋藏书目跋》，《顾廷龙文集》，第136页。

造，变乱常行，叙篆文，合古籀，博采通人，至于小大，信而有证，稽撰其说”，是其志在具体之纂集古今文字，俾“前人所以垂后，后人所以识古”，似较从断烂之器铭卜辞而冥索，为有凭借。据《说文》以溯金文、甲骨文，是为阶梯。故《说文》一书，敝屣而不能不金玉视之。余尝言于颉刚（见中山大学研究所周刊），至今尚以此语为不谬。

《说文》既为叙合篆古籀者，虽与金文、甲骨文多乖异，而与《三字石经》古文则皆合，是其古文字在汉魏间之孑遗如此也。字体结构，当有陈沿，《说文》古文、石经古文，与铜器古文、甲骨文，截然两系，要本一干，自有相互出入，足资印证者。即非与金文、甲骨文为一系，而篆籀之中亦得踪其变迁之迹。夫欲为古文字之研究，当以整理《说文》为前提。①

如前所论，执行《尚书文字合编》编辑工作的人选，必定是要有古文字学修养的。从这一点来看，顾廷龙无疑是够资格的。而且在写作硕士论文时还与顾颉刚有过交流，已深得其赞赏。

《尚书》流传过程极为曲折复杂，是一部传本众多，争议也最多的经籍，一直未能予以系统地整理，从而给研究工作带来困难。《尚书》文字之所以产生歧异，除了传钞中造成讹误，以及汉代经师的训读造成异文等原因之外，历代传本的字体变迁也是重要原因之一。根据现存资料，《尚书》文字就有古文、篆书、隶书、“隶古定”和楷体等不同字体。就以“古文”一端而言，已纷繁复杂，难以究诘。它究竟是什么时代的书体？陈梦家《尚书通论》云：“吴大澂在《说文古籀补》的叙说上说‘窃谓许氏以壁中书为古文，疑皆周末七国时作，言语异声，文字异形，非复孔子六经之旧简，虽存篆籀之迹，实多讹伪之形’。他从《说文》所保存的古文和金文相形之下，看出古文是晚于孔子的字体，是有讹伪的字体。吴氏之说，是十分正确的。……则所谓古文是：（1）战国文字，所以和同时的实用器物（兵、陶、印、货）上的文字为一系而不合于战国以前的彝器文字，也不同于秦代的小篆、汉代的隶书；（2）民间书体，所以不合于彝器上和篆书上严整的官书而合于实用器物上工师所作的简率的字体；（3）书写于竹帛，所以成为丰中鋭尾的所谓科斗形，和刻铸于金石器物上的笔划有所不同；（4）私学中六艺与百家语所用，所以和秦代官定字书之为官吏日常所用的字汇有所不同。……古文是六国时通行的民间书，因为是民间书，所以容许彼此之间较大自由的歧异。”② 字体的转换，容易造成差错，产生一系列文字问题。这就需要接触历代不同字体的本子，从中比较、分析、归纳，弄清文字演变的过程及其对今本的影响。顾廷龙抓住《尚书》文字多歧的要害，认为现今流传而所能见到的古本《尚书》文字，当以隶古定本为关钮。所谓隶古定，即是用正楷写的古体字。循此以往，可上下求索，得其演变的规律。故顾颉刚屡称顾廷龙《尚书文字合编》的编辑工作为“隶古定”研究，正是对《尚书文字合编》这一工作的关键性而

① 顾廷龙：《说文废字废义考叙》，《顾廷龙文集》，第 24-25 页。
② 陈梦家：《尚书通论》，北京：商务印书馆，1957 年，第 174-177 页。

言的。

针对《尚书》文字多歧的情况，《尚书文字合编》的根本任务是什么呢？即是从最根本的文献清理的角度，以校勘学中最基本的“对校法”及“本校法”的原理与方法，用文字学的手段来解决《尚书》存在的文字变迁问题。这就必须有一个深谙目录版本学的人选，对古往今来的传本有一个清楚的掌握。从这一点来考察，顾廷龙也是当之无愧的。

另，字体变迁问题，必须用模刻、影印之法方能存真、显真。《尚书文字合编》最初因敦煌写本多皱纹，用拍照上石的办法，其效果会忽明忽暗，不太理想，故采用摹写上版。这又需要有书法功底的人选方能胜任，恰好顾廷龙深爱且深谙此道。古文字学、版本目录学、书法等项，顾廷龙乃兼而有之者，故是顾颉刚心目中之最佳人选。

顾廷龙是顾颉刚的小叔，肄业燕京大学时即寓居顾颉刚家中，常相论道。在《尚书文字合编》编辑之前，顾廷龙也是顾颉刚“《尚书》学”研究的助手。据沈津《顾廷龙年谱长编》（未刊稿）载：一九三一年四月六日，顾颉刚赠顾廷龙《尚书》二十八篇，一册，为国立中山大学排印之讲义。又，《顾廷龙年谱》载，一九三二年二月二十日，顾廷龙致正在杭州省亲的顾颉刚信云：“《尚书讲义》（笔者按：此指燕大的《尚书讲义》）戊种之三写样仅得三分之二，一俟戊三毕，即付戊四写之，上石刷印，当不慢焉。”① 可见，顾廷龙早在顾颉刚的授意下参与《尚书》研究工作，在《尚书文字合编》工作上理所应当是最信任的人选。而对顾廷龙来说，能加入“古史辨”学派，并具体负责编辑《尚书文字合编》一书，无疑是莫大的光荣。

三、《尚书文字合编》的工作进展

（一）酝酿期（1932—1937）

《尚书文字合编》编辑计划的提出始于1932年秋。顾廷龙有跋云：本年“余暑假返校，颉刚先生欣然告以他有研究《尚书》的计划，其中有《尚书文字合编》一项属予相助”②。有此一计划之后，顾廷龙以满腔热情遍观群书，处处留心，做了大量的准备工作。

事实上，早在顾颉刚尚未就此事作出决定之前，顾廷龙就已留意于此，开始搜集各种《古文尚书》的版本资料了，并决定汇刻为一编。1931年暑假前，顾廷龙自燕京大学南旋后，谒访外叔祖王同愈于南翔。盘桓数日，得暇又访持志大学的姚明辉师。顾廷龙记曰：“其家藏书处为旧式平屋三间，一间皆其父文栋自日本携归者。先生遂逐架观书签，忽见日本旧抄《古文尚书》两函。余正开始搜集《古文尚书》版本，见之甚喜。正就窗口翻阅，师曰：尔可携归详览。……翌日，余即携之返苏，又数日，回校。亟出以示颉刚，颉刚亦甚赏之，决影

---

① 顾廷龙：《致顾颉刚》（1932年3月20日），《顾廷龙全集·书信卷》上，上海：上海辞书出版社，2017年，第90页。

② 沈津编著：《顾廷龙年谱》，第28页。

写付刻。”①

又，1932年7月6日，章太炎为研究《古文尚书》事致潘景郑信，略云：“北京大学受东人迫胁，令姊丈顾君想已南来，汇刻《古文尚书》之举，究竟有端绪否？仆自得三体残石及《释文》残卷后，亦颇欲穷问斯事。《古文尚书》见引于颜氏《匡谬正俗》，其事不诬。至宋次道所得者，晁公武以之刻石，薛士龙以之作训，虽未必枚氏原本，然《经典释文》至开宝始易新本，其未经改窜者，北宋人当尚见之，如贾昌朝即其一也。”“顾君如已南来，即欲与之一叙，望足下为介绍也。”② 章太炎为一代国学宗师，在学界地位崇高，影响甚巨，当时燕京大学、北京大学的许多著名学者都是他的弟子。青年顾廷龙稍涉《古文尚书》研究即得其青睐，无疑是受到了莫大的鼓舞，简直欲罢而不能了。半个世纪后的1981年3月16日，顾廷龙草《章太炎篆书墨迹序》对当日情形记忆犹新，云：“先生晚年，侨居吴门，设帐讲学，时余方负笈燕京，不获厕门墙之列。1932年夏暑假旋里，始由妇弟潘君景郑之介，晋谒于锦帆路寓邸，因余方治隶古定《尚书》之学。先生为言薛季宣隶古定《尚书》大致与《经典释文》旧本相应，盖开宝后儒者辑录释文未改本为之，亦有采《说文》诸书者，不尽依东晋本也。此说后著于《古文尚书拾遗定本》中。娓娓讲述，半日而不倦。五十年后，余游成都，获见孟蜀石经附刻之隶古定《尚书》残石，益信薛氏之书皆有所本，惜先生之不及也。”③

当然，这时候言及“搜集《古文尚书》版本”、“汇刻《古文尚书》”云，大约是为顾颉刚的《尚书》学做一种基础性、资料性的工作，而专门从厘清《尚书》文字问题的角度搞《尚书文字合编》的编辑，其观念或许还处于酝酿阶段，尚未成熟，但正受到各路师友的启发，不容忽视。

1932年10月4日，顾颉刚又一次对顾廷龙提出，请其为《尚书学》编纂计划，并拟先将正文以各种本子校定，其中有古文本、今文本之别，古文今传则有隶古定日本写本、敦煌唐写本。今文则今通行各本也。次辑各书所引《尚书》之《尚书》目录。顾颉刚属顾廷龙为隶古定方面之工作，④ 并因此有了顾颉刚经费的支持。从此协助编辑《尚书》学的工作有了更为实际的目标。据沈津《顾廷龙年谱》等文献记载：本年10月，顾廷龙录《群经音辨》引《尚书》，点读《尚书孔传参正》叙例、《集韵》引《尚书》。又阅《玉烛宝典》录引《尚书》文（此书影刻自日本写本，写时在中华元代。据顾廷龙观之，尚是根据唐写，于书体上可验之。但此书非出一人之手，后面一、二卷写时在伪周，有武后新造字羼杂，前数卷字体与其他唐写同出一原）。嗣后又以《云窗丛刊》影《尚书》写本校《鸣沙石室佚书》本《尚书》，点读《尚书孔传参正》六页，阅慧琳《一切经音义》所引《尚书》，又校顾颉刚借罗振玉影

① 参见沈津《顾廷龙年谱》载跋日本抄本《尚书》原件；又，1996年3月18日，致信任光亮，云：“我想写一篇《清末上海两藏书家》，一是姚文栋，即藏两部《古文尚书》者……姚书被日军全部烧毁，只有两部《尚书》借给我带到北平，因而幸存的。”（沈津编著：《顾廷龙年谱》，第778页）

② 马勇辑：《章太炎书信集》，石家庄：河北人民出版社，2003年，第913-914页。

③ 顾廷龙：《章太炎先生篆书墨迹序》，《顾廷龙文集》，第227-228页。

④ 顾廷龙撰，李军、师元光整理：《顾廷龙日记》，北京：中华书局，2022年，第2页。

印之敦煌本《泰誓》《特誓》《武成》五篇（印入《海东古籍丛残》）等。

除此，又访求师友，求得多方指导与帮助。1932 年 10 月 21 日，顾廷龙访问燕京大学国文学系教授魏建功，告云拟辑《古文编》，魏教之曰：以《说文》、古文、《三体石经》、《汗简》、《古文四声韵》编为《古文编》，以《玉篇》、隶古定《尚书》、《广韵》、《一切经音义》、《集韵》、《类篇》、《龙龛手鉴》诸书中之古文集为《隶古文篇》。顾廷龙以为“其言甚合余意”，“说甚精”。[①] 11 月 7 日，又谒吴寄荃，吴告以李盛铎藏敦煌唐卷甚精而多，中有《尚书》两篇不残，顾廷龙即乞介往观。顾廷龙与顾颉刚从事《尚书》之学时，正值日本京都大学东方文化研究所有《尚书正义定本》之纂辑，顾廷龙得以与吉川幸次郎、平冈武夫等日本学者相往还。此时，顾廷龙得出“隶古定”是文字变迁之一端，就是用正书按科斗古文笔划写定的本子，而非尚书本子专用之字体的响亮结论。为欲进一步疏释隶古之演变，因以“隶古定居”名其书室。

后来，叶景葵也给予顾廷龙以大力帮助。1935 年年底，叶景葵数致顾廷龙信，托购臧镛堂手批《古文尚书撰异》原稿，并嘱郑重保存之，实则借与顾廷龙以助校勘之用。[②] 1936 年 2 月，叶景葵邮寄杨守敬传抄日本古卷子唐写本《古文尚书》（即罗振玉所惜为人书俱亡者），助顾廷龙勘校；又捐助“禹贡学会”购书费壹佰元。

这时，《尚书文字合编》的工作并未正式入手。1934 年 2 月，顾颉刚与谭其骧商定创办禹贡学会和《禹贡》半月刊。办《禹贡》是为了“研究中国地理沿革史及民族演进史的目的，为了当时强邻肆虐，侵略不停，作沿革地理研究，相对民族复兴工作有所帮助”，“在真实的学识里寻出一条民族复兴的大道来”。[③] 顾廷龙参与学会及半月刊的编辑工作。他广泛征求各种图籍，争取志同道合者加入助力，筹集资金，以事刊印。因此，再加之图书馆事务较多，摹写唐卷景本《尚书》事搁置甚久，欲专从事则他事牵率。

（二）初期（1937—1942）

1937 年新年伊始，顾廷龙的《尚书》学编纂工作进入紧张的阶段。元旦期间他摹写了《尚书·胤征》，此为正式编辑《尚书文字合编》之始。当时无复制手段，顾廷龙即用订制的透明灯盒，并将印刷用打纸板的日本棉纸，覆在照来的敦煌照片上描摹成本，而后刻为木板。《尚书文字合编》跋云：“时向达先生赴英、王重民先生赴法了解敦煌古籍，颉刚先生即恳托

---

① 顾廷龙撰，李军、师元光整理：《顾廷龙日记》，第 5 页。

② 1936 年 2 月 23 日，致叶景葵信云：“前承惠假镛堂批本《古文尚书撰异》，过录仅三分之一。缘拙编《古匋文孴录》急待写付石印，遂以阁置，大约尚需两星期方可续录，秘本稽归，心殊不安。龙又以写刊隶古定本（从敦煌所出）卷子本照片模写《尚书》，（已刻成二十余篇）将来拟作校勘记，于《撰异》颇多参考，臧批必多卓识可据，是以一再迁延，必欲校读一过为快。”又，1937 年 8 月 2 日，致叶景葵信云：“龙半年之中以校印拙稿，未遑兼及其他，故臧批《尚书撰异》及隶古定《尚书》俱不能从事校录。久假不归，虽海涵不以相责，而私衷抱疚，若芒刺背，开学前当速将臧批录出，先行奉赵。”（顾廷龙：《致叶景葵（五）》，《顾廷龙文集》，第 739 页）

③ 顾颉刚编：《禹贡学会简章》，《禹贡》1935 年第 4 卷第 3 期，石家庄：花山文艺出版社，1994 年。

两君将所见《尚书》照相见示。余在灯光上蒙薄纸书之，书就几页，即发刻几页。”[①]《尚书文字合编版刻样本跋》又云：“由于敦煌本原件皱纹纷纷，用直接摄影术，则忽明忽暗，以至笔画多模糊，不易辨认。因思仍以刻版为佳，影写上木，当时尚有青年高手，藉此一编，并可使雕版之业流传有绪。颉刚与余商酌既定，遂由北京文楷斋承梓。”[②] 此后所有不同载体、不同字体之《尚书》古本，均由顾廷龙为之摹写。

这时，顾廷龙在成府寓所顾颉刚书房，每晚均工作至深夜十二时。1 月 10 日，将所写《尚书》《禹贡甘誓》《五子之歌》《胤征》四篇交刻。除了樵刻之外，1 月 3 日，代顾颉刚覆王重民信，告巴黎所藏隶古定《尚书》篇目。1 月 6 日，致潘景郑信，托恳日本吉川代映敦煌《尚书》。本月，又校王朝榘《尚书遗篇》。

抗日战争起，顾颉刚以抗日甚力，日人指名索捕而南旋，顾廷龙仍复事写刻，续编《尚书文字合编》不使失坠。1938 年正月，编所得旧钞本《尚书》目录。命其子诵诗将金刻《尚书》照片装粘成册，照片乃日本友人吉川善之所赠，共二十八叶，原本藏江安傅增湘，仅存卷十八，为《周官》《君陈》《顾命》三篇。读《瞿氏铁琴铜剑楼藏书目录》，瞿氏亦藏金本《尚书》。本月即据日本大阪每日新闻社影印图书寮藏宋本《尚书单疏》校金刻残本。金刻误字甚多，并不见佳，别为记论之。樵写《君奭》篇。1 月 6 日至 8 日，读内野本《尚书》。又阅《留真谱》所载八行本及单疏两景本，又见张石铭刻八行本。来薰阁送明万历十五年（1587）北监刻本《尚书注疏》。读《尚书古文疏证》。3 月 20 日，访日本学者平冈武夫，出示林之奇《尚书全解》第卅四。顾廷龙《读书日札》云：“此书前年在东莱阁见过，因《通志堂经解》粤本已刊入，故未收，末附丁辑附录。今覆阅之，甚有用，即假归传录，深悔当时之不应放手也。又焦里堂批阎氏《尚书疏证》，余曾在富晋斋见过，索价廿余元，力不能办，既悉为群玉购去转售他人，今又为平冈得矣。”[③] 可见，在极艰难的情况下，顾廷龙仍挤出时间坚持不懈地进行着《尚书文字合编》的工作。

然时局动荡不安，顾廷龙“不意两年之中，三迁其居，景写之事，作辍无常。旋（1939）因叶景葵、张元济两先生之函邀，创办合众图书馆，遂携家来沪”。来沪后，虽事务繁重，顾廷龙仍不敢放下《尚书文字合编》的编辑。“时上海已沦为孤岛，适货币贬值，不克开展工作，但余尚能于夜深人静之中，抽暇写样寄平。”[④] 据沈津《顾廷龙年谱》载：1940 年 6 月 25 日，校《周礼故书疏证》毕。数日写《尚书》。7 月 26 日，卢藻翰来，请其放大《尚书》照片，交十一张。致文楷斋信，询《尚书》样收到否。紧张的图书馆业务使顾廷龙白日不得休息，而业余又每日工作到深夜而不眠，其身体出现了不适。1940 年 7 月 26 日有致顾颉刚信云：“《尚书》仍在续刻，惟刻资每百字加四角，合式元，百物昂贵，实在情理之中。现在逐

---

① 沈津编著：《顾廷龙年谱》，第 28 页。

② 顾廷龙：《尚书文字合编版刻样本跋》，《顾廷龙文集》，第 17 页。

③ 沈津编著：《顾廷龙年谱》（1938 年 3 月 20 日），第 72 页。

④ 顾廷龙：《尚书文字合编后记》，《顾廷龙文集》，第 14 页。

续整理，每晚一二时，俾细心校改。此事稽迟太久，皆吾之过，但实生活不能安定所致，公能谅吾，恐希白不能谅公耳。此间情形一如平中。龙埋首故纸，尚不闻尘嚣，惟近来身体欠佳，胃呆纳少，兴致索然。”① 10月24四日，接北平燕京馆转来《尚书正义定本》卷三、卷四，对之滋愧，云：“余以人事牵率，创稿不能写定。余之所得，在彼之外，余虽视为终身之业，特不知何日可成耳。”②

1941年1月，写《尚书》数段，发文楷斋函，嘱开细账。因是受哈佛燕京学社资助项目，《尚书文字合编》由于各种原因未能按计划顺利完成，也造成了人事上的一些烦扰郁闷。时有致顾颉刚信，云：

公为《尚书学》编纂迟延受人指摘，此实龙一人之咎。年来佣书以后，仅能晚间从事，有时客来，有时体惫，皆不能握管。此三年中播迁一再，不能专心致之，实有不得已之苦衷在也。兹决定从速结束，不计工拙，适届阴历新年，休沐一周，并拟告假一周，当可整理就绪，零缣断片，偶有遗漏，不及樵入，亦只听之，半年内或可出版。文楷斋已函嘱其将详账开下，印刷纸费亦嘱估计，函到计在阴历新年，回覆必须稍迟。搜集古写本、拓片、照片，拟报五百，除容女士处经手所付英法敦煌卷子百数十元外，龙处须开二百余元。但就龙大约估计，似不到此数，因有许多材料各处借来者，且所收得之照片等，将来尽有为彼索去之可能，故非为此而备者不能开。至公所收《尚书》著述甚夥，然无法开列矣。容龙仔细查后，俟文楷之复，一并奉告。至龙所受影写之费，似为五百左右，记不清楚，兹开具收条一纸奉鉴。哈佛报销有无期限？燕京对于刻《尚书》一事不赞成者何止洪某一人，因吾稍迟，竟为口舌。将来出版，如无特长，讥议尚多，惟尽吾心而已矣。……燕校因国际情形前途莫测，虽司徒有布告辟谣，而人心尚依然不定，且彼处真能研究学问者实无几人，或学力不足，或兼理事务，恐欲印如《责善》者而不可得，宜其狺狺也。……一得揆老之招，急出是非之场。为私人办事较易。譬如做媳妇，在燕京，上边有阿婆、太婆、太太婆、太叔婆等，旁有小姑、妯娌，酬酢其间，殊觉乏味。现在小家庭，阿婆且不管事，只要不荒唐，就有成绩也。惟此间情形宛如苏州等处，事事须小心谨慎。③

3月，为编《尚书》事，顾廷龙“连日夜寐不能达旦，势成失眠，内人促早休息”④。至6月，断续抄、描、贴、校《尚书》，改写样。6月18日，《尚书》写样校定，计《禹贡》六张，内有“东为”“中江”两页，前刻适与今写者接合。又《胤征》四张，以“武内”所得

① 顾廷龙：《致顾颉刚》（1940年7月26日），《顾廷龙全集·书信卷》上，第127页。
② 顾廷龙撰，李军、师元光整理：《顾廷龙日记》，第144页。
③ 顾廷龙：《致顾颉刚》（1941年1月23日），《顾廷龙全集·书信卷》上，第129-130页。
④ 顾廷龙撰，李军、师元光整理：《顾廷龙日记》，第144-145页。

照片两张，与王重民摄得两张，适可合成一卷。“费时拼凑，非易也。使吾得见原卷，必能接合甚多而较准确也。《甘誓》《五子之歌》各一张、《无逸》三张。”① 这时，《尚书文字合编》之事同样受到各方的关注与支持，顾廷龙从此获得无限动力。特别值得一提的是，3 月 8 日，叶景葵来，未值，而留下书十包，有《汉石经》《尧典》《舜典》，昔所未见者。

1942 年 2 月 3 日，得北平文楷斋刘明广信，知文楷斋掌柜明堂于去年 6 月去世，家中无人做主，琉璃厂门市被收去，仅留法源寺作场，今定归明广主持其事。《尚书》样约过年即续刻。先生闻之欲速加校正，俾便修板。

然愿望总与现实距离很远，计划总是没有变化快。1943 年 5 月 9 日，顾廷龙有信致沈范思，谈及《尚书》版片事，云：

龙曩托文楷斋刻字处承刻《尚书》，共计七百五十八页，现在无力无暇，不克续刻，且闻该肆主持易人，昔为龙经手人刘明广现已离柜，另设字号，书板久存文楷斋，终觉不妥，敢恳吾兄派人代表鄙人设法领回，暂存尊处（前已请揆丈先容，承允洽），须用木箱，运费当照缴。……嘱肆中查明两面刻板几块，一面刻板几块，俟取到尊处后，如板有毛病再与明广商酌处之也，一时能不须修理最好，箱中应否加置樟脑丸，亦希酌办。此事经始以来，忽焉十载，功亏一篑，迄未补成，每一念及，如芒刺背。比得文楷飘摇之声，心益悬悬，平中无可相托照料之人，明知烦琐之事，只有仰求吾兄，垂念其多年辛苦所致，慨为保存，他日成书问世，兄之赐也。……再，龙于卅（笔者按：卅当为卌之误）年五月十二日交刻《尚书》十二叶，又于是年六月八日交刻十五页，屡催之后，直至旬前始寄廿四页来，计缺“立政”三页（第四、六、七页），该廿余页刻工如尚未付，令其开细单即付可也。“立政”缺样亦令其即检寄，刻工如可由兄代付，再由龙还，兄俾省邮筒往返亦好，统希酌夺，种种费神，容后泥谢。又及。②

5 月 10 日，顾廷龙又有信致文楷斋，谈及《尚书》刻板事。云：

敬启者：鄙人曩由尊处承刻《尚书》，约计七百五十余页，现在南北币值不同，万难续刻，只可暂行结束。兹特委托浙江兴业银行北京支行派人代表将所有版片收回，望即开列清单，单刻板几块双刻板几块，装箱点交代表人为荷。③

25 日，刘明广有信致顾廷龙，谈重新设立宗文室刻字铺及文楷斋刻《尚书》书板事，云：

---

① 顾廷龙撰，李军、师元光整理：《顾廷龙日记》，第 171 页。
② 顾廷龙：《致沈范思》（1943 年 5 月 9 日），《顾廷龙全集 · 书信卷》下，第 714-715 页。
③ 顾廷龙：《致文楷斋》（1942 年 5 月 10 日），《顾廷龙全集 · 书信卷》下，第 733 页。

> 尊在文楷斋所刻各种书板，已数年未能取书，惟红色板片，易于损坏生虫，墨印之后，尚可妥当。又因该号无久在之必要，恐不久有收市之日，见草望速设法清理，以免将来受重大损失，此确实言奉禀，决不谬言，请酌速办，是为上策。惟盼尊亲来京为妙，或托友人代取代存，亦可交鄙代存。取板时，托修绠堂转信往取，再交鄙处，即无纠葛。如何办理，祈请自酌……前文楷斋所刻《尚书》，未知已刻完否？如有未刻者，务请寄鄙处，代为承刻，决无有悮。工人亦是在文楷斋者。①

文楷斋出现变故，而经费又告罄，刻书之事，遂告停顿。书版寄存浙江兴业银行北平分行，幸得无恙。抗战胜利后，通货膨胀，物价腾贵，合众工作不能开展，而藏家以图书相赠者，源源而来。遂更无时间、精力和经费从事于《尚书文字合编》的编辑工作了。所幸版片由北平浙江兴业银行保存完好，新中国成立后运来上海图书馆。后来于1992年由上海书画出版社用这些留下的版片代印了几十部《尚书文字合编版刻样本》。顾廷龙作《尚书文字合编版刻样本》跋，对此一段工作有总结。②

毋庸讳言，限于当时学界的交流不及后来之方便，故许多的资料搜集并不丰富、完全。据1996年上海古籍出版社《尚书文字合编》所附北平私立燕京大学哈佛燕京学社《尚书文字合编》出版预告称：所收古本，总凡五种，即汉《熹平石经》、魏《正始石经》、《唐写卷子》、唐《开成石经》、宋薛季宣书古文训本，“录此五种，合为一篇，《尚书》文字之纠纷问题乃有解决之希望矣。至于各本异同，更作校勘记一卷，别附于后，欲知经文变迁之迹者，可于此求之”。由于战火纷飞，南北道阻，又由于采用橅刻之法，预出校勘记（《尚书文字合编》实际是为《尚书》学的庞大计划而产生的一项基础性的文字校勘工作，侧重点在对校，而不在他校、本校，更不在理校），故进度缓慢，一旦经费无着，刻工星散之后，自然陷于停顿状态。

（三）停滞期（1942—1980）

顾颉刚的“古史辨”学派在20世纪取得了举世瞩目的成就，这尤其体现在作为核心的《尚书》研究上。然而倘不解决《尚书》文字这个最基本的问题，其《尚书》学的实绩就要受到质疑，其宏伟计划就不能真正落到实处。这就是顾颉刚自30年代初提出《尚书文字合编》的编辑，而视为紧迫之务的原因。1937年与顾廷龙各处一方之后，由于时局动荡，居无定处，经费无着，他务繁杂等原因，自1942年《尚书文字合编》的编辑工作即处于停顿状态。然而，顾颉刚长期以来念兹在兹。1950年下半年他在上海诚明文学院的《尚书》课讲义中云：“今日之任务：1. 用古文字学研究《尚书》；2. 用古文法学研究《尚书》；3. 用古文学研究《尚书》；4. 用新史学的观点研究《尚书》；5. 于是恢复了《尚书》的本来面目和原

---

① 刘明广：《致顾廷龙》（1942年5月25日），转引自沈津《顾廷龙年谱长编》（未刊稿）对应日期。

② 顾颉刚、顾廷龙编：《尚书文字合编》，附录《尚书文字合编版刻样本跋》。

本意义。”[①] 文字学的研究放在首位。1951 年的《尚书》教学大纲中又说：“《尚书》为中国最古之史料，关系民族文化甚大。惟以时代相距过久，文义不易了解。然近百年来，古文法学、古文字学及校勘学之研究日益发达，又有新发见之甲金文可资比较，故其意义亦渐明显。”[②] 研究《尚书》最终要使它成为可靠、可读而方便使用的史料，故在“《尚书》十种”中，顾颉刚最为究心的是《尚书今译》。1951 年 10 月 18 日，他写信给杨树达就《尚书》今译之事征询意见，说：“惟以三十年前奋其乳犊之勇，卤莽灭裂，译出数篇，为一般人所习知，每当友朋荟聚，辄以续译见催。刚惟有汇集各家之说，以私意定其取舍而质正于方家。兹敬陈其凡例如下：一、经文：据唐石经，取其在今本中为最古最全之本。二、校勘：凡文字之异于唐石经者，悉著之，期上推至汉而得今古文本之厓略。三、注释：罗古今人说而选取其一，其未易核定者，则选取其理由充足之二三说并列之，以备后人之论定；其一说而逐渐修正遂成定说者，亦连骈列之，借以审识学术进步之次序；所采以百余年来之新说为主，不足则以汉唐人说补之。四、标点分段：以所选用之注释为据。五、译文：亦如之。六、批判：意义既明，自可论列其社会背景与文字之真伪，供现代史家之采用矣。”[③] 在这六点之中，第二点“校勘”是《尚书》学中最为关键之点，倘无此，其他均不踏实可靠。1966 年，顾颉刚谈《尚书》工作时说：“语言、文字、语法、语汇是《尚书》工作的第一关，历史事实是第二关，选择资料、批判接受、扫除尘雾、发现真相是第三关。”[④] 又说：“《尚书》这部经典虽只二十八篇，不到二万字，但因它上起于商，中经两周，下终战国，既有古今字的不同，也有东西语法的不同，又有错字、错简的牵缠，所以必须集合语音、文字、训诂、语法、版本、历史、地理天文、历法诸学，方可帮助其问题，挖掘其真相。”[⑤] 总之，时时处处可见其意欲解决《尚书》文字问题的急迫心情。

顾颉刚将此种心情不时传达给顾廷龙。1955 年 6 月 16 日，顾颉刚致信云：“吾叔拟将《尚书文字》续行编写，极快。木版六箱，移存舍中，届时当交与科学出版社一通发印。惟北京刻工星散，或只得用石印矣。”[⑥] 1959 年 7 月 24 日，顾颉刚又致信云：“尊编《尚书文字合编》，中华书局有印意，不知可补材料尚有若干？刻工有觅处否？如其无之，则将原迹照相石印亦可。刚之《尚书今译》一稿，科学院及中华书局均定入计划，势在必成。”[⑦] 1978 年 5 月 23 日，顾颉刚又致信云：“《尚书》隶古定文字，渴望早日整理。又及。”[⑧] 1979 年 1 月 21 日，

---

① 顾颉刚：《郊居杂记》（十四），《顾颉刚读书笔记》卷 3，第 546 页。
② 顾颉刚：《虬江市隐杂记》（一），《顾颉刚读书笔记》卷 4，第 420 页。
③ 顾颉刚：《海光楼丛载》，《顾颉刚读书笔记》卷 4，第 391-392 页。
④ 顾颉刚：《尚书学杂记》，《顾颉刚读书笔记》卷 11，第 298 页。
⑤ 顾颉刚：《祝融族诸国的兴亡——周公东征史事考证四之六》，《燕京学报》新八期，北京：北京大学出版社，2000 年，第 55 页。
⑥ 顾颉刚：《致顾廷龙》（1955 年 6 月 16 日），《顾颉刚书信集》（卷二），北京：中华书局，2011 年，第 523 页。
⑦ 顾颉刚：《致顾廷龙》（1959 年 7 月 24 日），《顾颉刚书信集》（卷二），第 528 页。
⑧ 顾颉刚：《致顾廷龙》（1978 年 5 月 23 日），《顾颉刚书信集》（卷二），第 546 页。

顾颉刚致信，云："闻尊驾在此一年中，多所涉猎，所见善本书不少，至以为慰。又闻还任馆长，事必烦冗，务乞随时注意健康，并加速编成《尚书文字合编》，以成一生之愿。刚去岁曾见考古所新发得《汉石经》残石一幅，其中《皋陶谟》'朋淫'作'凤淫'，可证陆德明《庄子释文》之说。惟有一极不可解之谜，则《禹贡篇》冀州'厥田'之上有一'黑'字，似原文为'厥上惟白壤黑'，或谓冀州为白黑两色兼备之土耶？然白壤为盐碱地，实有明征。而除盐碱地外，则为黄土平原，此'黑'字甚难解释也。此石发现后，尚未发表考释文字，吾叔如欲得此，刚可通知夏鼐同志，嘱其将拓本寄上付刊也。又李遇孙所作释文，吾叔曾谓以新出土之六国文字校之，谓非宋人伪造，亦乞早日写文发表，此吾叔一生学力所萃，尤不可迟迟为之。刚甚悔八十以前未将笔记着力整理，到今乃有心无力，故敢以为请，乞斟酌情况，抢时间完此心愿为荷。"①

而此时顾廷龙亦正有继续编印《尚书文字合编》的强烈愿望。据沈津称："早在60年代初、70年代末，顾老二次要我在原历史文献图书馆馆址（上图长乐路书库）寻找30年代摹写刊成的《合编》的版片，但都因杂物堆放，探觅困难而未能找到。"② 1978年8月5日他致信顾颉刚，云："关于尚书隶古定文字，停顿了四十年，极为遗憾，但我未尝一日去怀。参考资料亦积累不少，攸待另编专目。我已开始将李遇孙释文重加校对，尚略有误字。拟先将已刻各种全部校对一遍，其次以殿本为底本作一校勘记。校勘过程中如有所见，或作按语，或作李氏释文的补释。"并就出版问题有新的设想。信又云："考虑将来如何出版，木板刻字，困难很大，上海书画出版社曾培养年轻刻工，但尚无余力接受外面任务。我想是否可改影印。如李氏释文我们校正了原刻之误多处，释文分条另起，阅读较便。就是版心卷端均留空未刻。如果改影印，可另印格纸剪贴其上，作为底本。只是日本所藏彼土抄本，我未能完全觅到，大概一二种。《云窗丛刻》中影印的传本，我们有原件，只缺了几段。尊意有计划，便希约略见示，等我初步工作完成后，再行详议。我希望古籍出版社能允出版，较方便。其他恐鲜机会。"③

然此时正值拨乱反正、百废待兴的特殊时期，顾廷龙复职，且担负主编《中国古籍善本书目》的重任，编辑《尚书文字合编》之事又受到影响，不能快马加鞭地进行。1979年3月13日，顾廷龙偕沈津、任光亮等人参加《中国古籍善本书目》编辑委员会在广州召开的"全国古籍善本书版本鉴定及著录工作座谈会"期间，致书顾颉刚："近为编辑《善本书目》，以完成周总理之遗愿，自当黾勉从事……龙近来身体较前年稍健，全天工作，以期稍尽绵薄。复职以来，事亦增繁，忙乱终日，退值之余，伏按之时顿减。因此《尚书文字合编》之复校，作辍无常。此次来粤，半月可归，当争取加快速度。去年在成都参观四川省博物馆获见孟蜀所刻隶古定《尚书石经》残石两块（《禹贡》），尚有及真书《石经》五块（有《易》《书》

① 顾颉刚：《致顾廷龙》（1978年5月23日），《顾颉刚书信集》（卷二），第547页。
② 沈津：《学术事功并隆，文章道德并富——回忆先师顾廷龙先生》（下），《文献》2000年第4期，第18页。
③ 顾廷龙：《致顾颉刚》（1978年8月5日），转引自沈津编著：《顾廷龙年谱》，第600页。

《诗》《春秋》），与通志堂本相校，完全相同。后读马叔平《凡将斋金石论丛》曾有记及，但总数似尚缺一块，我乞得一份拓片，现在装裱中。返沪后当复印奉览。承示考古所有新发现《汉石经禹贡》残石，务望代觅一份。最好以公名义乞得后转下为妥。……我馆照相影印工作已经恢复，现在试印元刻孤本《农桑辑要》。将来《尚书文字合编》可考虑由我馆自印，联系方便。届时当磋商进行。如有出版社愿为出版，则我馆可作为承印单位，则更好。"①

1980 年 12 月 15 日，顾廷龙去北京医院探望顾颉刚，即将走到生命尽头的顾颉刚以《尚书文字合编》工作相促，顾廷龙无以应，内疚无地。②

（四）后期（1981—1996）

1980 年 12 月 25 日顾颉刚去世之后，顾廷龙尤其于《尚书文字合编》未能尽早完成一事上感到惭愧难当。1981 年 2 月 12 日，他怀着沉重的心情重读了《尚书古文疏证》。又积极地寻找门路，联络编印《尚书文字合编》之事。3 月 1 日，上海市领导裴先白允为此事与上海市委宣传部马飞海去说项，要顾廷龙写一个材料。1982 年 6 月，上海市委宣传部干部杨如英访顾廷龙，鼓励顾廷龙抓紧时机，将《尚书文字合编》未竟之稿继续完成。杨如英并应允配备得力助手，延请孙启治来馆协助此一工作。

真正着手工作始于 1983 年。自此之后，顾廷龙急欲完成的心愿与日俱增。这从其与朋友及学生的往来书信中可见端倪。1990 年 2 月 24 日，覆沈津信云："我手中尚有《尚书文字合编》一书，今年可以完成，要求上帝保佑维持我一年，可向颉刚先生报命了。"③ 10 月，致信沈津云："颉刚先生的《尚书文字合编》，古籍允出，在进行中，我有生之年，或可一见。"④ 1993 年 12 月 14 日，致信徐小蛮，云："我现在急于把《尚书》事完成，现在努力要写出序来。手头无书，上海、北京求人找材料，深感大家肯帮忙。"⑤ 1994 年 1 月 4 日，又致信徐小蛮："《尚书》材料已齐（比较丰富），编次可定。手头杂事稍一料理，即可起草。春来必须旋沪，《尚书》脱手，死无遗憾。"⑥ 1 月 8 日，顾廷龙有信致方行，云："龙极欲旋沪一行，《尚书文字合编》一书，基本就齐，全书检点后即可发稿。"⑦ 2 月 10 日，春节，致吴织信云："龙拟于春夏之交旋沪一行，不知能如愿否？主要希望完成《尚书文字合编》一书，吾愿足矣。"⑧ 2 月 14 日，又致信徐小蛮，云："三四月间如健康水平不变坏，我必返沪。《尚书文字合编序》在此写好初稿，到上海修改。最近听到亲戚中我同辈之人，络绎化去，为之寒心！"⑨ 10 月 24 日，又致信方行，云："龙现在正为顾颉刚主编之《尚书文字合编》写序，因为研究

---

① 顾廷龙：《致顾颉刚》（1979 年 3 月 13 日），《顾廷龙全集·文集卷》上，第 201-202 页。
② 沈津编著：《顾廷龙年谱》，第 623 页。
③ 顾廷龙：《致沈津》（1990 年 2 月 24 日），转引自沈津编著：《顾廷龙年谱》，第 711 页。
④ 顾廷龙：《致沈津》（1990 年 10 月），转引自沈津编著：《顾廷龙年谱》，第 716 页。
⑤ 顾廷龙：《致徐小蛮》（1993 年 12 月 24 日），《顾廷龙全集·书信卷》下，第 505 页。
⑥ 顾廷龙：《致徐小蛮》（1994 年 1 月 4 日），《顾廷龙全集·书信卷》下，第 508 页。
⑦ 顾廷龙：《致方行》（1994 年 1 月 8 日），《顾廷龙全集·书信卷》上，第 343 页。
⑧ 顾廷龙：《致吴织》（1994 年 2 月 10 日），转引自沈津编著：《顾廷龙年谱》，第 742 页。
⑨ 顾廷龙：《致徐小蛮》（1994 年 2 月 14 日），《顾廷龙全集·书信卷》下，第 509 页。

不深，序就难写，现在日内可以完成，亦是我的一件大事。”① 1996年2月23日，致信沈津，云：“去年一年中，上半年忙于《尚书文字合编》的前言。此书只不过提供资料，而不是研究成果。发动到成书，跨度为六十四年，总算完成了，可以告慰颉刚先生于九泉。”② 3月31日，先生有信致方行，云：“所幸《读史方舆纪要稿本》已出版，可以慰叶、钱二公。《尚书文字合编》亦已见样书，幸元化、志钧、李令圃诸公之吹嘘，得古籍规划小组之补助，亦已出版，颉刚先生虽不及见，终幸成书。”③

从着手重编到最后完成，长达十几年的后期编印工作，对顾廷龙帮助最大、襄力最多者无疑是孙启治。孙启治在顾廷龙指导下工作的大概，可见其1995年5月为《尚书文字合编》所作的跋，云：

> 顾颉刚先生曾有志编辑《尚书学》，他的计划有四项：“第一是把各种字体的本子集刻成一编，看它因文字变迁而沿误的文句有多少。第二是把唐以前各种书里所曾引用的《尚书》句子辑录出来，参校传本异同，并窥见《逸书》的原样。第三是把历代学者讨论《尚书》的文章汇合整理，寻出若干问题的结论。第四是研究《尚书》用字造句的文法，并合甲骨文、金文作比较。最后再下手去做《尚书》全部的考定。”（《尚书通检》序）可以看出，顾颉刚先生是打算对《尚书》进行综合研究，这比传统的注疏前进了一大步，可惜在他有生之年未能全部完成。
>
> 本书的编纂属顾颉刚先生计划中的第一项，由他和顾廷龙先生在三十年代编于北平，原用摹写刻版，因爆发抗战未能成书。一九八二年，在市委宣传部支持下我调入上海图书馆，协助顾廷龙先生重编本书，工作列入上图的科研项目之一。重编改用照相影印，但编纂方式及材料收集范围基本依照木刻本原计划，只是本子的品种增多了，并增编了附录。
>
> 实际着手工作，自一九八三年开始，到现在正式出版，已过了十二个年头，这是始料未及的。这期间我们做的工作，是对本子的陆续搜集、分类分篇、残文的释读与排序、部分残石与残卷的拼接、附录的编校及全书的剪贴。一九八七年初因我另有任务，工作曾停顿一年多。一九九〇年五月，上海古籍出版社正式接受本书出版。
>
> 编纂工作是在顾廷龙先生计划并亲自主持下完成的。编辑陆枫、姜俊俊、陈善祥三先生作了大量校稿及复印资料的工作。④

---

① 顾廷龙：《致方行》（1994年10月24日），《顾廷龙全集·书信卷》上，第345页。

② 顾廷龙：《致沈津》（1996年2月23日），《顾廷龙全集·书信卷》下，第528页。

③ 顾廷龙：《致方行》（1996年3月31日），《顾廷龙全集·书信卷》上，第348–349页。

④ 孙启治《尚书文字合编跋语》，载顾颉刚、顾廷龙：《尚书文字合编》，上海：上海古籍出版社，1996年，附录。

另，通过顾廷龙与孙启治的几通书信往来，更可窥其细节。1993 年 7 月 26 日，孙启治有信致顾廷龙，云：

来信收到，这次返沪，您做了不少工作，使《合编》后阶段得以进行下去。敦煌本的选材及同卷归并，“品字式”的安插，均照所嘱办。又《凡例》稿条文经您删改，已逐条做记录，亦当据以写定（《凡例》有关全书编次的格局，这次定下不宜再动，否则全书都要受影响。这个编次实际也就是原刻本编例，我以为是合理的编排）。现在敦煌本正在剪贴（《留真》及罗氏复印件），“品字式”也复印好了，当依嘱插入正文“直行式”之后，并写入《凡例》。敦煌本不清楚的，只好先行复印剪贴，待机替换了。李氏《释文》已剪贴好，是顾颉刚校刻本。这个本子校改了原刻的一些错字又加了句读，是较好的本子。而且一字一行，便于阅读。但本身也新刻错一些字，原刻的错字也有漏改。复印时我已贴换一小部分明显错字，如“宋史”误作“木史”之类。其余都用铅笔注在书眉（包括笔划残缺、不清的字），尚未改。您不必以我所校为限，可重新自校，错字和残笔可直接用毛笔改、描（改字则另写贴上去），此本就做直接复印的底本。句读的错、漏，复印时已改正，您阅读时，如发现有问题，可加小条子。《书古文训》也剪贴好了，是用通志堂原刻，删去注文（此本现在出版社修版框）。这个本子我主张一字不改，因为薛本目前只此一个版本（其他均从此本翻刻），没有其他更早的版本作依据，不宜根据自己的意见改，以免自造新错。红字木刻本所以不用，就是因为我发现它有改动。同一字之“隶古定”体，在薛本中有时笔划略有出入，这种情况是原□如此，还是通志堂的梓误，现在不得而知，应保持原文，不宜改统一，万一改错就糟了。红字本这方面不尽依原刻，我以为不宜。又此本有宋人避讳字，这是时代特征，红字本或改回或不改回，显得不一致，这也是不妥的。须知这同李氏《释文》情况不同，《释文》是近代人写的工具书，错字都有据可按的。薛本是作为《尚书》文字的版本资料，应保持原貌。以上意见供参。此书自始至终都是在您的主持下编纂的，现在进入最后阶段，由于一些关键问题都已由您这次来沪解决，所以目前工作比较顺利，有问题我会及时信告。①

9 月 6 日，顾廷龙致孙启治信，谈关于《古文尚书》出版事，云：

来信及石经配合本，甚好。我现在选了三篇：一、《舜典》，二、《皋陶谟》，三、《益稷》，如何印刷、装订，需要请姜（俊俊）、陈（善祥）两位同志考虑安排了。我们与孙氏不同之点是他重在石经，我们重在《尚书》。二体石经，很可疑，不知王国维考过否（此处无书可查）？存字不多，拼不成句，还是割爱。所注释文甚好，请用拷贝纸写，

① 孙启治：《致顾廷龙》（1993 年 7 月 26 日），转引自沈津《顾廷龙年谱长编》（未刊稿）对应日期。

不带格，即格子填下面，不知可否?①

9月26日，顾廷龙致信孙启治并姜俊俊、陈善祥，谈关于《古文尚书》出版事，云：

关于李遇孙《尚书》隶古定释文，经再三考虑，又商之老友，皆以分篇为善。至《通论》只可作为附录，请并考虑一下。孙星衍序排李遇孙自序之前，分卷取消，孙序原只一个“序”字，是否可改称“孙序”“自序”。自序后列马锦跋，然后《通论》、《凡例》。还有原第八卷的“刊讹”，亦分于《释文》各篇之后，但每篇后要加“刊讹”两字。至于原“尚书隶古定释文卷二”，“卷二”两字要删。以下各篇之首二行即书“尚书隶古定释文”，第二行“嘉兴李遇孙学”……我现在写序，回忆一下全过程和对隶古定的认识，争取小姜来京交出初稿，以便请教。前函我对二体石经主张不采，但现在阅读王国维批挍本采及二体石经的……我想二体石经还是补入为妥。②

1995年5月17日，顾廷龙为《尚书文字合编》的编排事，致信孙启治并姜俊俊、陈善祥，提出几点意见，请予核查。

除孙启治之外，顾廷龙还动用了多种关系，联络了中外多位老中青的学者，帮助以寻找新版本、新资料。

其中有日本学者高桥智。高曾为先生的研究生。1991年2月21日，顾廷龙致信高桥智，称有三事奉求，云：“1. 曩承见赠伊势林崎文库藏本《古文尚书》，其中有数页不清楚，又失印一页，详见清单。请设法查补。此本隶古定字是校注在今字之旁的。2. 另一部，有正和三年清源长隆识语，缺卷三、卷四及卷十一。此一部务乞设法复印见赐，祈在必得。详细情况见另单。3. 伊势林崎文库本，有‘林崎文库’‘心源院’‘艮岳院’等印记。此本不知有没有古体字？如有，亦想得之。如无古体字，则可不印。”③ 1994年1月6日，又致信高桥智云：“前赐林崎本《尚书》复印件，极为珍感！但其中有缺页及模糊之页，便请复查一过。您在舍记录一单，我今重新检点一遍，另开一单，以便参考。《尚书》工作，我将争取上半年交卷。……顾颉刚先生与我合辑《尚书文字合编》一书，从开始到完成，要跨六十年，实际上近十年始认真为之，又承吾弟大力相助，感激之至！”④ 3月30日，又致信高桥智，云：“关于神宫文库《古文尚书》事，承吾弟多方联系，商予采用，称有可能性，甚感甚感！……便中拟恳吾弟前往探听一下，有无消息？如希望不大，则吾的工作准备早些结束。”⑤ 12月12

① 顾廷龙：《致孙启治》（1993年9月6日），《顾廷龙全集·书信卷》下，第496–497页。
② 顾廷龙：《致孙启治等》（1993年9月26日），《顾廷龙全集·书信卷》下，第499–500页。
③ 顾廷龙：《致高桥智》（1991年2月21日），《顾廷龙全集·书信卷》下，第678页。
④ 顾廷龙：《致高桥智》（1994年1月6日），《顾廷龙全集·书信卷》下，第685–686页。
⑤ 顾廷龙：《致高桥智》（1994年3月30日），《顾廷龙全集·书信卷》下，第688页。

日，致信高桥智，云："今春承译示隶古定文字的意义，多费清神，感谢不已！后因返上海料理《尚书文字合编》，小住两月。返京后，杂事甚多，并为写《尚书文字合编》的前言，究以衰颓之年，作辍无常，幸诸友之助，初稿已完成，已寄出版社审阅。"①

又有沈津。沈是顾廷龙的学生，又是长期工作中的同事和助手。1991 年 9 月 29 日，顾廷龙为获取英法所藏敦煌经卷《尚书》，致信已在香港中文大学工作的沈津云："贵馆有无英法所藏敦煌经卷的胶卷？上海图书馆有一份，是从北图拷贝的，是负片，复印出来很不清楚，不知贵馆有正片否？我想贵馆必有之，选堂先生为深研敦煌之学者，必知之。我要关于《尚书》部分。如果尊处有正片，我将把英、法两国所藏有关《尚书》的号码开呈，拟恳复印一份。"②

其他有文献可以核验的助力者，仅在 1994 年一年之内，尚有唐振常、马国权、王世民、沈燮元等著名学者。据沈津《顾廷龙年谱》载：2 月至 3 月，顾廷龙有信致唐振常，询问龚向农撰《唐写残本尚书释文考证》一文是否有存稿。③ 3 月 30 日，又致信马国权，云："关于文字演变之研究，龙亦颇有兴趣……兹有一事求教者，唐朝人称当时正楷亦称隶书，《西溪丛语》载有'东魏大觉寺"银青光禄大夫、臣韩毅隶书"，盖今楷字也'。庾肩吾曰：'隶书，今之正书也。'不知尚有其他例子否？便中幸予指教。"④ 5 月 27 日，接王世民信及大谷本《尚书》，言于省吾《尚书新解》可参考。12 月 18 日，沈燮元为顾廷龙录示王国维跋《尚书隶古定释文》。

经十多年的艰苦努力，在中外学术界多方支持之下，新编本《尚书文字合编》收入历代不同字体的《尚书》古本二十余种，将现存《尚书》历代出现的今文、古文、隶古定、楷书今字等几种字体全部囊括无遗，将今本成型以前每种字体所有古本几乎网罗殆尽，即使难以寻觅的日本写本，凡有代表性者均多方搜求，悉予栏入，其中不少稀世孤本、珍本，文献资料价值极高。内容极其丰富，是《尚书》实物资料前所未有的大规模学术性总结。引用资料具体有：石经部分，包括（1）汉石经：汉熹平年间刻，隶书，残，三种。（2）魏石经：魏正始年间刻，有古文、篆书三体直行式，残；另有三体品字式及古文、篆书二体直行式（今存《皋陶谟》《禹贡》等篇残石），四种。（3）唐石经：唐开成二年（837）刻石，正书，明人刻《唐石经补缺》。（4）晁刻《古文尚书》，宋乾道六年（1170）晁公武石刻，残。写本部分，包括（1）敦煌本，四种。（2）吐鲁番本，一种。（3）和阗本，一种。（4）高昌本，一种。（5）岩崎本，一种。（6）九条本，一种。（7）神田本，一种。（8）岛田本，一种。（9）内野本，一种。（10）上图本（元亨本），一种。（11）观智院本，一种。（12）古梓堂本，一种。（13）天理本，一种。（14）足利本，一种。（15）上图本（影天正本），一种。（16）上图本

---

① 顾廷龙：《致高桥智》（1994 年 12 月 12 日），《顾廷龙全集·书信卷》下，第 691 页。

② 顾廷龙：《致沈津》（1991 年 9 月 29 日），转引自沈津编著：《顾廷龙年谱》，第 726 页。

③ 唐振常：《顾老的三封信》，上海图书馆编：《顾廷龙先生纪念文集》，上海：上海科学技术与文献出版社，1999 年，第 35 页。

④ 顾廷龙：《致马国权》（1974 年 3 月 30 日），转引自沈津编著：《顾廷龙年谱》，第 744 页。

(八行本)，一种。刻本部分，包括《书古文训》（经文），一种。本书所收汉、魏石经《尚书》残石，包括了中华人民共和国成立后出土的残石，较马衡《汉石经集存》、孙海波《三字石经集录》所收为齐全。又，所收唐写本《尚书》不仅包括敦煌卷子本的全部，而且还收入日本、德国所藏的新疆出土本。渊源于唐写本的日本古写本，有些还存全帙，可弥补唐写本残佚之不足，是研究《尚书》文字的极可宝贵的资料，但国内很少流传，而本书所收有十余种之多。其中如著名的元亨三年（1323）写本，世所流传者仅是收载《云窗丛刻》中的杨守敬影写本，颇多失真，而本书则将原本首次公布于世。又如影天正本及八行写本，均存全帙，也是首次面世。这些可靠的实物资料，对研究、论断问题往往能起关键作用。例如，今文《汉石经》究竟用三家中哪家经师本子作底本，史无明文，学者推断有异。1962年河南出土《汉石经・校记》残石，只列举大、小夏侯两家本子异文，由此得出是据欧阳本之明证。从中还侧面反映出东汉时今文家欧阳一系较大、小夏侯两家盛行的经学状况。

全书依《唐石经》分篇，同篇各本按时代顺序排列，依次为《汉石经》（隶书）、《魏石经》（古文、篆书、隶书三体）、唐写本、日本古写本、宋薛季宣《书古文训》（均隶古定体），并以《唐石经》（楷体）殿后，其内容较原编增多一倍以上，成绩斐然可观。

在编印初期用橅刻之法，后期改用照相影印。这主要是出于“存真”的意图。此外，更有“存珍”之意在，这也是顾廷龙持之一贯的“孤本不孤”的文献学思想的体现。① 另外，不像初期《尚书文字合编》出版预告中所计划的那样出“校勘记一卷”，而是直接影印原本。当然，它又不是简单地将诸本汇编成丛书，而是采取以篇为纲，篇系诸本的科学方法，每篇《尚书》不同字体本子按出现的时代先后排列诸本次序，《尚书》历代传本字体嬗变脉络从而得以一清二楚地展示出来，极便比照研究，免去读者爬梳整理之劳。再如所收诸本残文居多，且多古字、别体，不易辨认，为此特编辑《诸本文字起讫目》，用楷体今字注明文字之起讫，篇全者从略。汉魏石经于正文旁附加释文。诸本凡残石残篇原有为古体、俗体者，释文一律以楷体今字录写，遇异文加括号注明今本文字，等等。爱好者不熟悉古字，亦可参照本书《唐石经》部分或当今通行本《尚书》，辨识本书材料。经过这么一番处理，读者自然能一览无遗地考察其经文文字的变迁及异同，其文字的正讹优劣，学者自有判别。这不但保存了古本的原貌，而且避免了错误的发生。顾廷龙这样做，显然加快了进度，但不是赶时间，或节省经费，而是他对校勘学上“择优而从”信条的一个否定，② 是古籍整理事业上一次观念的

---

① 顾诵芬《顾廷龙文集》编后记云：“执掌上海图书馆伊始，即筹建影印工场，欲使孤本不‘孤’。时社会于影印古籍尚未重视，上图则先后影印馆藏宋元孤本及其他珍贵文献多达三十余种。‘文革’后古籍影印传播事业大盛，先父筚路蓝缕之功有不可磨者。”（参见顾廷龙《顾廷龙文集》，第796页）

② 1988年3月20日顾廷龙致王绍曾信，谓有人以为张元济《衲史校勘记》无用，而“后来中华标点校勘时就有用了。可是用的人亦有见智的不同，决不能以一人之管见为定评。近读古籍整理校勘（全称已记不起）第二期中有一文极言校勘不能择优而从，甚是甚是！择优而从，伸缩性太大。况现代学者与古之学者所见差距尤大，岂能一言为定，没有做过校勘工作者，他不理解，真所谓夏虫不可以语冰。思误一适，岂可与外行道哉！”（参见沈津编著：《顾廷龙年谱》，第685页）

飞跃。

书既编定，而撰写《尚书文字合编前言》，顾廷龙亦谨重为之，花费不少的时间和心血。1995 年 4 月 15 日，覆沈津信，云："我去年一年，忙于《尚书文字合编》工作。写前言，请人提意见，一再修改，今始定稿。"① 5 月 12 日，致信吴织，云："我一直为《尚书》事忙，我起初写序，打算简单化，仿佛吃馆子，点几个菜算了。但请人提意见后，有人主张系统化，就是要满汉全席。于是一弄几个月，最近清缮一遍，寄出版社了，我算告一段落。"② 顾廷龙将顾颉刚《尚书》讲义之按语检出，倩人誊清，并手自校定，移作代序。顾廷龙这篇前言，则系统地介绍了《尚书》传本的古今面貌，提出了许多重要的观点，而其根本的观点即是抓住东晋隶古定之一关钮，描述了隶古定之前先秦、西汉的今古文、东汉的科斗古文等文字的概貌，以及唐代今字和异体字、五代的科斗文和宋代的隶古定的演变情况，深入浅出，简洁明了，不仅对于专门操《尚书》之学的学者有重要的参考价值，而且也是古文献学界的经典之作。

对在编辑《尚书文字合编》过程中所有师友的帮助和支持，对党和政府之关怀，领导的大力支持，顾廷龙是铭感于心，终生不忘的。为此，顾廷龙还专门撰写了《尚书文字合编后记》，有云：

> ……从创议至今，忽逾周甲，深幸党和政府之关怀，并蒙上海图书馆领导，古籍出版社领导的大力支持，复承国家古籍整理出版规划小组列入重点项目，并惠予补助，敬致衷心地感谢！
>
> 先后承诸君子鼎力相助，获益匪浅，题名于左，谨伸谢悃！以姓名笔画为序。王以中　王重民　平冈武夫　吉川幸次郎　向达　洪业　胡鸣盛　夏鼐　赵万里　潘景郑（以上前期）丁誉　丁正铎　王元化　王世民　王煦华　王翠兰　任光亮　尾崎康　李令璞　沈爕元　府宪展　周一良　徐小蛮　高桥智　陈先行　陈杏珍　傅熹年　程有庆　汤志钧　彭长登　刘起釪　冀淑英　聂佩华　顾洪　顾潮（以上后期）一九九四年十一月顾廷龙于北苑，时年九十有一。
>
> 一九九一年秋，余患胃溃疡入医院切治，旋即就养来京，《尚书文字合编》工作全仗姜俊俊、陈善祥、孙启治三同志通力合作，多所献替，乃克有成，再次志感。廷龙又记。③

他为了答谢党和政府的关怀，将所得稿费全数作了党费上交。④

---

① 顾廷龙：《致沈津》（1995 年 4 月 15 日），《顾廷龙全集·书信卷》下，第 527 页。

② 顾廷龙：《致吴织》（1995 年 5 月 12 日），转引自沈津编著：《顾廷龙年谱》，第 762 页。

③ 顾廷龙：《尚书文字合编后记》，《顾廷龙文集》，第 14–16 页。

④ 1996 年 8 月 16 日，顾廷龙致信徐小蛮，谨重云："《尚书》稿费，请贵社径送上图党委，我以党费上缴，不知已否接洽？极以为念！便中烦为一问。"参见沈津编著：《顾廷龙年谱》，第 782 页。

四、对“小学第一”之说的再认识

《尚书文字合编》的成书问世，是对顾颉刚《尚书》学研究计划的一个坚定的落实。此书不仅是阅读和研究《尚书》的基本资料，同时对古文字学、古文献学（包括训诂、版本、校勘等）乃至考古学都有重要的参考价值，势必促进《尚书》文字演变诸问题的研究向纵深发展。因此，顾廷龙确实实现了其“向颉刚先生报命”的夙愿了。然而，假如说《尚书文字合编》便是顾廷龙的最高成就，显然是不成立的。而且，他自称“一小学，二书法，三才是版本研究”时，《尚书文字合编》的编辑工作正处于苦闷的停滞期，其图书馆事业也处于相对灰暗的低谷。他后来是否因为编辑过《中国古籍善本书目》《续修四库全书》等而在图书馆学界的地位与声誉日隆而改变这一说法呢？答案自然是否定的。回顾顾廷龙编辑《尚书文字合编》一书漫长而艰辛的经历，他一贯是将此一重任当作生命中的头等大事，工作之外念念不舍。

顾廷龙自称“一小学”，是对师友的深切怀念，也是对自己志趣与学养的肯定。作为顾颉刚《尚书》研究的助手，他本完全可以在《尚书》学上卓然成家，成绩当远不止于《尚书文字合编》一书。然而在动荡不宁的时代社会，因缘际会，他后来却偏偏走了第三条道路，操购存图书、编制图书目录、鉴定版本之业。这在一般人而言，心里必很矛盾，甚至会很痛苦，人生会因此发生严重扭曲。就顾廷龙而言，说他没有矛盾和痛苦，那显然是不实事求是的。①但他一开始面对这一矛盾时就能很好地调适自己。在 1939 年决定南下时，致书叶景葵的信中就有“勤慎忠实，严自惕厉，生计可维，身心有托”之言，他正确而巧妙地处理好了这一人生矛盾，并将痛苦转化成一种凛然大义，“沉酣图史垂七十年，自谓‘一生主要干了三件事，就是为图书馆收书、编书、印书’”②。他执掌下的上海图书馆成为国内业界的第二重镇，又主编了《中国丛书综录》《中国古籍善本书目》及《续修四库全书》，影响了整个学术世界，他的人生可谓焕发出了异样的光辉。此一精神同样也贯注到《尚书文字合编》之编辑工作中，搞《尚书》研究总体上属于“直通”，而搞版本目录属于“横通”。《尚书文字合编》没有深厚的文字学功底不可能措手，没有渊博的版本目录学学识也不可能编就得如此丰富扎实。可以说，《尚书文字合编》达到了其本身能达到的极致。这部书是顾廷龙“志趣”（小学）与“事业”（目录版本）、“直通”与“横通”相结合的典范之作。然而更重要的，如果没有顾廷龙“勤慎忠实，严自惕厉”的人格风范，就不可能有如此坚韧不拔的毅力。

顾廷龙作为图书馆学界的真正大师，不把其伟大成就当作炫耀的资本，这是他一贯谦逊

---

① 当其学生沈津要离开中国赴美哈佛燕京图书馆编目时，顾廷龙婉劝道：“中文大学藏书甚富，尽可从容浏览，赴美编目，恐难有阅读之时，走马看花，徒资谈助而已！龙所有一知半解，全在燕京八年所积，回沪后，日在事务堆中生活。”所谓“燕京八年”，其主要的精力还在学术上，而不在图书馆事务上。言辞之中分明透出了他心底的矛盾和苦涩。参见沈津编著：《顾廷龙年谱》，第 724 页。

② 顾诵芬：《〈顾廷龙文集〉编后记》，顾廷龙《顾廷龙文集》，第 795 页。

为人的作风。他没有去做学有专精、著述等身的专家，而选择图书馆这一为他人作嫁衣的工作为其终身事业，这又是何等舍己为人的悲壮情怀！从事图书馆事业，诸多繁杂的事务无疑是延迟了顾廷龙编辑《尚书文字合编》的重要原因。顾诵芬《顾廷龙文集·编后记》云：先父生前不重名山事业，“又于当年所撰《创办合众图书馆意见书》明确表示‘专事整理，不为新作；专为前贤行役，不为个人张本’。因而早年有关文字学、史学之研究未得继续，有些学术成果亦未发表”。只是到了暮年之后，才又重拾他心爱的研究工作，“先父暮年心系于顾颉刚先生托付《尚书文字合编》之编纂、叶景葵先生托付《读史方舆纪要》稿本之整理，甚至病发之前尚在校阅《王同愈集》清样，而于文集则无暇顾及焉”①。顾廷龙晚年撰《我和图书馆》一文，说：“我自幼随父亲学习书法，对古文字产生浓厚兴趣，并先后拜王怀霖、胡朴安、闻宥等先生为师。我在燕大的毕业论文是《说文废字废义考》，而后又撰写了《古匋文舂录》。所以有人对我选择图书馆职业不甚理解，也有人认为搞图书馆工作无甚学问。确实，图书馆工作是为他人作嫁衣，但对保存与传播文化起着重要作用，很有意义。当初叶景葵、张元济先生相邀南下办‘合众’时，我曾说过这样的话：‘人不能自有所表现，或能助成人之盛举，亦可不负其平生。’”②

编辑《尚书文字合编》此一任务是受顾颉刚之托的，而且编成之后也是为《尚书》学界的研究服务的，又何尝不是为他人作嫁衣呢？“不能自有所表现，或能助成人之盛举”，顾廷龙平实不欺的言与行，对于我们今天年轻一辈的教育和启迪意义是撼人心魄的。他不惟在图书馆本业上，即在《尚书》学上亦可谓“不负平生”矣。他的道德文章如高山景行，令后世景仰。

（原刊于《中国四库学》第3辑第157-185页）

---

① 顾诵芬：《〈顾廷龙文集〉编后记》，《顾廷龙文集》，第796页。

② 顾廷龙：《我和图书馆》，《顾廷龙文集》，第601页。

顾廷龙与《合众图书馆丛书》

沈　津

顾廷龙先生是长寿者，在他九十岁以后的岁月里，终于编成并出版了他盼望数十年之久的《尚书文字合编》《王同愈集》以及《读史方舆纪要》，同时还主编了《续修四库全书》，这些都是老先生为之高兴的事。尤其是前三件事，他认为是了却心愿的大事，因为《合编》是三十年代和顾颉刚先生一起合作的题目；王同愈是顾先生的外叔祖，于先生教益甚大；《纪要》的整理出版，则是叶景葵先生生前的夙愿。然而，对于晚年的顾先生来说，除了继续将《吴愙斋先生年谱》《严久能年谱》的材料重加排比并交出版社外，最耿耿于怀的可能是对于“合众图书馆”的评价了。

那是缘于《中国大百科全书·图书馆学卷》出版后，内里的“上海合众图书馆”条目下注云：“见上海图书馆”，总共六个字。先生阅后，大不满意，他曾对来访的时在苏州大学任教的潘树广先生说：“这不免太简单了。‘合众’十五年经历，最为艰难之日，开办时在空无一物、空无一人的情况下进行。到捐献市人民政府时聚书三十万册，捐献后改名历史文献图书馆。我们编印了一册《中国现代革命史料目录初稿》，解放初中宣部同志说，你们有远见。此原公立图书馆不能做的事，十四年的时间不短，而且经历了困难时期。‘见上海图书馆’一语，太简单了，太轻松了。”先生希望潘先生暇时写一篇对“合众”公正评价的文章。可惜的是，潘先生也于前二年去世了。我相信他一定有心想去达成老先生的心愿，但是天不假人，在时间上却是来不及写了。

本文并非为专门讨论上海合众图书馆在那个艰困的四十年代里，为国家、为民族保存那么多的传统文化和文献的功绩与贡献，而只是想通过当年顾廷龙先生所编《合众图书馆丛书》，来窥见“合众”工作之不易。

“合众”是在1939年7月，随着顾先生辞去北平燕京大学图书馆的工作，举家南下，抵达上海后才开始筹备成立的。它的创办人是时任浙江兴业银行上海总行董事长的叶景葵先生、上海商务印书馆董事长的张元济先生，以及曾任江苏省省长、国民参政会参政员的陈陶遗先生。之所以用“合众”之名，乃取“众擎易举”之意。

在30年代的后期，上海地区已有普通者如东方图书馆、专于近代史料者有鸿英图书馆、专于自然科学者有明复图书馆、专于经济问题者有海关图书馆，至于中学程度所需要参考者有市立图书馆。而“合众”则是一个为保存固有文化而办的国学之图书馆，其所收图书范围在搜集各时代、各地方的文献材料，供研究中国及东方历史者的参考。又由于历史的范围广大和它发生关系的学科很多，所以在形式上又不限于图书，凡期刊、报纸、书画、书札、拓片、古器、服物、照相、照相底片及书版、纸型等，亦均收存，务使与考史有关的东西，不致遭无人问津而毁弃。

关于《丛书》的编印，并非是临时起意即兴编辑的，而是自“合众”创立之日始，即表露在它的发展规划里了。在当时，创办“合众”的目的即在于“抗战以来，全国图书馆或呈停顿，或已分散，或罹劫灰。私家藏书亦多流亡，而日、美等国乘其时会，力事搜罗，致数千年固有之文化，坐视其流散，岂不大可惜哉！本馆创办于此时，即应负起保存固有文化之责任。”因此，在1939年8月，“合众”正式开始工作，这之后，即在12月之前，就应有此计划。

这一点，可以见《丛书》中叶景葵跋《恬养斋文钞》，叶云：“景葵近与二三同志创办合众图书馆，搜残编于乱后，系遗献于垂亡，已将敝斋旧藏悉数捐赠，此书亦在其列。今由馆出资排印，即作为馆刊《丛书》之第一种，其余箧衍稿本当竭绵力，陆续刊行，以传布先哲精神于万一。”此跋写于1939年12月。

《丛书》初集于1941年至1945年由合众图书馆汇编印行出版，为《恬养斋文钞》四卷，清罗以智撰。补遗一卷，叶景葵辑；《吉云居书画录》二卷，清陈骥德撰。补遗一卷，顾廷龙辑；《潘氏三松堂书画记》一卷，清潘志万辑。补遗一卷，潘承弼辑；《吉云居书画续录》二卷，清陈骥德撰；《李江州遗墨题跋》一卷，清王乃昭辑；《朱参军画像题词》一卷，清叶昌炽辑；《余冬璅录》二卷，清徐坚撰；《舠舟諎柄》一卷，清许兆熊撰；《寒松阁题跋》一卷，清张鸣珂撰；《闽中书画录》十六卷首一卷，清黄锡蕃撰；《里堂家训》二卷，清焦循撰；《论语孔注证伪》二卷，清丁晏撰；《东吴小稿》一卷，元王实撰；《归来草堂尺牍》一卷，清吴兆骞撰。

二集仅一种，1948年2月编印出版，为《炳烛斋杂著》七卷，清江藩撰。内含《舟车闻见录》二卷续集一卷三集一卷、《端研记》一卷、《续南方草木状》一卷、《广南禽虫述附鳞介述兽述》一卷。均为未刊之稿。《闻见录》多记清初国朝典章、边陲掌故及塞外名物，以至清初农田赋役，共160余则。是录原有十卷，今本非其完帙。《端研记》述端石品类及产地情况，盖江氏尝客两广总督阮元幕甚久，喜蓄砚石，且探究有得，宜其言之亲切。《续南方草木状》盖继晋嵇含之书而撰，记岭南草本凡四十余条，或得之故书，然大多亲所见闻。《禽虫鳞介兽述》计三十余条，视前诸种书为驳杂，要为多识之助，初未必有意于著述也。

对于丛书来说，是汇集许多重要或难得的著作为一书，最便于学者阅读和流传。但由于中国的兵燹战乱及水火灾厄，图书极易散亡，学者访求困难，因而丛书的辑印，特别起到了流通书籍，便利研究者的作用。对于编纂《丛书》来说，并非一般人想象之易，即把数种图书拼在一起即可，而是每种图书都需事先校阅。即以《恬养斋文钞》为例，顾先生自 1940 年 1 月开始查阅它书，补其书缺字，在校样出来后，顾先生又仔细校过，直至是（年）5 月方才印出。

最有意思的是，《丛书》中没有一部是大部头者，而且没有刻本，所用底本都是稿本、抄本，且都是据该馆所藏。这大约是期在使先贤未刊之稿或刊而难得之作广其流传也。其为稿本者五种，为《恬养斋文钞》《李江州遗墨题跋》《闽中书画录》《里堂家训》《论语孔注证伪》。其他皆为钞本，计九种。于此可见顾先生等人极为重视抄本、稿本，其搜罗前人著述，不遗余力，发幽阐隐，功不可没，当年的《燕京学报》第二十六期在报道“合众”筹备近况时，也云：“一面校印前贤未刊之稿，嘉惠后学，以广其传。”

《丛书》开本不大，小本子，两集相加，收书仅十五种，竟然用了八年的时间，也可谓是“旷日持久”的了，由此亦可见当时编书出版之大不易。顾先生尝云“本馆丛书之辑，志在使先贤未刊之稿，或刊而难得之作广其流传，顾非一馆之藏之力所克胜任，缘商同志谋集腋成裘之举。所选著述以捐资者之意趣为指归，各彰所好，各阐所宗，学海无涯，造诣不一，要其专治所学，发抒心得，必有足贡献于后来者，勿偏持门户，勿执一绳百，采撷英华，视读者之去取何如耳。”

在当时的形势下，上海的物价日涨不已，几乎使百姓每感不敷、惶惶不安。“合众”虽然仅有数人，但经费维艰，在各董事的筹划下，勉强渡过难关，即为编此《丛书》，顾先生也费尽口舌，求托朋友捐资代印。《吉云居书画录》《潘氏三松堂书画记》为李英年捐资。《吉云居书画续录》《李江州遗墨题跋》《朱参军画像题词》《余冬璅录》《凫舟諙柄》《寒松阁题跋》为礼髡龛主人捐资。《闽中书画录》为李氏拜石轩印行。《里堂家训》为袁鹤松、潘炳臣、冷荣泉、杨季鹿四先生合力赞助。《论语孔注证伪》《东吴小稿》《归来草堂尺牍》则为陈文洪独力担纲。

此项丛书的捐资者，也并非富商大贾，然而他们热爱中华传统文化，愿为乡邦文献流布而贡献一己之力，这是值得赞扬的。然而印书不易，还不至（止）此。为了节省一点排版费，顾先生担当了其中几本书的书写工作，写就即可上机石印。顾在 1995 年 10 月 4 日致潘树广的信中说：“关于《合众图书馆丛书》，这是逐一积累起来，不是一次印成的。第一种是排印的，当时初创，图书馆创办人之一叶景葵，他收书重抄、校稿本，有愿将稿本逐渐印出。第一种清仁和罗以智的《恬养斋文钞》，第二种至六种皆有关书画者，李英年捐资，他爱好书画。焦循、丁晏、江藩三人著作是几位扬州营银钱者出资。照相石印印不起了，由我写药水纸直接上石者。图书馆的财力日绌，社会上物价日涨，抗战胜利后第二集印了一种，也是江都人著作，江都营银钱者捐资。时局动荡，物价飞涨，当时我亦苦中作乐也。”顾先生为《丛书》还写过一段发自肺腑之言，有云：“除此世变抢攘之日，物力凋剞，旷古未有，《丛书》之印，先后六年，成书十有四种，编次不免芜杂，工事每况愈下，因陋就简，咎何敢辞，勉强为之，犹贤乎已，因便流通，汇编成集，述其缘起如此。”

实际上，顾先生本人那时的日子也是过得紧巴巴的。津尝读顾先生日记，1945 年 1 月 8 日云：“然余月入不敷甚钜，正在托嘉将李英年所赠布一匹出售。明日又候书估将《愙斋集古录》等让人，区区之物，不够一鬻。一两月尚有维持，以后不了，虽目前无论何处薪金不足以赡家，然负最高责任者亦当为职员思之。”也是同月，在征得叶景葵同意后，顾先生又将自家所藏图书十四种，价让“合众”，得款三万元，以交儿子诵芬学费。二月，新年即临，顾夫人斥金饰度岁，盖“已鬻书若干种，物昂不足维持，文人不事生产，所持者薪水。今薪水所入尚不给，若余者绝不愿谋分文不义之财。于是，自束至一无罅隙处，此忧患亦无愧无怍矣。”故先生又叹曰：“生活维艰。年况愈下，思之凄然。”

别小看了这部《丛书》，如果将之和其他同类丛书相比，或有其优之处。其所收之书均有跋文，重点介绍所印图书之价值。如叶景葵撰《闽中书画录跋》，约四百字，有云：“今观《书画录》，以吾杭李氏晞曾《八闽书画记》为蓝本增辑，凡五易稿，由二百余家增至八百余家，所采之书，多至三百二十余种，其致力可谓勤矣。”又如张元济撰《吉云居书画续录跋》，介绍作者陈骥德甚详确。而顾先生所写计有六种，其《归来草堂尺牍》，跋云：“此册未经刊行，附诗述怀一首，亦出集外，尤为可珍。详览诸札，可见兆骞生平志节与当日塞上景物；足备故乘之遗，即此鳞爪，岂可等闲尺牍视之哉？爰为印行，以广流传。”另《余冬璅录》二卷，原为徐坚手稿，并经沈钦韩朱笔删润，间有钦韩按语。此书乃为 1941 年文禄堂书估王文进（晋卿）借与顾先生传录者，后顾即依沈钦韩校改正写定，付诸石印，为艺林添一掌故。六种中跋《凫舟諳柄》为《顾廷龙文集》失收。

据《中国丛书综录》的著录，总共包括了当时北京图书馆、上海图书馆、南京图书馆等四十一馆的丛书共 2747 种之多，但是其中编辑出版于 40 年代者，却非常之少。笔者曾作过一个初步的统计，仅有 50 种左右。而有图书馆背景者，除此《合众图书馆丛书》外，还有《玄览堂丛书》（又有《续集》《三集》，郑振铎编，国立中央图书馆出版）、《边疆丛书续编》（吴丰培编，北平燕京大学图书馆出版）。当然直接打出自己的旗号而为《丛书》的，还有一种《私立北泉图书馆丛书》，那是民国间怡兰堂刻本，所收书八种，或是在 40 年代之前出版者。此外，1937 年出版的《国立北平图书馆善本丛书》也是编得很好的一部丛书，虽仅收有 11 种，但每种都有谢国桢的跋文。

一个成立于 30 年代末，主要活动在 40 年代的“合众”，在数本所谓的中国图书馆事业史上，都没有一席之地。这也并不奇怪，因为在当年灯红酒绿的上海滩蒲石路（今长乐路、富民路口的转角）746 号上的“合众”，确实从来就没有悬挂出自己的图书馆招牌，因为它不想张扬，不管地处法租界也好，还是上海沦为孤岛后，也抑或抗战胜利后，除了像钱钟书、郑振铎、马叙伦、胡适、徐森玉、顾颉刚、王重民等重要学者时有光临外，一般人是不知道“合众”的底细的，因为这是一个带有研究性质的图书馆，而不是公共图书馆。

然而，也正是这么一个在一般人看来并不起眼的小图书馆，竟然在50年代初期，已拥有了三十万册古籍善本及线装书的收藏，还有各种稀见的文献资料，包括共产党早期文献。不仅如此，在四十年代时，中国尚有数十个规模不小且也有名气的图书馆，或许是大有大的难处，要照顾方方面面的事，所以尽管拥有较为丰富的资源，但是有为的甚少。“合众”是小图书馆，却能利用馆藏流通图书，在艰困的条件下，居然印出了自己的《丛书》。可见小馆也能办大事，“合众”功莫大焉。

这套《丛书》虽说是40年代的出版物，可是流传到今天却是已经不多的了。查《中国丛书综录》，计有十五个图书馆入藏。附带说说，1949年时“合众”征集到宗惟恭辑刻的《咫园丛书》的版片，于是重印出版。这部《丛书》共有《金陵古金石考目》一卷、《刻碑姓名录》三卷、《官阁消寒集》一卷、《江淮旅稿》一卷、《嘉荫簃集》二卷五种。

（原刊于《新世纪图书馆》2005年第4期）

专为前贤行役，不为个人张本
——顾廷龙与《明代版本图录初编》的出版工作

王　宇　沈　津

“专为前贤行役，不为个人张本”是顾廷龙先生在长期的图书馆工作中，对待前人的累累典籍，以谦逊、公允的态度进行搜集、整理，不以个人的好恶、私念为谋求、经营，广纳而持正的原则，既是办馆理念，又是工作要求。顾廷龙认为：“图书馆学和目录学，为科学研究者特别是图书馆工作者需要研究的两门科学。”①，版本之学，并不限于宋、元旧刻。而顾廷龙与潘景郑合编的《明代版本图录初编》，不仅较早体现了这一工作原则，还表现出从传统目录学到新式图录编目的这一转变，以及顾廷龙等老一辈图书馆学家的治学思想。

顾廷龙的生平事迹与治学成就，其高足沈津编撰的《顾廷龙年谱》、上海图书馆编《顾廷龙先生纪念集》和《顾廷龙全集》编辑委员会所编的《顾廷龙全集》等书已有较为完整的收录。顾廷龙的一生是不断为学的一生，也是为图书馆事业不断贡献的一生。顾先生早期研治金石目录之学，除家学带给他的影响之外，在外叔祖王同愈家做馆师的两年中，直接受教于王同愈的指点和帮助，而王同愈师从吴大澂，顾廷龙又与吴大澂之孙吴湖帆交往密切，曾经看到过许多吴大澂的未刊稿本，这些机缘促使他日后完成《吴愙斋先生年谱》的编撰。顾廷龙对“谱主经典、金文之学论述甚周，于其军略国事所为探求更深，即得力于栩缘（王同愈别号）公之学也。”②

待考入北平燕京大学研究院，顾廷龙先后跟随胡朴安、闻宥、姚明煇、容庚、郭绍虞、魏建功、黎锦熙诸师学习语言文字、版本目录之学，后来又与藏书家、校勘学家章钰相识，二人既是同乡，遂结成忘年之交。顾廷龙编辑的第一部书目是《章氏四当斋藏书目》，此书从编撰者与使用者不同的角度对各类典籍进行了审慎的分析，不但著录书名、卷册，还收入了

① 顾廷龙：《版本学与图书馆》，《顾廷龙全集·文集卷》，上海：上海辞书出版社，2015年，第258页。
② 胡道静：《序》，《顾廷龙文集》，上海：上海科学技术文献出版社，2002年，第1页。

大量的藏书题跋。顾廷龙认为："强调实用与著录的严谨是编制各类书目的前提，而编制书目又应因书制宜，能充分反映出藏书家的收藏意图、特点及其读书治学的倾向。"① 过去所编撰的图书目录，多不著录版本信息，同时也缺乏归纳性的总结。顾廷龙基于章钰私家藏书的情况，着意将章氏校勘、有所题跋的书籍附录其后，并附索引。可以说，顾廷龙以《章氏四当斋藏书目》的编撰经验，为《明代版本图录初编》奠定了一个良好的工作基础。与章钰为至交的叶景葵看到此书目时，称其："体例极善，足以表章式老劬学之里面，吾兄可谓能不负所托矣。"② 后来，叶景葵邀请顾廷龙到上海创建合众图书馆，即缘于起初对此书的赞赏。

一、《明代版本图录初编》的出版契机

出版《章氏四当斋藏书目》的第二年，尚在北平燕京大学图书馆工作的顾廷龙就写信与潘景郑商议，欲以清代刻本为始，编撰一部版本目录学方面的书籍，然而这件工作由于受邀筹建上海合众图书馆，直到顾廷龙南归后才真正开始。顾廷龙在《图录》的《叙》中曾说：

> 余夙有纂辑目录学一书之志，拟分三编：曰流略，曰图录，曰校雠。断代为章，复各析以时、地、公、私之作，俾有系统可寻，条理可睹。前年之春，曾欲以清代刻本为始，时与妇弟潘君景郑邮筒商榷。未几，张菊生、叶揆初两丈创设合众图书馆于上海，招为校理之役，遂中辍南归。旋邀景郑来共编摩，接席商兑，重订体例。

顾廷龙图书馆事业追求的是不断收书、编书、印书，"七七事变"以后，"公私藏家，摧毁甚烈，后之学者，取资綦难，心窃忧之。"③ 于是，顾廷龙欣然受叶景葵、张元济之邀请，辞去北平燕京大学图书馆的职务，抵沪筹办合众图书馆。1939 年 7 月 12 号，顾廷龙携家人离开北平，14 日晚十点乘"盛京号"轮船由天津塘沽码头启碇，经威海卫抵烟台，再到吴淞口，几经辗转，历经数日，终于在 1939 年 7 月 17 日早晨，抵达上海太古码头。翌日，顾廷龙即草拟《创办合众图书馆意见书》，其中声明：

> 本馆从事专门事业之理想，书籍专收旧本，秘笈力谋流布，当别设编纂处。即就叶先生藏书而论，名人未刻之稿当为刊传，批本、校本当为移录，汇而刊之。罕见之本当与通行本互校，别撰校记，以便学者。编纂目的，专为整理，不为新作，专为前贤行役，不为个人张本。图书馆之使命一为典藏，一为传布。④

① 顾廷龙：《我和图书馆》，《顾廷龙全集·文集卷》，第 361 页。
② 顾廷龙：《张元济与合众图书馆》，《顾廷龙全集·文集卷》，第 328 页。
③ 顾廷龙：《创办合众图书馆缘起》，《顾廷龙全集·文集卷》，第 311 页。
④ 顾廷龙：《创办合众图书馆意见书》，《顾廷龙全集·文集卷》，第 312-313 页。

“合众”的发起人会于1941年8月1日成立，随即又于8月6日成立了董事会，顾廷龙当时在合众图书馆任总干事，后来潘景郑加入，任干事。从抵达上海到合众图书馆正式成立的两年筹备期内，顾先生整日忙于搜购和整理古书旧帙，极力扩充图书馆的藏书，尽管当时物价飞涨，建馆经费不充，诸事又应接不暇，顾廷龙已与潘景郑开始筹措《图录》的出版事宜，积极实现文献“传布”这一办馆理念。合众图书馆建馆之初的五年中，即出版《合众图书馆丛书》第一集的十四种，十六册，由国光印书局承印，印书经费主要依靠捐资的方式来解决。《丛书》除第一种《恬养斋文钞》为排印本，其后十三种皆为石印本。

顾廷龙与潘景郑最初的设想是编撰一部《目录学》，后改为《版本图说》，再议为《中国版本图说》《明本图说》和《明代版本图录》。由顾廷龙1940年的《日记》和相关往来信札可知：

2月13日，“约撰《目录学》，并先付稿费。即与潘景郑商合作办法”①；

2月15日，“试撰目录，得十种。……致顾颉刚函。约撰《目录学》，拟改《版本图说》，较有精彩，并预商印刷办法”②；

2月16日，“潘景郑来商《中国版本图说》体例”③；

5月6日，顾廷龙致顾颉刚的信中说：“《版本图说》已属草大纲，宋元部分已成，现拟明清部分，全无依傍，较为万难，亦较能最有精彩，将来分出，即可先出明清部分，尊意何如?”④

6月17日时，“潘景郑草就《明本图说》拟目，大致具矣”⑤

中国治目录学者，代有其人，不乏其书，而将视野转向明本的研究，并以“图录”命名的，以《明代版本图录初编》为首。王绍曾在《顾廷龙文集》的序言中称：“1941年先生与潘景郑先生合辑《明代版本图录初编》问世，实为其《目录学》之一部，此书图文相辅，纲举目张，至今为研治明代版本学之准绳。”⑥ 最后顾廷龙与潘景郑商议，将书名定为《明代版本图录初编》，意为将来仍有《续编》刊行。1941年1月23日，顾廷龙在致顾颉刚的信中说：“《版本图录》现已决定断代为之，因宋元本书影已多，并非亟需之作，明代尚无人做过，故特以参考者实急，遂为《明代版本图录》，而名之曰‘初编’，叙例、目录已定，过阴历新年即当与伯祥商印。现在借书不易，挂漏不免，导此先路，恭候他人之纠缪补缺矣。此事由景

① 沈津：《顾廷龙年谱》，1940年2月13日，上海：上海古籍出版社，2004年，第104页。
② 沈津：《顾廷龙年谱》，1940年2月15日，第104页。
③ 沈津：《顾廷龙年谱》，1940年2月16日，第104页。
④ 沈津：《顾廷龙年谱》，1940年5月6日，第117页。
⑤ 沈津：《顾廷龙年谱》，1940年6月17日，第124页。
⑥ 王绍曾：《序》，《顾廷龙文集》，第6页。

郑兄负责为多，渠现在敝处共案编摹，有赏析之乐。”① 其后，顾廷龙又在《图录》的《叙》中再次重申：“首辑图录，以重雕版之源流，风气之趋尚。又先由明代入手者，盖宋、元本书景及景印之本流传已广，不难访致，明本则汗漫无归，按索无图，而求之弥难。兹就吾二人研说所得，先为初编，虽不能备，聊补所乏。”

《明代版本图录初编》由上海“开明书店”初刊于民国三十三年（1944），该书一函四册，十二卷，扉页由顾廷龙篆字“明代版本图录初编”，末有白文“顾廷龙印”，扉页后备注“齐鲁大学国学研究所专著汇编之四”。《图录》列举了明代具有代表性的版本两百零三种，每书采集正文书影一、两帧，并标明其著者、年代、版框大小，以及详述其版本信息的按语。《图录》首末，分别有顾廷龙与潘景郑于民国三十年撰写的叙言和跋尾。书后附有索引，便于读者进行快速查阅。

顾廷龙提倡明本的研究，是当时图籍整理所面临的主要问题之一。顾廷龙在《叙》中指出：

> 明本之于今日，其可贵诚不在宋元之下。盖清初之去北宋末叶，与今日之距洪武纪元，其历年相若，一也；经史百家之中，若郑注《周礼》《仪礼》《纪年》《周书》《家语》《孔丛》等书，无不以明覆宋本为最善，赖其一脉之延，二也；又以前明掌故之作，特盛往代，后世鲜有重刻之本，足以订补史乘之未备，而晚明著述辄遭禁毁，其中正多关系重要者，三也；模刻旧本，惟妙惟肖，虎贲中郎，藉存真面，四也。

顾廷龙提出的这四点，实际上在强调明代刻本的历史价值、文物价值、文献价值和欣赏价值，相当于20世纪七八十年代顾廷龙主编《中国古籍善本书目》时，编委会在《全国古籍善本书总目收录标准和范围》中规定的古籍善本书的“三性”。“三性”即“历史文物性”“学术资料性”和“艺术代表性”，一般认为，一部古籍最少具有其中之一性，便可视作为善本。明代刻书与宋元时期相比，有其自身的特点：“大率成、弘以前，体尚朴茂；正、嘉之际，渐趋方整；隆、万而后，写刻、绘图、施采列评，技巧百出，而古意寖失矣。”② 明本既能覆刊宋元，又有创新，图书的形式和种类，较前朝产生了巨大变化，为后来清代刻书奠定了一个出版的物质和文化基础。顾廷龙很早便意识到明本书的这些价值，他在后来主编《中国古籍善本书目》时强调，一定要将明、清两朝的善本书收录进来。

---

① 沈津：《顾廷龙年谱》，1941年1月23日，第161页。

② 潘景郑，顾廷龙编著：《明代版本图录初编》卷1，《民国丛书》第5编，上海：上海书店出版社，1996年，第1页。

二、在版本鉴定基础上辑稿和编目

有关前人明本书目的编撰，顾廷龙认为大多不著录其版本，信息的缺失给今人的研究带来一定困难，大多数现代人都无法明确其刊刻年代。顾廷龙在《图录》的《叙》中又说：

> 曩时藏家书目多不著版本，虽载及明人著述而不能考其刻年。范氏天一阁藏明本最富，阮元为编目录，始称稍详。近惟陈氏听诗斋之《明人别集目录》、蒋氏传书堂之《善本书目补遗》、陶氏涉园之《鉴藏明版书目》，是皆专于明本者，而刻年亦未能详识。若叶德辉、莫伯骥两家读书志摭录较多，原委分明，而惜非专著。故今人欲研究明代版本，无所取证，每感参考无资之苦。

近现代图书的收藏、研究和传播较前代有一个转型，即从藏书家到学者，从藏书楼到公共图书馆。古代藏书家或者文人，衡量善本的标准和版本鉴定的法则，与近现代学者不完全相同，因此研治版本、目录的方法和编辑手段需要不断适应新的情况。《明代版本图录初编》收录的两百零三种明代善本，均考其版本信息，标明版框大小，并附书名、室名索引，为版本研究开古籍断代图录之先河，将研究从宋元转向明代，填补明版书籍研究的空白，具有划时代的重要意义。

20世纪40年代初，日军进入租界，上海沦为“孤岛”。顾廷龙主持的合众图书馆，虽逢国难期间，仍然聚集和抢救了大批古籍，使之免遭失散流亡的厄运，其功不可没。在聚书的过程中，顾廷龙和潘景郑时刻不忘为《明代版本图录》辑稿，并注意考察书籍的流传。除此之外，顾廷龙还为一些稀见的明本鉴定、作跋。如嘉靖十四年崇古书院刊刻的《锦绣万花谷》，前后无序跋。顾廷龙查考：“《艺风堂藏书记》作‘崇德书院’，《四库简明目录标注》作‘崇政书院’，《南京国学图书馆书目》作‘弘治七年刊’，皆误也。”① 叶德辉《书林清话》记作“徽藩崇德书院”②，记载纷歧，莫衷一是，后从《东莞莫氏藏书目》确知其为明嘉靖十四年乙未徽藩刊本。因此，《图录》中此版本信息记作“徽藩崇古书院刊本”。徽藩为敕崇古书院，而非崇德书院，诸家著录之误始得校正。

又顾廷龙跋《欧阳修撰集》云：“比岁潘君景郑与余有《明代版本图录》之纂，历朝以次，惟仁宗在位仅一年，洪熙刻本尤为难得，久访竟无一遇。施君均秋主南浔刘氏嘉业藏书楼事，承以楼中有洪熙本《欧阳修撰集》见告，并荷商假，于是难得之刻难得之集竟获展卷览读，即以胡刻《飘然集》详校一过，足资补正者甚多”③。并《图录》中按语：“此本首册

---

① 潘景郑，顾廷龙编著：《明代版本图录初编》卷4，《民国丛书》第5编，第32页。
② 叶德辉：《书林清话》卷5，北京：中华书局，1957年，第119页。
③ 顾廷龙：《洪熙本欧阳修撰集跋》，《顾廷龙全集·文集卷》，第775页。

系钞补，卷首第二、第三行题十代孙齐编集，儒士黄宽校正，卷三末有永乐十二年岁次甲午正月日十代孙齐拜录。《郘亭知见传本书目》作永乐丙申重刊本，是据唐光祖跋文，纪年不知。尚有王克义序，撰于永乐十五年六月朔者。读吴溥后序有云：今其十世孙齐复手自誊写，锓梓以传，是必写梓。稽时至洪熙元年而毕工，当以最后一序为准也。”① 因此，在《图录》中，顾廷龙将此本定为“明洪熙元年乙巳（一四二五）十世孙永康丞欧阳齐刊本”。但《嘉业堂藏书志》著录此本时，标明此书“刻于永乐十二年甲午”②。现台湾“国家图书馆”藏有此本，按《“国立”中央图书馆善本序跋集录》，所标版本为“明永乐丙申崇仁欧阳氏刊洪熙元年补刊跋文本”。

为编撰《明代版本图录》，顾廷龙还通过合众图书馆的来宾和书肆广泛汲取版本材料。顾廷龙《日记》载，1941 年 3 月 19 日，“夏地山偕华毅如来阅书。夏查关于景教文事。华颇收书，有景泰经厂《君鉴》残本、成化经厂《资治通鉴》、安氏桂坡馆《初学记》，虽非奇品，而于吾《明代版本图录》大可取资也。”③ 同年 6 月 26 日，“（顾廷龙）在来青阁查《安徽通志》，检得毕效钦事迹一则，补入《明代版本图录》。”④ 1942 年，合众图书馆用经费购置的明万历元年刊刻的益藩本《玉篇》，也被收录入《明代版本图录初编》的“藩府”一类中。

有了详审的明本材料，即可进行分类整理，然后决定以何种面目示人。顾廷龙在其《叙》中说：“若仅闻传本之众多，而不获目睹其真面，则诚有释氏所谓宝山空返之慨矣。故书景之业，尤为从事目录学者当务之急。”目验乃是从事版本目录之学者的关键所在，然而客观原因使得一些善本并非人人都能得见，而他认为书影最能呈现出版本的面貌，再附说明，能解决目录学者当前的急务。1946 年《中法汉学研究所图书馆馆刊》介绍《明代版本图录初编》时称：“杨守敬尝有《留真谱》之作，辑宋、元、明刻以及旧写本模形传影，惜不附说明。继起之书，又皆偏于宋、元不及明、清。此编网罗朱明一代所刻书籍，分为分代、监本、内版、藩府、书院、家刻、毛刻、书林、活字、套印、绘图、附录。每书采正文影片一帧，遇有特点可资参考者，增一二帧。各附原委略说。家刻一类，采录较多。有明雕椠程式，粲然大备。条理分明，为治目录版本者必备之书。”⑤ 书影，即反映书籍版式和部分正文内容的样张，它能够使读者一窥原本的大致风貌，比文字描述更加直观和准确。此类出版物以光绪二十七年，杨守敬编辑《留真谱》为始，它包括宋元刊本、古写本、旧刊本以及木活字本，是我国最早问世的古籍善本书影。

继杨守敬《留真谱》之后，书影的编撰渐成风尚。宣统二年（1910 年），缪荃孙受杨守敬的影响，据所藏书籍刊刻《宋元书影》，但未涉及明清两朝。民国十一年（1922 年），瞿启

---

① 潘景郑，顾廷龙编著：《明代版本图录初编》卷 1，《民国丛书》第 5 编，第 13 页。
② 缪荃孙，吴昌绶，董康：《嘉业堂藏书志》卷 4，上海：复旦大学出版社，1997 年，第 552 页。
③ 沈津：《顾廷龙年谱》，1941 年 3 月 19 日，第 171 页。
④ 沈津：《顾廷龙年谱》，1941 年 6 月 26 日，第 190 页。
⑤ 《中法汉学研究所图书馆馆刊》第 1-2 号，《近代著名图书馆馆刊荟萃》第 8 册，北京：北京图书馆出版社，2003 年，第 404-405 页。

甲编印《铁琴铜剑楼宋金元本书影》。民国十七年，南京国学图书馆根据八千卷楼所藏宋元刊本影印编出《盋山书影》二辑。民国十八年，刘承幹编印《嘉业堂善本书影》。民国十八年，故宫博物院图书馆编印《故宫善本书影初编》。民国二十一年，刘文兴辑录《宋元书影》。民国二十二年，故宫博物院文献馆编印《重整内阁大库残本书影》，这是我国第一部套色影印的书影。民国二十六年，陶湘编印《涉园所见宋版书影》。民国二十六年，王文进编辑《文禄堂书影》。民国三十年，上海有正书局石印本《宋元书影》。

以上各家书影，都在《图录》出版之前，但内容多以宋元本为主，并不涉及明清。而《明代版本图录初编》不仅以明代刻本为著录对象，还有其独特的亮点所在，如卷十二“附录”就专门收录明代覆刻宋元本中的精品，它们不仅是明代刻书的一大特色，也是后世书贾经常拿来撤换序跋、剜改书牌，用以冒充宋元刊本的明代刻本之物，因此顾廷龙又将这些刻本单列一目。《明代版本图录初编》不仅收录明代的善本，一些具有代表性的明代普通刻本也选入其中。顾廷龙在《图录》的《叙》中又道：

杨氏之辑，宋、元、明刻以及旧写本兼有所采，惟不著附略说，或仅节模历代所刻，亦多寡不匀，美犹有憾。然其筚路蓝缕之功为不可没。继而起者，中外不乏其人，第皆偏于宋椠元雕，莫及朱明。清代藏书之家，佥以其相去未远，不甚珍视，虽并列插架，屏诸著录，是明者之蔽也。而今之嗜书者，犹不能尽祛此见，人惟宋元、旧钞相尚，每因也是一章，荛翁一跋，引为至宝，则又惑矣。

潘景郑在《图录》跋语中亦云：

先之以明代者，以宋元书影有传，而清刻传布綦广，胪举非易，绩以用缓。惟朱明承先启后，继往昭来，传递之迹，有所踪寻，而其精粗高下，尤足以觇文献之盛衰。是用分别部居，犓陈纲要，类别十二，影逾皕叶。时值版荡，瓻借维艰，责全求备，以俟后贤。

《明代版本图录初编》的编纂体例确定下来后，于1940年的7月20日由潘景郑送至顾廷龙处，当时分类已俱。顾廷龙《日记》载：“明代版本大体备矣，分十二项，惟‘经厂’一项，拟易为‘内版’。”① 有明一代，内府、藩王、家刻、坊刻皆蓬勃发展，活字、套印、版画等各种形式又粲然大备、各领风采，《图录》所列的这十二项，基本涵盖了明代各个刻书机构所出版的各种图书。每卷前又附解题，可对此类刻本作整理把握。

明代私家刻书的规模，比以往任何时期都要庞大，仅常熟毛晋汲古阁一家，四十余年间

---

① 沈津：《顾廷龙年谱》，1940年7月20日，第130页。

就成书六百余种，因此《图录》将其单列一目。其他如安氏桂坡馆、华氏兰雪堂和会通馆，都以活字印本擅名，图录不仅列举两家各一种，还兼顾其他三种蜀府、芝城、五云溪馆的活字本。明代的传奇、杂剧诸书，自万历年开始多附绣像插图，以金陵、杭州为最盛，因此又特举富春堂、文林阁、夷白堂等图籍为代表。

三、制版校印不因时艰而苟简

《明代版本图录初编》最初拟采用铜版或锌版的印刷方式。照相铜板或者锌版，由法国人稽禄脱（M. Cillot）于1855年发明，约19世纪末传入中国，它们的制作工艺大致相同，"首先将原稿拍摄成阴像底片，然后将阴像底片贴敷在涂有感光层膜的锌版或铜板之上进行曝光，曝光之后，底片上的图文即可转移到锌版、铜板表面，再经化学药液腐蚀处理，制成图文高于版平面的金属凸版，上版印刷。"① 铜板印刷效果要好一些，但成本较锌版高，中国近代印刷工艺中，锌版多于铜版。

当时，除铜版、锌版的印刷方式，较理想的还有珂罗版印刷。珂罗版即玻璃板，多印制书画作品，可表现较为细腻的层次和效果，因此印制的成本更高。1940年4月5日，顾廷龙在致顾颉刚的信中说："《版本图说》将来印刷，曾数与伯祥商谈，似以铸铜板为最方便。兹拟目录定后，按目借书，随借随铸板，有铜板可以任意编排，较珂罗版为便利而价廉。草创之作愿早成书，不计工之精劣，公谓然否？"② 由此可见，顾廷龙在铜版和锌版两者之间，还曾经考虑过用珂罗版的方式，但根据当时的实际情况，顾廷龙选择了更为实用的铜版印刷。

顾廷龙1941年的《日记》中，详细记录了此书制版的经过：

> 1月30日，"访王伯祥、徐调孚，商《明代版本图录》印刷事。经酌定，制铜版，用道林纸印，约下星期中遣制版人来谈。"③
>
> 3月4日，"马君眉来，送日前所摄《明代版本图录》铜版，皆好。"④
>
> 4月16日，"马君眉来，交《明代版本图录》锌版。"⑤

1941年春，《图录》书叶摄影、制版的工作陆续地进行着，开明书店主要负责此事的人是王伯祥和徐调孚，他们当时都在开明书店担任编辑。除去铸版工人罢工和印刷费用上涨，制版的工作进行得还算顺利，很快可以校对的书叶样张便印出了。

1989年，八十六岁的顾廷龙受邀到美国参加中文善本联合目录编辑咨询会议，在纽约郑

---

① 张树栋，庞多益，郑如斯等：《中华印刷通史》，北京：印刷工业出版社，1999年，第438-439页。
② 沈津：《顾廷龙年谱》，1940年4月5日，第112页。
③ 沈津：《顾廷龙年谱》，1941年1月30日，第162页。
④ 沈津：《顾廷龙年谱》，1941年3月4日，第168页。
⑤ 沈津：《顾廷龙年谱》，1941年4月16日，第175页。

培凯家中，见其收藏的《明代版本图录初编》，遂回忆起四十余年前出版此书的情景。当时顾廷龙曾有跋云："余应美国研究图书馆协会之邀，参加中文善本联合目录编辑咨询会议。于华府事毕，访郑培凯先生于纽约，留宿其家旬日。先生所藏中西书，甚为美富，余曩纂《明代版本图录初编》一书亦在焉。忽忽四十余年，铜板已毁，不克重印。当时上海已沦为孤岛，王伯祥先生在开明书店任事，鼎力玉成。每一念及，感不能忘。培凯属记数语，以留鸿雪。"①此书跋更加说明，《明代版本图录初编》是利用铜版缩印而成，后来铜版损毁，不复印刷，其中书影以外的文字部分，由活字排印，此书为铜版与活字混排印刷而成。

辑稿和制版的工作完成以后，顾廷龙便开始抓紧时间对《明代版本图录初编》进行校订，并请求张元济为《图录》校正、作序。张元济复信顾廷龙，云："蒙假阅洪文卿师尺牍，已读过，谨缴还。命作题词，不敢污亵前贤笺札，仅于卷末署一观款，以识鸿爪。大著《明代版本图录》亦捧读一过。琳琅溢目，信为必传。自惭谫陋，不能赞一辞。原稿并缴，统乞检收为幸。嘉靖东壁图书府本《王摩诘集》有先六世叔祖藏印。原书未知何家所藏，乞示及。涵芬楼藏书洪武本却有数种，建文本已不见，想毁去矣。永乐、宣德本亦间有数种可用。《烬余书录》如需阅，候示检呈。"②

张元济在《图录》中发现《王摩诘集》的书影，竟存其先祖清绮斋张宗松之印，因此询问顾廷龙此书的得来。《王摩诘集》为潘景郑购于苏州，后欲赠予张元济，张元济不受，并将此书与涉园其他藏书一起置于合众图书馆。并且，张元济还将《涵芬楼烬余书录》稿本借给顾廷龙查阅，择其中的二十种，借出摄影，为《明代版本图录初编》补缺。数年后，张元济《涵芬楼烬余书录》出版，请顾廷龙赓续为之，顾廷龙力担重任，对书录进行校阅、增补。张元济在《烬余书录》的序中称："起潜邃于流略之学，悉心雠对，多所匡正，不数月遂观厥成，滋可感也。"③ 由此可见张元济对顾廷龙的赞赏和倚重。

从顾廷龙致顾颉刚的信中可知，到了1941年11月14日："《明代版本图录》已编竣待印矣，阴历年内必可出版，内容尚足一观，公将笑其自诩乎？"④ 此时，出版《明代版本图录初编》的准备工作已基本完成，尽管顾廷龙对《图录》满怀信心，但为何到了1944年初才面世呢？大概有几个方面的原因：首先，样张虽出，但内容还有待充实，索引未就；其次，当时物价腾贵，较以往约涨四五成，印刷的费用也势必增多；再者，太平洋战争爆发，兵祸不息，诸事皆艰难异常。顾廷龙在一年后同一天的《日记》中又载："此时工料皆贵，似不相宜，然万事须从困难中出来才有价值。现在五千元储元，合法币即万元。约略估计，仅足印毛边书四十五页者两册，本子十二开，每册四百部。忆昔时印《边疆丛书》时，六种七册，毛边八

---

① 顾廷龙：《跋郑培凯藏明代版本图录初编》，《顾廷龙全集·文集卷》，第140页。

② 张人凤，柳和城：《张元济年谱长编》，1941年10月3日，上海：上海交通大学出版社，2011年，第1172页。

③ 张元济：《涵芬楼烬余书录》，北京：商务印书馆，2018年，序6-7页。

④ 沈津：《顾廷龙年谱》，1941年11月14日，第218页。

开，每册平均四十页，印五百至九百部，不过千元，令人能无今昔之感乎！”① 前后一年，印刷的费用猛增，顾廷龙感到，急于出版似乎“并不相宜”。

因此，在1942年时，顾廷龙主要是整理《明代版本图录》的样张。期间，张元济又致信顾廷龙，拍摄书影以补充《图录》，张元济说：“需用明本书景印，有年号篇叶者，尽可先请开示。不妨多举若干种。其为所最要者，另作记号，当交馆员依便检取，并乞裁酌。”② 张元济前后为《图录》增益良多。1943年4月，顾廷龙开始催印《明代版本图录》，徐调孚说章锡琛已答应可先付排。顾廷龙又访王伯祥，交《明代版本图录》稿，开明书店回答立即付排。章锡琛（1889—1969），字雪村，绍兴人，他是开明书店的创办人，新中国成立后，出任我国出版总署的专员，先后担任古籍出版社和中华书局的副总编辑。到1943年5月17日，终于确定《明代版本图录》的排印式样，约二百四十余页，印订四册。

三个月以后，开明书店即送来《明代版本图录》全部十二卷的排样，顾廷龙一边校对、修改序文，一边增补室名、书名索引。9月，开明书店来取《明代版本图录》索引。几经出样、校对、题签，终得付印出版。同年11月，徐调孚又来，称《明代版本图录》开明书店答应加印五十部。顾廷龙《日记》载：1944年1月19日，“开明书店送《明代版本图录》来，齐鲁大学赠十部，附印五十部。此时印成，不胜快幸。……叶景葵购《明代版本图录》两部赠友，实以助余附印之资耳。”③ 此时，顾廷龙与潘景郑合编《明代版本图录初编》的工作已经全部完成。因齐鲁大学国学研究所助资刊印，赠送十部。顾廷龙又呈予张元济一部，张元济在复信中称赞：“昨奉手教，并蒙赐新印《明代版本图录》一部，捧读欣感，际此乱世，搜辑材料，居然保全，且印刷亦殊不恶，是有天幸，亦二公之志愿有以成之也。名山寿世，堪操左券。”④

为了征求更多的意见，1945年9月1日，顾廷龙致顾颉刚信，云：“拙编《明代版本图录》承‘开明’诸公提前印出，极可感幸，惜未获先呈诲正。此书恐尚未邀览，出版之讯殆已闻之。索居之中，乏善足述。”⑤ 同年9月20日，顾廷龙致裘开明信，云：“龙与潘君景郑合编《明代版本图录》，居然乱中出书，至以为幸，容当呈正。”因许久未得到裘开明的回信，顾廷龙又于11月22日，再次致信裘开明。哈佛燕京图书馆藏裘开明档案中，有一封顾廷龙致裘开明的信，云：“拙著《明代版本图录》出版后，销行不广，曾奉赠一部，托人邮寄，仅付普通邮件之资，忘未挂号，不知能免洪乔之投否？念念。”⑥ 可见，顾廷龙的工作态度非常严谨认真，那么这部书怎会得不到社会各界的广泛好评呢？徐森玉曾告诉蒋复璁：“顾廷龙及潘景郑合编之《明代版本图录》，乃为研究所得，非一般收藏家之书影。”

---

① 沈津：《顾廷龙年谱》，1942年11月14日，第270页。
② 张人凤，柳和城：《张元济年谱长编》，1942年1月6日，第1176页。
③ 沈津：《顾廷龙年谱》，1944年1月19日，第315页。
④ 沈津：《顾廷龙年谱》，1944年1月22日，第315-316页。
⑤ 顾廷龙：《致顾颉刚（二十八）》，《顾廷龙全集·书信卷》，上海：上海辞书出版社，2017年，第134页。
⑥ 沈津：《顾廷龙年谱》，1945年11月22日，第396页。

《明代版本图录初编》出版后又不断地影印再版，如台北文海出版社、上海书店《民国丛书》第五编，都曾将这部重要的著作再版飨予世人。1960 年，北京图书馆借鉴《明代版本图录初编》，以珂罗版的方式出版了《中国版刻图录》，全书分刻版、活字版和版画三部分，汇集善本书五百五十种，书影七百二十四幅，基本上概括了各个时期的版刻情况。1997 年，黄永年、贾二强撰辑的《清代版本图录》也受到《明代版本图录初编》的启发，由浙江人民出版社出版的《清代版本图录》五卷，收录清代书影三百五十种，并附黄永年《清代版本述略》，该图录继承了《明代版本图录初编》的范式，列举了清代各个时期的代表性版本，并版刻优劣、版本源流和传世的情况。

四、余论

《明代版本图录初编》出版以后，顾廷龙功成不居，他在叙言之末说："丁时丧乱，搜辑不易，幸得杭县叶氏、海盐张氏、吴兴刘氏、天津华氏诸家及涵芬楼慨然相示，至可感篆。摄景撰说，历时两年，景郑之力居多。"在此书的出版过程中，叶景葵、张元济、顾颉刚等人都提供了重要的版本资料和鼎力支持。而顾廷龙与潘景郑不仅是工作中的挚友，潘景郑还是顾廷龙的妻弟，后来他们从合众图书馆一路走到上海图书馆，为我国的图书馆事业做出了不朽的贡献。因此，《明代版本图录初编》不仅仅是一部研究明代版本的经典著作，它还是一个时代版本目录学家们群策群力的集中表现。顾廷龙先生终身服务于图书馆事业，他与潘景郑的《明代版本图录初编》，将传统的古籍版本书录，推向了现代意义的古籍版本目录学研究专著，并率先利用新的影印方法，真实再现了书页的原貌，为版本目录学研究首开一代之先河。

（原刊于《图书馆杂志》2022 年第 1 期第 106-113 页）

顾廷龙与《四库全书》

黄嬿婉

顾廷龙（1904—1998），字起潜，号匋誃，江苏苏州人。早年受业于上海持志大学，获文学学士学位。后入北平燕京大学研究院国文系，获文学硕士学位。毕业后留燕京大学图书馆采购古籍，同时担任哈佛燕京图书馆驻北平采访处主任。1939年至上海，参与创办上海私立合众图书馆，任总干事。“合众”捐献国家后，历任上海历史文献图书馆馆长，上海图书馆馆长、名誉馆长。

作为一位古籍目录版本学家、图书馆事业家，顾廷龙对目录版本学、图书分类学和图书馆学方面有深厚造诣。尤其在目录版本学方面，主编了《章氏四当斋藏书目》《杭州叶氏卷盦藏书目录》《泾县胡氏朴学斋藏书目录》《番禺叶氏遐庵藏书目录》《杭州蒋氏凡将草堂藏书目录》、大型联合目录《中国丛书综录》《中国古籍善本书目》以及与潘景郑合编的《明代版本图录初编》等等。

追溯这些体例精良、实用方便的目录版本学著作，可以说与顾廷龙早年研读《四库全书总目》，从中汲取营养，并得以进入目录版本学领域有很大关系。在其晚年还承担了《续修四库全书》主编一职，一生与《四库全书》结缘。本文试对顾廷龙与《四库全书》的关系略作整理。

一

中国古代学者一向重视目录学对读书治学的指导作用。清代朴学大师王鸣盛有一句名言：“目录之学，学中第一紧要事。必从此问涂，方能得其门而入。”① 清末张之洞也认为目录学作用非凡：“读书宜有门径，泛滥无归，终身无得；得门而入，事半功倍。”又说：“将《四库

① 王鸣盛著，黄曙辉点校：《十七史商榷》卷1《史记集解分八十卷》，上海：上海书店出版社，2005年，第1页。

全书总目提要》读一遍，即略知学术门径矣。”[①] 顾廷龙也正是如此遵照的。顾廷龙自幼随其祖父教授《四书》《五经》，又随其族兄读《左传》。1927 年 24 岁时在其外叔祖王同愈家习金石目录学。这是顾廷龙接触目录学之始。王同愈在清末供职翰林院时从著名学者叶昌炽处过录了一部《四库全书简明目录》，其中有许多不同版本的批注。一次偶然而又必然的机遇，使顾廷龙这位日后享誉中外的目录版本学家与《四库全书》结下了一世之缘。当日，顾廷龙在随王同愈学画时见到桌上有《四库全书简明目录标注》，“好之，即携至卧室，与莫氏所印（即莫友芝《郘亭知见传本书目》），略一校对，并非同本”[②]，向王同愈请教，乃知为结一庐主人朱学勤批注本。顾廷龙于是购《郘亭知见传本书目》，将朱学勤批注用朱笔一一过录其上，后又借到归安陆心源批校本，以绿笔过录，再以蝇头小楷并校。顾廷龙回顾说：“此是我从事目录版本之始，安知竟成我古籍整理终身之业。”[③] 可见正是这种方法成为其治学指南，为日后遨游于古籍园地打下了坚实基础。

《四库全书简明目录》标注之业，顾廷龙一直坚持随见随记，从不懈怠。1929 年插读上海持志大学，据此时结识的胡道静回忆，当时顾廷龙“传录各家《四库简明目录标注》至勤劬，并补苴极丰”[④]。1938 年顾廷龙任职燕京大学图书馆时，有书贾求售学者章钰抄赠的《四库全书简明目录标注》，顾廷龙“以此本眉上增注多于刊本，曾录示邵伯絅先生”[⑤]。可见他始终密切注意着标注之业。

与此同时，顾廷龙还以卓越的眼光从事《四库存目》标注工作。所谓“存目”即“止存书目”，不收其书。“存目书”是《四库全书》所收书的两倍。“学长（指顾廷龙）又有特殊见解，以为《四库存目》必须作版本标注。此见当时识者甚少，余亦不能深明就里”[⑥]。顾廷龙在燕京大学图书馆司职采访时将在书贾处“所见存目书即注于目下”[⑦]。“到上海后亦曾从事于此”[⑧]，日积月累，蔚为大观。1922 年，中国东方研究会历史文化分会正式提出编纂出版《四库全书存目丛书》的计划。而学者杜泽逊也在上世纪 90 年代开始《四库存目标注》研究。难能可贵的是顾廷龙早在民国时即已注意到《四库存目》的价值。胡道静对此高度评价顾廷龙“所见卓矣，早矣”[⑨]。

《四库全书简明目录》是治目录学者必读书。顾廷龙在 1955 年跋朱学勤手批《四库简明目录》中强调《四库全书总目》及其标注之业的重要性：“从事目录之学，《四库总目》搜辑较富，犹堪津逮。当清咸、同之际，学者奉为圭臬，钻研称盛。仁和邵懿辰位西，首以《简

① 张之洞：《张文襄公全集》卷 204《輶轩语》，北京：中国书店，1990 年，第 606 页。
② 沈津：《顾廷龙年谱》，1927 年春，上海：上海古籍出版社，2004 年，第 17 页。
③ 顾廷龙：《王同愈集序》，王同愈著，顾廷龙编：《王同愈集》，上海：上海古籍出版社，1998 年，第 2 页。
④ 胡道静：《序》，《顾廷龙文集》，上海：上海科学技术文献出版社，2002 年，第 1 页。
⑤ 顾廷龙：《钦定四库全书简明目录标注跋》，《顾廷龙文集》，第 155 页。
⑥ 胡道静：《序》，《顾廷龙文集》，第 1 页。
⑦ 沈津：《顾廷龙年谱》，1993 年 10 月 17 日，第 740 页。
⑧ 顾廷龙：《辑印四库存目书的意义在保存文献》，《顾廷龙文集》，第 682 页。
⑨ 胡道静：《序》，《顾廷龙文集》，第 1 页。

明目录》创为标注之业，一书数本，详加罗列，以资考稽。踵起者，以独山莫友芝郘亭、朱学勤修伯为最著。三人者，各注所闻，相互交流，辗转传钞，多所增益，壹以邵氏为蓝本耳……标注之业，见闻所牖，永无止境，必赖来学之踵事增华，不能成于一手者也。”①

二

作为一位目录版本学家、图书馆事业家，编纂图书目录是一项基本而又必要的工作。书目编纂看似简单，但真正能将书目编纂得有质量、有特点，实非易事。而编目首先要以图书分类为前提。中国古籍分类主要参照《四库全书总目》分类法，其法是将古籍分为经、史、子、集四部，44 类，有些类下再分若干小类，这就把四分法设到了三级类目，同一小类图书再以时代为序，此分类体系和类目设置堪称我国古代图书分类理论的最高峰。而 20 世纪初，随着欧风美雨影响近代中国，美国杜威《十进分类法》传入中国。以后又有王云五综合中西分类法而独创“中外图书统一分类法”。可以说，三种分类法各有其合理性，以致各家图书馆各行其政，莫衷一是。对此，顾廷龙明确认为：杜威分类法和四库分类法“两者各有优劣，前者削华人之足以纳西人之履，后者仅感类属之不敷，未尝无增减之余地。至疑似之处，旧法固有，新法亦何尝无之。四库分类曾经实验，有《四库总目》为其明证。新法半出各专家之理想，窒碍并不在旧法之下。至王云五之中外图书统一分类法，似便于小型普通图书馆，而专门图书馆未必适用”。然后顾廷龙进一步指出，既然合众图书馆以古籍为主，“则似以四库旧法为善”。众所周知，四库分类法发端甚早，“清代亦仅增损，吾人亦不妨稍加修订”②，即在四库基础上增减类目。最终通过与合众图书馆发起人张元济、叶景葵反复商讨，终于确定采用以四库分类加以扩充的办法。

顾廷龙这一分类主张在其主编的两部传世的古籍版本目录学著作——《中国丛书综录》和《中国古籍善本书目》同样得到体现。以《中国丛书综录》为例，中国古代刻印丛书众多，子目更是繁多。“过去的编目工作，对一部丛书，只以丛书总名为一条。例如《四库全书总目》对包罗子目至二千余种的《说郛》，只总的著录一条。”③ 使人难以了解子目录的情况。因此必须要编制丛书子目。《中国丛书综录》第二册就是《子目分类目录》。面对七万多条子目，要安排合理、以类相从，关键在于使用适当的分类法。顾廷龙又明确提出“似以四分法为宜”④。即在《四库全书总目》分类的基础上进行适当的调整，以期达到方便实用之效，这一建议得到采纳。《子目分类目录》正是分四部，下分 54 类 278 属，某些属下又分若干细类，共 312 细类。比《总目》四部下分 44 类 66 属更细密，且类例的划分更趋于合理。

---

① 顾廷龙：《朱修伯手批四库简明目录跋》，《顾廷龙文集》，第 156-157 页。

② 顾廷龙：《创办合众图书馆意见书》，《顾廷龙文集》，第 607 页。

③ 顾廷龙：《中国丛书综录的编纂经过》，《顾廷龙文集》，第 645 页。

④ 顾廷龙：《中国丛书综录的编纂经过》，《顾廷龙文集》，第 649 页。

20世纪70至80年代，顾廷龙主持编纂《中国古籍善本书目》。这时北京大学古典文献专业正在酝酿新的古籍分类法，批判四库分类。对此顾廷龙还是坚持一贯主张“还是用‘四库’法”①。因为他见到一些专为古籍分类而制定的新分类法草案均不甚理想。后来鉴于可行的新分类法尚未出炉，经当时国家文物局局长王冶秋决定仍用四库分类法。最终呈现在我们面前的《中国古籍善本书目》分类总体上按照四库分类排列，只是在经史子集四部之后增加了丛书部，各部类目据实际情况予以增删修订。它借鉴了四库法，但比四库法更科学，更符合古籍的实际情况。

综上所述，我们可以清楚地看到，顾廷龙充分肯定了四库分类法在古籍分类中的价值。他之所以对四库分类情有独钟，是“因为新旧图书内容性质不同，如同穿衣，不同的身材穿不同的衣服，做衣服要量体裁衣，经史子集四部分类法如同一件衣服，穿在古籍身上正合适”②。

总之，从顾廷龙始终坚持四库分类法可以看出他充分汲取了《四库全书总目》学术营养。他曾在晚年信中说道：“重读《四库提要》，真写得好，真是贯通。”③ 此赞语中当亦包含对《总目》分类法的肯定，这又反映了顾廷龙与《四库全书》的不解之缘。

三

顾廷龙在耄耋之岁被《四库全书存目丛书》聘为总顾问（不久因任《续修四库全书》主编而辞去总顾问，但仍热情支持建议，详下）。旋又受聘担任《续修四库全书》主编，这是他第三次结缘《四库全书》。他在与人信中说：“余对编书印书之事，索所喜欢，不顾衰颓，欣然应之。”④ 在晚年仍不忘古籍整理出版事业，并为此投入了极大的热情和精力。作为主编，顾廷龙以一名古籍目录版本学大家的眼光高瞻远瞩，建言献策，为《续修四库全书》工程指明了方向。

首先，顾廷龙对《续修四库全书》体例提出建议。他认为：“一、字体问题，现在续修所加序跋、提要、目录等，应用规范化字体。但原书繁体、古体不宜改动。古人的名字繁体、古体皆不改动。二、卷数问题……卷数，应考虑如何处理？可否重编页码？原四库以附录处理的书，我们现在应如何处理为好？……四、现在仍作补遗处理，似觉未妥。需酌。”⑤ 这些建议充分体现了他注重细节的严谨态度。

其次，在图书收录范围上，顾廷龙明确指出：一、续编《四库全书》未收书，“就是先把

---

① 顾廷龙：《十年苦干，抢编出善本书总目》，《顾廷龙文集》，第667页。

② 王世伟：《顾廷龙老馆长与古籍整理》，《图书馆学文献学论丛》，上海：上海书店出版社，2000年，第563页。

③ 沈津：《顾廷龙年谱》，1994年10月24日，第752页。

④ 沈津：《顾廷龙年谱》，1994年12月12日，第754页。

⑤ 沈津：《顾廷龙年谱》，1994年9月15日，第750-751页。

宋、元、明及乾隆以前的，尽量编印”[1]。这包括六个部分：（一）《四库全书》失收（遗漏、摒弃、禁毁）而确有学术价值者；（二）《四库全书》列入“存目”而确有学术价值者；（三）《四库全书》已收而版本残劣，有善本足可替代者；（四）《四库全书》不收的戏曲、小说，取其有重要文学价值者；（五）新从域外访问所得之汉籍，且价值较高者；（六）新出土的简帛类古籍而卷帙成篇者。[2] 另外，清乾隆中期以后的学术成果当然也收入。二、尽量选择稀见书、祖本书加以影印。“就是流通尚多、尚广之书，暂不考虑”。如“在抢救废纸中得来的古籍善本，如《蟠室老人文集》宋刻本（全），在南图；《五臣注文选》宋刻本，残存一册，北京大学图书馆原有一册（见《中国版刻图录》），书虽不全，极为难得，亦可印”。另外，顾廷龙对该丛书不收录敦煌遗书表示异议。他认为敦煌遗书“零片断简作用实在大，要比辑佚书大得多”，建议改为“敦煌遗书专辑”。晚清诗文集，“虽是铅印本，但亦流传不多不广”。祖本书如旅美的翁万戈先生藏宋本《集韵》，“是现存各本之祖本，某单位印翁家书，独此不印，《续修四库》可印。”三、“选书宽一点”，时间可以下延至宣统三年。可选收“印数都很(少)，不打纸型，与后世不同”的晚清铅印本，清后期的康有为、王国维、罗振玉等人的著作。[3]

再次，《续修四库全书》作为一套具有重大影响的丛书，顾廷龙反复强调收录图书一定要“注重版本”，“讲求版本”。他认为“现在目录多，选书稍易，但要看书，光开单子不行”[4]。版本要“尽可能访求原刻本，原刻本找不到，则用丛书本。还有丛书本胜于原刻本的，当然用丛书本，但必需对一对”。对于版本选择的重要性，他举例说：“清人著作，要用家刻，不用翻刻。李富孙的《七经异文释》有家刻本，虽则印本不多，但北图、上图皆有所藏，不必用《皇清经解》本。《皇清经解》本有木刻本、石印本，图书馆大都有之。”又如《尚书》，“只有日本影印本……嘉业堂刻本是据传抄本，不及宋本好”。“金石方面，考古所有宋拓《薛尚功钟鼎款识》，上图亦有部分，可合印”。这些具体指导事例还有很多。[5] 作为目录版本学大家，顾廷龙对于一部古籍有几种版本、版本优劣情况了如指掌。他不厌其烦、具体细致地指导甄别遴选版本，体现了他对版本的重视。对于《续修四库全书》中不理想的版本，顾廷龙坦诚而严厉地提出批评。如《马王堆帛书周易》根本不是帛书原文影印件，而是当代学者所作的释文，该版本选择显然是有问题。[6]

虽然顾廷龙因工作不能兼顾而辞去《四库全书存目丛书》的总顾问，但对此工作也十分关注。他认为首先“好书落选而入《存目》者太多了”[7]。其次“《四库存目》书保存少，过

---

① 沈津：《顾廷龙年谱》，1995 年 1 月 3 日，第 755 页。
② 顾廷龙述，刘小明整理：《顾廷龙学述》，杭州：浙江人民出版社，2000 年，第 147 页。
③ 沈津：《顾廷龙年谱》，1995 年 1 月 3 日，第 755-756 页。
④ 沈津：《顾廷龙年谱》，1997 年 7 月 17 日，第 795 页。
⑤ 沈津：《顾廷龙年谱》，1995 年 1 月 3 日，第 757-758 页。
⑥ 沈津：《顾廷龙年谱》，1995 年秋，第 768 页。
⑦ 顾廷龙：《辑印四库存目书的意义在保存文献》，《顾廷龙文集》，第 682 页。

去一般藏书家不注意收藏，因此不易见"，"以致许多钞本、稿本散失，刻本也流传不广了"①。所以《四库全书存目丛书》将"存目书"收集影印，"主要意义在保存文献资料上"②。他对该丛书编纂过程遇到的问题一定是有问必答，并主动提供较好的建议。如参与《存目丛书》编纂工作的杜泽逊请教顾廷龙《四库存目》中有些别集只著录前集而未收后集，或只著录文集而未及诗集，应怎样处理。顾廷龙认为"当然要收足本。又说，多印一些为好，不要让古书断了线"③。

总之，在主编《续修四库全书》过程中，顾廷龙倾注了极大的心血，经过八年夙兴夜寐，终于功德圆满。该丛书共收书 5213 种，洋洋 1800 册，建构了一座中华优秀传统文化的大型书库，学术价值不言而喻，真可称之嘉惠学林、沾溉无数。于此，顾廷龙功莫大焉。

四

历史竟如此奇妙，在顾廷龙学术生涯的三个重要阶段竟同样与《四库全书》结下了不解之缘。早年他由标注《四库全书简明目录》《四库存目》而踏上目录版本学道路。而这一标注之业又成为顾廷龙在燕京大学毕业后担任该校哈佛燕京图书馆驻北平采访处主任的桥梁。④此后在主持合众图书馆、在主编《中国丛书综录》和《中国古籍善本书目》等工作中，坚持以四库分类法为主并加以变通的做法为古籍分类，且得到了确认和贯彻，为后来者提供了榜样。在耄耋之年又主编《续修四库全书》，为《四库全书存目丛书》献言献策。从而为两部丛书尤其是《续修四库全书》成为品种多、质量高的优秀学术精品居功至伟。我们可以不夸张地说，顾廷龙之所以成为古籍目录版本学大家与结缘《四库全书总目》和《四库全书》并从中得到大量学术营养是分不开的。同时，也启示我们：时至今日，《四库全书》以及《四库全书总目》依然是我们阅读和研究古代典籍的来源和门径，值得我们批判地加以利用和钻研。

（原刊于《图书馆工作与研究》2009 年第 8 期第 49-52 页）

① 顾廷龙：《我在废纸中抢救历史文献的一点体会》，《顾廷龙文集》，第 637 页。
② 顾廷龙：《辑印四库存目书的意义在保存文献》，《顾廷龙文集》，第 682 页。
③ 沈津：《顾廷龙年谱》，1996 年 6 月 22 日，第 781 页。
④ 顾廷龙：《吴窓斋致胡守三手札跋》，《顾廷龙文集》，第 319 页。

顾廷龙先生与《四库存目》研究

杜泽逊

清乾隆修《四库全书》，从全国征集图书一万数千种，除去全毁书、戏曲、通俗小说、释道经典等不在收录范围者外，仍有万种以上，其中收入《四库全书》者3461种（依中华书局影印浙本《四库全书总目》所附统计数据），收入《四库全书附存目录》者6793种，合计10254种。所谓“附存目录”，即仅仅保存目录，不收其书。就是说，列入《附存目录》（简称《四库存目》或《存目》）的6793种书，虽然在《四库全书总目》中有提要，但《四库全书》中没有这批书。当时把这两部分书分别称为“著录书”“存目书”。

“著录”和“存目”的标准，在《四库全书凡例》中有明确交待：“其上者，悉登编录，罔致遗珠。其次者，亦长短兼胪，见瑕瑜之不掩。其有言非立训，义或违经，则附载其名，兼匡厥谬。至于寻常著述，未越群流，虽咎誉之咸无，要流传之已久，准诸家著录之例，亦并存其目，以备考核。”简言之，列入《存目》的书有两类：一是“言非立训，义或违经”，如李卓吾的《藏书》《续藏书》之类。二是“寻常著述，未越群流”。关于前者，当时有当时的意识形态标准，今天已有很大不同，有些书成了重要著作，甚至成了名著。关于后者，弹性就大了。事实是元代及元代以前的书，著录比例大，在百分之八十多，而明代及清初的书，入《存目》的比例大，占百分之八十多。贵远贱近，古今皆然。但随着时代发展，当年以为“近”的，现在觉得越来越遥远了，《存目》的书越来越难得了，于是原来处于“贱”的地位的书，现在也“贵”了。我们不一定要去非议古人，却不能不立足于现实，正确对待《四库存目》诸书的价值。事实上，四库馆臣也并没全盘否定《存目》之书，这从“以备考核”四个字已经完全可以明确了。

学术界对待《四库存目》的态度是务实的。早在乾隆五十六年，桐城学者胡虔在武昌节署见到《四库全书总目》二百卷，鉴于“著录”部分已有《四库全书简明目录》二十卷，于是专门抄录“存目”之书，成《钦定四库全书附存目录》十卷。乾隆五十七年在江宁，又请凌廷堪详校一遍，乾隆五十八年四月编定并写跋文于后。胡虔没有讨论《四库存目》的价值问题，但他编出《四库存目》单行本，与四库馆编的《四库简明目录》并行，已足以表明他的态度。

嘉庆五年，《郑堂读书记》的作者周中孚仿《四库简明目录》撰写了《四库全书存目要略》二十六卷，为《存目》各书作了简明提要，进一步使《存目》与《简明目录》规格相当。他的稿本流落日本静嘉堂文库。

清末四大藏书家之一的钱唐丁氏八千卷楼，收藏《四库》著录、存目、未收之书，同等重视，其中《存目》之书辟八千卷楼之西厢专室贮藏。在丁氏《八千卷楼书目》中，以上三部分书作了格式上的区别，那就是《存目》书较“著录”书低一格，未收书又较《存目》书低一格。丁氏还刻了一枚长方印“四库附存”钤盖于《存目》诸书上。

民国十三年商务印书馆提出影印《四库全书》并进而利用赢利续修《四库全书》的计划（续修《四库全书》自嘉庆间阮元进呈《宛委别藏》已肇其端，光绪十五年王懿荣正式上奏提出续修《四库全书》的主张），其续修计划有云：“拟请海内通人，选择《四库存目》及未收书，刊为续编。”1933年黄云眉先生发表《从主编者意图上估计四库全书之价值》一文，提出一项建议：“如编印有清一代考证诸书，以总结考证学之成绩，或搜印《四库》未收书、《存目》书及禁书等，以弥当时修书因各种原因而产生之缺憾，亦非完全无价值之举。”

1992年在北京召开的国务院第三次古籍整理规划会上，周绍良先生提出影印《四库全书存目丛书》的建议，胡道静先生进一步强调《存目》书的重要性，建议全面调查《存目》书的存佚。1992年底北大东方文化研究会历史分会刘俊文、张忱石等提出编纂影印《四库全书存目丛书》计划，得到国务院古籍整理出版规划小组组长匡亚明先生批准，由季羡林先生担任总编纂，到1997年10月全书1200册出齐，计收《存目》书4508种。这部丛书问世近七年来，被广泛应用于学术研究，征引率很高。可以说，经过了约二百年的时间，“著录”与“存目”最终平起平坐了，共同为学术研究提供资源。这个结果，是许多有识之士努力研究提倡得来的，十分不易，直到北大方面开始实施编纂影印计划时，还有几位学者发表文章，表示反对，甚至认为《存目》书是“假冒伪劣”，搜集影印行为是让“沉渣泛起”。现在这4500多种书摆在大家面前，难道真的会产生“沉渣泛起”的感觉吗？

在研究提倡《四库存目》的过程中，顾廷龙先生有重要贡献，应予以特别重视。下面先引用胡道静先生《顾廷龙文集序》的一段话：

> 学长长于目录之学，传录各家《四库简明目录标注》至勤劬，并补苴极丰，余极佩之。学长又有特殊见解，以为《四库存目》必须作版本标注。此见当时识者甚少，余亦不能深明就里。至解放后拨乱返正年代，京师乃有《四库全书存目丛书》之辑，即由学长主其事，始知学长所见卓矣，早矣。（载《顾廷龙文集》卷首，2002年7月上海科学技术文献出版社排印本）

那么，顾先生是什么时候开始作《四库存目》版本标注工作的呢？这里还要交待一点背景。

1992年1月11日，我奉王绍曾师之命到北京王府井中华书局送交一部分《清史稿艺文志拾遗》的书稿，顺便到琉璃厂访书，在中国书店读者服务部觅得一部《四库存目》，清刻巾箱本四册，内有硃、墨二色批注，体例与邵懿辰《四库简明目录标注》一样，是标注的各书版本，虽然批注条目寥寥，而且硃批均采自《四库提要》，但对我来说是前所未闻的大信息，我用一个月工资买下了这四本小书，决定完成这项前人未完成的工作。由于工作很忙，加之这件事本身要旷日持久，甚至要大半辈子的努力才能办成，所以没有声张，只向王绍曾师报告过。可是，当年5月国务院第三次古籍整理出版社规划会议召开，26日分组讨论，周绍良先生指出：

> 现在的问题是急需出些原始资料，如《四库全书总目·存目类》有很多重要的书，晚明和清初的很多书收在《存目》类中，如果编一部《四库全书存目丛书》，补齐《四库全书》，将是一件非常好的事。(《第三次全国古籍整理出版规划会议简报》第4期)

28日分组讨论，胡道静先生又指出：

> 昨天周绍良先生谈到《四库存目》的问题。《存目》开列的书有六千多种，比《四库全书》多了一倍。这些书曾放在翰林院，但在八国联军时被焚烧了。《存目》中的不少书，只是由于不合当时封建统治者的正统观念，而未被收入《四库全书》，其实《存目》中的书有价值的也不少，如李卓吾的哲学著作，还有《天工开物》等等。为此，今天也要作个清理，既弄清《存目》中的书存与亡，也是为搞好全国古籍总目做准备。(《会议简报》第7期)

《会议简报》当时我无缘拜读，但会议发言选登于《古籍整理出版情况简报》当年7月20日第260期，我拜读之后，认为不能再沉默，就向山大古籍所所长董治安师作了汇报（董师出席了这次盛会，但分组讨论时在第二组，周、胡两先生则在第三组），董师建议我起草一篇说明，向有关学者征求意见。于是我起草了《四库存目标注叙例》，寄给赵守俨、傅璇琮、安平秋、黄永年、章培恒、周勋初等先生。时任国务院古籍规划小组秘书长的傅璇琮先生回信给予热情鼓励与指导，并把《叙例》刊登于《古籍整理出版情况简报》当年11月20日第264期上。

就在《简报》出版前的11月5日下午，我因事到京，专门到北苑航空研究院二号院拜访了顾廷龙先生。当时顾先生住在哲嗣顾诵芬家。诵芬先生为两院院士，时任航空研究院副院长。我把自己作的一册《四库存目标注》稿呈先生指教。先生看后表示，《存目标注》很有意义，事成则功德无量。先生说他有一部《四库存目》，上面随手标有版本，可惜在上海没带来。先生还提供线索，说伦明藏书在北图文津街普通部，希望我去查。先生还说，去年台湾学者来访，他曾建议印三部书，一是《四库》底本，二是《四库存目》书，三是禁毁书，统谓之“四库外书”。我告诉先生，北大方面已提出编纂出版《四库全书存目丛书》计划，邀我作版本调查。先生连连说好。临别我请先生方便时为《四库存目标注》题签，先生欣然答应。

《古籍简报》每期向顾先生赠送，想必顾先生很快就看到了《四库存目标注叙例》。北大方面正式向国务院古籍规划小组递交报告是在12月，匡亚明组长批准在12月23日。这份报告采用了《叙例》的某些观点和材料。在《叙例》之后，当年秋间我又写了《四库存目标注易类书后》，原因是当时傅璇琮先生邀我来京谈《四库全书存目丛书》事，我以此文作为汇报，从易类调查展望全部《存目》书调查的前景。这篇《书后》在1993年4月20日《古籍简报》第269期刊出，顾先生当然也看到了。估计这期间顾先生回过上海，取回了他手头的《四库存目》。这年10月17日先生把那部《四库存目》寄给我，并附信一封，现全文抄出：

泽逊先生大鉴：

久疏笺候，驰念良般！近读《古籍简报》，欣悉先生从事存目版本甚勤，无任钦佩！鄙人昔曾从事于此，所见存目书即注于目下，当时燕京购书费拮据，有收有未收。收者均在今北大。未注版本者，因已收入丛书，容易找。后来芦沟之变，百事俱废。

兹将批注本寄奉参考，想河海不捐细流，或愿一顾。批注中注有一静字者，一时想不起何人？以后想到即奉告。静所注有为其所欲补者，非存目书也。

绍曾先生想仍勤于撰述，实深仰慕！我“文革”后所积期刊已赠海盐张元济图书馆，聊供其乏。书不尽言，即颂　著祺！绍曾先生前乞代问候！顾廷龙敬上十月十七日晚。

从顾先生这封信，我们可以知道，他在1937年“七七事变”以前即已开始作《四库存目》版本标注。当时顾先生在燕京大学图书馆，司中文采访之责，同时还兼美国哈佛大学哈佛燕京图书馆驻北平采访处主任，经常出入于北京各古旧书市，各书店也经常送样书到图书馆。先生把见到的《四库存目》书随手标注于各条之下。北京沦陷后，先生已无法进行正常工作，于是应叶景葵、张元济先生之邀，南下上海，作合众图书馆总干事。建国后合众捐归公有，易名上海市历史文献图书馆，再后与他馆合并为上海图书馆，先生一直任馆长。1996年11月24日先生来信又提及《存目》版本标注事：“龙卅年代曾从事《存目》传本之记录，因抗战而废。到沪后又曾为之，积稿较多，‘文革’中悉被焚毁。”这样我们对顾先生从事《存目》版本标注事业的经过就有了大体了解。

顾先生寄我的是他早年的批注本，也有部分在上海的批注，当时我逐条过录下来，然后借赴京办事之机亲自送还了。先生过世后，这个批注本已由顾诵芬先生捐赠上海图书馆。这个批注本在顾先生之前已有人批过，署一“静”字，后来我仔细研究，“静”是“静持”的简称，指丁日昌。“静”字仅是个出处或藏所，意思是持静斋有藏。并非批者名字。后来顾先生口头告诉我：“是莫友芝的儿子。”也就是莫绳孙。莫家与丁日昌关系密切，莫友芝曾为丁日昌撰《持静斋藏书纪要》，莫友芝的《郘亭知见传本书目》稿本顾先生见过，顾先生说：“目中时见其注有‘静’字者。”（《顾廷龙文集·朱修伯手批四库简明目录跋》）可见顾先生说是莫绳孙批注，有其根据。莫批有的是加入的新书，并不都是为《存目》书标版本，顾先生已在信中指出了。顾先生得了这个批注本后，大概受到启发，开始在上面标注《存目》各书传本。由于条件限制，当时批注的条目不够多，其批注内容有详有略，凡在书肆经见之书，多记其书店名、册数、价钱及序跋、行款、刻工等，现撷取精要，迻录38条，以见梗概：

1. 关氏易传一卷　旧本题北魏关朗撰　唐赵蕤注　顾批：重校说郛、汉魏、唐宋、津逮、学津。

2. 周易辑说明解四卷　旧本题宋冯椅撰　顾批：别有《厚斋易学》五十卷《附录》二卷，珍本。

3. 周易旁注图说二卷　明朱升撰　顾批：周易傍注十卷图说二卷，明刊本，合众有。

4. 禹贡合注五卷　明夏允彝撰　顾批：卷庵有明刊本。

5. 尚书私学四卷　国朝江昱撰　顾批：刻本，无年月，有“进呈钦定四库全书馆采入提要”、“宋礼”钤记。前有程廷祚乾隆二十一年、王又朴及吴敬梓序，又乾隆七年自序，二十年跋，疑即刻书之年也。每半页九行十九字。

6. 六经字便无卷数　国朝刘臣敬撰　顾批：康熙甲午刊本，胡氏朴学斋有。

7. 韵雅五卷　国朝施可牧撰　顾批：康熙刊本，合众有。

8. 明疏议辑略三十七卷　明张瀚编　顾批：皇明疏议辑略三十七卷，吏部尚书前大明知府仁和张瀚编，大明知府永嘉王叔杲、推官吴兴顾尔行重校，元城知县东郡王汝训、云中万世德重刊。嘉靖壬子章邱杨选、辛亥郡人晁瑮序。十二册，百元，邃雅。

9. 历代内侍考十卷　明毛一公撰　顾批：一九五五年十月检遂安废纸，得残抄本一册，首存目尾十一行，有十一、十二、十四三卷目，而缺十三，殆有脱简，但全书不止十卷明明矣。

10. 毘陵人品记十卷　明吴亮撰　顾批：万历刊本，苏继庼藏，有汪渔亭，孙从添藏印。一九五一、十、九来信。

11. 史裁二十六卷　明吴士奇撰　顾批：万历三十年刊本，廿册，卅五元，直隶。

12. 西事珥八卷　明魏濬撰　顾批：光绪二十六年王鹏运据贵阳陈松山藏旧刻本钞，二册，三十二元，荣华。

13. 海表奇观八卷　不著撰人名氏　顾批：康熙壬子刊本，题古谭吏隐主人，衬五，邃雅，六十五元。附安政三略，题知安远县事牛天宿。两本字体不同，非一时所刻。

14. 记古滇说一卷　旧本题宋张道宗撰　顾批：嘉靖二十八年己酉云南总兵沐朝弼刊本，玄览堂丛书景印本。

15. 朝鲜杂志一卷　旧本题明董越撰　顾批：玄览堂丛书景印明钞本。

16. 官爵志三卷　明徐石麒撰　顾批：旧抄本，一册，二十元，藜光。有“曾藏钱梦庐家”朱文方印、“戴印光曾”白方，“墨宝楼”朱长方，又“贵阳赵氏寿华轩臧”朱文长方。

17. 元典章前集六十卷附新集无卷数　不著撰人名氏　顾批：光绪三十四年修订法律馆据杭州丁氏藏抄本校刊，廿四册。

18. 明朝典汇二百卷　明徐学聚撰　顾批：天启四年（甲子）男与参刊本，修绠，六十四册，二百廿元。有周应宾、冯琦（万历辛丑撰）、米万钟、韩敬序。卷三十二辅臣考，卷三十三中官考，三十二误刻三十三。

19. 古今鹾略九卷鹾略补九卷　明汪砢玉撰　顾批：菊老有旧抄渊雅堂藏本，王艺孙题记，今归合众。

20. 宋纪受终考三卷　明程敏政撰　顾批：旧抄本，有宋筠藏印。燕京传抄本。

21. 元史阐幽一卷　明许浩撰　顾批：旧抄本，有翰林院印，王氏池东书库藏，有弘治十七年钱如京序。

22. 文园漫语一卷　旧本题程希尧撰　顾批：进呈四库本，蓝格抄，半页十二行二十四字，卌九叶，一册，七十元，修文。有“曹溶私印”白方、“洁躬”朱方、“乾隆三十八年十一月浙江巡抚三宝送到吴玉柱家藏文园漫语壹部计书壹本”朱文楷字印。

23. 天都载六卷　明马大壮撰　顾批：万历辛亥刻，半页八行。先有万历甲辰刻本四卷，半页九行。

24. 蓬窗日录八卷　明陈全之撰　顾批：嘉靖乙丑祁县知县岳木刊本，嘉靖乙丑山西朱绘序，八册八十元，德友。

25. 宗藩训典十二卷　明冯柯撰　顾批：万历二十三年涂杰序，万历壬寅冯若愚重刻宗藩训典序，此序板口下端刻“適適山堂”四字，余皆刻“贞白书院”。十二册，稽古，百元。

26. 稗史汇编一百七十五卷　明王圻编　顾批：上海王圻编。明万历刊本，六十四册，三百五十元，文禄。万历临川周孔教、严陵毛一鹭、丁未温陵蔡增与（情符）及自序。

27. 事词类奇三十卷　明徐常吉撰　顾批：万历癸巳万卷楼刊本，卅二册，松筠，六十元。条下注释，陆伯元次。伯元字幼辛。

28. 事物绀珠四十一卷　明黄一正编　顾批：四十六卷，明刻本，十册，日本内阁文库。

29. 阐然堂类纂六卷　明潘士藻撰　顾批：写刊本，有李卓吾序，无年月，据《提要》云成于万历二十（壬辰），书中惟记赵重华万里寻亲为万历六年事，他不可见二十年成书之语，疑尚有序跋失去。三册，五元，修文。此本只四卷，残。又顾先生眉批：玉笥山人潘士藻去华父辑，韶湖居士李载贽宏父批评，鹿门山人鲁点子与父校，海阳后学丁惟暄以舒父同校。楷体精刻，有标点。

30. 述异记三卷　旧本题东轩主人撰　顾批：清康熙五十八年汪氏纶最堂刊本，四册，五十五元，邃雅，文禄。

31. 王文肃集十二卷　明王俱撰　顾批：正德二年刊本。

32. 五岳山人集三十八卷　明黄省曾撰　顾批：万历二十四年丙申董汉儒重刻本，写手长洲吴曜、工黄周贤，十本，联钞三百，储券五百。卅一、十、十三。

33. 贻安堂集十卷　明李春芳撰　顾批：万历己丑廪延门生李载刊本，十册，来薰，八十元。

34. 周叔夜集十一卷　明周思兼撰　顾批：万历壬午后学徐益孙孟孺、冯大受盛甫校刊本，末有冯大受后叙，门人朱大章跋，文奎，一百六十元，十二册，绵纸。又顾先生眉批：宋字，吴门徐普写，何一金刊，吴门沈玄易刻后叙，其他刻工：顾时中、何道甫、顾希文等。

35. 太函集一百二十卷　明汪道昆撰　顾批：万历辛卯自序，序门人刘一龙书，金陵徐智督刊，四十册，三百元，文奎。

36. 可庵书牍十卷　明张栋撰　顾批：同县后学王焕如编，明天启刊本，八册，八十五元，德友。天启辛文震孟、甲子吴安国序，吴县姚可连书，长洲周肇基刻。

37. 明文征七十三卷　明何乔远编　顾批：七十四卷，明崇祯四年刊本，中州靳於中、罗浮门人韩如璜序及自序。廿册，四十万。一九五二、五、九。

38. 文坛列俎十卷　明汪廷讷编　顾批：万历丁未环翠艸堂刊，廿册，文奎，一百四十元。

自从顾先生把批注本寄给我之后，我真正感受到《四库存目标注》的重要，为了不负前辈重托，我加紧工作。1993 年《标注》被列入教育部八五人文社科基金项目，紧接着北大的《四库全书存目丛书》次第展开，1994 年开始我只好住在北大，为《存目丛书》查找审核底本，直到 1997 年 11 月初完工，回到山东大学。在北大的三年多里，顾先生住北苑，来往较方便，请教问题的机会就多了。由于《存目丛书》是东方文化研究会历史文化分会提出的，总编纂即请季羡林先生担任。顾先生被聘为总顾问，先生也同意了。后来《续修四库全书》开始编纂，顾先生任主编。两部大书客观上存在竞争关系，顾先生感到有不便之处，辞去了《存目丛书》总顾问一职。但事实上，顾先生一直充当着真正的学术顾问，主要联络人是我。我在《存目丛书》这边是工作委员会委员、编纂委员会常务编委、总编室主任。工委会主任刘俊文教授郑重委托我经常征求顾先生的意见。顾先生对编纂中的一些细节曾有考虑和建议，这里抄录先生 1996 年 11 月 24 日一封信：

泽逊兄鉴：前承枉谈，为快！《存目丛书》首发式，本当趋贺，适近日体惫，（日前半夜忽呕吐，谅饮食不慎）惮于出门。届时不克参加盛会，怅何如之！尚望于领导诸君前代致祝贺之忱！龙卅年代曾从事《存目》传本之记录，因抗战而废。到沪后又曾为之，积稿较多。“文革”中悉被焚毁。今见尊处编印《存目》原书，远胜传本之著录，可喜孰甚！将来如有原刻与后刻两本者，可否并印？例如吾家侠君先生有《秀野草堂集》六十卷入《存目》，龙所见康熙间自刻者，字体与《元诗选》相同，仅见若干种另本，而《存目》著录当为原刻全书也。道光中族祖杏楼公元凯曾重刻全书，改为宋体字，但不记其所据何本耳。明春返沪，当整理一目奉告。绍曾先生已来京否？念念！敬请著安！弟龙顿首。廿四午。

虽然由于《存目丛书》体例，每书只选一本，未能如先生建议两本并印，但先生对《存目丛书》之关怀，由此可以想见。

1997 年 9 月，《存目丛书》即将全部出齐，《北京大学学报》当年第 5 期发表了一组文章，其中有“专家访谈”，收入胡绳、顾廷龙、周一良、任继愈、黄永年、周绍良、张岱年、王绍曾、柳存仁、胡道静、傅振伦等先生的意见。其中顾先生的意见是我总结平日与先生闲谈时先生的零星言论写成的。稿子寄呈先生过目，7 月 19 日先生寄回，并有信说：“闲谈，承记录，不值方家一笑。略易数字，寄奉指正。”这篇短文后来收入《顾廷龙文集》，新拟的题目是《辑印四库存目书的意义在保存文献》，没有标明出处。这是《文集》中唯一谈《四库存目》的专文，真可算是一种纪念了。

在《存目丛书》结束之际，遵照黄永年先生的建议，我开始考虑《四库存目标注》写定工作。我写了一条样稿，是仿《增订四库简明目录标注》用繁体字横写的。先生看了，说体例可以，只是不能横写，“古书不能横排，只能竖排”。先生的话今犹在耳。我二话没说，改为繁体竖写。先生题写了“四库存目标注”书签，还答应写序。先生是最应当写序的人，岂料在我离京返济的第二年，即 1998 年 8 月 22 日，他老人家就驾鹤西去了。

就我了解的情况看，顾廷龙先生从 20 世纪 30 年代到去世之前，约七十年间，一直留心《四库存目》传本的调查研究，虽然别人也曾关心重视甚至研究过《存目》，但像顾先生这样长期留心此事的，还没见第二位。他的《四库存目》版本标注虽然因社会环境的艰难多变而没能完成，但他在该领域的学术贡献是堪称不朽的。

今年是顾廷龙先生诞辰一百周年，沈津先生约我写篇文章。回想往事，百感凄恻，因而草成此文，以寄缅怀之情。

2004 年 6 月 28 日于山东大学寓舍

（原刊于《图书馆杂志》2004 年第 10 期第 6-10 页）

顾廷龙先生经学片论

张　涛

顾廷龙先生是我国图书馆学界的泰斗。一般我们很少提到他与经学有何联系。通观顾先生学问大体，经学并非他主要成就所在，顾先生自然算不得经学家。但是顾先生自幼由祖父教读《四书》《五经》，虽尚未读毕，即改读商务印书馆所编新式教科书，而顾先生对传统经学典籍的兴趣不减；稍长，继续攻读《四书》《五经》及《左传》。他在家中见到吴中名士吴大澂以篆文书写的《论语》《孝经》，爱不释手，写划勾摹，兴味盎然。这些童年经历，不但为顾先生日后的书法成就埋下伏笔，也打下了他学问体系的经学根基。认识到顾先生在经学方面的素养，无疑对于深刻理解他一生的学行事功是有所助益的。

一、《尚书》与石经

顾先生的族侄顾颉刚是20世纪中国经史之学的大师。顾颉刚认为，经学中的重要问题，今古文是其一；而今古文的问题，以《尚书》最为复杂。20世纪30年代初，顾颉刚任燕京大学教授，拟对《尚书》进行综合研究，但认为《尚书》一经流传已久，不无篇章窜乱、字划讹谬之处，亟需整理，如此才能恢复经典文献旧观，寻求字体演变规律。顾先生赞同这一观点，又好文字之学，遂承担了《尚书文字合编》的编纂工作。

《尚书文字合编》编纂初竣，原定由顾先生写刻付印，牵于世变，未能实现。直到20世纪80年代，才由顾先生指导孙启治先生等人按照原来的主旨重新编纂，到1995年始大功告成。

顾先生为《尚书文字合编》付出了大半生辛劳。早在燕京大学就职的时候，为了不耽误图书馆正常工作，顾先生有一段时间每天晚上都要加班一两个小时来整理《尚书》文字资料，因此便将其他邀约推掉了，如裘开明先生请他多多倾力于协助编印哈佛燕京汉籍目录，即为顾先生所拒绝。他以在图书馆的公务之便，广泛收集不同版本的《尚书》文本和学术著作，这样全面占有资料，保证了成书的品质。

以学术专著为例，除我们现在在《尚书文字合编》一书附录中所能见到的李遇孙《尚书隶古定释文》以外，顾先生历年搜罗了江昱《尚书私学》、孙乔年《尚书古文证疑》、臧庸批段玉裁《古文尚书撰异》、谢兰庭《古文尚书辨》、李富孙《尚书异文释》、张冕《尚书记疑》等珍稀文献。顾先生还关注到日本汉学，1941 年日本东方文化研究所推出《尚书正义定本》，次年初顾先生便寻来此书，略读一过后发现此书虽然认识到唐时之本例多古字，但该书以《正义》为据，故不校异体字，与《尚书文字合编》旨趣有别，乃放心未加参考①。到 20 世纪 90 年代，他还拜托当时的日本留学生高桥智先生代为复制日本伊势林崎文库所藏《古文尚书》写本，以及远赴海外的弟子沈津先生在香港的图书馆中搜寻英法所藏敦煌《尚书》经卷的胶卷照片。逮将《尚书》影印资料基本编好的 1992 年前后，顾先生就累得大病了一场。

顾先生对这部经始终生的著作是异常珍视的，1992 年曾将早年写刻样本影印三十部以为纪念，新版刊竣后还曾向来访的问学者孜孜介绍②。学术界对这部著作更是非常瞩目，早在 1932 年编纂伊始，顾先生的工作就引起了学术大师章太炎先生的注意，还托潘景郑先生约顾先生过往一谈。全书正式出版后，成为有关《尚书》古文的资料大成，为学者提供了不少便利，对于《尚书》文字研究的促进极大。仅以所收唐石经为例，《尚书文字合编》据上海图书馆所藏原拓影印，就胜出一般学界所使用的中华书局所刊民国皕忍堂双钩影摹翻刻本许多。当然，随着学术研究的进步，《尚书文字合编》也不乏有待补充之处，但就当时条件而言所收资料仍是相当齐备的。如刘起釪虽然提及应收入日本宫内厅书陵部所藏古写本《群书治要》中的《尚书》文字，但他对《尚书文字合编》仍给予了很高的学术评价③。到了 21 世纪，仍有学者认为此书所收的《尚书》文献影本比他处所收者为优④。

顾先生关注《尚书》文字，连带着对石经也颇为重视。顾先生说，经书“由于年代久远，文字多变，辗转传抄，以误传误。自汉至宋，多次校定，刻之石碑，所谓‘石经’。‘石经’之刻，在某一时期有校定成为标准本的意义”⑤。尽管现存石经残缺不完，并且错乱很多，但仍是校勘《尚书》文字的重要资料。《尚书文字合编》收录资料共有七类，其中汉石经、魏石经、唐石经以及不在七朝石经当中的晁公武石刻《古文尚书》，已占全部资料种类一半以上。这一判断是符合石经在《尚书》文献变迁史上的地位的。

因为少年就嗜好小学，又编了《尚书文字合编》，顾先生对《尚书》的兴趣也主要集中在

---

① 沈津：《顾廷龙年谱》，上海：上海古籍出版社，2004 年，第 229-230 页。

② 郑伟章：《记文献渊薮顾廷龙先生》，《中国图书馆学报》，1999 年第 05 期，71 页。

③ 孙启治：《谈〈群书治要〉本〈尚书·舜典〉》，上海图书馆历史文献研究所编：《历史文献》第 6 辑，上海：上海古籍出版社，2004 年，第 251-261 页。

④ 许建平：《敦煌文献丛考》，《敦煌出土〈尚书〉写卷研究的过去与未来》，北京：中华书局，2005 年，第 90 页。

⑤ 顾廷龙：《整理出版古籍小议》，顾廷龙：《顾廷龙文集》，上海：上海科学技术文献出版社，2002 年，第 675 页。

文字方面，而较少关注其间经义。在《尚书》文字方面，顾先生对好些重要问题有着清晰的讲解。如对于著名的“隶古定”问题，顾先生综合古籍所述，指出所谓“隶古定”是用东晋通行的正书的写法摹写古文字笔画，其书体为正书，而笔画则为古文字笔画。前代流传的《尚书》旧本多是这种“隶古定”本，但后人所见敦煌写本与日本古写本大都改用了通行正体字，隶古字已经不多，后来的本子更有异体字和俗字混入其中，致使异体字较多成为了唐写本的普遍现象。顾先生并总结出了识别唐写本异体字的若干规律。他 89 岁的时候，还时常思考《尚书》文字问题，1992 年 9 月 28 日，他写信给学生吴织先生说：“我搞文字演变，经常见到文章中提到‘科斗书’，究竟什么样？不知道。昨晚偶检旧笔记中有一条：《洛阳伽蓝记》说，写《春秋》《尚书》两部，作篆、科斗、隶三种字，汉右中郎蔡邕笔之遗迹也。记得很具体，始知科斗文就是《三体石经》中之古文。”① 顾先生把这一观点写进了《尚书文字合编前言》中去。当然关于所谓“科斗文”与《三体石经》古文两者关系的问题，其实可以作更深入详细的讨论。但顾先生治《尚书》文字，老而弥笃的精神，不能不令人肃然起敬。

对经学、对石经有较为深入的理解与研究，也使得顾先生的学术判断具有历史的纵深，而与一般流俗不同。比如谈到丛书的起源，一般遵从《中国丛书综录》的说法，认为我国最早的丛书是南宋俞鼎孙、俞经所编《儒学警悟》。因为《中国丛书综录》由顾先生筹划编纂，所以难免会有人以为这就是顾先生的观点。实则顾先生自己有明确的说法：“有人以为雕版术发明以前，书皆手写，不可能有丛书裒集。照我看来，把二种以上的书刻在一起而正式命名为丛书的，确乎为时较晚；但把几种书编集在一起而带有丛书性质的，则其时较早。推其原始，若《尚书》二十八篇、《礼记》四十九篇，已略具萌芽。至东汉熹平四年（175 年）诏诸儒正定《易》《书》《诗》《仪礼》《公羊》《论语》六经，更可说是丛书的权舆……”② 将汉代熹平石经当作是丛书权舆，甚至提出《尚书》《礼记》等经籍已具备了丛书的雏形。这是贯通了经学史知识与现代文献学理念的观点。只有老一代文献学者具有深厚的经史素养，才能有如此的见识，像比顾先生辈分更高的汪辟疆就说：“丛书之名，至唐宋而始著；丛书之制，在周汉而已开。乐正四术，《诗》存三经，《书》有六体之殊，《易》有《十翼》之作。丛书之源，远肇于此。逮于炎汉，陈篇杂出，二戴删存仲尼弟子之所记，总萃群篇，排比次第……此丛书之权舆也。”③ 晚近的教科书，如杜泽逊《文献学概要》指出，一般谈丛书起源，就综合性丛书而言自是《儒学警悟》；而专科性丛书起源则很早，“最早的丛书恐怕要推‘六经’，在先秦时即已形成”，④ 也是通达之论。不过，这样突出汉石经在丛书发展史上的地位的看法似乎不多见，较早的有罗振玉“勒石之世，已有丛书。镌木之始，最先刻者亦丛书

① 沈津：《顾廷龙年谱》，第 733 页。
② 顾廷龙：《中国丛书综录的编纂经过》，《顾廷龙文集》，第 642 页。
③ 汪辟疆：《丛书之源流类别及其编索引法》，《目录学研究》，上海：华东师范大学出版社，2000 年，第 102 页。
④ 杜泽逊：《文献学概要》，北京：中华书局，2001 年，第 302 页。

也”之说[①]，后来也有人赞同这一提法[②]。顾先生重视石经在丛书发展中的地位，可能与他一生编纂《尚书文字合编》因而对石经最为熟稔有关。

二、小学与《说文》

小学是研究经学的基础，就像张之洞《书目答问》附录《国朝著述诸家姓名略》前言中所说的那句广为人知的“由小学入经学者，其经学可信”一样，清以来的读书人大抵先是略通小学再行研经。

顾先生少小读经，年值弱冠致力于小学要籍《说文解字》，得识文字义例。他的外叔祖王同愈出清末学者吴大澂之门，对文字音韵训诂之学有数十年的功力。顾先生少时从外叔祖学，自述谓“龙早年往来外叔祖王公栩缘家，时见其伏案检校，盖补正《说文通检》之末一卷，名曰《说文检疑》。后龙学作小篆，往往为疑难字所困，读公书始有所获”[③]。后来顾先生先入上海南洋、国民、持志大学，后入燕京大学学习，得著名文字学家胡朴安、闻宥、容庚等人之教。他在容庚先生指导下，以《说文废字记》（后更名《说文废字废义考》）为燕京研究院毕业论文。

这篇论文虽主要考索《说文解字》中后世不再行用之字，但却融汇了顾先生对《说文》全书的心得在内。此后，他钻研甲骨、金文与战国陶文以及中古异体字孳乳情形，都以许慎此书为根柢、为枢纽。20世纪20年代的时候，顾颉刚先生疑古特甚，认为《说文解字》里面的古字有太多都是汉人伪造，不可信，又多疏漏。顾先生部分同意顾颉刚的观点，但又认为除去此书而外，能“集六书之大成，足为后学津筏者竟无所闻”，所以他对顾颉刚说，《说文解字》一书“虽败絮也，而不能不金玉视之矣”[④]。这实际上既认识到《说文解字》的缺陷，又充分肯定了该书的价值所在，与他在《说文废字废义考叙》中所说“古文字之探索，端赖许书之精研以会通……据《说文》以溯金文、甲骨文，是为阶梯”的道理是一样的[⑤]。顾先生这篇重要论文，自提交燕京大学毕业后，迄未正式出版，今手稿本藏上海图书馆，如能重印，我们当对顾先生的小学成就有更深入的了解。

顾先生在《释克》一文中，引证甲骨、金文材料，对《说文解字》的字形与解释作了订正，证成了王国维“许君之书，有形虽失而谊甚古”的观点，正体现了他对《说文解字》一书的辩正的观点。值得注意的是，在《释克》《释良》等篇中，顾先生博征典籍文献，尤其对于经学文献如《诗经》《尚书》《周礼》《左传》《尔雅》等书中的相关内容，信手拈来，显

① 罗振玉：《适园丛书序》，《罗振玉学术论著集》第10集下，上海：上海古籍出版社，2010年，第792页。
② 李春光：《古籍丛书述论》，沈阳：辽沈书社，1991年，第10–11页。
③ 顾廷龙：《小篆疑难字字典》后记，《顾廷龙文集》，第36页。
④ 沈津：《顾廷龙年谱》，第16页。
⑤ 顾廷龙：《说文废字废义考叙》，《顾廷龙文集》，第24–25页。

示出顾先生深厚的经学功底。小学本来就是经学的附庸，经书中蕴含着丰富的文字训诂资料，顾先生经学素养既深，又好文字之学，两者是相得益彰的。继此而往，顾先生于甲骨文、金文皆有涉猎，1936年更撰成了专门汇编出土战国陶文的著名工具书《古匋文孴录》。这些著述当然也能看作顾先生在书法艺术方面的积累，但主要应是顾先生小学成就的证明。正是因为深于小学，顾先生才能对各体书法率皆精善；也正是因为深于小学，顾先生才能深刻体会到前辈大家的价值所在，为吴大澂撰作年谱，为王同愈编纂遗著，为出版孙诒让的《古籀余论》校订篆文讹误。

顾先生在文字学上著有《说文废字废义考》《释克》《释良》等篇与《古匋文孴录》专书，在音韵学上，则对《集韵》用力较多。顾先生年轻时有一段时间曾致力于校勘《集韵》，他的校勘成果虽然没有能够流传下来，但是在他的书信、笔记中保留有不少研究心得。到晚年，他还曾为上海古籍出版社影印上海图书馆的朱学勤结一庐旧藏钱氏述古堂影宋钞本《集韵》撰写跋文，认为"《集韵》虽修于宋人，而故书雅记所载奇字异音甄采致备，其赅博超越前修，当为韵书之总汇"，故而称得上是"从事文字音韵训诂之学者所必读之书"①。顾先生对《集韵》一书的版本源流与学术史都有深入的研究。②

在训诂学上，顾先生晚年指导了研究生王世伟先生撰著《尔雅导读》。这部书详尽介绍了《尔雅》一书的概况，论述了《尔雅》的价值及影响、《尔雅》的注本与主要研究书目、版本、研究方法，并选注了《尔雅》书中重要的内容。此书由巴蜀书社1990年初版发行，2008年经中国国际广播出版社再版，是建国后首部通论《尔雅》学的重要著作，至今仍不失为一部有关《尔雅》的精当的入门书籍（此前，1985年岳麓书社出版骆鸿凯《尔雅论略》，是作者20世纪30年代在湖南大学的授课讲稿；1987年南开大学出版社的徐朝华《尔雅今注》是对《尔雅》的整理）。顾先生对于训诂学还有一个非常要紧的观点，写在他的《〈说文废字废义考〉叙》中，即在讨论文字本义时，顾先生认为，当以许慎所解为宗，这是因为一方面殷周时代并无训诂可寻，另一方面则汉代其他经师的训诂都是"就经而训说，非主于一字之本义"，不如《说文解字》最为完整③。这是精通经书训诂义例的判断。

除上举诸书之外，顾先生还较细致读过《经典释文》《说文理董》《说文疑字音义斟诠》《说文古本考补》《小尔雅义疏》《声韵考》等小学典籍，并为其中部分书籍撰写过提要或是跋文。顾先生在小学方面的学养对他从事其他方面的研究也很有帮助，最显著的就是对于认字的重视。顾先生认为，整理古籍要先识别文字。他的《古籍整理二三事》说："要整理古籍、整理稿本，不识字怎么行？稿本和亲笔尺牍，都是很重要的资料，假使字不认识，以意改之，全失真意，必致误己误人。"④ 这完全是既深于文献学、又精通文字之学的人才能说出的见道之言。

---

① 顾廷龙：《影宋钞本〈集韵〉跋》，《顾廷龙文集》，第37页。
② 王世伟：《顾廷龙先生之〈集韵〉研究》，《图书馆研究与工作》，2005第2期，第2-4页。
③ 顾廷龙：《〈说文废字废义考〉叙》，《顾廷龙文集》，第27页。
④ 顾廷龙：《古籍整理二三事》，《顾廷龙文集》，第680页。

三、其他

当1981年讨论整理出版古籍时，顾先生曾说："我国古籍浩如烟海。古代图书内容有六艺、诸子、诗赋、兵书、方技、术数，现在按性质来说，包括哲学、政治、经济、教育、军事、文学、文化、艺术等。六艺者，后世称为群经。封建社会知识分子称为经书。章学诚说：'六经皆史也。'又说：'古之所谓经，乃三代盛时典章制度，见于政教行事之实，而非圣人有意作为文字以传后世也。'这个解说很明确。自钟鼎、甲骨、简牍、帛书以及历代墓葬中发现的文物陆续出土以来，从事识别和考证，非研究古籍不可，即非研究群经诸子不可。因此，整理古籍当以群经诸子为先。"① 顾先生还说："我认为古籍中难整理的是《十三经》和先秦诸子。我们不是为了要'尊孔读经'而整理它。章学诚早就说过'六经皆史'。这些书记载着我国几千年的政治、军事、经济、文化等历史资料。"② 这代表了他对经学的总体观点。由于传统学术体系的崩坏与新式学科的影响，20世纪的经学研究整体上呈现离析的态势，学者们多从哲学、史学、文学、社会学等视角研究经学。顾先生也受到这一风气的影响，他在经学方面的理念与实践，与文献学紧密结合，可以用"文献学本位"进行概括。

这种倾向使得顾先生在对待经学典籍时抱着一种从文献学角度出发的态度，而不尽以学术观点、学术水平为唯一标准。这方面有一个有趣的例证。清代乾隆时期有一位学者吴廷华撰写了篇幅巨大的礼学著作《三礼疑义》，当时没有刊刻，仅以抄本流传至民国时期。商务印书馆编《四部丛刊续编》本想收入其中，但颇有一些学者反对。比如赵万里先生就评价说："吴廷华在清代经学史里是没有地位的，他的礼学非汉非宋，无甚可取。只因当年张金吾收它在《诒经堂经解》里，《诒经堂经解》从未刻过，原稿本存在东方图书馆的大楼上，不幸毁于'一·二八'之役……非将他表扬一下不可，实则殊可不必的。"③ 而顾先生在数十年后还对此书惦记不已，认为"名家遗稿，相传甚久，大家不获一见的，如清吴廷华的《三礼疑义》，北图、南图、上图藏有稿本或抄本，应先校勘写定，缺卷，能补则补，不能补，只可付诸缺如……论者褒贬不一，将待专家审定后进行（整理）"。④ 顾先生之重视此书，除了顾念张元济等先生的遗愿外，可能更是源于想要保存孤本的文献学想法。

这种"文献学本位"的经学研究态度，对顾先生的学术研究是有重要影响的。这一方面使顾先生在经学方面的成果带有浓厚的文献学、小学色彩，另一方面则是顾先生的经学造诣很容易对顾先生在其他的领域尤其图书馆文献工作形成刺激与促进效应。前述顾先生对丛书起源和稿本整理方面的看法就是显著的例子。又比如在目录分类的《春秋》三传方面，顾先

---

① 顾廷龙：《高瞻远瞩，衷心钦佩》，《顾廷龙文集》，第673页。

② 顾廷龙：《整理出版古籍小议》，《顾廷龙文集》，第675页。

③ 赵万里：《〈四部丛刊续编〉的评价》，《赵万里文集》，北京：国家图书馆出版社，2012年，第567页。

④ 顾廷龙：《关于整理出版稿本丛刊的管见》，《顾廷龙文集》，第679页。

生根据经学史与书目文献知识，指出：《春秋》经文简要，单行本很少，而《公羊传》《穀梁传》《左氏传》则历代学者研究者众，相关著作非常之多，尤其清末在康有为、梁启超等资产阶级改良主义者变法运动的影响下，以《公羊传》作为改良变法的理论依据，故而《公羊传》著作最为盛行。存世文献基本上是三传的刊本中加有《春秋》经文，所谓"《春秋》一经实赖三传以行"。从这样的经学史事实来看，过去的四部分类法以《春秋》一经统三传的做法无疑是不妥的。因此，顾先生认为像《中国丛书综录》子目分类目录中将三传与总义并列的改动是非常适当的，并且为这一改动找到了历史依据，唐代开成石经中，《春秋》三传即是并列刊刻的。同样，对于经学的支流——谶纬，一改既往分类法的分厕各经，变为单立一类，也便于检查①。这些都表现出顾先生与《中国丛书综录》编纂者对中国经学史特色的了解与独到的见解。其他如认为薛允升《服制备考》"实为丧服之一总结"，指出吴大澂《古玉图考》"发閟于礼经"等，都非熟稔经学的人不能道。

一个人的精力总是有限的。就像王世伟先生所提到的那样，顾先生本来能够对异体字进行系统深入的研究，但一直未能集中精力于此，去世前三年，不由得感叹自己"老不中用"②。顾先生未能就此作出更大的学术贡献，真是令人非常遗憾的事情。在经学方面，我们也可作如是观。即便如此，顾先生在繁忙的工作之余，仍留下了数量不小的经学成果，特别是在小学、《尚书》学方面，到今天我们研究相关问题，也还是必须要用到顾先生的著作。此外，他校勘过《古文尚书撰异》《春秋左传集解考证》《易说》《周礼疑义举要》等经学文献，撰写有《仪礼图跋》《景宋礼记正义跋》《春秋繁露跋》《论语孔注证伪跋》《经籍跋文跋》《周秦名字解故跋》等大批与经学文献相关的题跋、文章。顾先生的经学素养以及他以经学造诣推动文献研究发展的成就，值得引起我们特别的重视。

四、结语

沈津先生曾言及顾先生懂得校勘学、目录学、版本学、古文字学、图书馆学、历史学、文献学等诸多领域，并对中国书法艺术有精深造诣③。这个概括基本上是比较全面的。近年在重印顾先生青年时代所作的《古匋文孴录》时，裘锡圭先生指出："顾廷龙先生以他对我国图书馆事业的巨大贡献以及在版本目录学和书法方面的精深造诣而广为世人所知。其实他在古文字学上的成绩也是很值得我们重视的。"④ 的确，顾先生图书馆事业、版本目录学与书法艺术的光芒遮蔽了他在古文字学上的声名。

与此相似的是，顾先生在其他方面的卓越成就，也遮蔽了他的经学素养与经学成果。尽

① 顾廷龙：《〈中国丛书综录〉的编纂经过》，《顾廷龙文集》，第649页。

② 王世伟：《顾廷龙晚年的版本目录学思想述略》，《城市图书馆公共文化服务体系论丛》，上海：上海社会科学院出版社，2008年，第284页。

③ 沈津：《顾廷龙年谱》序三，第6页。

④ 裘锡圭：《重印序言》，顾廷龙：《古匋文孴录》，上海：上海古籍出版社，2004年，第1a页。

管今天我们很少谈到顾先生在经学方面的成果，可是他在经学方面的素养仍然值得后学去了解、去重视。今天我们纪念顾先生，要能够识得顾先生学问的全体，自然也包括顾先生的经学在内。顾先生一生的学术虽然并未专注于经学研究，但是他在小学、在《尚书》与石经领域的深厚素养，对他从事其他方面的研究却产生了重要影响。老一辈学者最令后人难以企及的便是他们的经学功底，这确实是作为后学的我们亟应向老一辈学者学习仿效的地方。本文所论，仅以目前所易见到的顾先生文字而论，尤其倚重《文集》《年谱》中的相关资料。相信今后顾先生《全集》的问世，势必会对我们了解顾先生包括经学在内的学术成就起到极大的促进作用。

（原刊于《图书馆杂志》2014 年第 11 期第 76-81 页）

附录

附录一　顾廷龙著述目录

说明：本附录与附录二皆分类收入已公开发表的著作、文章，按发表时间顺序编排。

一、著作

1. 顾廷龙：《吴窸斋先生年谱》，北京：哈佛燕京学社，1935年。

2. 顾廷龙、吴丰培编：《边疆丛书》，北京：禹贡学会，1936年。

3. 顾廷龙：《古匋文舂录》，北京：北平研究院，1936年；上海：上海古籍出版社，2004年。

4. 顾廷龙编：《章氏四当斋藏书目》，北京：燕京大学图书馆，1938年；北京：国家图书馆出版社，2007年。

5. 顾廷龙编：《翁文恭公军机处日记》，北京：燕京大学图书馆，1939年。

6. 顾廷龙编：《合众图书馆丛书》（一集、二集），上海：合众图书馆，1940-1948年。

7. 潘承弼、顾廷龙编：《明代版本图录初编》，上海：开明书店，1941年；台北：文海出版社，1971；上海：上海书店出版社，1996。

8. 顾廷龙编：《补藤华馆石墨目录》，杭州：武林叶氏，1942年。

9. 王同愈画，顾廷龙辑：《栩缘画集》，1944年。

10. 潘承弼、顾廷龙编：《番禺叶氏遐庵藏书目录》，上海：合众图书馆，1948年。①

11. 顾廷龙、王煦华编：《汉书选》，上海：古典文学出版社，1956年；北京：中华书局，1962年。

---

① 合众图书馆所藏各家捐赠图书之目录，有《海盐张氏涉园藏书目录》《番禺叶氏遐庵藏书目录》《杭州叶氏卷盦藏书目录》《杭州蒋氏凡将草堂藏书目录》《闽县李氏硕果亭藏书目录》《泾县胡氏朴学斋藏书目录》《顾颉刚先生藏书目录》《吴县潘氏宝山楼藏书目录》《南通冯氏景岫楼藏书目录》等，总称为《合众图书馆藏书分目》。除《番禺叶氏遐庵藏书目录》外，皆未明确题署责任者，然根据《顾廷龙日记》和合众图书馆历年工作报告等记载，实际编纂者为顾廷龙和潘景郑。

12. 叶景葵撰，顾廷龙编：《卷盦书跋》，上海：古典文学出版社，1957 年；上海：上海古籍出版社，2019 年。

13. 张元济著，顾廷龙编：《涉园序跋集录》，上海 ：古典文学出版社，1957 年。

14. 顾廷龙主编①：《中国丛书综录》，北京：中华书局，1959－1962 年；上海：上海古籍出版社，2007 年。

15. 顾廷龙署，苏州地区文化局、苏州市文物管理委员会、苏州博物馆编：《苏州文物资料选编》，苏州：昆山新光印刷厂，1980 年。

16. 缪荃孙著，顾廷龙校阅：《艺风堂友朋书札》，上海：古籍出版社，1980 年；上海：上海人民出版社，2017 年。

17. 叶景葵著，顾廷龙编：《叶景葵杂著》，上海：上海古籍出版社，1986 年。

18. 顾廷龙主编：《中国古籍善本书目》，上海：上海古籍出版社，1986－1998 年。

19. 顾廷龙、叶亚廉编：《李鸿章全集》，上海：上海人民出版社，1987 年。

20. 顾廷龙、王世伟著：《尔雅导读》，成都：巴蜀书社，1990 年；北京：中国国际广播出版社，2008 年。

21. 顾廷龙编：《清代硃卷集成》，台北：成文出版社有限公司，1992 年。

22. 熊希龄著，顾廷龙，朱庆祚主编：《明志阁遗著》，上海：上海远东出版社，1995 年。

23. 顾颉刚、顾廷龙编：《尚书文字合编》，上海：上海古籍出版社，1996 年。

24. 顾廷龙撰并书：《顾廷龙书法选集》，香港：华宝斋书社，1996 年。

25. 王同愈著，顾廷龙编：《王同愈集》，上海：上海古籍出版社，1998 年。

26. 顾廷龙述，刘小明整理：《顾廷龙学述》，杭州：浙江人民出版社，2000 年。

27. 顾廷龙主编：《续修四库全书》，上海：上海古籍出版社，2002 年。

28. 顾廷龙著：《顾廷龙文集》，北京：北京图书馆出版社，上海：上海科学技术文献出版社，2002 年。

29. 顾廷龙、戴逸主编：《李鸿章全集》，合肥：安徽教育出版社，2008 年。

30. 徐森玉主编；顾廷龙、谢辰生、吴静安等编著：《中国甲午以后流入日本之文物目录》，上海：中西书局，2012 年。

31. 顾廷龙主编：《中国美术全集 · 书法篆刻编 · 明代书法》，北京：人民美术出版社，2015 年。

32. 顾廷龙主编：《中国美术全集 · 书法篆刻编 · 清代书法》，北京：人民美术出版社，2015 年。

33. 顾廷龙撰，《顾廷龙全集》编辑委员会编：《顾廷龙全集 · 文集卷》，上海：上海辞书出版社，2015 年。

① 题“上海图书馆编”，实际主编为顾廷龙。

34. 陈旭麓、顾廷龙、汪熙主编，汪熙、陈绛编：《盛宣怀档案资料》，上海：上海人民出版社，2016 年。

35. 顾廷龙著，《顾廷龙全集》编辑委员会编：《顾廷龙全集 · 著作卷 · 章氏四当斋藏书目》，上海：上海辞书出版社，2016 年。

36. 顾廷龙著，《顾廷龙全集》编辑委员会编：《顾廷龙全集 · 著作卷 · 吴愙斋年谱、严九能年谱》，上海：上海辞书出版社，2016 年。

37. 顾廷龙著，《顾廷龙全集》编辑委员会编：《顾廷龙全集 · 著作卷 · 说文废字废义考、古匋文舂录》，上海：上海辞书出版社，2016 年。

38. 顾延龙著，《顾廷龙全集》编辑委员会编：《顾延龙全集 · 读书笔记卷》，上海：上海辞书出版社，2016 年。

39. 顾廷龙著，《顾廷龙全集》编辑委员会编：《顾廷龙全集 · 著作卷 · 苏东坡法书石刻目录》，上海：上海辞书出版社，2017 年。

40. 顾延龙著，《顾廷龙全集》编辑委员会编：《顾廷龙全集 · 书信卷》，上海：上海辞书出版社，2017 年。

41. 顾廷龙编：《宋绍定井阑题字册》，北京：国家图书馆出版社，2018 年。

42. 顾延龙著，《顾廷龙全集》编辑委员会编：《顾廷龙全集》，上海：上海辞书出版社，2022 年。

43. 顾廷龙撰，李军、师元光整理：《顾廷龙日记》，北京：中华书局，2022 年。

二、文章

1. 顾廷龙：《释良》，《国立中山大学语言历史学研究所周刊》第 4 卷第 42 期，1928 年 8 月 25 日。

2. 顾廷龙：《释克》，《国立中山大学语言历史学研究所周刊》第 4 卷第 42 期，1928 年 8 月 25 日。

3. 顾廷龙：《读宋椠五臣注〈文选〉记》，《国立中山大学语言历史学研究所周刊》第 9 卷第 102 期，1929 年 10 月 23 日。

4. 顾廷龙：《大晋龙兴皇帝三临辟雍皇太子又再莅之盛德隆熙之颂跋》，《燕京学报》第 10 期，1931 年 12 月。

5. 颉刚、起潜：《袂与玦，褋与韘》，《文学（上海 1933）》第 1 卷第 1 号，1933 年 7 月。

6. 顾廷龙：《读郁华阁金文记》，《燕京学报》第 14 期，1933 年 12 月。

7. 顾廷龙：《妙峯山进香调查》，《民间月刊》第 2 卷第 8 期，1933 年 8 月。

8. 顾廷龙：《读宋椠苏诗施顾注题跋钞记》，《国立北平图书馆馆刊》第 7 卷第 1 号，1933 年 1、2 月。

9. 顾廷龙：《吴县潘氏攀古廔吴氏愙斋两家藏器目》，《国立北平图书馆馆刊》第7卷第2号，1933年3、4月。

10. 顾廷龙：《绥远方志鳞爪》，《禹贡》第2卷第7期，1934年12月。

11. 顾廷龙：《甲午战事中之吴大澂》，《大公报（天津）》史地周刊，1934年12月28日，第11版。

12. 顾廷龙：《〈华夷图〉跋》，《禹贡》第4卷第6期，1935年。

13. 顾廷龙：《〈国史地理志〉稿本跋（燕京大学图书馆藏）》，《禹贡》第4卷第7期，1935年12月。

14. 顾廷龙：《薛允升服制备考稿本之发现》，《图书季刊》第2卷第2期，1935年6月；《大公报》图书副刊，1935年6月20日，第11版。

15. 顾廷龙：《汉代圹专集录叙》，《益世报（天津）》读书周刊，1935年6月20日。

16. 顾廷龙：《春觉斋论画跋》，《燕京大学图书馆报》第82期，1935年10月1日。

17. 叶景葵、顾廷龙：《讨论〈方舆纪要〉函札六通》，《禹贡》第4卷第9期，1936年1月。

18. 顾廷龙：《补“吴歌小史”》，《北京大学日刊：歌谣》第2卷第33期，1936年1月16日。

19. 匋簃：《唐鷦安先生藏书考略》，《图书季刊》第3卷第1-2期，1936年3月。

20. 顾廷龙：《安雅廔藏书目录跋》，《大公报（天津）》图书副刊，1936年9月10日，第11版；《大公报（上海）》图书副刊，1936年9月10日，第11版。

21. 顾廷龙：《古匋文孴录自叙》，《燕京大学图书馆报》第92期，1936年6月15日。

22. 顾廷龙：《“同年”与“级友”》，《燕大友声》第3卷第6期，1937年4月1日。

23. 顾廷龙：《熊煐下河议说集要跋》，《燕京大学图书馆报》第104期，1937年5月1日。

24. 匋簃：《嫏嬛妙境藏书目跋》，《燕京大学图书馆报》第107期，1937年12月1日。

25. 顾廷龙：《读汉金文小记》，《史学年报》第2卷第5期，1938年12月。

26. 匋簃：《明嘉靖本演繁露跋》，《燕京大学图书馆报》第130期，1939年5月1日。

27. 匋簃：《朝鲜纪事校记》，《燕京大学图书馆报》第132期，1939年6月1日。

28. 顾廷龙：《卷盦藏书记略》，《图书季刊》新第2卷第3期，1940年9月。

29. 匋誃：《秀埜草堂第一图卷跋》，《责善半月刊》第2卷第14期，1941年10月1日。顾廷龙：《梁溪余氏负书草堂秘笈书目》，《江苏文献》第1卷第3/4期，1942年。

30. 顾廷龙：《宋诗纪事拾遗纲》，《文汇报（上海）》1946年5月30日。

31. 顾廷龙：《〈宝迂阁日记〉跋》，《文汇报（上海）》1946年6月13日。

32. 顾廷龙：《姚吴孙王张五家尺牍跋》，《文汇报（上海）》1946年7月4日。

33. 顾廷龙：《映雪楼藏书目录跋》，《文汇报（上海）》1946年8月1日。

34. 顾廷龙：《南宋敕牒残本真迹考》，《文汇报（上海）》1946年8月6日。

35. 顾廷龙：《饮河小识》，《益世报》读书周刊，第11期，1946年10月18日。

36. 顾廷龙：《陆廉夫拟南田一竹斋图跋》，《东南日报》“文史”1946年第7期。

37. 顾廷龙：《南宋群贤小集跋》，《大公报》图书副刊，1947年9月3日。

38. 顾廷龙：《（南宋书棚本）江湖小集经眼记》，《大公报（上海）》图书周刊，1947年9月3日，第8版；《大公报（天津）》图书周刊，1947年10月25日，第6版。

39. 顾廷龙：《杭州叶公揆初行状》，《兴业邮乘》第172期，1949年7月30日。

40. 顾廷龙：《检书偶记》，周珏良等编辑：《周叔弢先生六十生日纪念论文集》，1950年。

41. 顾廷龙：《我在废纸中抢救历史文献的一点体会》，《新民晚报》1956年1月12日。

42. 顾廷龙：《希望编印成套研究资料并选印前人遗稿》，《文汇报》1957年3月11日。

43. 顾廷龙：《学习李大钊同志艰苦奋斗的精神—兼谈新中国图书馆事业的发展》，《文汇报》1957年8月24日。

44. 顾廷龙：《关于徐霞客游记》，《文汇报》1961年3月5日。

45. 顾廷龙：《图书馆里的目录》，《文汇报》1961年9月6日。

46. 顾廷龙：《版本学与图书馆》，上海图书馆《论文选编》（1），1962年12月。

47. 顾廷龙：《〈中国丛书综录〉的编纂经过》，上海图书馆《业务资料选编》（2），1963年1月。

48. 顾廷龙：《〈杜臆〉前言》，《中华文史论丛》1963年第3辑。

49. 路康，《饮河小识》，（香港）《大公报》“艺林”版1965年1月3日。

50. 路康，《饮河小识》，（香港）《大公报》“艺林”版1965年4月4日。

51. 顾廷龙、沈津：《关于新发现的〈京本忠义传〉残页》，《学习与批判》1975年第12期。

52. 顾廷龙、沈津：《宋拓十七帖》，《艺苑掇英》1978年第1期。

53. 顾廷龙：《顾嗣立与〈元诗选〉》，《大公报在港复刊三十周年纪念文集》，1978年9月。

54. 顾廷龙：《唐宋蜀刻本简述》，《四川图书馆学报》1979年第3期。

55. 顾廷龙：《中国图书馆学会成立大会开幕词》，《图书馆学通讯》1979年第2期。

56. 顾廷龙：《一本书的遭遇—关于中国近代期刊篇目汇录》，《书林》1980年第2期。

57. 顾廷龙：《回忆张菊生先生二三事》，中国出版工作者协会编：《中国出版年鉴（1980）》，北京：商务印书馆，1980年。

58. 顾廷龙：《介绍顾颉刚先生撰〈求购中国图书计划书〉—兼述他对图书馆事业的贡献》，《文献》1981年第2期。

59. 顾廷龙：《整理出版古籍小议》，《文献》1981年第4期 。

60. 顾廷龙：《祝贺北京图书馆开馆七十周年》，《国家图书馆学刊》1982年第3期。

61. 顾廷龙：《关于整理出版〈稿本丛刊〉的管见》，《图书馆杂志》1982 年第 3 期。

62. 顾廷龙：《书海沧桑》，《解放日报》“朝花”版，1982 年 7 月 4 日。

63. 顾廷龙：《致江苏省图书馆学会第三次科学讨论会的贺词》，《江苏图书馆工作》1983 年第 1 期。

64. 周松龄、吕贞白、顾廷龙：《傅增湘对古籍整理的贡献》，《四川图书馆学报》1983 年第 2 期。

65. 顾廷龙：《影印抄本〈集韵〉跋》，（宋）丁度等编：《集韻》，上海：上海古籍出版社，1983 年。

66. 顾廷龙：《悼念郭绍虞先生》，《图书馆杂志》1984 年第 1 期。

67. 顾廷龙：《燕京风俗查卷》，《文汇报》1984 年 11 月 12 日。

68. 顾廷龙：《加快上海公共图书馆事业发展》，《文汇报》1985 年 12 月 5 日。

69. 顾廷龙：《关心一下街道图书馆》，《解放日报》1985 年 2 月 15 日。

70. 顾廷龙：《重视对图书馆学的研究》，《文科月刊》1985 年 8 月。

71. 顾廷龙：《古籍整理二三事》，《图书馆杂志》，1986 年第 1 期。

72. 顾廷龙：《〈中国古籍善本书目〉编辑经过》，《图书馆学通讯》1986 年第 4 期。

73. 顾廷龙：《张元济与合众图书馆》，《出版史料》1986 年第 5 期。

74. 顾廷龙：《柳诒徵先生与国学图书馆》，中国人民政治协商会议镇江市委员会文史资料研究委员会：《镇江文史资料》第 11 辑（《柳翼谋先生纪念文集》），镇江：政协镇江市委员会文史资料研究委员会，1986 年。

75. 顾廷龙：《努力开发文献信息资源，为两个文明建设服务》，《图书馆杂志》1987 年第 6 期。

76. 顾廷龙、冀淑英：《套印和彩色印刷的发明与发展》，《出版史料》1987 年第 3 期。

77. 顾廷龙：《我与商务印书馆》，《解放日报》1987 年 3 月 12 日。

78. 顾廷龙：《宋游相藏〈兰亭〉述略》，书法杂志社编辑部编：《当代书家墨迹诗文集》，上海：上海书画出版社，1987 年。

79. 顾廷龙：《敦煌遗书刘子残卷集录序》，《文献》1988 年第 3 期。

80. 顾廷龙：《〈文献〉创刊十周年纪念》，《文献》1989 年第 4 期。

81. 顾廷龙：《砚边谈屑》，《联合时报》1989 年 12 月 1 日。

82. 顾廷龙：《张元济访书手记辑录》，《出版史料》1991 年第 2 期。

83. 顾廷龙：《〈古典目录学〉序》，来新夏：《古典目录学》，北京：中华书局，1991 年；《津图学刊》1989 年第 3 期。

84. 顾廷龙：《〈张元济年谱〉序》，《编辑学刊》1991 年第 3 期。

85. 顾廷龙：《读书首先要读书目》，《新民晚报》1991 年 12 月 3 日。

86. 顾廷龙：《中国武侠小说辞典》，《新民晚报》1992 年 11 月 4 日。

87. 顾廷龙：《〈天一阁丛谈〉序》，《中国图书馆学报》1993年第2期。

88. 顾廷龙：《〈读史方舆纪要〉稿本序》，《编辑学刊》1993年第3期。

89. 顾廷龙：《图书馆工作者的愿望》，《中华文史论丛》1993年第7辑。

90. 顾廷龙：《章太炎先生篆书墨迹序》，《中国文化》1993年第1期。

91. 顾廷龙：《在〈李鸿章全集〉编委会首次会议上的讲话》，《安徽史学》1993年第3期。

92. 顾廷龙、徐小蛮：《中国古代的抄校稿本》，《传统文化与现代化》1995年第3期。

93. 顾廷龙：《十年苦干，抢编出善本书总目—忆周总理、陈毅等通知对图书馆事业的关怀》，《上海文化史志通讯》1995年第38期。

94. 顾廷龙：《〈续修四库全书〉编纂缘起》，《人民日报（海外版）》1995年10月14日。

95. 顾廷龙：《我感谢年轻一代理论家的贡献》，《中国书法》1996年第1期。

96. 顾廷龙：《欢呼〈中国书法全集〉之问世》，《文汇读书周报》1996年5月4日。

97. 顾廷龙：《抢救盛档》，《新民晚报》1996年12月8日。

98. 顾廷龙：《〈文献〉颂词》，《文献》1996年第4期。

99. 顾廷龙：《辑印四库存目书的意义在保存文献》，《北京大学学报（哲学社会科学版）》1997年第5期。

100. 顾廷龙：《复旦藏名人手札汇辑出版志感》，《新民晚报》1997年12月10日。

101. 顾廷龙：《我和图书馆》，张世林编：《学林春秋—著名学者自序集》，北京：中华书局，1998年。

102. 顾廷龙：《利用老区优势 强化爱国主义教育》，《中小学教育与管理》2000年第11期。

103. 顾廷龙：《顾廷龙谈盛宣怀珍藏尺牍》，《书法》2002年第7期。

104. 顾廷龙：《龙舒文书佚简的学术价值》，《中国书法》2013年第4期。

附录二　顾廷龙研究论著目录

一、著作

1. 林公武主编：《顾廷龙书法展特刊》，福州：《家园》杂志社，1997 年。

2. 上海图书馆编：《顾廷龙先生纪念文集》，上海：上海科学技术文献出版社，1999 年。

3. 沈津编著：《顾廷龙年谱》，上海：上海古籍出版社，2004 年。

4. 顾诵芬、沈津、高桥智辑：《顾廷龙书题留影》，上海：上海古籍出版社，2004 年。

5. 上海图书馆编：《顾廷龙先生纪念集》，上海：上海科学技术文献出版社，2014 年。

6. 顾诵芬、师元光编著：《自将摩挲认前朝——〈宋绍定井栏题字〉释注》，上海：上海科学技术文献出版社，2017 年。

二、文章

（一）顾廷龙生平概述

1. 佚名：《著名图书馆事业家、书法家顾廷龙先生小传》，《江苏图书馆学报》1993 年第 1 期。

2. 陈先行：《顾廷龙生平述略》，王鹤鸣、马远良主编：《1998 理论学术年刊》，上海：《图书馆杂志》编辑部，1998 年。

3. 杜泽逊：《顾廷龙先生生平学术述略》，台湾《书目季刊》1998 年第 3 期。

4. 沈津：《学术事功俱隆 文章道德并富（上）——回忆先师顾廷龙先生》，《文献》，2000 年第 3 期。

5. 沈津：《学术事功俱隆 文章道德并富（下）——回忆先师顾廷龙先生》，《文献》，2000 年第 4 期。

（二）顾廷龙与图书馆事业

1. 《上图祝贺顾廷龙先生从事图书馆事业 60 周年》，《图书馆杂志》1992 年第 6 期。

2. 李文：《顾廷龙馆长在抗日战争中——纪念抗日战争胜利五十周年》，《图书馆杂志》，1995 年第 6 期。

3. 张立行：《万卷典籍留书香——顾廷龙与上海的图书馆藏事业》，《文汇报》1998 年 8 月 25 日。

4. 王世伟：《顾廷龙先生与上海图书馆》，《新民晚报》1999 年 8 月 21 日

5. 陈潮：《侵华日军对上海等地图书资料的破坏和占夺——往事访谈录》，《图书馆杂志》2002 年第 8 期

6. 王世伟：《论顾廷龙先生的护书精神》，《图书馆论坛》2004 年第 6 期。

7. 王世伟：《论顾廷龙先生对中国现代图书馆事业的贡献》，《图书馆杂志》2004 年第 9 期。

8. 陈燮君：《顾廷龙：从“书缘”到“图书馆缘”》，《图书馆杂志》2004 年第 10 期。

9. 沈怀玉：《顾廷龙先生与无为县图书馆》，《图书馆工作》2005 年第 2 期。

10. 王世伟：《顾廷龙离京来沪创办图书馆》，《文汇读书周报》2005 年 10 月 28 日。

11. 王京州，张永胜：《顾廷龙与合众图书馆》，《图书与情报》2006 年第 3 期。

12. 《顾廷龙：识书、熟书与藏书》，《出版人・图书馆与阅读》2007 年第 12 期。

13. 施宣圆：《想起顾廷龙先生》，《文汇读书周报》2008 年 10 月 17 日。

14. 施宣圆：《顾廷龙救书》，《党政论坛》，2009 年第 2 期；《党政论坛》（干部文摘）2009 年第 1 期。

15. 王世伟：《合众图书馆的三位主要创办人》，《文汇读书周报》2009 年 4 月 24 日。

16. 陈幼华、李歆、杜桂林：《顾廷龙图书馆学思想探微》，《第十届海峡两岸图书资讯学学术研讨会论文集》，2010 年 。

17. 陈幼华、李歆、郝雁：《顾廷龙图书馆学思想述略》，《图书情报知识》2011 年第 5 期

18. 关永礼：《众擎易举创合众（一）》，《藏书报》2014 年 2 月 24 日。

19. 关永礼：《众擎易举创合众（二）》，《藏书报》2014 年 3 月 3 日。

20. 关永礼：《众擎易举创合众（三）》，《藏书报》2014 年 3 月 10 日。

21. 汤雄：《顾廷龙火中取栗救文珍》，《姑苏晚报》2014 年 3 月 16 日。

22. 张柯：《合众图书馆馆史考略——以上海图书馆藏合众图书馆史料为中心》，硕士学位论文，华东师范大学，2021 年。

（三）顾廷龙与文献学

1. 郭群一：《〈水经注〉校本研究・关于〈水经注〉版本的书札》，《中华文史论丛》1979 年第 2 辑。

2. 谷苇：《顾廷龙谈胡适遗著》，《书林》1980 年第 3 期；《文坛漫步》，长沙：湖南人民出版社，1985 年，第 135-138 页。

3. 林其锬：《从图书馆工作角度谈文献——顾廷龙、李希泌两先生的一次对话》，《文献》

1986 年第 3 期。

4. 秋水（朱伟）:《顾廷龙与图书目录研究》,《文汇报》1987 年 4 月 14 日。《人民日报》（海外版）1987 年 4 月 22 日转载。

5. 徐小蛮:《病榻上的希望——关于〈读史方舆纪要稿本〉》,《编辑学刊》1993 年第 3 期。

6.《本世纪古籍整理出版的巨大工程〈续修四库全书〉编纂出版工作开展——宋木文、顾廷龙答记者问》,《人民日报》1995 年 1 月 7 日。

7. 王大象:《顾廷龙谈钱穆与〈读史方舆纪要〉稿本》,《学术月刊》1995 年第 7 期。

8. 王世伟:《顾廷龙老馆长与古籍整理》,《新民晚报》1996 年 12 月 29 日。

9. 陈先行:《亦谈编著抄校稿本图录》,《图书馆杂志》1997 年第 2 期。

10. 林其锬:《"流到前溪无半语，在山做得许多声"——顾廷龙先生与〈刘子集校〉》,《浦江同舟》1997 年第 2 期。

11. 胡道静:《顾老与古籍版本目录学》,《图书馆杂志》1998 年第 5 期。

12.《顾廷龙与苏州史志》，苏州市地方志编纂委员会办公室、苏州市政协学习和文史委员会编:《苏州史志资料选辑》总第 23 辑,《苏州史志资料选辑》编辑部出版，1998 年。

13. 李希泌:《聆公一席话 胜读十年书——深切缅怀顾廷龙先生》,《北京图书馆馆刊》1999 年第 1 期。

14. 郑伟章:《记文献渊薮顾廷龙先生》,《中国图书馆学报》1999 年第 5 期。

15. 杜泽逊:《顾廷龙先生与〈四库存目〉研究》,《图书馆杂志》2004 年第 10 期。

16. 曹志敏、史明文:《顾廷龙古籍整理理论初探》,《贵州文史丛刊》2005 年第 2 期。

17. 王世伟:《顾廷龙先生之〈集韵〉研究》,《图书馆研究与工作》2005 年第 2 期。

18. 来新夏:《顾廷龙先生与版本目录学》,《新世纪图书馆》2006 年第 1 期。

19. 王世伟:《影响顾廷龙先生学术生涯的几件事》,《国家图书馆学刊》2006 年第 2 期。

20. 吴建伟:《顾廷龙先生版本学思想述略》,《兰州学刊》2006 年第 6 期。

21. 吴建伟:《顾廷龙文献庋藏理念述略》,《古籍研究》2008 年卷上。

22. 陈其弟:《版本目录学泰斗顾廷龙》,《姑苏晚报》2009 年 6 月 16 日；苏州市政协文史委员会编:《苏州近现代人物》第 2 辑，苏州：古吴轩出版社，2008 年，第 219-228 页。

23. 黄嫵婉:《顾廷龙与〈四库全书〉》,《图书馆工作与研究》2009 年第 8 期。

24. 萧斌如:《〈《骆驼祥子》手稿本〉问世始末》,《档案春秋》2010 年第 7 期。

25. [日] 高桥智:《顾廷龙批注〈涵芬楼烬余书录〉：中国版本学资料研究》，日本《斯道文库论集》第 45 辑，东京：日本庆应义塾大学附属研究所斯道文库，2010 年。

26. 仇家京:《〈宋元明清精刻善本书影集锦〉——顾廷龙、潘景郑等题跋述略》,《图书馆理论与实践》2013 年第 11 期。

27. 赵林然:《顾廷龙文献学成就研究》，硕士学位论文，河北大学，2014 年。

28. 张涛：《顾廷龙先生经学片论》，《图书馆杂志》2014 年第 11 期。

29. 侯金满：《上海图书馆藏顾廷龙钞本陈鳣〈石经说〉校录录》，上海交通大学经学文献研究中心编：《经学文献研究集刊》第 17 辑，上海：上海书店出版社，2017 年。

（四）顾廷龙交游研究

1. 丁山：《与顾起潜先生论说文重文书》，《国立第一中山大学语言历史学研究所周刊》1927 年第 1 集第 4 期。

2. 钱玄同：《与顾起潜书》，《制言》1939 年第 50 期。

3. 邓云乡：《胡、顾〈水经注〉函札》，《读书》1994 年第 2 期。

4. 王雷、马红健：《世纪之交，共话书府沧桑——任继愈、顾廷龙二先生对话录》，《人民日报》（海外版），1996 年 8 月 19 日。

5. 王鹤鸣：《乔石委员长谈毛泽东主席与顾廷龙先生的一件往事》，《上海图书馆、上海科技情报研究所动态》1997 年第 2 期。

6. 杜泽逊：《怀念顾廷龙先生》，《山东图书馆季刊》1998 年第 3 期。

7. 张树年：《怀念起潜兄》，《文汇读书周报》1998 年 9 月 12 日。

8. 唐振常：《顾老三封信》，《文汇报》1998 年 9 月 16 日。

9. 王世伟，许全胜：《顾廷龙致叶景葵论书尺牍》，载上海图书馆历史文献研究所编：《历史文献》第二辑，上海：上海科学技术文献出版社，1999 年。

10. 邱嘉伦：《花落还开 水流不断——赵朴老与顾廷龙先生聚会侧记》，《佛教文化》2000 年第 Z1 期。

11. 冯其庸：《文章尚未报白头（一）——怀念苏局仙、谢无量、张伯驹、顾廷龙、沈裕君诸先生》，《中国书法》2001 年第 5 期。

12. 冯其庸：《文章尚未报白头（二）--怀念苏局仙、谢无量、张伯驹、顾廷龙、沈裕君诸先生》，《中国书法》2001 年第 7 期。

13. 冯其庸：《文章尚未报白头（完）——怀念苏局仙、谢无量、张伯驹、顾廷龙、沈裕君诸先生》，《中国书法》2001 年第 11 期。

14. 钱存训：《怀念顾起潜先生》，《国家图书馆学刊》2002 年第 4 期。

15. 白莉蓉：《古籍版本学界的长者——周叔弢与顾廷龙》，《图书馆杂志》2004 年第 10 期。

16. 王世伟：《古籍整理应重视祖本、校勘与版本源流——读顾廷龙与钱存训书信札记》，《图书与情报》2005 年第 2 期。

17. 姜庆刚，王妙转：《读顾廷龙先生几封未刊信》，《图书馆杂志》2007 年第 5 期。

18. 姜庆刚，王妙转：《六十年前李小缘与顾廷龙先生信札》，《图书馆杂志》2007 年第 6 期。

19. 徐雁：《学有师而力愈勤，薪虽尽而火已传——读沈津新著三题》，《中国典籍与文化》2007年第3期。

20. 星明：《顾廷龙书信现扬城》，《扬州晚报》2008年7月17日。

21. 任雅君：《张元济与顾廷龙交谊述略》，《图书馆杂志》2009第7期。

22. 杨丽娟：《顾廷龙、上海图书馆与扬州“青溪旧屋”刘氏往来考略》，《扬州文化研究论丛》2011年第2期。

23. 俞菁、褚馨：《潘昌煦档案再添新藏〈芯庐遗集〉由学生顾廷龙编印》，《姑苏晚报》2012年9月14日。

24. 沈津、丁小明：《顾廷龙友朋书札选》，《四库文丛》第一卷，上海：上海交通大学出版社，2013年。

25. 丁小明，柳和城《南宋龙舒郡本〈金石录〉公藏始末——赵世暹致顾廷龙书札四通考释》，《文献》2013年第4期。

26. 沈津，丁小明：《李宣龚、顾燮光致顾廷龙手札》，上海图书馆历史文献研究所编：《历史文献》第十七辑，上海：上海科学技术文献出版社，2013年。

27. 王毅：《顾老的信》，《新民晚报》2014年6月6日。

28. 林建刚：《政治的归政治 学术的归学术——胡适与顾廷龙的交往》，《江淮文史》2015年第3期。

29. 李军：《王献唐〈吴愙斋先生年谱校记〉书后——顾廷龙、王献唐两先生交往事迹拾补》，载宁波市天一阁博物馆编：《天一阁文丛》第十四辑，浙江古籍出版社，2016年。

30. 王世伟：《顾廷龙先生晚年未刊信札中的学术信息》，《文汇报》2017年2月3日。

31. 姚一鸣：《书为主来我为客——叶景葵、顾廷龙与合众图书馆》，陈滨滨主编：《出版史料》新总第59期，北京：开明出版社，2019年。

32. 丁小明，尹伟杰：《胡适、顾廷龙与全祖望校〈水经注〉案——以胡适、顾廷龙往来信札为中心的考察》，《图书馆杂志》2020第12期。

33. 艾俊川：《顾廷龙致冀淑英书信十三通》，《文津学志》2020年第2期。

34. 王蕾，梁益铭，肖鹏：《聂崇岐致顾廷龙信札考释（1939—1958年）（一）》，《高校图书馆工作》2021年第1期。

35. 王蕾，梁益铭，肖鹏：《聂崇岐致顾廷龙信札考释（1939—1958年）（二）》，《高校图书馆工作》2021年第3期。

36. 王蕾，梁益铭，肖鹏：《聂崇岐致顾廷龙信札考释（1939—1958年）（三）》，《高校图书馆工作》2021年第4期。

37. 王蕾，梁益铭，肖鹏：《聂崇岐致顾廷龙信札考释（1939—1958年）（四）》，《高校图书馆工作》2021年第6期。

38. 丁小明，柳和城：《顾祖禹〈读史方舆纪要〉稿本之发现与研究——以上海图书馆藏叶景葵、顾廷龙往来信札为中心》，《文献》2021年第5期。

39. 郭时羽：《从章培恒先生致顾廷龙先生的一封信说起》，《中国典籍与文化》2021 年第 4 期。

40. 赵大旺：《王重民旅法期间致顾颉刚二函考释》，《文献》2021 年第 5 期。

（五）顾廷龙著作研究

1. 玉府：《新书介绍：〈吴愙斋先生年谱〉》，《图书季刊》第 2 卷，1935 年第 1 期。

2. 风：《新书介绍：古匋文孴录》，《图书季刊》第 3 卷，1936 年第 3 期。

3. 殿珣：《新书介绍：古匋文孴录》，《中国博物馆协会会报》第 2 卷，1936 年第 1 期。

4. 二土：《评顾廷龙〈古匋文孴录〉》，《新苗（北平）》1936 年第 10 期。

5. 张政烺：《读〈古陶文孴录〉》，《益世报》（天津版）1937 年 3 月 11 日。

6. 《图书介绍：〈栩缘画集〉》，《中法汉学研究所图书馆馆刊》1946 年第 2 期。

7. 《图书介绍：〈明代版本图录初编〉》，《中法汉学研究所图书馆馆刊》1946 年第 2 期。

8. 容媛：《书评：海盐张氏涉园藏书目录（合众图书馆藏书分目之一）》，《燕京学报》1947 年第 33 期。

9. 容媛：《书评：番禺叶氏遐庵藏书目录》，《燕京学报》1948 年第 35 期。

10. 曹培根：《顾廷龙先生与〈合众图书馆丛书〉》，《图书馆学刊》1998 年第 1 期。

11. 沈津：《〈顾廷龙书题留影〉序》，《图书馆杂志》2004 年第 9 期。

12. 沈津：《顾廷龙与〈合众图书馆丛书〉》，《新世纪图书馆》2005 年第 4 期。

13. 马桓：《〈章氏四当斋藏书目〉研究》，硕士学位论文，河北大学，2012 年。

14. 沈津：《顾廷龙先生的一篇佚文》，发表时间：2014 年 8 月 2 日，访问日期：2024 年 9 月 4 日，网址：https：//blog. sina. cn/dpool/blog/s/blog_ 4e4a788a0102uy0l. html？type=-1。

15. 郭明芳：《〈顾廷龙全集·著作卷〉评介》，《东海大学图书馆馆刊》2017 年第 14 期。

16. 李福标：《顾廷龙与〈尚书文字合编〉》，《中国四库学》2019 年第 1 期。

17. 王宇，沈津：《专为前贤行役，不为个人张本——顾廷龙与〈明代版本图录初编〉的出版工作》，《图书馆杂志》2022 年第 1 期。

（六）顾廷龙书法研究

1. 郑丽芸：《从篆书作品“养新”谈起》，《书与画》1986 年第 1 期。

2. 柳曾符：《胸中原有云烟气 腕力遒时字始工——记顾廷龙先生和他的书法艺术》，《书法》1987 年第 4 期。

3. 徐惠：《顾廷龙先生为〈吴县志〉题写书名》，《苏州史志资料选辑》1990 年第 2 期。

4. 孙秉良：《顾廷龙先生和他的书法艺术》，《知识与生活》1991 年第 3 期。

5. 皮高品、顾廷龙：《皮高品、顾廷龙二位老先生为“两岸文荟”笔谈会题词》，《图书馆工作与研究》1992 年第 4 期。

6. 朱培尔：《体大思精 任重道远〈中国书法全集〉与艺术史研究学者座谈会发言》《中国书法》1996 年第 1 期。

7. 林公武：《典雅肃雍，浑朴凝重：浅析顾廷龙的书法艺术》，《人民日报》（海外版）1996年5月25日。

8. 孙文光：《人书俱老，德学双馨——记题写新图书馆之名的顾廷龙先生》，《安徽师大报》，1995年9月27日。

9. 林公武、张善文：《典雅浑朴，学者风姿——顾廷龙书法艺术浅论》，《书法报》1996年12月4日。

10. 李菁：《顾廷龙书法作品古朴典雅》，《新民晚报》1996年12月20日。

11. 《上海图书馆新馆推出第一个展览——顾廷龙书法作品古朴典雅》，《新民晚报》1996年12月20日。

12. 张立行：《顾廷龙书法展举行》，《文汇报》1996年12月21日。

13. 杨泰伟：《"顾廷龙书法展"昨天揭幕》，《劳动报》1996年12月21日。

14. "Calligrapher holds show in library"，《上海英文星报》1996年12月24日。

15. 杨泰伟：《"顾廷龙书法展"在沪揭幕》，《上海侨报》1996年12月24日。

16. 林公武：《书林中之诸葛孔明——读顾廷龙先生九三寿辰照有感》，《劳动报》1996年12月26日。

17. 沈津：《贺顾师廷龙先生书法展》，《新民晚报》1996年12月27日。

18. 王元化：《〈顾廷龙书法选集〉序》，载王鹤鸣、马远良、陈燮君主编：《顾廷龙书法选集》卷首，上海图书馆1996年编印。后更名为《起潜先生书法选集序》，《解放日报》1997年1月7日。

19. 包萍俊：《顾廷龙学术成就暨书法艺术研讨会在上海召开》，《书法导报》1997年1月8日。

20. 余传诗：《老学者顾廷龙93岁举办个人书法展》，《光明日报》1997年1月9日。

21. 周瑞金：《总编辑与书法大师：顾廷龙、范敬宜》，《文汇报》1997年1月12日。

22. 沈士君：《顾廷龙书法展在沪举行》，《书法导报》1997年1月15日。

23. 杨泰伟：《顾廷龙和他的书法艺术》，《中国书法》1997年第3期。

24. 陈从周：《记顾廷龙先生书法》，《书与画》1997年第3期。

25. 陈先行：《闲说顾廷龙先生的书法与饮酒》，《书与画》1997年第3期。

26. 杨泰伟：《顾廷龙的书法艺术》，《中国书法》1997年第3期。

27. 佚名：《顾廷龙书法展在上海图书馆新馆举行》，《书法》1997年第3期。

28. 杨泰伟：《书品·人品——记学者书法家顾廷龙先生》，《文汇报》1997年6月1日。

29. 陈燮君：《"遨游书海入书坛"的世纪老人——关于顾廷龙先生书法艺术的思考》，《上海艺术家》1997年第Z1期。

30. 林公武：《〈顾廷龙书法展特刊〉弁言》，《顾廷龙书法展特刊》，1998年。

31. 《遨书海 铸艺品——顾廷龙先生书法作品选》，《新民晚报》1998年9月13日，"金阳台”画刊专版。

32. 陈燮君：《清和深远 风流蕴藉——顾廷龙的书法艺术》，《文汇报》2004年9月14日。

33. 来新夏：《顾老爲我写书序》，《文汇读书周报》2005年1月7日。

34. 言文：《顾廷龙书题留影》，《图书馆杂志》2005年第5期。

35. 柯达：《顾廷龙赠我“多闻阙疑”四字》，《世纪》2010年第6期。

36. 张军：《顾廷龙的学问与书法》，《收藏》2011年第7期。

37. 郑培凯：《失落的墨宝》，《文汇报》“笔会”2011年12月12日。

38. 邹绵绵：《孝养娱亲“采衣”匾 勉励后学“读书图”》，《收藏界》2013年第1期。

39. 郑培凯：《顾廷龙的字》，香港《苹果日报》2013年7月28日；《东方早报》2013年11月3日。

40. 沈津：《顾师廷龙先生书扇》，《南方都市报》2014年7月1日。

41. 虞云国：《顾廷龙笔下的中国书法家首访东瀛》，《东方早报》“艺术评论”2015年6月3日。

42. 沈津：《顾廷龙与中国书法家代表团第一次访日》，《南方都市报》2015年6月14日。

43. 萧斌如：《顾廷龙亲撰的“大楷簿”》，《档案春秋》2018年第12期。

44. 牛程：《顾廷龙书法研究》，硕士学位论文，曲阜师范大学书法学院，2023年。

45. 盛巽昌：《顾廷龙为我题写的书签》，《世纪》2023年第6期。

（七）顾廷龙研究成果评介

1. 沈津：《〈顾廷龙年谱〉编纂小记》，《国家图书馆学刊》2004年第3期。

2. 王煦华：《〈顾廷龙先生年谱〉序》，《图书馆杂志》2004年第9期。

3. 王雨霖：《〈顾廷龙年谱〉举正》，《博览群书》2005年第11期。

4. 刘尚恒：《一代宗师，千秋式范——读〈顾廷龙年谱〉感言》，《图书馆杂志》2005年第11期。

5. 吴铭能：《读沈津〈顾廷龙年谱〉》，《古今论衡》（台湾）第16期，2007年6月。

（八）其他

1. 张之江：《埋首书城五十年——顾延龙一生的志趣与爱好》，《新民晚报》1982年6月30日。

2. 《书城五十年——访新党员顾廷龙》，《新民晚报》1982年6月30日。

3. 徐英：《终日为读者操劳的人——记上海图书馆馆长顾廷龙》，《文汇报》1982年3月8日。

4. 王世伟：《我的导师顾廷龙》，《华东师范大学校报》1986年11月30日。

5. 吴织：《书海五十年——记顾廷龙馆长》，《图书馆学通讯》1987年第1期。

6. 刘庆云：《他像一部书——记顾廷龙》，《行政与人事》1987年第4期。

7. 查志华：《大叩大应的顾廷龙》，《解放日报》1989年11月18日。

8. 陈东辉：《上海图书馆名誉馆长顾廷龙先生等在杭讲学》，《图书馆研究与工作》1990年第1期。

9. 陈左高：《图书馆学专家顾廷龙》，香港《大公报》，1990年10月12日。

10. 宋路霞：《读书首先要读书目》，《新民晚报》，1991年12月3日。

11. 宋路霞：《顾颉刚与顾廷龙》，《书讯报》，1991年12月9日。

12. 宋路霞、舒康鑫：《书城宿将顾廷龙》，《上海滩》1992年第2期。

13. 黄志伟《一千多种"禁书"将重见天日——上图名誉馆长顾廷龙的新设想》，《新民晚报》，1992年6月23日。

14. 施宣圆：《岁老根弥壮》，《新民晚报》1992年11月24日。

15. 邬时民、汤德勇：《长乐永寿九旬翁——访著名学者、书法家顾廷龙》《解放日报》，1993年8月21日。

16. 林公武：《京城访顾廷龙先生》，《书法报》1995年10月4日。

17. 董寿琪：《顾廷龙和苏州园林》，《苏州园林》1996年3、4期合刊；《人民政协报》1997年第5期。

18. 王湜华：《奖掖后进的顾廷龙》，《书城杂志》1996年第1期。

19. 《高龄献书艺，慷慨送爱心》，《龙华烈士陵园》清明专刊，1996年4月。

20. 范敬宜：《一张名片五十年》，《新民晚报》1996年10月31日。

21. 林伟平：《举重若轻话沧桑——访文化老人顾廷龙》，《新民晚报》1996年12月18日。

22. 王大象、施宣圆：《老馆长圆梦——访上图名誉馆长顾廷龙先生》，《文汇报》1996年12月19日。

23. 杜宣：《记顾廷龙先生》，《新民晚报》1996年12月20日。

24. 邓云乡：《父子学人》，《新民晚报》1997年3月26日。

25. 宫苏艺：《顾廷龙：文化名人》，《中华读书报》1997年4月9日。

26. 张世林：《忘年交》，《群言》1997第4期。

27. 施增南：《苏州是我的根——顾廷龙先生回校记》，《苏州日报》1997年11月2日。

28. 韩天衡：《是明月，是山泉》，《家园》杂志社，1997年；韩天衡：《顾廷龙书法展特刊》，1998年。

29. 艾冲：《忆顾老：顾廷龙》，《上海文化史志通讯》总第50期，1998年12月。

30. 王鹤鸣：《书林薪火千秋耀——深切悼念顾廷龙先生》，《图书馆杂志》1998年第5期。

31. 项玮：《丹心一片为古籍——追忆上海图书馆名誉馆长顾廷龙》，《新民晚报》1998年8月25日。

32. 陈燮君：《心地处处见清澄——深切悼念顾廷龙先生》，《新民晚报》1998年8月

27日。

33.《北京各界送别顾廷龙》,《文汇报》1998年8月28日。

34. 佚名:《京城各界人士为顾廷龙送行》,《光明日报》1998年8月29日。

35. 陈燮君:《坐拥书城放眼量:深切悼念上图名誉馆长顾廷龙先生》,《文汇报》1998年8月31日。

36.《博学高风 泽被后人——上图集会追思顾廷龙先生》,《新民晚报》1998年8月31日。

37. 鲍义来:《顾廷龙先生二三事》,《新安晚报》1998年9月1日;《文艺报》1998年11月10日。

38. 冯英子:《垂泪送顾老》,《新民晚报》1998年9月1日。

39.《顾廷龙家属向上图捐图书》,《解放日报》1998年9月1日。

40. 谷苇:《旧事经心忆顾老》,《上海金融报》1998年9月3日。

41. 田泓:《顾廷龙:书海写春秋——心香一瓣,事业千秋》,《人民日报》1998年9月9日。

42. 邓云乡:《告别顾老》,《新民晚报》1998年9月9日。

43. 曹道衡:《诱掖后进 诲人不倦——悼念姨丈顾起潜先生》,《人民政协报》1998年9月14日。

44. 王世伟:《顾老晚年的三次上海之行》,《人民政协报》1998年9月14日;《新民晚报》1998年9月20日。

45. 张世林:《我陪顾老去历博》,《人民政协报》1998年9月14日。

46. 陈燮君:《无声之诗吟经纶:深切悼念上图名誉馆长顾廷龙先生》,《上海文化报》1998年9月25日。

47. 沈颖丽:《悼念顾廷龙先生》,《西泠艺报》第154期。

48. 方全林:《在顾廷龙同志追思会上的讲话》,《图书馆杂志》1998年第5期。

49. 王湜华:《二十五年鱼雁多——追念顾廷龙先生》,《邮政周报》1998年10月8日。

50. 王世伟:《顾廷龙先生逝世前后追记》,《图书馆杂志》,1998年第5期。

51. 上海图书馆、上海科技情报研究所:《沉痛悼念顾廷龙同志》,《图书馆杂志》1998年第5期。

52.《著名图书馆事业家、古籍版本目录学家、书法家顾廷龙同志逝世》,《江苏图书馆学报》1998年第5期。

53.《顾廷龙同志逝世》,《中国图书馆学报》1998年第6期。

54. 林其锬:《怀念顾老——记顾廷龙先生二三事》,《世纪书窗》2000年第3期。

55. 王毅:《走近顾廷龙》,《新民晚报》2000年7月2日。

56. 王世伟:《坐拥书城利他人——顾廷龙的读书治学生涯》,《社会科学报》2001年3月

1 日。

57. 林伟平：《吃水不忘掘井人——〈顾廷龙文集〉内外的故事》，《新民晚报》2002 年 7 月 6 日。

58. 顾诵芬：《我与上海图书馆的情谊》，《新民晚报》2002 年 7 月 13 日。

59. 王观泉：《巧识顾廷龙先生》，《文汇报》2002 年 9 月 15 日。

60. 汤志钧：《永恒的怀念——纪念顾廷龙先生诞辰一百周年》，《文汇读书周报》2004 年 10 月 1 日、8 日。

61. 《顾廷龙诞辰百年座谈会昨举行 周和平殷一璀表示祝贺》，《新民晚报》2004 年 10 月 13 日。

62. 姜小玲：《纪念顾廷龙诞辰 100 周年》，《解放日报》2004 年 10 月 13 日。

63. 王世伟：《顾廷龙早年的弃理从文》，《文汇读书周报》2006 年 4 月 7 日。

64. 《豆棚闲话：顾廷龙的两次选择》，香港《文汇报》2006 年 6 月 9 日。

65. 施宣圆：《想起顾廷龙先生》，《文汇读书周报》2008 年 10 月 17 日。

66. 立夏：《纪念顾廷龙逝世 10 周年座谈会》，《上海文化年鉴》2009 年第 1 期。

67. 陆承曜：《难忘的论文指导——忆古籍目录学家、书法家顾廷龙》，《苏州日报》2010 年 3 月 12 日。

68. 《草桥名人顾廷龙》，《苏州日报》2010 年 4 月 26 日。

69. 陆承曜：《顾廷龙的乡谊》，《苏州日报》2010 年 5 月 28 日。

70. 李巨川：《唯亭顾》，《江苏地方志》2011 年第 3 期

71. 王毅：《雪泥鸿爪忆顾老》，《新民晚报》2013 年 11 月 24 日。

72. 王世伟：《纵一苇之所如 凌万顷之茫然——跟随顾廷龙先生治学二三事》，《文汇读书周报》2014 年 7 月 11 日。

73. 黄春宇，于颖：《顾廷龙：为图书的一生》，《文汇报》2014 年 11 月 7 日。

74. 上海图书馆历史文献中心顾廷龙纪念馆，黄春宇，于颖：《为图书的一生 纪念上海图书馆老馆长顾廷龙先生》，《图书馆杂志》2014 年第 11 期。

75. 周志永：《“江南第一读书人家”——唯亭顾氏的近代学术嬗变》，硕士学位论文，上海师范大学，2015 年。

76. 虞成勇：《苏州顾廷龙故居建筑探析》，《山西建筑》2016 年第 29 期。

77. 郭泉真：《诵先人之清芬——88 岁顾诵芬忆念父亲顾廷龙家风垂教》，《解放日报》2018 年 8 月 24 日。

78. 单颖文：《顾廷龙：专为前贤行役，不为个人张本》，《文汇报》2019 年 12 月 28 日。

79. 刘德隆：《我记忆中的顾廷龙先生》，《世纪》2023 年第 2 期。

后 记

编这本论文集，是为了完成恩师沈津先生交给我的任务。

我是学历史出身的，但心里一直有一个亲近古籍版本的梦。邓广铭先生说，职官、地理、年代、目录是研究历史的四把钥匙，从本科读到博士，前三个方面的知识通过听课、读书多少有些掌握，唯独对于目录版本之学不得其门而入。研究生毕业进入图书馆工作，很想去古籍部，但一开始未能如愿。我自己买了几本版本学概论之类的书来读，然而“纸上得来终觉浅”，仍是版本目录学的门外汉。2005 年我去美国访学，被书籍史这一将历史学和文献学相结合的新领域深深吸引，后来获得去哈佛费正清研究中心作博士后研究的机会，得以朝夕问学于著名版本目录学家沈津先生，才真正进入了我一直向往的古籍研究领域。在哈佛期间，沈津先生给我讲解哈佛燕京图书馆所藏的珍稀古籍善本，手把手地教我写善本书志，使我能够一窥版本目录学的堂奥。虽然我在哈佛燕京短短的一年时间里不可能受到完整系统的训练，但这一年的经历已经能够让我将书本知识与版本实物和古籍整理实践结合起来，初步掌握版本鉴别和研究的方法。沈津先生是我在版本目录学领域的启蒙老师，愚钝如我，在版本目录学领域后知后觉、起步甚晚，能够遇到沈津先生这样的名师领我入门，实为人生之大幸。

沈津先生是顾廷龙先生的嫡传弟子。顾廷龙（以下为行文方便，径称顾先生之名，读者谅之）是 20 世纪中国最重要的版本目录学家之一，与赵万里、王重民、潘景郑、冀淑英、黄永年等著名学者共同奠定了当代版本目录学的基础。顾廷龙出身于江南书香世家，自幼打下良好的国学基础。大学期间，顾廷龙在外叔祖王同愈家发现一部《四库全书简明目录》抄本，各书详注版本，引起他的极大兴趣。他购得一部傅增湘藏园排印莫友芝《郘亭知见传本书目》，将朱学勤、陆树声等各家批注过录于其上，并作校理，这成为他治目录版本之学的起点。此后顾廷龙一直将该书带在身边，随见随记。差不多与此同时，顾廷龙开始标注四库存目书的版本。1932 年顾廷龙负笈燕京大学研究院国文系，适逢北平图书馆文津街新馆落成，他前往参观阅览，深为其丰富馆藏震撼，并结识向达、赵万里、谢国桢、王重民、孙楷第等学者，时与切磋版本流略之学，获益甚多。次年顾廷龙从燕京大学研究院毕业，受到燕京大学历史系主任兼哈佛燕京学社主任洪业器重，受邀担任哈佛燕京图书馆驻北平采访处主任，其中一个原因是洪业见到顾廷龙过录诸家批注的《郘亭知见传本书目》，十分欣赏。顾廷龙在司职燕京大学图书馆采访工作期间，常至北平书肆选书，泛览群籍，见闻日广，又得采购委员会容庚、邓之诚、郭绍虞、洪业、顾颉刚等先生指点帮助，版本之学益进。他在图书采购工作中碰到不少四库存目书，一一标注于一部《四库存目》之上，积累了不少四库存目书版本的资料。在燕京大学期间，顾廷龙与著名藏书家、四当斋主章钰过从甚密，得其传授金石文字、目录之学。章钰谢世后，所藏图书捐予燕大图书馆，时顾廷龙已入职燕大图书馆，即董理章氏藏书，历时十月编成《章氏四当斋藏书目》。这是顾廷龙的第一部版本目录学著作，不仅分别部居，且备录书中题识跋语，兼考题跋者履历著述，特色鲜明，内容精详，反映此时顾先生的版本目录学已具相当造诣。

1939年，叶景葵、张元济、陈陶遗在上海发起成立合众图书馆，于民族危难中保存文献典籍。此前叶景葵通过章钰结识顾廷龙，后又得顾廷龙寄赠《章氏四当斋藏书目》，认为“体例极善”，乃邀请顾廷龙南下主持合众图书馆。顾廷龙经过慎重考虑接受了邀请。顾廷龙晚年说：“我是两部书目定终身。”指的是汇录《四库全书简明目录》各家批注将他引入燕京大学图书馆，《章氏四当斋藏书目》又使他到合众图书馆工作。合众图书馆创办之初，即以收聚民间藏书家的古籍善本为职志，先后入藏叶景葵、张元济、蒋抑卮、李宣龚、陈叔通、叶恭绰、胡朴安、顾颉刚、潘景郑、周志辅、胡惠春等多家捐赠的古籍珍本和近代文献。除此之外，也从市面上访求收购书籍。合众图书馆对这些捐赠图书加以编目整理，先后编成《海盐张氏涉园藏书目录》《番禺叶氏遐庵藏书目录》《杭州叶氏卷盦藏书目录》《杭州蒋氏凡将草堂藏书目录》《闽县李氏硕果亭书目》《泾县胡氏朴学斋藏书目录》《顾颉刚先生藏书目录》《吴县潘氏宝山楼藏书目录》《南通冯氏景岫楼藏书目录》，以及《馆藏书目》《馆藏书目二编》《馆藏书目三编》《馆藏期刊目录初编》《合众图书馆藏书目录汇编》等十多种馆藏目录。合众图书馆又从藏书中精选十多种，编刊《合众图书馆丛书》二集，使这些书化身千百，广为流通。在这些藏书整理和出版活动中，作为总干事的顾廷龙与其内弟、宝山楼主、时任合众图书馆干事的版本学家潘景郑紧密合作，是这些工作的主要承担者。顾廷龙又受聘为齐鲁大学国学研究所名誉研究员，与潘景郑合编了《明代版本图录初编》，该书厘清了明版书的脉络，是一部具有开创性的版本学著作。合众图书馆主要接待文史学者前来阅览及信函咨询，先后接待了朱启钤、冒广生、陈垣、陈寅恪、邓之诚、胡适、顾颉刚、向达、聂崇岐、郭绍虞、钱钟书、周谷城、钱南扬、陆维钊、蔡尚思、李平心、李俨、严敦杰、郑振铎、王重民、牟润孙、陈乐素、周予同等著名学者。主持合众图书馆的14年是顾廷龙职业生涯的一个重要阶段，这一时期他接触到各收藏名家所藏的大量古籍珍本，对这些藏书进行编目、整理，编纂出版高水平的版本学著作，与各界名家密切交往，研讨切磋，使他的古籍鉴定能力和学术水平臻于炉火纯青，成为当时版本目录学界的翘楚。

1953年，合众图书馆捐献给国家，更名为上海历史文献图书馆，顾廷龙仍任馆长。顾廷龙率同仁整理馆藏，编成《上海图书馆善本书目》。同时着手编纂一部完备的丛书目录，至1959年建国十周年编成，向国庆献礼，这就是《中国丛书综录》，迄今为止仍是古籍工作者常备案头的重要古籍检索工具书。60年代初，根据上海市文化局和上海图书馆培养稀缺专业人才的计划，顾廷龙先后收沈津、吴织为弟子，传授版本目录学知识和技能。1962年，顾廷龙被任命为上海图书馆馆长，掌管仅次于北京图书馆的全国第二大图书馆。与合众图书馆以收藏古籍善本、历史文献，主要服务于文史学者不同，上海图书馆是一座大型综合性图书馆，向所有社会读者开放，但对于古籍善本的收藏、整理与研究仍是顾廷龙的工作重心，他每天都坐在善本组办公。

十年动乱后，为实现周恩来总理的遗愿，顾廷龙受命主编《中国古籍善本书目》，领导协调全国古籍界的力量，编制一套前所未有的大型全国性古籍善本联合目录，顾廷龙在版本目录学界执牛耳的地位得到公认。编纂工作历时近20年，至1996年12月经、史、子、集、丛各部全部出齐，该书可谓20世纪中国目录版本学界的最高成就，也是顾廷龙在版本目录学领域的巅峰之作。1994年起，顾廷龙又主编《续修四库全书》，至2002年告成，该书是对《四库全书》的匡谬补缺、继往开来之作，使大量修《四库全书》时遭到禁毁、删改和失收的古籍，以及乾隆以后的清人著作得以刊行于世，嘉惠学林。

顾廷龙是著名的版本目录学家，也是古文字学家，他在燕京大学研究院的毕业论文题为《说文废字废义考》，著有《古陶文孴录》，与顾颉刚合辑《尚书文字合编》。顾廷龙又先后为两位清代古文字学家吴大澂、严元照编纂了年谱（《吴愙斋先生年谱》《严九能年谱》）。由文字学而攻书法，顾廷龙还是当代著名的书法家，于1963年与另外两位书画大家潘天寿、王个簃组成中国书法家代表团访问日本。顾廷龙是题署书名最多的书法家之一，汇编为《顾廷龙书题留影》一书，他的书法与书籍文献具有密切的亲缘关系，在书林艺苑中独树一帜。

去年12月初，沈津先生给我打来越洋电话，表示今年是顾廷龙诞辰120周年，希望编一本顾廷龙研究文集，问我能否操刀。我对顾廷龙先生素所景仰，但惭愧得很，并没有什么深入的研究，有些犹豫。沈津先生的想法是从历年发表的顾廷龙研究文章中精选一部分，又将尚待出版的《顾廷龙年谱长编》文稿提供给我，希望我指导弟子们利用这些新发掘出来的资料开展研究。沈津先生曾于2004年在上海古籍出版社出版了《顾廷龙年谱》，近20年又搜集到很多新的资料，《顾廷龙年谱长编》的篇幅较之前扩充一倍有余。我感到顾廷龙是20世纪中国最重要的版本目录学家之一，与赵万里先生并称“南顾北赵”，而目前对他的研究过于零散、薄弱，与他的地位极不相称，文集的编纂或可对顾廷龙研究起到推动作用。沈津先生提供了大量前人没有利用过的资料，可以以此为基础做出一些新的成果。我作为沈津先生的学生，也有责任完成老师交给的任务。于是我将此事应允下来，发动我带的研究生搜集已发表的顾廷龙研究成果，从中选出27篇内容较为充实、学术性较强的文章编入本书。对于单纯的纪念性、回忆性文章，一般不予收录。我们尽可能联系到入选文章的作者或版权所有人，征得他们的授权，感谢他们对本书的大力支持。对于文章的内容，除明显的文字错误之外，尽量保留原貌，不作改动。与此同时，针对顾廷龙学术交游广泛，但迄今为止缺乏系统考察的状况，组织研究者撰写了18篇相关论文。新撰论文的作者有：儒学高等研究院古典文献研究所副教授江曦，山东省图书馆历史文献部馆员胡培培，中国国家博物馆陈列工作部馆员刘晓丽，苏州科技大学文学院讲师刘勇，杭州师范大学人文学院助理研究员谷玲玲，山东大学（威海）文化传播学院助理研究员殷漱玉，山东大学文学院博士生陶禹含，北京师范大学历史学院博士生郭永臻，华东师范大学中文系博士生付永强，山东大学儒学高等研究院博士生王国婧、石杰、陈锴、白晓羽、王丰，硕士生李琪琪、苏悦、孙伊昕、武方艺。全书分为事业篇、交游篇、著述篇三个部分，分别围绕顾廷龙先生的图书馆事业成就、与其他学人的交往和学术研究编选文章。顾廷龙先生也是著名的书法家，限于编者学养和本书篇幅限制，暂未选入研究顾廷龙书法艺术的文章，以俟博雅君子。书后附有《顾廷龙先生著述目录》和《顾廷龙研究论著目录》，以便于研究者参考。

沈津先生不仅是本书的动议者、研究资料的提供者，还为本书题写了书名。本书的编纂工作，得到教育部“长江学者”特聘教授、山东大学讲席教授、《文史哲》主编杜泽逊先生的关心和支持，帮助约请论文作者，联系出版事宜，并赐序文。山东友谊出版社何慧颖社长对本书的出版给予大力支持，责任编辑孙锋先生、肖杉女士从文章格式、版式设计到引文核对殚思极虑、一丝不苟，付出了辛勤的劳动。在此向上述各位先生和同道表示衷心感谢。参加撰稿的诸位往届和在读研究生，在文稿校对和附录编制方面出力颇多，亦致谢意。限于学识和能力，书中一定存在缺点和不足，恳请广大读者批评指正。

何朝晖

2024年9月6日